中华当代学术著作辑要

英国古典
经济理论

吴易风 著

商务印书馆
创于1897 The Commercial Press

图书在版编目(CIP)数据

英国古典经济理论/吴易风著.—北京:商务印书馆,
2023
(中华当代学术著作辑要)
ISBN 978 - 7 - 100 - 21649 - 4

Ⅰ.①英… Ⅱ.①吴… Ⅲ.①古典资产阶级政治
经济学—研究—英国 Ⅳ.①F095.61

中国版本图书馆 CIP 数据核字(2022)第 165578 号

本书根据商务印书馆
1988 年版排印

中华当代学术著作辑要
英国古典经济理论
吴易风 著

商 务 印 书 馆 出 版
(北京王府井大街36号 邮政编码100710)
商 务 印 书 馆 发 行
北京市十月印刷有限公司印刷
ISBN 978 - 7 - 100 - 21649 - 4

2023 年 4 月第 1 版 开本 710×1000 1/16
2023 年 4 月北京第 1 次印刷 印张 40¾
定价:198.00 元

中华当代学术著作辑要

出 版 说 明

学术升降,代有沉浮。中华学术,继近现代大量吸纳西学、涤荡本土体系以来,至上世纪八十年代,因重开国门,迎来了学术发展的又一个高峰期。在中西文化的相互激荡之下,中华大地集中迸发出学术创新、思想创新、文化创新的强大力量,产生了一大批卓有影响的学术成果。这些出自新一代学人的著作,充分体现了当代学术精神,不仅与中国近现代学术成就先后辉映,也成为激荡未来社会发展的文化力量。

为展现改革开放以来中国学术所取得的标志性成就,我馆组织出版"中华当代学术著作辑要",旨在系统整理当代学人的学术成果,展现当代中国学术的演进与突破,更立足于向世界展示中华学人立足本土、独立思考的思想结晶与学术智慧,使其不仅并立于世界学术之林,更成为滋养中国乃至人类文明的宝贵资源。

"中华当代学术著作辑要"主要收录改革开放以来中国大陆学者、兼及港澳台地区和海外华人学者的原创名著,涵盖语言、文学、历史、哲学、政治、经济、法律、社会学和文艺理论等众多学科。丛书选目遵循优中选精的原则,所收须为立意高远、见解独到,在相关学科领域具有重要影响的专著或论文集;须经历时间的积淀,具有定评,且侧重于首次出版十年以上的著作;须在当时具有广泛的学术影响,并至今仍富于生命力。

自 1897 年始创起,本馆以"昌明教育、开启民智"为己任,近年又确立了"服务教育,引领学术,担当文化,激动潮流"的出版宗旨,继上世纪八十年代以来系统出版"汉译世界学术名著丛书"后,近期又有"中华现代学术名著丛书"等大型学术经典丛书陆续推出,"中华当代学术著作辑要"为又一重要接续,冀彼此间相互辉映,促成域外经典、中华现代与当代经典的聚首,全景式展示世界学术发展的整体脉络。尤其寄望于这套丛书的出版,不仅仅服务于当下学术,更成为引领未来学术的基础,并让经典激发思想,激荡社会,推动文明滚滚向前。

商务印书馆编辑部

2016 年 1 月

前　　言

这本书是应商务印书馆之约在 1978 年下半年至 1984 年上半年写成的。现在把它奉献给读者。

英国古典政治经济学是资本主义上升时期代表新兴资产阶级利益、研究资本主义生产关系内部联系的科学的资产阶级政治经济学。它是人类社会的优秀思想成果。英国古典政治经济学有近两百年的历史，经历了产生时期、发展时期和完成时期。在每一时期内，都出现了一批古典经济学代表人物和代表著作。古典经济学家的著作提出并研讨了经济科学领域中几乎所有的重大理论问题。本书对这些理论问题分章进行叙述和评论。这也许便于读者就每一问题把握住古典理论的内容，以及它形成和发展的历史路标。书名定为《英国古典经济理论》，也是出于这一考虑。这样做，并不妨碍读者通过本书系统了解每个古典经济学家的全部理论。例如，想要知道威廉·配第的完整的经济理论，只要依次阅读本书各章中有关威廉·配第的部分，就可以对他有一个全面的了解。

英国古典经济学家对某些理论作过比较深入而细致的考察，对另一些理论则只作过比较概括的论述。为了如实地反映这种情况，本书不强求各章篇幅大小的统一。因此，各章的分量就不免有轻重不一之处。

本书考察的是英国古典经济理论，因而一般不涉及法国古典经济理论。但是，有的理论在英法两国古典经济学家之间存在相互影响。例如，康替龙关于阶级问题和再生产问题的理论观点直接影响法国古典经济学家，而法国古典经济学家的有关认识又不同程度地影响英国古典经济学家。只是在这种限度内，本书才涉及法国古典经济理论。

马克思主义是人类所创造的优秀思想成果的继承者，当然也是英国古典政治经济学的继承者。本书试图通过对古典理论的精华或科学因素的分析，探索马克思经济理论对古典经济理论的批判继承关系。

资本主义辩护论者从古典经济理论的糟粕或庸俗成分摄取营养，把庸俗成分分离出来并独立化为庸俗经济学。现代西方经济学家任意曲解古典学派和古典经济理论，把自己的显然谬误的经济理论硬说成是古典经济理论的继续和发展。对于这些，本书作了必要的揭露和批判。

古典经济理论不仅具有重大的历史价值，而且不少理论至今仍然是重要的现实经济理论课题。如果本书的出版对经济理论的历史研究和现实研究有些益处，那将是作者的最大愿望。

本书对一些问题提出的新的看法，不过是个人的管见，诚恳地希望得到专家、学者和广大读者的批评和指正。

吴易风
于中国人民大学
1984 年 8 月 15 日

目　　录

第一章　引论

一、现代西方经济学家对古典学派的规定

在政治经济学史上,古典学派是一个十分确定的概念。马克思在批判资产阶级政治经济学时,首先使用了古典学派这一概念。并对它作了科学的规定。然而,古典学派这一概念,目前已被西方经济学家弄得混乱不堪。

现代西方经济文献中极其混乱的古典学派概念,发端于对现代资产阶级经济理论和资本主义国家经济政策曾经有过很大影响的凯恩斯。他在 1936 年出版的《就业、利息和货币通论》一书中,对古典学派作了和马克思的科学规定完全不同的荒谬规定。美国资产阶级经济学家索维尔在《古典经济学重新评述》一书中说:"谁是'古典学派'?从创造这一术语的马克思,到赋予这一术语以最广泛的含义的凯恩斯,定义颇不相同。"①

继凯恩斯之后,曾经忌讳古典学派这一术语的许多资产阶级经济学家,日益广泛地运用这一术语,并赋予各种不同的含义。英国资产阶级经济学家罗尔在《经济思想史》中说:斯密和李嘉图的经济理论体系"被命名为古典体系。以后的不同学派的经济学者选用这个名称各具

---

① T.索维尔:《古典经济学重新评述》,普林斯顿 1974 年版,第 4 页。

己见。有的时候，人们把'古典'这一称呼用在理论体系上，为的是表明它们所具有的毋庸置疑的和广泛的权威。有时这个名称被用来给发源于这些理论的政策领域中的后果加上特殊含义。再就是，有时把一个体系称为古典的，是为了区别于以后随之兴起的批判学派"。①

从凯恩斯到现在，西方经济学家对古典学派所作的形形色色的规定，纷繁杂乱，光怪陆离。按照所指范围的大小，这些规定大致可以合并为以下几类：

第一类规定认为，亚当·斯密标志着古典时期的开始，约翰·穆勒代表着古典时期的终结。②除了斯密和李嘉图之外，萨伊、马尔萨斯、詹姆斯·穆勒、西尼尔、约翰·穆勒等也被认为是古典学派的主要代表。③典型的说法是："古典学派"是"十八世纪后期十九世纪前期政治经济学家的一种流派；……这一学派的创始人为亚当·斯密，其倡导者有大卫·李嘉图，纳索·W.西尼尔、约翰·斯图亚特·穆勒、让·巴蒂斯特·萨伊。"④

第二类规定认为，古典时期从亚当·斯密的《国民财富的性质和原因研究》（全书简称《国富论》）问世开始，到十九世纪七十年代初期门格尔、杰文斯和瓦尔拉斯所代表的边际学派出现时结束。英国出版的《古典学派经济学家》一书说："通常把亚当·斯密的巨著《国富论》出版的1776年作为古典经济学时代的开端。"这种古典经济学"最后在'边际革命'中为朝气蓬勃地发展起来的新古典经济学所取代"。⑤美国出版的《经济思想的演变》一书也说："古典学派的开端可以上溯

①　埃里克·罗尔：《经济思想史》，陆元诚译，商务印书馆，1981年版，第138页。

②　H.兰德雷思：《经济理论史》，亚特兰大，1976年版，第33—34页。

③　H.兰德雷思：《经济理论史》，第33—151页；琼·罗宾逊、约翰·伊特韦尔：《现代经济学导论》，商务印书馆1982年版，第14—35页。

④　D.格林沃尔德主编：《现代经济词典》，商务印书馆，1981年版，第79页。

⑤　D.P.奥布赖恩：《古典学派经济学家》，牛津，1975年版，第1页。

到 1776 年。这一年亚当·斯密的巨著发表。它终结于 1871 年，这一年杰文斯和门格尔发表了著作，陈述了后来称为新古典的理论。"① 目前西方经济学家很多都采取这一说法，他们只是在某些细节上有所区别。例如，上面提到的《古典经济学重新评述》一书说："自从建立在《国富论》上的权威性传统由于十九世纪七十年代边际革命经历了一次重大变化以后，大约相隔一百年的古典经济学的起点和终点可以相当有把握地确定了。"② 英国出版的《古典经济理论的结构》一书说："在十九世纪最后三十年中，经济分析发生了极大的变化。由于十九世纪七十年代初期的重大贡献，最重要的是瓦尔拉斯所作的重大贡献的结果，古典的分析体系终结了。"③

第三类规定认为，古典时期从李嘉图的理论前辈开始，到本世纪二十年代末三十年代初结束，最有代表性的是凯恩斯的规定。他说："'古典学派经济学家'是马克思创造出来的一个名词，用来包括李嘉图和詹姆斯·穆勒以及他们的前辈即这个学派理论的奠基者，这一理论在李嘉图经济学中达到顶点。我习惯于把李嘉图的后继者即那些接受并完善李嘉图经济理论的人，例如约翰·穆勒、马歇尔、埃奇沃思和庇古教授，都包括在'古典学派'之内。这也许犯了文理不通的错误。"④

凯恩斯主义者很多都遵循凯恩斯的这一规定，并对它作某些诠释。例如，美国资产阶级经济学家阿克利解释说："'古典学派经济学家'这个术语实质上是指那些属于主要正统派传统的英美经济学家，从大卫·李嘉图（1772—1823）时代前后起到——譬如说—— 1930 年

---

① J. 奥色，W.C. 布伦奇菲尔德：《经济思想的演变》，纽约，1975 年版，第 42 页。
② T. 索维尔：《古典经济学重新评述》，普林斯顿，第 6 页。
③ R.V. 伊格利：《古典经济理论的结构》，牛津，1974 年版，第 126 页。
④ 凯恩斯：《就业、利息和货币通论》，伦敦，1946 年版，第 3 页；参阅中译本，生活·读书·新知三联书店，1957 年版，第 9 页。

止。"① 另一个美国资产阶级经济学家狄拉德解释说:"凯恩斯所使用的
'古典学派经济学'这个名词,指的是经济学中传统的或正统的经济学
原理,这些原理是从十九世纪早期英国著名经济学家李嘉图那个时候
流传下来的,也是经济学界一般都接受的。"又说:"凯恩斯指出,他不
是在通常意义上使用'古典学派经济学'和'古典学派经济学家'这些
名词的。他所说的'古典学派经济学家'是指李嘉图的后继者,包括约
翰・斯图亚特・穆勒、马歇尔和庇古。'古典学派经济学家'这个名词
是马克思创立的,它指的是李嘉图和他的前辈,包括亚当・斯密。……
凯恩斯在对'古典学派'经济学进行的一些批评中,是以庇古教授的著
作作为特殊目标,因为庇古教授是这一学说体系的最后一个伟大的代
表人物。"②

　　最后一类规定认为,古典时期的上限起自亚当・斯密的《国富
论》,下限无法确定,直至今天为止的现代西方经济学仍然是古典学派
经济学的直接继续。其理由是:"把古典体系的时代界限加以划分并不
是容易的。如果我们记住在十八世纪初的英国经济学家和法国的重农
主义者所作的奠基工作,我们可以将亚当・斯密的著作作为这个体系的
开始。要肯定其结束期则更为困难。实际上,有些经济学家会宣称它就
没有终止过,其传统通过现代经济学的领袖们的著作而延续下来。"③

　　现代西方经济学家关于古典学派的规定虽然范围宽窄各异,但都
具有以下的一些共同之点:

　　第一,蓄意混淆古典政治经济学和庸俗经济学,企图抹杀古典经济
理论和庸俗经济理论、古典学派和庸俗流派的原则界限。

　　第二,一笔勾掉古典政治经济学的产生时期,从而一笔勾掉从配第

① 加德纳・阿克利:《宏观经济理论》,上海译文出版社,1981 年版,第 123 页。
② 狄拉德:《凯恩斯经济学》,陈彪如译,上海人民出版社,1963 年版,第 12—13 页。
③ 埃里克・罗尔:《经济思想史》,陆元诚译,商务印书馆,1981 年版,第 139 页。

开始的古典政治经济学产生时期的一大批代表人物,古典政治经济学
发展时期和完成时期除斯密和李嘉图之外的一批代表也被一笔抹杀。

第三,把萨伊、马尔萨斯直至马歇尔、庇古等一大批庸俗经济学家
硬塞进古典学派,给他们统统带上古典的桂冠。

现代西方经济学家任意地扩大古典学派这一概念的外延,随心所欲
地推延直至取消古典时期的下限,想方设法挤进古典经济学家的行列。

在现代西方经济学家中,凯恩斯主义的反对派总是以亚当·斯密
和李嘉图的忠实信徒自居。无论是新奥地利学派和伦敦学派的新自由
主义,或是当前在英国和美国有相当影响的货币学派、理性预期学派或
供给学派,都无例外地紧紧抓住古典学派和古典经济学的旗帜。例如,
只是在几年前才从美国的经济土壤中冒出来的供给学派,也力图把自
己的经济观点乔装成古典理论。它的一个代表人物拉弗说:“供给学派
的经济学只不过是穿上现代时装的古典经济学。”①

值得注意的是,凯恩斯主义者现在也在抓古典学派和古典经济学
的旗帜。以萨缪尔森为首的美国凯恩斯派自封为“新古典综合”,以
琼·罗宾逊为代表的新凯恩斯主义则被冠以“新李嘉图主义”的称号。
不过,凯恩斯主义者知道,他们的老师是以古典学派和古典经济学的批
判者自居的。凯恩斯丝毫无意侧身于古典学派,无意于抓古典经济学
这面旗帜。然而,在凯恩斯主义者看来,责备庇古等人为愚蠢之徒的凯
恩斯,就他丢掉古典旗帜并把自己置于古典学派的对立面这一点来说,
未免也是一种愚蠢行为。因此,不管老师是否愿意,他们还是给戴上了
古典经济学家的桂冠。也只有这样,他们才便于给自己的凯恩斯主义观
点贴上古典标签。他们不仅称他们的老师在“凯恩斯革命”前是一个非
常优秀的古典经济学家,而且强调凯恩斯始终是一个古典经济学家。

① 拉弗:《经济影响》,1982 年第 1 期。

二、一些苏联学者对古典学派的规定

中华人民共和国成立后至二十世纪六十年代初，苏联有关著作的引进对我国经济思想史的教学和研究曾经起过一定的积极作用。然而这些著作中某些片面的或错误的观点也留下了消极的影响。

对我们经济思想史教学和研究工作影响较大的是卢森贝的三卷本《政治经济学史》[①]和一卷本《政治经济学史》[②]。在三卷本中，除了法国古典经济学家，在讲到古典学派的产生时，只提到威廉·配第一人。在《配第以后的经济思想的发展》这一讲中，虽然讨论了洛克、诺思、休谟和斯图亚特，但是卢森贝断言"洛克终究还是一个重商主义者"，休谟在"好些问题"上"完全没有摆脱当时已经陈旧了的重商主义观点"，斯图亚特想"复兴重商主义"，是"一位晚出世的重商主义者"，"一个率直而顽固的重商主义者"。这样，经过筛选，英国古典经济学家只筛选出配第、斯密和李嘉图。此外，别无他人。在一卷本中，除了法国古典学派，英国古典经济学家也只有这三人。

除了卢森贝的著作，在我国产生过影响的苏联著作还有卡拉达也夫等人的《经济学说史》[③]，乌达利佐夫、波良斯基主编、布留明等人集体编写的《经济思想史》[④]，沙尔林的《英国古典资产阶级政治经济学》[⑤]，等等。这些著作虽然在若干方面和卢森贝的著作有所不同，然而在古典学派的规定上则深受卢森贝的影响。在这些著作中，我们见到

①　卢森贝：《政治经济学史》第1、2、3卷，翟松年等译，莫斯科1934、1935、1936年版；中译本，生活·读书·新知三联书店1959、1958、1960年版。
②　卢森贝：《政治经济学史》，翟松年等译，莫斯科，1940年版；中译本，生活·读书·新知三联书店1959年版。
③　卡拉达也夫、斯捷潘诺夫：《经济学说史》，莫斯科，1959年版。
④　乌达利佐夫、波良斯基主编：《经济思想史》，莫斯科，1961年版。
⑤　沙尔林：《英国古典资产阶级政治经济学》，季谦译，莫斯科，1958年版，中译本，生活·读书·新知三联书店1959年版。

的英国古典经济学家同样也只有配第、斯密和李嘉图。

总之,按照卢森贝、卡拉达也夫等人的规定,英国古典经济学家只有配第、斯密和李嘉图三个人。英国古典政治经济学产生时期、发展时期和完成时期的一大批代表人物,都没有在这些著作中占有他们应该占有的历史地位。

三、马克思对古典学派的规定

马克思第一次提出古典学派概念,并对古典学派作了严格规定。马克思的规定是我们研究古典政治经济学的指南,同时也是我们批判现代西方经济学家关于古典学派的种种荒谬规定的有力武器。

马克思关于古典学派的理论的形成和发展,经历了一个很长的历史过程。

1847 年,在《哲学的贫困》中,马克思第一次使用了"古典派"这一概念,第一次对以斯密和李嘉图为代表的古典学派的阶级性质和历史使命作了深刻的阐述,指出:"古典派如亚当·斯密和李嘉图,他们代表着一个还在同封建社会的残余进行斗争、力图清洗经济关系上的封建残污、扩大生产力、使工商业具有新的规模的资产阶级。……亚当·斯密和李嘉图这样的经济学家是当代的历史学家,他们的使命只是表明在资产阶级生产关系下如何获得财富,只是将这些关系表述为范畴和规律并证明这些规律和范畴比封建社会的规律和范畴更便于进行财富的生产。"[①]

在 1857—1858 年经济学手稿中,马克思第一次使用了"古典政治经济学"这一概念,第一次确定了英国和法国古典政治经济学的上限

---

① 《马克思恩格斯全集》第 4 卷,第 156 页。

和下限。马克思指出:"现代政治经济学的历史是以李嘉图和西斯蒙第(两个正好相对立的人,一个讲英语,一个讲法语)结束的,正像它在十七世纪末是以配第和布阿吉尔贝尔开始的。"后来的政治经济学著作,"或者是折衷主义的、混合主义的纲要","或者是对个别领域的较为深入的分析","或者是为了更加广泛的公众和为了实际解决当前的问题而重复过去经济学上的争论","或者是有倾向性地把古典学派发挥到极端"。[1]

在这一手稿中,马克思第一次指出了古典政治经济学的本质特征。他说:古典经济学家"敢于无情地从纯粹形式上描述生产关系"[2],"能够在生产关系的规定性上即生产关系的纯粹形式上掌握生产关系本身"[3]。

在手稿中,马克思还把古典政治经济学和庸俗经济学作了对比,指出庸俗经济学家把资产阶级社会在古典政治经济学中历史地取得的理论表现"当作谬误来加以抨击";揭露庸俗经济学家妄图"在古典经济学家朴素地描绘生产关系的对抗的地方,证明生产关系是和谐的"[4]。

1859年,马克思发表《政治经济学批判》这部杰出著作,公布了自己多年研究政治经济学的部分成果,其中包括自己关于古典政治经济学的经典规定:"古典政治经济学在英国从威廉·配第开始,到李嘉图结束,在法国从布阿吉尔贝尔开始,到西斯蒙第结束。"[5]

在1861—1863年经济学手稿的历史批判部分即《剩余价值理论》中,马克思对十七世纪中叶至十九世纪中叶的资产阶级政治经济学史作了系统的深入研究,对古典政治经济学和庸俗经济学的本质区别作了深刻的阐述,对李嘉图以前的政治经济学、李嘉图的政治经济学和李

---

[1] 《马克思恩格斯全集》第 46 卷上,第 3 页。
[2] 同上书,第 46 卷下,第 479 页。
[3] 同上书,第 46 卷上,第 195 页。
[4] 同上书,第 4 页。
[5] 同上书,第 13 卷,第 41 页。

嘉图以后的政治经济学作了经典的历史的评论。马克思说:"这种历史的评论不过是要指出,一方面,政治经济学家们以怎样的形式自行批判,另一方面,政治经济学规律最先以怎样的历史路标的形式被揭示出来并得到进一步发展。"①

在手稿中,马克思对古典政治经济学的性质作了大量论述,指出:古典经济学家"渴求理解现象的内部联系"②,"深入研究资产阶级制度的生理学"③,"说出了资本主义生产的本质"④,"揭示并说明了阶级之间的经济对立"⑤。

1867年,马克思的科学巨著《资本论》第一卷问世。在《资本论》中,马克思关于古典学派的理论得到进一步的丰富和发展。以往关于古典政治经济学性质的大量论述,在《资本论》中凝缩为一个精练的定义:"我所说的古典政治经济学,是指从威廉·配第以来的一切这样的经济学,这种经济学与庸俗经济学相反,研究了资产阶级生产关系的内部联系。"⑥是研究资本主义生产关系的内部联系,还是只对这种关系的外部联系做出辩护性的描述和说明,这是古典政治经济学和庸俗经济学的分水岭。同研究资本主义生产关系内部联系的古典政治经济学相反,"庸俗经济学却只是在表面的联系内兜圈子,它为了对可以说是最粗浅的现象作出似是而非的解释,为了适应资产阶级的日常需要,一再反复咀嚼科学的经济学早就提供的材料。在其他方面,庸俗经济学则只限于把资产阶级生产当事人关于他们自己的最美好世界的陈腐而自负的看法加以系统化,赋以学究气味,并且宣布为永恒的真理。"⑦

---

① 《马克思恩格斯全集》第 26 卷Ⅰ,第 367 页。
② 同上书,第 26 卷Ⅲ,第 500 页。
③ 同上书,第 26 卷Ⅱ,第 182 页。
④ 同上书,第 26 卷Ⅲ,第 284 页。
⑤ 同上书,第 26 卷Ⅱ,第 183 页。
⑥ 同上书,第 23 卷,第 98 页。
⑦ 同上。

　　1873 年,马克思在《〈资本论〉第二版》跋中又对古典学派作了进一步的论述。

　　马克思科学地分析了古典学派能够存在的特殊历史条件,指出古典政治经济学是阶级斗争不发展时期的资产阶级经济理论。他说:“只要政治经济学是资产阶级的政治经济学,就是说,只要它把资本主义制度不是看作历史上过渡的发展阶段,而是看作社会生产的绝对的最后的形式,那就只有在阶级斗争处于潜伏状态或只是在个别的现象上表现出来的时候,它还能够是科学。”又说:“英国古典政治经济学是属于阶级斗争不发展的时期的。它的最后的伟大的代表李嘉图,终于有意识地把阶级利益的对立、工资和利润的对立、利润和地租的对立当作他的研究的出发点,因为他天真地把这种对立看作社会的自然规律。这样,资产阶级的经济科学也就达到了它的不可逾越的界限。”[①] 因此,随着阶级斗争的发展,古典政治经济学必然为庸俗经济学所取代。

　　特别值得注意的是,马克思同意一位评论者关于马克思的经济理论和古典学派的经济理论之间关系的论述,公开宣布以斯密和李嘉图为代表的古典政治经济学是自己创立的无产阶级政治经济学的思想来源。他说:“我的价值、货币和资本的理论就其要点来说是斯密—李嘉图学说的必然发展。”[②]

　　1877 年,马克思在为恩格斯的《反杜林论》写的《〈批判史〉论述》中,又进一步丰富和发展了关于古典学派的理论,特别是关于古典学派产生时期的论述。按照马克思的看法,英国古典政治经济学的产生时期不只包括配第发表著作的整个时期,还包括从洛克、诺思发表经济理论著作的 1691 年到休谟发表经济理论著作的 1752 年这段时期。杜林在《国民经济学批判史》中抹杀了从洛克、诺思到休谟之前这段英国古

---

　　① 《马克思恩格斯全集》第 23 卷,第 16 页。
　　② 同上书,第 19 页。

典政治经济学产生的历史,还抹杀了休谟和斯密之间的斯图亚特在英国古典政治经济学发展过程中的历史作用,因而受到马克思的严肃批判。

从上述马克思关于古典学派的理论形成和发展的历史过程中,我们至少可以获得以下几点主要认识:

古典政治经济学是资本主义社会上升时期代表资产阶级同封建残余势力进行斗争并要求进一步发展资本主义生产的资产阶级政治经济学。它的使命是要证明资本主义社会的经济规律和经济范畴比封建社会的经济规律和经济范畴更有利于生产的发展和社会生产力的提高。因此,古典政治经济学具有一定的历史进步性。

古典政治经济学力图透过竞争的表面现象,探索资本主义经济的内部联系,寻求资本主义的客观经济规律,研究并说明资本主义生产关系的矛盾。因此,古典政治经济学具有一定的科学性。

古典政治经济学只可能存在于资本主义社会的特定历史阶段。只有在无产阶级和资产阶级之间的阶级斗争尚未发展的历史时期,只有在阶级斗争还处于潜伏状态或只在个别现象上表现出来的时候,资产阶级政治经济学还有可能是科学。当资产阶级战胜封建地主阶级并取得政治上的统治地位之后,当无产阶级和资产阶级的阶级斗争采取了鲜明的、带有威胁性的形式以后,科学的资产阶级政治经济学就必然为伪科学的庸俗经济学所取代。

古典政治经济学有自己的历史的上限和下限,这种上限和下限是由资本主义社会的阶级斗争的性质和状况决定的。古典政治经济学经历了产生、发展和完成的历史过程。在它产生时期、发展时期和完成时期,都有一批代表人物。这些代表人物在不同的历史阶段上从不同方面对古典经济学作出了不同程度的理论贡献。

古典政治经济学有科学因素和庸俗成分。在古典政治经济学的完

成时期,它的庸俗因素就被庸俗经济学家分离出来,发展成同古典理论
相对立的庸俗理论。无论庸俗经济学家以何种方式把自己装扮成古典
经济理论的继承者,他们始终是为资本主义制度辩护的经济理论的鼓
吹者。

古典政治经济学的科学因素是人类文明史上的精神财富,是马克
思主义的理论来源之一。

四、英国古典政治经济学的代表人物和著作

古典政治经济学是资本主义上升时期代表新兴资产阶级利益和要
求的政治经济学。它研究了资本主义生产关系的内部联系,是科学的
资产阶级政治经济学。在这一时期内。所有代表新兴资产阶级利益并
研究资本主义生产关系内部联系的经济学家,都属于古典经济学家。

按照马克思对古典学派的规定,重商主义经济学家不属于古典学
派。对资本主义生产方式作最初的理论考察的重商主义,代表了原始
积累时期商业资本的利益和要求。把研究对象局限在流通领域,远未
深入到资本主义机体中去寻找内部联系。因此,"重商主义以它那种粗
浅的现实主义,形成了当时真正的庸俗经济学"。[①]

按照马克思对古典学派的规定,虽然生活在资本主义上升时期,但
在地主贵族和资产阶级的矛盾和冲突中并不代表新兴资产阶级利益和
要求,而是站在土地贵族立场的经济学家,例如马尔萨斯,绝不属于古
典学派。

按照马克思对古典学派的规定,虽然生活在资本主义上升时期并
代表资产阶级利益,但只是把古典理论中的庸俗成分游离出来并独立

---

① 《马克思恩格斯全集》第 25 卷,第 884 页。

化为掩盖资本主义矛盾的辩护理论的经济学家,例如萨伊、詹姆斯·穆勒、麦克库洛赫等人,绝不属于古典学派。

按照马克思对古典学派的规定,在阶级斗争尖锐化的历史条件下妄图用资本主义生产当事人的浅薄见解蓄意抹杀资本主义阶级对抗关系的经济学家,例如西尼尔、巴师夏、凯里等人,绝不属于古典学派。即便是像约翰·斯图亚特·穆勒这样一个古典学派的摹仿者,由于企图用折衷主义经济理论来调和资产阶级和无产阶级的不可调和的利益,也不属于古典学派。至于当时的和以后的其他庸俗经济学家,同古典学派更是风马牛不相及。

英国是政治经济学的故乡。英国古典政治经济学是英国经济条件在科学上的反映。在资本主义生产方式最发达的英国,古典政治经济学得到了最充分的发展。

英国古典政治经济学的全部历史,大致可以划分为三个阶段:第一阶段是英国古典政治经济学的产生时期,第二阶段是英国古典政治经济学的发展时期,第三阶段是英国古典政治经济学的完成时期。

(一)产生时期

马克思把"从配第开始到休谟为止"的整个时期看作是古典政治经济学"逐渐产生"的时期。[1] 马克思在讲到古典政治经济学产生时期的特点时说:"从配第开始到休谟为止,这个理论只是根据作者生活的那个时代的需要,一部分一部分地、零零碎碎地发展起来的。"[2] 马克思公正地评价了这一时期许多杰出的思想家对古典政治经济学的贡献,"阐明了像配第、诺思、洛克、休谟这些人在古典经济学产生过程中所应占的地位"[3]。

---

[1] 《马克思恩格斯全集》第 34 卷,第 343 页;《马克思恩格斯选集》第 3 卷,第 277 页。
[2] 《马克思恩格斯全集》第 34 卷,第 343 页。
[3] 《马克思恩格斯选集》第 3 卷,第 55 页。

英国古典政治经济学的产生时期包括十七世纪后半期和十八世纪前半期。十七世纪的英国资产阶级革命是世界历史上影响最大的资产阶级革命之一。这一革命经过 1642—1646 年第一次国内战争和 1648 年第二次国内战争，推翻了斯图亚特王朝，于 1649 年 5 月 19 日成立了共和国。资产阶级革命的胜利，宣告了英国资本主义社会秩序的建立，为资本主义的发展扫清了道路。革命后，资本原始积累的规模迅速扩大，圈地运动进一步加强。从封建社会内部成长起来的资本主义工场手工业有了较快的发展，农业中的资本主义发展也比较迅速，对外贸易日益扩大。资本主义社会的阶级关系在逐步形成。但是，封建残余势力仍然严重阻碍着资本主义的发展。资产阶级同封建地主阶级的矛盾仍然是社会的主要矛盾。此外，英国社会还充满了工厂主同工人和贫民之间的矛盾，商人和旧式高利贷者之间的矛盾，金融贵族同作为债务人的国家之间的矛盾，货币所有者同土地所有者之间的矛盾。

英国古典政治经济学的产生时期是一个相当长的历史时期。不少著作把英国古典政治经济学的产生时期解释为配第发表经济著作的时期，忽视了从 1691 年洛克和诺思发表经济著作到 1752 年休谟发表经济论著的时期。马克思曾经有针对性地强调后一时期在英国古典政治经济学产生过程中的重要性。指出："1691 年到 1752 年这段时期……对研究政治经济学的逐渐产生来说是最重要的时期。"①

马克思十分重视配第，同时也十分重视从 1691 年到 1752 年在英国古典政治经济学的产生时期做出贡献的其他经济学家，认为这一时

---

① 《马克思恩格斯选集》第 3 卷，第 277 页。马克思强调 1752 年，除了因为休谟的经济论著是在这一年出版的之外，还因为（也许更因为）马克思记错了康替龙著作出版的年份，以为也是这一年出版的。马克思曾经说："该著作（康替龙的著作——引者）和休谟的论著都是 1752 年出版。"引自《马克思恩格斯选集》第 3 卷，第 281 页。实际上，康替龙的《试论一般商业的性质》法文本初版于 1755 年，再版于 1756 年，英文本出版于 1759 年。

期在政治经济学史上是"出现了很多杰出思想家的时期"。[①] 马克思在许多场合阐述了配第、洛克、诺思、康替龙、范德林特、"亚·斯密的那位匿名的前辈"、马西、休谟等人在古典政治经济学产生过程中所起的作用和应占的历史地位。

威廉·配第(1623—1687 年)是英国古典政治经济学的奠基人。马克思称配第是"现代政治经济学的创始者"[②],是"英国政治经济学之父"[③]。

配第的经济著作是在十七世纪六十年代至九十年代初期出版的。其中,《赋税论》发表于 1662 年;《献给英明人士》写成于 1664 年,出版于 1691 年;《政治算术》写成于 1672 年前后,出版于 1690 年;《爱尔兰的政治解剖》写成于 1672 年,出版于 1691 年;《货币略论》写成于 1682 年,出版于 1695 年。在这些著作中,配第对政治经济学的几乎一切领域都作了最初的勇敢尝试。

在配第的时代,英国资产阶级的利益已经从流通领域转到生产领域。适应资产阶级的利益和要求,英国古典政治经济学的奠基人也开始把经济理论的研究对象从流通领域转向生产领域。这一转变,对于科学的资产阶级政治经济学的产生具有决定性的意义。

从配第的著作问世到十八世纪五十年代,英国出现了许多优秀的政治经济学的研究者。在这个人才辈出的时期,涌现出不少继承和发展配第经济理论的思想家。马克思指出:"配第在政治经济学的几乎一切领域中所作的最初的勇敢尝试,都——为他的英国的后继者所接受,并且作了进一步的研究。"[④] 配第是这一时期政治经济学研究者讨论的

---

① 《马克思恩格斯选集》第 3 卷,第 277 页。
② 同上书,第 271 页。
③ 同上书,第 13 卷,第 43 页。
④ 同上书,第 3 卷,第 277 页。

中心人物,"因为这一时期比较重要的经济著作,无论赞成或者反对配第,总是涉及配第的。"[1]

约翰·洛克(1632—1704年)是"配第的直接后继者"[2],他的著作直接以配第为依据。洛克是"配第路线"的第二个代表,"同配第站在同一立场"。[3]他的经济理论著作除了《政府论》下篇(1690年)以外,主要是《论降低利息和提高货币价值的后果》(1691年)。洛克是一切形式的新兴资产阶级的代表。他的哲学思想成为以后的英国古典政治经济学的一切观念的基础,他的经济思想不仅深刻影响以后的英国古典经济学家,而且深刻影响法国重农学派。

达德利·诺思(1641—1691年)是"当时最著名的理论经济学家之一"[4]。他的经济学著作《贸易论》(1691年)"同洛克的经济学著作完全一样,也和配第的著作直接有关,并直接以配第的著作为依据。"[5]马克思指出:诺思也是配第的直接后继者,是"配第路线的第三个代表"[6],他关于自由贸易学说的论述是"古典的"[7],他关于作为资本的货币的论述是"古典政治经济学最早的发现之一"[8]。

理查·康替龙(1680—1734年)是一位对英、法两国古典政治经济学都有重要影响的经济学家。他的著作《试论一般商业的性质》的英文原稿在他自己被杀时同时被焚。法文稿是康替龙本人生前译的,曾在法国重农学派的老米拉波手中保存多年,直到1755年才第一次公开发表,1756年的第二版才加上作者的姓名。后来康替龙的亲属菲力

---

① 《马克思恩格斯选集》第3卷,第277页。
② 同上书,第275页。
③ 《马克思恩格斯全集》第26卷Ⅰ,第395页。
④ 同上书,第25卷,第691页。
⑤ 同上书,第26卷Ⅰ,第394页。
⑥ 同上书,第395页。
⑦ 《马克思恩格斯选集》第3卷,第276页。
⑧ 《马克思恩格斯全集》第26卷Ⅰ,第397页。

浦·康替龙将此书自法文译成英文出版。①康替龙的经济理论既影响了法国的重农学派，又影响了英国的斯图亚特和斯密。马克思将康替龙和配第并提，称他们是"老一辈的经济学家"。②

杰科布·范德林特（？—1740年）是十八世纪初期英国著名的经济学家。当资产阶级和封建地主发生矛盾和冲突时，他站在工商业资本家的立场反对地主，是"土地课税的最坚决的拥护者"③。当资产阶级经济学家猛烈攻击工人时，他又"为工人辩护"④。马克思指出，范德林特的经济著作《货币万能》（1734年）是一部"很重要的著作"。⑤范德林特的经济理论不仅对英国古典政治经济学产生时期的最后代表休谟和英国重农主义者约翰·格雷（不是英国空想社会主义经济学家约翰·格雷）等人有很人影响，而且对法国重农学派起过积极作用，是重农学派的先驱者。

---

① 《试论一般商业的性质》法文版的扉页上注明系译自英文。菲力浦·康替龙的英译本于1759年出版，书名改为《关于工商业、货币、金银、银行和外汇的分析》，扉页上注明"主要选自一位已故的极有才能的绅士的手稿，适当我国商业的目前情况"。马克思在对法文版和英文版作了比较之后，指出：英文版"不仅出版日期较晚（1759年），而且按其内容来说，也表明是后来的修订版。例如，在法文版中还没有提到休谟，而在英文版中，配第的名字几乎再也没有出现过。英文版在理论上的价值比较小，但是其中关于英国贸易、贵金属贸易等等的各种专门材料，却是法文版所没有的。"引自《马克思恩格斯全集》第23卷，第608—609页，注（54）。这里顺便提一下，现代西方经济学家大谈杰文斯"发现"了康替龙的著作，甚至熊彼特在《经济分析史》中也持这一说法（见《经济分析史》1954年伦敦版，第217页）。所谓杰文斯"发现"，只能说明资产阶级经济学家既对英法古典政治经济学史无知，也对马克思的《资本论》无知。须知，杰文斯的《理查·康替龙和政治经济学的国籍》于1881年在《现代评论》上发表，而马克思对康替龙著作的评论是在1867年出版的《资本论》第一卷中作出的。杰文斯的"发现"比马克思晚了十四个年头。更何况，杰文斯立论偏颇，说康替龙的著作是"比其他任何一本著作更显眼的'政治经济学的摇篮'，"是"比其他任何一本书都称得起的关于经济学的第一本论述"。这一论断在西方经济学界也是有争议的。
② 《马克思恩格斯全集》第25卷，第883页。
③ 《马克思恩格斯选集》第3卷，第282页。
④ 《马克思恩格斯全集》第23卷，第304页。
⑤ 同上书，第143页。

"亚·斯密的那位匿名的前辈"①至今姓氏不详,生卒年代无从查考。他的匿名著作《对货币利息,特别是公债利息的一些看法》被马克思认为是一部"值得注意的匿名著作"②。该书没有注明出版日期,据马克思考证,该书大约是在 1739 年或 1740 年出版的。马克思指出,斯密的这位匿名前辈在劳动价值理论方面的论述甚至比斯密"要恰当得多"。③

约瑟夫·马西(？—1784 年)是十八世纪中期英国经济学家。他的经济著作《论决定自然利息率的原因》(1750 年匿名发表)受到马克思的高度评价,被认为是一部"划时代的"著作。④马西的经济理论,特别是他关于利息只是总利润的一部分的理论,对休谟、斯密等人具有深刻的影响。

大卫·休谟(1711—1776 年)是英国古典政治经济学产生时期的最后的一位代表人物。马克思不同意杜林把休谟捧为第一流的经济学泰斗,但一再强调休谟在政治经济学领域中无论如何还是一位"值得尊重"的人物。⑤休谟的主要经济论著《论商业》《论货币》《论利息》《论贸易平衡》和《论赋税》等收集在《政治辩论》中,并于 1752 年出版。休谟的著作在当时曾经产生过不可忽视的影响。这不仅是因为他有"卓越的表达方法",更重要的是因为"他的论著对当时繁荣起来的工商业作了进步的和乐观的赞扬"。⑥休谟是斯密最熟悉和最信任的经济学家之一。

(二)发展时期

英国古典政治经济学产生时期于十八世纪五十年代结束。从十八

---

① 《马克思恩格斯全集》第 23 卷,第 60 页。《马克思恩格斯全集》不同卷中分别使用了"亚当·斯密"和"亚·斯密"的用法,皆指"亚当·斯密"。——编者
② 同上书,第 52 页。
③ 同上书,第 60 页。
④ 同上书,第 62 页。
⑤ 《马克思恩格斯选集》第 3 卷,第 281、283 页。
⑥ 同上书,第 281 页。

世纪六十年代起,英国古典政治经济学进入发展时期。

英国古典政治经济学从产生时期到发展时期的演进过程,首先表现为古典学派的经济理论思维逐步深化的过程。在产生时期,古典经济学家对资本主义经济的内部联系的认识是点点滴滴地积累起来的,他们谁也没有,而且也不可能建立起政治经济学的体系。与此不同,在发展时期,古典经济学家对资本主义的内部联系的认识已经带有某种程度的系统性,因而有可能建立政治经济学的整个体系。

然而,不应把古典政治经济学从产生到发展看作仅仅是纯粹思维范围内的事,或者看作仅仅是古典经济学家们连续思维的结果。事实上,古典政治经济学从产生到发展,从发展到完成,每前进一步,都是改变了的经济事实在古典经济学家头脑中引起的理论思维的一次飞跃。因此,必须在纯粹思维的范围之外,看到客观经济条件对经济理论的决定作用。英国古典政治经济学的发展是英国资本主义生产方式发展的结果。没有资本主义经济关系的进一步发展,就不可能有以这种经济关系为研究对象的经济理论的进一步发展。

十八世纪后半期是英国古典政治经济学的发展时期。1756—1763年的七年战争是英法争夺北美和印度的一次决定性的战争,英国取得了胜利。战后,英国殖民地进一步扩大,对外贸易额急剧增加。在战争中,资产者获得了大量的国债利息。市场的扩大和资本的积累推动资本主义生产更快地向前发展。英国已经拥有当时欧洲最先进的工场手工业,并且已经成为资本主义生产的统治形式。但是,工场手工业使资本追求剩余价值的倾向的充分发展受到阻碍,这就出现了从工场手工业向机器大工业过渡的必要。工场手工业内部分工的日益发展和技术的不断革新,为机器的发明和应用做好准备,从而使工场手工业过渡到机器大工业有了可能。十八世纪六十年代,英国纺织业中先后出现了"珍妮"机和水力纺纱机。机器的出现,真正拉开了英国工业革命的序幕。在农业中,英国圈地运动在十八世纪出现了新的高潮。小农已经被资本主义农业所取代,流入城市的破产农民成为工业发展所需的廉价劳动力的主要来源。资本主义社会的阶级结构和阶级关系已经清晰可辨。资产阶级和封建地主阶级之间的矛盾仍然是主要矛盾,新兴的资产阶级仍在同封建残余势力进行激烈的斗争。

十八世纪六十年代和七十年代,正是英国资产阶级政治经济学体系形成的重要时期。进入六十年代,英国古典政治经济学史上出现了两件引人注目的有历史意义的事件:一是亚当·斯密于 1763 年在格拉斯哥大学发表《关于法律、警察、岁入和军备的演讲》,一是詹姆斯·斯图亚特于 1767 年出版《政治经济学原理研究》。如果说,斯密的格拉斯哥演讲还只是他后来建立的政治经济学体系的雏形,那么,斯图亚特的这部著作则建立了英国的第一个资产阶级政治经济学体系。

詹姆斯·斯图亚特(1712—1780 年)在英国古典政治经济学发展过程中占有重要的地位。但是,长期以来,西方经济学家一直断言斯图亚特是重商主义者,就像他们一直断言配第等人是重商主义者一样。[①]苏联学者卢森贝、卡拉达也夫等人也认为斯图亚特是重商主义者,而这种看法和马克思的观点相去甚远。从 1857—1858 年的经济学手稿到 1877 年的《〈批判史〉论述》,马克思始终高度评价斯图亚特,按照马克思的看法,斯图亚特是"建立了资产阶级经济学整个体系的第一个不列颠人"[②]。直至斯密的《国富论》的出版,斯图亚特"还是最有威望

---

① 事情总有例外。罗尔的《经济思想史》并没有断言斯图亚特是重商主义的最后代表,而是说他是有重商主义残余的、斯密最后的一个直接先驱者。罗尔写道:"在亚当·斯密的直接先驱者的行列中,最末一个是詹姆斯·斯图亚特爵士……。在某些方面他向重商主义的方向倒退了一步;而在别的方面,特别是在货币理论上他已经超过了休谟。……斯图亚特思想中的重商主义残余主要是表现在利润的起源或剩余方面。"引自埃里克·罗尔:《经济思想史》,第 124—125 页。

② 《马克思恩格斯全集》第 13 卷,第 47 页。

的经济学家"①。斯图亚特的经济理论虽然具有"重商主义的残余"②,在剩余价值来源问题上甚至是"货币主义和重商主义体系的合理的表达者"③,但从总体上看,斯图亚特比较多地站在历史基础上,敢于研究生产关系,在不少问题上对古典经济学作出了理论贡献,因而仍不失为一位古典经济学家。马克思将斯图亚特和亚当·斯密、李嘉图并提,称他们的经济理论是"敢于无情地从纯粹形式上描述生产关系的斯图亚特、斯密和李嘉图的古典政治经济学"。④

亚当·斯密(1723—1790年)是英国古典经济学家最优秀的代表之一。他的经济著作,除了根据一个大学生1763年的听课笔记手稿整理出版的《亚当·斯密关于法律、警察、岁入及军备的演讲》以外,主要是《国民财富的性质和原因的研究》(1776年)。这是一部划时代的古典经济理论巨著。马克思指出:斯密的《国富论》标志着"政治经济学已发展为某种整体,它所包括的范围在一定程度上已经形成"。⑤斯密的这部著作为英国古典政治经济学的发展建立了伟大的科学功绩。当时机器工业还处在幼年时期,成为斯密出发点的是占统治地位的发达的工场手工业。因此,《国富论》研究的是发达的工场手工业时代的资本主义经济关系。斯密把这一时代的资本主义经济关系表达为一些经济范畴和经济规律。他从理论上证明,这些经济范畴和经济规律比封建时代的更有利于财富的生产。《国富论》一书讨论了古典政治经济学体系的几乎全部问题,其中最本质的东西,就是论证资本主义生产方式是最生产的生产方式,并表明在资本主义经济关系下如何获得财富。

---

① 《马克思恩格斯全集》第26卷Ⅱ,第120页。
② 同上书,第13卷,第155页。
③ 同上书,第26卷Ⅰ,第13页。
④ 同上书,第46卷下,第479页。
⑤ 同上书,第26卷Ⅱ,第181页。

《国富论》问世以后，英国经济学界和公众的注意力开始从斯图亚特转向斯密。此后，曾经最有威望的经济学家斯图亚特逐渐失去他的重要地位，直至为公众以至经济学家所遗忘。但是，马克思强调指出，斯图亚特的"大作"不仅有"历史重要性"，而且"在长期内丰富了政治经济学的领域"。[①]

（三）完成时期

十九世纪初期是英国古典政治经济学的完成时期。十八世纪末十九世纪初，英国工业革命进展迅速，许多重要工业部门相继开始采用机器生产。工业革命所带来的技术变革，使生产力得到很快的发展。工业革命所带来的社会变革，使社会日益明显地分裂为工业无产阶级和工业资产阶级两大对立阶级。但是，直到十九世纪初期，工业资产阶级同土地贵族的矛盾，工业资产阶级同商业金融资产阶级的矛盾，仍然很尖锐。托利党政府的政策是有利于土地贵族和商业金融资产阶级的政策。为了偿还战争期间发行的公债，政府增收间接税。政府发行了大量的银行券；但是英格兰银行从 1797 年起停止银行券兑现，致使物价上涨，黄金的市场价格上升到造币局价格以上。1809 以后，银行券严重贬值。这种情况对工业资产阶级不利。为了发展工农业生产和国内外贸易，工业资产阶级要求改革币制，建立稳定的通货制度。1815 年国会通过《谷物法》，限制粮食进口，维持国内市场的粮食价格，以维护并提高土地贵族的地租收入。这一法令人为地造成国内粮食价格上涨，迫使工人不得不要求增加工资。欧洲的一些农业国抵制英国的谷物法，限制英国工业品进口，使英国对外贸易额下降。这一切，都不利于工业资产阶级。因此，工业资产阶级要求废除谷物法。在《谷物法》

---

① 《马克思恩格斯选集》第 3 卷，第 294 页。

公布以后,工业资本和贵族土地所有权之间的矛盾十分尖锐。

英国古典政治经济学完成时期的代表是李嘉图。此外,威斯特、巴顿、琼斯、拉姆赛等也是这一时期的古典经济学家。

大卫·李嘉图(1772—1823年)是英国古典政治经济学最优秀的代表。十九世纪初期"最杰出的经济学家"[①]。李嘉图最著名的代表作是《政治经济学及赋税原理》(1817年第1版,1821年第3版,以下简称《原理》)。他在这部著作中建立的政治经济学体系是古典政治经济学的最完备和最后的体系。李嘉图对政治经济学的研究是从货币问题开始的,然后逐渐深入到这门科学的一切领域,在科学上作出了光辉的贡献。李嘉图在《原理》中提出社会产品的分配是政治经济学的中心问题,说:"确立支配这种分配的法则,乃是政治经济学的主要问题"[②]。实际上,李嘉图是在资本主义社会结构中来理解现代生产的,就像斯密的《国富论》一样,李嘉图的《原理》一书最本质的东西仍然是要证明资本主义生产关系最有利于生产,最有利于财富的创造。李嘉图主要是研究生产的经济学家,但是,他却把分配而不是把生产说成是政治经济学的本题。

爱德华·威斯特(1782—1828年)是古典政治经济学的地租理论家。他在李嘉图的《原理》之前已经初步地把地租理论和劳动价值理论联系起来。《论资本用于土地》(1815年)是他的代表作,马克思高度评价了这本书,认为它"在政治经济学史上有划时代意义"[③]。威斯特在地租理论方面的论述甚至超过李嘉图,他对李嘉图产生了重要影响。

约翰·巴顿(生卒年代不详)是英国古典政治经济学完成时期"有

---

① 《马克思恩格斯选集》第1卷,第200页。
② 彼罗·斯拉法主编,《李嘉图著作和通信集》第1卷,郭大力、王亚南译,商务印书馆1981年版(下同),第3页。
③ 《马克思恩格斯全集》第23卷,第595页。

很大的功劳"①的经济学家。他的著作《论影响社会上劳动阶级状况的环境》和李嘉图的《原理》于同一年即 1817 年出版。巴顿在自己的著作中考察了资本积累过程中劳动需求相对减少这一重大问题。在巴顿的启发下,李嘉图后来在《原理》第三版中加进了《论机器》这一章。马克思说:"李嘉图在他的著作第三版中新加的这一章,证明了他的诚实,这使他和庸俗经济学家有了本质的区别。"②

正像英国古典政治经济的产生是一个过程一样,英国古典政治经济学的完成也是一个过程。李嘉图是英国古典政治经济学的完成的标志。但是,不能因此简单地认为,李嘉图的《原理》出版之日,就是英国古典政治经济学终结并被庸俗经济学取代之时。历史现象是复杂的。在古典政治经济学处于完成阶段时,庸俗经济学就已经产生。在庸俗经济学刚开始占统治地位时,古典政治经济学的完成过程还在继续。在李嘉图之后,有两个经济学家在一些重要方面发展了古典理论。这两个经济学家就是获得马克思高度评价的拉姆赛和琼斯。

乔治·拉姆赛(1800—1871 年)是李嘉图以后的一位优秀的经济学家。他的《论财富的分配》(1836 年)发展了斯密、李嘉图的一些重要观点。马克思指出:拉姆赛"事实上区分了不变资本和可变资本"③,而且"确实接近于正确地理解剩余价值"④。在对拉姆赛的经济理论进行分析之后,马克思说:"总之,从拉姆赛那里得出的结论是,第一,建立在雇佣劳动基础上的资本主义生产方式,不是社会生产的必然的即绝对的形式……第二,与产生利润不同的利息,和地租……一样,对资

---

① 《马克思恩格斯全集》第 26 卷Ⅱ,第 657 页;并见《马克思恩格斯全集》第 23 卷,第 692 页。
② 《马克思恩格斯全集》第 26 卷Ⅱ,第 633 页。
③ 同上书,第 26 卷Ⅲ,第 360 页。
④ 同上书,第 363 页。

本主义生产来说,是不必要的,而且是可以被它扔掉的累赘。"①

理查德·琼斯(1790—1855年)也是李嘉图以后的一位优秀的英国经济学家。他的经济理论著作有《论财富的分配和税收的源泉》(1831年)、《政治经济学绪论》(1833年)和《国民政治经济学教程》(1852年)。和斯图亚特相似,琼斯对经济关系的考察比较多地站在历史的基础上。除了在一些具体问题上发展了斯密和李嘉图的观点之外,最值得注意的是,琼斯没有把资本主义生产关系看作是永恒的关系,而是看作社会生产发展的一个阶段。琼斯的这一观点,最后宣告了英国古典政治经济学的终结。马克思指出:在琼斯这里,"我们看到,政治经济学这门实际科学是怎样结束的:资产阶级生产关系被看作仅仅是历史的关系,它们将导致更高级的关系,在那里,那种成为资产阶级生产关系的基础的对抗就会消失"。②

马克思对古典学派经济学家一一作了历史的评论。例如,对在政治经济学领域最先进行开创性研究的威廉·配第,马克思称赞他是"最有天才的和最有创见的经济研究家"③。对古典学派的第一流的泰斗亚当·斯密和李嘉图,马克思称他们是"古典政治经济学的最优秀的代表人物"④。对与李嘉图同时或稍后对古典政治经济学作出很大贡献的巴顿、拉姆赛和琼斯,马克思则把他们置于"古典学派某些优秀的经济学家"⑤之列。即使对于只在部分问题上对古典政治经济学作出贡献的经济学家,马克思也从不忽视他们的功绩,而是按照古典政治经济学发展的历史路标给以恰如其分的历史评价,给他们以应有的历史地位。

---

① 《马克思恩格斯全集》第26卷Ⅲ,第397页。
② 同上书,第472、473页。
③ 《马克思恩格斯选集》,第3卷,第273页。
④ 《马克思恩格斯全集》,第23卷,第98页。
⑤ 同上书,第692—693页。

第二章　方法论

一、经济学和哲学

任何一种经济理论体系,都是以一定的哲学思想作为基础的,不管提出这种经济理论体系的经济学家是自觉的还是不自觉的,都要按照某种哲学去思考和处理问题。英国古典政治经济学也不例外。

英国唯物主义哲学是英国古典政治经济学的哲学基础。在十七世纪的英国,由于资本主义生产的发展、资产阶级革命的到来和自然科学的进步,唯物主义哲学得到了很大的发展。这一时期的唯物主义哲学是英国社会进步阶级的世界观,它关心资本主义生产的发展和科学的进步,在资产阶级革命的前夜、革命年代和革命之后都曾起过积极的作用。

(一)培根与霍布斯哲学和早期英国古典政治经济学

弗兰西斯·培根(1561—1626年)和托马斯·霍布斯(1588—1679年)是英国资产阶级革命序幕时代和革命时代的哲学家;约翰·洛克(1632—1704年)则是十七世纪英国资产阶级革命后维护新建立起来的社会秩序的哲学家。培根、霍布斯和洛克的思想体系,先后成了英国古典政治经济学的哲学根据。如果说,培根和霍布斯哲学是早期英国政治经济学的一切观点的基础,那么,洛克哲学则是以后英国政治经济学的一切观念的基础。

培根是英国著名的唯物主义哲学家,他反对经院哲学,反对唯心主义的先验论,主张唯物主义的反映论。为了反对被中世纪哲学歪曲了的亚里士多德学说,培根把自己的主要哲学著作叫作《新工具》(1620年),以强调同亚里士多德的《工具篇》的区别。他认为,知识是存在的反映。培根说:"知识就是存在的影象。"① 感觉是一切知识的泉源。真正具有实验性质的哲学,应当以经验材料为依据,应当用科学的方法对自然界进行分析。培根规定了科学研究的对象,对科学进行了分析,系统地制定了认识论的归纳法。他认为,人要成为自然界的主人,就要对自然界进行科学研究,把自然界变成人的王国。人只有顺从自然,即遵循自然规律,才能认识和征服自然。培根重视经验材料,但不赞成简单地搜集经验事实,而是主张对经验材料进行消化和加工。

按照培根的看法,人的认识是从分析个别事物和个别现象开始的。只要以大量事物为根据,对大量事实进行比较,找出它们的因果联系,就能从个别上升到一般,从单一的、个别的事实上升到一般的原理和结论。培根把自然科学的实验的方法移到哲学中来,突出地强调归纳法的作用。

马克思主义创始人在评述培根哲学的主要特点和历史作用时说:"英国唯物主义和整个现代实验科学的真正始祖是培根。在他的眼中,自然科学是真正的科学,而以感性经验为基础的物理学则是自然科学的最重要的部分……按照他的学说,感觉是完全可靠的,是一切知识的泉源。科学是实验的科学,科学就在于用理性方法去整理感性材料。归纳、分析、比较、观察和实验是理性方法的主要条件。"②

在《学术的进步》(1605年)中,培根把国家和人的机体作了比较,

---

① 培根:《新工具》,第106页。
② 《马克思恩格斯全集》第2卷,第163页。

认为国家强大的途径和人的机体强健的方法是相同的。培根不仅要求发展资本主义工商业和建立保护资本主义工商业的中央集权国家,而且公然主张建立英国的世界霸权,宣称一个民族只有牺牲别的民族才能繁荣富强。他的这些观点,充分吐露出英国工商业资本的本性和动机。

霍布斯在英国资产阶级革命时期,继承和系统化了培根的唯物主义。在《论物体》(1655 年)和《论人》(1658 年)中,霍布斯阐述了唯物主义哲学。在《论公民》(1642 年)和《利维坦》(1651 年)中,霍布斯研究了国家和社会制度问题。

和培根一样,霍布斯也认为感觉是一切知识的泉源,人们从感觉中可以获得一切知识。霍布斯反对神学,反对经院哲学,反对唯心主义哲学。他认为,不存在非物质的实体,只存在具有广延的物体,表象和概念不过是这些物体在人的头脑中的反映。霍布斯也是机械唯物主义者,在他的哲学中,"物理运动成为机械运动或数学运动的牺牲品;几何学被宣布为主要科学"。[①]与此相联系,霍布斯认为,物理学的经验归纳法不能普遍适用于其他科学,几何学中的方法就是不同于经验归纳法的理性演绎法。霍布斯把经验和理性对立起来,把归纳和演绎对立起来,只强调它们的区别,而看不到它们之间的联系和转化。

霍布斯把理性和理性认识归结为数学中的数量研究。他认为,对经验知识的理性整理,就是进行数学运算。算术是研究数量的相加或相减,几何是研究角、线段等等的相加或相减,理性认识就是通过数学运算求出事物的和或差。霍布斯说,不只是数目可以计算,数量、物体、运动、时间、性质、程度、作用、观念、比例、语言和名称,也都可以相加或相减。[②]

---

　　① 《马克思恩格斯全集》第 2 卷,第 164 页。
　　② 霍布斯只讲加减,不讲乘除。他认为,乘法实际上就是加法,是几个相同的数连续相加的简便算法,除法实际上就是减法,是从一个数中连续减去几个相同的数的简便算法。

在社会学说方面，霍布斯提出了"自然状态"和"自然权利"的概念。他认为，在结成社会或建立国家之前，人类处于自然状态。人的本性和本质是自私的，人人都是个人主义者和利己主义者，大家都追求私人利益而不惜损害他人利益，这就是自然权利。在自然状态中，没有任何禁令，权利也没有任何保证。"人对人像狼一样"，相互仇视，相互厮杀。私利的冲突，导致"一切人反对一切人的战争"。为了避免这种恶果，为了更好地自我保存，人们共同缔结契约，结成社会，建立国家。这样，人类便从自然状态过渡到社会状态或国家状态。霍布斯认为，这种过渡是理性的要求，而理性的要求则是自然规律。第一条自然规律是必须结束一切人反对一切人的战争的状态，并缔结社会契约，第二条自然规律是必须遵守社会契约。霍布斯说，自然规律是永恒的、不变的。

霍布斯的自然状态和自然权利说，在一定程度上反映出资本主义的竞争和无政府状态、人对人的剥削和压迫以及战争等现象；但是，他用反历史观点把这一切硬说成是人类的自然状态和自然权利。霍布斯关于国家起源的社会契约论在当时具有反封建的进步意义；但是，他歪曲国家的性质，把剥削阶级的国家说成是全体社会成员共同意志的体现。他拥护君主专制政体，主张君主有权处理臣民的财产。

霍布斯也曾论述过经济问题，马克思称他是"最初研究政治经济学的"代表人物之一。[①] 霍布斯接触到了价值和劳动能力等概念。马克思在《资本论》中阐述劳动力这种商品的价值时，曾在注脚中引用了霍布斯《利维坦》中的一句话："人的价值，和其他一切物的价值一样，等于他的价格，就是说，等于对他的能力的使用所付的报酬。"[②] 霍布斯还接触到生产劳动和非生产劳动的概念，并强调脑力劳动的产物即科学

---

① 《马克思恩格斯全集》第 23 卷，第 677 页。
② 同上书，第 193 页。

对技艺的重要意义。关于财富,霍布斯的著名论点是,财富就是权力。

马克思研究了培根、霍布斯哲学同英国早期政治经济学的关系,指出:"一般说来,英国早期的经济学家都把培根和霍布斯当作自己的哲学家。"①

威廉·配第是英国早期经济学家中把培根和霍布斯当作自己的哲学家的一个典型代表。他遵循培根和霍布斯的唯物主义的经验论的路线,在经济研究中,从可感知的经验事实出发,以大量的经验材料作为立论的依据。

在配第看来,经济研究不应单纯地进行思维的论证,而应进行能诉诸人们的感观的论证;不应空论,而应研究经验材料;不应考察那些以个人变化无常的意图、见解、爱好和情绪等为根据的原因,而应考察那些以看得见的事实为根据的原因。同培根和霍布斯一样,配第也认为感性材料和经验事实有待于进行理性的整理。在《政治算术》中,配第对自己"立论的方法和态度"作了如下的概括:"我进行这项工作所使用的方法,在目前还不是常见的。因为和只使用比较级或最高级的词语以及单纯作思维的论证相反,我……只进行能诉诸人们的感官的论证和考察在性质上有可见的根据的原因。至于那些以某些人的容易变动的思想、意见、胃口和情绪为依据的原因,则留待别人去研究。这里我敢明白地说,老实说,以这些因素(容易变动的思想等等)为依据(即使这些因素可以叫做依据)的原因是不能谈得透彻的。"②

培根和霍布斯的自然规律的观念也被配第应用到政治和经济问题中来。在配第看来,自然不是人所能违反的,人们只有遵循自然规律,才能支配自然。在《赋税论》中,配第说:"总的说来,我们应该很好地考虑一下这种情况,就是高明的医生并不乱给病人用药;相反,他们都

① 《马克思恩格斯全集》第 23 卷,第 428 页。

② 威廉·配第:《政治算术》,陈冬野译,商务印书馆 1978 年版(下同),第 8 页。

密切注意并遵循自然的运动,而不用他们自己的猛烈药方来反抗自然的运动。同样,在政治问题及经济问题上,也必须用同样的方法。因为,Naturam expellas furca licet usque recaurrit。(人虽能一时强胜自然,但自然仍将恢复其威力。)"[1] 配第在《赋税论》《货币略论》等著作中都论述了自然法。他反复强调,任何同自然法相抵触的成文法都是行不通的。其实,配第的自然法,正如马克思所指出的,"就是由资产阶级生产本性产生的法律"。[2]

（二）洛克哲学和以后的英国古典政治经济学

洛克在政治经济学方面是配第路线的直接后继者,而在哲学方面则是培根和霍布斯路线的直接后继者。洛克继承和发展了培根和霍布斯的唯物主义的经验论,在自己的主要著作《人类理解论》(1671—1690年)中,论证了承认感觉是认识的唯一来源的感觉论。"霍布斯把培根的学说系统化了,但他没有更详尽地论证培根关于知识和观点起源于感性世界的基本原则。洛克在他论人类理性起源的著作中,论证了培根和霍布斯的原则。"[3]

洛克发展了培根和霍布斯的经验论。他不仅一般地认为一切知识产生于经验,而且进而认为经验是来自感觉和感性材料的积累。洛克把研究和阐明人的认识能力的起源和性质作为自己的主要任务。他批判了天赋观念论,肯定一切认识都不是出自天赋,而是在经验中产生和从经验中产生的。洛克在论述唯物主义的经验论时,提出了著名的"白板说"。按照他的看法,人出生时的心灵或理性是一块白板。洛克

---

① 威廉·配第:《赋税论 献给英明人士 货币略论》,陈冬野等译,商务印书馆1978年版(下同),第57—58页。

② 《马克思恩格斯全集》第26卷Ⅰ,第386页。

③ 同上书,第2卷,第164页。

说:人的心灵就像一张白纸,上面没有任何记号,没有任何观念。人类在这张白纸上,画出无数的形形色色的东西。这些东西都是从经验中得来的。经验材料是唯一的通向世界之窗,人从周围环境获得感觉是一切认识的根据。洛克的认识论还包含这样一个原理:凡是存在于理性中的,无一不先存在于感觉之中。

但是,洛克没有完全坚持反映论原则。他所说的经验,除了外部经验,还包括内部经验。前者是感觉,后者是反省。前者来源于作用于人的感官的客观物质世界,后者来源于人的主观心理作用。这说明,洛克的经验论还具有唯心主义成分。洛克是资产阶级革命后所建立起来的社会秩序的维护者,资产阶级和贵族妥协的结果使他的唯物主义哲学带有不彻底性。

洛克关于物体的"第一性的质"和"第二性的质"的学说,是他的唯物主义哲学的不彻底性的又一个重要的表现。洛克把物体能用数学中的量表示的质,如物体的体积、广延、形象、可动性、运动、静止,数目等,归结为第一性的质;把物体的颜色、声音、滋味等归结为第二性的质。他认为,前者是客观的,是外在物质所固有的;后者是主观的,不是外在物质所固有的。这样,洛克就为唯心主义打开了方便之门。

洛克的唯物主义哲学的不彻底性的另一表现,是他认为自然界本身只有量的结构,而没有任何形态,人只能认识依附于物质实体的事物的性质,而不能认识事物的性质所依附的物质实体本身。

洛克把观念区分为简单观念和复杂观念,他认为,来自感觉或反省的简单观念,经过抽象等作用,变成复杂观念。前者是消极的,后者则要求理性的能动性。洛克所理解的抽象作用,只是简单地从个别事物中抽取或分离出已有的特点,经过这种抽象作用得到的概念并不是真正反映事物本质的概念。他只承认各种事物的特殊性,而不承认各种事物的普遍性。因此,洛克虽然讲到理性,讲到理性的知识,但并不真正知道理性认识的作用和意义。

洛克受到牛顿的力学观点的影响。和培根一样,洛克也把自然科学的方法移到哲学中来。恩格斯在肯定当时的自然科学方法曾在几个世纪中在认识自然界方面获得巨大进展的同时,也指出了它的局限性,说:"这种做法也给我们留下了一种习惯:把自然界的事物和过程孤立起来,撇开广泛的总的联系去进行考察,因此就不是把它们看做运动的东西,而是看做静止的东西;不是看做本质上变化着的东西,而是看做永恒不变的东西;不是看做活的东西,而是看做死的东西。这种考察事物的方法被培根和洛克从自然科学中移到哲学中以后,就造成了最近几个世纪所特有的局限性,即形而上学的思维方式。"①

在《政府论》(1690年)中,洛克叙述了自己的社会政治观点。和霍布斯相似,洛克也提出了自然状态和自然权利的学说。然而,和霍布斯不同,洛克的自然状态不是一切人反对一切人的战争的状态,而是自由和平等的乐土。在自然状态中,人们自由地支配自己的财产和处理自己的事情,大家都享有同等的权利,自由和平等是这种状态的特征,奴役和压迫是不存在的。在自然状态中,自由、平等和财产私有是人们的自然权利。但是,这些自然权利在自然状态中并不能得到保证,常有受到侵犯的可能,原因是,由于权利平等,人人都有权把自己看做最高主宰,这就会妨害人们自由地支配自己的财产。为了人身和财产的安全,人们缔结契约,建立政权和国家,在建立和维持政权的必要限度内,放弃一部分自然自由和权利。但是,财产私有是不能废除的自然权利。洛克反对君主专制,拥护资产阶级君主立宪政体,自然状态和社会契约学说是他维护君主立宪政体的理论武器。按照洛克的说法,君主不能滥用自己的大权,如果君主违背社会契约,不能保护公民人身和

---

① 《马克思恩格斯选集》第3卷,第60—61页。

财产安全,人们就可以不服从他,在某些场合,反抗君主的起义是必要的。洛克是资产阶级社会的法权观念的经典表达者,他的社会政治学说比霍布斯的更加适合当时资产阶级的要求。

洛克在感觉论的基础上建立起自己的伦理学观点。他认为,善和恶不存在天生的区别,而是在经验的基础上产生的,经验的标准是快乐和痛苦。洛克的这种伦理学观点是资产阶级的人性论,当时在反对善恶先天论方面起过一定的作用。

马克思研究了洛克哲学同英国后来的政治经济学的关系,指出:"洛克哲学成了以后整个英国政治经济学的一切观念的基础。"[①] 马克思还进一步指出:"后来洛克成了英国、法国、意大利的政治经济学的主要'哲学家'。"[②]

洛克以后的英国古典经济学家,特别是斯密和李嘉图,都按照洛克的唯物主义的经验论哲学思考和研究经济理论问题。同洛克一样,斯密和李嘉图也认为,经济理论知识只能产生于经验材料,政治经济学是根据经验材料建立起来的。[③] 洛克用经验论反对天赋观念论,斯密甚至在这一点上也追随洛克,说:"人们天赋才能的差异,实际上并不像我们所感觉的那么大……例如,两个性格极不相同的人,一个是哲学家,一个是街上的挑夫。他们间的差异,看来是起因于习惯、风俗与教育,而不是起因于天性……就天赋资质说,哲学家与街上挑夫的差异,比猛犬与猎狗的差异,比猎狗与长耳狗的差异,比长耳狗与牧畜家犬的差异,少得多。"[④]

---

① 《马克思恩格斯全集》第 26 卷 I，第 393 页。

② 同上书,第 23 卷,第 428 页。

③ 休谟是十八世纪英国唯心主义哲学的代表,他的经验论来自贝克莱,是唯心主义的经验论。但是,在研究经济问题时,特别是在经济理论上取得一定成就的地方,休谟基本上也是从客观存在的经验材料出发的。

④ 亚当·斯密:《国民财富的性质和原因研究》上卷,郭大力、王亚南译,商务印书馆1972 年版(下同),第 15 页。

当然,作为经济学家,斯密无意于简单重复洛克的哲学观点,而是旨在用洛克哲学来研究经济问题。斯密反对天赋才能论,是为了论证作为《国富论》的开篇的分工学说。他用洛克的经验论证明,人们在不同职业上表现出来的极不相同的才能,与其说是分工的原因,不如说是分工的结果。

在洛克的经验论哲学的影响下,斯密、李嘉图等人重视经济领域的经验材料。从一方面来说,斯密、李嘉图等人,正因为重视经验材料,所以在政治经济学的许多重要问题上作出了符合事实或基本符合事实的结论。然而,从另一方面来说,他们受到经验论的束缚,在一些重大问题上,停留在经验材料面前,只反映了客观存在的经济现象,而没有反映出客观存在的经济本质。马克思指出:斯密等人"都是粗略地抓住现成的经验材料,只对这些材料感兴趣"。①

洛克认为自然界只是量的结构;与此相似,斯密、李嘉图等人认为经济问题只是量的问题。他们把注意力放在经济关系的量的方面,而不注意它们的质的方面。例如,在价值问题上,他们的注意力被价值量的分析所吸引,而把为什么劳动表现为价值、为什么劳动量表现为价值量的问题看成完全无关紧要的东西,似乎这是存在于商品本性之外的东西。在分配问题上,他们的注意力被工资量、利润量、地租量的分析所吸引,被三者的分割比例所吸引,而把为什么劳动创造的价值必须在各阶级之间分配的问题看成无须说明的东西。例如,李嘉图的《原理》的第一句话就是:土地产品——通过劳动、机器和资本联合运用而从地面上得到的一切产品——在社会三个阶级之间,也就是在土地所有者、耕种土地所必需的基金或资本的所有者和以自己的劳动耕种土地的工人之间进行分配。李嘉图接着说:但在不同的社会发展阶段,这些阶级

---

① 《马克思恩格斯全集》第26卷Ⅰ,第72页。

中的每一个阶级在地租、利润和工资的名义下分到的全部土地产品的份额是极不相同的。他宣布：确定调节这个分配的规律是政治经济学的主要问题。[①]只重视量的分析而忽视质的分析，这是资产阶级经济学家的通病。古典经济学家在许多关键性理论问题上所以表现得软弱无力和陷入混乱状态，根本原因之一就在这里。

英国古典经济学家差不多都从十七世纪英国唯物主义者的自然状态和社会契约学说中汲取营养。斯密关于资本积累和土地所有权出现以前的社会原始不发达状态和资本积累和土地所有权出现以后的社会状态的学说，实际上就是把唯物主义哲学家们的自然状态和社会状态的学说从政治领域移植到经济领域中来。斯密还多次直接用社会契约来说明经济问题。

十七世纪英国唯物主义哲学家的自然规律，对英国古典政治经济学产生的影响是深刻的。斯密、李嘉图等人把自然规律的观念应用到经济理论中来，认为财富的生产和生产力的发展是按照自然规律进行的。所谓自然规律，在古典经济学家们看来，就是不受时间影响的而且是永远支配社会的永恒规律。其实，他们所说的自然规律，不过是在资本主义生产方式中起支配作用的经济规律。但是，在他们看来，只有资本主义制度是自然的，至于其他社会制度，如果有的话，都是违反自然的。在这方面，就像马克思不只一次地指出的那样，古典经济学家很像那些把宗教也分为两类的神学家。一切异教都是邪教，都是人们臆造的，只有他们自己的教才是神的启示。

洛克经典地表达了资产阶级社会的法权观念；斯密、李嘉图等人则为洛克表达的这个法权观念作了经典的经济论述。在斯密、李嘉图的著作中，最主要的权利是资产阶级的所有权，自由是商品买卖的自由，

[①]《李嘉图著作和通信集》第 1 卷，第 3 页。

平等是等价交换的平等。李嘉图的价值定义诉诸资产者的公平感。权利的公平和平等,是当时资产者打算在封建的不公平、不平等和特权的废圩上建立他们的社会大厦的基石。劳动决定商品价值,劳动产品按照这个价值尺度在权利平等的商品所有者之间自由交换,这些就是资产阶级的全部意识形态建立于其上的现实基础。

洛克从自己的感觉论出发,认为经验的标准是快乐和痛苦。十八世纪法国唯物主义哲学家爱尔维修(1715—1771 年)继承和发展了洛克的这一观点,宣称人的永恒不变的本性就是趋乐避苦。洛克和爱尔维修的这些观点,成为斯密、李嘉图以及后来几乎所有资产阶级经济学家普遍接受的伦理信条,并以此来分析人的经济行为。例如,斯密认为,狗和狗之间没有交换的倾向,因而不能通过交换增进它们各自的幸福和福利。和狗不同,或者说,和动物不同,人类有一种交换的倾向。人们出于利己心,出于自私自利的打算,互相交换自己的产品,以增进各自的幸福和福利。资产阶级哲学家和经济学家把趋乐避苦和自私自利说成是抽象的人的本性;实际上,他们恰好道出了资产阶级的阶级本性。洛克、爱尔维修以及斯密、李嘉图等人的理论,虽然在当时起过反封建的进步作用,但这毕竟是建立在唯心主义之上的资产阶级的人性论。

资产阶级哲学家和经济学家把人的多样化的相互关系归结为唯一的功利关系。"这种看起来是形而上学的抽象之所以产生,是因为在现代资产阶级社会中,一切关系实际上仅仅服从于一种抽象的金钱盘剥关系。"①

二、抽象和具体

英国古典政治经济学先后走过了两条不同的道路:第一条道路是,

---

① 《马克思恩格斯全集》第 3 卷,第 479 页。

从实在和具体开始,然后从表象中的具体达到一些简单的抽象规定;第二条道路是,从抽象上升到具体。马克思对这两条道路作了十分简要的概括:"在第一条道路上,完整的表象蒸发为抽象的规定;在第二条道路上,抽象的规定在思维行程中导致具体的再现。"①

马克思指出,在从政治经济学方面考察某一国家的时候,从实在和具体开始,"似乎是正确的。但是,更仔细地考察起来,这是错误的"②。而从抽象上升到具体的方法,"显然是科学上正确的方法"③。

(一)从具体到抽象

英国古典政治经济学在自己产生的时期,在研究方法和叙述方法上,一般都从实在和具体开始,从现实的前提开始,从人口开始,或者从国家开始。马克思指出,这一条道路是"经济学在它产生时期在历史上走过的道路"④。

威廉·配第是英国古典政治经济学产生时期采取从实在和具体开始的研究和叙述方法的典型代表。

配第的《赋税论》从国家开始,政府或国家的公共经费是他研究和叙述经济理论问题的起点。这本著作第一章第一句话就是:"国家的公共经费,就是陆、海两方面国防所需的经费,维护国内及海外和平所需的经费,以及当其他国家侵害本国时,作光荣报复所需的经费。"⑤按照配第及其直接后继者的国民财富观念,财富的创造仅仅是为了国家,国家的实力和财富的数量是成比例的。配第在从国家这个实在和具体开始以后,在分析过程中逐步形成了一些比较简单的概

---

① 《马克思恩格斯全集》第46卷上,第38页。
② 同上书,第37页。
③ 同上书,第38页。
④ 同上。
⑤ 威廉·配第:《赋税论　献给英明人士　货币略论》,第17页。

念,例如,土地租金和货币租金,金银的价值和土地的价值,以及劳动的价格等等。然后,配第考察了政治价格赖以波动的基础——自然价格,即价值。

在《政治算术》中,配第从若干国家开始。他对西欧的几个国家的财富和力量进行比较,并分析它们在财富和力量方面存在差异的原因。在分析过程中,配第逐步得出了劳动、分工等比较简单的规定以及地租、工资、利息等经济范畴。

在《献给英明人士》和《爱尔兰的政治解剖》中,配第又从人口开始。按照配第及其直接后继者的财富观点,人口数量和财富是成比例的,甚至是可以等同的。这样,一国的人口总数、户数、人口的年龄构成和性别构成、劳动力总数及其在总人口中的比重、劳动力在各生产部门的分布、非劳动人口总数及其在总人口中的比重等,便常常是配第研究和说明经济问题的出发点。配第在从人口这个实在和具体开始以后,在分析过程中也逐步形成一些比较简单的概念,例如,劳动、分工、货币、价值,等等。

作为配第研究和说明的起点的具体,已经不是客观的具体,而是一种感性认识形式,是感性的具体。这种感性的具体,是一个关于整体的表象,是一个没有经过分析的完整的表象,是一个浑沌的表象。因此,这种感性的具体,是表象中的具体。表象中的具体,是客观对象作为一个具体的整体在头脑中的反映,是尚未理解的东西。

配第不满足于把自己的认识停留在表象中的具体上面,同培根和霍布斯一样,配第也力图通过理性的方法对感性材料加以整理,把表象中的具体所包含的个别的、偶然的、现象的因素舍弃掉,抽取出一般的、必然的、本质的因素,以便得到一些简单的、有决定意义的、抽象的规定。配第事实上已经意识到,现象和本质是不一致的。他在确定了"各种价值相等和权衡比较的基础"之后说:"我承认,就这一点而言,在基础上面的作法和具体实践中,是变化多端、极其错综复杂的。"①配第经常表示,他的任务是透过错综复杂的现象来寻求事物的本质。例如,在研究货币时,他表示要深入货币的神秘之海以揭示货币所具有的神秘的性质;在研究价格时,他表示要区分决定价格的偶然的原因和必然的原因;在研究土地租金时,他表示要揭示土地租金的真正的性质。

"政治算术"和"政治解剖"是配第在经济理论领域中对培根和霍布斯整理经验材料的理性方法的创造性的应用。

为了透过经济现象寻求本质,配第就像英国唯物主义哲学家把自然科学的方法搬到哲学中一样,也把数学中的数量研究的方法搬到经济学中来。霍布斯关于经验知识要经过理性整理就是要经过数量计算的观点,引起熟习数学的配第的强烈共鸣。配第根据霍布斯关于一切事物都可以进行数量计算的论点,认为经济领域的感性材料和经验事实最终都能表述为数量的概念和用语,对这些感性材料和经验事实进行理性整理就是进行数量的计算。按照配第的看法,这种计算不是一般意义上的算术,而是"政治算术"。配第说:"我……采用了这样的方法(作为我很久以来就想建立的政治算术的一个范例),即用数字、重量和尺度的词汇来表达我自己想说的问题"。②

配第在经济研究中采用的政治算术的方法,实际上就是由个别到一般的推理方法,也就是培根创立的归纳的方法。按照配第的看法,要获得关于社会经济问题的可靠的知识,就必须以对市民社会的各种经济现象进行的数量计算为基础。只有通过大量的感性材料和经验事实的数量考查和比较,才能从许许多多的个别材料和个别事实中找出一般的和真实的东西。配第说:"用数字、重量和尺度(它们构成我下面立论的基础)来表示的展望和论旨,都是真实的,即使不真实,也不会

---

① 威廉·配第:《赋税论　献给英明人士　货币略论》,第42页。
② 威廉·配第:《政治算术》,第8页。

有明显的错误。……最低限度它们是可使我进行推论，借以指出如何得到我所追求的那种知识。"①

为了通过经济现象寻求本质，配第就像英国唯物主义哲学家把自然科学的方法搬到哲学中一样，也把解剖学的方法搬到经济学中来。培根关于要认识自然必须首先对复杂的自然现象进行分解和分析的观点，特别是培根从这些观点出发对人体和国家所进行的类比，引起深谙医学和解剖学的配第的浓厚兴趣。配第在从实在和具体出发时，首先对实在和具体进行解剖和分析。按照配第的看法，研究人体必须借助解剖学，研究国家和社会问题也必须借助解剖学。不同的是，研究国家所采用的解剖学不是一般意义上的解剖学，而是"政治解剖"，解剖的对象不是普通动物，而是"政治动物"。

配第十分赞赏培根对人体和国家的类比，非常强调解剖学对于经济分析的重要意义。在《爱尔兰的政治解剖》中，配第说："弗兰西斯·培根爵士在其所著《学术的进步》一书中，曾从许多方面把人体和国家作了恰当的对比，也把保持这二者强健的方法作了恰当的对比。解剖学是前者的最好的基础，也是后者的最好的基础，这种说法是十分合理的。要搞政治工作而不了解国家各个部分的匀称、组织和比例关系，那就和老太婆与经验主义者的办法一样荒唐了。"②

配第在经济研究中采用的解剖方法，实际上就是要对表象中的具体进行分析，把表象中的具体分成简单的组成部分，把其中个别的、偶然的和现象的因素同一般的、必然的和本质的因素区分开来，舍弃前者而把握后者，以便从表象中的具体逐步上升到简单的抽象规定。配第强调解剖，这表明他已经意识到分析在科学认识中的地位和作用。在他看来，只有通过解剖，也就是只有通过分析，才能认识社会经济机体

---

① 威廉·配第：《政治算术》，第8—9页。
② 威廉·配第：《爱尔兰的政治解剖》，周锦如译，商务印书馆1984年版（下同），第5页。

的各个部分的"匀称、组织和比例关系"。

　　配第认为,他的解剖的方法虽然由于解剖工具的简陋而不能详尽地观察社会经济机体的每一细致的部分,但是已经足以找出这个机体的各个主要组成部分以及它们的所在位置。配第说:"的确,作这种精密的解剖必须有各种各样的适当工具,可是我只有一把普通的小刀和一条破布,而没有任何其他为这一工作所需要的东西。但是,我的肤浅的研究虽然不能分清淋巴管、神经丛、脉络膜、睾丸中的血管组织,却也足以找出肝、脾、肺的位置了。"[①] 配第十分重视自己在经济理论领域所作的这一项开创性工作的意义,说:"尽管我还不知道我在这方面所做的工作是不是为人所重视,也不知道人们是不是认为它有些用处,我也要大胆地开始一项新的工作;这项工作如果由更能干的人们加以指正和扩充,我相信它一定会有助于我国的安宁和富庶。"[②]

　　马克思主义创始人没有完全否定英国唯物主义经验论哲学家关于用归纳、分析等理性方法去整理感性材料的意义,而是把他们的这种方法放在当时的历史条件下来评价,既指出它对科学研究的积极作用,又指出它的形而上学的消极影响。同样,马克思主义创始人也没有完全否定古典政治经济学产生时期的经济学家的方法的意义,而是把他们的这种方法也放在当时的历史条件下来认识,既指出它在政治经济学史上的功绩,又指出这种方法的错误性质。

　　从认识论的角度看,配第等人从实在和具体开始,遵循了培根和霍布斯的唯物主义的经验论路线,要认识整体的各个部分,要认识事物的本质,事物的整体必须始终作为前提浮现在表象面前。因此,客观的实在和具体在认识过程中是实际的起点,因而也是直观和表象的起点。

---

　　① 威廉·配第:《爱尔兰的政治解剖》,周锦如译,商务印书馆1984年版(下同),第5—6页。

　　② 同上书,第6页。

配第没有完全停止在感性材料上，而是用他特有的"政治解剖"和"政治算术"的理性方法去整理感性材料，最后从表象中的具体达到了一些抽象的一般规律。

可以说，如果没有十七世纪的经济学家的这些抽象的一般的规定，就不可能有十八世纪的从抽象上升到具体的古典政治经济学各种体系的出现。配第等人的历史功绩正在于此。马克思指出："十七世纪的经济学家总是从生动的整体，从人口、民族、国家、若干国家等等开始；但是他们最后总是从分析中找出一些有决定意义的抽象的一般的关系，如分工、货币、价值等等。这些个别要素一旦多少确定下来和抽象出来，从劳动、分工、需要、交换价值等这些简单的东西上升到国家、国际交换和世界市场的各种经济学体系就开始出现了。"[1]

但是，从政治经济学的方法论的角度看，配第等人在经济学的历史上所走过的道路是错误的。这种错误就性质来说，同培根的错误颇为相似。

在《新工具》中，培根提出了一条寻求和发现真理的道路：先从感觉和特殊事物中引申出公理，然后不断地逐步上升，最后达到最普遍的公理。培根认为，他的这种从感觉和特殊事物出发而止于最高概括的道路，是科学上唯一正确的道路。配第等人从实在和具体出发最后得出一些抽象规定的道路，实际上就是培根所主张的从感觉和特殊事物出发经过逐步上升而止于最高概括的道路在经济研究中的具体应用。把从实在和具体出发得到个别的抽象规定当作科学研究的终点，这是唯物主义的经验论者的形而上学观点。古典政治经济学产生时期的经济学家不同程度地都受到这种形而上学观点的支配。

配第等人的错误在于，他们在找出一些有决定意义的抽象的一般

---

[1]《马克思恩格斯全集》第46卷上，第38页。

关系之后,没有在思维行程中从这里回过头来,没有回到实在和具体。也就是说,他们没有在思维行程中从已经达到的简单的抽象的规定出发来掌握具体,因而未能使浑沌的表象中的具体成为理解了的思维中的具体,也就是未能使感性具体成为理性具体。同英国唯物主义的经验者一样,配第等人也是直观的唯物主义者,他们都不懂得,具体虽然是实际的起点,因而也是直观和表象的起点,但是在思维中却表现为结果,而不表现为起点。

由于以上的错误,配第等人不是正确地把已经达到的一些简单的抽象的规定作为科学的真正的出发点,而是把它作为认识的结果和终点。以配第由此出发的人口为例:人口是一个实在和具体。要认识资本主义社会的人口的本质,就必须分析人口的阶级构成。要分析人口的阶级构成,就要分析雇佣劳动和资本等决定阶级的因素。而要分析这些因素,又必须先分析产生这些因素的前提。配第面临着国家、人口等实在和具体,面临着混沌的关于整体的表象,在分析中不得不对分工、劳动、价值、货币等作出一些简单的抽象的规定。他以为,这样就完成了科学研究的任务。配第没有从这些简单的抽象的规定回到人口上来,研究和说明作为一个具有许多规定和关系的整体的人口。

在政治经济学的最初探索中,配第等人始终没有能够从抽象上升到具体,没有建立起从抽象上升到具体的政治经济学体系。他们关于政治经济学的一些原理或观点没有构成完整的体系,而是一部分一部分地、零零碎碎地提出来的。当然,这首先是由于时代的限制。在配第等人开始探索经济理论的时代,资本主义生产还不够发展。除了时代的限制,从方法论来说,配第等人由于未能从抽象上升到具体,因而也就没有可能建立起政治经济学体系。他们只是把复杂的整体分解成若干个部分,对一个一个的部分作出了一个一个的简单的抽象的规定,而没有把一个一个的简单的抽象的规定加以综合,并按照资本主义经济的固有矛盾把它们联系起来，形成思维中的整体，在思维行程中全面地掌握具体。培根等人的思维受到形而上学的障碍，"这些障碍堵塞了自己从了解部分到了解整体、到洞察普遍联系的道路"。[①]现在，使配第等人不能在思维的行程中全面地掌握具体的，仍然是这种形而上学的障碍。

同上述错误相联系，在归纳和演绎、分析和综合的关系上，配第等人也重犯了英国唯物主义的经验论哲学家的错误。就像培根一样，配第也重视从个别到一般的归纳，而忽视从一般到个别的演绎；重视把对象解剖成简单的组成部分的分析，而忽视把各个简单的组成部分联合成一个统一整体的综合。配第虽然事实上不可能完全没有演绎，也不可能完全没有综合，但是他不懂得归纳和演绎、分析和综合之间的联系和转化的辩证关系。在这一方面，同英国唯物主义的经验论哲学家一样，配第也明显地受到形而上学的局限。

配第的错误还在于，他在把自然科学的方法搬到政治经济学领域来的时候，忽视了自己的研究对象的特殊性，经济关系的特殊性，不能不使配第的"政治算术"和"政治解剖"方法的应用受到很大的限制。这种限制，不在于由于计算技术不够发展因而未能从大量经验事实中归纳出精确的数量关系；也不在于像配第自己所说的那样，由于解剖工具不足因而未能更仔细地分析经济社会机体的各个微小组织。配第不懂得，即使用最先进的计算技术，也算不出资本主义的经济关系；即使在显微镜下解剖，也找不到资本主义经济的细胞。马克思指出："分析经济形式，既不能用显微镜，也不能用化学试剂。二者都必须用抽象力来代替。"[②]事实上，配第在政治经济学领域中进行尝试时所取得的成就，还是依靠了他的有限的抽象力。他从复杂的具体的经济现象中，抽

---

① 《马克思恩格斯选集》第 3 卷，第 468 页。
② 《马克思恩格斯全集》第 23 卷，第 8 页。

象出了一些有决定意义的一般关系。

（二）从抽象到具体

英国古典政治经济学在自己发展和完成的时期，在研究方法和叙述方法上，一般都不再像十七世纪的经济学家那样从实在和具体开始，而是走的从抽象上升到具体的道路。

从抽象上升到具体的方法，用马克思的话来说，就是"思维用来掌握具体并把它当作一个精神上的具体再现出来的方式"。[①]在这里，抽象在思维中表现为起点，而具体则表现为结果。但是，从抽象到具体，绝不像唯心主义哲学家例如黑格尔说的那样，是实在和具体产生的过程，是自我综合、自我深化和自我运动的思维的结果；而是实在和具体在思维中再现的过程，是思维掌握具体的过程。在从抽象上升到具体的过程中作为起点或出发点的抽象，是从表象中的具体达到的一些有决定意义的简单的一般的规定。在这一过程中表现为结果的具体，是理解了的思维中的具体，是理性的具体。这个具体，正像马克思说的那样，已不是一个浑沌的关于整体的表象，而是一个具有许多规定和关系的丰富的总体。

从古典政治经济学走过的道路中可以清楚地看到客观的具体、表象中的具体、思维中的具体三者之间的关系。客观的具体独立地存在于人们的头脑之外，它始终作为前提浮现在表象面前；表象中的具体是客观的具体作为一个浑沌的整体在头脑中的反映，是尚未被理解的具体；思维中的具体是在理论思维过程中对表象中的具体加工的产物，是思维所掌握的具体，是被理解了的具体。

从政治经济学的理论方法来说，客观的具体是实际的起点，它总是

---

① 《马克思恩格斯全集》第46卷上，第38页。

作为前提浮现在表象面前，因而是表象的起点。然而，它不是科学的真正出发点。表象中的具体，是古典政治经济学在自己的产生时期的出发点。我们已经看到，在十七世纪，配第等人在以表象中的具体为出发点时受到了多么严重的局限。到了十八世纪，当各种经济学体系出现的时候，古典经济学家一般不再把表象中的具体作为出发点，而是把十七世纪以来已经多少确定下来并抽取出来的一些有决定意义的最简单的抽象规定作为政治经济学这门科学的真正出发点。一般说来，他们走的道路是从抽象上升到具体的道路。马克思肯定了从抽象上升到具体的方法，指出：这种方法"显然是科学上正确的方法。具体之所以具体，因为它是许多规定的综合，因而是多样性的统一。因此它在思维中表现为综合的过程，表现为结果，而不是表现为起点，虽然它是实际的起点，因而也是直观和表象的起点"。①

在政治经济学史上，一些古典经济学家对问题还没有在简单的形式上解决之前，就先在复杂的形式上进行讨论。例如，重农学派在尚未弄清楚什么劳动创造价值之前，就先争论什么劳动创造剩余价值。从理论方法来说，这是由于他们没有找到真正的出发点，因而不可避免地走了弯路。马克思在论述重农学派走过的这一弯路时说，"正如一切科学的历史进程一样，在到达它们的真正出发点之前，总要经过许多弯路。科学和其他建筑师不同，它不仅画出空中楼阁，而且在打下地基之前就造起大厦的各层住室"②，一个一个的最简单的抽象规定，可以看做是大厦的各层住室，作为许多规定的综合的具体，则可以看作是由各层住室构成的大厦。科学的真正的出发点不是后者，而是前者。

十八世纪六十年代，斯图亚特建立了英国资产阶级政治经济学的第一个体系。在他的体系中，政治经济学的抽象范畴还处在从它们的

---

① 《马克思恩格斯全集》第 46 卷上，第 38 页。
② 同上书，第 13 卷，第 47 页。

物质内容中分离出来的过程。斯图亚特已经开始形成关于商品、价值、劳动、货币等一系列重要经济范畴，然而这些抽象范畴还不太清晰，也不太确定。在斯图亚特的体系中，多少还带有十七世纪经济学家从实在和具体出发的痕迹。

到了十八世纪七十年代，亚当·斯密的政治经济学体系正式问世。斯密建立的政治经济学体系，是英国古典政治经济学中第一个从抽象上升到具体的理论体系。他不再从人口或国家这样的实在和具体开始，而是从劳动、分工等一般的抽象规定开始。斯密的经济学巨著《国富论》的第一句话，就是宣布劳动一般是一切财富的源泉。他说："一国国民每年的劳动，本来就是供给他们每年消费的一切生活必需品和便利品的源泉。"[1] 从工业劳动、商业劳动、农业劳动等比较具体的范畴中抽象出劳动这一简单范畴，并把它作为出发点，这在政治经济学史上具有十分重要的意义。马克思指出："亚当·斯密大大地前进了一步，他抛开了创造财富的活动的一切规定性——干脆就是劳动，既不是工业劳动、又不是商业劳动、也不是农业劳动，而既是这种劳动、又是那种劳动。有了创造财富的活动的抽象一般性，也就有了被规定为财富的对象的一般性，这就是产品一般，或者说又是劳动一般，然而是作为过去的、物化的劳动。"[2]

在从劳动、分工这样简单的经济范畴开始以后，斯密接着对货币、价值、交换价值等作了一般的抽象的规定，然后研究工资、利润、地租三种收入以及资本主义社会的三个社会阶级，然后研究资本积累问题和其他问题，最后才研究国家，考察税收和公债。因此，总的说来，斯密的体系从抽象的东西开始，然后逐步地上升到作为许多规定的综合的具体，从具有决定意义的一般的最简单的东西开始，然后逐步地上升

---

[1]　亚当·斯密：《国富论》上卷，第 1 页。
[2]　《马克思恩格斯全集》第 46 卷上，第 41 页。

到作为多样性的统一的复杂的东西。

斯密著作巨大的吸引力,斯密在经济理论方面的巨大成就,同上述方法是分不开的。斯密的从抽象上升到具体的政治经济学体系的意义在于,它一开始就尝试着先抽掉资本主义经济在竞争中表现出来的现象,力图寻求决定这些现象的事物的本质,也就是深入研究资本主义制度的生理学,探讨这一制度的内在联系。

但是,斯密远未自觉地、一贯地坚持这一方法,而是经常陷入矛盾之中,在《国富论》中,一方面,他试图深入研究资本主义制度的生理学,探讨这一制度的内在联系;另一方面,他又试图描写资本主义制度的经济现象,叙述这一制度的外在联系,在思维行程中用经济学语言把资本主义经济的现象和外在联系再现出来。这双重任务,决定了斯密著作的双重结构:一方面是著作的内在部分,另一方面是著作的外在部分。前者是他的著作中真正科学的部分,后者是他的著作中肤浅的和庸俗的部分。从斯密著作的内在部分和外在部分可以明显地看出,斯密有双重的理解方法、考察方法和表达方法。关于这一点,马克思作了深刻的揭示:"这是两种理解方法,一种是深入研究资产阶级制度的内在联系,可以说是深入研究资产阶级制度的生理学,另一种则只是把生活过程中外部表现出来的东西,按照它表现出来的样子加以描写、分类、叙述并归入简单概括的概念规定之中。这两种理解方法在斯密的著作中不仅安然并存,而且相互交错,不断自相矛盾。……因为两个任务是各自独立进行的,所以这里就出现了完全矛盾的表述方法:一种方法或多或少正确地表达了内在联系,另一种方法同样合理地,并且缺乏任何内在关系地——和前一种理解方法没有任何联系地——表达了外部表现出来的联系。" ① 马克思又指出:"斯密起初是从事物的内部联系

---

① 《马克思恩格斯全集》第26卷Ⅱ,第182页。

考察事物,后来却从它们在竞争中表现出来的颠倒了的形式去考察事物。他天真地把这两种考察方法交织在一起,而且没有觉察到它们之间的矛盾。"①

当斯密用第一种理解方法、考察方法和表述方法的时候,他用科学的研究者的眼光来研究资本主义经济关系和相应的经济范畴。作为科学的研究者,他有渴求理解现象的内在联系的愿望,而且在一定程度上揭示出了这种内在联系、隐蔽联系或隐蔽结构,为理解资本主义的生活过程奠定了基础,也为他的后继者进一步深入研究资本主义制度的生理学提供了科学的基础。斯密通过从抽象上升到具体的方法所获得的科学成就,集中地表现在他的这样一种正确思路上:他先研究商品的价值,在一些地方对商品价值作了比较正确的规定,然后由商品的价值推出工资、利润和地租,认为利润和地租来源于剩余劳动,来源于工人再生产他自己的工资的那部分劳动以外加到劳动对象上去的剩余劳动。这样,在比较正确的价值规定的基础上,斯密大体上找到了剩余价值及其特殊形式的源泉。

当斯密用第二种理解方法、考察方法和表述方法的时候,他是用非科学的观察者的眼光,是用同资本主义生产过程有实际利害关系的资本主义生产当事人的眼光,来看待资本主义经济关系和相应的经济范畴的。作为非科学的观察者,他满足于了解现象自身。这时他看到的只是资本主义经济的外在现象,是在竞争中表现出来的假象,这种外在现象或假象掩盖了事物的真相。这时他提出的联系只是资本主义经济的外在联系,这种外在联系掩盖了内在联系。斯密背离从抽象上升到具体的方法所造成的理论上的错误和混乱,突出地反映在这样一种错误思路上:他忘记了自己作出的比较正确的价值规定,不再从这种抽象

---

①　《马克思恩格斯全集》第26卷Ⅱ,第111页。

的价值规定出发，而是从竞争所表现出来的颠倒着的现象出发，从工资、利润和地租表现为价值的构成要素这一假象出发，错误地把工资价格、利润价格和地租价格假定为某种既定的东西，把它们规定为独立的量，从工资、利润和地租的自然价格的相加数来推出商品的价值。

斯密有时遵循从抽象上升到具体的道路，有时又背离从抽象到具体的道路。这种情况表明，斯密不懂得抽象同直观的经验现象之间的区别。他把抽象直接等同于具体，而且用经验论的观点看待具体和抽象在认识中的作用。斯密虽然意识到抽象的重要性，但是他更相信经验材料。斯密说："对一个极其抽象的问题，即使殚精竭虑，期其明了，恐仍难免有些不明白的地方。"①又说：具体"是一个可以看得到和接触得到的物体"，而"抽象概念，纵能使人充分理解，也不像具体物那样明显、那样自然"。②这就不难理解，为什么斯密在大体上找到了剩余价值及其特殊形式的源泉时，又被竞争所表现出来的假象所迷惑。斯密在抽象和具体问题上表现出来的混乱，显然是受到英国唯物主义经验论者的影响。恩格斯在评论经验论者的有关观点时说：先从可以感觉到的事物造成抽象，然后又希望从感觉上去认识这种抽象的东西，希望看到时间，嗅到空间。经验论者深深地陷入了体会经验的习惯之中，甚至在研究抽象的东西的时候，以为自己还是在感性的认识的领域内。恩格斯对经验论者的这一评论，也适用于亚当·斯密。

斯密有相当的科学的抽象力。这种抽象力使他在政治经济学领域中的科学成就大大超出了他的理论前辈。前面说的"劳动"这一简单范畴的提出，就是一个典型的例子。重商学派和重农学派都不能抽象掉创造财富的活动的具体形式，甚至配第在某种情况下也是如此。斯密比他们前进了一大步，他抛开了创造财富的活动的一切规定性，得到

---

① 亚当·斯密：《国富论》上卷，第25—26页。
② 同上书，第27—28页。

了这种活动的抽象一般性。当然,斯密所以能够在经济理论上从这种简单性上来把握"劳动",这首先是由于在他所处的历史时代产生了这个简单范畴的客观的经济关系。但是,从方法论来讲,斯密如果没有相当的科学的抽象力,仍然不可能在理论上得出"劳动"这样一个简单的抽象概念。

不过,就政治经济学的科学研究而言,斯密的抽象力是不够的。最明显的例证是,他事实上已经研究了剩余价值,可是他从未用一个特定范畴来阐明他研究的剩余价值这个抽象形式或一般形式,从未对剩余价值的抽象形式或一般形式同它的更发展的具体形式作出必要的理论区别。这就不难理解,为什么事实上已经研究了剩余价值的亚当·斯密,后来又不通过任何中介环节,直接把剩余价值同利润、地租等同起来。马克思指出:"仅仅这一点本来就应当使他意识到,决不能不通过任何中介环节,而把一般的抽象形式同它的任何一个特殊形式混淆起来。不论是斯密,还是后来所有的资产阶级经济学家,照例都缺乏对于阐明经济关系的形式差别所必要的理论认识。"①

英国古典政治经济学从抽象到具体的方法,在李嘉图的主要著作《政治经济学原理》(后称《原理》)中得到了最充分的运用。

李嘉图在《原理》一书的一开头,就"从分散的各种各样的现象中吸取并集中了最本质的东西,使整个资产阶级经济体系都从属于一个基本规律"。②这个基本规律就是价值决定于劳动时间的规律。配第在对资本主义机体进行"政治解剖"时,虽然提出了劳动价值理论的若干基本之点,但他是从实在和具体出发,最后才得出一些抽象的规定的。和配第不同,斯密在研究资本主义的生理时,已经注意到从价值等抽象规定上升到具体,然而他的内在观察法往往同外在观察法交织在一起,

---

① 《马克思恩格斯全集》第26卷Ⅰ,第72页。
② 同上书,第26卷Ⅱ,第186页。

这就大大妨害了他的逻辑思维的正常进程。李嘉图同斯密的内在观察法和外在观察法的矛盾断然决裂,他维护亚当·斯密的内在部分,而反对亚当·斯密的外在部分。李嘉图有意识地、明确地把价值决定于劳动时间这一规定,看作是资本主义经济制度的生理学的基础和出发点,看作是理解这一经济制度的内在联系和生活过程的基础和出发点。他把发展了的资本主义生产关系,把其他各种经济范畴,同价值决定于劳动时间这一规定进行对证,同资本主义经济制度的生理学基础和出发点进行对证,考察前者同后者适合到什么程度或者矛盾到什么程度,也就是考察资本主义经济的表面运动同它的实际运动之间的偏离程度。

在政治经济学史上,李嘉图的研究方法"具有科学的合理性和巨大的历史价值"。[①] 从抽象到具体的方法,使李嘉图能够在一开始就抛开掩盖资本主义经济内在联系和生活过程的那些表面的复杂现象,在竞争造成的经济现象的背后找出这些经济现象的同一本质,透过资本主义经济的各种偶然的、个别的现象,找出决定资本主义生理过程的必然的、规律性的东西,从特殊的、个别的东西抽取出一般的、本质的东西。一句话,就是从资本主义经济的外在联系中发现它的内在联系。李嘉图的这一方法是英国古典学派的科学方法的最高发展。李嘉图运用科学的抽象法,"对深处与表面完全不同的资产阶级经济作了非常深刻的理论上的分析",[②] 从而在英国古典政治经济学史上取得了最高的理论成就。

但是,必须看到,李嘉图的研究方法在科学上仍然存在着严重缺陷。关键的问题是,李嘉图的抽象并不都是科学的抽象,而是科学的抽象和错误的、形式上抽象同时并存。

李嘉图的《原理》第一章论价值,第五章论工资,第六章论利润,

---

① 《马克思恩格斯全集》第26卷 II,第183页。
② 同上书,第13卷,第51页。

看起来完全是沿着从抽象到具体的行程前进的。然而,缺乏足够的科学抽象力的李嘉图,在考察普遍规律本身时,一开始就受到各种具体关系的干扰。在第一章中,他事实上已经假定了尚待在第五、六章中揭示的规律的存在。这样,李嘉图在讨论商品时,已经不是单纯地讨论商品,而是讨论作为资本的产物的商品。在本来只有商品的地方,就拉扯上平均利润和由比较发达的资本主义生产关系所产生的一切前提。也就是说,李嘉图一开始就把抽象的规定同具体混淆起来。马克思在给库格曼的信中指出:"如果想一开头就'说明'一切表面上和规律矛盾的现象,那就必须在科学之前把科学提供出来。李嘉图的错误恰好是,他在论价值的第一章里就把尚待阐明的所有一切范畴都预定为已知的,以便证明它们和价值规律的一致性。"[①]

　　李嘉图的研究方法在科学上的缺陷,决定了他的理论著作在结构上的缺陷。李嘉图不仅在《原理》的开头假定了商品的存在,还假定了资本的存在,假定了工资、利润、地租的存在,甚至还假定了平均利润和生产价格的存在。李嘉图的进一步阐述不是从抽象逐步上升到具体,而是简单地把同一些原则运用于各种具体场合,形式地证明这些原则同资本积累和土地私有制的产生并不矛盾,同平均利润和生产价格并不矛盾,甚至同国际市场价格并不矛盾。他满足于这类简单的证明、重复或补充,而没有研究在从抽象到具体的过程中存在的那些中介环节,没有研究抽象是如何通过这些必要的中介环节上升到具体的,没有让抽象的规定在思维行程中导致具体的再现。

　　当李嘉图把发展了的资本主义经济关系和经济范畴同作为资本主义经济生理学基础的价值规定进行对证时,他不是从这个基础出发,去研究这个基础的发展,而是总想简单地证明发展了的经济关系和经济

---

① 《马克思恩格斯全集》第32卷,第541页。

范畴同劳动价值理论没有矛盾。正如马克思指出的那样,当李嘉图试图证明价值规律并不因土地私有制和资本积累的出现而受到破坏的时候,实际只是试图把同价值规律矛盾或似乎矛盾的现象从理论中挑除出去①。李嘉图想用强制的抽象把价值和生产价格直接等同起来,把剩余价值和利润直接等同起来,把剩余价值率同利润率直接等同起来。李嘉图不懂得,从价值到生产价格,从剩余价值到利润,从剩余价值率到利润率,存在着转化过程,存在着中介环节。他总想通过强制的抽象,跳过中介环节,把不能直接等同的东西硬加以直接等同。

强制的抽象或粗暴的抽象,只是形式上的抽象,同科学的抽象相去甚远。它硬把抽象同具体强制地、直接地等同起来,硬使比较具体的关系去适应简单的价值关系。因此,这种抽象是一种虚假的抽象。

强制的抽象是理论软弱的表现,是抽象力不够的表现。庸俗经济学家的鼻祖萨伊责备李嘉图以"赋予过分普遍意义的抽象原则"作为基础和出发点,在他们看来,李嘉图的理论是同现实相矛盾的抽象。其实,李嘉图作为基础和出发点的理论不在于过分抽象,而在于抽象不足。马克思指出:"如果说人们责备李嘉图过于抽象,那么相反的责备倒是公正的,这就是:他缺乏抽象力,他在考察商品价值时无法忘掉利润这个从竞争领域来到他面前的事实。"②

不过,也应当看到,李嘉图的强制的抽象,在一定程度上是他本能地坚持客观经济规律的一种表现。例如,为了坚持价值决定于生产商品的必要劳动量的规律,他企图用强制的抽象使生产价格规律去简单

---

① 例如,李嘉图和他的学派认为绝对地租的存在是同价值规律矛盾的,因此他们否认绝对地租,硬把绝对地租从他们的理论体系中排除出去。关于这一点,马克思指出:"统计学家和实践家全都坚持说有绝对地租存在,而(李嘉图派的)理论家则企图通过非常粗暴和理论上软弱的抽象来否认绝对地租的存在。直到现在,我始终确信,在所有这一类争论中,理论家总是不对的。"引自《马克思恩格斯〈资本论〉书信集》,第 167 页。

② 《马克思恩格斯全集》第 26 卷Ⅱ,第 211 页。

地适应价值规律。为了坚持价值规律,在地租问题上,李嘉图想通过强制的抽象把形成级差地租的各种各样的情况只归结为一种情况,甚至否定绝对地租这一明显的经济事实的存在。又例如,李嘉图本能地坚持价值量同预付的可变资本量成正比的规律,企图因强制的抽象把这个规律从现象的矛盾中拯救出来,这是一方面。另一方面,更应当看到,不从抽象的规定经过中介环节上升到具体,而是强制地使具体直接等同于抽象规定,这本身就使李嘉图的理论体系包含了无法克服的矛盾。当李嘉图学派用非常粗暴的抽象来解决李嘉图体系的矛盾时,他们比李嘉图反对者的一切攻击更严重得多地破坏了李嘉图理论的全部基础。

三、逻辑和历史

英国古典经济学家在自己的研究过程中不同程度地接触到了逻辑认识过程和历史发展过程的关系问题。历史是实在事物自身的运动过程,逻辑是人们的头脑对实在事物的运动过程的理论反映。因此,一般说来,逻辑和历史应当是一致的,历史应当是逻辑的基础,逻辑的东西应当是排除了历史形式的偶然性的历史的东西。但是,在英国古典经济学家那里,除了个别例外,逻辑和历史往往不相一致。古典经济学家由于阶级利益的限制,多数都不能正确地处理逻辑和历史的关系。

这里说的个别例外主要是指斯图亚特。他虽然也是资产阶级经济学家,但由于出身贵族,特别是由于游历欧洲大陆时留心考察了没落的封建主义生产方式,因而比较多地站在历史的基础上,在较大程度上避免了自己的理论前辈和后辈在逻辑和历史的关系上所产生的混乱。

斯图亚特善于看出各种生产方式的社会特征,他以自己特有的历史感来研究社会劳动分别在资本主义生产、封建制生产和奴隶生产中表现出来的特殊历史形式,通过比较,斯图亚特认识到资本主义经济是同以强制劳动或不自由劳动为特征的经济具有根本区别的,是以自由的生产者为主体的商品经济。

斯图亚特认真研究了社会劳动从在封建制生产中表现出来的特殊历史形式到在资本主义生产中表现出来的特殊历史形式的过渡,觉察出生产条件和劳动力的分离是资本主义产生的前提,并考察了这个分离过程本身。在这一方面,斯图亚特远远高出于斯密和李嘉图。即使有某种历史感的亚当·斯密,不过是把生产条件和劳动力分离过程的完成作为既定的前提,而没有研究过这个分离过程。至于缺乏历史感的李嘉图,甚至根本不知道曾经发生过这种分离。

就大多数古典经济学家而论,他们在逻辑上考察的是社会劳动在资本主义生产中表现出来的特殊的历史形式,然而他们却普遍地把这种特定的历史形式说成是绝对的、自然的形式。在英国唯物主义的经验论者的自然规律观念的支持下,古典经济学家大多数都把资本主义生产方式特有的经济关系当作历史上最初的经济关系。例如,资本主义土地所有制是资本主义生产方式的结果和产物,可是李嘉图却把它看作是历史上最初的土地所有制形式。马克思指出:"李嘉图把现代社会中存在和表现出来的这个事实也看成历史上最初的东西……,这是一种误解,资产阶级经济学家们在考察资产阶级社会的一切经济规律时都陷入这种误解,在他们看来,这些规律是'自然规律',因而也表现为历史上最初的东西。"①

最有典型意义的逻辑和历史的不一致是古典经济学家关于单个的孤立的经济人的观念。古典经济学家既然把资本主义生产看作是社会生产的自然形式和永恒形式,那就必然把历史地产生的资本主义商品生产者看作是人类社会一开始就已经存在的,或者,就必然把从事生产的原始人也看作是资本主义的商品生产者。事实上,英国古典政治经

---

① 《马克思恩格斯全集》第26卷Ⅱ,第168页。

济学的主要代表斯密和李嘉图都是这样做的。

在斯密的《国富论》中,孤立的个人被当作出发点。在那里,扮演着主要角色的是单个的孤立的猎人和渔夫:捕鹿的人和捕海狸的人。[①]他们各自依照自己捕鹿和捕海狸所需要的劳动时间来决定劳动产品的交换比例,由此引出了斯密政治经济学体系的全部理论问题。同样,在李嘉图的《原理》中,被当作出发点的也是孤立的个人。同斯密一样,李嘉图讲的也是单个的孤立的猎人和渔夫的故事。[②]李嘉图的全部政治经济学原理也是由孤立的个人的生产和交换而产生的。马克思指出:"被斯密和李嘉图当作出发点的单个的孤立的猎人和渔夫,属于十八世纪的缺乏想象力的虚构,这是鲁滨逊一类的故事。"[③]

斯密从孤立的个人出发,是受了十八世纪法国启蒙学派的影响。而李嘉图从孤立的个人出发,则是直接受了斯密的影响。无论是在《国富论》或是在《原理》中,孤立的猎人和渔夫主要都被用来作为说明劳动价值理论的例子,而不是作为政治经济学的基本方法。这一点,使古典经济学家不同于后来的庸俗经济学家。

斯密和李嘉图的世界观,同启蒙学者一样,都是非历史的。启蒙学派用人的本性来论证自己的理性论。与此相似,英国古典经济学家也用人的本性来论证自己发现的生产和交换的规律。按照启蒙学派关于人的本性的观点,合乎自然的个人是一种理想。这样的个人是自然造成的,而不是历史产生的。这样的个人是历史的起点,而不是历史的结果。与此相似,古典经济学家也把作为自己理论中的孤立个人看作是自然产生的,看作是历史的起点。

古典经济学家的理论是他们的时代的经济关系的理论表现,是他们

---

① 亚当·斯密:《国富论》上卷,第42页。
② 《李嘉图著作和通信集》第1卷,第18—22页。
③ 《马克思恩格斯全集》第46卷上,第18页。

的时代的需要的表现,可是他们却像启蒙学派那样,认为是同人的本性相符合的理性的表现。古典经济学家所发现的经济规律是历史地规定的资本主义的经济规律,可是他们却像启蒙学派那样认为是同人的本性相符合的永恒的自然规律。启蒙学派没有超出时代所给予的限制。他们所说的理性,实际上不过是正好在那时发展成为资产阶级的中等市民的理想化的悟性。他们所要建立的理性的王国,实际上不过是资产阶级的理性化的王国。与此相似,古典经济学家也没有超出时代所给予的限制。斯密在十八世纪所说的个人,实际上不过是正好在那时发展为资产者的中等市民。斯密所说的人的本性,实际上不过是那时在历史地形成的资本主义经济关系中从事生产和交换的资产者的本性。而李嘉图在十九世纪初期所说的个人,则是已经从中等市民演变而来的资产者。

事实上,被启蒙学者和古典经济学家看作是历史的起点的孤立个人,并不是自然造成的,而是历史的产物:"一方面是封建社会形式解体的产物,另一方面是十六世纪以来新兴生产力的产物。"[①] 生产是社会个人的生产,而不是孤立个人的生产。孤立个人在社会之外进行生产,这是不可思议的。在资本主义以前的生产方式中,进行生产的个人都明显地按照某种自然联系成为一定人群的附属物。只有在资本主义的自由竞争中,进行生产的社会个人才表现为摆脱旧时代那种自然联系的单个的孤立的经济人。[②] 只有在资本主义生产方式中,社会个人的生产,才具有孤立个人的生产的外观。这就是启蒙学者和古典经济学家

---

① 《马克思恩格斯全集》第 46 卷上,第 18 页。

② 马克思和恩格斯指出:"自由工业和自由贸易……把从特权下解放出来的、已经不和别人联系……的人放在特权的地位上……并且引起了人反对人、个人反对个人的斗争。……整个的市民社会只是由于个人的特性而彼此分离的个人之间的相互斗争,是摆脱了特权桎梏的自发的生命力的不可遏止的普遍运动。"引自《马克思恩格斯全集》第 2 卷,第 148—149 页。马克思指出:"亚当·斯密按照真正的十八世纪的方式列为史前时期的东西,先于历史的东西,倒是历史的产物。"引自《马克思恩格斯全集》第 46 卷上,第 102 页。

关于合乎自然的孤立个人的观念或错觉形成的时代的和历史的原因。

多少有些历史感的亚当·斯密,觉察到价值规律和生产价格规律有矛盾,因而认为单个的孤立的猎人和渔夫之间的交换关系只存在于资本积累和土地私有制产生以前的社会原始不发达状态。他感觉到人类社会有一个重要的历史分界线,这条分界线的界标是资本积累和土地私有制。正是这样的界标把人类社会历史分成两大阶段:一是资本积累和土地私有制产生之前的社会原始不发达状态,二是资本积累和土地私有制产生之后的文明商业社会。由于有这种历史感,所以斯密感到有必要回答他发现的自然规律究竟适用于人类社会的哪一个历史阶段。斯密所感觉的历史阶段的区别,实际上是简单商品生产和资本主义商品生产的区别。斯密的历史感压过了他的逻辑性。从历史感出发,斯密认为支配商品生产和交换的价值规律只适用于简单商品生产的历史阶段,而不适用于资本主义商品生产的历史阶段。他维护了历史感,却牺牲了逻辑的连贯性。

和斯密不同,李嘉图完全生活在他那个时代的历史焦点上,缺乏对过去的历史感。他偶然提到过社会发展的早期阶段,但是他根本不像斯密那样感到有什么历史界标的存在。他偶然地提到过欧文的理想社会,但是他根本不认为在这类乌托邦背后隐藏着人类社会历史发展的现实趋向。李嘉图的阶级成见,使自己不懂得资本主义生产形式只是社会生产的一种特殊形式,而认为这种生产形式是唯一可能的生产形式,是社会生产的唯一形式。这样,缺乏历史感的李嘉图便硬让原始的猎人和渔夫直接作为资本主义的商品生产者发生关系。李嘉图断言,这些原始的猎人和渔夫捕猎的"野物的价值不仅要由捕猎所需的时间和劳动决定,而且也要由制备那些协助猎人进行捕猎工作的资本(武器)所需的时间和劳动决定"。[①]对于李嘉图的这种非历史的观点,马

---

① 《李嘉图著作和通信集》第 1 卷,第 18 页。

克思不无讽刺地说:"在这里他犯了时代的错误,他竟让原始的渔夫和猎人在计算他们的劳动工具时去查看1817年(李嘉图《原理》出版于这一年——引者)伦敦交易所通用的年息表。"① 资产阶级视野限制了斯密,更限制了李嘉图。由于李嘉图把社会劳动的资本主义形式误认为是社会劳动的永恒的自然形式,所以他在《原理》中一开始就让原始猎人和原始渔夫扮演了资本主义商品所有者的角色。在这一点上,李嘉图比斯密更接近于启蒙学派。在启蒙学派那里,"原始人的思考和行动从来都是同十八世纪的启蒙学者一模一样的"。②

如果说,李嘉图把资本主义生产方式看作最有利于生产、最有利于创造财富的生产方式,这对于他那个时代来说是正确的,那么,把资本主义生产方式看作最有利于生产、最有利于创造财富的唯一生产方式,则无论如何是错误的。这种错误的观点,正是李嘉图的资产阶级成见的表现。李嘉图的逻辑性强于历史感,他批判了斯密关于劳动价值原理只适用于简单商品生产的观点,坚持劳动价值原理的普遍适用性,他从斯密的思想混乱中挽救了逻辑,然而却牺牲了斯密的历史感。

由上可见,逻辑和历史的方法不一致,逻辑性和历史感相互排斥,这是斯密和李嘉图的方法的一个共同点。不同的是各自有各自的偏颇而已。

一个十分有趣的历史现象是,把资本主义的生产形式不是看作社会生产的历史形式而是看作它的自然形式的英国古典政治经济学,在自己的分析进程中却为消除这种错误见解开辟了一条道路。英国古典政治经济学的后期代表拉姆赛和琼斯,不再像李嘉图等人那样把资本主义生产方式看作是唯一的、绝对的、自然的、永恒的社会生产形式,

---

① 《马克思恩格斯全集》第13卷,第50页;参见《马克思恩格斯全集》第23卷,第93页。

② 《马克思恩格斯〈资本论〉书信集》,第292页。

而是在不同程度上历史地看待这种生产方式。他们在不同程度上理解到，资本主义生产方式不是绝对的，资本主义生产关系不是永恒的，而只是社会生产发展过程中一个过渡阶段，是历史的暂时的。马克思高度评价了拉姆赛和琼斯的观点，并指出："在这里我们看到，政治经济学这门实际科学是怎样结束的：资产阶级生产关系被看作仅仅还是历史的关系，它们将导致更高级的关系，在那里，那种成为资产阶级生产关系的基础的对抗就会消失……自从资产阶级生产方式以及与它相适应的生产关系和分配关系被认为是历史的以来，那种把资产阶级生产方式看作生产的自然规律的谬论就宣告破产了，并且开辟了新社会的远景，开辟了新的经济社会形态的远景，而资产阶级生产方式只构成向这个形态的过渡。"[①]

　　最后，有必要说一下古典经济学家的方法和他们的阶级立场之间的关系。虽然这些人的方法和立场并非始终是绝对一致的，然而二者之间确实存在着某种内在的联系。当英国古典经济学家采取比较正确的研究方法的时候，他们在价值、货币、资本等一系列问题的研究上取得了自己的科学成果。然而，资产阶级的立场限制了他们，使他们不能自觉地科学地揭示出资本主义生产方式的内在联系，不能自觉地科学地揭示出资本主义经济关系的本质。马克思深刻地指出："古典政治经济学几乎接触到事物的真实状况，但是没有自觉地把它表达出来。只要古典政治经济学附着在资产阶级的皮上，它就不可能做到这一点。"[②]对于马克思的这段话，不能理解为只是就具体问题说的，而应当看到这一论点的普遍意义。

---

① 《马克思恩格斯全集》第26卷Ⅲ，第472—474页。
② 同上书，第23卷，第593页。

第三章　价值理论

一、配第的价值理论

（一）劳动是财富之父，土地是财富之母

"劳动是财富之父和能动要素，土地是财富之母。"[1]这是威廉·配第的一个著名论断。

配第的这句名言，三百多年来，一直为人们所注意，始终不失其思想光辉。但是，不同的经济学家对它作了完全不同的解释。

资产阶级庸俗经济学家，特别是现代资产阶级经济学家，任意曲解配第的上述论断，硬把它和庸俗经济学鼻祖萨伊的臭名远扬的"生产三要素论"等同起来，把配第说成是这一庸俗理论的创始人。

熊彼特在《经济分析史》中说："'劳动是财富之父……，土地是财富之母。'这就意味着他（配第——引者）使后来的理论家们的两个'原始生产要素'论得以成立。"[2]

把配第说成是两个"原始生产要素"论者，现代资产阶级经济学家犹感不足。他们有的走得更远，干脆按照自己需要，说配第本来就是"生产三要素论"的创始人。例如，《经济学进展》一书的作者卡特林就

---

① 威廉·配第：《赋税论　献给英明人士　货币略论》，第66页。
② 熊彼特：《经济分析史》，牛津1961年版，第213—214页。

露骨地说："配第在《赋税论》(1662 年)中宣称:'劳动是财富之父和
能动要素,土地是财富之母。'……但是在《政治算术》(1690 年)中他
偷偷运进了第三个项目:'资本'……因此,他最终真正得出了生产三
要素。"① 就这样。在现代资产阶级经济学家的笔下,配第竟成了庸俗的
"生产三要素论"的创始者。

　　这些声言要公正地评价历史上的经济学家的现代经济学家,未免
太不公正。庸俗的"生产三要素论"的发明权分明属于萨伊,他们却要
强行剥夺萨伊的发明权;配第根本不是"生产三要素论"的发明者,他
们却慷慨地把这项发明权硬塞给配第。说实话,这项发明权,配第受之
有愧,而萨伊则却之不恭。

　　现代资产阶级经济学家在曲解配第的上述论点时,不仅企图用
"生产要素论"偷换配第的论点,而且对配第所说的劳动是创造财富
的"能动要素"也要加以否定。例如,美国现代著名的经济学家萨缪
尔森别出心裁地说:"威廉·配第爵士以这样一种十七世纪的方式表
达问题:劳动是产品之父,土地是产品之母。人们不能说,在生育子女
上,是母亲重要还是父亲重要。同样,人们一般地也不能期望证明物
质产品有多少是由生产它所用的各种不同要素中的任一要素单独所生
产的。各种不同要素彼此之间相互发生作用。"② 萨缪尔森在这里用巧
妙的借口来公然否定配第关于劳动是创造财富的"能动要素"的论点。
这可以追溯到熊彼特的《经济分析史》,他对配第关于劳动是"能动要
素"的提法表示不满,责备配第"不合逻辑地降低了母亲的作用"。③ 当
然,在这个问题上,正确的不是熊彼特和萨缪尔森,而是配第。马克思
全面地考察和揭示了劳动过程中简单要素的作用,充分地揭示了劳动

----

① W.B.卡特林:《经济学的进展:经济思想史》,纽约 1962 年版,第 294 页。
② 萨缪尔森:《经济学》(第 11 版),纽约 1980 年版,第 500 页。
③ 熊彼特:《经济分析史》,牛津 1961 年版,第 214 页。

这一要素对其他要素的能动作用。马克思指出,在劳动过程中,一边是人及其劳动,另一边是自然及其物质。在这两类要素中,后一类要素只是作为活劳动的物质因素起作用。"活劳动必须抓住这些东西,使它们由死复生,使它们从仅仅是可能的使用价值变成了现实的和起作用的使用价值。"①

和庸俗经济学家的辩护目的相反,空想社会主义经济学家把配第的"劳动是财富之父……,土地是财富之母"的著名论断用来作为反对资本主义剥削的理论武器。资产阶级庸俗经济学宣传说:劳动假使没有资本那是寸步难移的,资本对于生产就像劳动一样重要。因此,资本和劳动的相互依存性决定了资本家阶级和工人阶级的相互依存性。英国十九世纪前期空想社会主义经济学家约翰·勃雷在批判庸俗经济学的这一论点时指出:资本和劳动的相互依存性同资本家和工人的相对地位是不相干的,不能说明资本家应该由工人来养活。他写道:"资本是未消费掉的产品……一方面,劳动是它的父,另一方面土地是它的母"。②布雷并不懂得资本的本质,不了解资本是带来剩余价值的价值,是资本家阶级和无产阶级之间的生产关系,而是把资本当作就是生产资料,因而错误地认为"生产者在工作上所必需的是资本而不是资本家"。③然而,就他把"资本"直接理解为生产资料而论,他套用配第的名言,说"劳动是它的父,……土地是它的母",这还是正确的。

中国的一些经济思想史著作对配第的劳动是财富之父,土地是财富之母这一命题基本上采取了否定的态度。所持理由主要是:配第的这番话是指价值而说的。这个说法是劳动和土地共同创造价值的二元

① 《马克思恩格斯全集》第23卷,第207—208页。
② 约翰·勃雷:《对劳动的迫害及其救治方案》,袁贤能译,生活·读书·新知三联书店1958年版,第62页。
③ 同上。

论观点,违背了配第自己关于劳动是价值的唯一源泉的比较正确的见解。对配第论断的这种解释和评价,多年来一直占据着统治地位。

这种传统的解释和评价很有重新研究的必要。这关系到我们应当如何正确了解配第的观点,关系到我们如何识别和揭露现代资产阶级经济学家对配第的种种曲解,更关系到我们如何准确地理解马克思的有关论述。

配第的"劳动是财富之父和能动要素,土地是财富之母"的议论,究竟是针对什么而发的? 也就是说,配第在这里说的财富究竟是价值,还是使用价值?

为了弄清楚这个问题,应当考察一下配第的财富概念。配第在许多著作中都涉及财富问题,从财富状况、财富形成、财富集中、财富分配,到财富分类和财富计量,到不同国家和不同时代的财富差异,到如何增加财富等问题,都有所论述。配第并没有给财富下过一个适用于他所有著作的定义。他在不同时期的不同著作中,对财富有不同提法。在有些场合,他带着比较浓厚的重商主义观点看待财富;在另一些场合,他则从生产领域中的资产者观点看待财富。配第并不懂得使用价值和价值的区别,而他在实际运用财富这一概念时,经常指使用价值,但有时也指价值。因此,我们不能不加区别地把配第著作中的财富一律说成是价值或使用价值,而应当根据财富一词在配第著作中出现的具体场合进行具体的分析。

配第的上述名言并非在讨论商品、货币、价值、价格等问题时说的,而是出现在《赋税论》一书"论刑罚"一章之中。配第在讨论刑罚问题时,强调劳动力在创造物质财富中的作用。他不主张国家过多地采用死刑和切断四肢的酷刑,认为这些重刑毁坏了创造物质财富的劳动力,到头来等于处罚了国家自己。配第说:我们认为,劳动是财富之父和能动要素,土地是财富之母;所以我们应该记住,国家杀其成员,切断成员四肢,将其投入监狱,就无异于处罚国家自己。由此看来,应该尽可能避免这类处罚,把它们改为增加劳动和公共财富的罚款。^①配第在这段话中所说的财富,显然并未涉及价值问题,而是指的物质财富,即使用价值。因此,应当明确地肯定,配第的上述著名论断是正确的。

马克思在《资本论》中指出,使用价值是自然物质和劳动这两种要素的结合。劳动并不是使用价值即物质财富的唯一源泉,因为人在生产中总要有自然力的帮助,人的有用劳动总得有个自然的物质基础。马克思说的"一切财富的源泉——土地和工人"^②和"形成财富的两个原始要素——劳动力和土地"^③,都明确地指出了人和自然界都是物质财富的源泉。后来,在《哥达纲领批判》中,马克思尖锐地批判了"劳动是一切财富的源泉"的错误观点,再次强调指出:"劳动不是一切财富的源泉。自然界和劳动一样也是使用价值(而物质财富本来就是由使用价值构成的!)的源泉。"^④正是在这个意义上,马克思在《资本论》中引证了配第的话,指出:"正像威廉·配第所说,劳动是财富之父,土地是财富之母。"^⑤

其实,马克思早在《政治经济学批判》中就对配第的名言作了肯定的评价,并明确指出配第的见解是指物质财富即使用价值说的。马克思在这部著作中引证了配第的名言和别人的见解之后说:配第等人的"所有这些见解所说的,都不是作为交换价值源泉的抽象劳动,而是作为物质财富源泉之一的具体劳动,总之,是创造使用价值的劳动。"^⑥

---

① 威廉·配第:《赋税论　献给英明人士　货币略论》,第66页。
② 《马克思恩格斯全集》第23卷,第553页。
③ 同上书,第663页。
④ 《马克思恩格斯选集》第3卷,第5页。
⑤ 《马克思恩格斯全集》第23卷,第57页。
⑥ 同上书,第13卷,第24页。

总之,配第的"劳动是财富之父和能动要素,土地是财富之母"这一著名论断,是一个正确的论断,它正确地说明了劳动和自然物质都是形成物质财富的源泉,并正确地说明了劳动在形成物质财富的各种要素中是一种能动的要素。[①]

(二)劳动是价值的源泉,等量劳动时间决定价值量

配第在政治经济学史上的最重要的贡献之一,是他第一个提出了劳动价值理论的一些基本论点。

在《赋税论》中,配第区分了"自然价格"、"政治价格"和"真正的市场价格"。他说:一百个土地耕种者所做的工作,如果由二百个土地耕种者来做,谷物价格就会贵一倍。如果把这个部分和多余的开支的部分算在一起,即除上述上涨的原因之外,还要加算一倍所需要的费用,那么自然价格就成为四倍。这四倍的价格就是依照自然基础而计算出来的真正的政治价格。如果将这种政治价格以人为的共同的标准银币来衡量,就可以得到我们所寻求的价格,即真正的市场价格。[②]配第所说的"自然价格",是指价值;他所说的"政治价格",是指价格;而他所说的"真正的市场价格",则是指市场价格。配第有时又把"自然价格"叫作"自然价值"。例如,他说:"自然价值的高低,决定于生产自然必需品所需要人手的多少。"[③]

配第着重研究的是自然价格,即价值。他说:假定有人从秘鲁地下

---

① 配第在一般情况下把物质财富的源泉归结为劳动和土地,在有些场合他甚至把物质财富的源泉只归结为劳动。马克思指出:"配第把使用价值归结于劳动,并非不清楚劳动的创造力受自然条件的限制。"引自《马克思恩格斯全集》第13卷,第41—42页。马克思又说:"如果认为,劳动就它创造使用价值来说,是它所创造的东西即物质财富的唯一源泉,那就错了。既然它是使物质适应于某种目的的活动,它就要有物质作为前提。"引自《马克思恩格斯全集》第13卷,第25页。

② 威廉·配第:《赋税论 献给英明人士 货币略论》,第88页。

③ 同上。

获得一盎斯银并带到伦敦来,他所用的时间同他生产一蒲式耳谷物所需要的时间相等,那么,前者就是后者的自然价格。[①] 这就是说,配第提出了这样一个等式:

$$1 蒲式耳谷物 = 1 盎斯银$$

等式左边的谷物和等式右边的银,就它们的使用价值来说,在质上是不同的,因而在量上无法比较。既然谷物能同银进行比较,它们必定具有相同的质。这种相同的质是什么?配第在经济思想史上第一次找到了答案,这就是劳动时间。生产谷物这种具体形式的劳动同生产银这种具体形式的劳动当然不同,但是生产二者的劳动又有相同的东西,这就是都花费了劳动时间。正如马克思所评述的那样,“配第明确地指出,劳动种类的差别在这里是毫无意义的——一切只取决于劳动时间”。[②]

一蒲式耳谷物和一盎斯银相比,除了它们具有相同的质,必定还具有相等的量。这个相等的量是什么?配第也找到了答案,这就是等量的劳动时间。在配第的例子中,采掘和运输银所花费的劳动时间,同生产谷物所花费的劳动时间,在量上是相等的。正如马克思所说,配第“确定而概括地谈到商品的价值是由等量劳动来计量的”。[③]

总之,生产银的劳动和生产谷物的劳动,在质上相同而又在量上相等,这就是配第的“1蒲式耳谷物=1盎斯银”这一等式成立的条件。配第说:这是计算商品价格的实际的而不是想象的方法。[④]

配第有时用另一种方式表述这种均等关系,他说:假定从事货币生产的这个人前往产银地区,在那里采掘和提炼银,然后把它运到第一个

---

① 威廉·配第:《赋税论 献给英明人士 货币略论》,第48页。

② 《马克思恩格斯全集》第26卷Ⅰ,第382页。

③ 同上书,第3卷,第272页。

④ 威廉·配第:《赋税论 献给英明人士 货币略论》,第87页。

人种植谷物的地方铸成银币;并且假定这个人在他生产银的全部时间内,同时也谋得生活必需的食物和衣服。这样,我认为一个人的银和另一个人的谷物在价值上必定相等。假定银是二十盎斯,谷物是二十蒲式耳,那么,一盎斯银就是一蒲式耳谷物的价格。[①]

一个生产者在一个生产周期内生产的谷物同另一生产者在一个生产周期内生产的白银有如上的均等关系,许多生产者在长期中生产的谷物同许多生产者在长期中生产的白银,是否也存在这种均等关系呢?配第对这个问题作了肯定的回答,认为结局总是一样的。他说:假定让一百人在十年中生产谷物,又让同样数目的人在同一时间内开采银;我认为,银的纯产量将是谷物全部纯收获量的价格,前者的同等部分就是后者的同等部分的价格。[②] 可见,在配第那里,谷物和银之间的均等关系,不是只在一定时期内存在于个别生产者之间暂时的、偶然的均等关系,而是经常地、普遍地存在的均等关系。

配第还认为,这种均等关系同样存在于金和银之间。配第说:金和银的价值之间的正当比率,也是依据这种方法来规定的。[③]

在作了上述分析之后,配第得出了一个普遍适用的一般结论:"这是各种价值相等和权衡比较的基础。"[④]

以上就是配第关于价值及其源泉的基本思想。马克思对配第的这一基本思想给予很高的评价,指出:"配第在他的《赋税论》中,对商品的价值量作了十分清楚的和正确的分析。"[⑤] 又说:在配第那里,"由等量劳动时间决定的价值量,在这里,劳动被看作是价值的源泉"。[⑥]

---

① 威廉·配第:《赋税论 献给英明人士 货币略论》,第41页。
② 同上。
③ 同上。
④ 同上书,第42页。
⑤ 《马克思恩格斯选集》第3卷,第271页。
⑥ 《马克思恩格斯全集》第26卷Ⅰ,第386页。

配第关于价值及其源泉的基本思想,是经济科学上的一项重大发现。在经济思想史上,配第的发现具有十分重要的意义,它解决了从古代到配第为止一直未能解决的重大理论问题。在古希腊,奴隶主思想家亚里士多德曾经说过:

"5 张床＝1 间屋"

"无异于":

"5 张床＝若干货币"。①

他在商品的价值表现中发现了等同关系,说:"没有等同性,就不能交换,没有可通约性,就不能等同。"② 但是,亚里士多德至此望而却步。只看到使用价值的亚里士多德,认为床和屋这些不同种类的东西不可能在质上等同。价值概念的缺乏,阻碍了他作进一步的分析。处于奴隶社会的亚里士多德,受到了历史的局限,无法正确回答他自己提出的问题。马克思深刻地指出:"亚里士多德不能从价值形式本身看出,在商品价值形式中,一切劳动都表现为等同的人类劳动,因而是同等意义的劳动,这是因为希腊社会是建立在奴隶劳动的基础上的,因而是以人们之间以及他们的劳动力之间的不平等为自然基础的。"③ 生活在这样的社会里,亚里士多德不可能发现床和屋之间以及床和货币之间,也就是商品和商品之间以及商品和货币之间的均等关系实际上是什么。尽管亚里士多德是古希腊最伟大的思想家和最博学的人,在哲学、逻辑学、伦理学、心理学、政治学以至修辞学和诗学等方面都有建树,并在商品的价值表现中发现了等同关系,"闪耀出他的天才的光辉"④,但是,终究没有能够揭示出价值表现的秘密。

---

① 亚里士多德:《伦理学》。引自:《马克思恩格斯全集》第 23 卷,第 74 页。
② 同上。
③ 《马克思恩格斯全集》第 23 卷,第 74 页。
④ 同上书,第 75 页。

价值表现的秘密是古代和中世纪经济思想史上的一个老大难问题。从亚里士多德到威廉·配第约两千年的漫长历史时期内,没有一个人能揭开这个秘密,没有一个人能解决这个问题。配第的功绩在于,他第一次发现了均等关系的基础,初步揭开了价值表现的秘密。配第所以能做到这一点,除了其他条件之外,决定性的是历史条件。马克思指出:"价值表现的秘密,即一切劳动由于而且只是由于都是一般人类劳动而具有的等同性和同等意义,只有在人类平等概念已经成为国民的牢固的成见的时候,才能揭示出来。而这只有在这样的社会里才有可能,在那里,商品形式成为劳动产品的一般形式,从而人们彼此作为商品所有者的关系成为占统治地位的社会关系。"① 配第处在十七世纪工场手工业时期的英国社会,已经基本上具备了马克思所说的这种能揭示出价值表现的秘密的历史条件。

在价值理论方面,配第还考察了分工对劳动生产率的影响,以便进而考察劳动生产率的变化对商品价值量的影响。一些资产阶级学者在讲到分工理论时,往往给人们造成一种印象,似乎是亚当·斯密第一次提出了分工学说。② 他们不知道,配第早就已经提出了很有创见的分工理论。在《政治算术》中,配第已经开始把分工当作生产力来阐述,认为分工可以提高劳动生产率,节约成本,降低商品的价值。他写道:"譬如织布,一人梳清,一人纺纱,另一人织造,又一人拉引,再一人整理,最后又一人将其压平包装,这样分工生产,和只是单独一个人笨拙地担负上述全部操作比起来,所花的成本一定较低。"③ 配第的分工学说

---

① 《马克思恩格斯全集》第 23 卷,第 75 页。

② 例如,罗雪尔"明确地宣布亚当·斯密是分工规律的发现者。"引自《马克思恩格斯全集》第 3 卷,第 269 页。"门格尔仍然相信亚当·斯密'发现了'分工,其实配第早在斯密之前八十年就已经全面发挥了这一点。"引自《马克思恩格斯全集》第 21 卷,第 563 页。在现代资产阶级经济学家中,简单重复罗雪尔、门格尔之流这些论点的仍然不乏其人。

③ 威廉·配第:《政治算术》第 24 页。

不仅先于斯密,而且比斯密更肯定地指出了工场手工业分工的资本主义性质。配第从工场手工业的观点看待社会分工,把社会分工看成是用同量劳动生产更多产品从而使商品便宜的手段,因此也就是增加利润的手段。这实际上就是宣布减少生产商品所必需的劳动时间以取得更多的利润是一项自觉的原则。在《政治算术》中,配第说:在海上贸易中占支配地位的人们,即使在运费较低廉的情况下,也能比别人在运费较贵的情况下获得更多的利润。这是因为,就像做衣服一样,如果一个人完成一道工序,衣服的价钱就比较便宜;在海上贸易中占支配地位的人们也是这样,他们可以建造各种不同用途的船只:海船、江船、商船、战船等等,这是荷兰人所以能够以低于他们邻国人的价格来运货的一个主要原因,因为他们能够为每个特定贸易部门提供特定种类的船只。

配第注意观察钟表匠的生产活动,留意钟表业等工场手工业的分工,并以钟表为例说明这种分工。对此,马克思在《资本论》中表示赞许,指出,对于混成的工场手工业而言,"钟表才是最好的例子。威廉·配第就已经用它来说明工场手工业的分工"。[①]配第不仅考察了工场手工业的分工,而且还考察了整个城市以至整个社会的分工,比亚当·斯密更全面地研究了分工和提高生产力的关系。马克思在把配第的论述同斯密的论述进行对比时说:"配第也把分工当作生产力来阐述,而且他的构想比亚当·斯密还要宏大。……他在这一著作(指《论人类的繁殖》——引者)中说明分工对生产的好处时,不仅像后来亚·斯密以制针业为例那样举出制表业为例,而且用大工厂企业的观点来看一个城市和整个国家。"[②]

在考察劳动生产率的变化对商品价值量的影响时,配第首先注意

---

① 《马克思恩格斯全集》,第23卷,第380页。

② 同上书,第13卷,第42页。

的是生产贵金属,具体说,生产银的劳动生产率的变化。他说:假定现在由于开采更富的新矿,获得二盎斯银像以前获得一盎斯银花费一样多,那么在其他条件相同的情况下,现在一蒲式耳谷物值十先令的价格,就和它以前值五先令的价格一样便宜。[①]从这个例子可以看出,配第已经懂得,价值量是随劳动生产率的变比而变化的。生产银的劳动生产率比过去提高了一倍,那么每盎斯银所代表的劳动量就下降了一半。在生产谷物的劳动生产率不变的情况下,原先一蒲式耳谷物等于一盎斯银或五先令,现在则等于二盎斯银或十先令。这就是说,在谷物的价值不变时,它的相对的、表现在银上的价值的增减,同银的价值的变化成反比。

配第不仅注意到谷物的相对的、表现在银上的价值的增减同银的劳动生产率变化之间的关系,还注意到了生产谷物本身的劳动生产率的变化对谷物本身价值量的影响。他认为,一百个土地耕种者所能做的工作,如果由二百个土地耕种者来做,谷物就会贵一倍。配第的这一立论包含了这样一个推论:原来二百个土地耕种者所能做的工作,如果由一百个土地耕种者来做,谷物就会便宜一半。配第的立论表明,他已经知道,商品本身的价值量同生产该商品的劳动生产率成反比。

配第的"1 蒲式耳谷物＝1 盎斯银"的等式,既显示出他在价值理论方面的贡献,又表明了他在这方面的缺点和局限性。

配第一开始就用一蒲式耳谷物等于一盎斯银的等式来说明价值,这就证明他不懂得价值和交换价值的区别,而是把价值看成交换价值。我们知道,商品的价值是交换价值的基础,交换价值是价值的表现形式。谷物的价值是由生产谷物的劳动决定的,一蒲式耳谷物价值量则是由生产这一蒲式耳谷物所耗费的劳动量决定的。虽然配第的"自然

---

① 威廉·配第:《赋税论　献给英明人士　货币略论》,第48页。

价格"实际上是指价值,但是他没有首先研究谷物的价值实体和价值量,而是一开始就用生产银的劳动来说明谷物的价值。他不知道,对谷物来说,生产银的劳动已经不是谷物的价值,而是谷物所包含的劳动的比较量,即交换价值了。正如马克思所说的那样,"配第……实际上用商品中包含的劳动的比较量来确定商品的价值"。①只是在个别场合,配第接近于意识到商品包含的劳动量和商品包含的劳动的比较量是有区别的。他说:谷物和银之间的比例,只表示人为价值而不表示自然价值。②但是,他从来没有明确地把这一点确定下来。

配第一开始就用一蒲式耳谷物等于一盎斯银的等式来说明价值,这也证明他不懂得交换价值和价格的区别,而是把交换价值看成货币。配第的例子本应表示,资本主义生产的不是直接的使用价值,而是商品,是要在交换过程中实现为货币的使用价值。但是,由于受到重商主义观念的束缚,配第以为只有生产金银的那种具体劳动才是生产价值的劳动,而不了解那种使劳动成为价值源泉的特定的社会形式。因此,在他看来,只有货币才是价值的真正形式。

(三)配第的"迷误"

配第在价值的源泉和价值量的决定方面的发现具有重要的意义,因为在政治经济学中,价值范畴属于有决定意义的抽象的一般关系,而剩余价值的规定取决于价值的规定。配第意识到他的发现的重要性,并有意识地把自己的发现用来解决他所遇到的许多重大问题。但是,他在运用劳动价值理论的基本原则时,也遇到了不少困难。配第说:在它的实际应用中,情况是多种多样的和错综复杂的。③

---

① 《马克思恩格斯全集》第26卷Ⅰ,第380页。
② 威廉·配第:《赋税论 献给英明人士 货币略论》,第88页。
③ 同上书,第42页。

在多种多样的和错综复杂的经济现象面前,配第充分显示了自己的才能。很多问题他都是根据劳动价值理论的基本命题得出自己的结论的。但是,在某些情况下,配第被一些复杂现象所迷惑,没有始终一贯地坚持自己的正确的价值理论。用马克思的话说,配第"试走另一条道路"。①

对于土地价格这一复杂的具体现象,配第感到很难直接用他的劳动价值理论来解释,因为土地不属劳动产品,土地本身没有价值。于是,他试走另一条道路,寻找土地和劳动之间的自然的等价关系。在《赋税论》中,配第写道:"我们用各种名称来称呼黄金和白银,例如在英国,我们就用镑、先令和便士来称呼它们;所有的黄金和白银都可以用这三种名称中任何一种来称呼、来理解。但是,关于这一问题,我要指出的是,所有物品都是由两种自然单位——即土地和劳动——来评定价值,换句话说,我们应该说一艘船或一件上衣值若干面积的土地和若干数量的劳动。理由是,船和上衣都是土地和投在土地上的人类劳动所创造的。因为事实就是这样,所以如果能够在土地与劳动之间发现一种自然的等价关系,我们一定会感到欣慰。如果这样的话,我们就能够和同时用土地和劳动这两种东西一样妥当地甚或更加妥当地单用土地或单用劳动来表现价值;同时,也能够像把便士还原为镑那样容易而正确地将一单位还原为另一单位。因此,如果我们能够发现世袭租借地的自然价值,那即使我们的发现不见得比发现上述使用权的自然价值好多少,我们也会觉得喜慰。"②

土地和劳动之间的等价关系究竟是什么?是单用劳动来表示价值,还是单用土地来表示价值,或者既不用劳动尺度,也不用土地尺度,而是用第三种尺度?对于这些问题,配第在《赋税论》中并没有回

① 《马克思恩格斯选集》第3卷,第272页。
② 配第:《赋税论　献给英明人士　货币略论》,第42—43页。

答。过了十年之后,配第在《爱尔兰的政治解剖》中考察"土地的自然价格"时,又提出了《赋税论》中提出的问题,他说:"这就使我考虑政治经济学中最重要的一个问题,即如何使土地和劳动之间有一种等价和等式的关系,以便单独用土地或单独用劳动来表示任何一种东西的价值。"[①] 对于这个问题,配第提出了如下的答案。他假定,圈起两亩牧场,在牧场里养一头已经断奶的小牛。一年之后,这头小牛身上的肉将增加一百磅。这一百磅牛肉可做五十天的食物。配第认为,这就是这块土地的价值,也就是这块土地的一年的地租。如果加上一个人一年的劳动,可以使这块土地生产出比六十天的食物还多的牛肉或其他东西,那么,多出来的若干天的食物就是这个人的工资。在这里,工资和土地的价值都是用若干天的食物来表示的。配第得出结论说:"因此,一个成年人平均一天的食物,而不是一天的劳动,乃是衡量价值的共同尺度;它似乎是和纯银价值一样的稳定而不变的。"[②]

可见,配第所说的等同关系,既不是土地,也不是劳动,而是一个成年劳动者平均一天的食物。他说:一所爱尔兰茅屋的价值,是用建筑茅屋的人在建筑时消费了多少天的食物来确定的。[③] 顺便说一句,在这里,配第把食物和纯银当作稳定而不变的价值尺度。从这种说法中,我们已经可以看到斯密的不变的价值尺度的影子。

对于配第所走的另一条道路,对于配第所说的土地和劳动之间的自然的等价关系,历来存在严重的分歧。国外有两种观点值得注意。一种是赞许配第,说他最终抛弃劳动价值理论,转而采取了生产要素论。在西方资产阶级经济学论著中,经常可以碰到这种观点。另一种

---

① 威廉·配第:《爱尔兰的政治解剖》,第57—58页。除了劳动和土地之间的自然的等价关系,配第还试图建立"技术和简单劳动"之间的"等价和等式的关系"以及其他等式关系。引自配第:《爱尔兰的政治解剖》,第58—59页。

② 同上书,第58页。

③ 同上。

是谴责配第,说在他的书中关于劳动是价值尺度的论述"只遇到不完整的痕迹",相反却可以"遇到……对立见解的痕迹"。杜林在《国民经济学批判史论述》中宣扬的就是这种观点。这两种观点都是错误的。资产阶级学者对配第试走另一条道路的原因、所提问题的基础以及所找到的共同尺度的性质,都不了解。

配第试走另一条道路之所以是迷误,是因为,如果真的认为土地和劳动二者或工资是"评定价值"的"自然单位",那确实会背离配第自己提出的劳动是价值的源泉、等量劳动时间决定价值量的正确命题,得出两个原始的生产要素决定价值或工资决定价值的错误结论。

配第把自己弄糊涂了。当他说用土地和劳动二者作为评定价值的自然单位同用镑、先令和便士三者来称呼金银一样的时候,他确实把两类不同性质的问题错误地当作是同一性质问题。金或银是同质的,镑、先令和便士只是同质的金量或银量的不同计量单位,三者有确定的进位关系,一定的金量或银量完全可以用三种计量单位中的任一名称来表示。可是,劳动和土地是不同质的,二者之间不存在等同性,不存在配第所说的"自然的等价关系",因而不可能像镑、先令和便士三者那样作为可通约的量发生关系,不可能"像把便士还原为镑那样容易而正确地将这一单位还原为另一单位"。

配第陷入迷误,绝非出于偶然。他一方面正确地认为,劳动是财富之父,土地是财富之母;另一方面正确地认为,劳动是价值的源泉,等量劳动时间决定价值量。但是,他从来没有研究过,他的两个命题中的劳动究竟有没有区别。配第不知道,他的第一命题即劳动是财富之父中的劳动应是生产物质财富的具体形式的劳动,第二命题即劳动是价值的源泉中的劳动则应是创造价值的人类一般劳动。这就是说,配第虽然实际上懂得使用价值的源泉是劳动和土地,价值的源泉是劳动,但并不懂得作为使用价值的源泉的劳动和作为价值的源泉的劳动的区别。正如马克思指出的那样,配第"把作为交换价值的源泉的劳动和作为以自然物质(土地)为前提的使用价值的源泉的劳动混为一谈"。①由于这一根本性的原因,在遇到一些比较复杂的具体问题时,配第便去寻求所谓土地和劳动之间的自然的等价关系。

配第的迷误,在政治经济学史上留下了消极的影响。这里且不说后来庸俗的生产三要素论者如何按照自己的理解从配第那里寻求养料,仅就英国古典经济学家而言,从洛克的价值的"绝大部分"决定于劳动,"极小的部分"决定于土地,到康替龙的价值决定于劳动和土地的具体比例视具体商品而定的观点,在不同程度上都是配第的迷误所导致的结果。

以上是问题的一个方面。看不到配第的迷误这个方面,就会在评价配第时得出片面的结论。但是,如果只看到这个方面,而看不到这个迷误本身是天才的,同样也会得出片面的结论。

配第的迷误本身之所以是天才的,是因为,在建立所谓土地和劳动之间的自然的等价关系的时候,他所说的"可以自由买卖的土地"并不是同具体劳动有关的土地,不是作为具体劳动的自然物质前提的土地,而是资本化的地租。这样,配第就正确地解释了"可以自由买卖的土地的自然价值"也就是土地价格问题。他在土地的"自然价值"这个具体问题上,没有直接用劳动是价值源泉和等量劳动时间决定价值量来解释,这表明他在一定程度上已经感觉到,作为自然物质的土地的价格决定和作为劳动产品的商品的价格决定是不同的,前者决定于资本化的地租,后者决定于劳动时间。

由此可见,在《赋税论》中,配第并没有由所谓"土地和劳动之间"的"自然的等价关系"滑向土地和劳动共同决定价值的原始两要

---

① 《马克思恩格斯全集》第26卷Ⅰ,第386页。

素论,并没有抛弃劳动价值理论,而是把"可以自由买卖的土地的自然价值"归结为资本化的地租,也就是归结为劳动,归结为一定数量的劳动时间。

　　配第的迷误本身之所以是天才的,还因为,他在建立所谓土地和劳动之间的自然的等价关系的时候,他所说的作为"衡量价值的共同尺度"的"一个成年人平均一天的食物",并不是像劳动时间是衡量价值的尺度那个意义上的价值尺度,不是同劳动时间对立的或并列的又一种价值尺度。配第在找到"一个成年人平均一天的食物"这个价值尺度时举例说,在秘鲁,一盎斯银等于一天的食物,而在俄国,一盎斯银等于四天的食物。可见,他所找到的价值尺度,不是价值的内在尺度,而是价值的外在尺度。正如马克思指出的那样,"配第在爱尔兰统计中所找到的,不是价值的'一般尺度',而是货币是价值尺度这个意义上的价值尺度。"①

　　由此可见,在《爱尔兰的政治解剖》中,配第并没有由所谓"土地和劳动之间"的"自然的等价关系"滑向工资决定价值的理论或"劳动价值决定商品价值的主张"②,并没有抛弃劳动价值理论,而是把"一个成年人平均一天的食物"归结为一定的货币量,也就是归结为劳动,归结为一定数量的劳动时间。

　　劳动是价值的源泉,等量劳动时间决定价值量,这是配第的发现。土地和劳动二者之间存在自然的等价关系,这是配第的迷误。同配第的发现相比,配第的迷误只是第二位的东西。配第自觉地把他的发现看作是各种价值相等和权衡比较的基础,而他试走另一条道路只是"为了达到某些具体的目的"③。在配第的价值理论中,基本命题是劳

---

　　① 《马克思恩格斯全集》第 26 卷 I,第 388 页。

　　② 卢森贝:《政治经济学史》第 1 卷,第 77 页。

　　③ 《马克思恩格斯选集》第 3 卷,第 272 页。

动决定价值。马克思强调配第在劳动价值理论方面的贡献,指出:配第"把自己的发现用来解决各种不同的以及一些非常复杂的问题,并且有时在各个场合和各种著作中,甚至在没有重复这个基本命题的地方,从这个基本命题作出重要的结论"。① 因此,在评价配第的价值理论时,如果颠倒主次,把配第的迷误置于配第的发现之上,或者不分主次,把配第的迷误同配第的发现等量齐观,显然都是不符合配第本人的思想的。

二、从洛克、诺思到康替龙和斯密的 一位"匿名的前辈"

在威廉·配第以后到亚当·斯密之前,英国古典政治经济学的价值理论并不是直线式地向前发展,而是沿着一条迂回曲折的道路演进的。

(一)洛克的自然价值和市场价值

洛克的价值理论主要见于《政府论》和《论降低利息和提高货币价值的后果》两部著作。这两部著作考察问题的侧重点有所不同:前者主要考察"自然价值"的源泉问题,后者主要考察"市场价值"的决定问题。②

在《政府论》中,洛克从日常生活用品开始考察"它们的价值有多少是从人类的勤劳得来的"。他写道:"面包、酒和布匹是日常所需而数量是很多的东西。然而,假使劳动不供给我们这些更有用的物品,我

---

① 《马克思恩格斯选集》第 3 卷,第 272 页。
② 萨缪尔森不仅把洛克的价值理论说成是劳值理论,他甚至还把洛克和马克思并列为劳动价值理论的代表。见萨缪尔森:《经济学》(第 11 版),第 596、784 页。

们的面包、饮料和衣服只能是橡实,水和树叶或兽皮。因为面包的价值高于橡实,酒的价值高于水,布匹或丝绸的价值高于树叶、兽皮或苔藓,这完全是由劳动和勤劳得来的。一种是靠自然供给我们的衣食;另一种是我们的血汗和劳动为我们准备的物资。任何人只要计算一下后者的价值超过前者的程度,就会见到劳动所造成的占我们在世界上所享受的东西的价值的绝大部分的情况。而生产这些资料的土地很难说占有价值的任何部分,至多只能说占极小的部分:其价值是如此之小,以致我们甚至把完全听其自然而未经放牧、耕种或栽培的土地名副其实叫做荒地,并且我们会发现它的好处几乎是等于零。"① 在这一段议论中,洛克把日常生活用品的"价值"的"绝大部分"归于劳动,"极小的部分"归于土地或自然。这是他的基本论点。

在计算日常生活用品的"价值"时,例如在计算面包的"价值"时,应当把哪些劳动计算在内呢?洛克说,不仅犁地人所费的力气、收割人和打麦人的劳动以及烤面包的人的汗水计算进面包里,而且训练耕牛、采掘铁矿和炼铁、制造犁铧和烤面包炉以及其他各种工具的人的劳动。总之,只要是从播种到制成面包所需的一切劳动,都应当计算进面包里。至于土地和自然,洛克认为,那不过是为劳动提供了资料而已。洛克的结论是:"我认为,如果说在有利于人生的土地产品中,十分之九是劳动的结果,这不过是个极保守的计算。如果我们正确地把供我们使用的东西加以估计并计算有关它们的各项费用——哪些纯然是得自自然的,哪些是从劳动得来的——我们就会发现,在绝大多数的东西中,百分之九十九全然要归于劳动。"②

在劳动和土地的作用问题上,配第的后继者洛克俨然摆出了一副向他的理论前辈挑战的姿态。问题在于,是向配第的"劳动是财富之

---

① 约翰·洛克:《政府论》下册,叶启芳、瞿菊农译,商务印书馆 1964 年版,第 28 页。
② 同上书,第 27 页。

父和能动要素,土地是财富之母"这一命题挑战呢,还是向配第的"一切东西都应由两个自然单位——土地和劳动来评定价值"这一命题挑战呢?如果向后者挑战,洛克也许有可能摆脱配第的迷误,把配第的劳动价值理论的基本命题推向前进;如果向前者挑战,洛克就会背离配第关于物质财富源泉问题的正确结论,而得出劳动是或者几乎是物质财富的唯一源泉的错误结论。

要弄清楚这一问题,必须弄清楚洛克所说的价值是什么,他所说的劳动又是什么。

首先,什么是商品的价值?洛克在《论降低利息和提高货币价值的后果》中说:"商品的价值在于他们做为可携带和有用的东西,可以通过消费或交换而提供生活的必需品或享用品。"① 又说:"任何东西的销路都决定于它的必要性或有用性,而这种必要性或有用性是为人们的爱好或风尚所决定的。"② 十分明显,洛克所说的"价值",是指物的"有用性"。可见,在他那里,"价值"一词不过是指使用价值。马克思在《资本论》阐明商品的两个因素——使用价值和价值的时候,从物的有用性使物成为使用价值的意义上引证了洛克的话:"任何物的自然worth[价值]都在于它能满足必要的需要,或者给人类生活带来方便。"③ 马克思在引证这句话之后指出:"在十七世纪我们还常常看到英国著作家用'worth'表示使用价值,用'value'表示交换价值;这完全符合英语的精神,英语喜欢用日耳曼语源的词表示直接的东西,用罗马语源的词表示被反射的东西。"④ 在《剩余价值理论》中,马克思更为明

① 约翰·洛克:《论降低利息和提高货币价值的后果》,徐式谷译,商务印书馆1962年版,第30页。

② 同上书,第28页。

③ 引自《马克思恩格斯全集》第23卷,第48页。约翰·洛克:《论降低利息和提高货币价值的后果》,第40页。

④ 《马克思恩格斯全集》第23卷,第48页。

确地指出:"在洛克那里,价值等于使用价值。"[1]

这样,洛克对配第的挑战是一个进步还是一个退步,便不难评价了。就物质财富或使用价值的生产来说,配第正确地认为劳动是财富之父和能动要素,土地是财富之母。如今洛克不承认劳动和土地在创造物质财富或使用价值中都是十分重要的和不可或缺的要素,而只承认劳动是能动要素,并把劳动的能动作用数字化为"百分之九十九",这距离"劳动是一切财富的源泉"的命题只有"百分之一"了。很明显,洛克从配第那里后退了,把正确的命题变成了错误的命题。他的这个错误不仅深刻地影响到亚当·斯密,而且以后一再出现,甚至到十九世纪七十年代的哥达纲领还再现了"劳动是一切财富的源泉"的错误命题。马克思在著名的《哥达纲领批判》中彻底清算了这个错误。然而须知,从洛克的《论降低利息和提高货币价值的后果》的出版(1691年)到马克思的《哥达纲领批判》的问世(1891年),中间整整经过了200年。

第二,洛克所说的劳动是什么劳动?既然洛克说的价值是使用价值,当他把这种价值的"绝大部分"或"百分之九十九"归结为劳动时,这种劳动当然是具体形式的劳动,即具体劳动,而不是配第所说的决定价值量的等量劳动时间。正如马克思指出的,在洛克那里,"劳动是指具体劳动,不是指劳动的量"。[2]如前所说,洛克在计算面包的劳动时,除了烤面包的人的劳动,还有犁地人,还有制造犁铧、磨盘、烤炉等等各种工具的人的劳动,还有为制造这些工具而采掘铁矿和炼铁的人的劳动等。但是,所有这些,都不是计算生产面包所消耗的劳动量,包括烤面包直接消耗的劳动量和烤面包所用原料和工具等所消耗的劳动量,而只是考虑了烤面包所需要的具体形式的劳动,也就是创造使用价

---

[1] 《马克思恩格斯全集》第26卷 I ,第391页。
[2] 同上。

值的具体劳动,包括烤面包直接所需要的具体劳动和间接所需要的具体劳动。洛克说:"每一块面包在供我们食用之前需要勤劳提供并使用的东西,假如我们能够追根求源的话,将是一张奇怪的物品清单——铁、树木、皮革、树皮、木材、石头、砖头、煤、石灰、布、染料、沥青、焦油、桅杆、绳索以及一切在船上应用的材料(船只运来了任何工人在工作的任何部分应用的任何物品),凡此种种,几乎不胜枚举,至少是过于冗长。"[①] 十分明显,洛克想到的是烤面包以及为烤面包提供原材料和设备的各种具体形式的劳动。洛克不懂得,这些具体形式的劳动在质上是不同的,因而在量上是无法相加的。同样,他也不懂得,这些具体形式的劳动创造的使用价值在质上是不同的,因而在量上也是无法计算的。商品的使用价值"百分之九十九"归于劳动云云,并非计算的结果,而只是洛克的一种没有科学根据的想当然的结果。洛克没有想到、也不可能想到面包中包含了烤面包人新创造的价值,并转移了生产资料的旧价值,因为他根本不懂商品二重性,更不懂生产商品的劳动的二重性。

既然洛克说的价值是使用价值,劳动是具体劳动,那么他所说的商品的交换价值以劳动为尺度又如何理解呢?洛克确实说过:"任何指定数量的两种或两种以上的商品,当它们可以彼此交换时,其市场价值(在当时和当地)都是相等的。假设1蒲式耳小麦、2蒲式耳大麦、30磅铅和1盎斯白银现在都能在市场上彼此交换,那么它们就是等值的;英国人都按照我们的铸币来计算价值,所以英国人就会说现在1蒲式耳小麦、2蒲式耳大麦、30磅铅和1盎斯白银全都同样值5先令。"[②] 洛克在这里似乎比配第还高明一些,因为他一开始采用"1蒲式耳小麦＝2蒲式耳大麦＝30磅铅＝1盎斯银"的等式,最后采用

---

① 约翰·洛克:《政府论》下册,第29页。
② 约翰·洛克:《论降低利息和提高货币价值的后果》,第40页。

$$
\left.\begin{array}{l}
1\text{蒲式耳小麦}= \\
2\text{蒲式耳大麦}= \\
30\text{磅　铅}= \\
1\text{盎司银}=
\end{array}\right\}5\text{先令}
$$

的等式。洛克的前一等式像是扩大的价值形式,后一等式则是货币形式。如果是这样,那么洛克在对商品价值的分析中就多多少少懂得一点儿价值形式及其发展了。其实不然。配第正确地把价值归结为劳动时间,因而正确地分析了价值量的问题。洛克连这点也没有做到。当他把价值归结为劳动时,不过是把使用价值归结为具体劳动,这就从根本上排除了发现价值形式的可能性。马克思指出:在洛克那里,"交换价值以劳动为尺度,实际上是以劳动者创造使用价值为基础的"。[①]洛克把实际上不可比的因素误认为是可比因素,把非共同尺度的东西误认为是共同尺度,这就不可能对价值的性质、价值量和价值形式作出符合实际的说明。

　　总之,洛克把价值归结为劳动,实际上是把使用价值归结为具体劳动。这是他说明其他问题的基础。价值概念的缺乏使他没有能力说明他想说明的问题。在物质财富的源泉问题上,洛克竭力排除土地的作用,把劳动的作用强调到不适当的程度,以致几乎认为劳动是物质财富的唯一源泉。从理论上说,这是不科学的,比起配第的"劳动是财富之父和能动要素,土地是财富之母"的论断不是前进而是后退了。但是,也应当看到,洛克的提法在当时的历史条件下还是有它的积极意义的,它的斗争锋芒直接指向封建地主阶级。按照洛克的理论逻辑,被地主阶级占有的土地并不创造"价值",在财富生产中它的作用"几乎是等于零",财富的百分之九十九都是劳动创造的。因此,凭借占有土地而

---

① 《马克思恩格斯全集》第26卷Ⅰ,第391页。

获得"价值"或财富,是不符合自然法的精神的。洛克的理论表明他站在新兴的资产阶级立场上,为了资产阶级的利益而反对封建地主。

在"市场价值"即价格问题上,洛克认为"自然价值"即使用价值同价格无关。他说:任何东西的"任何优良及有用的性质的存在"并不能提高它的价格,甚至不能使它获得任何价格。按照洛克的说法,决定价格的因素是供给和需求的关系。如果供给小于需求,则价格上涨。商品"只有在它减少自己的数量或者增加自己的销路时(这两者的增减都是指彼此之间的比例),它的价格才能提高"。[①] 如果供给大于需求,则价格下降。如果供给无限,则没有价格。"还有什么东西比水和空气对人类的生存或福利更有用或更必需呢? 然而它们通常没有价格,也不能换来任何货币,因为它们的数量在世界大多数地方都远多于对它们任何的需求。"[②] 洛克认为商品的有用性或效用即使用价值同商品价格的决定没有关系,这是正确的。但是他完全撇开了价格依以波动的基础——价值,而把供求关系的变动视作价格波动的根本原因,这就陷入了供求论的错误。洛克考虑到了供给大于或小于需求的各种情况下的价格变动,唯独没有考虑当供给和需求相等时价格又是怎样决定的。同配第相比,洛克在这一问题又是一个退步。配第区分了决定商品价格的"永久原因"和"偶然原因",他说:"几乎所有的商品,都有其代用品,而且,几乎所有的商品,都有能适应各种状况的用途。因此,新颖、奇巧、式样好以及效果好坏不得而知的情况等等,都会使商品的价格上涨或下降。因此,除了上述的永久的原因以外,尚需要加进这些偶然的原因。而商人的本领就在于能够明断地预见和估计这些情况。"[③] 配第的高明之处是他在充分考虑到影响价格上涨或下降各种"偶然的原因"

---

① 约翰·洛克:《论降低利息和提高货币价值的后果》,第 38 页。
② 同上书,第 38—39 页。
③ 威廉·配第:《赋税论　献给英明人士　货币略论》,第 88—89 页。

时,坚持了"自然价格"即价值是决定价格的"永久的原因"。洛克由于价值概念的缺乏,在正确地认为使用价值同价格形成没有关系的同时,否认价格存在着依以形成的基础,错误地以为价格只是由供给和需求的关系决定的。这样,洛克就为后来庸俗经济学开了供求论的先河。

洛克认为存在一条供求关系决定价格的客观经济规律。他说:"一切可以买卖的东西的价格的涨落,都要看是买者多还是卖者多。如果卖者多而买者少,不论你使用什么技巧,要卖的东西都必然很贱。另一方面,把情况倒过来,假使有许多买者而只有几个卖者,那么同样的东西就立刻会贵起来。这个规律对土地以及一切其他商品都适用。"[①]洛克十分强调他"发现"的"规律"的普遍意义,说"这个规律普遍适用"[②]。如果在肯定商品内在价值是价格波动所围绕的中心或基础的前提下,洛克考察供求关系如何使价格围绕这个中心或基础上下波动,那是有意义的。问题是,他的"规律"根本否认这种中心或基础的存在,他越是强调这条"规律",越是强调这条"规律"的普遍意义,就越是证明他深深地陷在供求论泥潭中而不能自拔。

(二)诺思的内在价值和价格

像十七世纪英国许多经济学家一样,诺思也提出了"什么是财富的真正源泉"[③]的问题。不过他是从商业和贸易的角度思考问题的。他认为,"商业和贸易首先起源于人类劳动"[④]。商品和商品的交换,在诺思看来,不过是劳动和劳动的交换。"在这方面,谁最勤劳,谁生产果实最多或制造产品最多,他取得别人制造和生产的东西就最多;因此他

---

①　约翰·洛克:《论降低利息和提高货币价值的后果》,第36页。

②　同上书,第28页。

③　托马斯·孟、尼古拉斯·巴尔本、达德利·诺思:《贸易论》,顾为群译,商务印书馆1976年版,第26页。

④　同上。

就不致感到匮乏,而能充分享受衣食住方面真正丰富的方便的东西,虽然他们中间并没有金银等等这类东西。"① 然而,诺思在这里也只看到财富的物质内容、使用价值和享受,他把资本主义商品生产同个体劳动者的直接的自然活动混为一谈,这就把物化在商品中的形成价值的劳动同形成使用价值的劳动混为一谈。诺思虽然也谈到了金银形式的财富,但是他认为金银也只是和其他商品一样是普通商品。诺思说:"在这个商业交往中,金银与其他商品毫无区别,人们从金银多的人手里,拿来转交给缺少或需要金银的人,从而获得像贩卖别的商品一样多的利润。因此,一个积极的精明的民族变得富有起来,懒汉则越来越穷;这里除了勤劳不可能有什么别的策略。"② 诺思只是说谁最勤劳,生产的东西越多,交换到的东西也就越多。他考察问题的基础是使用价值,生产越多交换到的也就越多的提法,并不意味着他认识到在生产过程中耗费的劳动量同交换过程中交换到的劳动量之间成比例关系。

只是在论及货币成色问题时,诺思才提到过"内在的价值"这一概念。他是这样说的:"减低铸币的成色,是互相欺骗的行为,这对公众来说是从中产生不出什么好处的,因为除了内在的价值以外,公众不承认还有其他什么特征或价值。"③ 货币有不同于名义价值的"内在价值",这种内在价值是由什么决定的呢? 既然诺思认为货币和其他商品一样也是商品,那么其他所有商品是不是也都具有"内在价值"呢? 可惜,诺思对这些重要问题没有提供任何的分析和说明。诺思只是在个别场合提到"内在价值",更谈不上有意识地以此为解决各种经济问题的基础。

---

① 托马斯·孟、尼古拉斯·巴尔本、达德利·诺思:《贸易论》,顾为群译,商务印书馆 1976 年版,第 17 页。
② 同上书,第 26—27 页。
③ 同上书,第 14 页。

在供求状况对价格的关系问题上，诺思只注意考察了一种关系，就是供过于求造成价格下降。他说："谷物、羊毛等等有物多必贱的现象，当它们大量投入市场以致供过于求时，价格就将下降。"① 诺思以为这是他的"发现"，并把它加以概括，上升为普遍原理。他写道："我所建立的一条普遍原理，那就是，东西多了就会便宜。"② 其实，诺思的"普遍原理"绝不比洛克的"普遍适用"的规律高明。诺思只片面地考察了供求状况同价格之间的一种关系，而没有像洛克那样还顾及到供不应求造成价格上涨的情况。诺思在把自己的"普遍原理"用于货币本身时，他说："由于现在金银多了，人们以自己的劳动、谷物、牲口等等所换得的金银要比五百年前多得多"。③ 可见，和洛克一样，诺思并不真正懂得，同样数量的商品现在所以表现为更多的金银，是因为金银的"内在的价值"由于采掘金银的劳动生产率的提高而下降了。也和洛克一样，诺思只是用供求状况来解释这种现象。

诺思在政治经济学史上的贡献是他正确地理解了价格形式中金银的作用。他说，因为货币是买和卖的普遍的尺度，所以每一个要卖东西而找不到买者的人，总以为他的商品卖不出去是因为国内缺乏货币，因此到处都叫嚷缺乏货币。然而这是一个大错误。那些叫嚷缺乏货币的人究竟要什么呢？乞丐要的不是货币，而是面包和其他生活必需品。租地农民要的不是货币，而是他想卖但又卖不出去的谷物和牲畜的好价钱。卖不到好价钱的原因是，或者是因为国内谷物和牲畜太多，到市场上来的人大多数都像他那样要卖，但只有少数人要买；或者是因为通常的出口停滞，例如在战时，贸易不安全或不准进行；或者是因为消

① 托马斯·孟、尼古拉斯·巴尔本、达德利·诺思：《贸易论》，顾为群译，商务印书馆1976年版，第19页。
② 同上书，第36页。
③ 同上。

费缩减，例如，人们由于贫困，不能再花费过去那样多的生活费用。可见，有助于租地农民出售货物的，不是增加货币，而是消除这三个真正造成市场缩减的原因中的任何一个原因。[①]

马克思对诺思的以上观点曾经作了如下的说明和评价："在经济思想方面迈出的最初的步伐之一，就是认为金银在这里只作为商品本身的交换价值的存在形式，作为商品形态变化的一个因素出现，而不作为金银本身出现。就诺思那个时代来说，诺思把这一点说得很巧妙"。[②]

（三）范德林特和休谟的价格观点

范德林特和休谟在价值理论上没有多少建树，相反地，他们的价格理论给政治经济学史留下了一笔消极的遗产。

范德林特缺乏价值概念，他考察的是价格。在一种场合，范德林特误以为商品价格决定于一个国家现有的金银量。在《货币万能》中，范德林特自白：为什么印度的商品这样便宜？他的回答是：因为印度人埋藏货币，他们用这种办法使他们所有的货物和产品保持在很低的价格水平上。范德林特的一般结论是："在每一个国家，随着民间的金银量的增加，货物的价格必定上涨，因此，如果任何一个国家的金银减少，那么一切货物的价格也必将随着货币的减少而相应地跌落。"[③]

在另一场合，范德林特认为商品价格取决于"劳动价格"，也就是工资。这当然是错误的。配第虽然曾经把一个成年人平均一天的食物当作衡量价值的尺度，但是这无论如何不是配第的基本命题。可是，在范德林特这里，价格决定于工资竟然成为他的价格理论的一个中心论点。在政治经济学史上，这一谬误的影响甚为深远。范德林特直接影

[①]　托马斯·孟、尼古拉斯·巴尔本、达德利·诺思：《贸易论》，顾为群译，商务印书馆1976年版，第24—26页。

[②]　《马克思恩格斯全集》第26卷Ⅰ，第396页。

[③]　杰·范德林特：《货币万能》。第5页，引自《马克思恩格斯全集》第23卷，第143页。

响了法国重农学派，重农学派又影响了亚当·斯密。直到李嘉图，才着手批判这一教条。

休谟在价格理论上追随范德林特，甚至抄袭范德林特。在一种场合，他也认为货币贮藏会压低商品的价格。他说：一切东西的价格决定于商品和货币之间的比例。在另一场合，他也错误地以为商品价格取决于"劳动价格"，也就是取决于工资。休谟并不懂得价值本身。价值一词在他的论著中只在个别地方出现过。他在价值问题上不仅远不如配第，而且远不如他同时代的一些英国经济学家。

（四）康替龙的内在价值和市场价格

康替龙的价值理论是值得注意的。他继承和发展了配第价值理论的正确方面，但是也陷入了配第的迷误之中。

康替龙区分了"内在价值"和"市场价格"。"内在价值"一词，在洛克和诺思的著作中都曾出现过。洛克提到过金银的内在价值，但是由于价值概念的缺乏，他把金银的内在价值归结为金银的量。诺思也只是在讲到货币成色时提到金银的内在价值，他并没有研究和说明这种内在价值究竟是什么。至于金银以外的其他所有商品有没有内在价值，诺思根本没有提及。现在，康替龙前进了一步，他明确地认为所有的商品都有内在价值，市场价格是围绕商品的内在价值波动的。但是，康替龙对决定内在价值的因素的说明一开始就是从配第的错误命题出发的。他认为，物品的内在价值同所用的土地和劳动成正比，一般物品的价格和内在价值是生产该物品所用的土地和劳动的尺度，内在价值是依据生产该物品所必要的土地和劳动的数量来计算的。如果两种物品是用同等数量和同等质量的土地和劳动生产的，那么它们就有等量的价值。但是，生产物品所使用的土地和劳动的比例是会变化的，因而构成内在价值的土地和劳动的比例是不一样的。有的物品的内在价值主要由劳动构成，有的则主要由土地构成。康替龙的这些观点，实际上是配第的"一切东西都应由两个自然单位——土地和劳动来评定价值"这一迷误的继续和进一步发展。

康替龙认为，商品内在价值和市场价格大体上是一致的，但是二者又不可能经常吻合。康替龙举例说：一个人对他花园进行加工：开挖沟渠，修筑地坪。这样，加工后的花园的内在价值同所用土地和劳动成正比例地增加了。但是，花园的市场价格并不一定符合这个比例。花园的实际卖价可能只相当于加工后的花园的全部成本的半数多一点，也可以是这一成本的两倍。所以，市场价格和内在价值不会在任何情况下都完全相符，前者可以大于后者，也可以小于后者。

市场价格所以同内在价值不符，康替龙认为是供求状况造成的。他研究了供求状况同市场价格和内在价值的关系，认为供过于求时，市场价格就会低于内在价值，相反，供不应求时，市场价格就会高于内在价值。康替龙还提出，商品的供给和需求的比例，或商品的生产和居民的消费的比例，是在自发调节的过程中达到的。他举例说，农民由于多种谷物而少养羊，结果，谷物价格下降，羊毛和羊肉价格上涨。在此情况下，农民只好调整自己的生产：少种谷物而多养羊。这样，经过不断调整，最后使他们的生产和居民的消费之间达到恰当的比例。康替龙还举例说，卖帽子的商人和买帽子的顾客之间也有一个恰当的比例，这个比例也是经过不断地自行调整达到的。在一个城市里或在一条街上，同顾客相比，如果帽商太多，顾客最少的帽商就会破产。反之，如果帽商太少，经营帽业有利可图，就会有新帽商来这里开设帽店。康替龙认为，各种各样的商人都会不断地自行调整，以使自己适应于顾客和消费状态。

康替龙确认商品有内在价值，并且确认内在价值是市场价格赖以波动的中心和基础，这在价值学说发展史上是有积极意义的。他还看到,在商品经济中,生产和需要之间的平衡是通过自发调节达到的。但是,他所说的内在价值,并不等于配第所说的自然价格。配第的基本命题是价值决定于劳动,而康替龙的基本命题则是价值决定于劳动和土地。就后者而言,康替龙非但没有克服而且更深地陷入了"配第的迷误",滑向原始两要素论,尽管他说有些商品的内在价值主要是由劳动构成的。

(五)斯密的一位"匿名的前辈"的价值理论

最后,值得我们提到的,是《对货币利息,特别是公债利息的一些看法》这部著作的匿名作者。马克思称这位作者是亚当·斯密的"匿名的前辈"。[①]可惜,我们至今不知道这位作者是谁,他的这部著作甚至没有注明出版年月。据马克思考证,"该书是在乔治二世时代,大约1739年或1740年出版的"[②]。

匿名作者的劳动价值理论比配第的有了新的发展。配第指出了商品的价值量决定于生产商品所耗费的劳动量,这是他的重要贡献。但是,每个商品生产者生产同一商品所需要的和所用掉的劳动时间实际上是不等的。关于价值量决定于最低耗费的劳动量、最大耗费的劳动量还是平均耗费的劳动量这一问题,配第没有考虑。现在,这位匿名作者提出了配第所没有提出的问题。他说,当生活必需品互相交换时,"它们的价值取决于生产它们所必需的和通常所用掉的劳动量"[③]。这表明,匿名作者已经在粗糙的形式上提出了关于必要劳动量或必要劳动时间的概念。他初步懂得,价值量并不决定于任何个别生产者耗费

---

① 《马克思恩格斯全集》第23卷,第60页。
② 同上书,第52页。
③ [匿名作者]:《对货币利息,特别是公债利息的一些看法》。引自《马克思恩格斯全集》第23卷,第52页。

的劳动量,而是决定于生产商品"所必需的"和"通常所用掉的"劳动量。这一认识在政治经济学史上是一个重要的进步。

这位匿名作者认为,自然存在的使用价值,例如水,是没有价格的,因为它没有花费人的劳动,尽管水对人来说像面包和酒一样都是生活必需的。但是,如果在某时某地水的供应要耗费劳动,那么这种耗费了劳动的水则是需要代价的。在特殊的时候或特殊地点,这种水甚至和同样容量或重量的酒一样贵。

匿名作者认为,劳动者在同一劳动时间内生产出来的价值量是相等的。他说:"某人制造这种必需品用了一个星期,……而拿另一种物与他进行交换的人要确切地估计出什么是真正的等值物,最好计算出什么东西会花费自己同样多的labour[劳动]和时间。这实际上就是说:一个人在一定时间内在一物上用去的劳动,同另一个人在同样的时间内在另一物上用去的劳动相交换。"① 马克思把匿名作者这一论点同斯密把劳动力的耗费仅仅理解为牺牲安宁、自由和幸福的观点作了比较,指出:同斯密相比,"那位匿名的前辈的说法要恰当得多"。②

斯密的这位匿名前辈还认为,远古时代,在进行物物交换的时候,除了生产者各自在生产时所必要的劳动量之外,很难设想还可能采取别的什么尺度作为物与物交换的标准。斯密的匿名前辈的这一论点,预示了后来斯密提出的一个著名论点:在资本积累和土地私有产生之前的社会原始不发达状态中,为获得各种交换对象所必要的劳动量,看来是能够提供交换准则的唯一根据。

---

① [匿名作者]:《对货币利息,特别是公债利息的一些看法》。引自《马克思恩格斯全集》第23卷,第60页。
② 《马克思恩格斯全集》第23卷,第60页。恩格斯在上述匿名作者这段话之后还加了一个注:"英语有一个优点,它有两个不同的词来表达劳动的这两个不同的方面。创造使用价值并具有一定质的劳动叫作work,以与labour相对;创造价值并且只在量上被计算的劳动叫作labour,以与work相对。"引自《马克思恩格斯全集》第23卷,第60页。

三、斯图亚特的价值理论

（一）分工和交换价值的生产

在英国古典经济学家中，斯图亚特最先把分工和交换价值的生产直接联系起来，认为二者是同一回事。他把农业区分为"作为生产直接生存资料的农业"和"作为商业部门的农业"，认为前者不是经营活动，因为它不是通过自身转移，而只是谋生的手段；后者是为了经常让渡或经常出售的农业，农业劳动者的活动和劳动产品都依赖于交换。在古代，作为商业部门的农业并不发达，同样，制造业主也不多，造成的需求也不大。因此，"自由的劳动者"人数也不多。随着交换的发展，原先作为直接生存资料来生产的生活必需品便越来越成为出售的对象，居民也就越来越多地成为"自由人手"。斯图亚特说："当我们假定某物具有共同的价格标准的时候，我们就必须假定该物的让渡是频繁的，大家熟悉的……只有出售才能规定价格，只有频繁的出售才能确立一种标准。而频繁的出售生活必需品，则标志着居民划分为劳动者和自由人手"。[①] 斯图亚特比较详细地考察了分工的历史，研究了现代"自由人手"形成的历史过程。

不难看出，斯图亚特考察的分工，是社会的分工，是表现为交换价值生产的分工。既然把分工和交换价值的生产看作是一回事，那么在阐述交换价值时，就没有必要像后来斯密那样先详细地说明分工。

马克思十分重视斯图亚特关于分工和交换价值的生产相一致的思想，说："我们在阐述交换价值时没有进一步去说明分工，而仅仅把它看作同交换价值是一回事……斯图亚特则最先把分工和交换价值的生

---

① 斯图亚特：《政治经济学原理研究》，引自《马克思恩格斯全集》第46卷下，第304页。

产看作一回事,并且他不同于其他经济学家而值得称赞的是,他把这一点看作社会生产和社会物质变换的以特殊历史过程为媒介的形式。"[1]

(二)实际价值

斯图亚特提出了"实际价值"概念。他说:"实际价值"决定于"该国一个劳动者平常……在一天、一周、一月……平均能够完成的"劳动"量"。第二,决定于"劳动者用以满足他个人的需要和……购置适合于他的职业的工具的生存资料和必要费用的价值;这些同样也必须平均计算"。第三,决定于"材料的价值"。[2]

斯图亚特的"实际价值"概念,就是他的一种特殊的价值概念。指出价值决定于该国一个劳动者在一天、一周、一月平均能够完成的劳动量,这是斯图亚特对英国古典劳动价值理论的重要贡献。这一贡献的意义在于,第一,指出价值决定于完成的劳动量;第二,指出价值决定于该国平均所需要的劳动时间。如果说,第一点只是对配第的价值决定于劳动时间这一论断的另一种表述,那么,第二点则是斯图亚特的开创性的贡献。在这个问题上,斯图亚特不仅超过了自己的同辈亚当·斯密,而且超过了他的后辈李嘉图。后面就会看到,斯密没有对必要劳动时间作出任何明确规定,李嘉图则把必要劳动时间规定为劣等生产条件下耗费的劳动时间。

但是,斯图亚特的实际价值概念是十分混乱的。他在说明实际价值决定于一国平均所需要的劳动量时,又混乱地加上工资和材料的价值。斯图亚特还把实际价值和生产费用等同起来,即把实际价值同商品生产中实际耗费的不变资本和可变资本的价值等同起来。在试图说明价值

---

[1] 《马克思恩格斯全集》第 46 卷下,第 470—471 页。

[2] 《詹姆斯·斯图亚特爵士著作集》第 1 卷。引自《马克思恩格斯全集》第 26 卷Ⅰ,第 12 页。

包括工人的劳动量和生产资料的价值时，又把工资当作特殊组成部分，而把利润即剩余价值说成是实际价值以外的部分。斯图亚特力图把价值范畴和它的物质内容区分开来，但是混乱的观念妨碍他对二者清楚地加以区分。马克思在论及斯图亚特的这一特点时说："在他那里，政治经济学的抽象范畴还处在从它们的物质内容中分离出来的过程，因而表现得模糊不清和摇摆不定，交换价值这个范畴也是如此。"[①]

（三）内在价值和使用价值

更能表明斯图亚特力图把价值范畴同它的物质内容分开的，是他关于"内在价值"和"使用价值"的区分。斯图亚特把商品所包含的自然物质或原料叫作"内在价值"，而把耗费在商品上的劳动时间叫作"使用价值"。他说："前者是某种本来就是实在的物。例如，银丝编织品中所含的银。丝织品、毛织品或亚麻织品的内在价值小于已使用的原始价值，因为除了这类织品的预期的用途而外，几乎已经没有任何别的用处；而使用价值则相反，它必须依照为生产它而耗费的劳动来估计。为改变形式而耗费的劳动，代表一个人的时间的一定部分，它已经被有效地用来赋予某种物质以形式，使这种物质变得有用、美观，或者简言之，使它成为间接地或直接地对人有用的东西。"[②] 从斯图亚特的说法中可以看出，他模糊地感觉到，银器中所含的银，丝织品、毛织品或亚麻织品中所含的原料，这些都是抽象的经济范畴的物质内容，而不是经济范畴本身。为了把价值这一抽象的经济范畴从它的物质内容中分离出来，他运用了"内在价值"和"使用价值"这一对术语："内在价值"被用来表示商品所含的自然物质或原料，"使用价值"表示由劳动时间

---

① 《马克思恩格斯全集》第 13 卷，第 47—48 页。

② 《詹姆斯·斯图亚特爵士著作集》第 1 卷。引自《马克思恩格斯全集》第 46 卷下，第 303 页；第 13 卷，48 页。

决定的价值。马克思说：斯图亚特在这里"同物质内容进行的搏斗表现得更加激烈。"①

从斯图亚特的说法中还可以看出，他虽然感到了价值范畴同商品的物质内容的区别，但是他并没有把这种抽象范畴固定下来，而是变化不定地采用一些不准确的术语，来表示他在经济理论思维中正在形成然而还是动摇不定的关于价值的见解。直到亚当·斯密，才把使用价值和交换价值的范畴固定下来，前者被用来表示商品的效用，后者被用来表示某一商品对其他商品的购买力。

（四）特殊社会劳动和实在劳动

斯图亚特对英国古典价值理论的最大贡献，是他关于生产商品的劳动具有二重性的天才猜想。他说："那种通过自身转移（alienation）而创造出一般等价物（universal equivalent）的劳动，我称之为产业。"②斯图亚特称之为"产业"的劳动或"创造一般等价物的劳动"，实际上就是有别于实在劳动的特殊社会劳动，也就是有别于具体劳动的抽象劳动。他的这一认识，不仅超过了从配第到休谟的英国古典政治经济学产生时期的代表，而且也超过了英国古典政治经济学最优秀的代表斯密和李嘉图。马克思给斯图亚特以极高评价，指出："斯图亚特比他的前辈和后辈杰出的地方，在于他清楚地划分了表现在交换价值中的特殊社会劳动和获取使用价值的实在劳动之间的区别。"③

在古典政治经济学史上，斯图亚特关于劳动二重性的天才猜想占有十分重要的地位。后来，斯密和李嘉图也在某种程度上接触到这个问题，虽然他们谁都没有明确地和十分有意识地把实在劳动和特殊社

---

① 《马克思恩格斯全集》第13卷，第48页。
② 斯图亚特：《政治经济学原理研究》。引自《马克思恩格斯全集》第13卷，第48页。
③ 《马克思恩格斯全集》第13卷，第48页。

会劳动区分开。马克思在《政治经济学批判》中指出:"把商品归结于二重形式的劳动,即把使用价值归结于实在劳动或合乎目的的生产活动,把交换价值归结于劳动时间或相同的社会劳动,是古典政治经济学一个半世纪以上的研究得出的批判性的最后成果。"[1]

斯图亚特的贡献还在于他研究了生产交换价值的劳动的性质,认为这种劳动只能是不同于古代形式和中世纪形式的资产阶级形式的劳动。

斯图亚特以自己特有的历史感研究资本主义社会的劳动和古代社会的劳动之间的区别。在把奴隶劳动和雇佣工人劳动进行比较时,斯图亚特说:"这里,在奴隶制度下,有一种使人勤勉劳动的暴力方法……那时人们被迫从事劳动,因为他们是别人的奴隶;而现在,人们被迫从事劳动,因为他们是自己需求的奴隶。"[2]他看出古代社会的奴隶被"暴力方法"所迫为别人从事无偿劳动,现代社会的雇佣工人则被"自己需求"即生存所迫为别人从事无偿劳动。斯图亚特希望增加雇佣工人的需要,以此刺激他们去为别人劳动。斯图亚特在苏格兰曾经考察过没落阶级的封建劳动,后来在欧洲大陆又对这种劳动进行考察,他非常注意资本主义劳动和封建劳动之间的对立。他认为,资本主义劳动是自由劳动,封建劳动则是强制的或不自由的劳动。因此,资本主义经济是同以强制劳动或不自由劳动为特征的封建经济具有根本区别的、以自由生产者为主体的商品经济。马克思十分重视斯图亚特关于生产交换价值的劳动性质的论述,说:"他不仅把作为产业的劳动同实在劳动区别开来,而且也同劳动的其他社会形式区别开来。他认为,这种劳动是资产阶级形式的,是同它的古代形式和中世纪形式相对立的……斯图亚特当然很清楚,在资产阶级以前的时代,产品就采取过商

---

① 《马克思恩格斯全集》第13卷,第41页。
② 斯图亚特:《政治经济学原理研究》。引自《马克思恩格斯全集》第23卷,第709—710页;第46卷下,第302页。

品的形式,商品也采取过货币的形式,但是他详细地证明,只是在资产阶级生产时期,商品才成为财富的基本的原素形式,转移才成为占有的主导形式,因此,生产交换价值的劳动只能是资产阶级性质的。"①

四、斯密的价值理论

(一)分工和国民财富的生产

在古典经济学家中,配第最先把分工和提高劳动生产率看作一回事。和配第不同,斯图亚特最先把分工和交换价值的生产看作一回事。按照后一观点,在阐述交换价值时,没有必要进一步去说明分工。按照前一观点,在阐述交换价值时,还必须先进一步说明分工,以便使分工同交换价值相关联。在这个问题上,斯密是配第的继承者。他在充分说明分工之后,才开始阐述交换价值。

斯密的分工学说是英国古典经济学家中最系统的分工学说。他的功绩并不在于提出了什么创见性的新原理,而在于他特别强调分工,将分工提到十分重要的地位。②

作为斯密分工学说主要来源的,较早的有配第的著作,较近的有孟德维尔的《蜜蜂的寓言》(1714 年)和弗格森的《市民社会史》(1767 年)。

在《亚当·斯密关于法律、警察、岁入及军备的演讲》中,斯密认为分工是国民财富增长的一个重要原因。他说:"劳动分工是国家财富增长的一个大原因,而国家财富增长的速度,总是和人民的勤劳程度成

---

① 《马克思恩格斯全集》第 13 卷,第 48—49 页。
② 马克思说:"关于分工,亚·斯密没有提出任何一个新原理。人们把他看作工场手工业时期集大成的政治经济学家,是因为他特别强调分工。"《马克思恩格斯全集》第 23 卷,第 386 页。

比例,绝不是和金银的数量成比例,像可笑的想法那样。至于人民的勤劳,总是和分工的精细程度成比例。"①这时斯密就已经批判只有金银是财富的重商主义观点,并把财富的增长归结为分工和勤劳的结果。

《国富论》一书第一篇第一章就是"论分工"。斯密颂扬分工说:"劳动生产力上最大的增进,以及运用劳动时所表现的更大的熟练、技巧和判断力,似乎都是分工的结果。"②他以制针业为例,强调分工带来的劳动生产力。按照他的说明,如果不分工,一个工人一天也许一根针也生产不出来。可是分工以后,十个工人的小厂一天可以生产出四万八千根,平均每人每天生产四千八百根。劳动生产率之所以如此悬殊,原因就在分工。

斯密认为,分工可以使同等数量的劳动者完成多得多的工作量。据他分析,这有三方面的原因:"第一,劳动者的技巧因专业而日进;第二,由一种工作转到另一种工作,通常须损失不少时间,有了分工,就可以免除这种损失;第三,许多简化劳动和缩减劳动的机械的发明,使一个人能够做许多人的工作。"③

比一般资产阶级学者远为高明的是,斯密正确地指出个人之间天赋才能的差异应当看作是分工的结果,而不应当看作是分工的原因。他明确认为,这种差异远没有人们所设想的那么大。搬运夫和哲学家之间的原始差别要比家犬和猎犬之间的差别小得多,他们之间的鸿沟是分工的结果。④

对于工场手工业分工的资本主义性质,斯密的说明不像配第那样肯定。不仅如此,他甚至企图用一种抽象的所谓"人类倾向"来证明

_____

① 《亚当·斯密关于法律、警察、岁入及军备的演讲》,陈福生、陈振骅译,商务印书馆1962年版,第187—188页。

② 亚当·斯密:《国富论》上卷,第5页。

③ 同上书,第8页。

④ 同上书,第15页。

分工的必然性,这种"倾向"据说就是"互通有无,物物交换,互相交易"。① 这样,斯密势必要混同资本主义的工场手工业分工和资本主义以前的自然经济中的分工,甚至混同资本主义的工场手工业分工和原始共同体内部的分工。在第二章"论分工的原由"中,斯密正是犯了这种性质的错误。认为私人交换以分工为前提,这是对的;但是反过来认为分工以私人交换为前提,这就错了。

从抽象的"人类倾向"出发,斯密势必要混同资本主义工场手工业内部的分工和资本主义社会内部的分工。在第一章"论分工"中,斯密正是犯了这种性质的错误。他开始说的是制针业的一个小工厂的分工:"一个人抽铁线,一个人拉直,一个人切截,一个人削尖线的一端,一个人磨另一端,……这样,扣针的制造分为十八种操作。"② 这是资本主义工场手工业内部的分工。斯密在讲过这种分工之后,不加任何思索,马上就跳到一个"进步的社会"内部的分工:"一个国家的产业与劳动生产力的增进程度如果是极高的,则其各种行业的分工一般也都达到极高的程度。未开化社会中一人独任的工作,在进步的社会中,一般都成为几个人分任的工作。在进步的社会中,农民一般只是农民,制造者只是制造者。而且,生产一种完全制造品所必要的劳动,也往往分由许多劳动者担任。"③ 斯密举例说:工人穿的粗呢上衣,就是许多劳动者联合劳动的产品。为了制成这种产品,必须有牧工、拣毛工、梳毛工、染工、粗梳工、纺工、织工、漂白工、缝纫工以及其他许多工种的工人联合起来工作。④ 可见,斯密的所谓"进步的社会"内部的分工,实际上就是资本主义社会内部的分工。在斯密看来,资本主义工场手工业内部的分工和资本主义

---

① 亚当·斯密:《国富论》上卷,第12页。
② 同上书,第6页。
③ 同上书,第7页。
④ 同上书,第11页。马克思指出:这段话几乎逐字逐句抄自孟德维尔《蜜蜂的寓言》的注释。见《马克思恩格斯全集》第23卷,第393页。

社会内部的分工只存在着范围大小的差异，而不存在本质的区别。

从上述抽象的"人类倾向"出发，斯密还势必要混同资本主义社会内部的分工和资本主义的国际分工。在"论分工"这一章中，斯密也正是犯了这种性质的错误。他在说明"进步的社会"内部制造业和农业分工的特点时，突然把话题转到工业国和农业国、富国和穷国的特点上去，转到穷国和富国如何实行国际分工上去。在斯密看来，国内分工和国际分工也只存在着范围大小的差异，而不存在本质的区别，就像他所理解的工场手工业内部分工和社会内部分工的关系一样。

总之，在斯密的观念中，资本主义工场手工业内部分工、资本主义以前的社会分工、资本主义社会分工、资本主义国际分工等，都是分工。他只看到各种分工的共同之处，而看不到每种分工的特殊之处；只知道分工的发展促进了社会生产力的提高，而不知道一切分工都是社会生产力发展的结果。抽象的"人类倾向"观念使他不能具体地和历史地考察各种不同的分工。

歌颂资本主义工场手工业分工和社会分工的斯密，有时也提到分工是社会不平等的根源，并对这种分工进行了谴责。他说：分工使大多数人局限于少数很简单的操作，往往是一两种操作。但是，大多数人的智力是由他们的日常活动发展起来的，终身从事少数简单操作的人没有机会运用自己的智力。因此，他就会成为最迟钝最无知的人。他的呆板的、单调的生活自然损害了他的进取精神，甚至破坏了他的身体的活力，使他除了从事他所会的那种局部工作以外，不能精力充沛地持久地使用自己的力量。因此，他在自己的专门职业中的技能是靠牺牲他的智力的、社会的和军事的德性而取得的。但是，在每一个工业的文明的社会中，这是劳动贫民即广大人民群众必然陷入的境地。① 斯密的这

---

① 亚当·斯密：《国富论》下卷，第338—339页。

些思想,直接来源于弗格森。弗格森在斯密之前17年,就已经在《市民社会史》中强烈地谴责了工场手工业分工。[①]

同斯图亚特相比,斯密的分工理论有着严重的缺点。马克思指出:"亚·斯密既没有从分工单纯表现为交换价值的积极形式时具有的简单形式上来理解分工,也没有从分工表现为一定劳动生产力时具有的另一种形式上来理解分工,更没有从这样一种形式上来理解分工,在这种形式中,生产的经济对立,质的社会规定性本身,表现为一定分工方式的经济形式,而从属于这一规定性的个人则作为资本家和雇佣工人,工业资本家和食利者,租地农场主和地主等等而互相对立。"[②]

(二)劳动是财富的源泉

关于财富的源泉问题,曾经是重商主义者、重农主义者以及英国古典政治经济学产生时期的代表人物致力研究的一个重要课题。作为早期重商主义的货币主义,把各国之间的货币流通当作是财富的源泉。作为晚期重商主义的重工主义,比货币主义前进了一步,认为财富的源泉是商业劳动和工场手工业劳动。和重商主义不同,重农学派认为财富的源泉是农业劳动。马克思在论及重商主义和重农主义的这些观点时指出:"货币主义把财富看成还是完全客观的东西,看成外在

---

① 弗格森写道:"甚至可以怀疑一个民族的一般能力的增长是否同技术进步成正比例。在若干门机械技艺中……没有任何智慧和情感的参与完全可以达到目的,并且正如无知是迷信之母一样,它也是工业之母。思索和想象会产生错误,但是手和脚的习惯动作既不靠思索,也不靠想象。所以可以说,在工场手工业方面,其最完善之处在于不用脑力参与,因此,不费任何思索就可以把作坊看做一部由人构成的机器……一位将军可能是十分精通军事的人,而士兵的全部义务却只是完成一些手脚的动作。前者之所得可能就是后者之所失……在这所有的功能彼此分离的时期,思维的技艺本身可以自成一个独立的行业。"引自亚·弗格森:《市民社会史》,巴黎1783年版,第108—110页。引自《马克思恩格斯全集》第4卷,第161页。

② 《马克思恩格斯全集》第46卷下,第471页。

于自身、存在于货币中的物。同这个观点相比,重工主义或重商主义把财富的源泉从对象转到主体的活动——商业劳动和工业劳动,已经是很大的进步,但是,他们仍然只是把这种活动本身理解为限于取得货币的活动。同这个主义相对立的重农主义把劳动的一定形式——农业——看作创造财富的劳动,不再把对象本身看作裹在货币的外衣之中,而是看作产品一般,看作劳动的一般成果了。这种产品还与活动的局限性相应而仍然被看作自然规定的产品——农业的产品,主要是土地的产品。"[①]

　　继重商主义者和重农主义者之后,配第对财富的源泉进行了考察。他认为,劳动和土地都是财富的源泉。但是,在没有摆脱重商主义影响的时候,他曾认为航海业劳动是创造财富最多的劳动。

　　亚当·斯密在前人探索的基础上,在发达的工场手工业时期,提出了自己的全新的观点:劳动是财富的源泉。

　　在《国富论》一书的一开头,斯密就说:"一国国民每年的劳动,本来就是供给他们每年消费的一切生活必需品和便利品的源泉。"[②] 在这里;斯密使用了"劳动"这一经济范畴,把财富的源泉归结为劳动。

　　正如马克思指出的那样,劳动这一经济范畴似乎是一个十分简单的范畴,古老的范畴。但是,在经济学上从这种简单性上来把握的劳动,和产生这个简单抽象的那些关系一样,是现代的范畴。同那些先后或分别把商业劳动、农业劳动、航海业劳动、工场手工业劳动等具体劳动的特殊形式看作是财富源泉的前人相比,斯密对创造财富的劳动的认识有了一个显著的飞跃。他不再认为财富的源泉只是这种或那种形式的劳动,而是对任何种类的劳动都一视同仁,同等看待,认为作为财富源泉的是一切种类的劳动,是劳动一般,是社会总体形式的劳动或作

---

　　① 《马克思恩格斯全集》第46卷上,第41页。

　　② 亚当·斯密:《国富论》上卷,第1页。

为社会分工的劳动。

斯密在资本主义工场手工业有了相当发展的历史时期,适应资产阶级的要求,抛开了认为某种特殊形式的劳动是财富源泉的观点,从创造物质财富的各种特殊形式的劳动中抽象出创造物质财富的劳动这一范畴,认为劳动是一切财富的源泉。关于斯密的这一观点,马克思指出:"在农业、工场手工业、航海业、商业等等实在劳动的特殊形式轮流地被看作是财富的真正源泉之后,亚当·斯密宣布劳动一般,而且是它的社会的总体形式即作为分工的劳动,是物质财富或使用价值的唯一源泉。"[1] 马克思强调斯密的理论贡献,指出:"亚当·斯密大大地前进了一步,他抛开了创造财富的活动的一切规定性——干脆就是劳动,既不是工业劳动、又不是商业劳动、也不是农业劳动,而既是这种劳动,又是那种劳动。有了创造财富的活动的抽象一般性,也就有了被规定为财富的对象的一般性,这就是产品一般,或者说又是劳动一般,然而是作为过去的、物化的劳动。"[2]

但是,斯密的错误也在这里。在考察物质财富的源泉时,他竟然没有看到自然因素的作用。在这方面,斯密比配第要片面得多。配第指出劳动是财富之父和能动因素,土地是财富之母,比较全面地看到了物质财富的源泉。在这方面,斯密甚至还不如洛克,因为洛克毕竟还承认自然因素在创造物质财富过程中多少起一点作用,虽然他把劳动因素不正确地夸大到起百分之九十九的作用。斯密把劳动看作是创造物质财富的唯一源泉,这当然是片面的。劳动是使物质资料适应于一定目的的活动,它必然要以物质资料作为前提。斯密的片面性就在于他完全没有看到创造物质财富即使用价值总得有一个自然基础。马克思在批评斯密的劳动是财富的唯一源泉这一命题时指出:"在这里他完全没

---

[1] 《马克思恩格斯全集》第 13 卷,第 49 页。
[2] 同上书,第 46 卷上,第 41 页。

有看到自然因素"。①

　　在斯密那里,有一个奇怪的现象:他在考察物质财富即使用价值的源泉时,看不到自然因素的作用;相反,他在考察价值的源泉时,又不能把自然因素撇开。例如,斯密说:"在农业上,自然也和人一起劳动;自然的劳动,虽无须代价,它的生产物却和最昂贵的工人生产物一样,有它的价值。"② 斯密又说:"减除了一切人的劳作之后,所余的便是自然的劳作。它在全生产物中,很少占四分之一以下,很常占三分之一以上。"③ 马克思在评价斯密时说:斯密在物质财富即使用价值的领域内完全没有看到自然因素,"可是在纯粹社会财富即交换价值的领域内,自然因素却追跟着他。"④ 斯密的这种奇怪现象说明,当他彻底摒弃重商主义和重农主义关于创造财富的活动的那些具体规定性,看出了创造财富的活动的抽象一般性,这固然是一大进步,但是,他没有有意识地区分作为使用价值的物质财富和作为交换价值的纯粹社会财富,因而在一般地谈论劳动是财富的唯一源泉的时候,没有指出作为物质财富源泉的除了劳动还有自然因素。同时,斯密对自己发现的创造物质财富的活动的抽象一般性的重要性虽然有所认识,但是,他没有自觉地到处坚持和贯彻自己的这个观点,因而一遇到农业生产这类问题时,他又不自觉地为重农主义的旧观念所束缚。这是斯密前进中的一种倒退。马克思说:斯密的"这一步跨得多么艰难,多么巨大,只要看看连亚当·斯密本人还时时要回到重农主义,就可想见了。"⑤

---

　　① 《马克思恩格斯全集》第 13 卷,第 49 页。
　　② 亚当·斯密:《国富论》上卷,第 333 页。至于制造业,斯密则认为:"在制造业上,自然没做什么,人做了一切",引自亚当·斯密:《国富论》上卷,第 334 页。这个论点,后来被李嘉图所批判。
　　③ 同上。
　　④ 《马克思恩格斯全集》第 13 卷,第 49 页。
　　⑤ 同上书,第 2 卷,第 106 页。

斯密关于劳动是财富的唯一源泉的论断,毕竟只是适应当时资产阶级利益和要求的论断。斯密不会想到,他的这个论断会成为英国早期社会主义经济学家反对资本主义的理论依据。他的这个在十八世纪七十年代曾经使从中等市民发展而来的资产阶级感到欣慰的论断,到十九世纪三十年代竟会使已经占据统治地位的资产阶级感到恐惧。英国资产阶级庸俗经济学家卡泽诺夫在 1832 年出版的《政治经济学大纲》中惊呼:"关于劳动是财富的唯一源泉的学说,看来既是错误的,又是危险的,因为它不幸给一些人提供了把柄,他们可以断言一切财产都属于工人阶级,别人所得的部分仿佛都是从工人阶级那里抢来和骗来的。"[①] 当然,斯密也不会想到,他的这个论断又会在一百年后的哥达纲领这个所谓社会主义纲领中再现。马克思在批判哥达纲领关于劳动是一切财富的源泉的说法时严肃地指出:"一个社会主义的纲领不应当容许这种资产阶级的说法。"[②] 马克思强调说,劳动不是一切财富的源泉,自然界也和劳动一样是财富的源泉。

(三)使用价值和交换价值

在英国古典政治经济学史上,斯密第一次明确地区分了使用价值和交换价值。

商品生产、贸易、货币、生息资本等等,是古代奴隶社会和现代资本主义社会所共有的。正像马克思所说的那样,"由于希腊人有时也涉猎于这一领域,所以他们也和在其他一切领域一样,表现出同样的天才和创见。所以他们的见解就历史地成为现代科学的理论的出发点"。[③]

---

① 约翰·卡泽诺夫:《政治经济学大纲》,伦敦 1832 年版,第 22、23 页注。引自《马克思恩格斯全集》第 26 卷Ⅲ,第 63—64 页。

② 《马克思恩格斯选集》第 3 卷,第 5 页。

③ 同上书,第 268 页。

古希腊的色诺芬已经初步意识到物品有两个用途:一是使用,二是交换。他说:"一支笛子对于会吹它的人是财富,而对于不会吹它的人,则无异于毫无用处的石头。……对于不会使用笛子的人们来说,一支笛子只有在他们卖掉它时是财富,而在保存着不卖时就不是财富。"[①] 亚里士多德关于物品两个用途的认识比色诺芬前进了一步,他说:"因为每种货物都有两种用途……一种是物本身所固有的,另一种则不然,例如鞋,既用来穿,又可以用来交换。两者都是鞋的使用价值,因为谁用鞋来交换他所需要的东西,例如食物,谁就是利用了鞋。但不是利用鞋的自然用途,因为它不是为交换而存在的。其他货物也是如此。"[②] 在古希腊思想家的这些议论中,显然已经出现了关于使用价值和交换价值的思想萌芽,虽然他们都还没有使用交换价值这一术语。

斯密不仅在概念上而且也在术语上对使用价值和交换价值作了区分。他说:"应当注意,价值一词有两个不同的意义。它有时表示特定物品的效用,有时又表示由于占有某物而取得的对他种货物的购买力。前者可叫做使用价值,后者可叫做交换价值。使用价值很大的东西,往往具有极小的交换价值,或者没有;反之,交换价值很大的东西,往往具有极小的使用价值,甚至没有。"[③]

明确区分使用价值和交换价值,这是斯密的一大功绩。这是把政治经济学的抽象范畴从它们的物质内容中分离出来的一个重要步骤。斯密摆脱了前人由于未能区分使用价值和交换价值而陷入的困境,克服了斯图亚特在把政治经济学的抽象范畴从它们的物质内容中分离出来时所表现出来的模糊不清和动摇不定,用明确的术语表示了明确的思想,把使用价值和交换价值区分开来,为进一步探讨劳动价值理论创

---

① 色诺芬:《经济论 雅典的收入》,张伯健,陆大年译,商务印书馆1961年版,第3页。
② 亚里士多德:《政治学》,引自《马克思恩格斯全集》第13卷,第15页。
③ 亚当·斯密:《国富论》,上卷,第25页。

造了必要的前提。斯密的功绩正在于此，但也仅在于此。

从上面的引文中，我们同时可以看到斯密的错误。首先，斯密不是由商品二因素来讨论使用价值和交换价值，而是认为价值一词有两个不同的意义，这就缩小了他所区分的使用价值和交换价值的意义。事实上，并不是价值一词具有二重意义，而是商品具有二重性或二因素。配第用过"价值"这一术语，那是他的"自然价格"的又一说法。洛克也用过"价值"一词，那是指效用即使用价值。在把前辈的观念加以整理时，斯密兼收了配第和洛克的说法，形成了"价值一词有二个不同意义"这一不正确的观念。从这里也可以看出斯密同在形成过程中的观念的混乱状态进行斗争的情况。

对于使用价值和交换价值之间的关系，斯密的理解是片面的。他只知区别，不知联系，只知矛盾，不知统一。使用价值大而交换价值小和交换价值大而使用价值小的说法，表明斯密不了解质上不同的使用价值无法在量上比较它们的大小。有使用价值而没有交换价值和有交换价值而没有使用价值的说法，则表明斯密不了解商品具有二因素，不了解商品总是使用价值和交换价值的统一体。其中，有使用价值而没有交换价值的论断，暴露出斯密混同了商品和劳动产品，甚至混同了商品和自然存在的物品。只有非商品的劳动产品和自然存在的物品，才会只有使用价值而没有交换价值。有交换价值而没有使用价值的论断，则暴露出斯密不知道商品出售的前提是要有满足社会需要的使用价值，使用价值是交换价值的物质承担者，没有使用价值的产品就不可能有交换价值。他似乎不知道，不管财富的社会形式如何，使用价值总是构成财富的物质内容。

在经济思想史上，水和钻石的例子早就为一些著作所采用。至少从罗的《论货币和贸易》（1705 年）到哈里斯的《论货币和铸币》（1757 年），都把水和钻石进行比较。例如，罗说："水的用处很大，价值

却很小,因为水的数量比对它的需求量大得多;钻石的用处很小,价值
却很大,因为对钻石的需求量比钻石的数量大得多。"① 在斯密著作中,
水和钻石的例子一再被用来说明使用价值和交换价值的关系。在《亚
当·斯密关于法律、警察、岁入及军备的演讲》后称《演讲》中,斯密就
曾说过:"水所以那么便宜,就是因为它可以取之不尽,而钻石所以那
么昂贵,是因为它稀罕难得(人们似乎还没发现钻石的真正用途)。"②
在《国富论》中,斯密又说:"水的用途最大,但我们不能以水购买任何
物品,也不会拿任何物品与水交换。反之金刚钻虽几乎无使用价值可
言,但须有大量其他货物才能与之交换。"③ 斯密没有任何创见,没有进
行深入思考,而是毫无批判地采用了罗、哈里斯等人的水和钻石的例
子。在这个问题上,斯密甚至不如前面提到的他的那位匿名前辈。这位
匿名前辈在援引水的例证时正确地指出:没有花费劳动的水是没有价格
的,如果水的供应需要花费劳动,那么这种劳动就应当有代价。这位匿
名作者完全懂得,水加入劳动才具有价值,没有加入劳动就没有价值。

严格说来,不能说商品的二重性或二因素是使用价值和交换价值,
而应当说是使用价值和价值。因为价值才是商品的内在属性,是交换
价值的基础,而交换价值只是商品价值的表现形式。这些更是斯密所
没有认识清楚的问题,他一开始就混同了价值和交换价值,没能从交换
价值中抽象出价值来。

也应该看到,在斯密的错误说法中,包含一个正确见解的胚胎,那
就是,商品的交换价值不是由商品的使用价值决定的。这就排除了使
用价值决定价值的观点,从而使效用论无立足之地。

斯密关于使用价值和交换价值相互关系的观点,被现代资产阶级

---

① 约翰·罗:《论货币和贸易》,纽约 1966 年版,第 4 页。
② 《亚当·斯密关于法律、警察、岁入及军备的演讲》,第 174 页。
③ 亚当·斯密:《国富论》上卷,第 25 页。

经济学家叫作斯密的"价值的矛盾"①。他们竭力抹杀斯密在区分使用价值和交换价值方面的贡献,任意曲解斯密的论点。他们有的说斯密解决了"价值的矛盾",有的则说斯密没有解决"价值的矛盾"。前者可以以奥布赖恩为代表,后者可以以萨缪尔森为代表。奥布赖恩说:斯密继承了一种主观价值论,这种主观价值论通行于普芬多夫、斯密的老师哈奇森,以及哈奇森的老师卡迈克尔的著作之中。这些作者认为价值取决于有用性和相对稀少性的结论。"亚当·斯密本人在他的《演讲》中发展了一种多少类似的理论,解决了水很有用但没有价值而钻石没有用但基于相对稀少性而有价值的矛盾。"② 萨缪尔森则说:"钻石很稀少,获得一个增量的费用很高;水相对充足,在世界上很多地区,它的费用很低。这个答案的第一部分,即使对一个世纪以前的古典经济学家而言,也应该是合理的。他们很可能接受这个答案。因为他们还不能把这些费用方面的事实和下列同样正确的事实协调起来,世界上的水比世界上所提供的钻石要更为有用。事实上,亚当·斯密从来没有彻底解决这个矛盾。"③ 萨缪尔森埋怨斯密,说他"满足于单纯地指出:物品的'使用价值'——它可能提供的经济福利的总和——同该物品的'交换价值'——它出售时所能得到的货币总量或收益总量——并不是同一个东西。斯密还没有达到能够区别边际效用和总效用的境地!"④

　　奥布赖恩和萨缪尔森在对待斯密的"价值的矛盾"时表面上各执一端,观点互异;实际上,他们二人有异曲同工之妙。这就是,都公然抹杀斯密区分使用价值和交换价值的科学意义,特别是否认这种区分

---

① M. 鲍莱:《1870 年前经济理论史研究》,伦敦 1973 年版,第 136 页;V.W. 布莱登:《从亚当·斯密到梅纳德·凯恩斯:政治经济学的遗产》;纽约 1974 年版,第 19 页。

② D.P. 奥布赖恩:《古典学派经济学家》,第 78 页。

③ 萨缪尔森:《经济学原理》(第 11 版),第 412 页。

④ 同上。

对于否定效用理论,尤其是对于建立劳动价值理论的重要性;竭力宣传庸俗的主观效用理论和边际效用理论。奥布赖恩所以说斯密在《演讲》中已经解决了"价值的矛盾",目的是把在劳动价值理论方面作出贡献的古典经济学家斯密贬为主观效用论者。萨缪尔森所以说斯密即使在《国富论》中也没有解决"价值的矛盾",目的是妄图用边际效用理论来取代劳动价值理论。萨缪尔森毫不掩饰地宣称:"亚当·斯密的价值的矛盾……为边际效用和总效用概念之间的区分所澄清。"① 当然,奥布赖恩和萨缪尔森完全是徒劳的,他们都不知道,所谓斯密的"价值的矛盾"本身就完全排除了主观效用理论和边际效用理论。斯密明确宣告,他研究的不是使用价值,不是"特定物品的效用",而是交换价值,是"决定所谓商品相对价值或交换价值"的规律。② 对于斯密的观点,李嘉图是十分清楚的。他说:根据斯密关于使用价值和交换价值的区别的见解,"效用不是价值的尺度"。③

(四)价值决定于生产商品所必要的劳动;价值决定于商品能够买到或支配的劳动

在区分了使用价值和交换价值之后,斯密说,他要探讨的是"支配商品交换价值的原则"。斯密从以下三点来阐述自己的有关理论。这三点是:第一,什么是交换价值的真实尺度?换句话说,构成一切商品"真实价格"的是什么?第二,构成"真实价格"各个组成部分的是什么?第三,商品市场价格有时高于自然价格,有时低于自然价格,造成市场价格和自然价格不一致的原因是什么?④ 在解决第一个问题的时

---

① 萨缪尔森:《经济学原理》(第11版),第415页。
② 亚当·斯密:《国富论》上卷,第25页。
③ 《李嘉图著作和通信集》第3卷,商务印书馆1977年版,第269页。
④ 亚当·斯密:《国富论》上卷,第25页。

候,斯密提出了价值决定于劳动——价值决定于生产商品所必要的劳动和价值决定于商品所买到或支配的劳动的规定。在解决第二个问题的时候,斯密提出了价值分解为收入的命题和价值决定于收入的命题。在解决第三个问题的时候,斯密提出了自然价格和市场价格的理论。下面就来依次讨论这些问题。

在斯密的著作中,有两种价值规定:价值决定于生产商品所必要的劳动和价值决定于商品能够买到或支配的劳动。这两种价值规定,不仅并存于斯密著作的同一章节中,有时甚至并存于同一段落中。马克思指出:"亚当·斯密在两种不同的交换价值规定之间摇摆不定:一方面认为商品的价值决定于生产商品所必要的劳动量,另一方面又认为商品的价值决定于可以买到商品的活劳动量,或者同样可以说,决定于可以买到一定量活劳动的商品量;他时而把第一种规定同第二种规定混淆起来,时而以后者顶替前者。"①

斯密继承和发展了前人关于劳动是价值的源泉的观点,把劳动价值理论提到了一个新的高度。这是斯密对英国古典政治经济学的重大贡献。

斯密认为,价值是由生产商品所耗费的劳动创造的。他说:"任何一个物品的真实价格,即要取得这物品实际上所付出的代价,乃是获得它的辛苦和麻烦。对于已得此物但愿用以交换他物的人来说,它的真正价值,等于因占有它而能自己省免并转加到别人身上去的辛苦和麻烦。"②

斯密所说的"真实价格"和"真正价值",实际上是指价值。他所

---

① 《马克思恩格斯全集》第 26 卷 I,第 47 页。早在《政治经济学批判》中,马克思就已经指出:斯密"经常把商品价值决定于商品中所包含的劳动时间这一规定,同商品价值决定于劳动价值这一规定混为一谈,在谈到细节时总是摇摆不定"。引自《马克思恩格斯全集》第 13 卷,第 49 页。

② 亚当·斯密:《国富论》上卷,第 26 页。

说的"辛苦和麻烦",实际上就是劳动。因此,他所说的"真实价格"和"真正价值"决定于"辛苦和麻烦",实际上就是价值决定于劳动。

按照斯密的观点,价值决定于生产商品所必要的劳动量,商品的价值量同这种必要的劳动量成比例。他认为,为获得各种交换对象所必要的劳动量,看来是能够提供交换准则的唯一根据。斯密举例说,在狩猎民族那里,如果捕杀一只海狸所必要的劳动等于猎获一只鹿所必要的劳动量的两倍,那么,一只海狸就会交换到两只鹿。斯密的结论是:通常需要两天或两小时劳动制造的产品,自然比通常需要一天或一小时劳动制造的产品,有加倍的价值。[①]斯密明确地说:通常为获得或生产某一种商品所耗费的劳动量,是决定这个商品所能换到的劳动量的唯一条件。[②]

在这里,斯密认识到,商品相互交换的比例,或者说,商品的交换价值,取决于生产各种商品所必要的劳动时间。马克思指出:"在亚·斯密的著作中,创造价值的,……仅仅是必要劳动的量。"[③]

从斯密的例证和说明中可以看出,他已经懂得,两种在质上和量上不同的商品,例如一只海狸和两只鹿,所以彼此相等,或者说,等式

$$1 只海狸 = 2 只鹿$$

所以能够成立,是由于它们都包含了人类的劳动,而且包含了等量的劳动。

斯密运用价格史资料来证明必要劳动量的变化决定商品价值量的变化。他详细地研究了机器改良对工业品的"真实价格"即商品价值的影响,指出了他那个时代有许多工业品比前几个世纪便宜的原因。斯密说,以前,为了制造这些商品供应市场,要花费多得多的劳动量,因此商品上市以后,在交换中必定买回或得到一个多得多的劳动量的

---

① 亚当·斯密:《国富论》上卷,第 42 页。
② 同上。
③ 《马克思恩格斯全集》第 26 卷 I,第 64 页。

价格。①

斯密所说的决定价值的劳动,实际上是指一般的社会劳动。他已经觉察到,价值的源泉不是某一个别生产部门的某一特殊形式的劳动,而是一切生产领域的劳动,是不依生产部门特点为转移的劳动。所以,马克思指出:"在亚·斯密的著作中,创造价值的,是一般社会劳动(不管它表现为哪一种使用价值)。"② 斯密的这一认识具有十分重要的理论意义,它比配第的开采金银的劳动创造价值和重农学派的农业劳动创造价值的认识向前迈出了决定性的一步,为进一步研究创造价值的抽象劳动这一范畴开辟了道路。

在考察财富即使用价值的源泉时,斯密得出了创造财富即创造使用价值的一般劳动。在考察价值的源泉时,斯密又得出了创造价值的一般劳动。前者是一般实在劳动,后者是一般社会劳动。这实际上接触到了劳动二重性这个问题。但是,斯密在这一方面的见解比斯图亚特远为逊色。后来的李嘉图也是如此。他们都没有使斯图亚特关于劳动二重性的见解得到进一步的发展。

斯密和李嘉图等人囿于他们的阶级局限性,看不到商品生产的历史性,看不到资本主义生产的暂时性,因而始终未能明确地和有意识地把创造价值的劳动和创造使用价值的劳动严格区分开来,没有从商品的二重性中得到体现在商品中的劳动二重性,因而在政治经济学的一些重大问题上陷入无法摆脱的理论困境。马克思指出:"经济学家们毫无例外地都忽略了这样一个简单的事实:既然商品有二重性——使用价值和交换价值,那末,体现在商品中的劳动也必然具有二重性,而像斯密、李嘉图等人那样只是单纯地分析劳动,就必然处处都碰到不能解

---

① 亚当·斯密:《国富论》上卷,第 235—239 页。
② 《马克思恩格斯全集》第 26 卷 I,第 64 页。

释的现象。"①

　　斯密不仅没有有意识地区分二重形式的劳动，而且经常加以混同。正如马克思又指出的那样，"亚·斯密把创造价值的劳动，即耗费劳动力的劳动，和创造使用价值的劳动，即以有用的、合乎目的的形式耗费的劳动混为一谈"。②

　　斯密在考虑价值决定于生产商品所必要的劳动量时，很自然地碰到了简单劳动和复杂劳动的问题。他发现，不同行业的不同种类的劳动，复杂程度上是不同的。还在《演讲》中，斯密就说过："有些职业像裁缝业、纺织业等，不是仅凭临时的观察和少许经验就能学会，像普通日工的工作那样。要学会这些职业，必得花费很久的时间和忍受很大的辛苦……还有许多这种性质的行业，它们需要更为广博的知识……钟表匠不懂得几门科学如算术、几何以及天文学中关于时差的部分等，就不能做好工作"。③在《国富论》中，斯密的思想更为明确了，他不仅看到不同部门不同工种的劳动的复杂程度不同，更重要的是他看到了复杂程度不同的劳动和商品价值量的决定之间的关系。他说：一小时艰苦程度较高的劳动的生产物，往往可交换两小时艰苦程度较低的劳动的生产物。④又说："要确定两个不同的劳动量的比例，往往很困难。两种不同工作所费去的时间，往往不是决定这比例的唯一因素，它们的不同困难程度和精巧程度，也须加以考虑。一个钟头的困难工作，比一个钟头的容易工作，也许包含更多劳动量；需要十年学习的工作做一个小时，比普通业务做一月所含劳动量也可能较多。"⑤总之，"如果某种劳动需要非凡的技巧和智能，那末……对于他的生产物自然要给予较

　　①　《马克思恩格斯选集》第 4 卷，第 364—365 页。

　　②　《马克思恩格斯全集》第 24 卷，第 426 卷。

　　③　《亚当·斯密关于法律、警察、岁入及军备的演讲》，第 189—190 页。

　　④　亚当·斯密：《国富论》上卷，第 42 页。

　　⑤　同上书，第 27 页。

高的价值"。① 可见,斯密已经懂得,复杂劳动是多倍的简单劳动。在同一时间内,前者比后者能创造更多的价值。这一认识,具有重要的理论意义,它发展了价值量决定于劳动时间这一原理,使理论思维不致在一小时复杂劳动的产品交换到若干小时简单劳动的产品这类常见现象面前乱了思路。

应当注意,斯密虽然感觉到,劳动就它表现为商品的价值而论,只是劳动力的耗费,但是,他有时对这种劳动耗费作了完全主观的和心理的解释。② 斯密写道:"如果劳动者都具有一般的精力和熟练与技巧程度,那末在劳动时,就必然牺牲等量的安乐、自由与幸福。"③ 现代资产阶级经济学家对斯密这样解释的劳动耗费表现出极大的兴趣,认为这是现代西方经济学和英国古典政治经济学的"联结点"之一。《从亚当·斯密到梅纳德·凯恩斯:政治经济学的遗产》一书的作者布莱登,索性就按照自己的需要把斯密说的牺牲等量的安宁、自由和幸福解释为"负效用"。④ 斯密对劳动耗费所作的主观解释固然是错误的,然而这同庸俗经济学家马歇尔的"负效用"还是有重要区别的。和马歇尔对劳动的蓄意歪曲不同,斯密只是想对商品经济中的不等劳动均等化作出说明。但是,斯密误以为这是个人劳动的主观的权利平等,而不了解是社会过程在不等劳动间强制地实行了客观的均等化。斯密在这个问题上的另一个错误是,他把劳动解释成等量的安宁、自由和幸福的牺牲,是为了证明等量劳动总是具有同样的价值这一命题,从而证明劳动在任何时候和任何地方都是一切商品的真正的和最终的价值尺度这一命题。而这一命题是同他混淆价值决定于商品所

① 亚当·斯密:《国富论》上卷,第42页。
② 马克思说:"亚当·斯密是从心理方面来考察劳动的,是从劳动使个人愉快或不愉快这方面来考察的。"引自《马克思恩格斯全集》第46卷下,第115页。
③ 亚当·斯密:《国富论》上卷,第29页。
④ V.W.布莱登:《从亚当·斯密到梅纳德·凯恩斯:政治经济学的遗产》,第23页。

包含的劳动这一规定和价值决定于商品所买到或支配的劳动这一规定联系着的。

　　斯密对耗费劳动的主观解释，只能说明雇佣劳动者对自己在生产中的活动的主观关系，而不能证明价值决定于劳动的结论，因为价值不决定于雇佣劳动者的主观感觉。关于这一点，马克思是这样说的："亚·斯密的牺牲观点，虽然正确地表达了雇佣工人对他自己的活动的主观关系，但毕竟不能得出他所想得出的结论，即劳动时间决定价值。也许对工人来说，一小时劳动始终等于同样大的牺牲。但商品的价值决不会由工人的感觉来决定，他一小时劳动的价值也不会由他的感觉来决定。既然亚·斯密承认，购买这种牺牲可能有时贱些，有时贵些，那么令人非常奇怪的是，为什么这种牺牲总是必须按照同一价格出售。何况斯密本来就是自相矛盾的。后来他又把工资，而不是把劳动量当成价值的尺度。对公牛来说，只要它被屠宰，就总是一样的牺牲。但是，牛肉并不因此具有不变的价值。"①

　　斯密在正确地认为商品中包含的劳动时间决定商品价值时，又错误地把这种价值规定的现实性限制在资本积累和土地私有制产生之前的社会原始不发达状态。在这种情况下，全部劳动产品属于劳动者，通常为获得或生产某一商品所耗费的劳动量，是决定用这个商品通常可以买到、支配或换得的那个劳动量的唯一条件。

　　在斯密的心目中，只是在简单商品生产的条件下，当人们还是以简单的商品生产者和商品交换者的身份相互对立的时候，商品价值才是用商品中所包含的劳动时间来衡量的。只是在这时，商品中包含的劳动量和这个商品能够买到或支配的劳动量是两个相等量。

　　在资本积累和土地私有制产生之后，商品中包含的劳动量和商品

---

　　① 《马克思恩格斯全集》第46卷下，第116页。

能够买到或支配的劳动量不再是两个相等的量,而是两个不等的量。这时,价值决定于商品生产所必要的劳动量的规定便失去了它的现实性,具有现实性的只是另一种价值规定,即价值决定于商品能够买到或支配的劳动量。斯密是这样说明的:一个人是富是贫,要看他能取得必需品、舒适品和娱乐品的程度如何。但是,自从各个部门的分工确立之后,一个人依靠自己的劳动能够取得的只是这些物品中的极小部分,极大部分必须仰给予他人的劳动;所以他是富是贫,就要看他能够支配或买到的劳动量有多大。因此,任何一种商品,对于占有这种商品而不打算自己使用或消费,却打算用它交换其他商品的人来说,它的价值等于这个商品能够买到或支配的劳动量。① 在这个意义上,斯密宣称劳动是一切商品的交换价值的真实尺度。②

　　所谓商品能够买到或支配的劳动量,是指能够买到一定量商品的活劳动量,或能够买到一定活劳动量的商品量。这种能够买到或支配的劳动量,被斯密等同于"劳动的交换价值"或"劳动的价值",也就是等同于工资。正如马克思指出的那样,"在第二种规定中,斯密把劳动的交换价值,实际上就是把工资当作商品的价值尺度,因为工资等于用一定量活劳动可以购得的商品量,或者说,等于用一定量商品可以买到的劳动量"。③

　　价值决定于工资的观点,是一种庸俗观点。斯密在《国富论》一书的真正科学的部分,曾经驳斥过这种虚伪的学说。例如,在第一篇第八章中,斯密就曾用英国的情况证明,价值决定于工资,而工资又决定于生活资料的价值这一规定是完全错误的。然而,他在自己著作中比较肤浅和庸俗的部分,却又再现了这种虚伪的学说。

---

① 亚当·斯密:《国富论》上卷,第26页。
② 同上。
③ 《马克思恩格斯全集》第26卷Ⅰ,第47—48页。

　　斯密从价值决定于生产商品所必要的劳动的规定转到价值决定于商品所能买到或支配的劳动的规定，并非偶然，而是具有十分深刻的原因。后面将会看到，李嘉图发现了斯密的矛盾，但是他没有觉察到构成斯密矛盾的深刻的内在基础，没有对自己所发现的矛盾作出正确的评价，因而也就不可能解决这个矛盾。只有马克思科学地说明了斯密矛盾的实质，揭示了斯密的"秘密动机"[①]和"隐蔽的理由"[②]，才把"使斯密本人糊涂也使别人糊涂的东西"[③]阐述清楚。

　　当斯密把劳动和劳动产品等同起来的时候，就已经出现了混同两种价值规定的苗头。在《国富论》第一篇第五章中，斯密发挥了霍布斯的"财富就是权力"的命题，认为财富就是能够买到的权力和支配的权力，就是支配当时市场上一切他人劳动的权力或他人劳动的一切产品的权力，认为一个人财富的多少同这个权力的大小正好成比例，也就是说，同他能够买到或支配的他人劳动量成比例，或者同他能够买到或支配的他人劳动的产品成比例。[④]很明显，这里面临的是两个不同的问题：一个是商品的价值决定于它们所包含的劳动时间，另一个是商品所有者的财富由他所支配的社会劳动量构成。但是，斯密在这里把他人劳动和他人劳动的产品完全混为一谈。马克思指出：斯密"把劳动和劳动的产品等同起来，的确在这里已经为混淆两种不同的价值规定——商品价值决定于它们所包含的劳动量；商品价值决定于用这些商品可以买到的活劳动量，即商品价值决定于劳动的价值——提供了最初的

　　① 《马克思恩格斯全集》第 26 卷Ⅱ，第 452 页。

　　② 同上书，第 457 页。

　　③ 同上书，第 26 卷Ⅰ，第 68 页。

　　④ 亚当·斯密：《国富论》上卷，第 27 页。马克思揭示了所谓支配他人的劳动或支配社会财富的权力的实质："毫不相干的个人之间的互相的和全面的依赖，构成他们的社会联系。这种社会联系表现在交换价值上，……每个个人行使支配别人的活动或支配社会财富的权力。就在于他是交换价值或货币的所有者。他在衣袋里装着自己的社会权力和自己同社会的联系。"引自《马克思恩格斯全集》第 46 卷上，第 103 页。

根据"。①

斯密在理论上碰到了两个重要问题,根据马克思的说法,这两个问题成了他从一种价值规定转向另一种价值规定的秘密动机。

第一个问题是,斯密混同了劳动和劳动力,因而感觉到,在资本主义生产条件下,资本和劳动的交换不是按照价值规律进行的:从工人方面说,是用较大量的劳动同较小量的劳动相交换;从资本家方面说,是用较小量的劳动同较大量的劳动相交换。斯密在这个问题面前困惑了,竟至认为价值规律已经失效,不适用于雇佣劳动制度。马克思论及斯密的矛盾时指出:"雇佣劳动是一种商品。它甚至是作为商品的产品进行生产的基础。原来,价值规律不适用于雇佣劳动。那就是说,这个规律根本不支配资本主义生产。这里有一个矛盾。这是亚·斯密遇到的一个问题。"②斯密不能在价值规律的基础上说明资本和劳动的交换,这是他从一种价值规定转向另一种价值规定的第一个秘密动机。

第二个问题是,斯密混同了价值形成和价值增殖,因而感觉到,在资本主义生产条件下,商品的价值增殖不取决于它所包含的劳动量,而取决于它所买到或支配的他人的劳动量,它所买到或支配的劳动量大于它本身所包含的劳动量。他说:如果社会每年使用了它每年所能购买的全部劳动,那么由于这个劳动量逐年会有很大的增加,每一年的产品就会比上一年的产品具有大得多的价值。③斯密在这里说劳动的年产品所能购买和支配的劳动量,比产品的生产所使用的劳动量要大得多,实际上说的是价值增殖问题。但是,他被这个复杂的经济现象弄糊涂了,没有能力在价值规律的基础上说明资本主义制度下的价值增殖问题,竟至认为价值规律不适用于资本积累和土地私有制出现以后

① 《马克思恩格斯全集》第26卷Ⅰ,第54页。
② 同上书,第26卷Ⅱ,第452页。
③ 亚当·斯密:《国富论》上卷,第48—49页。

的社会状态。马克思指出,这是斯密从价值决定于商品所包含的劳动量这一规定转到价值决定于商品能够买到或支配的劳动量这一规定的"第二个秘密动机"。①

斯密在价值规定上的转变还有一个"隐蔽的理由"。②他继配第之后企图寻求一种不变的价值尺度。配第曾经把纯银和食物看作稳定的和不变的价值尺度。斯密除了认为金银最适合充当价值尺度之外,有时候认为谷物是准确的价值尺度,但更经常地认为劳动是普遍的价值尺度。

斯密认为谷物是价值尺度,是一种更准确的价值尺度,不变的价值尺度。斯密所说的谷物,就是劳动者的生活资料。他认为,同金银或其他商品相比,谷物是更好的价值尺度。斯密写道:"在两个相隔很远的时期里,等量谷物(即劳动者的生活资料),比等价金银或其他货物,似更可能购买等量劳动。"③他又说:"无论在什么改良阶段,在同一土壤同一气候中,生产同一数量的谷物,平均地说,需要花几乎相同的劳动量,……在财富和改良的不同阶段中,谷物是比其他任何一个或一种商品更正确的价值尺度。"④斯密还说:"除了谷物及其他全靠人类勤劳而生产的各种植物,一切种类的原生产物……都随社会财富增长和技术改进而自然趋于昂贵。"⑤

---

① 《马克思恩格斯全集》第26卷Ⅱ,第452页。斯密从价值决定于生产商品所必要的劳动转到价值决定于商品能够买到或支配的劳动,这就把对价值源泉的寻求从生产领域倒退到流通领域。本来,斯密已经自觉地克服了在流通领域寻求财富源泉的重商主义偏见,正确地认为财富的源泉在生产领域。可是,当他认为价值决定于能够买到或支配的劳动的时候,又不自觉地倒回到流通领域。他不懂得剩余价值不能从流通中产生但又不能不从流通中产生这一道理。

② 同上书,第457页。

③ 亚当·斯密:《国富论》上卷,第31页。

④ 同上书,第179—180页。

⑤ 同上书,第208页。

但是,斯密发现金银和谷物的价值也会发生变化,只有劳动的价值具有真正稳定的性质,因而是不变的价值尺度。斯密写道:"只有劳动才是价值的普遍尺度和正确尺度,换言之,只有用劳动作标准,才能在一切时代和一切地方比较各种商品的价值。就一世纪一世纪来说,我们不能用一种物品所能换得的银量来估定这物品的真实价值;就一年一年来说,我们不能用一种物品所能换得的谷物量来估定这物品的真实价值。但无论就一世纪一世纪来说,或一年一年来说,我们都可极其准确地用一种物品所能换得的劳动量,来估定这物品的真实价值。"① 由此可以看到,斯密认为劳动在任何时代任何地方都是不变的价值尺度,这种劳动不是商品所包含的劳动量,而是一定量商品所买到的劳动量。

为什么买到的劳动是不变的价值尺度? 斯密的思路是这样的:假定工人每月的全部必要生活资料只是一夸特谷物。谷物的价值是会变动的,但是,无论怎样变动,一夸特谷物所能买到或支配的劳动是不变的。工人为了购买这一夸特谷物,总是要付出同量的劳动。因此,劳动同谷物相比具有不变的价值,一夸特谷物所买到或支配的劳动量是价值的标准尺度。谷物和劳动的关系如此,其他商品和劳动的关系同它们和谷物的关系是一样的。

总之,斯密把"劳动的价值"作为一切商品的价值尺度的理由是,商品本身的价值不断变动,因而不适宜充当其他一切商品的准确的价值尺度;② 贵金属同其他商品一样,价值也是不断变动的,因而也不适宜充当一切商品的准确的价值尺度;③ 等量劳动,在任何时候和任何地方对劳动者来说都具有同等的价值,所以只有本身价值不变的劳动,才是在任何时候和任何地方都可以用来衡量和比较一切商品的价值的唯

---

① 亚当·斯密:《国富论》上卷,第32页。
② 同上书,第28页。
③ 同上。

一真正的和最终的尺度。①

当然,斯密关于劳动是不变的价值尺度的论点是不能成立的。劳动的交换价值或劳动的价值是不合理的用语。正像恩格斯所说,劳动作为创造价值的活动,不能有特殊的价值,正像重不能有特殊的重量,热不能有特殊的温度,电不能有特殊的电流强度一样。斯密及其后继者都不了解,作为商品买卖的,不是劳动,而是劳动力。劳动力这种商品和其他商品一样,它的价值也是在不断变动的。斯密的错误是"把适用于劳动本身,因而也适用于劳动尺度即劳动时间的话——无论劳动价值如何变化,商品价值总是同物化在商品中的劳动时间成比例——硬用于这个变化不定的劳动价值本身"。②

用"劳动的价值"作为一切商品的价值尺度,在逻辑上犯了循环论证的错误。把"劳动的价值"说成是一切商品价值的决定者,就是把价值本身当作价值标准,把价值本身当作价值存在的理由。③

所谓"劳动的价值",实际上是劳动力的价值。劳动力的价值是由生产、发展、维持和延续劳动力所必需的生活资料的价值决定的。因此,劳动力价值和其他商品的价值一样是变动的。斯密把劳动力价值看作不变的观点是错误的。事实证明,根本不存在什么不变的价值尺度。

斯密到处都在混淆概念。他不仅混淆了劳动和劳动力,分不清劳动力的价值和使用价值,而且混淆了价值和交换价值,混淆了内在的价值尺度和外在的价值尺度。斯密不了解价值是交换价值的内容,交换价值是价值的表现形式,而是把二者直接等同起来,从而把形成价值实体的劳动时间这种意义上的价值尺度和货币作为价值尺度这种意义

---

① 亚当·斯密:《国富论》上卷,第28—29页。

② 《马克思恩格斯全集》第26卷Ⅰ,第54页。

③ 斯密在逻辑上所犯的循环论证的错误还表现在这一点上:他认为,其他商品和谷物的价值比例取决于这些商品所买到或支配的劳动量,而这些商品所买到或支配的劳动量又取决于这种劳动所买到或支配的谷物量。

上的价值尺度等同起来。当斯密说生产商品所必要的劳动量决定价值时,他指的是形成价值实体的劳动时间这种意义上的价值尺度,即价值的内在尺度。当斯密说商品能够买到或支配的劳动量决定价值时,他指的是货币作为价值尺度这种意义上的价值尺度,即价值的外在尺度。斯密自由地转换这两种不同意义上的价值尺度,而没有感觉到它们之间的原则区别。

如果仅仅注意价值的量,那么,就像马克思分析的那样,在所有劳动者都是商品生产者的情况下,"劳动的价值",即用一定活劳动量可以买到的商品量,或用一定量商品可以买到的活劳动量,就同商品中包含的劳动量完全一样,可以看作商品的价值尺度。因为在这一前提下,劳动者都还只是作为商品所有者相对立,他们自己的劳动是以商品的形式出现的,他们买到的他人劳动也是以购买商品的形式出现的,他们买到和支配的他人劳动量,等于他们自己用来交换的商品所包含的劳动量。

但是,斯密不了解,即使在简单商品生产条件下,他的第二种价值规定,即价值决定于商品能够买到或支配的劳动量,也是不正确的。在1 只海狸＝2 只鹿的等式中,1 只海狸处于相对价值形式,2 只鹿处于等价形式,后者是前者的价值形式。而不能说,1 只海狸的价值决定于所买到和支配的 2 只鹿的价值。人们不能在 2 只鹿中寻找 1 只海狸的价值的源泉。针对斯密的错误观点,马克思着重指出:"即使在劳动者占有自己的产品即自己产品的价值的情况下,把这个价值或劳动的价值当作像劳动时间或劳动本身作为价值尺度和创造价值的要素那种意义的价值尺度,这本身就是错误的和荒谬的。即使在这种情况下,一种商品可以买到的劳动,也不能当作与商品中所包含的劳动有同样意义的尺度,其中的一个只不过是另一个的指数。"[1]

---

[1]　《马克思恩格斯全集》第 26 卷 I,第 50 页。

在资本积累和土地私有制出现以后，也就是在生产资料属于资本家和土地占有者、劳动力属于工人的资本主义生产方式中，斯密认为商品所耗费的劳动和它所买到或支配的劳动是两个不等的量。因此，这时商品的价值尺度或调节商品价值的内在尺度只是商品所能买到或支配的劳动量，而不再是商品所包含的劳动时间。其实，斯密没有弄清楚，并不是商品不再按照它们所包含的劳动时间进行交换，而只是价值增殖取决于物化劳动所推动的活劳动量的大小。

按照斯密的逻辑，势必要得出一个似乎离奇的结论：作为商品生产的经济规律的价值规律，不存在于作为商品生产最高形式的资本主义生产之中，而应该只存在于简单商品生产之中。斯密也确实得出了这样一个看来离奇的结论。

就在斯密的这一看来离奇的结论中，却孕育着一个正确的思想因素。斯密以资本积累和土地私有制的产生作为从一种价值规定转变为另一种价值规定的历史界标，这表明他意识到简单商品生产条件下的价值规律在资本主义生产条件下已经发生了重大变化，变得已经不同于原来的规律的另一规律。

斯密矛盾的意义就在于他在自相矛盾的形式上提出了问题，表现出在资产阶级古典经济学家中并不多见的历史感。缺乏历史感的李嘉图只是简单化地指责斯密的矛盾，不知道这里就是批判地理解问题的一个关键。只有马克思，才抓住了问题的本质，从斯密的矛盾和混乱中看到了斯密的"天才的东西"[1]，因而对斯密的功过作了全面的评价，马克思指出："斯密的功绩在于，他强调指出了下面这一点（而这一点也把他弄糊涂了）：随着资本积累和土地所有权的产生，因而随着同劳动本身相对立的劳动条件的独立化，发生了一个转变，价值规律似乎变成

---

[1] 《马克思恩格斯全集》第26卷Ⅰ，第67页。

了（从结果来看，也确实变成了）它的对立面。如果说，亚·斯密的理论的长处在于，他感觉到并强调了这个矛盾，那么，他的理论的短处在于，这个矛盾甚至在他考察一般规律如何运用于简单商品交换的时候也把他弄糊涂了；他不懂得，这个矛盾之所以产生，是由于劳动能力本身成了商品，作为这种特殊的商品，它的使用价值本身（因而同它的交换价值毫无关系）是一种创造交换价值的能力。"①

总起来说，价值决定于生产商品所必要的劳动的观点，使斯密的理论体系有了坚定基础，使他遵循了正确的思路，因而在一些重大理论问题上做出了重大的贡献。但是，价值决定于能够买到和支配的劳动的观点，又抽掉了斯密脚下的坚实基础，使他对资本主义制度的抽象的一般基础没有一个连贯的理论见解，使他的理论体系在总的方面失去了统一性，使他在一些理论问题上乱了思路，甚至把许多重大问题排除在研究范围之外。

不过，应当看到，斯密虽然动摇于两种价值规定之间，然而当他认真分析问题的时候，特别是在研究剩余价值问题的时候，他从来不采取价值决定于商品能够买到或支配的劳动这一错误规定，而是一贯地虽然并非都是自觉地坚持价值决定于生产商品所必要的劳动这一正确规定。这正是斯密这位优秀古典经济学家的难能可贵之处。

（五）价值分解为收入和价值决定于收入

斯密在说明什么是交换价值的真正尺度并提出两种规定之后，接着便着手解决第二个问题，即说明商品价值的组成部分。这时，他提出了价值分解为收入和价值决定于收入两个完全不同的论断。

斯密的思维进程是很混乱的。他在论述商品价值的组成部分时，

① 《马克思恩格斯全集》第26卷Ⅰ，第67页。

先说劳动是原始费用，然后来了一个急转弯，竟然宣称工资、利润、地租是商品价值的三个原始源泉。他从近乎正确的见解开始，急转直下，到最后作出了荒谬的结论。

按照斯密的说法，在资本积累和土地私有权出现以前，劳动产品都属于劳动者自己。在这种情况下，通常为获得或生产某一商品所耗费的劳动量，是决定用这个商品通常可以买到、支配或换得的那个劳动量的唯一条件。在这种情况下，商品的价值是由商品中包含的劳动时间或劳动量决定的，劳动是价值的唯一源泉。但是，在资本积累出现以后，情况发生了变化。斯密说：一旦资本在个别人手中积累起来，其中某些人自然就利用它使勤劳者去劳动，向他们提供材料和生活资料，以便从他们的劳动产品的出售中，或者说，从这些工人的劳动加到那些加工材料价值上的东西中，取得利润。他在这里实际上是说，劳动和劳动条件分离了：一个阶级仅仅拥有劳动力，另一个阶级则占有劳动条件。这就开始了资本主义生产。斯密接着说：因此，工人加到材料上的价值，这时分成两部分，一部分支付工人的工资，另一部分支付企业主的利润，作为他预付工资和加工材料的资本总额的报酬。[①]

到这时为止，斯密基本上是正确的。他事实上认为，即使在资本主义生产方式中，商品的价值仍然是由商品中包含的劳动时间或劳动量决定的，劳动仍然是价值的唯一源泉。无论工资还是利润，都是从劳动这个唯一的价值源泉中产生出来的，它们本身都不是价值的源泉。工人的劳动加到那些加工材料上的东西即劳动量，现在分成两个部分：一部分支付给工人，它等于工人在工资形式上得到的劳动量；一部分支付给资本家，它等于资本家在利润形式上得到的劳动量。斯密这一比较深刻的科学见解，否定了他认为在资本积累出现以后价值规律已经不

---

① 亚当·斯密：《国富论》上卷，第42—43页。

起作用的肤浅的庸俗见解。正如马克思所说:"这样一来,亚·斯密自己就驳倒了自己的这种想法,即认为当工人的全部劳动产品已不再属于工人自己,他不得不同资本所有者分享这种产品或产品价值的时候,商品相互交换的比例即商品的交换价值决定于物化在商品中的劳动时间量这一规律就会失效。"①

在资本积累和土地私有制出现以前,按照斯密的观点,不存在商品价值由哪些部分组成或分解为哪些部分的问题,因为这时全部劳动成果都归劳动者所有,商品价值都统一地成为劳动者的收入。

在资本积累出现以后,斯密认为,商品价值由两个部分组成,或者说,分解为两个部分:劳动者的收入和资本所有者的收入,即工资和利润。他说:在这种情况下,劳动者的全部劳动产品并不总是属于劳动者。在大多数场合,他必须同雇用他的资本所有者一起分享劳动产品。在这种情况下,通常为获得或生产某一商品所耗费的劳动量,不再是决定用这个商品通常可以买到、支配或换得的那个劳动量的唯一条件。显然,这里还应当有一个劳动的追加量,作为预付工资和给工人提供材料的资本的利润。②

在土地私有权出现以后,斯密认为商品的价值由三个部分组成,或者说,分解为三个部分:劳动者的收入、资本所有者的收入和土地所有者的收入,即工资、利润和地租。他说:一旦一个国家的土地全部变成了私有财产,土地所有者也像所有其他人一样,喜欢在他们未曾播种的地方得到收获,甚至对土地的自然成果也索取地租。劳动者必须把用自己的劳动收集或生产的东西让给土地所有者一部分,这一部分,或者说,这一部分的价格,就构成地租,而这个地租形成了大部分商品的价

---

① 《马克思恩格斯全集》第26卷Ⅰ,第57页。
② 亚当·斯密:《国富论》上卷,第44页。

格的第三个组成部分。[①]

斯密用谷物来说明商品价值分解为三种收入,他写道:"以谷物价格为例。其中,一部分付给地主的地租,另一部分付给生产上所雇用的劳动者的工资及耕畜的维持费,第三部分付给农业家的利润。谷物的全部价格,或直接由这三部分构成,或最后由这三部分构成。"[②]

商品价值除了分解为工资、利润、地租三个组成部分之外,还有没有第四个组成部分呢? 也就是说,商品价值除了分解为可变资本和剩余价值之外,还有没有不变资本这个组成部分呢? 斯密考虑了这个问题,但十分错误地回答了这个问题。他说:"也许有人认为,农业家资本的补充,即耕畜或他种农具消耗的补充,应作为第四个组成部分。但农业上一切用具的价格,本身就由上述那三个部分构成。就耕马说,就是饲马土地的地租,牧马劳动的工资,再加上农业家垫付地租和工资的资本的利润。因此,在谷物价格中,虽必须以一部支付耕马的代价及其维持费,但其全部价格仍直接或最后由地租、劳动及利润这三部分组成。"[③] 这样,斯密就把商品价值组成部分之一的生产资料价值漏掉了。价值全部分解为收入,而没有不变资本。这就是在政治经济学史上长期发生很坏影响的"斯密教条。"马克思指出:"亚·斯密把'产品的全部价值分解为工资、地租和资本盈利',从而忘掉了也构成价值一部分的不变资本;这样,他的确把后来的所有经济学家……都引入了'歧途'。"[④]

斯密在把价值全部分解为收入时,内心表现出很大的犹豫,因而提出了"耕畜或他种农具消耗的补充,应作为第四个组成部分"的问题。

---

① 亚当·斯密:《国富论》上卷,第 44 页。
② 同上书,第 45 页。
③ 同上。
④ 《马克思恩格斯全集》第 26 卷 Ⅱ,第 165 页。

但是，他只承认在单个资本家那里有不变资本，而不承认商品价值分解为可变资本、剩余价值和不变资本。不承认价值分解为不变资本、可变资本和剩余价值，就是不承认价值在分解为工资、利润、地租之外，还分解为不同于工资、利润、地租的价值部分。这就是斯密内心冲突的结果。"因为不然的话，他就必须说商品的价值是由工资、利润、地租以及不由工资、利润、地租构成的那个商品价值部分构成了。这样一来，就必须离开工资、利润和地租来确定价值了。"①

斯密把他关于商品价值全部分解为工资、利润和地租三个部分的论点推广到一切社会的所有的商品，得出了一个自认为普遍适用的结论：在每一个社会中，每一种商品的价格最终地分解为这三个部分之一，或三者全体；并且在每一个进步的社会中，这三者都多少不等地作为组成部分加入绝大部分商品的价格中去。②

斯密进而认为，不仅每一个社会的每一件商品的价值全部分解为三种收入，而且每个国家的全年劳动产品也全部分解为三种收入。他写道："分开来说，每一件商品的价格或交换价值，都由那三个部分全数或其中之一构成；合起来说，构成一国全部劳动年产物的一切商品价格，必然由那三个部分构成，而且作为劳动工资，土地地租或资本利润，在国内不同居民间分配。"③ 在这里，斯密完全混同了年产品价值和

---

① 《马克思恩格斯全集》第 26 卷 II，第 243—244 页。

② 亚当·斯密：《国富论》上卷，第 45 页。在斯密的这段话中，比较难以理解的是"三者都多少不等地作为组成部分加入绝大部分商品的价格"一语。关于这一点，马克思在《资本论》中加了这样一个注："为了使读者对'绝大部分商品价格'一语不致迷惑不解，可以用下面这几句话来说明亚·斯密本人是怎样解释的：例如，在海鱼的价格中，没有加入地租，而只加入工资和利润；在苏格兰玛瑙的价格中，只加入工资。他说：'在苏格兰的一些地区，贫民以在海滨捡拾各种色彩的通称苏格兰玛瑙的小石子为业。石雕业主付给他们的小石子的价格，只由他们的工资构成，因为地租和利润都不形成这种价格的任何部分。'"引自《马克思恩格斯全集》第 24 卷，第 401—402 页。

③ 亚当·斯密：《国富论》上卷，第 46—47 页。

年价值产品，也就是混同了一年中总产品的价值和一年中新创造的产品价值。关于斯密的这一错误，留待分析再生产理论时讨论。

到此为止，斯密说的基本上都是把价值分解为收入。接着，他向完全庸俗的观点滑行，不经过任何中间环节，价值分解为收入便魔术般地变成了收入是价值的根本源泉。他说：工资、利润和地租，是一切收入的三个原始源泉，也是交换价值的三个原始源泉。[①] 这句话，前一半是事实，后一半是谬论。"说它们是'一切收入的三个原始源泉'，这是对的；说它们'也是一切交换价值的三个原始源泉'，就不对了，因为商品的价值是完全由商品中包含的劳动时间决定的。"[②]

按照斯密的价值分解为收入的观点，被分解的是劳动创造的既定的价值量。可是，按照斯密的工资、利润和地租是价值的三个原始源泉的观点，价值则是由工资、利润和地租三者决定的。是由收入决定的。斯密的这两个说法，即价值分解为收入和价值决定于收入，是完全不同的两回事。马克思指出："应当这样说：每一种商品的价格都可以分解为利润和工资，某些商品的价格（而且很多商品的价格是间接地）可以分解为利润、地租和工资；但是没有一种商品的价格是由它们构成的……并不是既定的因素（利润、工资和地租）通过相加或结合决定价值量，而是同一个价值量，即既定的价值量，分解为工资、利润和地租，并且是按不同的情况，以极不相同的方式在这三个范畴之间进行分配。"[③]

价值决定于收入的观点，是斯密运用外在方法对经济现象的描述。

---

① 亚当·斯密：《国富论》上卷，第46—47页。

② 《马克思恩格斯全集》第26卷Ⅰ，第74页。

③ 同上书，第26卷Ⅲ，第574页。马克思又说："工资、利润、地租这三种收入形成商品价值的三个'组成部分'这个荒谬的公式，在亚·斯密那里，是来源于下面这个似乎较为可信的公式：商品价值分解为这三个组成部分。"引自《马克思恩格斯全集》第24卷，第427页。

它说的只是资本主义关系的外部表现,完全掩盖了资本主义关系的内在联系,是十足的庸俗观点。

价值决定于收入的观点,颠倒了事物的因果关系。掩盖了价值的源泉,特别是掩盖了剩余价值的源泉,斯密刚说过工资、利润和地租是一切收入的三个原始源泉。突然又硬说它们也是价值的原始源泉。马克思深刻地指出:"把收入看成是商品价值的源泉,不把商品价值看成是收入的源泉,这是一种颠倒。由于这种颠倒,商品价值好像是由不同种类的收入'构成'的。这各种收入在斯密看来是互不影响地决定的,而商品的总价值是由这些收入的价值量加在一起决定的。但是现在要问,被认为是商品价值源泉的各种收入,它们各自的价值又是怎样决定的呢?就工资说,它是可以决定的,因为工资是它的商品即劳动力的价值,而这个价值,和任何其他商品的价值一样,可以由再生产这种商品所必要的劳动决定。但剩余价值,或者在亚·斯密那里确切地是说它的两种形式,即利润和地租,又怎样才可以决定呢?在这方面,亚·斯密只是说了一些空话。"[①]工资,或者说,劳动力的价值,不是价值的源泉。只有劳动力的使用价值,才是价值的源泉。利润和地租,或者说,资本和地产,都不是价值的源泉。资本只是作为一种关系,作为雇佣劳动的条件,作为对雇佣劳动的强制力量,迫使雇佣劳动为它提供剩余价值。至于地产或土地私有权,这只是土地所有者参加瓜分工人创造的剩余价值的根据。

斯密关于价值决定于收入的错误命题,是同他的价值决定于商品能够买到和支配的劳动量的规定联系在一起的。按照斯密的错误的价值规定,在资本积累和土地私有权出现以后,价值不再决定于生产商品所必要的劳动量,而是决定于商品所能买到和支配的劳动量。他认为,

---

① 《马克思恩格斯全集》第24卷,第425页。

这两个劳动量现在之所以不等,后者之所以大于前者,就因为除劳动之外又增加了利润和地租这两个追加量。现在,商品能够买到和支配的劳动量,正好等于工资、利润和地租的总和。

从斯密的混乱思想中,可以理出一个线索:在简单商品生产的情况下,生产商品所耗费的劳动决定价值;在资本主义生产情况下,工资、利润、地租三种收入决定价值。在前一场合,生产某一商品所耗费的劳动同用这个商品可以买到的劳动相等;在后一场合,生产商品所支付的工资、利润、地租三者之和同用这个商品可以买到的劳动相等。这样,价值决定于生产商品所耗费的劳动这一规定只适用于前一场合,价值决定于三种收入这一规定只适用于后一场合,而价值决定于商品可以买到或支配的劳动这一规定既适用于前一场合,又适用于后一场合。在前一场合,商品可以买到或支配的劳动等于商品生产所耗费的劳动;在后一场合,商品可以买到或支配的劳动,等于工资、利润、地租三种收入的总和,或者等于这三种收入各自可以买到或支配的劳动的总和。

因此,按照斯密的观点,在资本积累和土地私有制出现以后,价值决定于三种收入的规定和价值决定于商品可以买到或支配的劳动的规定没有矛盾,而是一致的。他说:"必须指出,这三个组成部分各自的真实价值,由各自所能购买或所能支配的劳动量来衡量。劳动不仅衡量价格中分解为劳动(应说工资[①]——引者)的那一部分的价值,而且衡量价格中分解成为地租和利润的那些部分的价值。"[②]

无论斯密如何论证,价值决定于收入的规定同价值决定于劳动的规定总是不相容的。认为价值决定于收入,实际上就是认为价值决定

---

① 马克思在指出斯密的同类错误时说:"在这里,斯密突然不说'工资',而说'劳动',可是他又说'地租'和'利润',而不说'土地所有权'和'资本',这是完全荒谬的。"引自《马克思恩格斯全集》第26卷Ⅰ,第79页。

② 亚当·斯密:《国富论》上卷,第44—45页。

于生产费用。因此,收入价值理论是一种庸俗的生产费用价值理论。这种理论掩盖了价值的来源,掩盖了剩余价值的来源,掩盖了资本主义的剥削关系。

价值决定于收入的论断在逻辑上也陷入了循环论证。工资、利润和地租是既定价值量的分割,每一部分都是一定的价值量。用它所来说价值的来源,也就是用价值来说明价值,这是一种没有出路的兜圈子的说法。

价值的源泉和价值的占有是截然不同的两回事,斯密却把它们混为一谈。价值决定于收入这一命题的错误在于把价值的占有看作是被占有的价值的源泉。利润和地租,这是被资本所有者和土地所有者占有的价值。把价值的占有或价值的分配看作是被占有的价值的源泉,就把对价值源泉的寻求从生产领域转到了分配领域。斯密不懂得,劳动者得到自己的全部劳动品和劳动者只得到自己的部分劳动产品,同劳动者在相同条件下生产出来的商品所包含的价值量是绝对没有关系的。

(六)自然价格和市场价格

斯密的价值理论要解决的第三个任务,是自然价格和市场价格的关系问题,也就是考察使市场价格有时高于自然价格,有时又低于自然价格的原因。《国富论》一书第一篇第七章《论商品的自然价格与市场价格》,主要就是论述这一方面的问题的。

在我们常见的有关著作中,对斯密的价值理论中的这一部分很少进行分析。理由是:斯密的研究中的这一部分没有什么理论上的意义。实际上,这种说法的根据是不充分的。马克思在《工资、价格和利润》《资本论》和《剩余价值理论》以及有关书信中,对斯密研究中的这一部分是重视的,并作了科学的分析和说明。

配第的"自然价格"是指价值。与此不同,斯密的"自然价格"有两种含义。他的"自然价格"的第一种含义,是指以货币表现的商品价值。马克思说:"亚·斯密所理解的'商品的自然价格'不是别的,正是以货币表现的商品价值。"① 又说:"既然价格只是价值的货币表现,所以亚当·斯密就称之为自然价格。"② 还说:"他所说的自然价格=价值。"③

斯密的"自然价格"的第二种含义,是指生产价格。马克思说:"按照斯密的前提,斯密的'自然价格'只不过是由竞争而产生的费用价格。"④ 又说:"已耗费的资本+平均利润……这就是斯密的自然价格"。⑤ 还说:"生产价格包含着平均利润。我们把它叫作生产价格——实际上就是亚·斯密所说的'自然价格'。"⑥

可见,斯密的"自然价格"这一术语,直接混同了价值和生产价格这两种不同的经济范畴。斯密混同价值和生产价格的原因,在于他忘记了价值决定于生产商品所必要的劳动时间这一正确观点,滑到了价值是由独立决定的工资价值、利润价值和地租价值相加而成的错误观点。

按照斯密的说法,在每一个社会,工资和利润都有一种"普通率"或"平均率"。同样,地租也有一种"普通率"或"平均率"。这些普通率或平均率,对于它们所通行的时间和地方来说,可以称为工资、利润和地租的自然率。"一种商品价格,如果不多不少恰恰等于生产、制造这商品乃至运送这商品到市场所使用的按自然率支付的地租、工资和利润,这商品就可以说是按它的自然价格的价格出售的。商品这样出卖的价格,恰恰相当于其价值,或者说,恰恰相当于出售这商品的人

---

① 《马克思恩格斯全集》第 26 卷 I,第 76 页。
② 《马克思恩格斯选集》第 2 卷,第 176 页。
③ 《马克思恩格斯全集》第 32 卷,第 97 页。
④ 同上书,第 26 卷 II,第 241 页。
⑤ 同上书,第 30 卷,第 268 页。
⑥ 同上书,第 25 卷,第 221 页。

实际上所花的费用。"① 很明显,斯密在这里说的自然价格,就是生产价格。这样,生产价格和价值被直接等同了。因为按照他的错误观点,价值是由工资价值、利润价值和地租价值相加而成的。

关于生产价格,斯密只是记录了竞争和利润平均化的事实,他没有能够、甚至没有想到如何从他的正确的价值规定出发来说明这一事实。相反,斯密对"自然价格"的全部研究是从他对价值的错误规定出发的。斯密既有内在理论,又有外在理论,他可以按照不同需要,信手拈来,而不多加思索。斯密被平均利润和生产价格这些比较复杂的经济现象的外在联系所迷惑,把竞争中的头足倒置的现象作为出发点来说明什么是"自然价格",从而混同了价值和生产价格。正如马克思指出的那样,"亚·斯密把商品的'自然价格',或者说,费用价格和商品的价值等同起来,是由于他事先抛弃了他对价值的正确的观点,而代之以竞争现象所引起的,来源于竞争现象的观点。在竞争中,并不是价值,而是费用价格作为市场价格的调节者,可以说,作为内在价格——商品的价值出现。而这种费用价格本身在竞争中又作为由工资、利润和地租的既定平均率决定的某种既定的东西出现。因此,斯密也就试图离开商品的价值而独立地确定工资、利润和地租,更确切地说,把它们作为'自然价格'的要素来考察。"②

当然,斯密并不是在任何情况下都把价值和生产价格等同起来的。在《国富论》中,当他采用正确的抽象法,比较深入地研究隐藏在经济现象背后的本质时,他正确地认为价值决定于生产商品所必要的劳动时间。只是当他忘记自己的比较深刻的价值理论而保持从表面的外观中得出的错误的价值理论,即价值由独立决定的工资价值、利润价值和地租价值相加而成的错误观点时,才把价值和生产价格等同起来。

---

① 亚当·斯密:《国富论》上卷,第49—50页。
② 《马克思恩格斯全集》第26卷Ⅱ,第261页。

　　值得注意的是,斯密曾经在个别场合提到价值对自然价格即生产价格的影响。他说:在一些行业中,同量劳动在不同的年份会生产出极不相同的商品量,例如,在农业中,同一数量的工人在不同的年份会生产出数量极不相同的谷物、酒、植物油、啤酒花等等。但是,在另一些行业中,同量劳动在不同的年份总是会生产出同量或差不多同量的商品,例如,在纺织工业中,同一数目的纺纱工人和织布工人每年会生产出同量或差不多同量的麻布或呢绒。在农业中,适应有效需求的产量,只是这一行业的常年平均产量。在非农业中,由于同量劳动的产品总是相同的或者差不多相同的,产量能更加准确地适应有效需求。[①] 斯密的例子表明,"同量劳动"的劳动生产率的变动,从而商品实际价值的变动,会使生产价格也发生变动。但是,斯密没有有意识地研究这种价值变动对生产价格变动的关系。斯密对问题的说明是不正确的。不同行业的区别并不在农业和非农业上,而在于一些行业的生产力取决于自然界的偶然性,而另一些行业的生产力则基本上摆脱了自然界的偶然性。再者,斯密把问题归结为供求关系,这就把这个理论问题庸俗化了。

　　斯密对市场价格背离自然价格的情况的考察,实际上就是对资本主义生产中价值规律作用形式的考察。他认为,市场价格决定于实际供应量和愿意按自然价格支付的需求量之间的比例。斯密称这些愿意按自然价格支付的人为"有效需求者",称这些人的需求为"有效需求"。这种有效需求实际上是有支付能力的需求。斯密区分三种情况:如果供给不能满足有效需求,竞争就会在需求者之间发生,市场价格就会或多或少地上升到自然价格之上;如果供给超过了有效需求,竞争就会在供给者之间发生,市场价格就会下降到自然价格之下;如果供给等于有效需求,市场价格就会和自然价格完全相同,或大致相同。斯密得

---

　　① 亚当·斯密:《国富论》上卷,第53页。

出结论说：自然价格好像是一种中心价格，一切商品的价格都趋向于这一中心价格。各种偶然的情况可能有时把商品的价格保持在大大超过自然价格的水平上，有时又使商品的价格低于这个水平。但是不管有怎样的障碍使价格背离这个稳定的中心，商品的价格总是经常趋向于这个中心。①

　　在斯密之前，康替龙曾经考察过市场价格和"内在价值"之间关系，认为供求状况会造成二者的不一致，使前者大于或小于后者。在康替龙的例证中，卖帽子的商人和买帽子的顾客之间的比例直接影响市场价格和"内在价值"的关系。斯密关于市场价格和自然价格之间关系的说明，可以说是康替龙关于市场价格和"内在价值"之间关系的思想的继承和发展。斯密的研究和说明不仅比前人具体和深入，更重要的是，他突出地强调了市场价格波动有一个中心，指出了市场价格由于各种偶然情况而不断波动虽然会背离这个中心，但是经常趋向于这个中心。这就明确地在市场竞争的表面现象的背后找到了基础，在大量偶然的东西里面找到了必然。

　　从斯密关于市场价格和自然价格的关系的论述中可以看到，他在一定程度上已经懂得价值规律的作用。一方面，斯密事实上已经把市场价格看作是在平均生产条件下供给市场商品所必要的社会劳动量，虽然他还缺乏平均的社会必要劳动时间的概念。另一方面，他已经知道，市场价格高于、低于或等于自然价格的变动，是以需求和供给的变动为转移的。市场价格围绕自然价格上下波动，是价值规律作用的正常形式。因此，斯密对市场价格和自然价格二者的关系的描绘，实质上就是对丁资本主义生产中价值规律的作用形式的考察和说明。

　　斯密对价值规律在资本主义经济中对生产的调节作用也作了考

---

　　① 亚当·斯密：《国富论》上卷，第52页。

察。他注意到，劳动、资本和土地在各种商品生产中的分配比例，是受价值规律自发调节的。斯密说：每种商品的供给量会自然地适应于有效需求。当供给量超过有效需求时，商品价格的某些组成部分就一定会降到自然率以下。如果下降的是地租，利害关系就会促使土地所有者撤回一部分土地；如果下降的是工资，利害关系就会促使劳动者撤回一部分劳动；如果下降的是利润，利害关系就会促使雇主撤回一部分资本。这样，供给量很快只够满足有效需求，价格中的各个组成部分很快就都会上升到它们的自然水平，从而使全部市场价格和自然价格相一致。相反，当供给量不能满足有效需求时，商品价格的某些组成部分就一定会升到自然率以上。如果上升的是地租，利害关系就会促使土地所有者把更多的土地转移到这种商品的生产中来；如果上升的是工资，利害关系就会促使劳动者把更多的劳动转移到这种商品的生产中来；如果上升的是利润，利害关系就会促使雇主把更多的资本转移到这种商品的生产中来。这样，供给量很快就能满足有效需求，价格中的各个组成部分很快就都会下降到它们的自然水平，从而又使全部市场价格和自然价格相一致。

可见，斯密事实上已经知道价值规律在资本主义生产中起着调节生产资料和劳动力分配比例的作用。不过，他的全部论证都不是从劳动决定价值而是从收入决定价值的规定出发的。

在研究价值规律的作用时，斯密表现出来的弱点是，由于他把价值和生产价格直接等同起来，所以在考察市场价格和自然价格的关系时，斯密没有按照自己树立的历史界标分别讨论资本积累和土地私有制产生之前和产生之后市场价格赖以波动的中心，没有观察这个中心有没有发生变化。斯密不了解，在简单商品经济的条件下，作为市场价格波动所围绕的中心的自然价格是商品的价值；在资本主义生产的条件下，作为市场价格波动所围绕的中心的自然价格，则是生产价格。当然，我们不能苛求生活在工场手工业时期的亚当·斯密。价值转化为生产价格,这不仅要以简单商品生产转到资本主义商品生产为历史前提,而且要以资本主义生产的较低的历史阶段发展到较高的历史阶段为前提。在斯密那个时代,考察这种转化的历史前提尚未充分具备。

就对资本主义制度下市场价格的波动中心的观察而言,斯密正确地把竞争同生产价格的形成联系起来,他看到,不管这种价格的哪一部分低于或高于其自然率支付,那些利益受影响的人,很快就会感到受了损失或得到好处,并立即把若干土地,或若干劳动,或若干资本从这种行业中抽出或转入。这样,该行业商品的市场价格很快就会提高到或降低到它的自然价格的水平。这实际上接近于认识到,资本从一个部门向另一个部门的转移,会影响不同行业的生产价格。不过,斯密缺少一个正确的前提。他不是把生产价格理解为商品的成本价格加平均利润,而是理解为平均工资、平均利润和平均地租三者之和。这样,他就无法理解,在商品本身价值不变的情况下,生产价格的变动取决于平均利润率的变动,而错误地断言,生产价格本身随着它的每一构成部分即工资、利润和地租的平均率的变动而变动。

(七)斯密的价值理论的历史地位

二百年来,斯密的价值理论一直是经济学家研究和争论的一个重要题目。这一理论被资产阶级庸俗经济学家歪曲得已经面目全非。因此,正确地理解和评价斯密的价值理论及其历史地位,具有重要的意义。

斯密的历史功绩不仅在于他继承和发展了配第以来英国古典经济学家的价值理论的成就,而且也在于他提出了许多使他自己陷入矛盾之中然而推动了后来的经济学家重新思考和研究的一系列重大课题。

斯密克服了前人在把政治经济学的抽象范畴从它们的物质内容

中分离出来时所表现出来的模糊不清和动摇不定的缺点,在政治经济学史上第一次明确区分了使用价值和交换价值。当他区分实在价格和名义价格,认为劳动是商品的实在价格,货币是商品的名义价格时,他已经认识到交换价值和价格的区别,尽管他以为这种区别只是名义上的。①

在财富源泉问题上,斯密抛弃了前人曾经轮流地分别把农业、工场手工业、航海业、商业等等实在劳动的特殊形式看作财富源泉的片面观点,提出了劳动是财富的源泉的观点。虽然这个论点有它的缺点和错误,但是,从创造物质财富的各种特殊形式的劳动中抽象出劳动这一范畴,具有重要的理论意义。有了创造财富的活动的抽象一般性,也就有了被规定为财富的对象的一般性。这种抽象对于劳动价值理论的建立和发展起着关键的作用。

斯密在价值理论方面的最大贡献是,他提出了价值决定于商品中包含的劳动,决定于生产商品所必要的劳动的原理。与此相联系,斯密提出了关于简单劳动和复杂劳动的思想。在他的著作中,创造价值的是一般社会劳动,是必要劳动的量。斯密的这一思想是他的价值理论中的精华,不仅远远高出他的理论前辈,而且对后来劳动价值理论的发展有着极为重要的意义。尽管斯密本人说他的这一价值规定只适用于资本积累和土地私有制产生之前的社会原始不发达状态,但是他在研究和解决资本主义制度下重大理论问题,特别是在探讨剩余价值的性质和来源时,都把价值决定于生产商品所必要的劳动量这一正确的价值规定作为自己的出发点和基础。有些著作断言:最后斯密完全放弃了劳动价值理论,用自己的双手颠覆了他自己提

---

① 马克思说:"交换价值和价格的差别,一方面,似乎只是名义上的,正如亚当·斯密所说,劳动是商品的实在价格,货币是商品的名义价格。……另一方面,这个差别决不是单纯名义上的差别"。引自《马克思恩格斯全集》第13卷,第59页。

出的关于剩余价值源泉的思想。这种断言显然是不对的。马克思在批评斯密忘记自己的正确理论时虽曾偶尔地有条件地用过"抛弃"①一词,然而,马克思一再强调说:"可以举出许多例子证明,亚·斯密在他的整部著作中,凡是说明真正事实的地方,往往把产品中包含的劳动量理解为价值和决定价值的因素。"②又说:"凡是斯密作出实际分析的地方,他都采用了正确的价值规定"。③马克思即使在批评斯密把不同的价值规定混为一谈并在它们之间摇摆不定时,也还是强调说:"斯密的这种摇摆不定以及把完全不同的规定混为一谈,并不妨碍他对剩余价值的性质和来源的探讨,因为斯密凡是在发挥他的论点的地方,实际上甚至不自觉地坚持了商品交换价值的正确规定,即商品的交换价值决定于商品中包含的已耗费的劳动量或劳动时间。"④又说:"这并没有影响他关于剩余价值的一般思路,因为斯密在这里始终坚持了价值决定于各种商品中包含的已耗费的劳动时间这一正确规定。"⑤

的确,在斯密的价值理论中,除了科学因素之外,还有很多庸俗因素;除了正确的东西之外,还有很多"使斯密本人糊涂也使别人糊涂的东西";除了"内在的见解"之外,还有很多"外在的见解"。如果我们把斯密关于价值决定于商品中包含的耗费的必要劳动的量这一规定算作他对价值的第一种看法,那么,价值决定于商品能够买到和支配的劳动量这一规定可以算作他对价值的第二种看法;价值决定于收入,或者,价值由独立决定的工资价值、利润价值和地租价值构成或相加而成的观点可以算作他对价值的第三种看法,此外,把劳动

---

① 《马克思恩格斯全集》第 26 卷 Ⅱ,第 261 页。
② 同上书,第 26 卷 Ⅰ,第 48 页。
③ 同上书,第 26 卷 Ⅱ,第 421 页。
④ 同上书,第 26 卷 Ⅰ,第 48 页。
⑤ 同上书,第 52 页。

耗费说成是等量的安宁、自由和幸福的牺牲的观点可以算作他对价值的第四种看法。

对于斯密的价值理论中几种不同看法并存和交错的现象,许多资产阶级著作家感到无法解释。杜林曾经责备配第价值理论中存在"对立见解的痕迹",马克思在批判杜林时科学地说明,在政治经济学创始者那里存在对立见解是不可避免的。他写道:"我们在亚当·斯密的书中不但看到关于价值概念的'对立见解的痕迹',不但看到两种,而且看到三种,更确切地说,甚至四种尖锐对立的关于价值的看法,这些看法在他的书中相安无事地并存和交错着。在政治经济学的创始者那里,这是很自然的事情,因为他必然要摸索、试验,同刚刚开始形成的观念的混乱状态进行斗争。"[1]

对斯密价值理论中的庸俗成分或"外在的见解",马克思始终采取严肃的批判态度,揭露它们的庸俗性、肤浅性和虚伪性,并找出斯密犯错误的原因。

在斯密的价值理论中,庸俗成分或"外在的见解"不仅同科学成分或"内在的见解"同时并存,而且前者比后者还在广度上占优势,这就使斯密的经济观点缺乏一个统一的理论基础,以致在不少问题上乱了思路。但是,应当注意,庸俗成分或"外在的见解"在广度上占优势绝不意味着在深度上也占优势,瑕不掩瑜,即使在斯密的外在的见解同内在的见解纠缠在一起的时候,"他的科学本能还不时让内在的观点一再表露出来"[2]。马克思全面地深刻地批判了斯密把"劳动价值"看作价值的标准尺度的观点,同时指出:"斯密在进行真正的分析的地方,从来不采用这个价值尺度。"[3] 又说:"斯密自己在他理论上真正有所发展的

---

① 《马克思恩格斯选集》第 3 卷,第 272—273 页。
② 《马克思恩格斯全集》第 24 卷,第 419 页。
③ 同上书,第 26 卷 Ⅱ,第 458 页。

地方从来没有使用过它。"①

斯密的价值理论充满了矛盾和混乱,其实质是碰到了一系列重要的理论问题:使用价值和交换价值的区别,价值和交换价值的区别,交换价值和价格的区别,简单劳动和复杂劳动问题,个别劳动时间和社会必要劳动时间问题,商品的二重性和生产商品的劳动的二重性问题,内在的价值尺度和外在的价值尺度的区别,转移的旧价值和创造的新价值的区别,价值和生产价格的区别,价值形成和价值增殖的区别,劳动和劳动力的区别,简单商品生产和资本主义商品生产的区别,等等。这些问题,有些曾被斯密提了出来并试图在理论上加以解决,但是大多数问题的解决是他力所不及的,在应当加以区别的地方,他往往加以混同,因而陷入了自相矛盾之中。马克思指出:"亚·斯密的矛盾的重要意义在于:这些矛盾包含的问题,他固然没有解决,但是,他通过自相矛盾而提出了这些问题。"②

斯密的正确的价值规定为李嘉图所继承和发展,把它提到了英国古典政治经济学不可逾越的高度。斯密价值理论中的各种庸俗成分为庸俗经济学的许多代表人物和流派所承袭和发挥,演变成各种庸俗的、充满辩护性的价值理论,其中包括在现代资产阶级政治经济学中仍然广泛流行的理论。马克思早就指出:"亚·斯密曾素朴地表述了一切相互矛盾的因素,因而他的学说成了截然相反的各种观点的源泉和出发点。"③ 马克思在讲到斯密以后的经济学家们的论战时说:"后来的经济学家们互相争论时,时而接受斯密的这一方面,时而接受斯密的那一方面,这种情况最好不过地证明斯密在这方面的正确本能。"④

---

① 《马克思恩格斯全集》第 26 卷Ⅲ,第 4 页。
② 同上书,第 26 卷Ⅰ,第 140—141 页。
③ 同上书,第 26 卷Ⅲ,第 13 页。
④ 同上书,第 26 卷Ⅰ,第 141 页。

五、李嘉图的价值理论

（一）对斯密的批判

李嘉图是斯密的价值理论的批判者。他的《政治经济学及赋税原理》（简称《原理》）是从评论斯密的价值理论开始的。李嘉图明确承认，亚当·斯密是他的出发点。

批判斯密的价值理论，对李嘉图的价值理论的建立具有十分重要的意义。可以说，没有这种批判，就没有李嘉图对劳动价值理论的发展。李嘉图对斯密的批判，不是对斯密的简单否定，而是采取分析的态度，摒弃其中的错误，吸收和改造其中有价值的东西。李嘉图意识到对斯密的批判已经成为政治经济学的科学理论进一步发展的关键，同时又不愿意人们误解他对斯密的批判是对斯密及其著作的否定，所以，他在《原理》序言中郑重声明："作者在反对一般承认的见解时，觉得必须特别讨论亚当·斯密著作中自己认为有理由操不同见解的段落。但是作者希望人们不要因此怀疑他不推崇这位杰出著作家的这一意义深远的著作；这一著作是完全应该受到推崇的，作者和所有承认政治经济学的重要性的人一样地推崇它。"[1]

李嘉图不同意斯密关于财富就是能够得到的权力和支配的权力的观点，认为财富不能按照它所能买到的劳动量来衡量。斯密没有对财富加以严格的规定，当他说一个人的贫富取决于他能取得必需品、舒适品和娱乐品的程度如何时，这里只包含着使用价值的概念，财富只由劳动者本人的劳动产品构成；当他说一个人的贫富取决于他所能买到或支配的劳动量时，"这里只包含着交换价值的概念——我的劳动只有作

---

[1] 《李嘉图著作和通信集》第 1 卷，第 4 页。

为社会劳动才决定我的财富,因而我的财富是由使我能够支配等量社会劳动的我的劳动产品决定的"。① 也就是说,"财富已经不再由本人劳动的产品构成,而由这个产品支配的别人劳动的量构成,也就是由它能够买到的并由它本身包含的劳动量决定的那个社会劳动的量构成。"②

李嘉图觉察到斯密所说的财富实际上有不同的解释,他说:"我曾不止一次地指出,亚当·斯密对于财富曾作过正确的描述,不过他后来却对它作了不同的解释,他说:'一个人的贫富必然取决于其所能购买的劳动量。' 这种说法和以上所说的另一种说法(指斯密关于一个人的贫富取决于他能取得必需品、舒适品和娱乐品的程度如何的说法——引者)是根本不同的,并且肯定是不正确的……财富是不能按其所能购买的劳动量来衡量的。"③

李嘉图对斯密的劳动是财富的源泉这一命题采取审慎的批判态度。他已经懂得,劳动并不是财富的唯一源泉。作为财富源泉的,除了劳动,还有自然要素。李嘉图不同意斯密所说的自然只在农业中起重要作用而在制造业则不起什么作用的观点,他反问斯密:"在制造业中,自然没有替人做什么吗? 那些推动机器和帮助航运的风力和水力不能算数吗? 那些使我们能够推动极笨重的机器的空气压力和蒸汽伸缩力不是自然的赐与吗? 这还没有提到软化和熔解金属的发热物质的作用,以及染色过程与发酵过程中的空气的分解作用。在我们所能举出的任何一种制造业中,自然都给人以帮助,而且是十分慷慨和无需取费地给人帮助。"④ 这表明,李嘉图克服了斯密关于财富源泉的观点的片面

---

① 《马克思恩格斯全集》第 26 卷 I,第 53 页。

② 同上。

③ 《李嘉图著作和通信集》第 1 卷,第 236 页。

④ 同上书,当萨伊庸俗化斯密的学说,李嘉图则成为斯密的保卫者。他说:萨伊的推论 "是萨伊先生自己的推论,而不是斯密博士的推论。……认为财富在于有充裕的生活必需品、享用品和娱乐品的亚当·斯密,虽然会承认机器和自然要素可以大大增进一国的财富,但却不会承认它们能增加财富的价值。"引自《李嘉图著作和通信集》第 1 卷,第 243 页。

性,使配第的"劳动是财富之父、土地是财富之母"的旧命题获得了新的更丰富的内容。

李嘉图反对斯密关于价值决定于商品能够买到和支配的劳动量的规定。他认为,斯密的第一种价值规定,即价值决定于生产商品所必要的劳动量的规定是正确的,它说明了交换价值的真正源泉,找到了一切物品的交换价值的基础,因而是政治经济学上的一个极端重要的学说。对于斯密的第二种价值规定,即价值决定于商品所能买到和支配的劳动量,也就是价值决定于劳动的报酬或工资,李嘉图采取了严肃的批判态度。他说,亚当·斯密要是前后一贯的话,本来应该坚持一切物品价值的大小同生产它们所花费的劳动量的多少成比例的观点,可是他自己又提出了价值的另一个标准尺度,说一切物品价值的大小同它们所能交换的这种标准尺度的量的多少成比例。李嘉图指出了斯密的混乱,说他有时把谷物当作标准尺度,有时又把劳动当作标准尺度。这里所说的劳动已经不是投在任何物品生产上的劳动,而是这一物品在市场上所能交换到的劳动量。①

亚当·斯密把商品能够买到和支配的劳动作为价值尺度,认为劳动本身的价值决不改变,因而劳动是在任何时候和任何地方都可以用来衡量和比较一切商品的价值的唯一真实的和最终的尺度。李嘉图表示,不能附和斯密的这种错误意见,他所持的理由是不能成立的。李嘉图清楚地懂得,决定价值的劳动和劳动的价值是完全不同的。前者是生产商品消耗的必要的劳动量,后者是劳动的报酬即工资。他还清楚地懂得,二者不仅性质不同,而且数量不等。李嘉图认为,劳动的价值总是小于劳动所创造的产品的价值,或者是,产品的价值总是大于工资的价值,至于这一事实究竟是怎样产生的,李嘉图并没有说明,因为他

---

① 《李嘉图著作和通信集》第1卷,第9页。

自己始终没有弄清楚。

李嘉图批判了斯密关于劳动本身的价值决不会改变的说法，指出"劳动的价值"就像其他商品的价值一样，也是经常变动的。它"不但和其他一切物品一样，要受始终随着社会状况的每一变动而变化的供求比例的影响，而且也要受用劳动工资购买的食物与其他必需品的价格变动的影响"。① 既然劳动的价值绝不变动的说法是错误的，那就不能把商品所能买到和支配的劳动当作是在任何时候和任何地方都可以用来衡量和比较一切商品的价值的唯一真实的和最终的尺度。简单地说，既然劳动的报酬绝不变动的说法是错误的，那就不能把工资当作是价值的尺度。

这样，李嘉图关于劳动决定的价值不取决于劳动的价值这个正确命题，就驳倒了至少从范德林特、休谟和重农学派以来直到亚当·斯密及其追随者的工资决定价格的错误命题。李嘉图说："据我所知，亚当·斯密和一切追随他的作家都毫无例外地认为劳动价格上涨之后，所有商品价格都会随之上涨。我希望我已经证明这种意见是没有根据的。"② 李嘉图对斯密的这一批判具有重大的理论意义和现实意义，因而受到马克思主义创始人的高度重视和高度评价。在《工资、价格和利润》中，马克思指出："李嘉图的伟大功绩，就在于他在 1817 年出版的自己那部《政治经济学原理》中，把那种认为'价格由工资来决定'的流行已久的陈旧不堪的虚伪学说完全粉碎了。"③ 后来，在《政治冷淡主义》一文中，马克思又指出："伟大的资产阶级经济学家李嘉图在 1817年出版的《政治经济学原理》一书中已经一劳永逸地驳倒了这个传统的错误。"④ 恩格斯在《反杜林论》中也指出："在亚当·斯密那里，工资

① 《李嘉图著作和通信集》第 1 卷，第 10 页。
② 同上书，第 37 页。
③ 《马克思恩格斯选集》第 2 卷，第 170 页。
④ 同上书，第 559 页。

决定商品价值的意见还常常和劳动时间决定价值的意见混在一起,自李嘉图以来,前一种意见就被逐出科学的经济学之外了,今天,它仅仅还流行于庸俗经济学中。"①

同批判斯密的劳动本身的价值绝不会改变的说法相联系,李嘉图还批判了斯密关于谷物的价值不会改变的说法。他在引证斯密关于谷物和植物性食物以外的所有未加工的产品的价格都会上涨的那段话以后,说:"为什么单单要除去谷物和植物性食物呢? 斯密博士全书贯穿着一个错误就是认为谷物的价值不变;认为虽然一切其他物品的价值可以提高,但谷物的价值却永远不能提高。根据他的说法,谷物的价值是始终不变的,因为它所能养活的人数总是相同。那我们也可以说,毛呢的价值始终不变,因为它总能制成同样多的衣服。价值和供给衣食的能力又有什么相干呢? "②李嘉图证明,价值同谷物养活的人数没有任何关系,同其他商品一样,谷物的价值也是经常变动的。但是,李嘉图没有能够揭示斯密关于谷物的价值不会改变和价值决定于买到的劳动这一规定之间的逻辑联系。而且,李嘉图自己后来也热衷于寻求不变的价值尺度。难怪"新李嘉图主义者"斯拉法在按照李嘉图的思路寻找不变的价值尺度时,最后却以斯密的购买的劳动为归宿(详见本书第二十章)。

李嘉图根本不同意斯密关于商品中包含的劳动时间决定价值的规定不适用于雇佣劳动制度的观点,他争辩说,既然在工资出现以前,劳动的相对量是商品价值的尺度,那就没有任何根据能够说明在工资出现以后劳动的相对量就不再是商品价值的尺度。商品所包含的劳动的相对量,同这种商品中有多少归工人自己所有毫无关系。也就是说,商品所包含的劳动的相对量,同劳动的报酬无关。李嘉图还指出,在这两

① 《马克思恩格斯选集》第 3 卷,第 232 页。
② 《李嘉图著作和通信集》第 1 卷,第 320 页。

种说法意义相同的时候,斯密还可以使用两种说法。但是,一旦两种说法的意义不再相同的时候,就完全没有理由用错误的说法去代替正确的说法。

李嘉图的批判确有几分深刻之处,然而并没有都切中要害。他在分析斯密价值决定于劳动的二元规定之间的矛盾时说:好像这是两种意思相同的说法;好像一个人由于他的劳动效率增加了一倍,因而能生产的商品量也增加一倍,他用它进行交换时所得到的量就必然会比以前增加一倍。[①] 其实,斯密并不像李嘉图想象的那样认为这是两种意思相同的说法,而只是认为,在资本积累和土地私有制出现之前,在简单商品生产中,交换者都是以商品生产者的身份出现时,商品生产者买到的劳动量才等于自己用来交换的商品所包含的劳动量。在资本积累和土地私有制出现之后,在资本主义生产中,生产商品所消耗的必要劳动量和工资劳动者所得到的劳动量便不再相等。因此,价值不再决定于商品所包含的劳动的相等量,而是决定于用一定量商品所能购买或支配的劳动量。这样,在斯密那里,劳动的价值代替劳动的相对量成为价值尺度。当然,斯密关于雇佣劳动制度下劳动时间不再是调节商品交换价值的内在尺度的结论是错误的。李嘉图认为,正确的结论应该是相反的。在这一点上,李嘉图是对的。马克思肯定了李嘉图对斯密的批判,说:"正如李嘉图正确地评论他的那样,斯密倒是应当做出相反的结论:'劳动的量'和'劳动的价值'这两个用语不再是等同的了,因而,商品的相对价值,虽然由商品中包含的劳动时间调节,但已经不再由劳动的价值调节了,因为后一个用语只有在同前一个用语等同的时候,才是正确的。"[②]

对于斯密的价值决定于收入的错误观点,李嘉图始终采取批判态

---

① 《李嘉图著作和通信集》第 1 卷,第 9 页。
② 《马克思恩格斯全集》第 26 卷 I,第 50 页。

度。李嘉图认为,商品的价值只有在生产商品所必要的劳动量发生变化时才发生变动,至于商品的价值是全部归劳动者还是要支付利润和地租,都不会使商品的价值发生变动。在《原理》的第一、二版中,李嘉图指责斯密说:斯密虽然完全承认下一原理,即获得各种物品所必需的劳动量之间的比例,是支配这些物品相互交换的规律的唯一条件,然而他又把这一原理的应用限于资本积累和土地私有制产生以前的社会原始不发达状态,似乎一旦需要支付利润和地租时,这两种因素就会对商品的相对价值有一定的影响,而同生产它们所必需的劳动量无关。[①]《原理》出版后李嘉图继续批判斯密的这一观点,指出:"亚当·斯密认为,在社会的早期阶段,劳动的全部产品属于劳动者,到积累了资本以后,一部分产品归于利润,这种积累,不管资本的耐久程度如何不同,或者任何其他因素如何,必然提高了商品的价格或交换价值,结果商品的价值不再由生产这项商品所必需的劳动的数量来调节。"[②] 李嘉图抓住了斯密理论上的要害,正确地指出,斯密的错误在于把价值决定于劳动的规定的应用只限于资本积累和土地私有制产生以前的历史阶段,在于断言资本积累和土地私有制产生以后价值决定于收入,即价值决定于工资、利润和地租。

针对斯密的错误论断,李嘉图认为,资本积累和土地私有制的出现,或者说,全部产品除了支付工资还要支付利润和地租,并不影响价值决定于生产商品所必需的劳动量这一规定的正确性。李嘉图着重证明,利润的存在不妨碍价值规律的作用。他认为,在资本积累出现之后,捕猎海狸和鹿所必需的全部工具可能属于一个阶级,捕猎所用的劳动可能由另一个阶级提供,然而海狸和鹿的比较价格仍然同在资本形成上和捕猎过程中实际投入的劳动成比例。资本相对于劳动而言有

---

① 《李嘉图著作和通信集》第1卷,第17页。
② 同上书,第7卷,商务印书馆1982年版,第363页。

充裕或稀少之别；维持人类生活所必不可缺的食物和必需品也有多寡不同。在这种种不同的情况下，为这一或那一行业提供相等价值的资本的人可能在所得产品中获得二分之一、四分之一或八分之一，而把其余的部分作为工资付给那些提供劳动的人。但是这样的分割并不会影响这些商品的相对价值，因为无论资本的利润是多少，无论是百分之五十、百分之二十或百分之十，也无论劳动的工资是高是低，它们在这两种用途中总会起同样的作用。①

在李嘉图看来，就像资本积累和利润的存在不妨碍价值规律的作用一样，土地私有制和地租的存在也不妨碍价值规律的作用。

斯密企图用工资、利润和地租的价值的相加数来决定商品的价值，因而造成了价值理论上的混乱。李嘉图的主要功绩之一，就是消除了斯密造成的这种混乱。但是，李嘉图在反对斯密关于价值由工资、利润和地租的价值构成的观点时，不是前后一贯的。本来，他应该这样说：每一种商品的价格都可以分解为工资和利润，某些商品的价格可以分解为工资、利润和地租，但是没有一种商品的价格是由它们构成或由它们决定的。可是，李嘉图却和斯密争论，作为构成部分加入商品价格的究竟是他说的工资和利润，还是斯密说的工资、利润和地租。本来，在讨论商品价值时，可以完全不考虑支付利润和地租的问题，可是，李嘉图却把分析资本积累和土地私有权对商品价值的影响看作价值理论应当解决的一项重要任务。

（二）对劳动价值理论的发展

李嘉图的劳动价值理论是亚当·斯密价值理论的科学部分的直接继续和发展。作为英国古典政治经济学的完成者，他把价值决定于劳

---

① 《李嘉图著作和通信集》第 1 卷，第 18 页。

动时间这一规定作了最透彻的表述和发挥,使劳动价值理论达到古典学派不可逾越的高度。

　　和自己的一些先驱不同,李嘉图有意识地把劳动价值理论作为理解资本主义生产方式的基础和出发点。李嘉图从价值决定于劳动时间这一规定出发,阐明其他经济范畴同这个基础和出发点是否适合或是否矛盾,适合到什么程度或矛盾到什么程度。也就是说,他先比较充分地研究劳动价值理论,研究价值规律,然后研究其他经济关系是否同这个价值规律相矛盾,或者说,其他经济关系在多大程度上影响着这个价值规定。

　　斯密区分使用价值和交换价值的思想,为李嘉图所继承和发展。在写作《原理》之前,李嘉图在《关于边沁〈价格论〉的评注》中就说:"我喜欢亚当·斯密在使用价值和交换价值之间所作的区别。"[1]在《原理》中,李嘉图肯定了斯密关于使用价值或效用不能成为交换价值的尺度的说法,并以水和空气为例论证使用价值或效用很大的物品可以没有交换价值,以黄金为例论证使用价值或效用很小的物品可以有很大的交换价值。李嘉图否定了斯密关于交换价值很大的商品可以没有使用价值的错误论点,说:"一种商品如果全然没有用处,或者说,如果无论从哪一方面说都无益于我们欲望的满足,那就无论怎样稀少,也无论获得时需要费多少劳动,总不会具有交换价值。"[2]如果把这里说的"无论怎样稀少"撇开,那么李嘉图在这里所说的都是正确的。李嘉图吸收了斯密关于使用价值不能成为交换价值的尺度的观点,摒弃了斯密关于商品没有使用价值也可以有很大的交换价值的观点,形成了"效用对于交换价值说来虽是绝对不可缺少的,但却不能成为交换价值

---

①　《李嘉图著作和通信集》第 3 卷,第 268—269 页。
②　同上书,第 1 卷,第 7 页。

的尺度"①的新提法。和斯密的旧提法相比,李嘉图的新提法比较正确地表述了商品的使用价值和交换价值之间的关系:使用价值或效用是交换价值的物质承担者,但不是交换价值的尺度。

关于价值和交换价值的关系,李嘉图的认识比斯密有了明显的进步。

在写作《原理》以前,李嘉图在一些著作中已经开始探索价值问题。在1810—1811年写的《黄金的高价》中,李嘉图写道:"黄金和白银也同其他商品一样,有其内在的价值,这并不是随便决定的,而是取决于它们的稀少性,为取得这些金属而使用的劳动量,以及在开采它们的各矿所用资本的价值。"②应当注意到,李嘉图这时就已经认为一切商品包括金、银都具有"内在价值"。洛克曾经提到过金银的"内在价值",但他只把它归结为金、银的量。诺思也曾经提到过货币的"内在价值",但他没有说明这究竟是什么。在李嘉图之前,康替龙实际上已经用"内在价值"来指价值,不过,他错误地以为"内在价值"同所用的土地和劳动成正比例。和自己的前辈不同,李嘉图在这里所说的金银的"内在价值"实际上是指金银的价值。但是,他在这里认为金银的价值决定于:一,它们的稀少性;二,为取得这些金属而使用的劳动量;三,在开采它们的各矿所用资本的价值。在和《黄金的高价》同一时期写的手稿《关于边沁〈价格论〉的评注》中,李嘉图还同斯密一样混同了价值和交换价值。但在1815年发表的《论低价谷物对资本利润的影响》中,李嘉图已经开始注意研究交换价值的基础。他说:"一切商品的交换价值都随着生产困难的增加而上涨。因此,如果生产谷物时,由于需要更多的劳动而发生新困难,而生产金、银、呢绒、麻布等等却不需要更多的劳动,谷物的交换价值同这些东西相比,就必然要上涨。反之,谷物或其他任何商品,其生产的便利程度增进,可以用较少劳动提

____

① 《李嘉图著作和通信集》第1卷,第7页。
② 同上书,第3卷,第56页。

供同样的产品,则其交换价值将降低。"① 在这里,李嘉图考察一种商品(谷物)对其他商品(金、银、呢绒、麻布等)的交换价值为什么会提高或降低,认为商品的交换价值变动的原因在于生产的难易程度,而生产的难易程度则取决于商品生产所必需的劳动。所以,李嘉图得出结论说:"只要竞争是能充分发挥作用的,商品的生产是不受大自然的限制的,例如某些酒类的生产,则最终支配这些商品的交换价值的,将是其生产的难易程度。"②

如果说,以上引文虽然表明李嘉图在探索交换价值的基础,但并不能说明他已经开始接触到价值这一范畴的话,那么,从下面的引文中就可以看出他开始在酝酿价值概念:"在采矿中的改进,或由于贵金属有了新发现的丰富矿源,会降低金银的价值,也就是说,会提高一切其他商品的价格。"③ 李嘉图的这句话既讲到了金银的价值,又讲到了表现在金银上的所有其他商品的价格,实际上就是金银的交换价值。因此可以说,李嘉图这时事实上已经初步接触到价值和交换价值的区别,虽然他并没有自觉地意识到一点。

到 1815 年底,李嘉图关于价值和交换价值、价值和价格的关系的认识又有了新的进展。他在一封信中说:商品的价格受到两方面的影响:一方面是货币的相对价值的变动,它几乎同时影响一切商品的价格;另一方面是某一特定商品的价值的变动,它只影响以它作为一个组成部分的那种东西的价值,而不影响其他一切商品的价值。④ 李嘉图的意思是说,金银价值的变动会使金银的交换价值变动,金银交换价值的变动就是意味着一切商品的价格的变动。和金银不同,某种普

---

① 《李嘉图著作和通信集》第 4 卷,商务印书馆 1980 年版,第 20 页。
② 同上书,第 21 页。
③ 同上。
④ 同上书,第 6 卷,商务印书馆 1980 年版,第 332 页。

通商品价值的变动,不会引起一切商品价格的变动,而只会引起用这种商品作为一个组成部分的那些商品价值的变动。不过,李嘉图在这里没有进而从商品价值的变动论述交换价值的变动,而是直接跳到价格变动上去。

关于价值和交换价值的区别,在《原理》中得到了比较明确的表述。李嘉图在论及二者的区别时,使用了许多术语:价值和交换价值,绝对价值和相对价值,实际价值和比较价值。在一般情况下,他所说的价值、绝对价值和实际价值,都是一个意思,都是指商品内在的价值,即生产商品消耗的必要劳动所决定的价值;他所说的交换价值、相对价值和比较价值,也都是一个意思,都是指商品的交换价值,即价值的表现形式。马克思指出:"李嘉图所谓的实际价值是指作为一定劳动时间的体现的商品。他所谓的相对价值是指一种商品中所包含的劳动时间在其他商品的使用价值上的表现。"①

但是,李嘉图在《原理》中强调说,他着重研究的是相对价值、比较价值或交换价值。所以,他尽管承认绝对价值、实际价值或价值的存在,但没有进行深入的研究。

对价值和交换价值作出初步的区分,是李嘉图对古典价值理论的一大贡献。配第的"1 蒲式耳谷物 = 1 盎斯银"的等式,既混同了价值和交换价值,又混同了交换价值和价格。斯密比配第前进之处是区分了交换价值和价格,但是他的"1 只海狸 = 2 只鹿"的等式也混同了价值和交换价值、混同了价值的内在尺度和外在尺度。李嘉图的功绩,就在于他感觉到了二者的区别。

在《原理》中,李嘉图不仅注意到价值和交换价值之间的区别,而且也看到它们之间的联系。他感觉到,价值是内在的,是劳动决定的,

---

① 《马克思恩格斯全集》第 26 卷 Ⅲ,第 149 页。

交换价值或相对价值是外在的，是价值的表现。李嘉图说："劳动"是"商品价值的基础"，而"商品生产所必需的相对劳动量"是确定各种商品"在互相交换中各自所需付与的量的标准尺度"。[①]很明显，李嘉图在这里把商品中包含的劳动量直接看作衡量和比较商品价值量的内在尺度，认为只有劳动才是各种不同商品的统一体，价值的内在基础。又说：如果法郎和要衡量的物不能还原为某个对两者共同的另一尺度，法郎就只是衡量铸成法郎的金属本身数量的价值尺度。[②]李嘉图认为，法郎和要衡量的物是可以还原为对它们二者共同的另一尺度的，"因为它们都是劳动产品，因而劳动便是可以用来测定它们的实际价值和相对价值的共同尺度"。[③]很明显，在这些场合，李嘉图把商品中包含的劳动量直接看作衡量商品价值量、比较各种商品的价值量大小的内在尺度，认为只有劳动才是各种不同商品的统一的实体，是它们的价值的内在基础。至于"在互相交换中各自所需付与的量"，那不过是这个内在基础的外在表现形式。

不过，应当指出，李嘉图对价值和交换价值的区别是不严格的，是远非首尾一贯的。在一定程度上，他确实混淆了价值和交换价值。例如，当李嘉图说"规定各种物品的现在相对价值或过去相对价值的，是劳动所将生产的各种商品的相对量"[④]时，他说的"相对价值"是"绝对价值"，也就是由劳动时间决定的价值。这是第一种意义上的相对价值。当李嘉图说"假定有两种商品的相对价值发生了变动，而我们又想知道变动究竟发生在哪一方面"[⑤]时，他说的"相对价值"则具有另一种意义。它不是由劳动时间决定的价值，而是两种商品交换的比例，也就是他说

①　《李嘉图著作和通信集》第1卷，第73页。
②　同上书，第242页。
③　同上。
④　同上书，第4卷，第12页。
⑤　同上。

的"比较价值"或"交换价值"。这是第二种意义的相对价值。第二种意义上的相对价值的变动同第一种意义上的相对价值的变动是不同的。马克思指出："应该把这种相对价值的变动同商品的第一种意义的相对价值的变动区别开来，因为后者所表示的仅仅是生产商品本身所必需的，即物化在商品本身中的劳动时间量的变动。因此，同第二种意义的相对价值（即一个商品的交换价值用另一个商品的使用价值或者用货币来实际表现）相比，第一种意义的相对价值就表现为'绝对价值'。"①

英国资产阶级经济学家赛·贝利从庸俗经济学的立场攻击李嘉图，妄图推翻作为李嘉图整个学说基础的劳动价值理论。他抓住李嘉图的价值概念规定的缺陷，指责李嘉图不是把价值看作两个物之间的比例，而是把价值看作某种内在的和绝对的东西，说他把交换价值从一种只是相对的东西变成一种绝对的东西。贝利的这种指责当然是站不住脚的。正如马克思所说，应该责备李嘉图的，倒是他常常忘记了绝对价值，而是念念不忘相对价值。

李嘉图关于价值和交换价值的区分并没有停止在《原理》上。在《原理》出版以后，他继续对价值理论进行探索，并取得了新的进展。如果说，在《原理》中他虽然大致区分了价值和交换价值，可是在有些场合他并没有对二者加以严格区分，甚至有混同价值和交换价值的时候，有念念不忘相对价值而忘记绝对价值的时候，那么，在《原理》出版以后的一些书信和著作中，特别是在他去世前不久写的《绝对价值与交换价值》这一手稿中，他在相当大的程度上克服了《原理》中的价值概念的缺陷，发展了关于绝对价值的论点。

在《原理》第三版刚出版之后不久的一封信中，李嘉图说："商品生产所耗费的劳动不是它的交换价值的尺度，而是它的实际价值的尺

---

① 《马克思恩格斯全集》第26卷Ⅱ，第189页。

度……交换价值决定于实际价值，从而决定于生产所耗费的劳动量。"①

李嘉图批评特罗尔忘记了真正价值，自称他本人的思想上却一直有真正价值这个观念。李嘉图写道："当你口头上说交换价值时，你思想上从来没有真正价值的观念——而我一直是有的。"② 接着，李嘉图又说："一种商品的交换价值是不会改变的，除非它的真正价值或它所交换的其他物品的真正价值发生了变动。"③

《绝对价值与交换价值》④ 是李嘉图在自己一生的最后几个星期写下的未完成的最后论文。和在《原理》中强调相对价值不同，李嘉图在未完成的最后论文中强调的是绝对价值，认为要考察相对价值的变动，必须考察相对价值依以变动的绝对价值。

李嘉图在《原理》出版后曾经表示过对自己的价值理论不够满意。这引起许多资产阶级经济学家的种种猜想，不少人断言李嘉图从绝对价值"后退"了。李嘉图遗作《绝对价值与交换价值》的发表，给这些妄言家们以致命的打击。李嘉图在最后论文中写道："有人也许会问，我所用"价值"一词的意义是什么，我判断商品价值是否有所变动的标准是什么？我的答复是，衡量一种商品的贵贱，除了为取得这种商品而作出的劳动的牺牲以外，我不知道还有什么别的标准。任何东西原来都是用劳动购买的；没有它，就没有一样具有价值的东西能够生产出来……我们的意见一经统一，认为一切商品都是劳动的产物，除非是花费了劳动的，否则它就没有价值，我们就会清楚地看到，投入商品的劳动量的或多或少，是其价值变动的唯一成因。"⑤ 这段话有力地表明，李嘉图始终坚持劳动价值学说，更为清楚地阐明绝对价值的概念，从而为

---

① 《李嘉图著作和通信集》第 9 卷，剑桥 1962 年版，第 2 页。
② 同上书，第 38 页。
③ 同上。
④ 同上书，第 4 卷，第 337—383 页。
⑤ 同上书，第 371 页。

进一步区分绝对价值和相对价值提供了更加坚实的基础。李嘉图的遗著离从交换价值中抽象出价值已经相距不远。但是,李嘉图在这里仍然表现出抽象力不足,没有真正最后完成这一极为重要的科学抽象。

除了上述关于使用价值和交换价值、交换价值和价值的区分之外,李嘉图的最大贡献是他一贯坚持并创造性地发展了劳动决定价值这一基本原理。

在《原理》第一章的一开头,李嘉图就开宗明义地表述了劳动价值理论的基本论点:商品的价值或这个商品所能交换的任何其他商品的量,取决于生产这个商品所必要的劳动的相对量,而不取决于付给这一劳动的报酬的多少。李嘉图的另一表述方式是:规定各种物品的现在相对价值或过去相对价值的,是劳动所生产的各种商品的相对量,而不是给予劳动者以换取劳动的各种商品的相对量。①和斯密的价值决定于劳动的二元规定相比,李嘉图的价值决定于劳动的一元规定在政治经济学史上无疑是理论上的飞跃。斯密除了认为价值决定于生产商品所必要的劳动量,还认为价值决定于商品所能买到和支配的劳动量。李嘉图在价值理论方面的最大贡献,就在于非常明确地作出了价值决定于生产商品所必要的劳动时间这一规定,彻底否定了斯密关于价值决定于商品所能买到或支配的劳动量这一错误规定。马克思说:"李嘉图在其著作一开头就特别强调指出:商品价值决定于商品中包含的劳动时间,和商品价值决定于商品可以买到的劳动量,这两者是根本不同的。这样,他一方面把商品包含的劳动量同商品支配的劳动量区别开来;另一方面,他从商品的相对价值中排除了商品同劳动的交换。"②恩

---

① 《李嘉图著作和通信集》第1卷,第12页。

② 《马克思恩格斯全集》第26卷Ⅲ,第184—185页。关于李嘉图从商品的价值中排除商品同劳动的交换。马克思说:"李嘉图没有解释这个例外如何同价值概念相符合。李嘉图以后的经济学家们的争论就是由此产生的。但是,正确的本能使他看到了这种例外(事实上这根本不是例外,只是他把它理解为例外)。"引自《马克思恩格斯全集》第26卷Ⅲ,第185页。

格斯说,李嘉图在《原理》一开始就提出的这个理论观点,是政治经济学上的"伟大的发现",是"划时代的发现"。[①]

在阐述价值决定于劳动时间这一规定时,李嘉图事实上已经抛弃了把商品的稀少性说成是价值源泉的谬见。诚然,他在早期著作《黄金的高价》中,曾经把金银的"稀少性"同"为取得这些金属而使用的劳动量"以及"开采它们的各矿所用资本的价值"相提并论,把它们看作决定金银内在价值的因素。但是,在写作《原理》时,他已经完全改变了自己的观点。从表面看来,李嘉图的观点的变化似乎不很明显,因为他在《原理》中还说:"具有效用的商品,其交换价值是从两个泉源得来的——一个是它们的稀少性,另一个是获取时所必需的劳动量。"[②]然而,只要我们进一步看一看他的说明便能立即从表面现象深入到问题的实质。李嘉图把商品分成两类:一类是不能再生产的商品,一类是能够大量再生产的商品。他说,前一类商品的价值只是决定于稀少性。属于这类商品的有罕见的雕像和绘画、稀有的古书和古钱、风味特殊的葡萄酒,等等。这些商品的数量不能通过劳动而增多,它们的价值同原来生产时所必要的劳动量没有关系,而是随着它们的消费者的购买力和嗜好的变动而变动。但是,这些商品在市场上只占商品总额极少的一部分。商品总额中绝大部分属于后一类商品,即属于通过劳动可以任意增加和不受限制地进行竞争的商品。这类商品的价值完全取决于生产它们所必要的劳动量。由此可以看到,李嘉图实际上已经意识到,资本主义大工业生产和自由竞争是价值规律充分展开的必要前提。

和斯密不同,李嘉图对价值决定于劳动时间这一规定没有限于一般议论,而是进行了认真的研究。在《原理》第一版和第二版中,李嘉图说:在人类社会的早期阶段,商品的交换价值,即决定这一商品交换

---

① 《马克思恩格斯选集》第3卷,第235页。

② 《李嘉图著作和通信集》第1卷,第7页。

另一商品时所应付出的数量的尺度,完全取决于各种商品所耗费的相对劳动量。在第三版中,李嘉图把这里说的完全取决于所耗费的劳动量改为几乎完全取决于所耗费的相对劳动量。这一修改,从总体上看并不影响问题的实质。[①] 李嘉图一贯强调,劳动是一切商品价值的基础,商品的相对价值决定于相对劳动量。[②] 他认为,每一种商品价值的涨落都和生产它的难易程度成比例,也就是和生产它所用的劳动量成比例。"如果体现在商品中的劳动量规定商品的交换价值,那末,劳动量每有增加,就一定会使在其上施加劳动的商品的价值增加,劳动量每有减少,也一定会使之减少……一切物品价值的大小和它们的生产过程中所投下的劳动量成比例。"[③] 在这些地方,李嘉图在相同的意义上使用了交换价值、相对价值、价值等不同术语,论证的都是价值决定于劳动时间这一命题。由于劳动是作为价值的一切商品共同的实体,所以劳动是商品价值的内在尺度。[④] 马克思指出:李嘉图"直接强调,商品中包含的劳动量所以是衡量它们的价值量、它们的价值量的差别的内在尺

---

① 关于李嘉图作这一修改的原因,曾经引起许多不同的说法。比较有代表性的,一是《李嘉图著作和通信集》的编者斯拉法,一是《劳动价值学说的研究》的作者米克。斯拉法说:"第三版中把交换价值'完全取决于'商品中所体现的劳动量改为'几乎完全取决于'。但关于这一点,致穆勒函现在也说明了,理解第一版中'完全'一语的基础是任何价格都不能由于工资提高而上涨——它们只能由于生产困难的增加而上涨。另一方面,在第三版中'几乎完全'一语却反映出所选标准从第一版到第三版的改变。在新的标准下,不用固定资本生产的商品的价格是可以由于工资提高而上涨的。"引自斯拉法:剑桥版编者序言。见《李嘉图著作和通信集》第1卷,第48—49页。米克对斯拉法的这种说法表示非议,他说:"据斯拉法的解释,这种修改是因为前后两版所选择的标准不同。在我看来,这种解释未免有点太天真了。难道这种修改不是由于李嘉图在1820年认识到(因受马尔萨斯在其《政治经济学原理》一书里所提出的批评的启发),使得价值规律遭受'重大限制'的原因,实际上'在人类社会的一切阶段'都存在的,也就是说,不仅存在于资本主义社会,也存在于'人类社会的早期阶段',李嘉图曾经明白指出这一点。"引自米克:《劳动价值学说的研究》,商务印书馆1963年版,第114页注②。看来,后者的理由比前者要充分一些。

② 《李嘉图著作和通信集》第1卷,第9、15、73页。

③ 同上书,第9页。

④ 同上书,第242页。

度,只是因为劳动是使不同的商品成为相同的东西,是它们的统一体,
它们的实体,它们的价值的内在基础"。①

　　一般说来,对于决定价值的劳动的性质,英国古典经济学家并没有
深入地研究过。但是,他们已经在不同程度上意识到,创造价值的劳动
是社会规定的劳动。李嘉图已经意识到,成为价值源泉的劳动是人的
活动,而且是社会规定的人的活动,价值只是社会规定的劳动的体现。
"我们的肉体机能和精神机能是我们唯一的原始财富,所以这些机能的
运用(某种劳动)是我们唯一原始的财富。所谓财富,无论是最必需的
东西还是只是悦人心目的东西,都永远是这样运用机能所创造出来的。
这是肯定不移的事情。同样肯定的是,这一切东西都不过代表那种创
造它们的劳动;如果它们有一种价值,甚至有两种不同的价值,那也只
能由创造它们的劳动的价值中得来。"李嘉图援引德斯杜特·德·特拉
西《思想的要素》中的这段话来驳斥萨伊,并明确声明,这段话也表达
了他自己的观点。②李嘉图在批判萨伊把价值等同于效用的观点时,特
别强调指出,机器和自然要素可以增加商品的使用价值,但是决不会增
加商品的价值,商品的价值只能来自人类的劳动。③马克思在评论李嘉
图和其他有关经济学家的这类观点时说:"李嘉图,像所有值得提到的
经济学家一样……强调指出劳动是人的、而且是社会规定的人的活动,
是价值的唯一源泉。李嘉图和其他经济学家不同的地方,恰恰在于他
前后一贯地把商品的价值看作仅仅是社会规定的劳动的'体现'。所
有这些经济学家都多少懂得(李嘉图更懂得)应该把物的交换价值看
作仅仅是人的生产活动的表现,人的生产活动的特殊的社会形式,看作
一种和物及其作为物在生产消费或非生产消费中的使用完全不同的东

---

　　① 《马克思恩格斯全集》第 26 卷 Ⅲ,第 148 页。
　　② 《李嘉图著作和通信集》第 1 卷,第 242 页。
　　③ 同上书,第 242—244 页。

西。在他们看来,价值实际上不过是以物表现出来的、人的生产活动即人的各种劳动的相互关系。"①

李嘉图一方面说,劳动同机器和自然要素一起增加商品的使用价值,一方面说,商品的价值只能来自人类的劳动。这里实际上接触到了创造使用价值的劳动和创造价值的劳动之间的区别。不过,正像马克思指出的,李嘉图自己也不善于区别具有二重表现的劳动的二重性质。"古典政治经济学在任何地方也没有明确地和十分有意识地把体现为价值的劳动同体现为产品使用价值的劳动区分开。"②

李嘉图继承和发展了斯密关于价值取决于必要劳动的量的论点。他说:一切商品,不论是工业品、矿产品还是土地产品,它们的交换价值始终不决定于在只是享有特殊生产便利的人才具备的最有利条件下足以把它们生产出来的较小量劳动,而决定于没有这样的便利,也就是在最不利条件下继续进行生产的人所必须花在它们生产上的较大量劳动。③李嘉图解释说,这里说的最不利条件,是指为了把需要的产品量生产出来而必须继续进行生产的那种最不利的条件。④

在李嘉图的这种说法中,可取之处是,他意识到商品价值不取决于某一特殊生产领域内部任何单个生产者所需要的个别劳动时间,不取决于最有利的条件下消耗的最小劳动量,而是取决于必要的劳动时间。因为生产条件不同,单个生产者所需的个别劳动时间是很不相同的。在李嘉图的这种说法中,错误之处是,他不懂得,商品价值量不是取决

---

① 《马克思恩格斯全集》第26卷Ⅲ,第197页。
② 同上书,第23卷,第97页。
③ 《李嘉图著作和通信集》第1卷,第60页。马克思指出"最后一句话不完全正确。'需要的产品量'不是一个固定的量。应当说:一定价格界限内需要的一定产品量。如果价格上涨超过了这种界限,'需要的量'就会同需求一起减少。"引自《马克思恩格斯全集》第26卷Ⅱ,第225—226页。
④ 同上。

于最不利的生产条件下的必要劳动时间,而是取决于社会必要劳动时间。这种社会必要劳动时间就是马克思说的在现有的社会正常的生产条件下、在社会平均的劳动熟练程度和劳动强度下制造某种使用价值所需要的劳动时间。[①]

斯密关于简单劳动和复杂劳动的思想,为李嘉图所继承。和斯密一样,李嘉图也没有形成简单劳动和复杂劳动的科学用语,而是用劳动的"性质""相对熟练程度"等来表示劳动的复杂程度。在《原理》第一章第二节中,李嘉图讨论了这个问题。他写道:"当我说劳动是一切价值的基础,相对劳动量是几乎唯一的决定商品价值的因素时,决不可认为我忽视了劳动的不同性质,或是忽视了一种行业一小时或一天的劳动与另一种行业同等时间的劳动相比较的困难。为了实际目的,各种不同性质的劳动的估价很快就会在市场上得到十分准确的调整,并且主要取决于劳动者的相对熟练程度和所完成的劳动的强度。估价的尺度一经形成,就很少发生变动。如果宝石匠一天的劳动比普通劳动者一天劳动价值更大,那是许久以前已经作了这样的调整,而且它在价值尺度上也已被安放在适当位置上了。"[②] 李嘉图关于复杂劳动是多倍的简单劳动的思想,关于在同一时间内前者会比后者生产出更多的价值的思想,已经包含在这一段议论之中。

但是,如果说斯密关于简单劳动和复杂劳动的思想还不够清晰的话,那么在李嘉图这里甚至还存在一些糊涂观念。李嘉图对于劳动复杂

---

① 李嘉图的这种说法,还混同了工业品社会生产价格的决定和农产品、矿产品社会生产价格的决定。李嘉图混同了价值和生产价格,当他说价值取决于最不利的生产条件下消耗的劳动量时,事实上认为工业品、矿产品和土地产品的社会生产价格都是由最不利的生产条件决定的。他不懂得,工业品社会生产价格的决定同农产品、矿产品是不同的,它们遵循着不同的规律。在农业中,社会生产价格决定于劣等地的生产条件,矿业和农业相类似;而工业中的社会生产价格一般是由社会平均的生产条件决定的。

② 《李嘉图著作和通信集》第1卷,第15—16页。

程度和商品价值量的关系还没有做出应有的分析和论证，就宣称"由于我希望读者注意的这种探讨，关涉的只是商品相对价值变动的影响，而不是绝对价值变动的影响，所以研究对于不同种类的人类劳动的估价的高低，并没有什么重要性"。[①] 并匆忙得出结论说："不论这些人类劳动原来是怎样地不相等，不论学习一种手艺所需要的技术、智巧或时间比另一种多多少，其差别总是世代相传近乎不变，或者至少说逐年的变动是微乎其微的，所以在短时间内对商品相对价值没有什么影响。"[②] 李嘉图的错误在于他只着眼于劳动复杂程度的差异对商品交换价值的影响，而没有研究劳动复杂程度的差异对商品价值的影响。他不去研究复杂程度不同的劳动在相同时间内会生产出不等置的价值，却去论证同一商品在不同时期价值不等同劳动复杂程度没有关系。李嘉图的更大的错误在于把劳动复杂程度的差异同工资率的差异混为一谈，误认为现存工资率高的就是复杂劳动，低的就是简单劳动，这几乎重蹈前人的价值决定于工资的覆辙，而这个庸俗观点正是他自己着重加以批判的。

　　李嘉图的功绩之一是他感觉到了新价值的创造和旧价值的转移的区别，正确地提出了一个原理：影响商品价值的不仅是直接投在商品上的劳动，而且还有投在协助这种劳动的器具、工具和工场建筑上的劳动。[③] 这就是说，商品的价值既包括生产商品直接消耗的活劳动，也包括转移到商品中的物化劳动。用李嘉图的话说："生产出来的商品的交换价值与投在它们生产上的劳动成比例；这里所谓劳动不仅是指投在商品的直接生产过程中的劳动，而且也包括投在实现该劳动所需要的一切器具或机器上的劳动。"[④] 我们记得，洛克在计算面包的劳动时，不

---

①　《李嘉图著作和通信集》第 1 卷，第 16 页。

②　同上书，第 17 页。

③　同上。

④　同上书，第 19 页。

仅考虑到烤面包者的劳动,而且考虑到小麦种植者、面粉生产者以及所有其他有关的人的劳动。如果洛克所说的劳动是创造价值的劳动,那么李嘉图的上述思想就不是什么创见了。但是,洛克所说的价值是指效用即使用价值,他所说的劳动是指创造使用价值的劳动即具体劳动。因此,无论如何不能认为洛克已经感觉了新价值的创造和旧价值的转移的区别,而只能认为他在考虑创造使用价值的劳动时,不仅包括生产物品直接所需的具体劳动,而且包括间接所需的具体劳动。和洛克不同,李嘉图在这里所说的劳动是创造价值的劳动。他以袜子为例,认为在评定袜子的价值时,不仅应当包括生产袜子并把它运送到市场上去所需要的劳动,而且应当包括耕种生产棉花的土地的劳动、运输原棉的劳动、制造原棉运输工具的劳动、纺纱工人的劳动、建筑厂房的劳动、制造机器的劳动,等等。尽管李嘉图在考虑这个问题时还没有精确地指出只有转移到袜子中的那一部分旧价值加入袜子的价值总量,而是笼统地说"以上各种劳动的总和"[①]决定袜子的价值,然而他毕竟提出了新的思想,这就是区分了直接劳动和间接劳动,在素朴的形式上提出了新价值的创造和旧价值的转移问题。

　　但是,李嘉图由于并不真正懂得劳动二重性,因而无法说明新价值的创造和旧价值的转移是怎样进行的。他不可能知道,和劳动二重性相适应,商品生产过程是劳动过程和价值形成过程的统一,具体劳动在商品生产过程中创造使用价值的同时转移了旧价值,抽象劳动在商品生产过程中创造了新价值。马克思指出:"李嘉图对表现在使用价值上的劳动和表现在交换价值上的劳动没有加以应有的区别。作为价值基础的劳动不是特殊的劳动,不是具有特殊的质的劳动。在李嘉图那里,到处都把表现在使用价值上的劳动同表现在交换价值上的劳动混淆起来。"[②]

---

　　① 《李嘉图著作和通信集》第 1 卷,第 19 页。

　　② 《马克思恩格斯全集》第 26 卷Ⅲ,第 149 页。

感觉到新价值的创造和旧价值的转移之间的区别，并且指出商品价值不仅包括直接消耗的活劳动，而且包括转移的物化劳动，这固然是李嘉图的独到之处，可是，他在论证过程中却犯了一个不能允许的错误。李嘉图写道："即使是在亚当·斯密所说的那种早期状态中，虽然资本可能是由猎人自己制造和积累的，但他总是要有一些资本才能捕猎鸟兽。没有某种武器，就不能捕猎海狸和鹿。所以这类野物的价值不仅要由捕猎所需的时间和劳动决定，而且也要由制备那些协助猎人进行捕猎工作的资本（武器）所需的时间和劳动决定。"[①] 把原始人手中的武器和简单商品生产条件下小商品生产者的生产工具看作就是资本，这是李嘉图的资产阶级世界观的一个突出的表现。在他看来，资本主义以前的社会同资本主义社会没有区别。简单商品生产同资本主义生产也没有区别。同李嘉图相比，斯密总还算有一点历史感，他感觉到了简单商品生产和资本主义商品生产之间存在着一个巨大的缺口，感觉到了社会原始不发达状态下的生产工具和资本之间存在着原则的区别。李嘉图就连斯密这一点历史感也没有，他把资本主义生产方法视为自古已然的自然的和永恒的现象。

李嘉图在说明影响商品价值的除了直接劳动还有花费在协助这种劳动的器具、工具和建筑物上的劳动时，显然漏掉了原料。花费在原料上的劳动，和直接花费在商品上的劳动不同，而和花费在协助这种劳动的器具、工具和建筑物上的劳动相同。李嘉图漏掉原料，不是出于偶然疏忽，而是有深刻的原因。资本主义生产过程是价值转移过程和价值增殖过程的统一，不变资本比例于它的消耗程度转移到新产品中去，可变资本的消耗不仅再生产出自身的等价而且生产出剩余价值。如果把资本划分为不变资本和可变资本，在研究旧价值的转移问题时，就不

---

① 《李嘉图著作和通信集》第 1 卷，第 17--18 页。

会漏掉原料,而会把原料同器具、工具、建筑物等都归于不变资本。可是,作为资产阶级经济学家,李嘉图根本不会根据资本的不同部分在价值增殖过程中的不同作用,把资本划分为不变资本和可变资本;而只是像斯密等人一样按照资本不同部分在价值转移方法的区别,把资本划分为固定资本和流动资本。这样,李嘉图就漏掉了属于流动资本的、作为原料存在的那部分不变资本。他只是在以袜子为例时,才想到了棉花和棉纱。当他一般地论述问题时,总是忘掉了原料。

(三)不变的价值尺度

继配第和斯密之后,李嘉图也试图寻求"不变的价值尺度"。对李嘉图来说,寻求"不变的价值尺度"的过程,是一个漫长的痛苦过程,是理论上长期不育的过程。

如前所说,配第曾经把纯银和食物视为稳定的不变的价值尺度。在配第之后,斯密重新考虑问题。他虽然也曾经认为谷物即生活资料是不变的价值尺度,但是,当他比较深入地考虑这个问题时,发现谷物的价值同金银以及其他商品的价值一样,也是不断变动的,因而也不能作为不变的价值尺度。在斯密看来,同谷物或贵金属比较,只有劳动本身的价值不会改变,因而劳动是在任何时候和任何地方都可以用来衡量和比较一切商品价值的不变的尺度。斯密的错误在于混淆了两种不同意义上的价值尺度。马克思在分析斯密的这个错误时说:"他把作为内在尺度同时又构成价值实体的那个价值尺度,同货币称为价值尺度那种意义上的价值尺度混淆起来。由此就试图找到一个价值不变的商品作为后一种意义上的尺度,把它当作衡量其他商品的不变尺度——这是一个化圆为方的问题。"①

---

① 《马克思恩格斯全集》第26卷Ⅰ,第140页。

李嘉图对斯密关于不变价值尺度的错误也曾经采取过批判的态度。这里特别值得提一下《原理》第一、第二版和第三版关于不变的价值尺度的观点。在《原理》第一、第二版中，李嘉图说："如果能找到任何一种在目前和所有的时间里其生产所需的劳动量都完全相同的商品，该商品即将具有不变价值，而且极宜作为衡量其他物品的变动的标准。这样的商品我们还没有听说过，因之就无法选定任何价值标准。"①

在《原理》第三版中，李嘉图在新增加的《论不变的价值尺度》这一节中说：当商品的相对价值变动时，最好有一种方法能确定究竟是哪种商品的实际价值上升，哪种商品的实际价值下降。要做到这一点，就必须找到一种不变的价值尺度。"但这种尺度是不能找到的，因为任何一种商品本身都会和其价值须加确定的物品一样地发生变化。"②

很明显，《原理》第一、第二版就已经否定了存在不变的价值尺度的可能性。第三版新增加一节讨论不变的价值尺度，进一步加强了原先的理论立场。然而，李嘉图并不懂得斯密寻找不变的价值尺度的原因，也没有分清价值的内在尺度和外在尺度，这就决定了他的批判是不彻底的。这里已经潜伏着出现思想反复的可能性。③

李嘉图后来果然出现了思想反复，在通信和论文手稿中，他又重新企图寻找不变的价值尺度。例如，在《绝对价值与交换价值》中，李嘉

---

① 《李嘉图著作和通信集》第 1 卷，第 12 页。在《原理》第二十八章，李嘉图批判了斯密的有关观点。

② 同上书，第 35 页。

③ 李嘉图在《原理》第一章第六节《论不变的价值尺度》中提出了价值的标准尺度是两个极端之间的中数的概念，他说："我们能不能认为生产黄金这种商品时所用的两种资本的比例最接近于大多数商品生产所用的平均量呢？这类比例与两个极端（一个极端是不用固定资本，另一极端是不用劳动）是不是可以接近相等，以致形成两者之间的一个适当中数？"引自《李嘉图著作和通信集》第 1 卷，第 36—37 页。李嘉图在一些信件和遗稿中发挥了这一中数概念。"新李嘉图主义者"斯拉法正是利用李嘉图的这个中数概念继续寻找"不变的价值尺度"的。

图写道："假使我们有一个完美的价值尺度,其自身的价值既不会增,也不会减,就可以用以确定其它物品的实际变动和比例变动,计量某一商品的变动时,就无须去了解用以计量的那个商品,其自身有没有变动。"① 寻找不变的价值尺度这一企图,是注定要走进死胡同的。热衷于此道的李嘉图,直到去世前不久还试图解决斯密没能解决的那个"化圆为方的问题",其结果并不比斯密为好。李嘉图本人最后也痛苦地承认:"必须认识到,在自然界没有完美的价值尺度这样一个东西。"②

在寻找"不变的价值尺度"时,李嘉图的认识是肤浅的,他根本不了解劳动时间这一价值的内在尺度和价值的外在尺度的必要性之间的联系,甚至没有提出过这个问题。马克思指出:"看起来李嘉图经常认为,事实上有时也谈到,好像劳动量解答了错误的或者说被错误地理解的'不变的价值尺度'问题,就像从前把谷物、货币、工资等看作解决这个问题的秘方而提出来一样。"③ 马克思分析了李嘉图被假象迷惑的原因,指出他只把分析价值量作为决定性的任务,因而不可能懂得货币的形成同价值由劳动时间决定这一规定之间必然联系。

斯密和李嘉图都不了解劳动和劳动力的区别,因而也不可能真正懂得"商品价值决定于劳动时间"和"商品价值决定于劳动价值"的区别。他们都把价值的内在尺度和价值的外在尺度混为一谈。马克思指出:"只要把这两个东西混为一谈,寻求'不变的价值尺度'甚至就成为一种理性的本能。而可变性正是价值的特点。对'不变的东西'的寻求表达了这样的思想:内在的价值尺度本身不能也是商品,也是价值,相反,它必须是某种构成价值,因而形成内在的价值尺度的东西。"④

---

① 《李嘉图著作和通信集》第4卷,第373页。
② 同上书,第377页。
③ 《马克思恩格斯全集》第26卷Ⅲ,第147页。
④ 同上书,第168页。

（四）李嘉图的矛盾

李嘉图的价值理论面临着两大困难："第一个困难是，资本和劳动的交换如何同'价值规律'相符合。第二个困难是，等量资本，无论它们的有机构成如何，都提供相等的利润，或者说，提供一般利润率。实际上这是一个没有被意识到的问题：价值如何转化为费用价格。"① 李嘉图没有能力摆脱理论上的困境，李嘉图的追随者约翰·穆勒、麦克库洛赫等人在困境中挣扎的结果是李嘉图学说的庸俗化，这种庸俗化导致了李嘉图体系的崩溃和李嘉图学派的解体（参阅本书第二十章）。

李嘉图价值理论的第一个困难，或者说，李嘉图体系的第一个矛盾，是价值规律同利润规律或劳动和资本的交换规律之间的矛盾。

这个矛盾在亚当·斯密的体系中就已经存在。斯密无法在价值规律的基础上说明劳动和资本的交换，因而作出了价值规律不适用于雇佣劳动制度的错误结论。

李嘉图不了解斯密所碰到的难题，不了解斯密所遇到的现实的矛盾和他思想上存在的矛盾，不了解斯密从劳动决定价值转到收入决定价值的原因，而只是采用简单化的办法，说在资本主义生产中价值规律同资本和劳动的交换没有矛盾。李嘉图未能解决斯密所感觉到的问题，甚至连斯密的问题究竟是什么也没有弄清楚。

批判斯密的价值决定于商品所能买到的劳动量这一错误规定，首尾一贯地坚持价值决定于生产商品所必要的劳动量这一正确规定，这固然是李嘉图的功绩，可是，他确实也有不如斯密的地方，这就是他没有充分考虑价值规律同资本和劳动的交换规律究竟是什么关系。马克思说："李嘉图按照贯穿于他的全部研究中的风格，在他的书的开头就提出这样一个论点：商品价值决定于劳动时间这一规定与工资，或者

---

① 《马克思恩格斯全集》第26卷Ⅲ，第192页。

说，对这种劳动时间即这种劳动量所支付的不同报酬，并不矛盾。"① 李嘉图只满足于证明，劳动的价值或工资并不会推翻商品价值由商品包含的劳动量决定这一原理。同资本相交换的劳动是不是商品？劳动这种商品和其他商品有什么区别？价值规律只适用于其他商品，还是也适用于劳动这一商品？如果只适用于其他商品，为什么价值规律不能适用于劳动这一商品？所有这些，都是李嘉图所未认真思考和研究的问题。

由此可见，李嘉图认为价值规律同资本和劳动的交换规律并不矛盾。这一点绝不意味着他在价值规律的基础上解决了或者说明了资本和劳动相交换的现象。他只是认为，资本和劳动交换的现象的存在本身并不会推翻其他商品的价值决定于生产商品所必要的劳动量这一原理；或者说，并不会妨碍价值规律对不同于劳动的商品的作用，也就是说，不会使价值规律因此而失效。

在考察价值时，李嘉图始终只谈劳动以外的商品。他从商品的价值规律中排除了劳动这一商品同其他商品的交换，也就是说，他在说明价值规律时把资本同劳动的交换当作是例外现象。在李嘉图看来，一种商品和另一种商品的交换是等量劳动的交换，而资本和劳动的交换则是不等量劳动的交换。李嘉图的正确本能使他把资本和劳动的交换看作是价值规律的一种例外现象，而没有重犯斯密所犯的错误，即认为价值规律在资本主义生产条件下已经失效。但是，斯密未能解决的问题并没有因为李嘉图的例外论而得到解决。

事实上，资本和劳动的交换决不是例外现象。这种交换是资本主义的一切交换中最重要的交换，它构成了资本主义生产的基础。问题正是在于：劳动同劳动所交换的商品为什么不按价值规律进行交换，不

---

① 《马克思恩格斯全集》第 26 卷 Ⅱ，第 450 页。

按劳动的相对量进行交换？或者说，资本和劳动的交换既然只是活劳动和物化劳动的交换，只是形式有差别的两种劳动之间的交换，为什么价值规律在这里就不起作用呢？李嘉图没能回答这些问题。马克思指出："对于认为工人是直接出卖自己的劳动（而不是出卖自己的劳动能力）的李嘉图体系来说，困难在于：既然商品的价值决定于生产该商品所耗费的劳动时间，那末在构成资本主义生产基础的、一切交换中最大的交换——资本家和雇佣工人之间的交换中，为什么这个价值规律不实现呢？为什么工人以工资形式取得的物化劳动量不等于他为换取工资而付出的直接劳动量呢？"[①]只要把资本直接同劳动相对立，只要把商品直接同劳动相对立，只要把一定量物化劳动直接同一定量活劳动相对立，价值规律同资本和劳动的交换规律的矛盾就无法解决。李嘉图的功绩在于坚持了价值规律在资本主义条件下仍然有效，错误在于没有区分劳动和劳动力，以为工人出卖的是劳动而不是劳动力商品，因而解决不了价值规律同资本和劳动的交换规律的矛盾。

李嘉图价值理论的第二个困难，或者说，李嘉图体系的第二个矛盾，是价值规律同等量资本获得等量利润的规律的矛盾，也就是价值规律同利润平均化规律或生产价格规律的矛盾。

按照李嘉图的劳动价值理论，在有机构成不同的情况下，利润同劳动成比例，也就是说，等量资本可以得到不等量利润；按照他的平均利润学说，利润同资本成比例而不是同劳动成比例，也就是说，等量资本只能得到等量利润。这样，"李嘉图的价值规律就同利润平均化的规律矛盾了，这一点李嘉图本人已经发现"。[②]

李嘉图并非像有的著作说的那样完全不知道价值和生产价格的区别。事实上，正如马克思指出的，在古典经济学家中，是李嘉图第一个

---

① 《马克思恩格斯全集》第 26 卷Ⅲ，第 93 页。
② 同上书，第 21 卷，第 210 页。

考虑到商品的价值规定同等量资本提供等量利润这一现象的关系,是他第一个注意到同量资本决非具有相同的有机构成。当然,李嘉图所理解的资本有机构成只是从流通过程中产生的有机构成的差别,而不是生产过程本身内部的有机构成的差别。也就是说,李嘉图只知道资本划分为固定资本和流动资本,不懂得资本划分为不变资本和可变资本。

　　由于考虑到同量资本可以有不同的构成,注意到价值规律同利润平均化现象之间的关系,李嘉图在个别场合感觉到生产价格和价值之间的差别。例如,李嘉图说:在还没有大量使用机器或耐久资本的社会发展早期阶段,用等量资本生产的商品会具有几乎相等的价值。只是由于生产它们所必需的劳动有了增减,这些商品的价值彼此相对地说才会提高或降低。但是,在采用了这些昂贵而耐久的工具之后,使用等量资本生产的商品就会具有极不相等的价值,虽然由于生产它们所必需的劳动的增减,它们的价值彼此相对地说仍然会提高或降低。可是由于工资和利润的提高或降低,它们还会发生另一种变动,虽然是较小的变动。因为卖五千镑的商品所用的资本量可能等于生产其他卖一万镑的商品所用的资本量,所以生产这两种商品所赚得的利润也会相等。但是,如果商品的价格不是随着利润率的提高或降低而变动,这些利润就会不相等。[①] 从这些议论中可以看出,李嘉图对由一般利润率产生的生产价格和价值之间的差别作了正确的猜想,实际上确认了这种差别。在他看来,如果资本有机构成相同,等量资本就会生产出等量价值的商品;如果资本有构成不同,等量资本就会生产出价值不等的商品。这就接近于认识到生产价格不同于价值的正确观点。

　　李嘉图注意到竞争对利润平均化的作用。他所说的竞争的平均化作用,是指市场价格或实际价格围绕生产价格而波动。李嘉图说:正是

---

　　① 《李嘉图著作和通信集》第1卷,第34页。

每一个资本家都想把资金从利润较低的行业转移到利润较高的行业的这种愿望,使商品的市场价格不致长期大大高于或大大低于商品的自然价格。正是这种竞争会这样调节商品的交换价值,以致在支付生产商品所必需的劳动的工资和其他一切为维持所使用的资本的原有效率所需要的费用之后剩下来的价值即价值余额,在每个行业中都同使用的资本的价值成比例。[①] 这样,资本追逐利润而进行的竞争的结果,使剩下来的价值即价值余额,也就是李嘉图所说的利润,都同资本的大小成比例,实现了利润平均化。这时,自然价格不再同商品的实际价值相一致,而是等于生产费用和平均利润。这样的自然价格,当然就是生产价格。可见,李嘉图确实猜想到,竞争的平均化的结果,使市场价格不是围绕价值而是围绕生产价格波动。

李嘉图在感觉到价值和生产价格的差别的情况下,有时甚至有意识地把价值和生产价格等同起来。他在《原理》的一个小注中答复马尔萨斯说:马尔萨斯先生似乎认为,把某物的费用和价值等同起来,是我的学说的一部分。如果他说的费用是指包括利润在内的“生产费用”,那确是如此。[②] 在《马尔萨斯〈政治经济学原理〉评注》中,也有相似的论述。[③] 李嘉图在这里说的“生产费用”就是指支出加由一般利润率决定的利润,也就是由生产费用加平均利润决定的生产价格。

现代资产阶级经济学家和过去的庸俗经济学家一样,不理解也不愿意懂得李嘉图答复马尔萨斯的这段话真正意味着什么。他们当中有

---

① 《李嘉图著作和通信集》第1卷,第76页。

② 同上书,第38页。

③ “马尔萨斯先生曾加指责,说我混淆了成本与价值之间的重大区别。如果他认为成本指的是付给劳动的工资,那么,我并没有把成本与价值混同起来,……如果马尔萨斯先生认为成本指的是生产成本,那他就得把利润和劳动都包括在内;他所指的也就必然是亚当·斯密所说的自然价格,而自然价格与价值是同义的。”引自《李嘉图著作和通信集》第2卷,商务印书馆1979年版,第40页。

人在引用上述李嘉图的这段话之后极为荒唐地宣称："如果资本是生产性的,那末劳动就没有要求获得'全部劳动产品'的道德上的权利……显然,李嘉图这位劳动价值理论的第一个严格的维护者,也朝向埋葬它迈出了第一步。"又说:"李嘉图在论价值问题时写的一个小注中,实际上完全否定了他的劳动理论。"① 从李嘉图答复马尔萨斯的这个注中得出这种荒唐结论的人,很难说是完全出于无知,主要还是出于蓄意否定李嘉图的劳动价值理论这一目的。事实上,李嘉图在感觉到生产价格的存在时,仍然坚持劳动价值学说。《原理》中的这个注决不表明李嘉图"否定"和"埋葬"劳动价值理论,而只是证明他尽管实际上已经确认了生产价格和价值的差别,可是仍然严重地存在着"他自己驳倒了的这种把费用价格和价值混淆起来的错误观点"。②

李嘉图只是猜想到价值和生产价格的差别,他对这种差别既未从理论上阐述,也未真正理解。尽管如此,马克思还是十分重视李嘉图的这一猜想,指出:"李嘉图仍然有很大的功绩:他觉察到价值和费用价格之间存在差别,并在一定的场合表述了(尽管只是作为规律的例外)这个矛盾:有机构成不同的资本,就是说,归根结蒂始终是那些使用不同量活劳动的资本,提供相同的剩余价值(利润),而且——如果把一部分固定资本进入劳动过程而不进入价值形成过程这一情况撇开不谈——提供相同的价值即具有相同价值(更确切地说是费用价格,但是李嘉图把它们混淆了)的商品。"③

总的说来,李嘉图只是在个别场合在一定程度上意识到不同于价值的生产价格的存在,在绝大多数场合,李嘉图经常地甚至可以说是一

---

① J.芬基尔斯泰因、A.L.辛格:《经济学家和社会:从阿奎那到凯恩斯经济思想的发展》,伦敦 1973 年版,第 76—77 页。

② 《马克思恩格斯全集》第 26 卷 Ⅱ,第 220 页。

③ 同上书,第 26 卷 Ⅲ,第 72—73 页。

贯地混同了价值和生产价格。在《原理》第一章"论价值"中,李嘉图就犯了混同价值和生产价格的错误。本来,在阐明价值的时候,应当把比较发达的资本主义生产关系产生的现象抽象掉;可是,李嘉图恰恰相反,"在他只需要阐明'价值'的地方,就是说,在他面前还只有'商品'的地方,就把一般利润率以及由比较发达的资本主义生产关系产生的一切前提全都拉扯上了"。^①李嘉图以资本和一般利润率的存在为前提去研究价值,因而,一开始就把由生产商品所必要的劳动量决定的价值同由生产费用加平均利润决定的生产价格等同起来。

在《原理》第四章中,价值和生产价格的混同更为明显。在这一章中,李嘉图的"自然价格"有两种不同的规定。在一种情况下,他的自然价格等于价值。例如,在第四章的一开头,李嘉图说:如果我们把劳动作为商品价值的基础,把生产商品所必需的相对劳动量作为确定商品相互交换时各自必须付出的相应商品量的尺度,不要以为我们否定商品的实际价格或者说市场价格对商品的这种原始自然价格的偶然和暂时的偏离。^②很明显,这里说自然价格就是价值,是价值依以波动的中心。这里说的实际价格或市场价格,是对这种等于价值的自然价格的偏离。

在另一种情况下,他的自然价格等于生产价格。例如,在同一章中,李嘉图说:我们假定一切商品都按其自然价格出卖,因而资本的利润率在所有行业完全相同,或者只有这样一点差别,这种差别在当事人看来是与他们所享有或放弃的任何现实的或想象的利益一致的。^③很明显,这虽说的自然价格不是价值,而是李嘉图说的能保证"资本的利润率在所有行业完全相同"的价格,这种价格就是生产价格。

① 《马克思恩格斯全集》第 26 卷 II,第 231 页。
② 《李嘉图著作和通信集》第 1 卷,第 73 页。
③ 同上书,第 75 页。

由于李嘉图缺乏历史观点,不了解简单商品生产和资本主义生产的区别,不懂得从价值到生产价格的转化,又由于李嘉图缺乏足够的抽象力,强制地把抽象和具体直接等同起来,把价值和生产价格直接等同起来,因而无法从理论上解决价值规律同平均利润规律或生产价格规律之间的矛盾。李嘉图的论敌抓住李嘉图体系中的这一矛盾攻击劳动价值理论,李嘉图本人面对着论敌的攻击一度陷入理论混乱和痛苦之中。例如,他在 1820 年 6 月 13 日写信给麦克库洛赫说:"我有时认为,我要是重新写我书中关于价值那一章的话,我会承认商品的相对价值不是由一个因素而是由两个因素决定的,即由商品生产所需的相对劳动量和运到市场之前资本积压时期的利润率两个因素决定的。"[1] 当然,李嘉图在准备《原理》第三版时并没有按照这种错误观点修改原来的观点,但这说明他确实出现过思想混乱。

恩格斯把李嘉图体系中的第二个矛盾叫作"两个经济规律的矛盾"或"两个经济规律的二律背反"[2],指出:"事实上,它使古典经济学因无法解决它而崩溃了。李嘉图学派正是由于这个问题而'解体'……从而给庸俗经济学开了方便之门。"[3]

(五)李嘉图的价值理论的阶级含义

李嘉图的劳动价值理论是古典政治经济学的价值学说的最高成就。这一理论除了具有经济科学意义之外,带有鲜明的阶级性。事实上,它是十九世纪初期英国资产阶级对地主阶级进行斗争的强有力的理论武器。马克思指出:"在李嘉图的著作中对价值所作的规定尽管还是抽象的,但它是反对地主及其仆从们的利益的。"[4] 又说:"根据'商品

---

① 《李嘉图著作和通信集》第 8 卷,剑桥 1962 年版,第 194 页。
② 《马克思恩格斯全集》第 21 卷,第 210 页。
③ 同上书,第 36 卷,第 244 页。
④ 同上书,第 26 卷Ⅲ,第 4 页。

的相对价值完全取决于生产商品所需要的劳动量'这一原则建立起来的李嘉图的体系……严峻地总括了作为现代资产阶级典型的整个英国资产阶级的观点。"[1]

当然,对资产阶级来说,李嘉图的劳动价值理论也包含某种潜在的危险或不祥之兆。它有可能被资产阶级的反对者所利用。事实上,它确实被十九世纪初期英国空想社会主义经济学家用来作为反对资本主义制度的武器。可是,这只是李嘉图学说中包含的一个结果,而绝不是李嘉图的本意。李嘉图研究劳动价值理论的目的,在于为资本主义社会大厦的基础提供经济理论上的解释和说明。

恩格斯指出:"李嘉图的价值定义,尽管有不祥之兆,但是也有使善良的资产者喜爱和珍贵的一面。它以不可抗拒的威力诉诸他们的公平感。权利的公平和平等,是十八、十九世纪的资产者打算在封建制的不公平、不平等和特权的废墟上建立他们的社会大厦的基石。劳动决定商品价值,劳动产品按照这个价值尺度在权利平等的商品所有者之间自由交换,这些——正如马克思已经证明的——就是现代资产阶级全部政治的、法律的和哲学的意识形态建立于其上的现实基础。"[2]

（六）李嘉图的缺陷和古典政治经济学的一个根本缺点

李嘉图的价值理论是整个古典学派价值理论的最高成就,同时也集中地反映了整个古典学派价值理论的一个根本缺点,这就是不懂得使劳动和劳动时间表现为价值和价值量、使价值成为交换价值的特定的社会形式。

只注意研究价值量的古典经济学家,大多数都缺乏历史观点,他们把自己在逻辑上考察的特定的经济关系误认为历史上最初的经济关

---

[1]　《马克思恩格斯全集》第4卷,第89页。
[2]　同上书,第21卷,第210页。

系。他们不能正确地处理逻辑认识过程和历史发展过程,在他们的著作中表现出来的往往不是逻辑和历史的统一,而是逻辑和历史的不一致。他们用形而上学观点看待资本主义生产。在他们的心目中,资本主义生产是自然的和永恒的,它不仅存在于人类的过去和现在,而且会继续存在到人类的无限的未来。在这一方面,李嘉图是一个典型代表。他承认人有生长、衰老和死亡的过程,但不承认资本主义生产有产生、发展和必然灭亡的过程。李嘉图说:"个人的生长过程是由青年而壮年,而老死;但是国家的发展过程却不如此。国家达到最旺盛的状态以后,再向前进时诚然可能受到阻碍,但它们的自然趋势却是永远地继续发展……"①

　　站在资产阶级立场上用形而上学的和非历史的观点来研究价值理论,虽然可以在价值量的分析上、在交换价值的分析上,甚至在价值的分析上取得一定的成就,作出一定的贡献,得出劳动表现为价值、用劳动时间计算的劳动量表现为劳动产品的价值量这样的结论;但是,他们不可能自觉地去研究劳动为什么表现为价值、劳动量为什么表现为价值量这样的问题,也就是不可能去认真研究使劳动和劳动时间表现为价值和价值量的特定的社会形式问题,甚至从来也没有提出过这样的问题。

　　马克思在《剩余价值理论》中指出了"李嘉图说明问题的缺陷"②。这就是,李嘉图只研究价值量,而不研究使劳动表现为价值、价值成为交换价值的社会形式。马克思说:"他完全不是从形式方面,从劳动作为价值实体所采取的一定形式方面来研究价值,而只是研究价值量,就是说,研究造成商品价值量差别的这种抽象一般的、并在这种形式上是

---

　　① 《李嘉图著作和通信集》第 1 卷,第 226 页。
　　② 《马克思恩格斯全集》第 26 卷 Ⅱ,第 190 页。

社会的劳动的量。"①

"李嘉图说明问题的缺陷",实际上是古典经济学家的共同缺陷,在《资本论》中,马克思指出:"古典政治经济学的根本缺点之一,就是它始终不能从商品的分析,而特别是商品价值的分析中,发现那种正是使价值成为交换价值的价值形式。恰恰是古典政治经济学的最优秀的代表人物,像亚·斯密和李嘉图,把价值形式看成一种完全无关紧要的东西或在商品本性之外存在的东西。"②马克思进一步分析了古典政治经济学这一根本缺点产生的原因,指出:"这不仅仅因为价值量的分析把他们的注意力完全吸引住了。还有更深刻的原因。劳动产品的价值形式是资产阶级生产方式的最抽象的但也是最一般的形式,这就使资产阶级生产方式成为一种特殊的社会生产类型,因而同时具有历史的特征。因此,如果把资产阶级生产方式误认为是社会生产的永恒的自然形式,那就必然会忽略价值形式的特殊性,从而忽略商品形式及其进一步发展——货币形式、资本形式等等的特殊性。"③

英国古典经济学家,从配第开始,都不懂得使劳动表现为价值、使价值成为交换价值的特定社会形式,也就是说,都不懂得价值、交换价值、货币等都是劳动在特定的社会生产关系下所采取的形式。马克思在论及配第时说:"他的例子显然证明,认识了劳动是物质财富的源泉,并不排斥不了解那种使劳动成为交换价值的源泉的特定社会形式。"④配第、斯密、李嘉图等人的例子都证明,认识了劳动是财富,并且认识了劳动是价值的源泉和劳动时间表现为价值量,仍然不排斥不了解那种使劳动表现为价值、使价值成为交换价值的价值形式,也就是不排斥

① 《马克思恩格斯全集》第26卷Ⅱ,第190页。
② 同上书,第23卷,第98页。
③ 同上。
④ 同上书,第13卷,第43页。

不了解使劳动表现为价值、使价值成为交换价值的特定社会形式。"经济学家先生们一向都忽视了这样一件极其简单的事实：20码麻布＝1件上衣这一形式，只是20码麻布＝2英镑这一形式的未经发展的基础，所以，最简单的商品形式——在这种形式中，商品的价值还没有表现为对其他一切商品的关系，而只是表现为和它自己的天然形式不相同的东西——就包含着货币形式的全部秘密，因此也就包含着萌芽状态中的劳动产品的一切资产阶级形式的全部秘密。"[1]

---

① 《马克思恩格斯全集》第31卷，第311页。

第四章　货币理论

一、从配第到休谟

（一）配第

对于货币的本质和职能问题，配第曾经进行过探索。他的货币观点，除了散见于他的许多著作之外，主要集中在《货币略论》这部完全摆脱了重商主义影响的古典货币理论著作之中。此外，《赋税论》的第14章"论货币价值的提高与贬低"，《献给英明人士》的第5章"论货币"，《爱尔兰的政治解剖》第10章"爱尔兰的货币"等，也都重点讨论了货币问题。

配第认为货币理论是"一门最切实的学问"。按照他的看法，这门学问应当研究"货币的性质、各种铸币的效用、它们的价值不稳定和提高或贬低它们价值的效果"等问题。[①]

货币问题，特别是货币的本质问题，对许多思想家来说，是一个难解之谜。关于这一点，马克思曾经引证格莱斯顿的话说："受恋爱愚弄的人，甚至还没有因钻研货币本质而受愚弄的人多。"[②] 配第是货币本

---

① 威廉·配第：《赋税论　献给英明人士　货币略论》，第13页。
② 《马克思恩格斯全集》第13卷，第54页。

质问题的勇敢的探索者,他决心"跳进充满货币神秘的深海"①,对货币"所具有的神秘的性质"进行分析。②

配第认为,充当货币的贵金属同其他商品一样具有价值。贵金属的价值也同其他商品的价值一样决定于在生产中所消耗的劳动时间。一个人在一定时间内生产的一定量谷物值多少货币?配第说:"我认为它值多少货币,就看另一个在同一时间内专门从事货币生产与铸造的人,除去自己费用之外还能剩下多少货币。"③假定前者生产的谷物为20蒲式耳,后者生产的银为20盎斯,那么,1蒲式耳谷物就等于1盎斯银,银的纯产量就是谷物的纯产量的价格。同样,各种贵金属之间的价值比率,例如金和银之间的价值比率,也是按照同样的方式确定的。马克思在评价配第的这一观点时指出:配第在《赋税论》中"用需要等量劳动来生产的贵金属和谷物具有同一价值的例子来说明价值量,这样他就为贵金属的价值下了第一个也是最后一个'理论上的'定义"。④

为贵金属的价值下了"第一个也是最后一个"定义,这就接触到货币的本质问题。但是,在《赋税论》中,配第对货币的"神秘的性质"的分析就到此为止。他实际所做到的和他决心要做到的相差还很远。后来,在《政治算术》中,配第又闪耀出关于货币本质问题的思想火花。他说:"金、银、珠宝是一般的财富。"⑤配第把贵金属同其他商品对立起来,认为前者不论何时何地都是财富,是"一般的财富",后者只是"一时一地的财富"。他说:"产业的巨大的和终极的成果,不是一般财富的充裕,而是金、银和珠宝的富足。金、银、珠宝不易腐朽,也不像其他物品那样容易变质,它们在任何时候,任何地方都是财富。然而酒品、

---

① 威廉·配第:《赋税论 献给英明人士 货币略论》,第83页。
② 同上书,第40页。
③ 同上书,第41页。
④ 《马克思恩格斯选集》第3卷,第271—272页。
⑤ 威廉·配第:《政治算术》,第24页。

谷物、鸟、兽、肉之类的东西尽管很多,它们却只是一时一地的财富。"①在这里,配第是按照不易毁坏、不易变质的程度或耐久程度来估价财富的,是按照作为交换价值存在多久来估价财富的,因而得出了金银高于一切的结论。由此可以看到,重商主义在配第的货币理论中还有一定的影响。但是,另一方面,也应该看到,配第实际强调的是,作为使用价值,商品只是"一时一地的财富",作为价值,货币则是"一般的财富"。

配第注意到,贵金属所以能充当货币,并不是因为它具有某种神秘性质,而只是因为它的自然属性最适合于充当货币。配第指出,铜、锡等金属也曾经充当过货币材料,后来铜币、锡币被银币所代替,只是因为它们比较笨重,不便于携带。

关于货币职能问题,配第也曾经进行过有意义的考察。他首先注意到货币具有价值尺度这一基本职能,说:"货币被认为是衡量所有商品价值的一致的尺度。"②又说:"凡是货币都是一切商品的同一的、不变的、一致的、正当的尺度。"③配第实际上已经懂得,货币所以具有价值尺度的职能,就因为它们自身具有价值。

配第注意到价值尺度的二重化同货币作为价值尺度的职能之间的矛盾。他说:"纯金和纯银之间价值的比例,是随着土地和人类劳动生

---

① 威廉·配第:《政治算术》,第24页。配第的这一思想在《赋税论》中就已经表现得很清楚,他说:如果通过税收把一个人用在吃喝上的货币拿来,交给另一个人去改良土地、捕鱼、开矿、办工厂、甚至做衣服,对于社会总有好处,因为即使衣服也不像吃喝那样不长久。如果把货币用来购买家具,好处就更大,用来盖房子,好处还要大,而好处最大的,是把金属运回国内,因为金银不会毁坏,并且不论何时何地都被当作财富;而其他一切东西只是一时一地的财富。马克思在考察配第的这一观念的思想渊源时说:"我们在配第的著作中看到的作为永久商品的金银同其他商品的对立,早在色诺芬的著作《雅典国家的收入》第一章谈到大理石和银时就已有论述"。引自《马克思恩格斯全集》第46卷上,第117页。
② 威廉·配第:《爱尔兰的政治解剖》,第59页。
③ 同上书,第61页。

产这两种东西的多少而变动的；这就是说，按重量计算，黄金的价值原只是白银的十二倍，近来由于生产出来的白银更多些，黄金的价值是白银的十四倍了。黄金生产的多少是与此相称的，也就是说，生产出来的白银约为生产出来的黄金的十二倍，这就使得黄金比白银更贵些。"① 配第已经看到当时的复本位制不适应资本主义经济的需要，因为金银价值比例的任何变动都会扰乱商品的金价格和银价格之间的比例。他主张实行单本位制，说："在金银两种金属中，只能有一种适宜于做货币。因此，如果白银是适宜于做货币的金属，那么黄金就只是一种极类似货币的金属。"② 在当时的条件下，配第以为银本位制最为适宜。

货币作为流通手段的基本职能也已经为配第所知。有趣的是他关于流通手段的量的论述。配第认为，一国流速中的货币量应当同商品总额保持一定的比例关系。在《爱尔兰的政治解剖》中，配第写道："在大多数地方，特别是在爱尔兰（英格兰也是如此），全国的货币约仅为一年开支的十分之一；也就是说，爱尔兰被认为约有四十万镑现金，而其每年开支约为四百万镑……这就是说，如果国家的现金多出了十分之一，我就要求它的财富（如果可能的话）也要多出十分之一。"③ 在《赋税论》中，配第还对决定流通手段量的因素作了十分可贵的探索。他说：推动一国商业，需要一定数量和比例的货币，过多或过少都对商业有害。这正像在小零售业中要有一定量的铜币来把银币换开和结算那些即使用最小的银币也无法处理的账目一样。贸易所需要的铜币量的比例，取决于购买者的人数、他们购买的次数，首先取决于交换的次数和支付额的大小。④ 在这里，配第在一定程度上已经觉察到流通手段量

---

① 威廉·配第：《爱尔兰的政治解剖》，第 59—60 页。
② 同上。
③ 同上书，第 70 页。
④ 威廉·配第：《赋税论 献给英明人士 货币略论》，第 34 页。

同单位货币流通次数、贸易额之间存在着内在的联系。马克思在《资本论》中表述流通手段量决定于流通商品的价格总额和货币流通的平均速度这一规律时，在注脚中援引了配第《赋税论》中的这一段话。

配第正确地认为，人为地减少单位金属货币的重量，丝毫不能增加财富。同样，人为地提高单位金属货币的名目价值，也丝毫不能提高它的实际价值。配第批判了提高或降低造币局价格的各种幻想。他问："如果新铸的先令缩小到它现在重量的四分之三，我们所拥有的货币是否因此会比现在多出三分之一，从而我们的财富也增加三分之一呢？"他的回答说是："你确实会比现在多得三分之一的新命名的先令；但不会多得一盎斯的白银，也不会多得货币；尽管同先前相比，你拥有更多的新币，你也买不到比先前更多的外国货；甚至也买不到更多的本国货；不过在开头时也许能从……少数傻瓜那里多买到一些。"① 配第还说："如果国家的财富可以靠一纸命令而增加十倍，那么我们的行政长官以前居然一直没有宣布这样的命令，就未免太离奇了。"② 马克思很重视配第的这些论述，认为配第的见解是"永远具有标准意义的见解"。③

配第虽然没有明确讲到货币作为贮藏手段可以调节流通中的货币量，但是，他已经提到货币过多就可以退出流通的问题。配第说：如果铸币过多，那么怎么办呢？我们可以把最重的铸币熔化，加工成上等餐具，金银器皿。④

关于作为支付手段的货币流通量同支付期限的关系问题，配第曾经提出了很有价值的见解。在《献给英明人士》中，配第说：人们也许

———————————

① 威廉·配第：《赋税论　献给英明人士　货币略论》，第 119 页。
② 同上书，第 120 页。
③ 《马克思恩格斯选集》第 3 卷，第 276 页。
④ 威廉·配第：《赋税论　献给英明人士　货币略论》，第 125 页。如果流通中货币过多，"解救之道也很容易：可以把过多的现金很快地变成华美的金银器皿。"引自威廉·配第：《爱尔兰的政治解剖》，第 70 页。

会问,如果一年的贸易额必需有 4 000 万镑,那么 600 万镑对于贸易所需的周转和流通是否够用呢? 我回答说够用,如果周转期很短,只有一个星期,像贫苦的手工业者和工人每星期六收付货币那样,那么要花费 4 000 万镑,有 100 万镑的 40/52 就够了;如果周转是一季,按照我们交租纳税的习惯,那就要有 1 000 万镑。因此,假定支付期限总起来说是从 1 个星期到 13 个星期之间的平均数,那么 1 000 万镑加上 100 万镑的 40/52,再求其半数,约等于 550 万镑,就是说,我们有 550 万镑就够了。[①] 由此可知,配第认为支付期限和作为支付手段的货币量之间存在一个确定的关系:支付期限愈短,所需要的支付手段量愈少;支付期限愈长,所需要的支付手段量愈多。

配第逐步抛弃了货币多的国家就是富国、货币少的国家就是穷国的重商主义观点。在《献给英明人士》中,配第把货币比作躯体的脂肪。他说:货币不过是国家躯体的脂肪,过多会妨碍这一躯体的灵活性,太少会使它生病。确实就像脂肪使肌肉的动作滑润,在缺乏食物时供给营养,使肌肤丰满,身体美化一样。货币使国家的活动敏捷,在国内歉收时用来从国外进口食物,清偿债务,使一切美化。配第最后讽刺说:“当然,特别是使那班富有货币的人美化。”[②] 配第的这一观点表明他在清除重商主义货币观点对自己的影响。到他的最后著作《货币略论》中,这种影响便被完全摆脱。

(二)洛克

洛克在货币理论方面也追随配第,然而他在一些重要问题上的观点是动摇不定的,而且在一些问题上庸俗化了配第的思想。

配第曾经认为金银是一般财富,产业的结果是金银的富足。洛克

---

① 威廉·配第:《赋税论　献给英明人士　货币略论》,第 107 页。
② 同上书,第 108 页。

无批判地并且几乎只字不易地照抄配第的观点，说是"财富就在于黄金和白银的丰足"。①可见，在这个问题上，洛克和配第一样还受到重商主义的影响。不过洛克又说："富足不在于有更多的金银，而在于我们所有的比世界其他地方或我们的邻国多……贸易是获取财富所必需，而货币是进行贸易所必需。"②在这里，他又不认为财富就在于金银的富足，而只把货币看作是贸易的手段。洛克解释说，如果制造业者手中没有货币，他就无法支付工人的工资和地主的地租，制造业因此就会宣告停顿。这是一方面。另一方面，如果消费者和出口商手中没有货币，制造业的制成品也就不能按照正常条件销售出去。这两种情况都会使贸易停止或失败。尽管洛克在这种解释中把货币和资本混为一谈，但这足以表明他力图彻底摆脱重商主义的陈旧观念。

货币是"推动着许多贸易的齿轮"③，这是洛克关于货币的新提法。除了制造业者需要货币，土地所有者、商人和工人都需要货币，消费者也需要货币。有了货币，制造业者就可以从土地所有者那里得到原料，工人就可以对原料进行加工，商人就可以对商品进行分配，消费者就可以购买并消费商品。总之，"许多贸易"由于货币"齿轮"的转动而全都得到推动。

洛克把货币的作用区分为"计算作用"和"保证作用"。就计算作用而言，货币可以作为"筹码"，因为它有"印记和面值"；就保证作用而言，货币可以作为"保证物"，因为它有"内在价值"。洛克在这里所说的货币作用，实际上主要是指货币的基本职能。货币可以作为"筹码"，可以起"计算作用"，是说货币可以充当价值尺度。货币可以作为"保证物"，可以起"保证作用"，是说货币为什么可以充当流通手段。关于货币具有价值尺度的职能，配第在洛克之前早就明确地说过，洛克

---

① 约翰·洛克：《论降低利息和提高货币价值的后果》，第9页。
② 同上书，第10—11页。
③ 同上书，第19页。

除了用"印记和面值"来说明货币可以当作"筹码"之外，并没有提出任何新的见解。关于货币为什么会具有价值尺度的职能，配第虽然实际上懂得，但是终究没有说得很明确。现在洛克则相当明确地说：货币"起保证作用是由于它的内在价值"。[①]

假如洛克真正认识到货币所以能够充当价值尺度，是因为货币本身也有价值，那当然是对配第货币理论的一个重要发展。可是不然。洛克说的货币"内在价值"不是指物化的人类劳动，而是指货币数量。他写道："因为黄金和白银耐久、稀少并且很难伪造，所以人们一致同意给它们以一种想象的价值，使它们成为共同的保证物……于是逐渐形成了一种局面：这些金属被认为具有内在价值，使它们成为共同的交换媒介……所以很明显，在商业中使用的金银的内在价值，不是别的，只是它们的数量。"[②] 在这里，洛克直截了当地宣称金属货币没有价值，断言金银的价值取决于金银的数量，硬说金银只有一种想象的价值。可见，洛克在这个问题上不仅没有发展配第的思想，而且庸俗化了配第的思想。

重商主义者从一个极端出发，断言唯有金银才具有真正的价值；洛克则从另一个极端出发，断言金银没有价值，只有想象的价值。洛克的论断表明他是反重商主义的，然而这是以错误的论断来否定错误的论断。马克思在《政治经济学批判》中指出："洛克已经说过，金银只有一种想象的或习惯的价值；这是对于货币主义的唯有金银才有真正价值的论断的第一个粗野的对立形式。金银的货币存在完全从它们在社会交换过程中的职能产生，这一点被解释成：金银靠一种社会职能才有自己的价值，从而才有自己的价值量。这样一来，金银就是没有价值的东西，不过它们在流通过程中作为商品的代表获得一个虚拟的价值量。"[③]

① 约翰·洛克：《论降低利息和提高货币价值的后果》，第 19 页。
② 同上。
③ 《马克思恩格斯全集》第 13 卷，第 154 页。

这不仅深刻地指出了洛克的论断的意义,而且科学地说明了洛克的论断形成的原因。马克思在《资本论》中又指出:交换过程给予转化为货币的那个商品的,不是它的价值,而是它的特殊的价值形式。洛克由于把这两种规定混淆起来,因而误认为金银的价值是想象的。

关于是商品价格决定于流通中的货币数量,还是流通中的货币数量决定于商品价格的问题,洛克的观点动摇不定。他对于商品价格决定于流通中的货币量而不是流通中的货币量决定于商品价格这一点,有时加以肯定,有时又加以否定。当他把金属货币理解为铸币,而把铸币又理解为单纯的价值符号时,他认为,商品价格决定于流通中的货币量。① 实际上,他的这一错误命题是建立在这样的错误假设上的:商品在进入流通过程时没有价格,货币在进入流通过程时没有价值。只是在流通过程中,一定数量的商品同相应数量的货币进行交换。洛克的典型说法是:在“商业天平”的两边,一边放着商品,另一边放着“砝码”货币。货币数量增加或减少多少,商品价格就会上涨或下降多少。洛克认为这是一种“当然之理”。这是商品价格决定于货币流通量的观点的早期表现形式。洛克有时候又认为,除了货币流通量,影响商品价格变化的还有商品流通量,或者说,还有“商品的数量和销路之比”。② 洛克写道:“假定国内的货币数量不变,造成小麦价格改变的只能是小麦的数量和销路之比的改变;要不然,假定小麦的数量相对于其销路而言没有改变,那么,造成小麦价格改变的只能是国内货币数量的改变。”③ 在这里,洛克断言,货币流通量不变时,商品价格决定于商品流通量;商品流通量不变时,商品价格决定于货币流通量。两个论断,

---

① “关于价格决定于流通手段量的学说,最初是洛克提出的”。引自《马克思恩格斯全集》第 46 卷下,第 304 页。

② 约翰·洛克:《论降低利息和提高货币价值的后果》,第 38 页。

③ 同上。

源于一个错误。这就是，商品和货币进入流通之前，都没有价值。商品
和货币进入流通之后，当货币数量固定时，商品价格取决于商品供给和
需求的关系。这是庸俗的供求论。当商品数量固定时，商品价格取决
于货币供给和需求的关系。这是庸俗的货币数量论。

　　洛克对流通中所需要的货币量作了较为仔细的考虑。他说，在工
人经常持有一周工资的现金、地主和租地人经常持有一季地租的现金、
经纪人经常持有二十分之一年收入的现金以及其他阶层也经常持有一
定现金的情况下，"我们很难不认为要想经营任何国家的贸易，至少得
有劳动者工资的五十分之一、地主的年收入的四分之一和经纪人的年
收入的二十分之一的现钱。我们说特殊低的情况吧，至少也不能少于
上述数字的一半，也就是说现钱如少于劳动者年工资的百分之一、地主
年收入的八分之一和经纪人年收入的四十分之一，就不能推动贸易的
齿轮，使商业处于有生气和繁荣的状态"。[1] 乍看起来，洛克的思路很
奇怪。在研究流通中所需要的货币量时，他不是考察流通中商品价格
总额同货币流通速度之比，而是考察社会各阶级的年收入同以现金形
式经常持有的那一部分年收入之间的关系。实际上，在洛克的论述中
有一个隐含着的前提：商品价格是用收入支付的。因此，一个国家的各
阶级年收入总额就大致相当于这个国家流通中商品价格总额。在洛克
的论述中还有一个隐含着的前提：每一阶级的现金收入都分别以同名
货币支付的。因此，每一阶级的年收入同以现金形式经常持有的那一
部分年收入之比就大致相当于同名货币的平均流通速度。[2] 这表明，洛

　　① 约翰·洛克：《论降低利息和提高货币价值的后果》，第 25—26 页。
　　② 洛克认为，由于货币流通速度变化很大，所以很难准确地计算出货币流通量。他
说：流通中的货币量"难以确定，因为这不仅取决于货币的数量，也取决于它的流通速度。
同一先令，有时也许在二十天里起了支付二十个人的作用，有时却一连一百天存留在同一
个人的手中。这使我们不能精确估计出贸易所需的货币的数量。"引自约翰·洛克：《论降
低利息和提高货币价值的后果》，第 21 页。

克已经接近于意识到,流通中所需要的货币量应当等于流通中商品价格总额同货币流通速度之比。但是,他没有正确地表述出他初步意识到的东西。

在配第之后,洛克进一步看出了价值尺度的二重化同货币作为价值尺度的职能之间的矛盾。他说:"货币是商业的尺度,是一切东西的价格的尺度,所以应该(象其他一切尺度一样)尽可能稳定不变。但是,如果货币是由两种金属铸成的,而它们彼此间的比例因而它们的价格又经常变动,那就不能稳定不变了。"① 洛克认为,通过法律对不断变动的金银比价规定出固定不变的比价,是根本不可能的。在存在对外贸易的情况下,哪一个国家作出这种规定,哪一个国家就会遭到损失。洛克从历史经验中懂得,在金银二者都充当价值尺度的地方,必须有一种保持价值尺度的地位。在当时的历史条件下,洛克和配第一样,认为应当让白银保持这种地位。他说:"由于许多原因,白银是一切金属中最适宜做这种尺度的,所以人们总拿他当作货币使用。"②

配第对人为地提高单位金属货币的名目价值发表过深刻的见解。洛克的《论降低利息和提高货币价值的后果》一书的主题,除了讨论降低利息的后果,就是专门讨论提高单位金银货币的名目价值的后果的。洛克对这个问题的分析比配第的详细,但基本观点差不多照抄配第的,新的见解很少,尽管洛克用更鲜明的语言表述了配第的永远具有标准意义的见解。③

---

① 约翰·洛克:《论降低利息和提高货币价值的后果》,第100页。

② 同上。

③ 例如,洛克说:"在货币内,不管印记或名目如何,等量的白银永远具有相等的价值。所以,在这种提高货币价值的神秘问题中,人们所能做的仅仅是改变它的名目,把过去根据法律规定只是一克朗的一部分的东西叫做一克朗。""对较少的白银给予较高的名目,并不能增加白银的实际价值,这样做和什么事情都没有做一样,既不能使生金银流入我国,也不能把它们保持在国内。"引自洛克:《论降低利息和提高货币价值的后果》,第81、92页。

值得一提的是洛克同朗兹的论战。十七世纪末,英国威廉三世即位时,1 盎斯银的造币局价格为 62 便士,或者说,1 ／ 62 盎斯银为 1 便士。但是,1 盎斯生银的市场价格却高达 75 便士,超过了造币局价格。这就是说,银币的实际重量小于它的名义重量。在决定普遍重铸时,财政部秘书长朗兹声称,由于 1 盎斯银的“价值”已经提高,因此它不能再铸成以前的 62 便士,而应当铸成 75 便士。朗兹关于降低新铸币法定含银量的主张,从理论上看,是在坚持计算名称。实际上,他考虑的是,国债是用含银量低的轻币借的,因此也应当用含银量低的轻币来还。可见,他实际上维护的是金属含量。对于朗兹的挑战,洛克起来应战。他力主新铸币保持原有法定含银量,坚决反对朗兹的降低新铸币法定含银量的主张。洛克说:“这只不过是改变名目,把昨天只是 1 克朗(等于 60 便士——引者)的一部分(即 1 克朗的 19/20)的东西叫做 1 克朗。这样,你只是把 19/20 提高到过去 20/20 所具有的名目……这就是要使 19 盎斯白银和 20 盎斯的白银的价值相等。如果 19 盎斯白银能值 20 盎斯白银,或者能买到 20 盎斯白银所能买到的任何其他商品,那么 18 盎斯、10 盎斯或 1 盎斯也都能这样作……于是一个 3 便士的铸币或一个 1 便士的铸币被称为 1 个克朗,就可以买到 1 个克朗(它包含的白银数量为这 3 便士币或 1 便士币的 20 倍或 60 倍)所能买到的香料、丝绸或任何其他商品了;这是非常荒诞不经的事,我认为任何人都能看得出,不会相信它。”[1]洛克郑重声明:“白银(即不掺合其他金属的纯银的数量)构成货币的实际价值。如果不相信,那么就把黄铜以同样的印记和名目铸成货币,看一看它是不是会有同样价值。”[2]

---

[1]　约翰·洛克:《论降低利息和提高货币价值的后果》,第 82 页。

[2]　同上书,第 87 页。在《再论货币价值的提高;专门分析朗兹先生在最近就〈谈谈改进银币〉一文所作的报告中为提高货币价值提出的论据》中,洛克进一步阐述了自己的这些论点。参见《马克思恩格斯全集》第 46 卷下,第 329—330 页。

　　洛克和朗兹的论战,是一场很有意思的论战。朗兹从作为债务人的国家的立场出发,在坚持货币计算名称或货币名目的形式之下维护货币金属含量;洛克从作为债权人的金融贵族的立场出发,在反对货币计算名称或货币名目的形式之下维护货币金属含量。前者的理论形式是错误的,然而,他维护货币金属含量是为了维护国债债务人用轻币借的债不能用重币归还这一正当的实际目的;后者的理论形式比较正确,然而他维护货币金属含量则是为了维护国债债权人用轻币放的债要用重币收回这一不正当的实际目的。这场论战以洛克的胜利而告终,也就是以国债的债权人对债务人的胜利而告终。

(三)诺思

　　在货币理论方面,诺思也是追随配第的。他发展了配第的一些论点,但在个别问题上也庸俗了配第的思想。

　　诺思对货币的本质作了可贵的探索,指出"货币是一种商品",具有"内在的价值"[①]。诺思的这种认识表明他没有被货币在现象上表现出来的神秘性质所迷惑。但是,他的论述就到此为止。诺思没有进而认识到,货币这种商品是充当一般等价物的商品,所有其他商品都作为特殊商品来同作为一般商品的货币发生关系。[②]

　　诺思对货币形态最后转到贵金属身上的原因的说明,比配第要深刻一些。他看到,货币并非一开始都由金属承担,更不是一开始都由贵金属承担。有的国家曾经用糖、烟草等非金属商品充当货币。在金属商品中,有的国家曾经用铜等充当货币。只是后来,金银才驱逐了其他

[①] 达德利·诺思:《贸易论》第14页。

[②] 诺思虽然说过:"通过货币媒介,进行世界贸易就容易了,所有种类繁多的商品都有了一个通用的尺度。"引自达德利·诺思:《贸易论》,第24页。但是他总强调金银同其他商品没有区别。

交易手段而成为货币。诺思认为,金银所以能成为"世界上人们交易的通用尺度",原因在于金银"质地十分优良",少量金银"在价值上等于大量的其他金属","易于携带","便于保管","容易贮藏","不易损耗"。由于金银具有这些性能,所以"它们不用任何法律的规定就被定为交易的标准或共同的尺度"。[①]

在货币职能问题上,诺思唯一超越配第的地方是他注意到了作为世界货币的货币。他写道:"就贸易来说,一个国家在世界上的地位,无论哪一方面都同一个城市在一个王国中的地位,或者一个家庭在一个城市中的地位一样。""在这个商业交往中,金银与其他商品毫无区别,人们从金银多的人手里,拿来转交给缺少或需要金银的人。"[②]但是,诺思也只注意到作为世界货币的货币,并没有对货币的这一职能进行理论分析。

在考虑货币作为贮藏手段的时候,诺思看到了货币贮藏和货币增殖之间的对立。他说:"谁也不会因为用货币、金银器等形式把自己的全部财产留在身边而变富,相反……如果有人出于一时的高兴,把他的全部财产换成货币,并死藏起来,他就立即感到自己的穷困随着吃空活资本而增长。"[③]诺思在这里看到的货币贮藏和货币增殖之间的对立,实质上是作为货币的货币和作为资本的货币之间的对立。关于这一点,我们留待第十一章《资本理论》去分析。

继配第之后,诺思探讨了流通中所需的货币量的问题。和配第不同,诺思并没有去寻找决定流通手段量的各种因素,更没有去计算全国流通中所需的货币量,而是从原则上提出能够流通的货币量决定于商品交换的需要。他说:"如果从国外带进极多的货币,或者在国内铸

---

① 达德利·诺思:《贸易论》,第14、17页。
② 同上书,第26、28页。
③ 同上书,第25页。

造极多的货币,凡是超过全国商业所需的,都只是金银条块,并且只会被当作金银条块对待;铸币就像旧金银器一样,只能按它所含的成色出卖。"[1] 诺思不同意过高地估计流通中所需的货币量。

值得注意的是,同配第相比,诺思明确而详细地讨论了货币作为贮藏手段可以调节流通中的货币量。他说:金银有它的来潮和退潮。一个国家要进行贸易,必须有一定数量的金属货币,这个数量随着情况的需要而变化,时而增多,时而减少。货币量的这种涨落,无需政治家的任何协助,能够自行调节。当货币贮藏造成货币量不足时,造币厂立即开始工作,直到货币需求得到满足为止;当动用贮藏造成货币量过多时,造币厂便停止工作,并熔掉铸币。总之,两只"吊桶"交替地工作:货币不足时,用金银块来铸造;金银块不足时,货币就被熔化。[2] 诺思的这番话是英国古典政治经济学著作关于货币贮藏蓄水池的给水和排水作用的最好的论述。

诺思对提高或降低造币局价格的各种幻想的论述来源于配第。但是,他不仅没有超过配第,而且庸俗化了配第的思想。例如,配第正确地认为,人为地降低金属成色或重量只能多得到一些新命名的货币量,也许在开头时能从少数傻瓜那里多买到一些商品;诺思却错误地断言,人为地降低金属成色或重量,肯定会使佃户或债户得到好处。在他的眼中,土地出租者和货币贷放者似乎都是傻瓜,并且永远是傻瓜。诺思说:"只要货币分量减轻了,或者成色减低了(这是同一回事),效果会从生金银的价格上直接反映出来。因此,实际上,你只是改变了名称,而没有改变实物。不论有什么区别,佃户和债户是得到了好处的,因为租金和债款将比以前需要支付的少了,这是指相同

---

① 达德利·诺思:《贸易论》,第31页。

② 同上书,第31、38页。

数量的内在价值而言的。"①

（四）康替龙

在《试论商业的一般性质》的第二部分，康替龙用不少篇幅讨论了货币问题。上面说过，洛克在庸俗化配第的货币思想时，断言金银没有价值，只有想象的价值。康替龙针对洛克的这一错误论断，正确地认为，金银有价值，这个价值不是想象的，而是确实存在的，是得到普遍的认可的。但是，在金银的价值决定问题上，就像在商品的价值决定问题上一样，康替龙也没有摆脱配第的迷误，同样认为价值决定于生产它们所使用的土地和劳动。他说：金属的真实价值像其他一切物品一样，会同生产它们所用的土地和劳动成比例。又说：货币作为价值尺度，实际上按照土地和劳动计算，必须同它所交换的物品相符合。可见，康替龙的货币理论是建立在土地—劳动价值理论基础之上的。

金银所以被用作货币，康替龙除了像前人一样认为是由于金银具有同质性、耐久性和便于携带等优点之外，还由于金银具有可分性、价值稳定以及保管费用小等优点。

康替龙对货币供给量增加所造成的后果作了有趣的说明。按照他的说法，当金银的开采量增加以后，金银开采者和冶炼者的收入就会增加，因而支出就会增加，他们将购买更多的食物、衣服和其他用品，增加对这些商品的需求量。然而，当这一部分人增加食物、衣服等商品购买量时，社会上其他人所得到的这些商品份额就会减少。这样，这些商品的价格就会上涨，而价格的上涨除了会刺激国内更多地生产这些商品之外，还会刺激从国外更多地进口这些商品。而进口的增加最后又把开采到的金银等货币金属用于出口，以偿付进口商品。

---

① 达德利·诺恩：《贸易论》，第39页。

康替龙虽然表示同意洛克的货币数量理论,但是他认为,在比较商品总量和流通中的货币数量时,应当在商品总量中减去出口商品。康替龙还认为,价格水平虽然会随货币数量增加而上涨,但上涨幅度不一定和货币数量增加的幅度成比例,因为货币流通速度这一因素也在起作用。他认为,在商品交易中,货币流通速度的提高,就等于货币数量的增加。最后,康替龙还认为,在考察货币数量和价格水平之间的关系时,还应当注意到信用这一因素的作用。因此,一国的货币数量增加一倍时,价格并不经常增加一倍。很明显,在流通中的商品总量、货币数量、流通速度、信用和价格水平的关系问题上,康替龙的认识比自己的理论前辈要清晰得多。

对于国际贸易和支付平衡,康替龙也是按照货币数量理论来解释的。他说,如果一个国家有多余的商品用来出口,从其他国家吸收金银,那么这个国家流通中的货币数量就会增加;货币充裕的结果,导致土地和劳动价格的上涨。不过,在这一方面,康替龙也不是无条件地接受货币数量论的。和配第一样,他也认为流入的金银可以用来制作金银器皿和装饰品,因而不一定引起货币数量增加和价格上涨。按照康替龙的看法,价格上涨除了可以刺激本国生产的发展,还可以改善贸易条件。他预言,在自由贸易和黄金在国际间自由流动的情况下,各国的价格水平有均等化的趋势。

(五)范德林特

范德林特的货币学说值得在这里一提,它有助于我们了解休谟和李嘉图的货币数量理论。在《货币万能》一书中,范德林特被货币流通的现象所迷惑,错误地以为商品价格是由流通手段的数量决定的。他写道:"在每一个国家,随着民间的金银量的增加,货物的价格必定上涨,因此,如果任何一个国家的金银减少,那么一切货物的价格也必将随着货币的减少而相应地跌落。"①

　　范德林特关于货币作为贮藏手段的理解是同他关于商品价格决定于流通手段的数量的见解结合在一起的,或者说,他把货币的贮藏手段职能看作是商品价格决定于流通手段的数量这一论点的一个证明。范德林特问:为什么印度的商品这样便宜? 他的答案是:因为印度人埋藏货币。他说,从 1602 年到 1734 年,印度人埋藏的银值 15,000 万镑。范德林特说:他们就是用这种办法使他们所有的货物和产品保持如此低廉的价格。货币贮藏会压低商品的价格,这就是范德林特从商品价格决定于流通手段的数量这一原理引申出来的一个奇怪的推论。

　　范德林特还认为,决定价格的流通手段的数量又是由每个国家现有的货币材料的数量决定的,而不断提供金银的矿山足以向每个国家提供所需要的货币材料的数量。

　　既然认为商品价格决定于流通手段的数量,那就必然会认为银行货币和一切国家债券都必然会影响商品价格。正是这一逻辑,使得范德林特反对信用货币。

　　从货币数量论出发,范德林特对国际黄金流动作了颇有兴味的说明。他说:"无限制的贸易不会造成任何不便,而只会带来很大的好处,因为当一个国家的现金量由于这种贸易而减少时……流入现金的国家的一切货物价格必然会随着该国现金量的增加而上涨……我国的工业产品以及其他各种货物会很快地跌价,从而又造成对我们有利的贸易差额,这样,货币就会流回我国。"② 在范德林特这里,货币数量理论成了反对限制贸易和主张自由贸易的根据。

　　范德林特是英国早期货币数量论的一个代表,他的观点是休谟货币理论的主要思想来源。

---

①　杰·范德林特:《货币万能》,引自《马克思恩格斯全集》第 23 卷,第 143 页。
② 　同上。

（六）休谟

在货币理论方面，休谟从前人和同时代人那里，特别是从范德林特那里汲取了不少东西，同时在一些问题上也提出了自己的见解。洛克曾经把货币称作"推动着许多贸易的齿轮"。休谟在《论货币》中想纠正洛克的说法。他说，货币并不是一个商业方面的问题，而只是人们同意用来促进一种商品同另一种商品交换的工具。它不是贸易的齿轮，而是一种使齿轮运转更加平稳更加灵活的润滑油。

如果说，洛克是十七世纪末英国货币数量理论的主要代表，那么，休谟则是十八世纪英国货币数量理论的最重要的代表人物，他"把它发展了并作了优雅的表述"。[①]

在《政治经济学批判》中，马克思参照斯图亚特的意见对休谟的货币数量理论作了如下的概括："休谟的流通理论可以归结为下列几条原理：（1）一国中商品的价格决定于国内存在的货币量（实在的货币或象征性的货币）。（2）一国中流通着的货币代表国内现有的所有商品。按照代表即货币的数量增加的比例，每个代表所代表的被代表物就有多有少。（3）如果商品增加，商品的价格就降低，或货币的价值就提高。如果货币增加，那么，相反的，商品的价格就提高，货币的价值就降低"。[②]

休谟的三条原理，都是从表面的流通中的现象出发，根据错误的前提得到的。

充当货币的贵金属价值的变动，会使商品价格随之变动，从而在流通速度不变时会使流通中的货币量随之变动。休谟只观察到片面的事实，便一般地认为商品价格的变动决定于流通中的货币量。从十六和

---

①　《马克思恩格斯全集》第 46 卷下，第 304 页。
②　同上书，第 13 卷，第 152 页。

十七世纪金银的数量增加而生产费用下降、欧洲商品价格随着美洲金银输入量的增长而提高的现象出发，休谟得出他的第一条原理：一国中商品的价格决定于国内存在的货币量。休谟说：商品的价格总是与货币的数量成比例。

从欧洲价格史来看，十六和十七世纪的贵金属增加和价格上涨不是同时发生，而是很不一致的。在贵金属增加之后，过了半个世纪，商品价格才出现一些变动。又经过一个很长的时期，商品价格才普遍上涨。这一点，休谟并非不知道。他确实说过：商品涨价，虽是金银增多的必然后果，却不是紧接着马上发生的，而是要在一段时间之后，即等到货币流通到全国各地并在各行各业的人都感受到这种影响时，才会发生。起初，看不出有什么变化，慢慢地，先是一种商品，随后是另一种商品，物价就一步一步地上涨了。可是，休谟把这一重要的历史现象错误地归结为货币数量的问题，说全部商品最终同国内新的货币量达成合适的比例。其实，这根本不是什么商品价格和货币数量的均衡，而是由于开采金银的劳动生产率的提高导致金银价值的降低，从而最终导致商品价格普遍按照金银的降低了的价值来估计和计算。

休谟是著名的哲学家，完全知道不能把片面观察到的事实看成是一般原理。可是，在研究货币问题的时候，他却忘记了自己的哲学的基本原理。休谟认为，商品价格或货币价值不是决定于一国国内商品和货币的绝对数量，而是决定于实际进入流通的货币数量和进入市场的商品数量。他说：如果货币被锁在金柜里，对于价格来讲，犹如货币被消灭了一样；如果商品被囤积在仓库里，其结果也相类似。在这种情况下，货币和商品永远彼此不打交道，所以也就互不影响。

按照休谟的观点，货币只是一种代表劳动和商品的象征，一种评价和估计劳动和商品的方法。因此，他得出第二条原理：一国中流通着的货币代表国内现有的所有商品。按照代表即货币增加的比例，每个代表所代表的被代表物就有多有少。休谟说：如果钱币数量增多，则要求所代表的货物量也相应增加；所以就一国范围来说，不会产生什么影响，无论好的或坏的；犹如一个商人不想用数码较少的阿拉伯记数法，而改用数码较多的罗马记数法，在他的账簿上所产生的变化一样。不仅如此，货币数量的增多，就像罗马数码一样，是相当不方便的，在保管和运输方面都引起了更多的麻烦。基于这一认识，休谟说，哈里七世时期的一个克朗，等于今天的一个英镑。他的意思是说，单位货币过去所代表的商品数量多，而现在所代表的商品数量少，原因就在于货币数量增加了。

如前所说，在洛克的"商业天平"的两边，一边是商品，另一边是货币砝码，商品价格随着货币砝码的增加或减少而上涨或下降。在休谟这里，情况也很相似。商品和货币在流通过程中形成一定的数量关系，这种关系就是流通中的一堆商品和流通中的一堆货币相等。针对重商主义的唯有金银才有真正价格的论断，洛克提出金银只有一种想象的价值的论断。休谟想纠正洛克的这一错误见解，但是愈纠正愈坏，竟认为货币的价值"主要是虚构的价值"。和其他货币数量论者一样，休谟也以为，在进入流通之前，商品没有价格，货币没有价值，只是在进入流通之后，通过一堆商品和一堆货币的比较，商品和货币才取得各自的价格和价值。由此，他得出第三条原理：如果商品增加，商品的价格就降低，或货币的价值就提高。如果货币增加，那么，相反的，商品的价格就提高，货币的价值就降低。休谟说：正是流通中的货币与市场上的商品之间的比例决定着物价的贵贱。又说：一切东西的价格取决于商品与货币之间的比例，任何一方的重大变化都能引起同样的结果——价格的起伏。看来这是不言自明的原理。商品增加，价钱就便宜，货币增加，商品就涨价。反之，商品减少或货币减少也都具有相反的倾向。

休谟没有研究价值理论,不谈商品和货币的价值[1],不懂得价值本身,因而不懂得贵金属作为价值尺度的职能。休谟由于不知道货币也是商品,和其他商品一样也有价值,因而让金银以非商品的资格进入流通领域,进入商品世界。休谟还由于不知道贵金属作为外在的价值尺度是商品内在的价值尺度的必然表现形式,因而又让在铸币形式上出现的贵金属变成同其他物品进行物物交换的一种物品,然后集中注意力考察贵金属这种物品同每种其他物品的比例关系,从而得出他的货币数量理论的那些原理。

休谟只注意到货币是流通手段。然而,由于不了解货币作为价值尺度的职能,也就不了解货币作为流通手段的职能要以货币作为价值尺度的职能为前提,不了解货币作为流通手段的职能是它作为价值尺度职能的发展。休谟还忘记了一个重要事实:在用金银计算商品的价值时,并不需要现实的金银,而只需要想象的或观念的金银。在他看来,作为价值尺度的货币和作为流通手段的货币是一样的,二者都是铸币。

金属货币的符号是从货币作为流通手段的职能中产生的。对于这一点,休谟也不知道。在他看来,货币只是价值符号。因此,他分不清金属货币的流通规律和金属货币符号的流通规律,而是被金属货币流通和金属货币符号的流通的表面的相似点所迷惑。从现象上看,在美洲矿山发现以后的贵金属价值发生巨大变动的时代,在商品价值不变时价格似乎随流通中的金属货币数量的变化而变化。这是一方面。另一方面,在金属货币符号的流通中,商品价格随流通中的货币符号数量

---

[1]　马克思指出:"'价值'一词,在他(休谟——引者)的论著中,也许只在一个地方出现过,在那里,他……竟认为贵金属具有的'主要是虚构的价值'。"引自《马克思恩格斯选集》第3卷,第281页。

的变化而变化。休谟紧紧抓住这种表面的相似点,把货币符号的流通规律错误地当作是金属货币的流通规律。他不懂得,美洲矿山发现以后欧洲商品价格随货币数量增加而上涨,并不是由于商品价格必须同增加了的金属货币数量保持一定比例,而是等量的商品价值现在要用较多的价值下降了的金属货币来代表。

可见,休谟的货币理论不仅远不如配第,而且也远不如配第以后的包括休谟同时代的英国许多经济学家。

不过,也应当看到,休谟的货币数量理论在当时曾经起过反对重商主义的作用。重商主义者认为唯有金银才有真正的价值,休谟则认为货币的价值"主要是虚构的价值",是"约定俗成的"价值。如果说,洛克认为金银只有一种想象的或习惯的价值的论断,是对重商主义的唯有金银才有真正价值的论断的第一个粗野的对立形式,那么休谟认为货币的价值主要是虚构的或约定俗成的价值的论断,则是对重商主义的论断的又一个粗野的对立形式。

自从发现美洲的金银矿以后,不仅美洲的这些金银矿的采掘业有了发展,而且欧洲的工业也有了发展。休谟试图用他的货币数量理论对此作出解释。他认为,货币数量增加虽然是商品价格上涨的原因,然而从货币数量增加到商品价格上涨要经过一段很长的时间。在这段时间内,工商业会得到较快的发展。原因是:货币在提高劳动价格之前,一定会鼓舞每个人的勤勉心。休谟说:只有在渴望获得货币同物价上涨之间的间隙或中间状态,金银量的不断增加才有利于提高生产情绪。对于休谟的这一观点,马克思作了肯定的评价,指出:"休谟在这里是描写贵金属的价值所发生的革命的影响,即它们贬值的影响……他正确地发现,在商品价格只是逐渐平衡的状况下,这种贬值只在最后才'提高劳动价格',即提高工资;所以它是在牺牲工人的情况下来增加商人和工业家的利润(在他看来,这是理所当然的事情),

并这样'鼓舞勤勉心'。"①

二、斯图亚特的货币理论

斯图亚特的货币理论主要集中在他的《政治经济学原理研究》第
三篇"货币和铸币"中。斯图亚特是货币数量论的坚决反对者,他的货
币理论是从批判休谟等人的货币数量论开始的。休谟等人机械地把商
品放在一边,把货币放在另一边,因而不能正确地说明货币问题。与此
不同,斯图亚特不是把商品和货币机械地分别放在两边,而是从商品交
换本身的各种因素中来说明货币问题。

斯图亚特有意识地把自己的货币理论同数量理论对立起来,在政
治经济学史和货币理论史上第一个提出是流通中的货币量决定于商品
价格,还是商品价格决定于流通中的货币量的问题。他认为,流通中
的货币量必须同进入市场的商品价格相适应。如果流通中的货币量太
少,同进入市场的商品价格不相适应,人们就会用象征性的货币作为补
充手段来代替金银。如果金属货币太多,超过了进入市场的商品流通
的需要,多余的金银就会成为贮藏手段,不会引起价格的上涨。斯图亚
特写道:"每个国家的流通,必须同生产投入市场的商品的居民的生产
活动相适应……因此,如果一国的硬币太少,与提供销售的产业活动的
价格不成比例,人们就会想出象征性的货币之类的办法为此创造一个
等价物。但是,如果金属货币在比例上超过了产业活动的规模,它就不
会使价格提高,也不会进入流通:它将当作贮藏货币堆积起来……一国
的货币数量不论比世界上其他部分大多少,留在流通中的只能是同富

---

① 《马克思恩格斯选集》第 3 卷,第 279 页。埃里克·罗尔说:"休谟所描述的是后
来凯恩斯所叫作的利润膨胀;这种膨胀是在牺牲劳动者的利益下产生的。"引自罗尔:《经
济思想史》,第 119 页。

者的消费和贫者的劳动和产业活动大致成比例的数量"。[1]

由此可见,斯图亚特不仅提出而且正确地解决了问题,不是流通中的货币量决定商品价格,而是商品价格决定流通中的货币量。金属货币数量的多少同商品价格水平的高低没有关系。这样,在英国议会和经济学界长期争论的商品价格对流通手段量的关系问题,在理论上得到了明确的答案。英国古典政治经济学的货币理论,在经历了一段曲折的发展道路之后,朝着正确的方面迈出了决定性的一步。

关于货币的本质,斯图亚特只停留在一般议论上,认为"货币……是一切可让渡物的最适当的等价物"。[2]斯图亚特注意到货币是"最适当的等价物",但他没有研究价值形式问题,没有看出货币是从商品界中分化出来的充当一般等价物的特殊商品。当他说货币是"一切可让渡物"的最适当的等价物时,他实际上是把货币看作商品的一般等价物。可是,当他说货币是"一切物品"的普遍等价物时,他实际上又把货币看作财富的真正代表,看作衡量各国实力的尺度。

斯图亚特对货币的职能作了比较深入的研究。正如马克思所说,他"实事求是地从商品交换本身的各种因素中来说明货币的各种职能"。[3]

关于货币作为价值尺度的职能,斯图亚特曾作了论述。他说:"货币是衡量价值的标准"。[4]但是,由于在价值概念上的动摇不定,他的价值尺度观念也是含混不清的。他并没有真正认识到,货币作为价值尺度,是商品内在的价值尺度即劳动时间的必然表现形式。

---

[1] 斯图亚特:《政治经济学原理研究》。引自《马克思恩格斯全集》第13卷,第157页。类似的话,斯图亚特曾经不只一次地讲过。参见《马克思恩格斯全集》第13卷,第156页。

[2] 《马克思恩格斯全集》第46卷下,第302页。

[3] 《马克思恩格斯全集》第13卷,第155—156页。

[4] 斯图亚特:《政治经济学原理研究》。引自《马克思恩格斯全集》第46卷下,第305页。

斯图亚特知道,作为价值尺度,货币不必是实际的货币,而只是想象的货币。基于这一认识,他提出了"观念货币"和"观念标准"① 概念,对观念的货币计量单位学说作了充分的发挥。他说:"计算货币不过是为了衡量可售物品的相对价值而发明的任意的等分标准。计算货币与铸币完全不同,铸币是价格,而计算货币即使在世界上没有一种实体作为一切商品的比例等价物的情况下,也能够存在。"② 斯图亚特把计算货币对商品价值所起的作用,比喻作度、分、秒对角度的作用,标尺对地图的作用,等等。他认为,这一切发明都是采用一个名称作为单位,其用途不过是在于指出比例,货币单位的用途也是这样。斯图亚特说:"因此,货币单位不能同任何一部分价值有固定不变的比例,也就是说,它不能固定在任何一定量的金、银或任何其他商品上。单位一经确定,用乘法就可以求出最大的价值。"③

对货币在流通中充当价格标准和计算货币的现象,斯图亚特又进一步作了如下的说明:"因为商品的价值决定于对商品发生影响的环境的总的结合以及人们的癖性,所以应当把商品价值看作只是在它们的相互关系中变动着的。凡是用共同的、一定的、不变的标准妨碍和扰乱确切规定比例变动的做法,必定对贸易发生有害的影响。"④ 他认为,应当把作为价值尺度的价格和作为价值等价物的价格严格区分开来,金属执行这两种职能中的每一种职能的情况是不同的。斯图亚特说:"货币是观念的等分标准。如果有人问:一个部分的价值的标准应当是什么,我就用另一个问题来回答:度、分、秒的标准大小是什么? 它们没有标准大小;但是,只要一个部分已经确定,依据标准的本质,其余的

---

① 斯图亚特:《政治经济学原理研究》。引自《马克思恩格斯全集》第46卷下,第305页。

② 同上。

③ 同上。

④ 《马克思恩格斯全集》第13卷,第70页。

必定全都依比例确定下来。"①

斯图亚特关于货币在流通中充当价格标准和计算货币的议论表明,他注意的不是货币所包含的一定金量或银量,也不是货币单位的法定名称,而是抽象的量的比例。因此,他既想撇开金银,又想撇开货币单位的法定名称。他只看到各种商品的价值转化为价格时只存在同名的量,而看不到使各种商品成为同名尺度的质。他只看到观念的货币执行价值尺度的职能,而看不到执行价值尺度职能的观念货币具有非常实在的客观基础。他只看到无须作出规定贵金属的一定重量单位便自然地成为货币单位,而看不到这种重量单位本身是习惯地规定或约定俗成的衡量单位。他只看到价值尺度和价格标准之间的区别,而看不到它们之间的联系。这样,尽管斯图亚特对观念的货币学说作了充分的发挥,他的论述仍不免失之片面。

问题不仅如此。斯图亚特的观念货币或观念尺度实际上是一团混乱观念。由于作为价值尺度的货币只是观念的或想象的比较标准,由于作为价值尺度的货币只是以计算单位的形式出现,由于商品价格所表示的只是它们相互交换所依据的比例,斯图亚特因而认为,充当计算单位的货币名称不是一定量金或银的一定名称,不表示一定量价值,不表示一定量劳动时间,而只是任意的比较标准。在他看来,观念货币或观念尺度纯粹是一种比例,这种比例可以用任何一种没有内容的名称来表示。就是说,可以用单纯数字的名称来表示,而不涉及它所固有的内容。他不知道,只有当各种不同的量具有同一单位时才能进行比较和通约,这个同一单位就是劳动时间,就是物化在商品中的劳动时间。

货币作为支付手段和流通手段的职能,引起了斯图亚特的注意。他知道,和作为价值尺度的情况不同,货币无论是作为支付手段,或是

① 斯图亚特:《政治经济学原理研究》。引自《马克思恩格斯全集》第46卷下,第305页。

作为流通手段,都必须是实际的货币。他提出,流通中的货币量就是由作为支付手段和流通手段的需要量这两个组成部分构成的。

关于货币充当贮藏手段的职能,斯图亚特也有所论述。他说:"多余的铸币会锁起来……当作贮藏货币堆积起来。"[1] 斯图亚特已经懂得,货币贮藏可以像蓄水池一样自行调节货币流通量。他这样写道:"商品的市场价格是由需求和竞争的复杂作用决定的,需求和竞争同一国中存在的金银数量完全无关。那末,不需要用作铸币的金银又怎样呢?它们当作贮藏货币积累起来,或当作奢侈品的原料被加工。如果金和银的数量低于流通所需要的水平,人们会用象征性的货币或其他辅助手段来代替金银。如果一个有利的汇率使国内货币过剩,同时又切断了把它运出国外的需要,那末货币常常就会在保险箱里堆积起来,就像躺在矿山里一样无用。"[2] 不过,他只说到货币贮藏蓄水池的一方面的作用,即超过流通需要的金银可以退出流通,成为贮藏货币,而没有论及货币贮藏蓄水池的另一方面的作用,即现有金属货币不能满足流通需要时,部分贮藏货币可以进入流通,成为流通手段。

货币充当世界货币的职能,在斯图亚特的著作中有颇为精彩的说明。他明确指出,金银的特征是世界货币。斯图亚特完全知道,纸币只能在国内流通领域中充当流通手段和支付手段,但不能充当世界货币。只有金银,才能越出国内流通领域,在世界市场上充当一般等价物。斯图亚特的名言是:纸币是"社会的货币",而金银是"世界的货币"。[3]

斯图亚特对英国古典货币理论的另一重要贡献在于他发现了货币流通的一般规律,也就是发现了商品流通过程中货币需要量的一般规

---

[1]　斯图亚特:《政治经济学原理研究》。引自《马克思恩格斯全集》第 13 卷,第 156—167 页。

[2]　同上书,第 156 页。

[3]　同上书,第 157 页。

律。他说:"货币在国内流通中的用途可以归结为两个要点:用来支付债务和用来购买所需要的东西;两者合在一起构成对现金的需要……商业和工业的状况,居民的生活方式和日常开支,这一切加在一起,调节并决定所需现金的数量,即转移的数量。为了实现这各种各样的支付,必须有一定比例的货币。这个比例虽然在转移的数量不变的情况下,又可以依照情况不同而增减……无论如何,一国的流通只能吸收一定量的货币。"[1] 斯图亚特在这里虽然没有提到货币流通速度,但他实际上已经看出,在货币流通速度不变的情况下,流通中的货币量取决于商品价格总额。他还看出在存在信用制度的情况下,用现金购买的商品的总额和在规定期限内必须偿还的债务的总额,构成了本期的货币需求量。斯图亚特区分了两种货币流通:"自愿的流通"和"非自愿的流通"。前者指用现金购买商品的自愿性支付,后者指债务人在规定期限内必须偿还债款的强制性支付。

斯图亚特还发现了以信用为基础的流通回到自己的出发点的规律。他说:"至于纸币,只要它达到第一个目的,即满足了借钱人的需要,就会回到债务人手里而被实现。"[2]

此外,斯图亚特还说明了利率的国民差异对金银在国际间的流动所发生的作用。他说:一切国家都会努力使本国流通所不必要的现金投到货币利息比本国高的国家去。斯图亚特看出,利率低的欧洲最富的国家的超过流通需要的金属货币,会流入利率高的其他国家。

关于十七世纪末洛克和朗兹的论战,斯图亚特在十八世纪中期作了具有某种历史性的评论。他明确指出,朗兹提出问题的立场是错误的。这是因为,第一,朗兹断言,他的方案不是降低过去的标准;第二,朗兹把金银条块涨价说成是由于银的内在价值造成的,而不是由于用

---

[1] 斯图亚特:《政治经济学原理研究》。引自《马克思恩格斯全集》第13卷,第156页。
[2] 同上。

来购买银的那种铸币重量不足。说到洛克，斯图亚特认为，洛克只提出朗兹的方案是否包括降低标准的问题，而没有研究订有长期契约的人的利益。斯图亚特对论战双方的总的评论是：朗兹和洛克只是十分肤浅地分析了改变标准对于债务人和债权人的相互关系的影响。他讽刺地总结这场交易说：由于提高了标准，政府在赋税上大占便宜，债权人在资本和利息上大占便宜，而承担主要损失的国民也很满意，因为他们的标准没有降低。因此这三方皆大欢喜。

斯图亚特经济理论的二重性在货币理论方面也得到表现。一方面，他探讨了货币的职能，发现了货币流通的规律，对英国古典货币理论的发展起了决定性的作用；另一方面，在货币问题上，斯图亚特的思想仍然带有重商主义的印记。例如，当他看到英国和欧洲大陆上的一些国家把超过流通所需要的金属货币输出到货币利息高的国家这一事实，便认为"欧洲最富的国家就流通中的金属货币而言，可以是最穷的国家"。① 可见，斯图亚特并没有完全摆脱金银占有量是衡量一个国家贫富程度的尺度的重商主义观点。

三、斯密的货币理论

斯密很熟悉洛克、休谟和康替龙等人的货币理论，更熟悉斯图亚特的货币理论。值得注意的是，斯密在《国富论》中公开引证过洛克、休谟和康替龙，唯独只字不提斯图亚特。

马克思仔细地比较了斯密和斯图亚特的货币理论，发现斯图亚特是斯密的秘密源泉。斯图亚特的《原理研究》被斯密的《国富论》盖过去了，他被遗忘了，被当作一条"死狗"，而斯密则被看作他的货币理论

---

①　斯图亚特：《政治经济学原理研究》。引自《马克思恩格斯全集》第13卷，第157页。

的创立者。关于这一数典忘祖的情况，马克思写道："法国历史学派所说的'历史'发展的民族有一个特点，就是经常忘记自己的历史。因此，虽然商品价格对流通手段量的关系这个争论问题，在这半个世纪中一直惊动着议会，在英国为它出版了成千种大大小小的书刊，但是斯图亚特依然是'死狗'，有过于莱辛时代的莫泽斯·门德尔森眼中的斯宾诺莎。连最新的《currency》〔"通货"〕史家麦克拉伦都把亚当·斯密看作斯图亚特学说的创立者，正如把李嘉图看作休谟学说的创立者一样。"①

在比较斯密和斯图亚特、李嘉图和休谟之后，马克思认为，李嘉图曾使休谟的学说更加完善，而斯密却只把斯图亚特的研究成果当作死的事实记录下来。马克思指出，斯密"偷偷地采用了斯图亚特的理论"，他"把他的苏格兰格言'得到了一点，就不难得到许多，但是困难就在于得到这一点'，也用到精神财富上，因而小心翼翼地隐瞒了他实际上借以得到许多的那一点的来源"。②

按说，斯密是一位治学态度严肃的学者，不应当隐瞒自己的理论来源。他这样做，也许是出于这样的考虑：斯图亚特同觊觎王权的查理·爱尔华·斯图亚特有瓜葛，而斯密本人的政治倾向会使他自己感到有必要同斯图亚特划清政治界限。他这样做，也许还出于这样的考虑：斯图亚特在一定程度上主张国家干预和保护主义，而斯密本人则坚决主张自由放任和自由贸易。

斯密的货币理论在英国古典货币理论中的地位问题，是一个有待于正确解决的问题。有的著作断言："严格说来，在斯密的著作中是没有货币理论的。"③ 更多的著作认为，斯密的货币理论是放在分工理论之

---

① 《马克思恩格斯全集》第 13 卷，第 157—158 页。
② 同上书，第 158 页。
③ 卢森贝：《政治经济学史》第 1 卷，第 282 页。

后和价值理论之前叙述的,因而不可能了解货币的起源和本质,不可能了解货币作为流通手段之外的职能。前一论断缺乏根据,后一说法也只有部分的道理。

斯密的《国富论》第一篇第一、二、三章讨论分工问题,第四章讨论货币问题,第五章才开始讨论价值问题。这样的安排本身确实决定了斯密不可能从价值的分析,因而也就不可能从价值形式的分析中去了解货币形式。然而,斯密的货币理论并不仅仅包括在第一篇第四章"论货币的起源及其效用"之中,甚至主要的观点并没有都包括在这一章之中。

在《亚当·斯密关于法律、警察、岁入及军备的演讲》(后简称《演讲》)中,斯密就已经对货币的一系列理论问题提出了自己的看法。在《国富论》中,他进一步探讨了这些问题,发展了《演讲》中的许多思想。斯密的货币理论代表了英国古典政治经济学的货币理论的最高成就。

在《演讲》中,斯密先讨论分工,接着讨论商品价格,然后讨论货币。在《国富论》中,斯密把叙述货币理论的顺序作了改变:先讨论分工,接着讨论货币,然后讨论商品价格。在讨论了商品价格之后,又在许多章节中,特别是在第一篇第十一章、第二篇第二章、第四篇第一章和第六章中,进一步讨论了货币问题。

斯密研究了货币的起源和本质问题。他比较明确地认为,货币是随着商品交换的发展逐渐从"许多种类货物"中分离出来作为"共同衡量标准"或"共同价值标准"的一种货物。[1] 应当说,斯密在货币的起源和本质问题上的这种认识比他的理论前辈的认识要深刻得多。

关于货币的出现,斯密首先是这样说明的。他说,如果进入交换过

---

[1]　《亚当·斯密关于法律、警察、岁入及军备的演讲》,第 197 页。

程的只有三种货物,例如,只有牛、羊和小麦,人们便不难记住它们的相对价值。因为在这三种货物中,每一种货物只有两个相对价值。但是,如果进入交换过程的有一百种货物,那么,人们就很难记住它们的相对价值。因为在这一百种货物中,每种都有九十九个相对价值。

　　除了从相对价值太多不易记忆这一困难来说明货币出现的必然性之外,斯密还从直接的物物交换造成产品转让的困难来说明货币出现的必然性。他认为,当社会分工提高了劳动生产力以后,人们都愿意用自己的剩余产品交换别人的剩余产品。如果交换双方的剩余产品都是互相需要的,这种交易就能实现。否则,就不易实现。例如,卖肉的有多余的肉,酿酒的和烤面包的固然都需要肉,但是这时如果他们除了酒和面包之外,没有别的可供交易的物品,而卖肉的现在需要的酒和面包又都已经得到了供给,那么,他们彼此之间就没有进行交易的可能。这样,卖肉的不能作为酒和面包的买主,酿酒的和烤面包的也不能作为卖肉的顾客。为了解决交换的困难,人们需要从各种货物中找出一种货物作为共同衡量标准或共同价值标准,通过它来对其他货物进行比较。斯密并不了解,他的"这种论点从主体方面来表达无非是说:劳动者的特殊劳动时间不能直接同任何其他特殊劳动时间相交换,它的这种一般交换能力还需要通过媒介而取得,它必须采取与本身不同的、物的形式,才能获得这种一般交换能力"。①

　　斯密关于货币出现的必然性的说明是比较正确的。他说的相对价值的数量过多,实际上是指社会分工的发展已经使交换成为经常现象,每一种商品都可以同一系列商品相交换,以一系列商品作为表现自己价值的材料。但是,斯密不了解他自己关于在一百种货物中每一种都有九十九个相对价值的说法实际上接触到了总和的或扩大的价值形式

_____

① 《马克思恩格斯全集》第46卷上,第118页。

问题,不了解他自己关于相对价值多得很难记住的说法实际上接触到
了在总和的或扩大的价值形式中人类劳动还没有获得统一的表现形式
问题。至于直接的物物交换,斯密只注意到它们在使用价值上必须是
交换双方互相需要的,而没有同时注意到它们在价值上又必须是等量
的。也就是说,斯密虽然看出了物物交换的困难,但他还没有充分地认
识到这种困难,因为他没有同时从使用价值和价值的双重观点来充分
了解直接的物物交换所造成的商品转让的困难。

斯密关于共同衡量标准或共同价值标准的探讨,实际上涉及一般
的价值形式问题。在《演讲》中,斯密从相对价值多得很难记忆的角度
出发,论证"共同价值标准"或"共同衡量标准"出现的必然性。他说:
"由于这么多价值不容易记忆,人们自然会想到把其中之一作为共同衡
量标准,通过它来对其他货物进行比较。"① 在《国富论》中,斯密又从直
接物物交换的困难的角度出发,论证"共同价值标准"或"共同衡量标
准"出现的必然性。他说,"自分工确立以来,各时代各社会中,有思虑
的人,为了避免这种不便,除自己劳动生产物外,随时身边带有一定数
量的某种物品,这种物品,在他想来,拿去和任何人的生产物交换,都
不会见拒绝。"② 无论在前一场合或在后一场合,斯密都是从商品交换发
展的客观要求来论证"共同衡量标准"或"共同价值标准"出现的必然
性的。但是,由于他不了解价值形式的发展,因而不懂得他在这两种场
合实际上都涉及从总和的或扩大的价值形式到一般价值形式过渡的必
然性问题。

斯密还讨论了从"共同衡量标准"或"共同价值标准"到金银作为
"最准确标准"过渡的问题。实际上这是从一般价值形式到货币形式过
渡的问题。他说,为了克服交换的困难或为了便于交换,人们在各种

① 《亚当·斯密关于法律、警察、岁入及军备的演讲》,第 197 页。
② 亚当·斯密:《国富论》上卷,第 20—21 页。

货物中确定了一种货物作为共同衡量标准或共同价值标准。"被人们先后想到并用过的物品可有种种"[1]，而"首先选作这种标准的自然是人们最熟悉的货物"[2]。根据文献和传说，斯密确认了不少货物充当过货币的历史事实。他说，"在牧人时代"，牛和羊曾被人们用作共同衡量标准或共同价值标准。在不同国家不同历史阶段上，盐、贝壳、烟草、干鱼丁、糖、兽皮以至铁钉等，都曾经被人们用作共同衡量标准或共同价值标准。但是，在这些货物中，有的不易分割，有的在分割后不易复原，有的不易长期保存，因而都不理想。后来，"不论在任何国家，由于种种不可抗拒的理由，人们似乎都终于决定使用金属而不使用其他货物作为媒介"[3]。它们就成了共同衡量标准或共同价值尺度。最后，"在各种金属中，金银的价值最易确定……因此，人们把金银规定为比较各种货物的最准确标准，因而也把它看做是最适当的价值尺度"[4]。至于金银最后充当货币的原因，斯密并没有使之神秘化，而是像他的前辈一样认为金银优点多，不会损耗，不会损坏，便于携带。色泽好，美观，有很大的耐久性，能任意分割和还原。

斯密肯定了货币的商品性质，这是他在货币理论方面取得成就的关键。和自己的理论前辈相比，斯密的可贵之处在于他从劳动价值理论出发坚持货币的商品性质。他说："以货币或货物购买物品，就是用劳动购买，正如我们用自己的劳动取得一样……它们含有一定劳动量的价值，我们用以交换其他当时被认为有同量劳动价值的物品。"[5] 斯密的这一精辟论点，是对配第关于需要等量劳动来生产的银和谷物具有同一价值的论点的发展。如果说，配第的规定是以银和谷物的特殊关

---

[1]　亚当·斯密：《国富论》上卷，第 21 页。
[2]　《亚当·斯密关于法律、警察、岁入及军备的演讲》，第 197 页。
[3]　亚当·斯密：《国富论》上卷，第 21 页。
[4]　《亚当·斯密关于法律、警察、岁入及军备的演讲》，第 198 页。
[5]　亚当·斯密：《国富论》上卷，第 26 页。

系出现的话,那么,斯密的规定则是以金银和一切其他商品的一般关系
出现的。这一理论上的进步,表明斯密在坚持货币的商品性质时,比他
的前辈更明确地看出了交换关系的发展导致了货币的产生,看出了金
银作为一般商品能同一切特殊商品相交换的原因在于它们都有价值,
看出了一定数量的金银能同一定数量的其他商品相交换的原因在于它
们包含了同等的劳动量。

　　马克思指出:"只要理解了货币的根源在于商品本身,货币分析上
的主要困难就克服了。"① 斯密对于货币的商品性质的分析,为克服这一
困难作了有益的努力。但是,马克思后来又指出:"人们已经知道货币
是商品,这在货币分析上是跨出很大一步的开端,但终究只是开端而
已。困难不在于了解货币是商品,而在于了解商品怎样、为什么、通过
什么成为货币。"② 由于斯密没有深入地分析商品的矛盾,没有看到价值
的货币形式同商品的矛盾的内在联系,因而未能真正克服货币分析上
的困难。

　　关于货币的职能,斯密的见解也有不少深刻之处。有的著作批评
斯密把货币的职能只归结为流通手段,这是不符合事实的。实际上,斯
密曾经多次论及货币作为价值尺度的职能。③ 他说:"因为它是价值的
尺度,我们便用各种商品所能换得的货币量,来估计其他各种商品的价
值。"④ 斯密已经懂得,货币所以能成为一切商品的价值尺度,因为货币
有价值。金银在成为货币之前,本身就有价值。斯密指出:"金银价值
对其他货物价值的比例,……取决于一定数量金银上市所需要的劳动

　　① 《马克思恩格斯全集》第 13 卷,第 54 页。
　　② 同上书,第 23 卷,第 110 页。
　　③ 《亚当·斯密关于法律、警察、岁入及军备的演讲》,第 197、198、199、203 页;《国
富论》上卷,第 28、34、41 页;下卷,第 1—2 页,等。
　　④ 亚当·斯密:《国富论》下卷,第 2 页。

量对一定数量他种货物上市所需要的劳动量的比例。"①在这里,他把金银和其他商品"上市所需要的劳动量"以及它们之间的比例看作是货币执行价值尺度职能的客观基础。斯密的这一观点是比较深刻的,虽然他还缺乏社会必要劳动量的概念。不过,在有些场合,斯密却被表面现象所迷惑,竟认为金的价值主要来自稀缺性。他说:"把金的稀缺性增加到一定程度,那么最小一块金可能变得比金刚钻还昂贵,并可能换得更大数量的其他货物。"②这种肤浅的观点同他的比较深刻的观点是格格不入的。

对于货币作为价值尺度和价格标准的职能,斯密已经作了明确的区别。他所说的"价值的自然标准"实际上是指价值尺度。他所说的"数量的自然标准"实际上是指价格标准。前者使一切商品有了共同的价值尺度,后者"使得同等的数量能有同等的价值"。③斯密还研究了历史上各国的货币名称同作为价格标准的贵金属重量名称之间的关系。他说:"一切国家的铸币,似乎都是以相当于金银的重量的名称为名,而且含有所表示的重量单位。英国的镑,最初似乎含有一磅重的纯银。"④斯密还指出,世界上各国的君主都很贪婪,他们不断削减货币最初所含的金属的实际分量,致使货币名称同作为价格标准的重量名称相分离。这些论述,是符合历史实际的。

在上述分析的基础上,斯密正确地区分了"货币价值"的"两种变动";一是由于同一名称铸币在各个时代所含不同金银分量而产生的

----

① 亚当·斯密:《国富论》上卷,第302页。
② 同上书,第165页。
③ 《亚当·斯密关于法律、警察、岁入及军备的演讲》,第197、199页。斯密还说过,"那些铸币的名称,看来原要表明内含的重量或数量。……苏格兰币一镑,自亚历山大一世至布鲁斯时代止,都含有与英币一镑同重量同纯度的银一磅。英格兰、法兰西和苏格兰的货币一便士,最初都含有重一便士的银,即一盎斯的二十分之一的银,或一磅的二百四十分之一的银。先令最初似亦系重量名称。"引自《国富论》上卷,第23—24页。
④ 同上书,第199页。

变动,一是由于同一分量的金银价值在各个时代各不相同而产生的变动。[①]但是,斯密没有看到,金银价值的变动既不妨碍它们执行价值尺度的职能,也不妨碍它们执行价格标准的职能。他竟错误地认为,金银价值本身会不断变动,因而不是计量其他商品的准确的价值尺度。由此,他企图寻找"不变的"价值尺度。这种企图,同他关于货币的商品性质的观点是相违背的。在资产阶级政治经济学史上,斯密关于"不变的"价值尺度的错误观点,流传很久,影响很深。

配第和洛克注意到价值尺度的二重化同货币作为价值尺度的职能之间的矛盾,斯密进而注意到价值尺度的三重化同货币作为价值尺度之间的矛盾。在铸造铜币、银币和金币的三种金属中,一种金属价值的变动,特别是金的价值的变动,会带来很大的麻烦。例如,当本国金的价值提高时,银就会外流,因为金在本国比在外国可以买到更多的银。斯密认为,在此情况下,本位金属和非本位金属的区别具有重要意义。在三种金属货币充当价值尺度的国家中,人们事实上都选定一种作为主要的价值尺度。

对于货币的流通手段的职能,斯密也作了比较充分的论述。他事实上是把价值尺度和流通手段作为货币的基本职能来说明的,并在一定程度上看出了这两种职能之间的关系。斯密在《演讲》中"把货币首先作为价值的尺度,其次作为交易的媒介"来论述。关于二者的关系,斯密说:"由于金银成为价值的尺度,它也就成了交易的工具。"[②]在《国富论》中,他把货币的两个基本职能叫作货币的"两重作用":"货币是交易的媒介,又是价值的尺度。"[③]斯密在说明货币执行流通手段的职能时写道:货币"成为一切文明国商业上的通用媒介。通过这媒介,一切

---

① 亚当·斯密:《国富论》上卷,第 30 页。

② 《亚当·斯密关于法律、警察、岁入及军备的演讲》,第 197、198 页。

③ 亚当·斯密:《国富论》下卷,第 1 页。

货物都能进行买卖,都能相互交换"。① 这时,卖肉的需要酒和面包,不用把肉直接拿到酿酒的和烤面包的那里去换,而是拿到市场上换成货币,再用货币去换酒和面包。斯密看到了货币解决了物物交换的困难,热烈赞许"货币是流通的大车轮,是商业上的大工具"。② 但是,斯密只看到货币是商品交换的"媒介",而没有看到货币同时又是使物物交换分解为两个相互独立的、在时间和空间上相互分离的行为的"媒介"。斯密不知道,在工场手工业时期也还不可能知道,流通所以能够打破产品交换的时间、空间和个人的限制,正是因为它把物物交换的直接的同一性,分裂成卖和买的对立,而危机的形式上的可能性已经蕴藏在这种对立之中。

斯密也研究了流通中的货币量问题。他说:每一个国家的铸币量都取决于该国靠铸币而流通的商品的价值。③ 每一个国家每年买卖的货物的价值,要求有一定量的货币来使货物流通,并把它们分配给它们的真正的消费者,但不能使用比这更多的货币。流通的渠道必然会吸收一个使自己达到饱和的数量,但决不会容纳更多的数量。④

斯密把一个国家的流通分成两个不同的领域:一是实业家之间的流通,一是实业家和消费者之间的流通。他认为,即使同一些货币,可以时而用于这个流通领域,时而用于那个流通领域,但这两个流通过程是不断同时进行的,因此,要流通进行下去,各自都需要一定量的货币。各种实业家之间流通的商品的价值,绝不能超过实业家和消费者之间流通的商品的价值,因为无论实业家购买什么,最终必然会卖给消费者。实业家之间的交易往往是批发,所以每次都要有大量货币。实

---

① 亚当·斯密:《国富论》上卷,第25页。
② 同上书,第267页。
③ 同上书,下卷,第12页。
④ 同上书,第13页。

业家和消费者之间的交易往往是零售,所以每次只要小量货币。但是小量货币的流通速度比大量货币的快得多。因此,虽然全部消费者一年购买的价值至少应等于全部实业家一年所购买的价值,但前者所需的货币量却比后者小得多。[①] 在斯密的这些议论中,正确的因素是他看出一定期间内商品流通所需的货币量取决流通中的商品价值和货币流通速度[②],错误的是他根据全部产品分解为收入的观点断言实业家之间流通的商品价值不能超过实业家和消费者之间流通的商品价值。[③] 后来,追随古典学派的英国资产阶级经济学家托马斯·图克在研究货币流通时,根据斯密的这一错误论断作出了关于"实业家"之间流通的货币量同"实业家"和消费者之间流通的货币量之比的错误结论。

斯密详细研究了作为流通手段的贵金属成为铸币的过程。他说,贵金属充当交易媒介物,遇到了两大麻烦:一是称重量,二是检验纯度。为了避免这些麻烦,就有必要用铸币代替金银条块。但是,各国君主常常有意削减铸币的金属含量,以不足值的轻币偿还债务和履行各种契约。其他债务人当然也就可以像国家那样以贬值的轻币偿还旧债。斯密明确指出:这种措施有利于债务人而有损于债权人,"产生了比公共大灾祸所能产生的大得多、普遍得多的个人财产上的革

---

① 亚当·斯密:《国富论》上卷,第 296 页。

② 马克思在《政治经济学批判》中曾经批评斯密"把流通中的铸币量问题悄悄地抹掉了,因为他完全错误地把货币当作单纯的商品。"引自《马克思恩格斯全集》第 13 卷,第 158 页。马克思后来在校正本中加了一个注:"这句话不确切。有些地方亚当·斯密正确地说出了这个规律。"在《资本论》第 1 卷中,马克思又说:"这句话只是对于亚·斯密专门论述货币的那些地方才是适用的。例如。在批评以前的政治经济学体系时,斯密偶尔说出了正确的看法。"引自《马克思恩格斯全集》第 23 卷,第 143 页。马克思紧接着从《国富论》第四篇《论政治经济学体系》第一章《商业主义或重商主义的原理》中引证了斯密的两处正确的论述。

③ 斯密信条有时甚至使斯密在流通货币量问题上得出更为极端的结论:"一国每年所能通用的货币量,取决于每年在国内流通的消费品的价值。"引自《国富论》上卷,第 312 页。

命"。① 对比一下斯密的立场和洛克在同朗兹论战中的立场,可以看出,斯密虽然和洛克一样维护作为国债债权人和其他债权人的利益,但是他只维护以重币借下的债不应当用轻币来还这一正当要求,而不像洛克那样维护国家债权人以轻币放的债要以重币归还这一不正当的要求。

关于纸币问题,斯密的论述是很有意义的。他在论述了货币是流通的大车轮,是商业的大工具以后,便接着论述纸币问题。这表明,斯密事实上是把纸币作为流通手段的货币符号来研讨的。既然货币是流通的大车轮,商业的大工具,那么斯密就必然逻辑地认为纸币是流通的新车轮,商业的新工具。这种新车轮和新工具不同于旧车轮和旧工具的一个显著特点,是造价和维持费低廉。而纸币给流通带来的方便,并无异于金银币。

斯密认为,纸币代替金币银币成为流通手段,有利于经济的发展。他的理由是这样的。假定一国流通中的货币原来为100万镑金银币,正好满足商品流通的需要。现在银行系统发行纸币100万镑,要留20万镑金银币作为准备金。这样,在流通渠道中一共注入180万镑货币(其中纸币100万镑,金银币80万镑),超过了需要。多余的80万镑货币就会溢出流通渠道,流往外国,以寻求国内所没有的有利用途。纸币在外国是不能流通的,因此,流到国外的必然是80万镑金银币,充满国内流通渠道的则是100万镑纸币。"所以,这巨量的金银,就像新创的基金一样,可用以开办新的事业。国内事业,现由纸币经营,金银就移转过来,作为这种新事业的基金。"② 在《演讲》中,斯密曾经把货币比作

---

① 亚当·斯密:《国富论》上卷,第24页。

② 同上书,第270页。又说:"如果以纸币代替,流通所需要的金银量减少到等于原先的五分之一,那末,其余那五分之四,若有大部分是加在维持产业的基金内,那当然会大大增加产业的数量,因而会大大增加土地和劳动的年产物的价值。"引自《国富论》上卷,第272页。

公路,说公路本身虽然并不生产谷物和草,但它能促进谷物和草在国内
流通。① 在《国富论》中,斯密继续运用这一比喻,进一步说,纸币代替
金银币的结果,使不生产谷物和草的公路变成了良田和牧场,从而大大
增加了土地和劳动的年产品。②

　　尽管斯密如此地称颂纸币的神秘作用,但是,约翰·罗在法国的
历史教训以及英国银行过多发行纸币引起混乱的现实,使斯密对纸币
过剩的问题还是深表忧虑。在用许多篇幅对纸币过剩问题作了分析
以后,斯密说:"我们又必须承认,有了这种设施(指以纸币代替金银
币——引者),国内工商业,固然略有增进,但用比喻来说,和足踏金银
铺成的实地相比,这样由纸币的飞翼飘然吊在半空,是危险得多的。管
理纸币,若不甚熟练,不用说了,即使熟练慎重,恐仍会发生无法制止
的灾祸。"③

　　这样,探索纸币流通量的规律,对斯密来说便成为一项十分迫切的
任务。他在探索过程中作出了开创性的贡献。斯密提出:"任何国家,
各种纸币能毫无阻碍地到处流通的全部金额,决不能超过其所代替的
金银的价值,或(在商业状况不变的条件下)在没有这些纸币的场合所
必须有的金银币的价值。"④ 这就是李嘉图所说的"斯密规律"。这一见
解是相当精辟的,表明斯密已经初步看出纸币流通量的规律取决于金
银币流通量的规律。

　　在把纸币作为流通手段的货币符号来论述的过程中,斯密经常把
纸币和信用货币等同起来。例如,斯密在说"纸币有好几种,各不相
同"⑤ 时,就把期票、银行券等都视为纸币。他不知道,信用货币是从货

---

① 《亚当·斯密关于法律、警察、岁入及军备的演讲》,第204页。
② 亚当·斯密:《国富论》上卷,第295页。
③ 同上。
④ 同上书,第275页。
⑤ 同上书,第268页。

币充当支付手段的职能中产生的,纸币则是从货币充当流通手段的职能中产生的。在信用货币理论方面,斯密是颇有建树的。他研究了信用货币的基础,讨论了他那个时代的信用货币的形式,分析了信用货币的作用。马克思指出:"亚当·斯密关于信用货币的观点是独创的而且深刻的。"①

斯密关于世界货币及其流通规律的说明是颇有兴味的。他把整个世界叫作"大商业共和国",把世界货币叫作"大商业共和国的货币",并把货币流通规律从一个国家推广到全世界,认为国际的货币流通受在国际间流通的商品的支配。斯密写道:"在一切大商业国中,还有大量金银块交替地输入和输出,以经营国外贸易。这种金银块像国币在国内流通一样地在各商业国之间流通,可以被看作大商业共和国的货币。国币的流动及其方向,受流通本国境内的商品的支配,大商业共和国的货币的流动及其方向,则受流通于各国间的商品的支配。二者都用来便利交换,一则用于同一国家的不同个人之间,一则用于不同国家的不同个人之间。"②

总之,斯密的货币理论在英国古典政治经济学史上是引人注目的。那种认为斯密著作中没有货币理论的论断,难以令人信服。当然,斯密在批判重商主义关于只有货币是财富的观点时,自己往往也走向极端。例如,他认为,商品流通中所需的货币愈多,商品的数量就愈少,一国的货币增加,贫困也就增加,等等,这就妨碍他科学地认识货币流通问题。正如马克思在评论斯密时所说:"反对重商主义幻想的激烈论战,使他不能客观地理解金属流通的现象。"③但是,瑕不掩瑜,斯密的货币理论的古典光辉是不会因此而泯灭的。

① 《马克思恩格斯全集》第13卷,第158—159页。
② 亚当·斯密:《国富论》下卷,第15—16页。
③ 《马克思恩格斯全集》第13卷,第159页。

四、李嘉图的货币理论

李嘉图的货币理论是政治经济学史上又一个意见分歧较大的问题。在西方资产阶级经济学论著中,李嘉图的货币理论几乎被完全等同于货币数量理论。在现代资产阶级经济学家看来,李嘉图对货币理论的"贡献"不是别的,而只在于他发展了货币数量理论。更有甚者,有的资产阶级经济学家竟把李嘉图的货币数量理论说成是李嘉图全部经济理论中最优秀的成果。十分明显,这是现代货币数量论者对李嘉图所作的曲解,他们抹杀了这位杰出的古典经济学家货币理论中的科学因素,而把他理论中的错误成分当作是首要的甚至是唯一的原理。

一些论著说:李嘉图的货币学说在他的整个理论体系中,实际上是一个可有可无的部分,或者是一个次要的、无足轻重的部分。这一论断是值得进一步商讨的。

应当注意到,李嘉图对政治经济学的研究是从货币问题开始的。在他的经济理论著作中,关于货币问题的著作占有重要的地位。

在1808年至1811年的英国金块论战期间,李嘉图是一位相当活跃的人物。他在这一期间写下了大量的有关论著。1809年8月29日、9月20日和11月23日,李嘉图先后在《晨报》上发表了三封信,这些信构成了他的第一部著作《关于黄金价格》。这一著作是英国著名的十九世纪初期金条论战开始的重要标志。1810年初,李嘉图出版小册子《黄金的高价是银行纸币贬值的明证》,进一步公开了自己的有关见解。这个小册子发表不久,英国下院便任命一个金条委员会调查金价上涨的原因。该委员会送给下院的金价报告于1810年8月13日在《晨报》等各报摘要发表。同年9月6日、9月18日和9月24日,李嘉图又先后在《晨报》上发表关于金条委员会报告的三封信。11月,李嘉图的论敌查尔斯·博赞克特出版小册子《对金价委员会报告的实际观感》,批评金条委员会的报告,在博赞克特看来,李嘉图的著作不仅是下院主持的金价调查的直接起因,而且是委员会提供的金价报告的一个提纲。针对博赞克特的这个小册子,李嘉图于 1811 年初出版《答博赞克特先生对金条委员会报告的实际观感》,系统地反驳了博赞克特的反对意见。

在上述货币问题早期论著中,李嘉图的货币理论观点已经形成。1816 年,李嘉图出版了小册子《一个既经济又安全的通货的建议》,除了重新阐述了自己的早期观点以外,还提出了十分重要的同数量理论相对立的新观点。后来,"李嘉图在他的政治经济学著作中重复并进一步发展了这个观点"。[①] 在《政治经济学及赋税原理》一书中,李嘉图的货币理论主要是在第二十七章《论通货与银行》中阐述的。在第一章"论价值"、第三章"论矿山租金"、第九章"农产品税"、第十三章"黄金税"等章中,也可以看到李嘉图货币理论的一些重要论点。此外,李嘉图在通信中,以及在《原理》发表之后写的《公债基金制度》(1820年)《建立国家银行的计划》(1823 年)等论著中,又补充了自己的货币理论的一些论点。

总的看来,李嘉图关于货币理论的著作是丰富的,内容是广泛的,见解有些是相当深刻的,但是有些又是相当肤浅的。在货币理论方面,李嘉图既作出了科学的贡献,又犯了严重的错误。

李嘉图是一位通货问题专家,他的交易所的实践活动和货币理论的探索直接地结合在一起,互为作用。他的弟弟摩西·李嘉图在讲到李嘉图的处女作时曾经这样说:"他在营业上与苏格兰银行发生的很多业务往来,配合他当时所进行的一系列研究,使李嘉图先生潜心思考通货的问题,力图说明硬币和银行纸币在价值上所存在的差别,并确定纸

---

① 《马克思恩格斯全集》第 13 卷,第 160 页。

币所以贬值的原因。"[①]

李嘉图最初对货币的研究,是直接由银行券流通的现象引起的。1797 年,即在持续多年的英法战争中期,金融危机和黄金外流使英格兰银行储备枯竭,英格兰银行被迫停止银行券兑换黄金。银行券开始贬值。黄金价格从 1797 年的每盎斯 3 镑 17 先令 $10\frac{1}{2}$ 便士的造币局平价提高到 1801 年的 4 镑 6 先令,再提高到 1809 年的 4 镑 13 先令的市场价格。物价普遍上涨。李嘉图在这种情况下开始探索货币的理论问题,研究黄金价格上涨的原因,并寻求稳定方案。

当时,英格兰银行的董事及其支持者认为,黄金市场价格上涨的原因不在于银行券发行过多,而在于黄金的稀缺。价值变动的不是银行券,而是黄金。因此,只好停止银行券兑现。如果恢复金本位制,金铸币就会外流。当时英国内阁大臣和主战派站在英格兰银行一边。这一派就是金块论战中的银行学派。银行学派主张,银行券的发行只需要以部分的金或金币作为储备。

同英格兰银行进行激烈论战的李嘉图认为,黄金市场价格上涨的原因不在黄金的稀缺,而在纸币发行过多。价值变动的不是黄金,而是纸币。因此,不应停止银行券兑现。只有恢复金本位制,允许发行过多的纸币随时兑换黄金,才能稳定黄金的市场价格,使它不会大大超过造币局平价。李嘉图的观点成为英格兰银行反对者的基本依据。当时英国议会反对派辉格党和主和派站在英格兰银行反对者一边。这一派就是金块论战中的通货学派或金派党人。通货学派主张,银行券的发行必须以全部金或金币作为储备,可以无限制地自由兑换。

李嘉图对货币的研究是逐步深入的。如果说,在他的处女作《关于黄金价格》中还没有提出货币的商品性质,还没有论述货币商品价

---

① 引自《李嘉图著作和通信集》第 3 卷,第 7 页。

值的决定的话,那么,在第二部著作《黄金的高价是银行纸币贬值的明证》中,这类问题便被提了出来。

关于货币的商品性质问题,李嘉图的"一切商品,包括货币在内"[①]的提法明确地表示了他的观点。他肯定货币是商品,并批判了把硬币和金银看作基本上不同于其他商品的偏见,批判了口头上承认货币是商品而实际上又把货币看作是特殊物品的政治经济学家。十五年后,李嘉图回忆他这个小册子的观点时说:"我在论金银条块的小册子里说过,许多人说,他们把货币只是看作一种商品,同其他商品一样,也受供求使价值变动的规律支配,但他们在深入论证货币时,难免要流露出,他们实际上是把货币看作某种特殊的东西,使它变动的原因与影响其他商品的原因完全不同。"[②] 从李嘉图所批判的可以看到他所主张的。在他看来,不仅应当承认货币是一种商品,而且应当进而承认货币这种商品和其他商品一样受同一规律支配。李嘉图说:"就调节其价值和决定其进出口的规律来说,我看不出金银条块和任何别的商品之间有什么本质区别。"[③] 不过,他在这里说的同一规律只是指供求规律。后来,在《政治经济学及赋税原理》中,李嘉图彻底改变了这一观点,说:"金价约比银价贵十五倍,这不是由于黄金的需求大,也不是因为白银的供给比黄金的供给大十五倍,而只是因为获取一定量的黄金必须花费十五倍的劳动量。"[④]

明确了货币的商品性质,李嘉图便进而明确了货币商品的价值的决定。关于这一点,李嘉图在《黄金的高价》中是这样陈述的:"黄金和白银也同其他商品一样,有其内在的价值,这并不是随便决定的,而

---

① 《李嘉图著作和通信集》第 3 卷,第 103 页。

② 同上书,第 6 卷,第 211 页。

③ 同上书,第 62 页。

④ 同上书,第 1 卷,第 301 页。

是取决于它们的稀少性、为取得这些金属而使用的劳动量,以及在开采它们的各矿所用资本的价值。"① 肯定金银同其他商品一样有它们的内在价值,这就使李嘉图和休谟在货币理论方面有一个显著的不同之点。如前所说,休谟既不谈商品的价值,也不谈金属货币的价值。现在,李嘉图既承认商品具有内在价值,又承认金属货币具有内在价值,而且认为二者的价值决定从属于同一规律。这表明李嘉图早期著作的观点就比休谟的高明很多。当然,李嘉图在这里对商品和货币价值决定的解释是有严重缺点的,他把"稀少性""资本的价值"和"使用的劳动量"并列在一起。实际上,"资本的价值"只是转移到商品中去。至于"稀少性",那根本不是价值的源泉。这些缺点,在李嘉图 1815 年 4 月 4 日致马尔萨斯的一封信中基本上得到了克服。信中写道:"它(货币——引者)的价值取决于使它进入市场的劳动和费用。"② 最后,在《政治经济学及赋税原理》这部代表作中,李嘉图完全以劳动价值理论为基础说明货币价值的决定问题,正确地指出金银的价值决定于物化在金银中的劳动时间量。他说:"金属的价值……取决于取得金属并把它运上市场所必需的劳动总量。"③ 又说:"黄金和白银像一切其他商品一样,其价值只与其生产以及运上市场所必需的劳动量成比例。"④ 很明显,李嘉图对货币金属价值的这些规定,是对斯密从劳动价值理论出发坚持货币的商品性质的继续和完成。

休谟不懂得贵金属的价值的变动会使商品价格随之变动,错误地认为是流通中的货币数量决定商品价格。他看到同等数量的黄金过去

---

① 《李嘉图著作和通信集》第 3 卷,第 56 页。

② 同上书,第 6 卷,第 217 页。

③ 同上书,第 1 卷,第 70—71 页。

④ 同上书,第 301 页。在 1819 年 3 月 26 日关于恢复现金兑付的证词中,李嘉图又说:"黄金以及其他商品的价值是取决于生产的成本的,就是说,取决于生产这些事物时的劳动量"。引自《李嘉图著作和通信集》第 5 卷,商务印书馆 1983 年版(下同),第 418—419 页。

曾经换到较多的商品而现在只能换到较少的商品这一事实，但不懂得这是由于生产黄金的劳动生产率提高导致黄金的价值下降的结果，而误以为这是由于黄金的数量的增多。和休谟相比，李嘉图的优点是他看出黄金的内在价值的变化引起价格变化。他说："黄金正像一切其他商品一样，在市场上的价值最后要决定于它的生产上的相对便利与困难程度。"[①] 由此，李嘉图正确地解释了休谟错误地解释的现象。他说："如果我看到一盎斯黄金所换得的上述各种商品及其他许多商品的量都已减少，并且看到由于发现了更丰饶的新矿山，或是由于更有利地使用机器，用较少的劳动量就可以取得一定量的黄金，那么，我就有理由说，黄金相对于其他商品的价值发生变动的原因，是它的生产已经比较便利，或获得时所必需的劳动量已经减少。"[②] 这样，李嘉图就为正确说明十六和十七世纪的贵金属增加和物价上涨的现象提供了理论原则，而这种现象曾经在很长的历史时期中迷惑过一代又一代的货币数量论者。李嘉图的这一理论原则同他自己的货币数量理论也是对立的。

李嘉图虽然继斯密之后更明确地在劳动价值理论的基础上肯定了货币的商品性质，然而"他从来没有像研究交换价值、利润、地租等等那样研究过货币的本质"。[③] 只了解货币的商品性质是不够的，真正的困难在于了解商品怎样、为什么、通过什么成为货币。可是，李嘉图始终没有这样去研究问题，当他研究商品和货币的价值规定时，只注意价值的量的规定，只知道交换价值等于一定量的劳动时间，而不注意价值的质的规定，因而不了解个人劳动必定要表现为社会劳动，创造价值的劳动必定要表现为货币。马克思在分析李嘉图的这一错误时指出："这种劳动的形式——作为创造交换价值或表现为交换价值的劳动的特殊

---

① 《李嘉图著作和通信集》第 1 卷，第 163 页。

② 同上书，第 13 页。

③ 《马克思恩格斯全集》第 13 卷，第 160 页。

规定。这种劳动的性质，李嘉图并没有研究。因此，李嘉图不了解这种劳动同货币的关系，也就是说，不了解这种劳动必定要表现为货币。所以，他完全不了解商品的交换价值决定于劳动时间和商品必然要发展到形成货币这两者之间的联系。他的错误的货币理论就是由此而来的。"[1] 本来不应得出货币数量理论的李嘉图，最终还是陷入了数量理论的迷网。

关于货币职能问题，李嘉图也作了研究。首先引起李嘉图注意的是货币的两个基本职能：价值尺度和流通手段。他说，金银普遍用作价值尺度和交换媒介。对于货币的其他职能，李嘉图也有所论述。其中论述较多的是支付手段，论述最不充分的是贮藏手段。李嘉图看出，货币所以能够担当价值尺度，是因为货币本身具有价值。"长度只能用长度来计量，容积只能用容积计量，价值只能用价值计量。"[2] 金银本身是具有一定价值的商品，因而能够用来衡量任何别的商品的价值。不过，应当注意，尽管李嘉图实际上知道货币作为价值尺度的职能，并且知道货币和商品在进入流通之前都具有内在的价值，然而他在展开自己的货币理论时，往往只把流通手段或交换媒介看作是货币的基本职能。有的职能，例如世界货币这一职能，虽然在个别场合提到，但他并不真正理解，尤其不理解贵金属作为国际支付手段的职能。[3] 这些片面性也是李嘉图在货币理论方面犯错误的一个原因。

尽管李嘉图关于货币问题的论著较多，但他并没有以全面阐述货

----

① 《马克思恩格斯全集》第 26 卷 II，第 181 页。

② 《李嘉图著作和通信集》第 2 卷，第 39 页。

③ "李嘉图从事著作活动的时期，是不适宜于观察贵金属作为世界货币的职能的时期。在大陆体系实施之前，贸易差额几乎总是对英国有利，而在大陆体系实施期间，同欧洲大陆的交易太少了，不足以影响英国的汇率。货币的输送主要是政治性的，而李嘉图对于补助金在英国金的输出中所起的作用看来是一无所知的"。引自《马克思恩格斯全集》第 13 卷，第 169 页。

币理论为己任。十九世纪初期,英国出现了大量的货币理论著作。在这种情况下,李嘉图只把研究支配通货数量和价值的规律作为自己的主要研究对象。他说:"我不打算对货币问题作长篇大论","关于通货问题的著述已经非常之多……凡属注意过这一问题的人都能理解其正确原理。所以,我将只概略论述某些支配通货数量和通货价值的一般法则。"[1]

在关于支配通货数量和价值的规律的研究中,当李嘉图沿着劳动价值理论的正路前进时,他作出一些比较正确的分析,得出一些比较正确的结论;当他离开劳动价值理论的正路时,便作出许多完全错误的分析,得出十分错误的结论。

从自己的劳动价值理论出发,李嘉图的正确思路是:贵金属的价值是由物化在其中的劳动时间量决定的,因此,流通手段的数量首先决定于货币本身的价值,所需要的货币量同金属货币的价值成反比。[2]李嘉图写道:"一国所能运用的货币量必然取决于其价值……通货决不会多得到泛滥的地步。因为降低其价值,其数量就会相应地增加,而增加其价值,其数量就会相应地减少。"[3]其次,一国中流通手段的数量决定于流通中的商品价值总额。商品价格就是用具有内在价值的货币所表现出来的商品的内在价值。流通手段的数量同商品价值总额成正比。商品价值总额越大,所需的货币数量越多,反之,商品价值总额越小,所需的货币数量就越少。最后,一国中流通手段的数量还决定于流通手段的节约程度即同一货币的流通速度。流通手段的数量同它的节约程度成反比。节约程度越高,所需的货币数量就越少,反之,节约程度越低,所需的货币数量就越多。总之,"使用金属货币的任一国家,在实

---

① 《李嘉图著作和通信集》第 1 卷,第 301 页。

② 同上书,第 4 卷,第 53 页。

③ 同上书,第 1 卷,第 301 页。

际支付中用来作为货币的那项金属的量,或者是被用纸币部分地或全部地作为金属货币代用品的那项金属货币的量,必然取决于以下三项:第一,金属的价值;第二,拟作出的支付的数额或价值;第三,在完成那些支付中实行的节约程度"。① 李嘉图对流通中需要的货币量所作的这一分析,显然是比较科学的。这一分析,发展了斯密思想中的正确因素,抛弃了其中的错误成分。马克思肯定了李嘉图的这一分析②,并认为李嘉图在这里"推翻了自己的全部(错误——引者)观点"。③

李嘉图的正确思路使他在纸币流通的分析方面也取得了积极的成果。他指出,金币和银币是不会超过流通需要的,但是纸币有可能超过流通的需要。李嘉图说:"如果所流通的是金币和银币,其数量的任何增加会散布到全世界去。如果所流通的是纸币,则它只会散布在发行这种纸币的国家以内。"④ 他看出,纸币过多的结果,必然是通货贬值或通货膨胀。

李嘉图站在工业资产阶级的立场上,对纸币的不断贬值可能引起的严重后果深表忧虑。他指出:"我们通货的所有祸害都是由于银行纸币的发行过多。"⑤ 他认为,通货膨胀使英格兰银行"可以随意减低每一有钱者的财产价值,并通过提高粮食和每种生活必需品的价格,使受领国家年金的人以及所有因收入固定不能从他们自己的肩上转嫁其任何部分负担的人都受到损害"⑥,从而,"可能会使千千万万的人遭到破产"。⑦ 李嘉图对通货膨胀或贬值基本上持反对态度。这一基本态

---

① 《李嘉图著作和通信集》第4卷,第53页。
② 《马克思恩格斯全集》第13卷,第161页。
③ 同上书,第46卷下,第399页。
④ 《李嘉图著作和通信集》第3卷,第91页。
⑤ 同上书,第26页。
⑥ 同上书,第26—27页。
⑦ 同上。

度,使他对金银币流通规律和纸币流通规律的关系的认识包含正确的方面。

李嘉图区分了可以随时兑换硬币的纸币和不能兑换硬币的纸币。他认为,在前一场合,纸币的增加不会引起通货贬值,原因是"几乎会有同一数量的硬币从流通中收回并输出"[①];在后一场合,纸币的增加都会引起通货贬值,并且"都会按其过剩的比例而贬低流通媒介的价值"[②]。李嘉图赞成并引证斯密关于纸币数额绝不能超过它所代替的金银的价值的论点,并以此作为检验英国纸币流通量是否过剩的标准。

以上表明,李嘉图在沿着正确思路研究支配通货数量和价值的一般规律时,他已经发现了货币流通规律,并且事实上已经知道纸币流通规律,已经意识到纸币流通规律是从纸币所代替的金银价值这一关系中形成的。从这一方面说,李嘉图也无愧是斯密的伟大继承者,是英国古典政治经济学的最大代表。

李嘉图关于制止通货膨胀的方案,正是由此产生的。按照他的理论的内在逻辑,既然黄金价格提高和物价普遍上涨的原因在于纸币发行过多,那么,即使在纸币不能兑换硬币的情况下,只要发行银行收回过剩的纸币,金价、物价和汇率便都会恢复正常。李嘉图说:"如果议会能命令英格兰银行逐渐从流通中收回总数达两三百万的纸币而暂不责成其兑付硬币,我们很快就会看到黄金的市场价格将跌到 3 镑 17 先令 $10\frac{1}{2}$ 便士的法定平价,每种商品也将有类似的跌价,而对国外的汇价也将限于上述的限度。"[③]

李嘉图赞成使用纸币,认为纸币有许多优点,不仅节约了昂贵的货

---

① 《李嘉图著作和通信集》第 3 卷,第 90 页。李嘉图又说:"银行纸币这种实际价值的低落,是由于银行把过多数量的纸币投入流通而发生的。……不断增加纸币的数量,能使其因而发生的贬值漫无止境。"引自《李嘉图著作和通信集》第 3 卷,第 79 页。

② 同上书,第 79 页。

③ 同上书,第 26 页。

币金属材料, 而且还可以根据需要随时改变其数量。但是, 只有以贵金属为通货本位的纸币, 也就是只有可以随时兑换硬币的纸币, 才是最理想的货币。在《一个既经济又安全的通货的建议》中, 李嘉图写道:"一种通货, 假使其本位是不变的, 是永远跟那个本位一致的, 在实际使用中又是极端经济的, 这就可以认为是十全十美的通货。"[1] 在《政治经济学及赋税原理》中, 李嘉图在重申这一点时又写道:"当一种通货完全由纸币构成, 而这种纸币的价值又与其所要代表的黄金的价值相等时, 这种通货就处于最完善的状况。"[2]

李嘉图赞成纸币由政府发行而不由私人(商人或银行家)发行, 认为这样可以减去人民的纳税负担。不过, 李嘉图担心政府会滥用货币发行权。他不无忧虑地说:"纸币发行权操在政府手里比操在银行手里似乎有更容易被滥用的危险。"[3] 而且, "经验证明, 国家和银行在握有不受限制的纸币发行权以后是没有不滥用这种权力的"。[4] 历史证明, 李嘉图的忧虑是有充分根据的。

当李嘉图从商品价格和流通中货币数量的表面现象关系出发时, 他便沿着错误思路滑下去, 陷入货币数量理论的泥潭。李嘉图目睹的经济现象是, 英国的纸币贬值以及与此同时发生的商品价格的上涨。但是, 在《黄金的高价是银行纸币贬值的明证》[5] 中, 李嘉图却给自己的数量理论"涂上了一层国际的色彩"[6], 从规模宏大的通货的国际平衡来说明问题。他认为, 全世界的贵金属是根据流通的需要按照一定的比例分配于各个国家的。这种需要取决于各国的实业和财富, 从而取

---

[1] 《李嘉图著作和通信集》第 4 卷, 第 52 页。
[2] 同上书, 第 1 卷, 第 308 页。
[3] 同上书, 第 309 页。
[4] 同上书, 第 304 页。
[5] 同上书, 第 3 卷, 第 56 页以下。
[6] 《马克思恩格斯全集》第 13 卷, 第 164 页。

决于各国的支付数目和频率。这样分配的贵金属在所有的国家都具有同一价值。因此,贵金属就不会出口或进口。这就是通货的国际平衡。如果这些国家中某个国家发现了金矿,那么这个国家的通货价值就会由于贵金属数量的增加而降低。这样一来,原来的通货的国际平衡就会被打破,金银就会离开市价较低的国家而流入市价较高的国家。只要这个国家金矿的产量一直很多,这种情况就会继续下去,直到发现这个金矿前存在于各国的贵金属的比例重新建立、各国金银的同一价值恢复、通货的国际平衡再次达到时为止。

李嘉图认为,和发现金矿的意义一样,银行纸币发行量的增加也会引起相同的结果。他说:"如果在任何一个国家不是发现了一个矿藏而是设立了一个像英格兰银行这样的银行,有权发行纸币作为流通媒介;在通过对商人的放款及对政府的垫款发行了大量纸币以后,通货的数额就大为增加,其影响将与发现金属矿的情况相同。流通媒介的价值就会低落下去,而货物的价格则会相应地上涨。只有依靠一部分硬币的出口才可恢复那个国家和其他国家之间的平衡。"[1]

李嘉图从规模宏大的贵金属的国际平衡来立论,绕了复杂的国际圈子。然而,"表面上的规模宏大一点也不改变他的基本思想的渺小"[2],脱去那件国际色彩的外衣,实际上只是一个简单的教条:一国中贵金属数量的增加,会引起贵金属价格下降,也就是会引起商品价格普遍上涨。纸币和铸币可以同样有效地增加通货数量。一国中纸币数量的增加,会引起通货贬值,也就是会引起商品价格普遍上涨。这就是李嘉图的货币数量理论的核心。

---

① 《李嘉图著作和通信集》第 3 卷,第 58 页。马克思曾经指出:"美国矿山对休谟的意义,与针线街(英格兰银行所在的伦敦的一条街——引者)纸币印刷厂对李嘉图的意义是相同的,李嘉图本人也曾在某处明确地把这两个因素同等看待。"引自《马克思恩格斯全集》第 13 卷,第 160 页。

② 《马克思恩格斯全集》第 13 卷,第 164 页。

应当看到,李嘉图即使在这一场合,也仍然承认贵金属具有内在价值。既然如此,他为什么会得出数量理论的结论呢?引导他犯错误的内在逻辑是:贵金属之所以成为货币,只因为它是流通手段。就像强制发行的作为单纯价值符号的货币一样,它非留在流通中不可。如果流通中的金属货币价值总额等于用金属货币价值估计的商品价值总额,这时流通中的金属货币量就是正常的。一国通货的正常水平表现为通货的国际平衡,正常水平的货币量是同它的实业和财富相适应的货币量,如果流通中的金属货币价值总额大于用金属货币价值估价的商品价值总额,物价就会上涨。金属货币价值就会降低到金属价值以下,也就是说,金属货币是一个价值符号,代表着一个小于它的内在价值的价值。这时,流通中的金属货币量过剩。一国通货高于正常水平表现为国际平衡的破坏。只有通过过剩金属货币的出口,才会逐渐恢复平衡。[①]如果金属货币的价值总额小于用金属货币价值估价的商品价值总额,物价就会下跌。金属货币价值就会升高到金属价值以上,也就是说,金属货币是一个价值符号,代表着一个大于它的内在价值的价值。这时,流通中的金属货币量不足,一国通货低于正常水平也表现为国际平衡的破坏。只有通过金属货币的进口,才会逐渐恢复平衡。

李嘉图的结论是,在金属货币或纸币的数量增加或减少之后,商品价格会相应地上涨或下跌,流通中的金属货币或纸币数量因此又将同流通中的商品价值总额保持原有的比例关系。他写道:"流通媒介数量的增加或减少,不管它是由黄金、白银或纸币所构成,都不能使它的价值增加到这个比例以上或减低到这个比例以下。如果矿山不能再供给贵重金属每年的消费量,货币就会有较大的价值,并且只会有较小的数量用作流通的媒介。数量的减少将同它的价值的增加成比例。同样,

---

① "流通媒介的贬值是它数量过多的必然结果:在一国通货的普通状态下,这种贬值为贵重金属的出口所抵消。"引自《李嘉图著作和通信集》第3卷,第66页。

如果发现了新矿,贵重金属的价值就会减低,并且会有一个加大的数量用于流通;因此无论是在哪一种情况下,货币对其所流通的商品的相对价值,还是会继续同以前一样。"①

以上就是李嘉图在《黄金的高价是银行纸币贬值的明证》中系统论证的货币数量理论。在以后的著作中,李嘉图虽然对货币理论作出过一定的科学贡献,但是同时重复了数量理论的错误。在有些著作中,他也曾对自己的数量理论作了一些修改或加上一些限制,但是从来没有意识到更没有清算过自己的错误,而是不自觉地让自己货币理论中的科学因素和庸俗成分混杂在一起。

在李嘉图那里,数量理论始终是没有得到证明的理论。如果李嘉图断定这一理论可以成立,他就应当证明,商品价格和贵金属价格决定于流通中的金属货币数量。为此,他又应当首先证明,贵金属都必定成为流通手段,从而必定成为单纯的价值符号,而不管贵金属的内在价值如何,也不管流通中商品的价值总额如何。也就是说,李嘉图应当首先证明,金属货币不能担当价值尺度的职能,在进入流通之前没有价值;金属货币也不能担当贮藏手段的职能,退出流通之后也没有价值。李嘉图知道,这些要证明的命题都是无法证明的,而且显然是同他自己的正确思想相对立的。也许就是这个原因,在论战时,他就用武断来代替科学证明,说:"商品的价格会按货币增加或减少的比例而涨落,这我认为是无可争辩的事实。"②

从认识问题的角度看,李嘉图之所以把根本违背事实的东西硬说成是"无可争辩的事实",是因为他把自己看到的价值符号数量的增长

---

① 《李嘉图著作和通信集》第3卷,第90页。马克思批判了李嘉图的这一结论,指出它"与贵金属的生产费用相矛盾,因而与它作为商品对其他商品发生的关系相矛盾。"引自《马克思恩格斯全集》第13卷,第163页。

② 同上书,第3卷,第180页。

引起贬值的现象误认为是问题的本质。李嘉图在沿着正确思路思索时，虽然能区分金属货币和价值符号，能区分金属货币流通规律和纸币流通规律，可是在沿着错误思想思索时，却总是把铸币、银行券、纸币混为一谈，把金属货币流通规律和纸币流通规律混为一谈，把强制的价值符号流通同遵循另一种规律的银行券流通混为一谈。这样，他就把价值符号或强制流通的国家纸币的数量增长引起贬值的现象，当作是金属货币流通和银行券流通的普遍规律，从而以为流通中的货币数量决定商品价格。

有些资产阶级经济学家把李嘉图说成是货币数量理论的创立者，这是完全违背历史事实的。事实上，仅就英国而论，洛克、范德林特、休谟等人已经先后提出并发挥了这一理论。因此，不应当把李嘉图说成是这一理论的创立者，而只能说李嘉图使休谟的数量理论"更加完善"①，"在它的基础上从形式上把它推到了极端"②。但是，不能把李嘉图的数量理论完全等同于休谟的数量理论。休谟认为货币只有一种"主要是虚构的价值"，而李嘉图即使在犯严重错误的时候也还承认货币具有内在的价值，并把作为价值符号的货币看作是一定数量金属货币的符号。休谟的货币理论纯属数量理论，李嘉图的货币理论不仅包含庸俗成分，而且包含古典的以劳动价值理论为基础的科学因素。

李嘉图的货币理论在政治经济学史上占居重要的地位，这不仅因为"他对前辈作了总结，更明确地表述了他们的观点"③，也不仅因为"他给予货币理论的形式，直到目前（马克思写作《政治经济学批判》的时候——引者）还支配着英国的银行立法"④，而且更重要的是因为

---

① 《马克思恩格斯全集》第 13 卷，第 158 页。
② 同上书，第 46 卷下，第 304 页。
③ 同上书，第 13 卷，第 159 页。
④ 同上。

他和斯密的货币理论一起共同成为马克思的货币理论的思想来源。马克思说:"我的价值、货币和资本的理论就其要点来说是斯密—李嘉图学说的必然发展。"①

---

① 《马克思恩格斯全集》第23卷,第19页。

第五章 工资理论

英国古典经济学在工资理论方面也作了重要探索。问题是，从配第到李嘉图，都把劳动看作是商品，把工资叫作"劳动的价值"或"劳动的价格"。这样，他们就陷入了无法解决的混乱和矛盾之中，并为忠于假象的庸俗经济学的浅薄理论提供了基础。古典经济学家所说的"劳动的价值"或"劳动的价格"，实际上是劳动力的价值或价格。但是，作为资产阶级经济学家，尽管几乎接触到事物的真实状况，他们毕竟没有自觉地对此进行科学的揭示、论证和表述。特别是，李嘉图由于未能区分劳动和劳动力，无法在价值规律的基础上说明劳动和资本的交换。这成了导致李嘉图学派解体的难题之一。当然，英国古典经济学家的工资理论除了庸俗成分之外，确实有一些科学因素。下面我们就来讨论这些问题。

一、配第的工资理论

配第的工资理论同他的剩余价值理论有着密切的联系。按照他的看法，地租，即全部农业剩余价值的表现，是土地耕种者创造的劳动成果超过土地耕种者的工资的余额。既然如此，要在劳动价值理论的基础上说明剩余价值，就必须研究"劳动的价值"，说明工资的决定。

在配第看来，"劳动的价值"是由必要的生活资料决定的。在《赋税论》中，他说，法律应该使工人得到仅仅最必要的生活资料，因为，如果给工人双倍的生活资料,那么,工人做的工作,将只有他本来能做的并且在工资不加倍时实际所做的一半。这对社会说来,就损失了同量劳动所创造的产品。[①] 在配第的心目中,工人最必要的生活资料是一个常数。为了取得最必要的生活资料,工人不得不提供剩余劳动,创造剩余价值。按照配第的主张,工资不得超过最必要的生活资料,这样才能迫使工人进行剩余劳动。例如,工人要取得相当于 6 小时劳动量的最必要的生活资料,就得进行 12 小时的劳动。如果现在工人劳动 12 小时就给相当于 12 小时劳动量的生活资料,这就是"给工人双倍的生活资料",工人就不用进行 12 小时的劳动,而只要用过去劳动的一半时间即 6 小时,就能维持生存,因而"社会"就损失了同样数量劳动时间所创造的产品。

《赋税论》中提出的"劳动的价值"或工资由必要生活资料决定的思想,在《爱尔兰的政治解剖》中有了发展。在后一著作中,配第明确提出,工资是由工人"为了生存、劳动和传宗接代"[②] 所必需的生活资料决定的。知道了这些必要生活资料的价值,也就知道了"劳动的价值"。配第还对"劳动的价值"的统计和计算作了尝试。在配第的有关论述中,有两点值得注意。一、必要生活资料不是指任何一个工人的必要生活资料,而是指的平均数。配第说:"有些人比另一些人吃得多,这并无关紧要,因为这里说的一天的食物,指的是一百个各种各样的、体格不同的人为了生存、劳动和传宗接代而吃的东西的一百分之一。"[③]二、必要生活资料不包括高级消费品或奢侈品,而只包括各个国家"最容易得到的东西"。配第说:"生产某一种一天的食物,比生产另一种一天的食物,可能需要更多的劳动,这也无关紧要,因为我们所说的是

①　威廉·配第:《赋税论　献给英明人士　货币略论》,第 85 页。
②　威廉·配第:《爱尔兰的政治解剖》,第 57 页。
③　同上。

世界上各个国家的最容易得到的食物。"①

在配第看来，工人为了生活、劳动和延续后代所需的生活资料，在自然肥力和气候不同的国家是有差异的。他说："自然价值的高低，决定于生产自然必需品所需要人手的多少。谷物的价格，在一个人能生产十个人所需的谷物的时候，要比一个人只能生产六个人所需的谷物的时候，来得低廉。同时，它也因人们由于受气候影响有时要多消费一些，有时要少消费一些的情况，时而上涨，时而下跌。"②配第在这里提出的自然肥力和气候条件不同因而必要生活资料也会不同这一论点，并不像有的著作断言的那样显然是错误的，而是一个有意义的论点。马克思认为："劳动的不同的自然条件使同一劳动量在不同的国家可以满足不同的需要量，因而在其他条件相似的情况下，使得必要劳动时间各不相同。"③马克思在阐述自己的这一论点时，引证了同配第上述论点相近似的马西的论点。

在工资问题上，配第除了有比较有科学价值的观点，还有十分庸俗的观点。他错误地把"劳动的价值"或工资同土地的价格进行类比，说是"整个人类的价值"和土地相同，"每个人的价值约等于八年的年收入"，或"等于七年的年收入"。④又说："人群也和土地一样，值二十年的年租"。⑤这种观点，显然同他前面说的"劳动的价值"或工资决定于工人为了生活、劳动和延续后代所必要的生活资料的观点是不相容的。土地的价格是由地租量的大小和利息率水平的高低决定的。这种土地价格是资本化的地租，是转化为一定数量货币资本的地租。而工资的性质与此根本不同，它不过是劳动力价值或价格的转化形式。可

---

① 威廉·配第：《爱尔兰的政治解剖》，第57页。
② 威廉·配第：《赋税论　献给英明人士　货币略论》，第88页。
③ 《马克思恩格斯全集》第23卷，第562页。
④ 威廉·配第：《赋税论　献给英明人士　货币略论》，第103页。
⑤ 威廉·配第：《政治算术》，第33页。

是,在十七世纪下半期的英国,把工资看成利息,把劳动力看成带来利息的资本,把一年的工资和年利息率之比看成一年的劳动力资本的数量的观点,已经成了一种流行的观念,配第本人也当了这种庸俗观念的俘虏。马克思对这种庸俗观念作了尖锐的批判,指出:"资本主义思想方法的错乱在这里达到了顶点,资本的增殖不是用劳动力的被剥削来说明,相反,劳动力的生产性质却用劳动力本身是这样一种神秘的东西即生息资本来说明。"[1] 不仅十九世纪的许多庸俗经济学家热衷于这种观念,而且直到现在,在西方资产阶级经济学家那里这种观念仍然时有所见。事实上,劳动力的年价值只等于他的年平均工资,工人为了获得这种"利息",不仅要进行和"利息"等价的必要劳动,还要为"利息"支付者进行剩余劳动,否则是领取不到"利息"的。工人的劳动力"资本"价值不能通过转让的办法转化为货币。

配第研究剩余价值的性质和起源,是为了给统治阶级增加收入献计献策,同样,配第研究工资是为了维护英国政府限制工人最高工资的立法。在《赋税论》中,配第写道:"现在劳动的价格必须是确定的。(我们知道,这是法律规定的,法律对各种劳动者的计日工资都定有限制)如果不遵守这种法律,或是不使法律适应时势变迁而变化,那是非常危险的。这将有害于为改善本国产业情况的所有努力。"[2] 问题说得很清楚,为了"改善"本国"工业情况",也就是为了提高资本利润和积累,必须"遵守"英国政府的限制最高工资法,而且这种立法要"适应时势变迁而变化",否则就"非常危险"。配第的阶级立场,在这里表现得十分明确。当然,配第毕竟不同于后来蓄意为压低工资辩护的庸俗经济学家。他说:"如果政府宣布劳动者的工资等等都不得随着货币价值的这种提高而提高,则这种法令,只不过是要在劳动者身上加上一种

---

① 《马克思恩格斯全集》第 25 卷,第 528 页。
② 威廉·配第:《赋税论　献给英明人士　货币略论》,第 50 页。

租税,强使劳动者损失一半工资。这种措施不单是不公平的,而且也是行不通的,除非劳动者能够依靠这一半工资而生活(而这是不可想象的)。在这种情况之下,规定这种工资的法律,就是很坏的法律。"[1] 这里,配第并不仅仅是简单地从道德观点出发,认为降低工人工资的法律是"不公平"的,他还从经济观点出发,认为"除非工人能够依靠这一半工资而生活",否则是"行不通"的。后面这一论点,表明配第多少已经意识到劳动力再生产是资本主义再生产的一个必要条件。

二、洛克、范德林特、休谟和康替龙的工资理论

配第关于工资由工人必要生活资料决定的思想,为他的后继者洛克所继承。洛克说:如果工人的食物、衣服和用具的价格上涨,那么工资也应当随这些商品价格的上涨而同比例地提高,使工人能活下去,否则工人就不能养活自己及其家庭。

范德林特发挥了配第和洛克的工资观点,他在《货币万能》中写道:"劳动的价格总是由必要生活资料的价格决定的。"如果"工人所得的工资不能依照他作为一个工人的低下的身份和地位,维持他们当中许多人注定会有的大家庭",那他就没有得到适当的工资。[2]

在工资问题上,休谟超过前辈和同时代人的地方,在于他指出了"劳动价格"提高和其他商品价格提高之间的不同之点,这就是,只是在其他商品价格提高之后,"劳动价格"才有所提高。休谟的这一论点不仅具有理论意义,而且具有现实意义。以后的资产阶级庸俗经济学家对于这个论点都噤若寒蝉。杜林也是如此。马克思揭露杜林时说:"休谟关于'劳动价格'只是在所有其他商品的价格提高之后最后才提

---

① 威廉·配第:《赋税论　献给英明人士　货币略论》,第85页。

② 杰·范德林特:《货币万能》,引自《马克思恩格斯全集》第23卷,第348页。

高的这一论点，……杜林先生的书中只字未提……即使他觉察到了这一点，……那也非常不便于在工人面前颂扬这种理论。"[1] 现代西方宣传"工资—价格螺旋上升"论的资产阶级经济学家，对于休谟的这一论点更是讳莫如深。因为他们企图把休谟发现的其他商品价格提高和"劳动价格"提高的因果关系颠倒过来，用谎言代替事实。

康替龙对工资形式作了颇有意义的考察。他说：手工业帮工的劳动，是按日或按件规定的。康替龙不仅注意到工资有计时工资和计件工资两种形式，而且考察了两种形式的工资之间的关系。他说："从事每种手艺的工人一天能完成多少工作，业主大体上是心中有数的，所以，他们往往根据完成的工作量付给工人报酬；这样，即使没有监督，这些帮工为了切身利益也会尽量劳动。"[2] 康替龙的这段话表现出他对计件工资和计时工资的关系的深刻的观察力。计件工资从形式上来说似乎已经完全不同于计时工资，似乎已经不再以劳动时间为依据，似乎工人按照产品的数量得到了全部劳动报酬。康替龙没有被这种现象所迷惑，而是看出了计件工资仍然是受工作日长度制约的。因此，马克思高度评价了康替龙，认为他"在这里已经把计件工资看作只是计时工资的转化形式。"[3]

康替龙接受了配第关于工资应等于工人为了生活、劳动和延续后代所需的生活资料的观点，并进而对最低工资水平作了推算：最低等级的普通劳动者，为了抚养两个子女，至少应当得到两倍于自己所需的生活费用。一个强壮奴隶的"劳动的价值"尚且两倍于自身的生活费用，一个最低等级的劳动者的"劳动的价值"不能低于一个强壮奴隶的"劳动的价值"。

---

① 《马克思恩格斯全集》第 34 卷，第 40 页。
② 同上书，第 23 卷，第 608 页。
③ 同上。

康替龙的工资理论对魁奈和斯密都产生过深刻的影响,用马克思的话说,魁奈、斯密等人"曾充分利用过"康替龙的观点。[①]

三、斯密的工资理论

斯密的工资理论是建立在他的价值理论基础上的,并且和他的剩余价值理论有着密切的联系。按照斯密的价值理论,在资本积累和土地私有制产生之前的社会原始不发达状态,商品的价值决定于商品中包含的劳动时间;在资本积累和土地私有制产生以后,商品的价值决定于商品能购买到或支配的劳动量。这种能购买到或支配的劳动量,指的是能够买到商品的活劳动量,实际上就是"劳动的价值",也就是工资。按照斯密的剩余价值理论,在土地私有制产生和资本积累之前,全部劳动产品都属于劳动者。土地私有制产生和资本积累以后,土地所有者在地租形式上对劳动产品作了第一个扣除,资本家在利润形式上对劳动产品作了第二个扣除。同这种价值理论和剩余价值理论相适应,斯密提出了自己的工资理论:在资本积累和土地私有制产生以前,劳动产品全部属于劳动者,构成劳动的工资;在资本积累和土地私有制产生以后,由于土地所有者和资本家凭借土地和资本分享劳动产品,所以只有部分劳动产品属于劳动者,构成劳动的工资。

在阐明自己的工资理论时,斯密说:劳动的产品构成劳动的自然报酬或工资。在土地私有制产生和资本积累之前的社会原始状态中,全部劳动产品都属于劳动者。既没有土地所有者,也没有老板来同他分享。假如社会的这种状态保持下去,那么工资就会随着分工引起的劳动生产力的增长而增长。一切东西就会逐渐便宜起来。它们将会由较

---

①《马克思恩格斯全集》第 23 卷,第 608 页。

少量的劳动生产出来；而因为在这种状态下同量劳动生产的商品自然会相互交换，所以它们也就可以用劳动量较少的产品来购买。[①]

在以上论述中，斯密认为劳动的产品构成劳动的自然报酬或工资。按照这一提法，工资是工人自己创造的劳动产品或价值，是劳动收入。从劳动价值理论出发，斯密正确地理解到工人的收入在性质上根本不同于资本家和土地占有者的收入。这是他的工资规定中的合理因素。但是，这种工资规定也含有不合理的因素。它缺乏历史观点，对资本主义制度下的工资和资本主义以前的劳动收入未加区别，把雇佣工人的收入和小生产者的收入混为一谈。

在斯密看来，这种既无土地所有者又无资本家的社会状态如果能继续下去，劳动者的"工资"将随生产力的发展而提高，商品中包含的劳动量将随生产力的发展而下降。斯密说：这种由劳动者享有自己的全部劳动产品的社会原始状态，在土地私有制产生和资本积累之后，不可能保持下去。因此，这种状态在劳动生产力取得最重大的发展之前早就不存在了，所以，进一步研究这种状态对劳动报酬或工资可能产生什么影响，就没有用处了。[②]

在这里，斯密明确认为，劳动生产力的发展对工人本身并没有好处。正是劳动生产力的发展导致资本积累和土地私有制的产生，因而使劳动产品不能都属于劳动者。在这里，斯密还明确认为，劳动生产力的"最重大的发展"是从"土地私有制产生和资本积累"开始的，也就是从劳动条件作为土地所有权和资本同劳动相对立时开始的。因此，这时研究生产力发展对"全部劳动产品都属于劳动者"这个意义上的"工资"的影响，当然"就没有用处了"。由此也可以看到，斯密毕竟还有一些历史感，他并非完全不知道资本主义制度下的工资和资本主义

[①]　亚当·斯密：《国富论》上卷，第58页。
[②]　同上书，第59页。

以前的劳动收入的区别，并非完全不知道雇佣工人的收入和小生产者的收入的区别。斯密估计，当时欧洲雇佣劳动者和独立劳动者的比例是二十比一，从这点说，研究后者的劳动收入对研究资本主义制度下的工资也是"没有用处"的。

斯密不是把全部劳动产品都属于劳动者的那种"工资"作为研究对象，而是把资本主义的工资作为研究对象，这是正确的。他给自己研究的工资作了如下规定："劳动工资一语，都普遍理解为，在劳动者为一人而雇佣他的资本所有者另为一人的一般情况下，劳动获得的工资。"① 可见，尽管斯密开始时缺乏历史观点，把工资这一历史范畴一般化，错误地把土地私有权和资本积累以前的劳动者的收入也看作是工资，然而他真正研究的工资仍然是一个历史范畴，是雇佣劳动制度下工人的工资。

按照斯密的分析，土地私有制产生和资本积累之后，由于劳动条件属于资本家和土地所有者，工人只有劳动，因此，劳动产品不再全部归劳动者。现在必须在劳动产品中扣除利润和地租，作为工资归工人的只是劳动产品中的一部分。斯密的这一理论和他的剩余价值理论是密切相关的，二者起互相补充的作用。他实际上是说，"工人加到材料上的价值"，即工人在生产商品过程中创造的新价值，必须分割为两个部分：一部分是和工资等价的价值，另一部分是和利润、地租等价的价值，即剩余价值。

在进一步研究资本主义制度下工资水平如何确定的时候，和配第等人一样，斯密也用了"劳动的价格"这一概念。古典经济学家都不懂得劳动和劳动力的区别，不知道工资是劳动力价值或价格的转化形式。其实，被他们称为劳动的价值的东西，实际上就是劳动力的价值。斯密

① 亚当·斯密：《国富论》上卷，第60页。

在考察工资的时候，正是把劳动力的价值作为出发点的。

从配第到康替龙关于"劳动的价格"的研究成果，为斯密所充分利用。斯密说：一个人总要靠自己的劳动来生活，他的工资至少要够维持他的生存。在大多数情况下，他的工资甚至应略高于这个水平，否则，工人就不可能养活一家人，这些工人就不能传宗接代。[①] 可见，斯密认为"劳动的价格"即工资是由工人维持自身生存、养家活口和传宗接代的必要生活资料的价格决定的。必要生活资料的价格，又是由什么决定的呢？斯密认为，是由"劳动的价格"即工资的价格决定的。很明显，这是循环论证。用马克思的话说，这是可怜地在没有出路的圈子里打转转。斯密关于商品价值决定于工资，而工资的价值决定于必要生活资料的提法是错误的，他在详细论述当时英国工资情况以及论述好年景和坏年景的工资提高和降低的情况时，又以事实否定了自己的这一提法。斯密经常在正确提法和错误提法之间摇摆不定。"按照他的错误理论，工资作为构成价值的一个要素，决定商品的价值，而按照他的正确理论，商品的价值是由商品中包含的劳动量决定的。"[②]

斯密认为，劳动也像其他商品一样具有价格，这种劳动价格只能是用货币来表现的劳动的价值。为了通过劳动的偶然价格进到劳动的价值，他区分了劳动的"货币价格"和劳动的"自然价格"。劳动的"自然价格"实际上指的是劳动力价值，劳动的"货币价格"指的是劳动力的市场价格。斯密认为，劳动的"货币价格"是围绕劳动的"自然价格"波动的。

斯密还研究了名义工资和实际工资的关系。他称前者为"劳动的货币价格"，称后者为"劳动的真实报酬"。斯密认为，两者经常是不一致的。

①　亚当·斯密：《国富论》上卷，第62页。
②　《马克思恩格斯全集》第26卷 II，第252页。

　　在研究资本主义工资时,斯密提出了自由人的劳动归根到底比奴隶的劳动便宜这一论点。[1]他认为,自由工人的损耗虽然也是雇主的损失,但是和奴隶的损耗比较,雇主所受的损失要小得多。

　　在分析计件工资的影响时,斯密承认这种工资形式会使工人过度劳累,过早地毁掉自己。他说:领取高额计件工资的工人,很容易进行过度劳动,在不几年内就把自己的健康和劳力毁掉。[2]

　　配第竭力维护英国政府限制最高工资的立法,认为不遵守这种立法就"非常危险"。和配第不同,斯密则为高工资辩护。斯密说,工人占社会成员的绝大部分。他们的境况的改善有利于整个社会,如果社会的绝大部分成员都是贫困的和不幸的,毫无疑问,不能认为这个社会是幸福的和繁荣的。仅是从公道出发,也要求使那些供给整个国家吃穿住的人,在他们自己的劳动产品中享有这样一个份额,这一份额至少足够使他们自己获得可以过得去的食物、衣服和住房。因此斯密认为,抱怨劳动报酬优厚,就是对最大的公共福利的结果和原因表示不满。

　　斯密维护高工资的目的,从他以下的说明中看得很清楚。他说:高工资会增进普通人民的勤劳。工资是对勤劳的奖励,而勤劳,也和人的其他各种特性一样,越是受到奖励就越发展。丰富的食物会增强工人的体力,而改善自己状况的向往会激励他极端卖力。因此我们看到,工资高的地方的工人总是比工资水平低的地方的工人更积极、更勤勉和更敏捷。[3]斯密和配第在这个问题上的观点似乎是对立的,但是他们的最终目的则完全相同,都是为了让资本从工人身上取得更多的剩余价值。

　　和后来的庸俗经济学家不同,斯密承认在工资问题上工人和资本

---

　　① 亚当·斯密:《国富论》上卷,第74页。
　　② 同上书,第75页。
　　③ 同上。

家之间存在着不可调和的利害冲突。他说："劳动者的普通工资，到处
都取决于劳资两方所订的契约。这两方的利害关系绝不一致。劳动者
盼望多得，雇主盼望少给。劳动者都想为提高工资而结合，雇主却想为
降低工资而联合。"①斯密详细地描述了工人和资本家之间的激烈斗争，
他并不讳言，在争议中，雇主经常居于有利地位。②

斯密比较详细地研究了不同职业间的工资差异。他把这些差异归
结为五种情况：第一，职业本身有愉快的和不愉快的；第二，职业学习
有难有易，学费有多有少；第三，工作有稳定的和不稳定的；第四，劳动
者所须负担的责任有重有轻；第五，不同职业取得成功的可能性有大有
小。因此，不同职业的工资应当有差异。他主张，社会要使每个人都能
自由选择职业，寻找有利的工作部门。

斯密还比较详细地研究了"国民财富增长"、"社会停滞"、"社会急
速退步"三类不同国家的工资变动趋势，他的结论是："劳动报酬优厚，
是国民财富增进的必然结果，同时又是国民财富增进的自然征候。反
之，贫穷劳动者生活维持费不足，是社会停滞不进的征候，而劳动者处
于饥饿状态，乃是社会急速退步的征候。"③斯密的这些论点后来受到安
德森的批判。

斯密认为，国民财富的增长必然会引起工资的提高，工资的提高又
会引起物价的上涨。据他说，工资的提高，使商品价格中分解为工资
的部分扩大，因而必然会使许多商品的价格提高。④斯密认为这是一个
客观必然趋势。后来的一些庸俗经济学家，包括现代西方的"工资推

---

① 亚当·斯密:《国富论》上卷,第60页。
② 同上书,第62页。
③ 同上书,第67页。马克思针对斯密的观点,指出:"在社会的衰落状态中,工人的
贫困日益加剧;在财富增进的状态中,工人的贫困具有错综复杂的形式;在达到繁荣顶点的
状态中,工人的贫困持续不变。"引自《马克思恩格斯全集》第42卷,第53页。
④ 同上书,第80页。

动通货膨胀论"的宣传者,都乐意利用斯密的这一错误观点来为资本主义辩护。事实上,被斯密当作客观必然趋势的,根本不是资本主义经济发展的客观必然趋势。在资本主义制度下,工人生产的财富愈多,自己的生存条件往往愈是没有保障。财富增长必然引起工资提高的说法,是缺乏充分根据的。至于工资提高必然会引起物价上涨的说法,更背离了客观事实。因为事实证明,工资的提高在一般情况下会引起利润下降,而同物价没有关系。李嘉图很早就批判了斯密的观点,指出:"据我所知,亚当·斯密和一切追随他的作家都毫无例外地认为劳动价格上涨之后,所有商品价格都会随之上涨。我希望我已经证明这种意见是没有根据的。"[①]

也应当看到,在工资和价格的关系上,斯密的错误观点同后来庸俗经济学家的辩护理论还是有区别的,因为他并没有有意识地把价格的上涨归罪于工人工资的提高。斯密说,实际上,高利润提高物价的倾向比高工资大得多。商品价格中归于工资的部分按算术级数增长,归于利润的部分按几何级数增长。因此,工资的提高对价格上涨的作用就像单利对债务累积的作用,而利润的提高对价格上涨的作用就像复利对债务累积的作用。

四、威斯特、巴顿和安德森的工资理论

在斯密和李嘉图之间的一些经济学家中,古典的工资理论有所进展,虽然这种进展较慢。

威斯特对"劳动价格"下了这样一个定义:"劳动价格是对一定量劳动所支付的货币额。"[②] 如果劳动价格指的是劳动力价值的货币表现

---

① 《李嘉图著作和通信集》第 1 卷,第 37 页。

② 爱德华·威斯特:《谷物价格和工资》。引自《马克思恩格斯全集》第 23 卷,第 595 页。

的话,那么威斯特的定义有它的可取之处。但是,主要问题在于"劳动价格"是怎样决定的,而威斯特对这个问题没有作出任何有价值的回答,只是用经济学上的陈旧的说法搪塞过去。

关于工资额和劳动价格的关系,威斯特提出了一个新的论点:"工资决定于劳动价格和完成的劳动量……工资的增加不一定包含着劳动价格的提高。在劳动时间较长和劳动较紧张的情况下,工资可以大大增加,而劳动价格却可以保持不变。"[①] 在这里,"劳动时间较长",这是增加劳动的外延量;"劳动较紧张",这是增加劳动的内含量。威斯特多少懂得,在增加劳动的外延量和内含量的时候,虽然名义上的日工资、周工资等有所提高,但是劳动价格并未发生变化。

巴顿关于工资的观点也有值得注意的东西。前面说过,斯密认为财富的增长必然会使工资提高。巴顿虽然也认为财富的增长会提高对劳动的需求,从而提高工资,但是他认为这种影响是缓慢的。他说:"财富的任何增加都有造成对劳动的新的需求的趋势。但是因为和所有其他商品相比,劳动的生产所需要的时间最长,所以在一切商品中,由于需求的增加,劳动的价格上涨得最多;并且因为工资一上涨,十分利润就会减少九分,所以很清楚,除非在这以前人口增长得使工资保持在很低的水平,资本的增加就只能对劳动的实际需求的增加产生缓慢的影响。"[②] 或者这样说,只有在这以前人口增长得使工资保持在很低的水平,财富的增加或资本的增加才能对劳动的实际需求产生迅速的影响,因为新的需求主要不是争夺完全就业的工人,而是吸收失业的人手。

---

① 爱德华·威斯特:《谷物价格和工资》。引自《马克思恩格斯全集》第23卷,第595—596页。

② 约翰·巴顿:《论影响社会上劳动阶级状况的环境》。引自《马克思恩格斯全集》第26卷Ⅱ,第662页。

巴顿还考察了工资高低同资本转化为使用劳动的资本或不使用劳动的资本之间的关系。他说:"如果工资在商品价格不变时下降,或者如果商品价格在工资不变时上涨,那么企业主的利润就会增加,这就会推动他雇用更多的人手。相反,如果同商品相比工资上涨了,工厂主就会尽量少用人手,力求用机器来做一切事情。"① 这就是说,工资高低同资本转化为使用劳动的资本或不使用劳动的资本之间存在反比例的关系:工资低,使用同量的资本可以雇用更多的工人,工厂主就愿意多用人手而少用机器;工资高,使用同量的资本只能雇用较少的工人,工厂主就愿意多用机器而少用人手。巴顿的这些论述是有理论意义的,不过他只就影响劳动阶级状况来考察问题,并不知道这种关系和资本主义生产的发展过程之间的联系。

这里还应当提一下安德森,他曾经就贫国和富国的工资差异问题同斯密进行过论战。前面说过,斯密认为财产增长快的富国工资高,处于停滞状态以及处于退步状态的穷国工资低。安德森对此提出了异议。他说:"虽然在农产品特别是谷物便宜的贫国中,劳动价格表面上通常较低,其实在那里,劳动价格实际上大都比其他国家高。因为每人每日获得的工资,虽然是劳动的表面价格,但是并不代表劳动的实际价格。实际价格是已完成的一定量劳动使企业主实际上花去的费用。从这个观点看来,劳动在富国几乎总是比在贫国便宜,虽然谷物和其他生活资料的价格在贫国通常比富国低得多。"② 在这里,安德森比斯密高明之处是,他接近于了解到这样一种现象:工资在富国比在贫国高,而相对的劳动价格,即同剩余价值和产品价值相比较的劳

① 约翰·巴顿:《论影响社会上劳动阶级状况的环境》。引自《马克思恩格斯全集》第 26 卷Ⅱ,第 661 页。
② 詹姆斯·安德森:《论激励民族创业精神的手段》。引自《马克思恩格斯全集》第 23 卷,第 615 页。

动价格,在贫国却比在富国高。安德森的这种看法,和威斯特的观点是比较接近的。

五、李嘉图的工资理论

李嘉图在论述工资时,一开始就把劳动当作商品,也误认为工人出卖的是劳动。按照他的价值理论,劳动既然是商品,那么这种商品也有自然价格和市场价格。李嘉图说:"劳动正像其他一切可以买卖并且可以在数量上增加或减少的物品一样,具有自然价格和市场价格。"[①] 很明显,李嘉图的这些观点和斯密是一脉相承的。

接着,李嘉图研究劳动的自然价格是如何确定的。他写道:"劳动的自然价格是让劳动者大体上能够生活下去并不增不减地延续其后裔所必需的价格。劳动者维持自身生活以及供养保持其人数不变的家庭的能力……取决于劳动者维持其自身与其家庭所需的食物、必需品和享用品的价格。食物和必需品涨价,劳动的自然价格也会上涨,这些东西跌价,劳动的自然价格也会跌落。"[②] 由此可见,第一,按照李嘉图的价值理论,自然价值是价值的货币表现,因此,李嘉图的"劳动的自然价格",实际上指的是"劳动的价值"。配第认为"劳动的价值"决定于"最必要的生活资料",他所说的最必要的生活资料主要是指必要的食物。这种看法是和十七世纪英国资本主义还不发展的状况相适应的。斯密生活的时代比配第晚一个世纪,他认为"劳动的价值"不能只决定于必要的食物,而应当包括使工人可以过得去的食物、衣服和住房。生活到十九世纪初期的李嘉图,进而认为"劳动的价值"是由工人养活自己及其家庭"所必需的食物、必需品和舒适品"决定的。配第、斯密、

---

① 《李嘉图著作和通信集》第 1 卷,第 77 页。

② 同上。

李嘉图对工人的必要生活资料这一概念的认识上的差异,或者说,英国古典政治经济学中必要生活资料概念的发展,正是劳动力价值的历史因素的表现,它反映出工人所必需的生活资料的数量和构成是一个历史的产物。第二,配第认为工人的必要生活资料是指为了生活、劳动和延续后代所需要的生活资料,斯密认为工人的必要生活资料是指维持他的生存、养活一家人和传宗接代所需要的生活资料,李嘉图则认为工人的必要生活资料是指"使工人大体上说能够生存下去并且能够在人数上不增不减地延续其后裔"所需要的生活资料。在李嘉图的提法中,除了重复配第和斯密的观点之外,属于他自己的是工人"在人数上不增不减地"延续其后代的提法。李嘉图画蛇添足地加上的这几个字,在逻辑上是说不通的,在历史上也是与事实不符的。马克思纠正了李嘉图的错误提法,指出"应当说,按照生产的平均增长所需要的增长率"延续其后代。[①]

李嘉图在某种程度上已经意识到,影响工人所必需的生活资料的数量和构成的,既有各国之间的不同条件,又有同一国家不同历史时期的不同发展水平。他说:不能认为劳动的自然价格是绝对固定不变的,即使用食物和必需品来计算也是一样。劳动的自然价格在同一国家的不同时期会发生变动,而在不同国家会有很大差别。它主要取决于人民的风俗习惯。[②]与此相联系,李嘉图还提出一个有意义的论点:在资本主义发展过程中,工业品价格趋向于下降,农产品价格趋向于上涨,因此,工人如果在食物方面作出少量的牺牲,就能在工业品方面得到大量的满足。

李嘉图详细地考察了劳动的自然价格和劳动的市场价格之间的关系。这种关系,实际上就是劳动力价值和它的货币表现即劳动力价格

① 《马克思恩格斯全集》第26卷Ⅱ,第455页。
② 《李嘉图著作和通信集》第1卷,第80页。

之间的关系。李嘉图认为,当劳动的市场价格超过劳动的自然价格时,工人生活境况变好,能够得到更多的必需品和舒适品,这有助于改善工人家庭的健康状况,刺激人口增长,从而增加劳动市场的供给量。劳动供给量的增加,又使工资降低到劳动的自然价格,甚至降低到劳动的自然价格以下。反之,当劳动的市场价格低于劳动的自然价格时,工人生活境况变坏,得不到舒适品,使工人的人数减少,从而减少劳动市场的供给量。劳动供给量的减少,又使工资上升到劳动的自然价格。李嘉图的结论是:"劳动的市场价格不论能和其自然价格有多大的背离,它也还是和其他商品一样,具有符合自然价格的倾向。"①

　　但是,问题的困难不在于说明劳动的市场价格如何围绕劳动的自然价格波动,也不在于说明劳动的自然价格是由维持工人生活并延续其后代通常所必需的生活资料决定的,而在于说明"劳动的价值"为什么这样决定,根据什么规律这样决定。对于这一难题,斯密没有解决,李嘉图同样也没有解决。他只是把"劳动的价值"的决定归结为"劳动"市场的供求关系的作用。马克思指出:"李嘉图除了说供求规律把劳动的平均价格归结为维持工人生活所必需(在一定社会中生理上或社会上所必需)的生活资料以外,实际上没有回答这一问题。李嘉图在这里,在其整个体系的一个基本点上……是用需求和供给来决定价值。"②

————————

　　① 《李嘉图著作和通信集》第 1 卷,第 78 页。后来,德国的拉萨尔主义者把李嘉图说的这种倾向叫作李嘉图的"铁的规律"。对此,就连庸俗经济学家马歇尔也不得不表示异议,说:"在德国,这个规律曾叫做李嘉图的'铁律'或'铜律'——许多德国社会主义者相信,这个规律甚至在西欧各国现在也起着作用;并且相信,只要'资本主义'或'个人主义'的生产方式存在,它将继续发生作用。他们竟断言李嘉图是他们队伍中的权威。但事实上李嘉图不仅知道工资的必要限界或自然限界是不能由铁律来规定的,而且也知道,它是由各个地方和各个时期的当地生活条件和习惯来决定的"。引自马歇尔:《经济学原理》,下卷,朱志泰译,商务印书馆 1965 年版,第 183 页。

　　② 《马克思恩格斯全集》第 26 卷 II,第 455 页。

李嘉图所以没有解决这个问题,是有深刻的原因的。在资本主义制度下,作为买卖对象的不是劳动而是劳动力。工人只有劳动力,他把劳动力作为商品出卖给资本家而提供剩余劳动,资本家则凭借资本无偿占有工人的剩余劳动。因此,劳动和资本的关系体现的是一定的社会关系。作为资产阶级经济学家,李嘉图看不到劳动和资本之间的这种社会关系,而把劳动和资本看作是"直接劳动"和"积累劳动"之间的交换关系,是劳动过程中要素之间的关系,是纯粹的物质关系。

李嘉图既然没有区分劳动和劳动力,误以为劳动是商品,这就必然会陷入逻辑混乱之中。他不是用花费在生产劳动力上的劳动量来决定"劳动的价值",而是用花费在生产工资上的劳动量来决定"劳动的价值"。这等于是说:支付劳动的货币的价值决定"劳动的价值"。而支付劳动的货币的价值又是由支配一定量劳动的使用价值量决定,或由一定量劳动支配的使用价值量决定。尽管李嘉图批判过斯密的逻辑上的不一贯性,可是他自己现在又重犯了斯密的错误。李嘉图的论敌赛米尔·贝利在1825年出版的《对价值的本质、尺度和原因的批判研究》中,就抓住了李嘉图的逻辑上的前后矛盾,说:李嘉图避开了一个困难,这个困难似乎会推翻他关于价值取决于生产中所使用的劳动量的学说。如果严格地坚持这个原则,就会得出结论说,劳动的价值取决于在劳动的生产中所使用的劳动量。这显然是荒谬的。因此,李嘉图先生用一个巧妙的手法,使劳动的价值取决于生产工资所需要的劳动量;或者用他自己的话来说,劳动的价值应当由生产工资所必需的劳动量来估量,他这里指的是为生产付给工人的货币或商品所必需的劳动量。那我们同样也可以说,呢绒的价值不应当由生产呢绒所花费的劳动量来估量,而应当由生产呢绒所换得的银所花费的劳动量来估量。马克思在评述贝利在这里对李嘉图的反驳时说:这种反驳逐字逐句都是正确的。

　　李嘉图按照自己的特殊方式研究了名义工资和实际工资。他说：工资应当按照它的实际价值计算，就是说，按照生产工资时使用的劳动和资本的量计算，不应按照它用衣服、帽子、货币或谷物来表示的名义价值计算。[①]工资应当按照"实际价值"计算，不应当按照"名义价值"计算，这是李嘉图区分名义工资和实际工资的一个标准。和斯密不同，李嘉图所说的实际工资既不决定于工人得到的货币，也不决定于工人得到的生活资料，而是决定于生产这些生活资料所花费的劳动时间，也就是物化在这些生活资料中的劳动量。这种规定，其实不是对实际工资的规定，而是对劳动力价值的规定。在另一个地方，李嘉图正确地认为名义工资是以货币数量表示的工资，是一年内付给工人的镑数。[②]至于实际工资，他仍然认为是为获得这些镑所必需的工作日数。[③]

　　研究名义工资和实际工资的关系，是有重要的理论意义和实际意义的。然而，李嘉图虽然有时也正确地认为名义工资是以货币数量表示的工资，但是有时又把以货币数量表示的工资和以生活资料表示的工资看作是一回事，把获得一定数量货币或生活资料所必需的劳动时间看作是实际工资，不认为以货币数量表示的工资所能交换到的生活资料的数量才是实际工资。李嘉图所说的实际工资，其实不是实际工资，而是等于这一工资所能支配的劳动。因为，按照李嘉图的说明，这种实际工资的价值是随必需品的价值的变动而变动的。在一定量的必需品的价值提高或降低时，一定量劳动的价值也要提高或降低。但是，无论这一定量的必需品的价值如何提高或降低，它的价值总是等于一定量的"劳动的价值"。

　　李嘉图在工资理论方面的科学贡献最突出地表现在他关于相对工

[①]《李嘉图著作和通信集》第 1 卷，第 40、121 页。
[②]　同上。
[③]　同上。

资或比例工资的学说上面。李嘉图的相对工资学说对于理解资本主义社会的阶级关系具有重要的理论意义,它实际上是剩余价值理论的另一种表达形式。李嘉图认为,工资和利润加在一起总是具有同一价值,工资的价值完全取决于工作日中工人为了生产和再生产他的工资的那一部分劳动时间和归资本家所有的那一部分劳动时间的比例。或者说,工资的价值是按照工人从产品的总价值中得到的比例部分来计算,而不是按照工人得到的生活资料的量来计算的。也就是说,相对工资或比例工资不是一个绝对量的概念,而是一个相对量的概念。在总产品中,或者更确切点说,在产品的总价值中,工资的变动引起利润即剩余价值的相反运动。工资相对提高,利润就相对降低;工资相对降低,利润就相对提高。李嘉图说:用来支付工资的份额对利润问题是极为重要的,因为一眼就可以看出,利润的高低恰好同工资的高低成反比。[①] 在《原理》中,他明确宣告:"本书的目的之一就是说明必需品的实际价值每有跌落,劳动工资就会减低,资本利润则会提高。换句话说,在任何一定的年产值中,付给劳动阶级的份额将会减少,而付给那些使用他们的资金来雇用劳动者的人的份额则将增加。"[②]

按照李嘉图的相对工资概念,在技术进步的情况下,即使工资的绝对量有所提高,但是只要工资的提高落后于利润的提高,那么相对工资仍然下降。李嘉图认为,要正确地判断利润率、地租率和工资率,不应当根据任何一个阶级所获得的产品的绝对量,而应当根据获得这一产品所需的劳动量。由于机器和农业的改良,全部产品可能加倍。但是,如果工资、地租和利润也增加一倍,那么三者之间的比例仍然和以前一样,其中任何一项也不能说有了相对的变动。但是,如果工资没有如数增加,如果它不是增加一倍而只增加一半,那么,在这种情况下,就可

---

① 《李嘉图著作和通信集》第 1 卷,第 21 页。
② 同上书,第 361 页。

以说工资已经降低而利润已经提高。因为，如果有一个衡量产品价值的不变的标准，就会发现，现在归工人阶级所得的价值比以前少了，而归资本家阶级所得的价值比以前多了。①

在英国古典政治经济学中，李嘉图的相对工资学说具有独创性，是无先例可循的。这个学说揭示了资本主义机体的内在联系，讲出了资本主义社会的阶级关系。阶级嗅觉灵敏的马尔萨斯，立即嗅出了一些不大对头的味道。他对李嘉图提出异议，说是没有见到过有哪个著作家曾经使用过相对工资或比例工资这个术语。李嘉图答复说："当我说这是工资的实际价值下跌时，人们却说我采用了和这种科学的正确原理不相容的新奇说法。但是在我看来，反对我的人所采用的说法才是新奇而又确是前后矛盾的。"②

马克思不止一次地高度评价了李嘉图的相对工资学说，指出："分析相对工资，或者说，比例工资，并把它作为范畴确定下来，是李嘉图的巨大功绩之一。在李嘉图以前，始终只对工资作了简单的考察，因而工人被看作牲畜。而这里工人是被放在他的社会关系中来考察的。阶级和阶级相互之间的状况，与其说决定于工资的绝对量，不如说更多地决定于比例工资。"③

---

① 《李嘉图著作和通信集》第 1 卷，第 40 页。
② 同上书，第 14 页。
③ 《马克思恩格斯全集》第 26 卷 II，第 476—477 页。

第六章 剩余价值理论

一、英国古典剩余价值理论

在常见的关于英国古典政治经济学的著作和一般经济学说史著作中，只讲古典经济学家的分配理论，只分别讲他们的利润理论、利息理论、地租理论，而不讲他们的剩余价值理论。在现代西方资产阶级经济学家关于古典政治经济学的专著中，对古典剩余价值理论则是讳莫如深，不敢提及古典经济学家在当时历史条件下还敢在某种程度上加以研究的剩余价值这个爆炸性问题。

对英国古典经济学家有没有剩余价值理论的问题，马克思主义创始人的回答是肯定的。在资本主义生产中，剩余价值的生产是一个客观存在，它不能不在资产阶级经济学家的头脑中有所反映。恩格斯说："资本主义制度下的人类生产剩余价值已经有几百年了，他们渐渐想到剩余价值起源的问题。"[1] 马克思说："在资产阶级经济学中，剩余价值的存在本来是不言而喻的。"[2] 实际情况正是如此。在英国古典经济学家看来，资本家在产品形式上收回的劳动量或价值量，比在工资形式上支出的劳动量或价值量要大，这是一个事实。他们承认这个事实。

最能表明马克思主义经典作家观点的是马克思 1861—1863 年经

---

① 《马克思恩格斯全集》第 24 卷，第 13 页。
② 同上书，第 366 页。

济学手稿中的历史批判部分。马克思在这部篇幅浩繁的手稿第Ⅵ本至第 XV 本的每一稿本的封面上，都加上《剩余价值理论》的标题。①这清楚地说明，马克思这部手稿的历史批判部分是以批判资产阶级政治经济学的剩余价值理论为中心的。正如恩格斯所说，"手稿的主体部分"，"即《剩余价值理论》"，首先是一部关于"政治经济学核心问题即剩余价值理论的详细的批判史"。②

在资本主义生产领域中，就像马克思生动而形象地指出的那样，"资本先生和土地太太，作为社会的人物，同时又直接作为单纯的物，在兴妖作怪"。③资本主义经济关系神秘化了：人和人的关系变成了物和物的关系。剩余价值好像不是直接同经济关系联系着，而是直接同生产过程的物质要素联系着。这样，剩余价值的源泉被掩盖了。资本——利润（或利息）、土地——地租、劳动——工资，似乎成了不言而喻的事。

难能可贵的是，英国古典经济学家没有完全被资本先生和土地太太的兴妖作怪造成的虚幻的假象所迷惑。他们努力寻求经济现象的内部联系，力图说明利润、利息、地租的来源。他们不仅把价值归结为劳动，并且事实上把剩余价值归结为剩余劳动。马克思高度评价了古典学派这一重大的科学贡献，他说："古典经济学把利息归结为利润的一部分，把地租归结为超过平均利润的余额，使这二者在剩余价值中合在一起；此外，把流通过程当作单纯的形态变化来说明；最后，在直接生产过程中把商品的价值和剩余价值归结为劳动；这样，它就把上面那些虚伪的假象和错觉，把财富的不同社会要素互相间的这种独立化和硬化，把这种物的人格化和生产关系的物化，把日常生活中的这个宗教揭

---

① 《马克思恩格斯全集》第 26 卷Ⅰ，第 3—6 页。

② 同上书，第 24 卷，第 4 页。

③ 同上书，第 25 卷，第 938 页。

穿了。这是古典政治经济学的伟大功绩。"①

把剩余价值的起源问题从流通领域转到生产领域,这是英法两国古典政治经济学的共同功绩。然而,和法国重农学派相比较,英国古典政治经济学的剩余价值理论有一大优点,这就是把剩余价值理论建立在劳动价值理论的基础之上,因而能在不同程度上接近于理解剩余价值的性质和源泉。

诚然,英国古典经济学家没有就剩余价值的一般形式,而是就剩余价值的特殊形式来考察剩余价值的。他们谁都没有意识地把剩余价值的一般形式同剩余价值的各种特殊形式区别开来。但是,他们事实上既接触到了前者,又接触到了后者。因此,在研究英国古典经济学家的剩余价值理论时,必须把他们本人没有有意识地加以区别的东西区别开来,分出哪是剩余价值理论,哪是有关剩余价值的特殊形式的理论。在这方面,马克思为我们树立了典范。例如,在1861—1863年经济学手稿第Ⅻ本稿本的目录中,马克思分别用了两个标题:"李嘉图的剩余价值理论"和"李嘉图的利润理论"。马克思说:"我们在批判李嘉图的时候,应该把他自己没有加以区别的东西区别开来。[第一]是他的剩余价值理论,这个理论在他那里当然是存在的,虽然他没有把剩余价值确定下来,使之有别于它的特殊形式利润、地租、利息。第二是他的利润理论。"②马克思提出的这一原则,对于研究英国古典经济学家的剩余价值理论具有普遍意义。在配第、斯密等人那里,剩余价值理论也是存在的。他们的剩余价值理论和地租理论、利息理论或利润理论混同在一起,我们应当把他们自己没有加以区别的东西区别开来。

英国古典政治经济学在一个半世纪以上的历史时期中对剩余价值作了理论上的分析。从配第等人把地租看作剩余价值的基本形式,把

---

① 《马克思恩格斯全集》第25卷,第938—939页。
② 同上书,第26卷Ⅱ,第187页。

利润包括在地租之内,把利息看作地租的派生形式,到斯密把利润和地租看作剩余价值的基本形式,把利息看作利润的一部分,再到李嘉图把利润看作剩余价值的基本形式,把地租看作超额利润,把利息看作利润的一部分,这些是英国古典经济学家在剩余价值形式的分析方面的几个历史路标。英国古典政治经济学在直接生产过程中把价值归结为劳动,从而把剩余价值归结为剩余劳动,这就在一定程度上揭穿了资本主义在竞争中形成的拜物教的假象。马克思十分重视古典经济学家在分析剩余价值方面所取得的成就,认为这是古典经济学的伟大功绩。马克思说:"古典政治经济学力求通过分析,把各种固定的和彼此异化的财富形式还原为它们的内在的统一性,并从它们身上剥去那种使它们毫不相关地相互并存的形式;它想了解与表现形式的多样性不同的内在联系。因此,它把地租还原为超额利润,这样,地租就不再作为特殊的、独立的形式而存在,就和它的虚假的源泉即土地分离开来。它同样剥去了利息的独立形式,证明它是利润的一部分。于是,它把非劳动者借以从商品价值中获取份额的一切收入形式,一切独立的形式或名义都还原为利润这一种形式。但是利润归结为剩余价值,因为全部商品的价值都归结为劳动;商品中包含的有酬劳动量归结为工资;因此,超过这一数量的余额归结为无酬劳动,归结为在各种名义下被无偿地占有的、然而是由资本引起的剩余劳动。"①

英国古典经济学家尽管在剩余价值分析方面取得了以上的科学成果,然而,由于资产阶级立场的限制,由于把资本主义生产看作社会生产的自然形式,把剩余价值看作这种生产方式所固有的,由于缺乏足够的抽象力,他们谁都没有真正彻底地揭示出剩余价值的性质和源泉,都没有研究不同于剩余价值各种特殊形式的剩余价值一般形式,并把剩

---

① 《马克思恩格斯全集》第26卷Ⅲ,第555—556页。

余价值的一般形式同它的各种特殊形式区分开来。至少，他们谁都没有有意识地并且前后一贯地这样去研究问题。相反，他们都把剩余价值的特殊形式和它的一般形式直接等同起来，而不经过任何中介环节。配第就地租这种特殊形式考察剩余价值，斯密就利润和地租这两种特殊形式考察剩余价值，李嘉图就利润这种特殊形式考察剩余价值，他们的共同错误在于，都没有就剩余价值的纯粹形式或一般形式考察剩余价值，都没有真正超出利润和地租的概念把劳动产品的无酬部分作为整体来考察，因而不可能真正清楚地认识各种不同形式的剩余价值的性质和源泉的同一性。因此，英国古典经济学家有时又被资本先生和土地太太兴妖作怪所造成的假象所迷惑，对剩余价值的特殊形式作了肤浅的、庸俗的解释。对此，马克思指出："甚至古典经济学的最优秀的代表，——从资产阶级的观点出发，必然是这样，——也还或多或少地被束缚在他们曾批判地予以揭穿的假象世界里，因而，都或多或少地陷入不彻底性、半途而废和没有解决的矛盾中。"[①]

二、从配第到休谟

（一）配第

配第对英国古典政治经济学的又一贡献，是他研究了剩余价值的起源问题，并对剩余价值的计算作了尝试。作为英国古典政治经济学的草创者，配第对剩余价值问题的叙述还不可能严谨，在一定程度上还是杂乱无章的。然而，配第第一次把剩余价值起源的分析从流通领域转到生产领域，并把自己的劳动价值理论作为这一分析的出发点。配

---

① 《马克思恩格斯全集》第 25 卷，第 939 页。

第按照自己的方式对剩余价值问题进行了认真的探索,见解是中肯的。在寻求适当表达方式的过程中,配第散见于一些著作中的观点,仍然构成某种有联系的整体。

配第并没有认识到剩余价值的一般形式,而是在租金的特殊形式上看到了剩余价值的存在。配第所说的租金,包括两种形式:土地的租金和货币的租金。而租金的含义,在一些场合是指雇主在产品形式上收回的劳动量或价值量超过在工资形式上支出的劳动量或价值量的余额,即剩余价值;在另一些场合是指地租或利息,即剩余价值的特殊形式。在这里,我们关心的不是地租或利息这个意义上的租金,而是剩余价值这个意义上的租金。

在配第的著作中,土地的租金和货币的租金这两种形式的剩余价值的关系是:货币的租金是从土地的租金推出来的。或者说,货币的租金是土地的租金的派生形式。因此,在配第那里,土地的租金是剩余价值的真正形式。

配第把土地的租金看作是剩余价值的真正形式,这有深刻的历史原因。配第是离封建时期比较近的资产阶级经济学家,在他所处的时代,在全国人口中农业人口还占绝大部分,土地所有权还表现为生产的主要条件,土地所有者凭对土地所有权的垄断还能够直接占有直接生产者的剩余劳动。在这种情况下,配第还不可能从资本主义生产方式的观点来研究土地所有权怎么会把已被资本直接占有的剩余价值的一部分夺去。相反,对配第来说,利润却来自土地的租金,表现为资本从土地所有权那里强取的剩余价值的一部分。

配第认为,土地的租金和货币的租金具有某种神秘性,他的任务就是揭示租金"所具有的神秘的性质"[1]。

---

[1] 威廉·配第:《赋税论 献给英明人士 货币略论》,第40页。

关于地租表现为一般剩余价值的观念，配第在《赋税论》中就已经讲得很清楚。他说：假定一个人用自己的双手在一块土地上种植谷物，耕地、播种、耙地、收割、搬运、脱粒，总之，干了农业上所需要的一切。这个人从他的收成中扣除自己的种子，扣除自己食用的部分，以及扣除为换取衣服和其他必需品而给别人的部分之后，剩下的谷物就是当年真正的地租。[①] 配第从收成中扣除种子，就是从劳动产品中扣除不变资本的等价物；从收成中扣除劳动者的食物、衣服和其他必需品，或者说扣除工资，就是从劳动产品中扣除可变资本的等价物；从收成中扣除不变资本等价物和可变资本等价物之后，剩下的谷物，即包括利润在内的地租，就是全部剩余价值的等价物。正如马克思所说："在配第看来，因为谷物的价值决定于它所包含的劳动时间，而地租等于总产品减去工资和种子，所以地租等于剩余劳动借以体现的剩余产品。"[②] 又说：在配第的著作中，"地租表现为一般剩余价值。"[③]

后来，在《政治算术》中，配第又对地租即剩余价值的性质作了探索。他说：假定 1 蒲式耳小麦的价格为 60 便士，地租占三分之一，那么在 60 便士中有 20 便士归土地占有者，40 便士归土地耕种者。但是，在小麦价格不变的情况下，如果土地耕种者的工资提高八分之一，那么在 60 便士中归土地耕种者的就会从 40 便士增加到 45 便士，归土地占有者的就会从 20 便士下降为 15 便士。[④] 从配第的议论中可以看出，他对剩余价值的性质作了正确的猜测。尽管他并不理解他所猜测的问题，而是把这一问题当作地租下降的原因来论述的。因为他说，如果工商业发展了，那么农业将要衰落，或者土地耕种者的工资将会提高，地

① 威廉·配第：《赋税论 献给英明人士 货币略论》，第40—41页。
② 《马克思恩格斯全集》第26卷Ⅰ，第381页。
③ 同上书，第175页。
④ 威廉·配第：《政治算术》，第34页。

租因而将会下降，然而，由于配第把地租看成是土地耕种者的劳动成果在扣除工资之后的余额。因此，他所说的地租实际上就是全部剩余价值。所以，他在这里讨论的并不真的是地租变动和工资变动之间的关系，而是剩余价值的变动和工资变动之间的关系。配第事实上已经发现，剩余价值的变动同工资的变动是对立的。在价格已定的情况下，工资如果提高，地租即剩余价值就会降低。反之，工资如果降低，地租即剩余价值就会提高。

配第的历史性功绩是把剩余价值源泉问题的研究从流通领域转到生产领域。代表商业资本利益的重商主义者企图在流通领域中解释剩余价值，利润被他们说成是商品高于价值出售的结果。配第从生产领域来探寻剩余价值的源泉，这就表明他已经摆脱了重商主义，向科学的资产阶级经济学迈出了决定性的一步。

在探讨剩余价值的性质和源泉时，配第是从劳动是价值的源泉这一正确命题出发的。他的土地和劳动二者之间存在自然的等价关系这一错误命题，并没有干扰他在剩余价值问题上的思路。马克思很重视配第的这一成就，指出，在配第那里，"地租，作为全部农业剩余价值的表现，不是从土地，而是从劳动中引出来的，并且被说成劳动所创造的、超过劳动者维持生活所必需的东西的余额"。①

关于剩余价值量和雇佣工人人数的关系，配第作了有意义的叙述。他认为，雇佣较多劳动者的时候，要比雇佣较少劳动者的时候更为富裕。②这说明，配第实际已经初步意识到，在剥削率已定的情况下，剥削量视雇佣工人人数而定。受雇佣的工人越多，剥削量也就越大。

关于剩余价值量和劳动生产率的关系，配第也作了有意义的叙述。他说：如果用比现在更多的劳动能够获得更大的丰产，那么，增加的收

① 《马克思恩格斯全集》第26卷Ⅰ，第383页。
② 威廉·配第：《赋税论　献给英明人士　货币略论》，第49页。

入超过增加的劳动越多,地租也上涨得越多。[1] 配第在这里说的增加的劳动,指的是增加了的工资。在配第看来,在劳动生产率提高的情况下,即使工资有所增长,但是由于增加的收成超过了增加的工资,因而地租量即剩余价值量仍然增长。劳动生产率越高,增加的收成超过增加的工资越多,地租量即剩余价值量也就增加得越多。

配第探讨剩余价值源泉和计算剩余价值量的直接目的,决不是为了有意识地研究劳动和资本之间的对立关系,而在于向统治阶级献策,如何从劳动者身上榨取更多的东西。配第在《献给英明人士》中提出:"假如他们多劳动二十分之一,少消费二十分之一,那么,他们就能使国王能够维持二倍于现有的兵力"。[2] 他还提出更多地榨取工人的剩余劳动的具体办法:"如果他们能够星期五晚间不吃饭,并将上午十一时至下午一时的二小时吃饭时间,缩短为一小时半的话,那么,劳动就会增加二十分之一,消费就会减少二十分之一。"[3] 配第甚至公然提出让工人每天额外劳动半小时。他的办法就是通过减少可变资本支出和延长剩余劳动时间,来增加剩余价值。

在一般场合,配第把地租看作剩余价值的一般形式,把利润包括在地租之中,把利息当作地租的特殊形式,把剩余价值和可变资本的关系看作地租和工资的关系,这一切,都是他的理论所带有的特殊的时代烙印。英国古典政治经济学的剩余价值理论在它的产生初期就是以这样的历史路标形式表示出来的。

在有的场合,配第把"土地的租金"和"资本的利润"并列,认为这种"租金和利润"都是由"克扣许多劳动"得来的。[4] 古典政治经济学

---

[1]　威廉·配第:《赋税论　献给英明人士　货币略论》,第50页。
[2]　同上书,第108页。
[3]　同上书,第105页。
[4]　威廉·配第:《政治算术》,第80页。

在产生初期就闪现出的这一思想,直到它的发展时期才为亚当·斯密所继承和发展,成为古典剩余价值理论的一个崭新的历史路标。

(二)洛克

作为配第的直接后继者,洛克和配第一样,也只是在土地的租金和货币的租金这两种特殊形式中看到剩余价值的存在。利润还模糊地和工资混在一起。马克思说:"在洛克那里,剩余价值只表现为利息和地租这两种特定形式。"①

洛克关于利息和地租起源的观点,即关于剩余价值起源的观点,同他关于劳动的观点密切联系在一起。洛克是同封建社会相对立的资产阶级社会的权利观念的经典表达者,他对利息和地租的说明是从自然权利开始的。按照洛克的说法,土地是一切人所共有的,但是每一个人的人身则是他自己的所有物。"他把他从自然创造并提供给他的东西中取得的一切,同自己的劳动融合起来,同一种属于他的东西融合起来;他以这种方式使这一切成为自己所有。"② 这样,洛克就从自然权利论过渡到他的劳动所有权论。原来属于公有的自然界的东西,人们通过劳动取得所有权。但是,洛克认为,一个人通过劳动把自然界的东西变为己有,不能是无限制的。这个限制就是满足自身对有用物品的需要。超出这个限度的东西就是属于别人的东西。当洛克把这种理论用到土地上来时,他认为一个人能够耕作、播种、施肥和种植多大的土地,能够享用多大土地的产品,多大的土地就是他的所有物。开垦或耕作土地同占有土地是联系在一起的,开垦和耕作土地的劳动,为占有土地提供了权利。洛克的结论是:"自然已经按照人的劳动以及人的生活方便所能达到的程度,正确地确定了所有权的尺度:谁都不能用自己的

---

① 《马克思恩格斯全集》第 26 卷 I,第 390 页。
② 约翰·洛克:《政府论》下篇,第 19 页。

劳动征服或占有一切；谁都不可能为了满足自己的需要而消费比这一小部分更多的东西；因此谁都不可能用这种形式侵犯别人的权利，或者为自己取得所有权而损害邻人的利益……早先，这个尺度使每个人的占有限于非常小的一份，限于他自己能够占有而不损害别人利益的范围……就是现在，尽管全世界似乎挤满了人，仍然可以承认同一尺度而不损害任何人的利益。"①

　　洛克所要证明的论题是，怎样通过个人劳动创造个人所有权。在洛克看来，所有权有两个界限：一是个人劳动的界限，二是个人储存的东西不能多于他能够使用的东西这一界限。洛克认为，货币出现以前，这两个界限是正常地起作用的。货币出现以后，人们把耐久性较差即容易损坏的物品同具有耐久性的货币相交换，这就扩大了个人所有权，突破了所有权的第二个界限，从而产生了所有权的不均等。洛克说："人们之所以可能超过社会确定的界限，不经协议，把财物分成不均等的私人财产，只是因为他们使金银具有了价值，默认货币的使用。"② 这样，货币分配的不均等，造成了包括土地在内的全部财产的不均等。也就是说，形成了生产条件分配的不均等。一些人占有了多于他能够耕种或愿意耕种的土地，另一些人只能占有少于他能够耕种或愿意耕种的土地，后者便只有从前者那里租种土地，而前者则凭借占有的土地从后者的劳动成果中收取地租。

　　洛克的结论是，土地这种生产条件分配的不均等，"把作为一个人的劳动报酬的利润转入另一个人的口袋"。③ 洛克认为，货币也具有同土地一样的性质。由于货币分配的不均等，一些人占有的货币多，另一些人占有的货币少，后者便只有从前者那里借用货币，而前者则凭借占

---

① 约翰·洛克：《政府论》下篇，第23—24页。
② 同上书，第32页。
③ 约翰·洛克：《论降低利息和提高货币价值的后果》，第33页。

有的货币从后者的劳动成果中收取利息。因此，和地租一样，利息也是把作为一个人的劳动报酬的利润转入另一个人的口袋。洛克所说的货币，实际上是货币资本。

从洛克的议论中可以看到，他实际上已经模糊地意识到，生产资料和劳动者相分离的现象是人类社会的历史现象而不是自然现象，地租和利息是劳动条件和劳动者相分离的结果。马克思在评价洛克时说："如果我们把洛克关于劳动的一般观点同他关于利息和地租的起源的观点……对照一下，那末，剩余价值无非是土地和资本这些劳动条件使它们的所有者能够去占有的别人劳动，剩余劳动。"①

配第把货币的租金和土地的租金相提并论，以维护高利贷者而反对地主。洛克在这个问题上也继承了配第的路线，他实际上向土地所有者指出，他们收取的地租和高利贷者收取的利息在性质上完全相同，两者都是"对劳动的剥削"。②

洛克的剩余价值观点具有明显的局限性。除了和配第一样把剩余价值同地租和利息混同之外，洛克的劳动创造使用价值的理论使他无法正确说明剩余价值范畴。按照他的劳动创造使用价值的理论，剩余价值只能是生产者生产的物质产品数量超过自己消费数量的余额，而不是雇佣工人在生产过程中所创造的价值超过劳动力价值的余额。

（三）诺思

同洛克一样，诺思关于剩余价值的观点，也是以配第为依据的。在诺思那里，租金也表现为剩余价值的原始形式。从这一点来说，诺思的观点没有超出配第。配第把租金区分为土地的租金和货币的租金，诺思则进而把租金区分为土地的租金和资本的租金。从这一点来说，诺

---

① 《马克思恩格斯全集》第26卷Ⅰ，第390页。
② 同上书，第395页。

思比配第前进了一步。

和配第、洛克一样，诺思力图论证货币的租金和土地的租金在性质上相同。而且进而论证资本的租金在数量上应当高于土地的租金。诺思说：正如土地所有者出租他的土地一样，这些人就出借他们的资本。他们从中得到的东西叫作利息，但是，利息不过是资本的租金，就像土地所有者的收入是土地的租金一样。因此，当一个地主或当一个资本家是一回事。① 不仅如此，诺思还进而论证资本的租金应当高于土地的租金。他说：地主有利的地方，在于他的佃户不能把土地带走，而资本的债户却很容易把资本带走。"因此土地提供的利润应当比冒更大风险借出的资本提供的利润少。"②

诺思已不限于像配第那样从地租推出利息，也不像洛克那样把利息和地租并列，而是更进一步把利息作为资本的租金同地租相对立，把资本家同地主相对立。

配第、洛克、诺思关于剩余价值的观点，就其实质来说，都是代表资本利益反对地主的，是资本起来反抗土地所有权的最初形式。然而，只是在诺思这里，这种形式才得到更充分的表现。

（四）康替龙

康替龙在剩余价值理论上提出了新的思想因素，他认为，工人为补偿自己的生活费用的劳动和他所提供的劳动，是两个不等的量，后者大于前者。他说，一个身强力壮的奴隶的劳动，估计有两倍于他的生活费用的价值，而一个身体最弱的工人的劳动所具有的价值，也不会比身强力壮的奴隶的劳动少。康替龙的这一论点为以后英国古典剩余价值理论的发展提供了新的思想材料。不过，康替龙在自己的著作中对于这

---

① 诺思：《贸易论》，第18页。
② 同上书，第19页。

一重要的思想并没有进一步加以论证。

关于剩余价值的形式,康替龙的观点和前人的有所不同。他认为,在农业中,租地农场主的全部收获分成三个部分:生产成本、地租和利润;在工场手工业中,手工业者的收入来自土地所有者在手工业产品上的支出。这就是说,农业中的剩余价值表现为地租和利润两种形式,而工场手工业中的利润还和手工业者的工资混在一起,都是来自地租。这样,地租就成了剩余价值的正常形式。

为什么从配第到康替龙,很多经济学家都把地租看作是剩余价值的正常形式呢?对于这一问题,马克思作了十分深刻的回答。他说:"老一辈的经济学家只是刚开始分析当时还不发达的资本主义生产方式,对他们来说,地租的分析或者毫无困难,或者困难的性质完全不同。配第、康替龙,总之,那些离封建时期比较近的著作家们,都把地租看成是一般剩余价值的正常形式,而对他们来说,利润还模糊地和工资混在一起,充其量也不过表现为这个剩余价值中由资本家从土地所有者那里强取的部分。"①

(五)范德林特

在英国古典政治经济学产生的历史时期中,如果说离封建时期较近的经济学家易于把地租看作是剩余价值的正常形式,那么,生活在十八世纪中叶工场手工业发达时期的经济学家就有可能在利润形式上觉察到剩余价值的存在。在十八世纪三十年代至五十年代,范德林特、马西和休谟先后对利润这一范畴进行了探索。

范德林特在剩余价值正常形式问题上和配第、洛克、诺思、康替龙等人不同的一个显著特点是,他在利润形式上觉察到了剩余价值的存

---

① 《马克思恩格斯全集》第25卷,第883页。

在。在《货币万能》中，范德林特明确宣称："利润……是经营的唯一目的。"[1] 在工场手工业时期就说出利润是资本主义生产的唯一目的，这是范德林特具有深刻洞察力的表现。当然，这并不意味着他已经在理论上认识到了支配资本主义生产方式的绝对规律。范德林特不过是诚实地、无顾虑地吐露出资产者灵魂深处的真实动机。

范德林特谈到了资本家更多地占有剩余劳动的秘密。他说过，资本家抱怨工人懒惰，其秘密不过在于，他们想用同样的工资使四个工作日变成六个工作日。马克思在《资本论》中肯定了范德林特揭示的这一秘密。

（六）马西和休谟

继范德林特之后，马西在《论决定自然利息率的原因》一书中强调利润这个范畴的重要性，指出利润是利息的基础。他发现，利息率是由工商企业的利润率决定的，利息是利润的一部分。马西说富人不是自己使用自己的货币，而是把自己的货币借给别人去营利，让别人把这样得来的利润拿出一部分交给货币所有者。既然借债人为所借货币支付的利息，是所借货币能够带来的利润的一部分，那么，这个利息总是要由这个利润决定。和配第、洛克的观点相比，马西的功绩在于他把工商企业利润看作利息的基础，把利息看作利润的派生形式。

继马西之后，休谟在"论利息"一文中也研究了利润和利息的关系。他认为，利息率的高低取决于借贷资本的供求，但是它本质上取决于从商业中产生出来的利润的高低。休谟在这里也把利润看作是利息的基础，把利息看作是利润的派生形式。

随着工场手工业的发展，利息不是取决于地租，而是取决于利润，利

---

[1]　杰·范德林特:《货币万能》。引自《马克思恩格斯全集》第23卷，第368页。

息不是地租的一部分,而是利润的一部分这一事实,已经日益明显地表现出来。然而,当时占统治地位的观念是,货币资本或生息资本是真正的资本,货币资本或生息资本对产业资本是独立的,利息对利润也是独立的。在这种情况下,马西和休谟说明利润是利息的基础,利息是利润的一部分,对于古典剩余价值理论的发展,仍然具有重要的理论意义。

由此可以看到,在英国古典政治经济学的产生时期,剩余价值理论每前进一步是多么艰难,而既有的经济观念对思想家们的束缚又是多么严重。从配第由地租中推出利息,到马西、休谟由利润中推出利息,竟相隔九十年之久。

三、斯图亚特的剩余价值理论

"让渡利润"(profit upon alienation)①的观念是重商主义影响在斯图亚特著作中最突出的表现。这种观念是从商人资本的看法引申出来的。重商主义认为,商品流通是剩余价值的源泉。在重商主义者看来,单个资本家由于高于价值出售商品而获得的利润就是财富的创造。在利润问题上,从而在剩余价值源泉问题上,斯图亚特明显地受到重商主义的影响,但他并非无条件地同意剩余价值产生于产品价值的追加这一重商主义见解。马克思说:"斯图亚特不同意这种幻想:单个资本家由于商品高于它的价值出卖而获得的剩余价值,就是新财富的创造。"②恩格斯也说:剩余价值产生于产品价值的追加"这种见解曾在重商主义者中间占统治地位,但是詹姆斯·斯图亚特已经看到,在这种情况下,一人之所得必然是他人之所失"。③

---

①　斯图亚特:《政治经济学原理研究》。引自《马克思恩格斯全集》第 26 卷 I,第 12 页。

②　《马克思恩格斯全集》第 26 卷 I,第 11 页。

③　同上书,第 24 卷,第 13 页。

　　斯图亚特的剩余价值理论集中地表现在他的这样一段话中："绝对利润对谁都不意味着亏损，它是劳动、勤勉或技能的增进的结果，它能引起社会财富的扩大或增加……相对利润对有的人意味着亏损；它表示财富的天平在有关双方之间的摆动，但并不意味着总基金的任何增加……混合利润很容易理解：这种利润……一部分是相对的，一部分是绝对的……二者能够不可分割地存在于同一交易中。"①

　　这里出现了"绝对利润""相对利润"和"混合利润"三个概念，而混合利润是由绝对利润和相对利润混合构成的，所以这里要注意的是斯图亚特关于绝对利润和相对利润的区别。

　　绝对利润，按照斯图亚特自己的解释，"对谁都不意味着亏损"。就是说，它不是在商品流通中产生的。否则，一人之所得必然是他人之所失。那么，它是怎样产生的呢？按照斯图亚特的解释，"它是劳动、勤勉或技能的增进的结果"。接着又说："它能引起社会财富的扩大或增加。"可见，斯图亚特在这里说的绝对利润，并不是指剩余价值，看来是指劳动生产力的增进所引起的物质财富的扩大或使用价值量的增加。如果斯图亚特以价值的增加为前提来研究绝对利润，那他在剩余价值理论史上就会有重要的学术建树。然而，他对剩余价值的考察完全离开了这个前提。

　　相对利润，按照斯图亚特自己的解释，"对有的人意味着亏损"。就是说，它是在商品流通中产生的。在这里，一人之所得必然是他人之所失，一方的赢利总是意味着另一方的亏损。所以，"它表示财富的天平在有关双方之间的摆动，但并不意味着总基金的任何增加"。

　　斯图亚特的相对利润，也就是他的让渡利润。他说："在商品的价格中，我认为有两个东西是实际存在而又彼此完全不同的：商品的实

---

　　① 《马克思恩格斯全集》第26卷Ⅰ，第11页。

际价值和让渡利润。"① 又说：产品的价格，"凡是超过实际价值的，就是厂主的利润。这个利润将始终同需求成比例，因此它将随情况而变动……由此看来，为了促进制造业的繁荣，必须有大规模的需求……工业家是按照他们有把握取得的利润，来安排自己的开支和自己的生活方式的"。② 从斯图亚特的这些说明中，可以清楚地看到，厂主或工业家获得的利润，就是相对利润，也就是让渡利润。

斯图亚特的相对利润或让渡利润，是商品价格超过实际价值的部分。如果实际价值指的是生产费用，即商品生产中实际耗费的不变资本和可变资本的价值，那么价格超过实际价值的部分，就应当是指雇佣劳动创造的剩余价值，它来自生产领域。如果实际价值指的是价值，那么价格超过实际价值的部分，就应当是商品高于它的价值出售的结果，它来自流通领域。斯图亚特的实际价值概念的内容变化不定，时而等于生产费用，时而等于价值。就后一场合而言，斯图亚特的相对利润或让渡利润，仍没有越出从流通领域寻求剩余价值源泉的重商主义旧观点。因此，同从生产领域寻求剩余价值源泉的配第相比，斯图亚特不是前进而是后退了。

当然，生活在发达的工场手工业时期的斯图亚特，也知道流通领域不会使价值增殖，因而在思想上陷入矛盾之中："一方面，斯图亚特抛弃了货币主义和重商主义体系的这样一种看法，即认为商品高于它的价值出卖以及由此产生的利润，形成剩余价值，造成财富的绝对增加；另一方面，他仍然维护它们的这样一种观点，即单个资本家的利润无非是价格超过价值的这个余额——'让渡利润'。"③

和重商主义不同的是，斯图亚特认为单个资本家获得的利润只是

---

①　斯图亚特：《政治经济学原理研究》。引自《马克思恩格斯全集》第26卷Ⅰ，第12页。

②　《马克思恩格斯全集》，第12—13页。

③　《马克思恩格斯全集》第26卷Ⅰ，第13页。

相对的，从总体来看，有人获得这种利润，就意味着有人亏损，一方的赢利相当于另一方的亏损，"总基金"不会增加，相对利润或让渡利润只"表示财富的天平在有关双方之间的摆动"。所以，马克思说："在这方面，斯图亚特是货币主义和重商主义体系的合理的表达者。"[1]

就剩余价值的性质和源泉而言，斯图亚特的"绝对利润对谁都不意味着亏损"的说法和"相对利润对有的人意味着亏损"的说法，都丝毫没有涉及问题的实质。前一种说法，如果以价值的增加为前提，就有可能在剩余价值理论方面作出新的贡献；后一种说法，如果用来解释价值在资本和劳动之间的分割，也有可能在剩余价值理论方面得出新的成果。可是，斯图亚特在前一场合完全离开了价值的增加为这个前提，在后一场合又舍弃了可以用来说明剩余价值的这个看法。

尽管如此，斯图亚特关于绝对利润和相对利润的说法，对他的继承者来说，仍不失为一种富于启发性的说法。清除掉其中的混乱和错误，就可能把剩余价值的性质和起源的理论分析提到一个新的高度。

就剩余价值的分配而言，斯图亚特关于"相对利润……表示财富的天平在有关双方之间的摆动，但并不意味着总基金的任何增加"的说法，对英国古典政治经济学考察剩余价值在工业资本家、借贷资本家、土地所有者之间的分配，即考察剩余价值按利润、利息、地租这些项目进行的分配，也是有启发性的。

四、斯密的剩余价值理论

在剩余价值问题上，斯密的分析比他的理论前辈前进了一大步。斯密认为，价值的源泉不是某种特殊形式的具体劳动，而是一般社会劳

---

[1] 《马克思恩格斯全集》第26卷 I，第13页。

动。因此,他认为,剩余价值来源于剩余劳动。斯密的这种解释表现了资本主义生产方式的特征。马克思指出:斯密已经提出了正确的公式。把剩余价值归结为剩余劳动,和把价值归结为劳动,具有同等重要的意义。马克思肯定了斯密的公式是理论上有成果的公式,它表现了资本主义生产方式的特征,为理解资本主义生产方式的发展过程奠定了基础。

下面,我们来考察一下斯密对问题的具体说明。

在《国富论》中,斯密从研究商品所有者之间的交换转到研究生产条件所有者和劳动力所有者之间的交换时,提出了利润的源泉问题,实际上就是剩余价值的源泉问题。他说:一旦资本在个别人手中积累起来,其中某些人自然就利用它使勤劳者去劳动,向他们提供材料和生活资料,以便从他们的劳动产品的出售中,或者说,从这些工人的劳动加到那些加工材料价值上的东西中,取得利润。斯密接着说:因此,工人加到材料上的价值,这时分成两部分,一部分支付工人的工资,另一部分支付企业主的利润,作为他预付工资和加工材料的资本总额的报酬。①

从斯密的这段话中,可以看出:第一,他意识到劳动力和劳动条件的分离是剩余价值生产的前提条件。所谓"一旦资本在个别人手中积累起来",指的是生产条件集中到少数人手里;所谓"利用它使勤劳者去劳动",指的是生产条件所有者凭借对生产条件的占有迫使失去生产条件的劳动者进行雇佣劳动。第二,资本主义生产是为了"取得利润",也就是为了取得剩余价值。第三,利润不是从"劳动产品的出售"中产生的,不是离于价值出售的"让渡利润",②而是"工人加到材料上的价值"被资本家没有支付代价就拿去出售的那一部分。也就是说,

———————

① 亚当·斯密:《国富论》上卷,第43页。

② 恩格斯指出:"最早的见解是从商人的直接的实践中产生的:剩余价值产生于产品价值的追加。这种见解曾在重商主义者中间占统治地位,但是詹姆斯·斯图亚特已经看到,在这种情况下,一人之所得必然是他人之所失。……然而它被亚·斯密从古典科学中赶出去了。"引自《马克思恩格斯全集》第24卷,第13页。

利润是工人加到劳动材料上的价值中的扣除部分,是对工人劳动的无偿占有。

斯密还进而直接从工人必须在用来补偿工资的劳动量之上进行追加的劳动,来说明利润也就是剩余价值的源泉。他说:在这种情况下,劳动者的全部劳动产品并不总是属于劳动者。在大多数场合,他必须同雇用他的资本所有者一起分享劳动产品。在这种情况下,通常为获得或生产某一商品所耗费的劳动量,不再是决定用这个商品通常可以买到、支配或换得的那个劳动量的唯一条件。显然,这里还应当有一个劳动的追加量,作为预付工资和给工人提供材料的资本的利润。① 这就更明确地把剩余价值归结为工人在生产工资等价物所用劳动之外的劳动追加量,即归结为无偿的剩余劳动。马克思在评论斯密的这一观点时说:"这完全正确。如果我们谈的是资本主义生产,那么表现为货币或商品的物化劳动所买到的,除了它本身包含的劳动量之外,总还有一个活劳动的'追加量','作为资本的利润',但是,换句话说,这不过意味着,物化劳动无偿地占有,不付代价地占有一部分活劳动。"②

在斯密看来,利润是剩余价值的一种形式,地租则是剩余价值的另一种形式。斯密把地租归结为工人在生产工资等价物所用劳动之外的另一个劳动追加量,即归结为被土地所有者占有的无偿的剩余劳动。他说:一旦一个国家的土地全部变成了私有财产,土地所有者也像所有其他人一样,喜欢在他们未曾播种的地方得到收获,甚至对土地的自然成果也索取地租。斯密接着说:劳动者必须把用自己的劳动收集或生产的东西让给土地所有者一部分,这一部分,或者说,这一部分的价格,就构成地租。③ 可见,在斯密这里,地租和工业利润一样也是"工

---

① 亚当·斯密:《国富论》上卷,第 44 页。
② 《马克思恩格斯全集》第 26 卷 I,第 59 页。
③ 亚当·斯密:《国富论》上卷,第 44 页。

人加到材料上的价值"的一部分,是被无偿占有的剩余劳动的一部分。斯密意识到,同劳动相分离并且同劳动相对立的作为地产的土地,或者说,资本主义的土地所有权,是土地所有者无偿占有"工人加到材料上"的一部分劳动量或价值量所凭借的经济条件。

说到利息,斯密认为,只要不是工资本身的扣除部分,就是从利润或地租中支付的,而利润或地租都是对劳动者在生产工资等物以上的劳动追加量,都是劳动者的劳动产品的直接扣除。

斯密的剩余价值理论有时以另一种形式出现。按照斯密的观点,在社会原始不发达状态中,劳动产品全部都成为劳动者的工资。在文明社会中,"地租和利润吃掉工资"。[①] 既然劳动产品的一部分被地租和利润所有者及其食客例如利息所有者、家仆等吃掉了,那么现在作为工资归工人的就只是没有被那些人吃掉的那一部分。正如马克思所说:"这个产品的一部分被利润和地租的所有者吃掉,另一部分被他们的食客吃掉。因此,能够重新用在劳动(生产劳动)上的那部分产品究竟有多少,就取决于产品中没有被资本家、租金所得者和他们的食客(同时也是非生产劳动者)吃掉的那部分究竟有多少。"[②]

以上就是斯密的一般剩余价值理论。

发达的工场手工业为斯密发展英国古典剩余价值理论提供了较为有利的客观经济条件,范德林特、马西和休谟又为斯密发展剩余价值理论提供了新的思想资料。在这种情况下,斯密摆脱了从配第到康替龙把地租看作剩余价值的正常形式的旧观点,提出了利润和地租是剩余价值的基本形式的新观点,发展了配第曾经提到的"土地的租金"和"资本的利润"都是由"克扣许多劳动"得来的论点,把英国古典剩余价值理论提高到一个新的历史阶段。

---

① 亚当·斯密:《国富论》下卷,第137页。
② 《马克思恩格斯全集》第26卷 I,第263页。

　　对于利润和地租这两种形式的剩余价值,斯密并没有等量齐观。他强调利润的首要性,而把地租看作剩余劳动扣除利润之后的余额。他说:土地几乎在任何情况下都能生产出较大量的食物,也就是说,除了以当时最优厚的条件维持使食物进入市场所必需的全部劳动还有剩余。这个余额又始终超过那个足够补偿推动这种劳动的资本并提供利润的数量。所以这里始终有一些余额来向土地所有者支付地租。[①] 这种说法,如果撇开重农学派的色彩,那么,主要是强调在剩余劳动产品中先要扣除利润,然后才扣除地租。这反映出斯密对资本比土地所有权表现为更主要的生产条件的认识,而不再像配第等人那样把土地所有权看作生产的主要条件,以为资本从土地所有权那里强取了一部分剩余价值。

　　但是,斯密的这一进步还是不巩固的,他在总结自己的剩余价值理论时又把地租看作耕种土地的劳动所生产的产品的第一个扣除,而把利润看作第二个扣除。他说:一旦土地成为私有财产,对劳动者在这块土地上所能生产和收集的几乎一切产品,土地所有者都要求得到一份。他的地租是对耕种土地的劳动所生产的产品的第一个扣除。但是,种地人在收获以前很少有维持自己生活的资金。他的生活费通常是从他的雇主即租地农场主的资本中预付的,如果租地农场主不能从劳动者的劳动的产品中得到一份,或者说,如果他的资本不能得到补偿并带来利润,他就没有兴趣雇人了。这种利润是对耕种土地的劳动所生产的产品的第二个扣除。几乎所有其他劳动的产品都要作这样的扣除,来支付利润。在所有手工业和制造业中,大多数劳动者都需要雇主预付给他们劳动材料以及工资和生活费,直到劳动完成的时候为止。这个雇主从他们劳动的产品中得到一份,或者说,从他们的劳动加到加工材

[①]　亚当·斯密:《国富论》上卷,第139页。

料上的价值中得到一份，这一份也就是雇主的利润。^①在这里，他先后把地租和利润称为对工人劳动产品的扣除。

马克思十分重视斯密的剩余价值学说，多次给予很高的评价，认为斯密分析了"剩余价值的真正的本质"^②，"认识到了剩余价值的真正起源"^③，"把剩余价值，即剩余劳动——已经完成并物化在商品中的劳动超过有酬劳动即超过以工资形式取得自己等价物的劳动的余额——理解为一般范畴，而本来意义上的利润和地租只是这一般范畴的分支。"^④又说："在亚·斯密看来，地租、利润和利息都不过是剩余价值的不同形式。"^⑤

斯密的剩余价值理论有一个突出的优点，这就是明确地把剩余价值和资本主义生产联接在一起，认为剩余价值的生产是一定历史阶段的产物，是生产条件属于一个阶级而另一个阶级除劳动以外别无所有的结果。斯密的这种认识大大超过了他的理论前辈。后面还会看到，在这一方面，李嘉图的认识比起斯密也要逊色得多。

尽管斯密在剩余价值问题上取得了重大的理论成就，然而他始终没有清楚地用一个不同于剩余价值特殊形式的专门范畴来说明剩余价值，而是把剩余价值和利润混淆在一起，直接从利润的形式来考察剩余价值。这就陷入了矛盾和混乱之中。当斯密从利润的形式来考察剩余价值时，他便不再把剩余价值看作是工人加到材料上的劳动超过以工资形式取得自己等价物的劳动之上的余额，而是看作超过预付工资和加工材料的资本总额之上的余额，也就是看作超过预付资本总额的余额。斯密认为，企业主的利润完全取决于所使用的资本量，它的大

---

① 亚当·斯密：《国富论》上卷，第59—60页。
② 《马克思恩格斯全集》第26卷Ⅱ，第247页。
③ 同上书，第26卷Ⅰ，第58页。
④ 同上书，第60页。
⑤ 同上书，第64页。

小必须同所使用的资本的多少成比例,如果他的利润不同所使用的资本的量成一定的比例,他就不会有兴趣使用较大的资本来代替较小的资本。① 很明显,斯密在这里不是用剩余价值的本质来说明利润,而是用资本家的"兴趣"来说明利润。这是十分错误的。马克思指出:"亚当·斯密没有感觉到,他这样直接地把剩余价值同利润,又把利润同剩余价值混淆起来,也就推翻了刚才由他提出的剩余价值起源的规律。"②

斯密不仅把剩余价值归结为利润,而且把剩余价值归结为地租,这样,他就不仅把剩余价值同利润混淆起来,而且把剩余价值同地租混淆起来。斯密不通过任何中介环节,直接把剩余价值的一般形式同它的特殊形式混淆在一起。他只是粗略地抓住现成的经验材料,而缺乏对于阐明经济关系的形式差别所必要的理论认识。斯密后来的许多错误都与此有关。

五、李嘉图的剩余价值理论

李嘉图首尾一贯地坚持劳动价值理论,他从实现在商品中的劳动量决定价值的原理出发,对剩余价值理论进行了新的探索。恩格斯指出:"李嘉图比亚·斯密已经前进了一大步。李嘉图关于剩余价值的见解是建立在一种新价值理论的基础上的。"③

李嘉图在利润形式上看到了剩余价值的存在。在李嘉图那里,利润有两个含义:一是本来意义上的利润,一是剩余价值。因此,他的利润理论既是关于利润的理论,又是关于剩余价值的理论。我们在这里考察的不是前者,而是后者。

---

① 亚当·斯密:《国富论》上卷,第 43 页。
② 《马克思恩格斯全集》第 26 卷 I,第 71 页。
③ 同上书,第 24 卷,第 16 页。

在研究利润时,李嘉图经常把用在生产资料方面的资本即不变资本撇开不谈,而只观察用在工资方面的资本即可变资本同利润的关系。他认为,劳动加到材料上的价值量,或在生产过程中加进商品中的新价值,分割为两个部分:工资和利润。李嘉图说:工资和利润加在一起具有同一价值。① 又说:"商品的全部价值只分成两部分:一部分构成资本利润,另一部分构成劳动工资。"② 李嘉图的意思是说,工资与利润之和总是等于工人在生产过程中新创造的价值量,反过来说,工人在生产过程中新创造的价值量总是分割为工资和利润两个部分。可见,李嘉图在这里所说的利润,不是本来意义上的利润,而是剩余价值,是全部剩余价值量。马克思指出:"他是这样考察问题的:似乎全部资本都直接花费在工资上了。因此,就这一点说,他考察的是剩余价值,而不是利润,因而才可以说他有剩余价值理论。"③

李嘉图生活在机器大工业时代,他不像离封建时代较近的配第等人那样把地租看作剩余价值的正常形态,也不像处于发达工场手工业时代的斯密那样把利润和地租看作剩余价值的两种形式,而是把地租归结为超额利润,把利息归结为利润的一部分,把利润看作剩余价值的唯一形式。李嘉图的这一认识,是英国古典政治经济学家对剩余价值理论经过一个半世纪以上的时期研讨的结果。

李嘉图没有研究绝对剩余价值。他在讨论剩余价值问题时,把工作日长度的不变量当作全部研究的出发点。李嘉图说:工业中一百万人的劳动总是生产相同的价值。④ 按照这一说法,他们一天劳动总是生产出一百万个工作日的产品,都包含同一劳动时间。这一说法只是

---

① 《李嘉图著作和通信集》第 1 卷,第 346、352 页。
② 同上书,第 92 页。
③ 《马克思恩格斯全集》第 26 卷 II,第 424 页。
④ 《李嘉图著作和通信集》第 1 卷,第 232 页。

在工人劳动的外延量和内含量已定时才是正确的。李嘉图没有看到，除了同一正常工作日以外，可以有各种各样的工作日长度。在同一正常工作日之内，可以有各种各样的劳动强度。工作日长度不同，劳动强度不同，生产的剩余价值也就不同。既然李嘉图把工作日长度既定作为出发的前提，这就决定了他不会去研究绝对剩余价值，不会去考察在必要劳动时间不变的条件下绝对地延长工作日来增加剩余价值的生产。

从工作日长度既定这个前提出发，李嘉图考察了相对剩余价值，也就是考察了在工作日既定的情况下通过缩短必要劳动时间相应地延长剩余劳动时间来增加剩余价值的生产。他用生产必要生活资料的社会劳动生产率的提高或降低来说明剩余价值的增加或减少。相对剩余价值实际上是李嘉图在利润名义下研究的剩余价值的唯一形式。按照李嘉图的看法，利润取决于工资的高低，工资取决于必要生活资料的价格。生产的改良实质上就是使生产商品所需要的劳动量比以前减少，这种减少必定使商品、必要生活资料的价格下降。由此可以推论：工资的提高或降低同社会劳动生产率成反比，利润率的降低或提高同社会劳动生产率成正比。李嘉图已经懂得，生产的一切改良，缩短生产商品的必要劳动的一切方法，只要能降低工资，或者说只要能降低劳动力价值，都会增加利润，也就是都会增加剩余价值。马克思说："李嘉图总的说来正确地阐明了相对剩余价值。"[1]

分析工资和剩余价值的对立，是李嘉图的科学功绩。李嘉图把商品的价值只分解为利润和工资两个部分，由此得出结论说："假定谷物和工业制造品总是按照同一价格出售，利润的高低就会与工资的高低成反比。"[2] 这里说的利润和工资的关系，就是剩余价值和劳动力价值的

---

[1]《马克思恩格斯全集》第 26 卷 II，第 470 页。

[2]《李嘉图著作和通信集》第 1 卷，第 92 页。

关系。李嘉图看出,劳动力价值和剩余价值是按反方向变化的。

分析工资变动和剩余价值变动的因果关系,是李嘉图的又一功绩。他正确地认为,工资变动是因,剩余价值变动是果。李嘉图说:"如果工资继续不变,制造业者的利润就会维持不变;但如果工资由于谷物腾贵而上涨……他们的利润就必然会下落。"[①] 又说:"工资增加时,总是牺牲利润;工资跌落时,利润总会提高。"[②]

马克思和恩格斯很重视李嘉图关于工资和剩余价值关系的分析。恩格斯说:李嘉图"甚至确立了关于工资和剩余价值(在利润形式上理解的剩余价值)的相互关系的一些主要规律"。[③] 马克思在阐述劳动力价格和剩余价值的量的变化时指出:在工作日长度和劳动强度不变而劳动生产率可变的假设下,劳动力价值和剩余价值取决于三个规律:第一,不论劳动生产率如何变化,从而不论产量和单位商品的价格如何变化,一定长度的工作日总表现为相同的价值产品;第二,劳动力的价值和剩余价值按照相反的方向变化。劳动生产力的变化,它的提高或降低,按照相反的方向影响劳动力的价值,按照相同的方向影响剩余价值。第三,剩余价值的增加或减少始终是劳动力价值相应的减少或增加的结果,而绝不是这种减少或增加的原因。马克思说:"李嘉图第一个严密地表述了上述三个规律。"[④]

李嘉图实际上已经懂得,资本主义的生产目的是为了利润,即为了剩余价值。资本家的富的程度,从而资本主义社会的富的程度,不是由产品的绝对量来衡量,而是由剩余产品的相对量来衡量。

和斯密一样,李嘉图的剩余价值理论的局限性突出地表现在他混同

---

① 《李嘉图著作和通信集》第 1 卷,第 92—93 页。
② 同上书,第 346 页。
③ 《马克思恩格斯全集》第 24 卷,第 16 页。
④ 同上书,第 23 卷,第 571 页。

了剩余价值和利润。^①他从来不研究剩余价值本身，在任何地方都没有离开剩余价值的特殊形式来考察剩余价值的一般形式。只有在预付资本等于工资的情况下，也就是只有在全部资本都由可变资本组成的情况下，利润和剩余价值才是等同的。除此之外，利润和剩余价值都不相等。李嘉图也像斯密一样抓住现成的经验材料，不经过中间环节，把利润直接当作剩余价值来论述，把利润规律直接当作剩余价值规律来论述，这就歪曲了剩余价值的概念，歪曲了剩余价值规律。从而，在很大的程度上损害了他对剩余价值问题的分析。斯密的许多错误和缺点的产生是由于他没有区分剩余价值的一般形式和特殊形式，李嘉图更是如此。

　　如前所说，斯密的剩余价值理论的突出优点是他意识到剩余价值的生产是资本主义的生产。李嘉图缺乏斯密的这一历史感，不知道在生产过程中加进商品的新价值分割为工资和利润两个部分是资本主义生产的特有现象，而不是什么适合一切历史条件的社会生产的自然形式。^②李嘉图没有像斯密那样把剩余价值归结为剩余劳动，没有研究剩余价值的性质，没有探讨剩余价值的起源。马克思指出："李嘉图从来没有考虑到剩余价值的起源。他把剩余价值看作资本主义生产方式固有的东西，而资本主义生产方式在他看来是社会生产的自然形式。他在谈到劳动生产率的时候，不是在其中寻找剩余价值存在的原因，而只是寻找决定剩余价值量的原因。"^③在李嘉图那里，资本直接和劳动相交

————————

　　①　"在李嘉图的学生们那里，也像在李嘉图本人那里一样，看不到剩余价值和利润的区别。李嘉图本人只是在工资的变动可能对有机构成不同（这在李嘉图那里也只是涉及流通过程时谈到）的各资本产生的不同影响中，才注意到两者的区别。"引自《马克思恩格斯全集》第26卷Ⅲ，第88页。

　　②　马克思指出："李嘉图关于产业利润（加上利息）包含全部剩余价值这个假定，从历史上和概念上来说都是错误的。其实，只是资本主义生产的发展，才使1.全部利润首先归于产业资本家和商业资本家，然后再行分配；2.地租归结为超过利润的余额。"引自《马克思恩格斯全集》第25卷，第271页。

　　③　《马克思恩格斯全集》第23卷，第563—564页。

换,而不是和劳动力相交换,这就无法说明在按照价值规律进行的商品交换中如何产生出资本和活劳动之间的不平等交换,无法说明剩余价值的起源。他只是从资本主义生产的经验事实出发,认为"劳动的价值"或工资的价值小于劳动所创造的产品的价值,产品的价值大于"劳动的价值"或工资的价值。产品的价值超过"劳动的价值"或工资的价值的余额,就是剩余价值。李嘉图只是说出了现存事实,而没有从理论上说明为什么产品的价值会超过"劳动的价值"或工资的价值。

六、拉姆赛的剩余价值理论

在李嘉图之后,资产阶级经济学家除了个别例外,不再探索剩余价值的起源。"这些资产阶级经济学家实际上具有正确的本能,懂得过于深入地研究剩余价值的起源这个爆炸性问题是非常危险的。"[1]

英国古典政治经济学的后期代表拉姆赛是个例外。他在配第、斯密、李嘉图等人的剩余价值理论成果的基础上,进一步研究剩余价值的起源问题。

拉姆赛虽然没有使用"可变资本"一词,但是他的"流动资本"一词事实上就是可变资本。按照拉姆赛的定义,"流动资本只由在工人完成他们的劳动产品以前已经预付给工人的生活资料和其他必需品构成。"[2]可见,这种"流动资本"就是表现在工资上的资本,相当于可变资本。

关于剩余价值,拉姆赛作了颇有特色的说明。他写道:"流动资本所使用的劳动,总是要多于先前用于它自身的劳动。因为,如果他使用的劳动不能多于先前用于它自身的劳动,那它的所有者把它作为流动

---

[1]　《马克思恩格斯全集》第23卷,第564页。

[2]　乔治·拉姆赛:《论财富的分配》。引自《马克思恩格斯全集》第26卷Ⅲ,第361页。

资本使用,还能得到什么好处呢?"① 拉姆赛指出:或许有人会说,任何一笔流动资本所能使用的劳动量,不过等于先前用于生产这笔资本的劳动。这就意味着,所花费的资本的价值等于产品的价值。既然如此,它的所有者就不能得到什么好处。就是说,如果在工资形式上支付的劳动量等于在产品形式上收回的劳动量,那就没有产品价值超过资本价值的余额,也就是没有剩余价值。然而,事实上总是存在着产品价值超过资本价值的余额,这个余额是对"流动资本"即可变资本而言的,因而是剩余价值。可见,"拉姆赛确实接近于正确地理解剩余价值"。②

拉姆赛虽然相当接近于正确理解剩余价值的真正起源,但是他深受李嘉图等人关于劳动和资本相交换的观点的束缚,不能正确地说明劳动和资本的交换究竟是怎样进行的,因而不能正确说明产品价值超过资本价值的余额是怎样产生的。拉姆赛承认在工资形式上支付的劳动量小于在产品形式上收回的劳动量,可是他解释说:"一笔比如说由100个工人的劳动创造的流动资本,将推动150个工人。因此,在这种情况下,年终的产品将是150个工人劳动的结果。"③ 这是一种模棱两可、含糊不清的解释,它说明拉姆赛没有弄清楚剩余价值的本质。

李嘉图没有研究绝对剩余价值,相对剩余价值是他的剩余价值的唯一形式。和李嘉图相比,拉姆赛在这方面的认识有了明显的进步。"拉姆赛自己指出劳动时间的绝对延长是剩余价值的源泉……也指出由于工业进步而提高的劳动生产率是源泉。"④

---

① 乔治·拉姆赛:《论财富的分配》。引自《马克思恩格斯全集》第26卷Ⅲ,第363页。
② 《马克思恩格斯全集》第26卷Ⅱ,第363页。
③ 乔治·拉姆赛:《论财富的分配》。引自《马克思恩格斯全集》第28卷Ⅲ,第363—364页。
④ 《马克思恩格斯全集》第26卷Ⅲ,第367页。

第七章　利润理论

一、从配第到休谟

英国古典政治经济学的许多重要经济理论在配第那里都可以找到最初的表现形式，但利润范畴是一个例外。生活在十七世纪的配第离封建时期比较近，地租和利息这样的古老形式是他很熟悉的形式，因而很自然地研究了地租和利息这些经济范畴。利润是配第所不熟悉的范畴。他在个别场合提到资本的利润，认为利润和地租一样是对劳动的"克扣"。但在一般场合，他是从作为包括利润在内的剩余价值的一般形式的地租出发的。对他来说，利润表现为资本从土地所有权那里强取的一部分剩余价值。这样，配第就不可能正确认识资本主义经济中的利润这一范畴。

洛克也讲到过利润，但是在他那里，利润同工资混在一起，都被当作劳动报酬，而地租和利息则是"把作为一个人的劳动报酬的利润转入另一个人的口袋"。诺思也讲到过利润，但是在他那里，地租被归结为土地提供的利润，利息被归结为资本的利润。同配第一样，洛克和诺恩也不可能正确认识利润这个范畴。

直到十八世纪三十年代至五十年代，生活在资本主义工场手工业发达时期的范德林特、马西和休谟，才开始对利润这个范畴进行新的探索。

1734年，范德林特在《货币万能》这部重要著作中，最先提出利润是资本主义经营的唯一目的的著名论断。

继范德林特之后，马西在 1750 年发表的《论决定自然利息率的原因》中研究了利润，发现利润是利息的基础，指出利息是利润的一部分，利息总要由利润决定。马西的功绩在于他实际上感觉到工商企业的利润是最初被资本占有的基本形式，利息只是利润的派生形式。马西的另一功绩是他最早注意到利润率下降的现象，并试图用资本积累、特别是用国内外的竞争来说明这种现象。

1752 年，休谟也对利润作了论述。他也发现，利润是基础，利息是利润的派生部分，利润的高低决定利息的高低。休谟考察了利润率水平，认为除了存在特别大的利润和特别小的利润，还存在平均的利润。对于利润率下降的现象，休谟也密切加以注意，并作了说明。休谟认为：在可以得到高利息的地方，没有人会以低利润为满足；而在可以得到高利润的地方，也没有人会以低利息为满足。高利润和高利息是"商业和工业不够发达"的表现，"低利息则表明相反的情况"。① 这就是说，资本主义经济的发展必然会导致利润率和利息率的下降。和马西相似，休谟也用资本积累和竞争来说明这种必然性，他写道："当商业有了很大的扩展并且运用大量资本的时候，必然产生商人之间的竞争，这种竞争使商业利润减少，同时也使商业本身规模扩大。商业中的利润降低，使商人宁肯在离开商业，开始过清闲日子时接受低利息。"②

可见，在马西和休谟的学说中，利润是一个重要范畴。但是，正如马克思所说："马西和休谟两个人对于在他们学说中起作用的'利润'的本性，什么都不知道，什么也没有说到。"③ 范德林特、马西和休谟关

---

① 休谟：《若干问题论丛》第 1 卷第二部分，引自《马克思恩格斯全集》第 26 卷 I，第 401 页。

② 同上书，第 402 页。

③ 《马克思恩格斯选集》第 3 卷，第 280 页。

于利润的观点,对于斯密利润学说的形成具有重要的意义。

在英国古典经济学家中,系统地提出利润理论的是斯密。

二、斯密的利润理论

利润一词在斯密著作中有两个基本含义。其中,一个基本含义是剩余价值。当斯密把利润看作工人的劳动加到材料上的价值的扣除部分时,或者说,当斯密把利润看作被资本家占有工人的劳动超过相当于工资的劳动以上的劳动时,这种利润指的就是剩余价值。斯密在这种意义上的利润理论就是剩余价值理论。

利润一词在斯密那里的另一个基本含义是本来意义上的利润,是剩余价值的利润形式。当斯密把利润看作超过资本家预付工资和加工材料的资本总额之上的余额,也就是把利润看作资本家超过预付资本总额的余额时,这种利润就是本来意义上的利润。斯密在这种意义上的利润理论就是我们在这里考察的对象。

在利润的性质这个问题上,斯密的功绩在于他继承和发展了马西和休谟的思想,把工业利润看作是剩余价值最初为资本占有的形式,把地租看作是利润中的扣除部分。[①]斯密的这一思想,后来又为李嘉图等人所继承。马克思指出:"从亚当·斯密开始的后来的政治经济学家……正确地把工业利润看成剩余价值最初为资本占有的形式,从而看成剩余价值的最初的一般形式,而把利息和地租仅仅解释为由工业资本家分配给剩余价值共同占有者各阶级的工业利润的分支。"[②]

在利润的性质这个问题上,斯密的功绩还在于他有时候意识到利

---

① 马克思说:"斯密实质上也把地租理解为'利润中的扣除部分'"。引自《马克思恩格斯全集》第 26 卷 I,第 76 页。

② 《马克思恩格斯全集》第 26 卷 I,第 21 页。

润是剩余价值的分支。例如,当他说在资本积累和土地私有权产生以后,资本所有者要从劳动者的全部劳动产品中扣除一部分作为利润,土地所有者要从劳动者的全部劳动产品中扣除一部分作为地租的时候,便是如此。马克思指出,"亚·斯密把剩余价值,即剩余劳动……理解为一般范畴,而本来意义上的利润和地租只是这一般范畴的分支。"①
．．．．．

有一种庸俗观点,认为利润是"特种劳动"即"监督和管理的劳动"的工资。斯密批判了这种错误观点,指出利润和工资根本不同,它们受完全不同的原则支配。

但是,斯密有时又用资本家的"兴趣"而不是用剩余价值的本质来说明利润。例如,斯密说,如果企业主从出卖工人生产的产品中,除了用于补偿他的资本所必需的数额以外,不指望再多一个余额,他就不会有兴趣雇用这些工人了;同样,如果他的利润不同所使用的资本的量成一定的比例,他就不会有兴趣使用较大的资本来代替较小的资本。② 如果说,斯密这段话的前半截并不完全是用资本家的兴趣,多少还是用从工人的剩余劳动得出剩余价值来说明利润的话,那么,这段话的后半截无论如何都是庸俗的观点,因为斯密在这里不是用剩余价值的本质而是用资本家的兴趣来说明利润。

斯密的另一个错误是有时又把利润看作是一切交换价值的三个原始源泉之一。③ 对于这一错误,我们在叙述斯密的价值理论时已经作了分析。这里要说的是,斯密把利润说成是价值的源泉,是直接为资本家的剥削收入辩解的。斯密公然说:资本家的利润就是他的收入,也就是他的生活资料的正当资源。资本家在生产过程中,既要支付工人的工资或生活资料,又要支付自己的生活资料。他自己的生活资料和他指

---

① 《马克思恩格斯全集》第 26 卷 I,第 60 页。
② 亚当·斯密:《国富论》上卷,第 43 页。
③ 同上书,第 47 页。

望从出售商品中得到的利润大致相当。如果资本家不能从出售商品中得到利润，就等于他没有从出售商品中收回他的实际费用。斯密的这种观点和他比较正确的关于利润性质的观点是截然对立的。

有时候，斯密又错误地把利润看作是对资本家冒风险的报酬。他说：还必须有一些东西，作为在这个事业上冒风险投资的企业主的利润。[①] 又说：它是对使用资本的风险和麻烦的报酬。[②] 斯密的这种观点为庸俗经济学的利润理论开了先河。这是把利润看成风险费的资产阶级观点。这是"对利润的辩护论的解释。"[③]

斯密没有在纯粹的形式上说明过利润。他不仅一开始就混同了利润和剩余价值，而且一开始就混同了利润和平均利润。他不仅从来没有认真分析过剩余价值到利润的转化，而且从来没有彻底分析过一般利润率的形成，没有正确说明过利润到平均利润的转化。

利润的平均化是一个结果，而不是一个起点。可是，斯密却把结果当成起点，一开始就以平均利润的存在为前提。他说：利润完全取决于所使用的资本的价值，它的大小同这一资本的多少成比例。[④] 斯密举例说，假定某地工业中的资本利润每年通常为10%，有两个不同的制造厂，各雇20个工人，每个工人每年工资15镑，这样，每个制造厂每年工资为300镑。再假定，其中一个制造厂加工低等材料，每年只花费700镑，另一个制造厂加工比较高等的材料，值7 000镑。在这种情况下，前一制造厂每年所使用的资本总共只有1 000镑，而后一制造厂所使用的资本达7 300镑。按10%的比率，前一个厂主只能指望得到年利润约100镑，后一个厂主则可指望得到年利润约730镑。对斯密

---

① 参阅亚当·斯密：《国富论》上卷，第43页。
② 同上书，下卷，第406页。
③ 《马克思恩格斯全集》第26卷Ⅰ，第57页。
④ 亚当·斯密：《国富论》上卷，第43页。

的例子应该这样理解：第一个制造厂的不变资本为 700 镑，可变资本为 300 镑，在平均利润率为 10% 的情况下，平均利润为 100 镑。第二个制造厂的不变资本为 7 000 镑，可变资本为 300 镑，在平均利润率为 10% 的情况下，平均利润为 730 镑。可是斯密本人并不真正懂得这一点。他丝毫没有想过，这两个制造厂的商品价值各为多少，剩余价值各为多少，利润各为多少，利润率又各为多少。他在这里不仅把剩余价值规律和利润规律直接等同起来，而且把利润规律同平均利润规律直接等同起来。斯密丝毫没有觉察到，在他的例子中，利润和预付资本的量成比例的规律，同剩余价值规律以及同利润规律是矛盾的。两个制造厂在雇用的工人数和使用的可变资本量相等的情况下，为什么一个制造厂获得利润 100 镑，另一个制造厂却获得利润 730 镑？对于这样一个重要问题，斯密没有觉得是一个问题。他完全停留在竞争的表面现象上，没有在现象的背后寻找事情的实质。

在第一篇第七章中，斯密一开始就假定：在任何社会或任何地方，各种用途的劳动的工资以及各种用途的资本的利润，都有一种普通率，或者说，平均率。[①] 他认为，利润的平均率比工资的平均率更为明显，更为普遍。斯密说：在同一社会或同一地区，不同投资部门的平均的、普通的利润率，和不同种类劳动的货币工资相比，大大接近于同一水平。[②] 同样，斯密还认为，在任何社会或任何地方，地租也有一种普通率或平均率。他把这些普通率或平均率称为工资、利润和地租的自然率。

关于地租的普通率或平均率问题，我们在这里可以不去多作分析。因为，斯密曾经明确说过，总有一些商品，它们的价格只分解为工资和利润。更主要的是因为，刚才说过，斯密所了解的地租，实际上是利润

---

① 亚当·斯密：《国富论》上卷，第 49 页。

② 同上书，第 104 页。

的扣除部分。

斯密的工资的普通率或平均率，或者按他的另一种说法，工资的自然率，实际上是指在正常条件下平均耗费的可变资本。也就是实际上既定的平均工资水平。斯密的利润的普通率或平均率，或者按他的另一种说法，利润的自然率，实际上就是指平均利润这一范畴。斯密在考察价值时，把利润作为商品价值的构成要素，这是错误的；他在考察生产价格时，把平均利润作为生产价格的构成要素，则是正确的。马克思指出："亚·斯密正确地把利润作为构成要素包括在商品的'自然价格'中，因为在资本主义生产的基础上，如果商品不提供等于预付资本价值加平均利润的费用价格，它就——最终地、照例地——不会拿到市场上去。"① 和许多资产阶级经济学家一样，斯密对资本主义生产的历史性缺乏认识，竟极为天真地、不假思索地说是"在任何社会或任何地方"都存在着利润的普通率、平均率或自然率。

既然不懂得剩余价值和利润的区别，不懂得利润和平均利润的区别，不懂得剩余价值转化为利润，利润转化为平均利润的逻辑和历史，当然也就不懂得价值和生产价格的区别，不懂得价值转化为生产价格的逻辑和历史。这样，斯密在直接混同剩余价值和利润，直接混同利润和平均利润的同时，也就必然直接混同价值和生产价格。斯密说，如果一种商品的价格恰好足够自然率支付地租、工资和利润，这种商品就是按照它的自然价格出卖。又说：商品在这种情况下出卖的价格，恰恰相当于其价值，或者说，恰恰相当于使该商品进入市场的人的实际所花的费用。马克思在评述斯密的这种观点时说："在这里，我们看到了'自然价格'产生的全部历史以及同它完全相适应的语言和逻辑。因为在斯密看来，商品的价值是由工资、利润和地租的价格构成的，而工资、

---

① 《马克思恩格斯全集》第 26 卷 III，第 85 页。

利润和地租在真正价值也是以同样方式构成的,所以很明显,在它们处于自己的自然水平的情况下,商品的价值和商品的费用价格是等同的,而商品的费用价格又是和商品的'自然价格'等同的。"①

斯密没有找到决定平均利润和平均利润量本身的内在规律,没有找到确定平均利润率的任何途径,而只是说很困难,不可能,等等。

当然,斯密并不是在任何场合都混同了价值和生产价格。在他的著作中,只有当他忘记了自己的比较深刻的观点,并从表面现象出发认为商品的价值是由工资价值、利润价值、地租价值三者相加而成的时候,才把价值和生产价格完全混同。

和马西、休谟相比,斯密更清楚地看到了利润率下降的现象。和马西、休谟相似,斯密认为,随着资本的积累,利润率会由于资本家之间的竞争加剧而趋于下降。他写道:"资本的增加,提高了工资,因而倾向于减低利润。在同一行业中,如有许多富商投下了资本,他们的相互竞争,自然倾向于减低这一行业的利润;同一社会各种行业的资本,如果全都同样增加了,那末同样的竞争必对所有行业产生同样的结果。"②可见,斯密把利润的下降归因于资本积累和由此产生的竞争。这种资本积累包括同一部门的资本积累和不同部门的资本积累,这种竞争包括同一部门的竞争和不同部门的竞争。但是,如果没有工资的提高,资本积累就不一定能够使利润降低。斯密所说的工资的提高指的是名义工资和实际工资的提高。

按照斯密的思路,资本积累和由此引起的竞争提高了工资,从而降低了利润。既然这样,那就必须说明,为什么资本积累和竞争会引起工资提高。在这个问题上,斯密通过两种方式提出答案。一种方式是,用英国国内经济史上一段历史时期的情况来说明。他说,英国从亨利八

---

① 《马克思恩格斯全集》第26卷Ⅱ,第242页。这里的"费用价格"就是指"生产价格"。
② 亚当·斯密:《国富论》上卷,第80—81页。

世以来,财富在不断增加,而且增加得越来越快。在这期间,工资不断
提高,利润则趋于下降。斯密用城市和乡村的比较来论证工资提高的
必然性。在城市经营一种行业比在农村需要的资本多,而工资比农村
的多,原因是资本所有者不能按照需要雇到工人,所以他们互相竞争,
结果提高了工资,降低了利润。另一种方式是,用英国殖民地的情况来
说明。斯密认为,高工资和高利润很少同时出现,只是在某种新殖民地
的特定情况下才会同时出现。例如,新殖民地起初土地很多,种植场主
可以只耕种最肥沃和位置最好的土地,因而在付给工人高工资和付给
资本所有者高利息的同时得到高利润。但是,在这样有利可图的企业
中,这种资本的迅速积累,使种植场主有可能迅速增加自己的工人人
数,以致在新的居留地无法找到这样多的工人。因此,他们能找到的工
人就会得到优厚的报酬。随着殖民地的不断扩大,资本利润也逐渐下
降。当最肥沃和位置最好的土地已全被占有的时候,耕种比较不肥沃
和位置比较差的土地,只能提供较少的利润,因而对所使用的资本也只
能支付较少的利息。[①] 总之,无论是用英国国内情况或是殖民地情况,
斯密都是用资本积累和竞争来说明利润下降的。资本增加,工资就提
高,利润也就必然下降。低利润和高工资二者都是同一原因造成的,都
是资本积累的结果。

　　斯密的功绩在于他比前辈更加强调了平均利润率下降的现象,为
以后的经济学家提出了进一步分析的理论任务。斯密的说明,成了李
嘉图对利润下降的说明的基础之一。

　　生活在十八世纪的斯密,还不可能懂得,利润下降趋势究竟意味着
什么。斯密误以为竞争是利润下降的原因,不知道竞争只是利润平均
化的原因。他不懂得不变资本和可变资本的划分,因而不懂得资本的

---

　　① 亚当·斯密:《国富论》上卷,第84—85页。

有机构成,这就决定了他不可能揭示出平均利润率下降的规律。李嘉图批评了斯密,然而他和斯密一样也没有能揭示这一规律。马克思说:"以往的一切经济学都没有能把它揭示出来。经济学看到了这种现象,并且在各种自相矛盾的尝试中绞尽脑汁地去解释它。由于这个规律对资本主义生产极其重要,因此可以说,它是一个秘密,亚当·斯密以来的全部政治经济学一直围绕着这个秘密的解决兜圈子,……如果我们考虑到:以往的一切政治经济学虽然摸索过不变资本和可变资本的区别,但从来不懂得把它明确地表达出来;它们从来没有把剩余价值和利润区别开来,没有在纯粹的形式上说明过利润本身,把它和它的彼此独立的各个组成部分——产业利润、商业利润、利息、地租——区别开来;它们从来没有彻底分析过资本有机构成的差别,因而从来没有彻底分析过一般利润率的形成,——那末,它们从来不能解决这个谜这一点,就不再是什么谜了。"①

斯密对利润率的下降没有感到不安。相反,他欣赏利润率的下降。斯密说:"荷兰人经营生意所获利润,比欧洲其他任何国人都低……利润减少,乃是商业繁盛的自然结果,或是所投资本比以前更多的自然结果。"② 在他看来,利润率下降,可以迫使大多数资本家把资本用到生产上去,而不是靠利息过活,因而对生产是一种刺激。

三、李嘉图的利润理论

李嘉图所说的利润有两个含义,一是指剩余价值,一是指利润本身。这里要讨论的不是前者,而是后者。

李嘉图的利润理论是以事先既定的平均利润率为出发点的。他假

---

① 《马克思恩格斯全集》第 25 卷,第 238 页。
② 亚当·斯密:《国富论》上卷,第 84 页。

定，一切商品都按其自然价格出卖，因而资本的利润率在所有行业完全相同。[①] 所有部门的利润率都相同，当然是利润的平均化，而包含平均利润的"自然价格"。当然是生产价格。

　　李嘉图考察了竞争使不同部门的利润率平均化为一般利润率，市场价格平均化为生产价格的作用。他认为，某种商品的市场价格可能超过它的自然价格，但这只是暂时现象。利润不等，就会引起资本转移。李嘉图写道："正是每一个资本家都要把资金从利润较低的行业转移到利润较高的行业的这种愿望，使商品的市场价格不致长期继续大大超过或大大低于其自然价格。同时也正是这种竞争把商品的交换价值调整得使在偿付生产所必需的劳动的工资以及维持资本原有效率所必须支出的一切其他费用以后，余下的价值或剩余部分在各种行业中都会与所用资本的价值成比例。"[②] 这里所说的"剩下来的价值"或"价值剩余"，指的是利润。所谓剩下来的价值或价值余额都同使用的资本的价值成比例，指的是等量资本得到等量利润。利润平均化，这是"每一个资本家都想把资本从利润较低的行业转移到利润较高的行业"的结果，也就是竞争的结果。李嘉图的功绩在于，当他把既定的平均利润率作为利润理论的出发点时，曾经试图用部门间的竞争说明各个部门的不同利润率是如何转化为平均利润率以及不同市场价格如何平均化为一般生产价格的。但是，由于李嘉图不懂得不变资本和可变资本的划分，没有真正研究过剩余价值的一般形式，没有真正研究过纯粹形式的利润，因而无法科学说明剩余价值转化为利润以及利润转化为平均利润问题，无法在劳动价值理论基础上说明价格转化为生产价格问题。本书第三章已经说明，价值规律同生产价格规律的矛盾，或者价值规律同利润平均化规律的矛盾，是导致李嘉图体系崩溃的又一原因。我们

---

① 《李嘉图著作和通信集》第 1 卷，第 75 页。
② 同上书，第 76 页。

在第二十章中还要进一步讨论这个问题。

利润同资本成正比例，而不是同所使用的劳动量成比例，[①] 这就是李嘉图的全部平均利润学说。马克思指出："说平均起来等量资本提供等量利润，或者说，利润取决于所使用的资本量，这个论点实际上是正确的，但是，如果不用一系列中介环节把它同一般价值规律等联系起来，简而言之，如果把利润和剩余价值等同起来（这只有对全部资本来说才是正确的），那末，就必然会产生庸俗观点。正因为如此，李嘉图才没有找到确定一般利润率的任何途径。"[②]

在许多场合，李嘉图混同了利润和剩余价值，混同了利润率和剩余价值率。但是，在有的场合，李嘉图实际上又区分了利润和剩余价值，区分了利润率和剩余价值率。例如，李嘉图说：如果工厂主用一定价值的资本，通过节约劳动的办法，能使产品数量增加一倍，而产品价格下跌到原先的价格一半，那么产品同生产产品的资本的比例将照旧不变，因而利润率也将照旧不变。如果在他用同一资本使产品量增加一倍的同时，货币价值由于某种原因降低一半，产品就将按两倍于以前的货币价值出卖；但是用来生产这种产品的资本也将具有两倍于以前的货币价值；因此，在这种情况下，产品价值同资本价值的比例也将照旧不变。[③] 只要这里的产品指的是剩余产品，那么产品价值就是剩余价值，产品价值同资本价值的比例就是利润率。可见，李嘉图在这里没有把利润同剩余价值等同起来，没有把利润率同剩余价值率等同起来。在另一个地方，李嘉图明确区分了绝对利润和利润率，他所说的绝对利润指的是剩余价值。[④] 正如马克思指出的那样，这些说明李嘉图推翻了他

---

① 《李嘉图著作和通信集》第 1 卷，第 299 页。

② 《马克思恩格斯全集》第 26 卷 II，第 485 页。

③ 《李嘉图著作和通信集》第 1 卷，第 41 页。

④ 同上书，第 99 页。

自己把利润和剩余价值等同起来的观点。

对于利润率下降现象，李嘉图作了比较认真的研究。马克思说："利润率下降规律是李嘉图体系中最重要的观点之一。"[①]

李嘉图带着不安的心情宣告："利润的自然趋势是下降的。"[②] 在利润率下降趋势的原因问题上，李嘉图不同意斯密的说法。前面说过，斯密继承和发展了马西和休谟的有关观点，认为资本积累的增长和随之而来的竞争的加剧，就会使利润率具有下降的趋势。李嘉图不以为然，他说：从我们对资本的利润所作的分析中可以看出，如果没有某种引起工资提高的持久原因，任何资本积累都不能使利润持久地降低。如果工人消费的必需品的能量能够持久地、同样容易地增加，那么无论资本积累达到什么程度，利润率或工资率都不会有经常的变动。李嘉图接着批评斯密，认为亚当·斯密把利润的下降完全归因于资本的积累和由此产生的竞争，而从来不去注意为追求资本所雇用的追加工人提供食物的困难在日益增加。在李嘉图看来，竞争可以使不同部门的利润平均化，但是不能使一般利润率下降。从这一点来说，李嘉图当然是正确的。可是，在这个问题上，李嘉图并不比斯密高明，他也和斯密一样不懂得不变资本和可变资本的划分，不懂得资本的有机构成，因而不懂得斯密分析问题的真正障碍何在。

斯密在说明资本积累和竞争引起利润率下降时，把工资的提高作为中间环节，资本积累和竞争通过工资的提高这个中间环节导致利润率下降这一结果。李嘉图事实上接受了斯密这一观点，也用工资的提高作为说明利润率下降的中间环节。不同的是，斯密用实际工资的提高作为说明问题的中间环节，而李嘉图则用名义工资的提高（其实是实际工资的降低）作为说明问题的中间环节。

---

① 《马克思恩格斯全集》第 26 卷 II，第 497 页。
② 《李嘉图著作和通信集》第 1 卷，第 101 页。

在李嘉图看来,斯密所以未能说清楚资本积累和竞争为什么会导致利润率下降,只是由于他没有找到某种引起工资提高的持久的原因。因此,李嘉图给自己提出的任务就在于找出这种持久的原因。李嘉图对利润率下降作了如下的论证:随着社会的进步,由于调节劳动自然价格的一种主要商品因为生产越来越困难而有涨价的趋势,所以劳动的自然价格总是有上涨的趋势。劳动的自然价格上涨,也就是工资的提高,必然导致利润率的下降。李嘉图所说的工资是名义工资。他认为,调节劳动自然价格的一种主要商品是谷物,随着人口的增加,生产谷物越来越困难,所花费的劳动越来越多,因而谷物价格上涨,地租有提高的趋势。在谷物价格上涨从而各种必需品价格上涨的情况下,工人的货币工资不会下降,而会提高,但提高的程度都不足以使工人能够买到商品涨价前他能买到的那样多的舒适品和必需品。尽管工人的报酬实际比以前差了,工人工资的这种增加还是必然会减少工厂主的利润,因为工厂主不能按较高的价格出卖他的商品,而这些商品的生产费用却提高了。[①]

从理论上说,斯密用实际工资的提高作为说明问题的中间环节,固然不能说明一般利润率为什么具有下降趋势;李嘉图用名义工资的提高实即用实际工资的降低作为中间环节,也同样不能说明一般利润率为什么具有下降趋势。李嘉图和斯密的谬误相同,他们都不知道平均利润率下降的客观必然性是社会资本有机构成提高的结果。李嘉图找到的那个所谓引起工资提高的持久的原因,不仅无助于问题的解决,反而陷入新的矛盾之中。李嘉图关于利润率下降的论述是建立在错误的前提之上的。谷物的价格的上涨,意味着工人的生活资料主要组成部分价值的提高。工人的必要生活资料价值的提高,在其他条件相等的

---

① 《李嘉图著作和通信集》第 1 卷,第 84—85 页。

情况下，意味着工作日中工人为自己的部分增大而为资本家无偿劳动的部分减少和缩短，也就是意味着剩余价值率下降。李嘉图在这里混同了利润率和剩余价值率，误以为剩余价值率下降的原因就是利润率下降的原因。他以为考察了利润率，其实只是考察了剩余价值率，而且只是考察了工作日的内含量和外延量都不变的情况下的剩余价值率。这是一。所谓引起工资提高的持久原因，据说在于农业生产率的不断降低，或者说，在于农业生产条件的不断恶化。这也就是李嘉图论证地租的存在和增加的前提。后面分析地租理论时就会看到，李嘉图对地租存在和增加的理解是错误的。因此，在这里，李嘉图的错误是双重的：以错误的地租理论作根据，错误地把利润率下降和地租率提高联系在一起。这是二。

马西、休谟和斯密都天真地、无忧无虑地说出了平均利润率下降这一事实。在资本主义工场手工业时期，他们对资本主义的发展抱着乐观的态度，还看不清楚平均利润率下降趋势究竟意味着什么。斯密竟以为，资本积累会给工人带来实际工资的不断提高。到了资本主义机器大工业时期，问题暴露得逐渐清楚了：积累的加速引起资本有机构成的提高，从而加速利润率的下降；利润率的下降，又加速了资本的积累和集中。资本积累给工人阶级带来的不是实际工资的不断提高，而是无穷无尽的灾难。平均利润率的下降表现为对资本主义生产发展过程的威胁。李嘉图对此深感不安，他本能地感觉到这对资本主义生产方式造成了一种限制。尽管李嘉图不是把这种限制归咎于资本主义生产关系，而是本能地把这种限制归咎于自然，马克思还是着重指出了李嘉图的不安之感的社会内容。他说，在像李嘉图那样的经济学家"对利润率的下降所感到的恐惧中，重要的是这样一种感觉：资本主义生产方式在生产力的发展中遇到一种同财富生产本身无关的限制；而这种特有的限制证明了资本主义生产方式的局限性和它的仅仅历史的、过渡的性质；证明了它不是财富生产的绝对的生产方式，反而在一定阶段上同财富的进一步发展发生冲突"。①

四、拉姆赛的利润理论

在李嘉图以后，利润理论在拉姆赛的著作中有了新的论述。拉姆赛对利润作了这样的解释："只要总产品中除去用于上述目的所绝对必需的以外（即以实物形式补偿已消耗的固定资本并繁衍受雇的工人的种族所绝对必需的数额以外——引者）还有一点儿余额，就有可能从产品总量中分离出一种属于另外一个阶级的叫做利润的特殊收入。"②拉姆赛所说的固定资本，事实上是指不变资本，他所说的繁衍受雇的工人的种族所绝对必需的数额，指的是可变资本。可见，拉姆赛所说的总产品中以实物形式补偿这两项已消耗的数额之后的余额，指的是剩余产品，用价值表示就是剩余价值。拉姆赛把这个余额叫作利润，这显然是"试图把剩余价值归结为利润"。③

尽管拉姆赛把利润直接解释成剩余价值，不知道利润是剩余价值的转化形式，可是他对利润率的说明却是比较正确的，并没有把利润率和剩余价值率直接等同起来。拉姆赛写道："资本主义企业主的利润率，取决于他的产品价值超过预付资本——固定资本和流动资本——的价值的余额。"④从这一说明中可以看出，拉姆赛在某种程度上初步意识到，利润率是由剩余价值率转化来的。斯密和李嘉图在一般场合混同了利润和剩余价值，也混同了利润率和剩余价值率。例如，李嘉图在

① 《马克思恩格斯全集》第 25 卷，第 270 页。
② 乔治·拉姆赛：《论财富的分配》。引自《马克思恩格斯全集》第 26 卷Ⅲ，第 367 页。
③ 《马克思恩格斯全集》第 26 卷Ⅲ，第 374 页。
④ 乔治·拉姆赛：《论财富的分配》。引自《马克思恩格斯全集》第 26 卷Ⅲ，第 373 页。

考察利润率下降现象时，他以为考察了利润率，其实只是考察了剩余价值率，因为他所说的利润率指的是利润（剩余价值）对工资的比率。拉姆赛前进了一步，他所说的利润率不是利润（剩余价值）对"流动资本"（工资）的比率，而是对全部"预付资本"的比率。因此，马克思说："拉姆赛比其他人更接近于正确地理解利润率。"[①]

拉姆赛还研究了利润的分割问题。他把利润叫作"总利润"，事实上已经认识到这是剩余价值最初为资本占有的形式。他正确地指出，"总利润"不能全部归职能家所有，必须分割为两个部分：一、"纯利润"；二、"企业主利润"。他所说的纯利润，实际是指利息；他所说的企业主利润，实际是指企业主收入或产业利润。到这里为止，拉姆赛都是正确的。但是，接下去，拉姆赛又把企业主利润即企业主收入分割为三部分：一、"企业主薪金"；二、"补偿他的风险的保险金"；三、"他的超额利润"。很明显，拉姆赛对企业主收入所作的这种分割包含辩护的因素，为庸俗经济学提供了思想材料。

关于利润率下降趋势形成的原因，斯密认为在于资本积累和竞争。李嘉图批评了斯密的这个论点。拉姆赛继李嘉图之后又对斯密的论点进行了批评，他说："诚然，资本主义企业主之间的竞争，可以使大大超过普通水平的利润平均化，但是，认为竞争会降低这个普通水平本身，则是错误的。"[②]拉姆赛认为，竞争同利润平均化有关，而同平均利润率下降无关。他的这个观点无疑是正确的。当然，拉姆赛的"资本主义企业主之间的竞争"，并不足以解释一般利润率的形成。他虽然指出了竞争会降低平均利润率这一论断的错误，但是并没有指出平均利润率下降的原因究竟是什么。

---

① 《马克思恩格斯全集》第26卷Ⅲ，第387页。

② 乔治·拉姆赛：《论财富的分配》。引自《马克思恩格斯全集》第26卷Ⅲ，第390页。

第八章　利息理论

一、配第的利息理论

配第是探讨利息问题的第一个英国古典政治经济学家。在《赋税论》《货币略论》以及生前未发表的《利息》和《论利息》等论著中,配第比较详细地讨论了利息的性质、利息率水平和变动趋势以及利息政策等问题。

利息,配第常常称之为"货币的租金"。在配第著作中,它是从"土地的租金"中引出来的。配第虽然常常把"土地的租金"和"货币的租金"看作是剩余价值的两种形式,但是实际上他认为前者是剩余价值的真正的形式或一般的形式,后者即利息是前者即地租的派生形式。马克思说:"因为配第是从作为包括利润在内的剩余价值一般形式的地租出发的,所以他不能把资本的利息作为既定的东西,反而必须把利息当作地租的特殊形式从地租中推出来"。[①]法国重农学派的观点也是如此。离封建主义生产方式较近的经济学家看到的现象是土地所有者凭借土地所有权占有直接生产者的剩余劳动,就必然会认为借贷资本所有者从土地占有者手中取走了货币的租金,而不会认为土地占有

---

① 《马克思恩格斯全集》第 26 卷 I,第 383 页。马克思又说:"这样说是完全合乎逻辑的,因为配第把地租说成是剩余价值的一般形式,所以必然把货币的利息当作派生的形式从地租引出来。"引自《马克思恩格斯全集》第 26 卷 I,第 384 页。

者从资本占有的剩余价值中取走了土地的租金。从这一点来说,配第的见解是合乎逻辑的。离开了这种特殊的历史条件,就难以正确理解配第等人关于利息的观点。从资本主义有了相当发展的状态出发,就应当认为,地租和利息都是剩余价值的派生形式,是土地所有者和货币所有者从资本占有的剩余价值中取走的一部分。可是,配第当时还远未具备有可能形成这一认识的历史条件。

配第在说明什么是利息时说:"假如一个人在不论自己如何需要,在到期之前都不得要求偿还的条件下,出借自己的货币,则他对自己所受到的不方便可以索取补偿,这是不成问题的。这种补偿,我们通常叫做利息。"① 在《货币略论》中,配第对利息又作了这样的说明:"什么是利息或息金呢?""这指的是,你由于在约定的时期内,不论自己怎样迫切需要货币,也不能使用你自己的货币而获得的报酬。"② 在配第给利息所作的两个规定中,利息都是一定期限内放弃货币使用权的报酬。这是对利息所下的粗陋的定义。配第只是把利息看作是一定期限内放弃货币使用权的报酬,而没有指出利息是一定期限内货币资本这种特殊商品的使用价值的报酬。虽然配第在一些场合区分了资本(stock)和货币,但是他又认为被借贷资本家拿来贷放的东西实际上是货币,而不是资本。洛克的看法也是如此。只是他们的后继者诺思才提供了第一个关于利息这个经济范畴的正确概念。

既然配第在研究利息时没有把资本和货币区分开来,误以为贷放的是货币而不是资本,因而必然地又会误认为利息率水平的高低取决于货币数量。更准确点说,在配第那里,"利息率的高低取决于流通中的货币量"。③

----

① 威廉·配第:《赋税论 献给英明人士 货币略论》,第 45 页。
② 同上书,第 125 页。
③ 《马克思恩格斯全集》第 26 卷 I,第 400 页。

由于认为利息率水平决定于流通中的货币量,配第就不可能理解在长期中利息率为什么呈现下降的趋势。在《政治算术》中,配第提到半个世纪中利息率下降的历史事实,但不明白造成这一趋势的历史原因,最后只好归之于货币数量的增加。配第写道:"贷款的利息,在五十年前每百镑为十镑,四十年前降为八镑,现在则跌到六镑。但是,利息的降低却不是任何为这个目的而制定的法律所造成的,现在只要有有力的担保,便能借到利息更低的贷款,因为利息的自然降低是由货币增加的结果。"[1]

配第讨论了利息的"自然标准",认为利息应当等于"自然利息"加保险费。在《赋税论》中,配第说:"说到利息,在安全没有问题的情况下,它至少要等于用借到的货币所能买到的土地所产生的地租;但是,在安全不可靠的情况下,除单纯的自然利息之外,还必须加上一种保险费。"[2]如果说,配第在这里还按有无可靠保证确定在"自然利息"之外是否加上保险费的话,那么,在《货币略论》中,他直截了当地认为:"利息除了因暂时放弃货币的使用权而获得的报酬以外,总还带有一笔数额不定的保险费。"[3]这种认为利息还应当加上保险费的观点,在一定程度上反映了资本主义发展初期贷出资金缺乏"良好保证"的情况。后面将会看到,直到十九世纪初期,拉姆赛才从英国古典政治经济学的利息理论中完全排除了所谓承担风险的补偿。

为了维护货币资本的利益,配第要求利息自由,反对限制利息的要求,反对国家的法定利息率。配第在《赋税论》中向那些想用法律压低货币租金的地主解释说:制定违反自然法的成文民法是徒劳无益的。正如马克思指出的那样,配第在这里说的自然法,就是由资产阶级生产

---

[1]　威廉·配第:《政治算术》,第76页。

[2]　威廉·配第:《赋税论　献给英明人士　货币略论》,第46页。

[3]　同上书,第126页。

本性产生的法律。在《货币略论》中，配第又说，限制利率的法律就像限制货币输出的法律一样，违反了自然法，因而是行不通的。配第要求利息自由的思想，不仅为他的直接后继者洛克和诺思所接受（洛克有条件地加以接受，诺思则无条件地加以接受），而且一直影响到斯密和李嘉图。这是因为，利息自由的要求反映了资产阶级经济自由的要求。

二、洛克的利息理论

洛克有条件地接受了配第关于利息自由的思想。从表面看，洛克似乎完全赞同用法律规定利息率，因为他说，土地由于肥沃程度不同，所以不能用法律规定统一的土地租金；货币由于具有等一性，所以能用法律规定统一的货币租金。但是，洛克认为，用法律规定的货币租金有两种情况：一种情况是，法定利息率接近于自然利息率，在这种情况下，用法律规定的货币租金可能低得有利于借款人，从而有利于贸易；另一种情况是，法定利息率大大低于自然利息率，在这种情况下，用法律规定的货币租金是有害的。因为这时贷款人所得到的货币租金同所承担的风险不相适应，结果是，外国人把他们的货币抽调回国，本国人也不愿借出货币，这二者都有害于贸易。

洛克在从货币供给方面的等一性出发时，认为可以用法律规定统一的货币租金。可是，当他从货币需求方面的多样性和可变性出发时，则认为规定统一的货币租金是不可能的。他说："由于人们对货币的需要常常改变（这随着一个国家的货币或贸易的增减而变化），要想用法律来规定货币的年租金，那和要用法律规定地租一样是没有可能的。"[1]洛克强调说："要想有效地用法律来降低利息率是徒劳无益的。"[2]

---

[1]　约翰·洛克：《论降低利息和提高货币价值的后果》，第30—31页。

[2]　同上书，第7页。

　　配第反对用任何法律规定利息率，而洛克并不一般地反对用法律规定利息率，只是反对把利息率降低到自然利息率以下的法律。可见，洛克并不是无条件地而是有条件地接受了配第的利息自由的思想。但是，洛克本质上和配第一样，也认为法律规定低利息是行不通的。他说："货币利率不遵守法律的规定，只服从市场的价格。"① 所以，洛克和配第的立场相同，他们都反对对利息作强制性的调整。

　　和配第一样，洛克也把利息说成和地租相类似的剩余价值的一种形式，而且把利息和地租并列。在洛克那个时代，在一般人的观念中，土地所有权被看作私有财产的原始形式而受人尊敬，资本的利息则被看作高利贷而受人指责。洛克站在资产阶级的立场上反对土地所有者，他力图向土地所有者证明：货币的租金和土地的租金具有同等的正当性，二者在本质上没有区别。洛克奉劝土地占有者不要攻击货币资本家，因为货币的租金和土地的租金一样，都把作为一个人的劳动报酬的利润转入另一个人的口袋，所不同的只在于，货币的租金是货币分配不均等的结果，土地的租金则是土地分配不均等的结果。

　　和配第一样，洛克也混同了借贷资本和货币，从而也认为货币数量决定利息率水平。正如马克思所说："配第和洛克两人还抱着这样的观点，即认为利息率的高低取决于流通中的货币量，认为真正被拿来贷款的东西实际上是货币（而不是资本）。"②

　　洛克分析了促使利息率提高的因素，他说："我认为货币的自然利息是由两种情况而提高的。第一，一个国家的货币太少，与其居民彼此间的债务不相适应……第二种经常提高自然利息的情况是：货币太少，与全国贸易情况不相适应。"③ 总之，他认为货币缺乏是高利率的原因，

---

①　约翰·洛克：《论降低利息和提高货币价值的后果》，第 36 页。
②　《马克思恩格斯全集》第 26 卷 I，第 400 页。
③　约翰·洛克：《论降低利息和提高货币价值的后果》，第 7 页。

流通中的货币量不足以应付按期支付欠款的需要,不足以应付商品流通的需要。显然,洛克在这里又一次把一定时期内流通中所需要的货币量同借贷资本量混为一谈。之所以如此,除了其他原因,主要是由于洛克在当时还不能清楚地看出借贷资本同生息资本的古老形式即高利贷资本的区别。在高利贷资本形式下,借债人确实是把借来的货币当作货币即当作支付手段和购买手段来使用的。在洛克的时代,也还不能清楚地看出利息率和利润率之间的内在联系。要看清楚这种联系,必须待到资本主义生产有较高程度发展的时候。

三、诺思的利息理论

在利息理论方面,诺思的贡献是杰出的。马克思指出:"在达德利·诺思爵士那里,我们看见同洛克的观点对立的关于利息的第一个正确的概念。"[1]

诺思的《贸易论》和洛克的《论降低利息和提高货币价值的后果》都写于 1691 年,但在利息问题上,他们的观点是对立的。

配第虽然在一些场合区分过货币和 stock 即资本,但是他认为借贷资本家借贷出去的是货币而不是资本。洛克承袭了配第的后一观点,混同了资本和货币,认为利率水平决定于流通中的货币数量,高利息率的原因就在于缺乏货币。与此相反,诺思正确地认为,高利息率的原因不在于缺乏货币,而在于缺乏资本。诺思第一次提出了资本的明确概念,他已经看出,货币并不就是资本,但是货币可以是资本存在的一种形式。使利息下降的不是货币数量,而是资本数量。

诺思明确区分了作为贮藏手段的货币和作为资本的货币。他说:

---

① 《马克思恩格斯全集》第 26 卷 I,第 389 页。

"谁也不会因为用货币、金银器等形式把自己的全部财产留在身边而变富,相反,倒会因此而变穷。只有财产正在增长的人才是最富的人,不管他的财产是农场的土地,还是放出去生息的货币,还是投入商业的货物。如果有人出于一时的高兴,把他的全部财产换成货币,并死藏起来,他就立即感到自己的穷困随着吃空活资本而增长。"[①] 又说:虽然每一个人都愿意有货币,可是没有一个人或者只有很少的人愿意把它保存起来,大家都力求把它立刻花出去;因为大家都知道,从一切放着不用的货币中,不能得到任何利润,只会受到损失。[②] 把作为资本的货币同作为货币的货币区分开来,研究作为资本的货币的特点,这是英国古典政治经济学在向前发展的重要标志。认识到货币贮藏和货币自行增殖之间的对立,论述了作为资本的货币,这是英国古典政治经济学的最早发现之一。而这一最早的发现,又首先在诺思的著作中得到明确表述。

配第和洛克把利息作为货币的租金同土地的租金并列。和配第、洛克不同,诺思向前迈进了一大步,把利息作为"资本的租金"和地租相对立,把资本家和地主相对立。但是,诺思的目的仍然和配第、洛克一样,这就是论证资本的利息和地租一样,是完全正当的。诺思说:"正如土地所有者出租他的土地一样,这些资本所有者常常出借他们的资金;像出租土地得到地租一样,他们从中得到叫作利息的东西,所谓利息不过是资本的租金罢了。"[③] 有趣的是,诺思还从语义学的角度论证利息和地租具有同等的正当性。他说:在几种语言中,借货币和租土地是通用的说法:英国有几个郡的情况也是如此。因此,当一个地主或当一个资本家是一回事。[④]

---

① 达德利·诺思:《贸易论》,第25页。
② 同上书,第34页。
③ 同上书,第18页。
④ 同上。

　　在诺思看来,仅仅论证利息和地租具有同等的正当性还是不够的。诺思进一步发挥了配第的风险论,认为利息应当高于地租。他写道:"地主有利的地方只在于他的佃户不能把土地带走,而资本的债户却很容易把资本带走;因此,土地提供的利润应当比冒较大风险借出的资本提供的利润少。"[①]

　　配第和洛克由于把借贷资本当作货币,因而误认为流通中的货币量决定利息率。在这个问题上,诺思也向前迈出了一大步。他认为,借贷的东西不是货币,而是资本,因此,决定利息率水平的不是流通中的货币量,而是用来借贷的资本量。诺思说,利息率所以下降,原因就在于资本多了。他举例说,荷兰的利息率所以比英国的低,就是因为荷兰的资本比英国的多。

　　诺思还留心研究借贷资本的用途,他发现,贷款对象主要还是地主而不是商人,贷款主要还是被用于地主的挥霍浪费而不是经营商业。诺思说:我国为生息而放的债款,其中甚至不到十分之一是借给商人营业用的,绝大部分是被借去买奢侈品以及供那种人花费,这种人虽然是大地主,但他们从地产所得到的还不够他们挥霍;他们不好意思把地产卖掉,所以宁可把地产作为抵押。[②]诺思的这段叙述正确地反映出英国在近代信用制度发展以前的情况。在这种情况下,和配第、洛克一样,诺思还不可能从利润中引出利息。不过,诺思对信用制度,特别是对阿姆斯特丹、威尼斯等地的公立银行,已经表现出很大的兴趣,指出银行能在很短的时间内提供巨额贷款,认为这是一种"巧妙的方法"。

　　对于配第的利息自由的主张,洛克有条件地加以接受,诺思则无条件地加以接受。诺思认为,政府没有理由用法律把利息率限制在某一水平上。他主张:"对国家来说,最好是让借贷双方按他们的实际情况

---

①　达德利·诺思:《贸易论》,第18—19页。
②　同上书,第21页。

自行订立契约"。①诺思和配第、洛克站在一个立场上,反对国家对利息率进行强制性调整,特别是反对强制性压低利息率。

四、马西的利息理论

继诺思之后,马西对英国古典政治经济学的利息理论作出了新的贡献。马西的著作《论决定自然利息率的原因》有一个令人注目的副标题:"对威廉·配第爵士和洛克先生关于这个问题的见解的考察",鲜明地标出他的观点是针对配第、洛克而发的。

在决定自然利息率的原因问题上,马西反对配第和洛克。他从配第的《政治算术》和洛克的《论降低利息和提高货币价值的后果》两书作了摘要之后,概括了配第和洛克的论点以及他们的分歧之点。他说:"洛克先生认为,自然利息率一方面决定于一国货币量同一国居民相互间的债务之比,另一方面决定于一国货币量同一国商业之比,威廉·配第爵士则认为,自然利息率只决定于一国货币量,因此,他们只在债务这一点上有不同意见。"②马西对配第和洛克的观点都不同意,他提出了自己的独创性见解。

马西已经初步懂得,贷出的货币能够作为资本发挥职能,产生利润。他说:"取息的合理性,不是取决于借入者是否赚到利润,而是取决于它(所借的东西)在适当使用时能够产生利润。"③这表明,马西事实上已经初步觉察出贷出的货币资本有一种特殊的使用价值,即作为资本执行职能的使用价值,这就是生产利润的能力。

---

① 达德利·诺思:《贸易论》,第 21 页。
② 约·马西:《论决定自然利息率的原因》。引自《马克思恩格斯全集》第 26 卷 I,第 402 页。
③ 同上书。引自《马克思恩格斯全集》第 25 卷,第 394 页。

在对借贷出去的货币资本的特殊使用价值的认识的基础上，马西第一次正确地指出利息取决于利润，是利润的一部分。他说：货币资本所有者不是自己使用自己的货币，而是把自己的货币借给别人去营利，让别人把这样得来的利润拿出一部分交给货币所有者，马西进一步指出："既然借债人为所借货币支付的利息，是所借货币能够带来的利润的一部分，那末，这个利息总是要由这个利润决定。"[①] 又说："自然利息率是由工商业企业的利润决定的。"[②] 在马西那个时代，占统治地位的观念是，货币资本或生息资本是真正的资本，似乎货币资本或生息资本对产业资本是独立的，似乎利息对利润也是独立的。在英国古典政治经济学史上，马西远远超出了这一观念，第一个指出了利息是利润的一部分。这在当时是经济理论上的一大发现，而且需要这样的发现。否则，对利息的性质和利息率水平的认识就不能前进一步。

马西还研究了自然利息率或平均利息率是如何确定的。他认为，借债人利用借到的货币资本经营工商业所获得的利润，既不能全归借债人，也不能全归放债人，而必须在他们之间瓜分。关于这笔利润中有多大部分归借债人，有多大部分归放债人才算合理的问题，马西说，这一般地只有根据借贷双方的意见来决定。因为这方面合理不合理，仅仅是大家同意的结果。关于利息的最高界限，马西提出了颇有价值的见解。他说：自然利息率是以利润为基础的，利润有界限，自然利息率也就有界限。"借货币去改良自己土地的贵族，借货币去经营企业的商人或工业家，都有他们不能超越的一个界限：如果他们用借来的货币能赚得 10% 的利润，他们可以为所借货币付给放债人 5%，但是他们不会付给 10%"。[③] 马

---

① 　约·马西：《论决定自然利息率的原因》。引自《马克思恩格斯全集》第 26 卷 I，第 403 页。

② 　同上。

③ 　同上书。引自《马克思恩格斯全集》第 26 卷 I，第 403 页。

西又说:"这一条利润分配规则,并不是对每一个放债人和借债人都适用,而只是对放债人和借债人总的来说适用,……特别大的利润和特小的利润是对业务熟练和业务不熟练的报酬,这是同放债人绝无关系的;因为他们既不会因业务不熟练而吃亏,也不会因业务熟练而得利。在这里,适用于同一工商业部门各个人的话,也适用于各个不同的工商业部门。"[①] 不管用他们的货币获得多大的利益,他们都不应该得到更多的利息。可见,马西懂得,借贷资本的利息同该资本在个别职能资本家手中所获得的"特别大的利润"或"特别小的利润"无关,而是取决于利润的平均水平。利润率的最高界限不能超过而应低于普通的利润率。马西还指出,利息率高低是和利润率高低成正比例的。同一国家不同时期的统计资料可以证明这一点。例如,英国过去的利息率是8%,现在是4%,因为过去的利润率比现在高一倍,同一时期不同国家的统计资料也可以证明这一点。例如,利息率在荷兰是3%,在法国、德国和葡萄牙是5%—6%,在西印度和东印度是9%,在土耳其是12%,就是因为这些国家的利润率具有相应的差异。

关于利息率下降的趋势,马西也从利润率下降的趋势来加以说明。马西认为,国外和国内的竞争促使利润率下降,而利润率的下降又促使利息率下降。马西虽然远未说明一般利润率下降的根由,但是他找到了利息率下降的直接原因。

五、休谟的利息理论

休谟的利息理论,主要是在"论利息"一文中论述的。他继马西之后,反对洛克关于自然利息率的高低取决于货币数量的见解。休谟说:

[①] 约·马西:《论决定自然利息率的原因》。引自《马克思恩格斯全集》第25卷,第409页。

"一般人"都把低利息率的原因归结为货币数量的增加,然而,低利息和货币数量多事实上根本没有任何关系,一个国家货币数量的多少对利息没有任何影响。不管金属货币的形状大小、数量多少以及重量和色泽如何,都不会使利息发生任何改变。由于使利息下降的工业一般都带来大量的金银,所以有人就断言货币数量多是低利息的原因。其实,持这种见解的人是在把伴随结果当作原因。休谟指出:想从一国所拥有的货币数量的多少中寻找利息率提高和降低的原因,实在是徒劳。按照休谟的说法,只有在特定的假设条件下,货币数量才和利息率水平有关。这就是,如果货币多到连鸡蛋都卖六便士一个,在一个只有地主和农民的国家,借债人必定多,利息必定高。

休谟对利息率的高低的原因作了具体分析。他说:高利息有三方面的原因:一、借贷需求大;二、满足这种需求的财富少;三、从商业中产生出来的利润高。这三个方面,正是商业和工业不够发达、而不是缺乏金银的充分证明。低利息则表明相反的情况:一、借贷需求小;二、满足这种需求的财富多;三、从商业中产生出来的利润低。

概括起来说,休谟认为利息的高低是由借贷需求的大小、满足这种需求的财富的多少、从商业中产生出来的利润的高低三者决定的。其中,借贷需求的大小说的是借贷资本的需求方面,满足这种需求的财富的多少说的是借贷资本的供给方面。休谟不说满足借贷需求的借贷资本供给量的大小,而说满足这种需求的财富的多少,这是因为,他认为出利息借货币,借的实际上就是劳动和商品。休谟的高明之处是,他没有仅仅用借贷资本的供求状况说明利息率水平,而是把从商业中产生出来的利润的高低作为说明利息率水平的最后依据。正如马克思所说:"在休谟看来,利息率的高低取决于借债人的需求和放债人的供给,即取决于供求。但是后来,它本质上取决于'从商业中产生出来的利润'的高低。"①

　　休谟的观点实际上同马西一样,宣告利息只是利润的一部分,尽管休谟没有马西那样坚决。马西和休谟的这一论点,在英国古典政治经济学史上占有重要的地位。马克思指出:"在资本主义生产方式的初期,利息对利润来说是独立的,生息资本对产业资本来说是独立的,这一点的最好证明是:直到十八世纪中叶,利息只是总利润的一部分这个事实,才(被马西,在他之后又被休谟)发现,而且竟然需要有这样一种发现。"②

　　低利息和低利润的关系,是休谟注意研究的一个问题。他说,低利息和商业中的低利润,是彼此互相促进的两件事,两者都来源于商业的扩展。商业的扩展产生富商,使货币所有者增加,其结果就会产生大量的放债人,从而使利息率下降。这就会使许多人宁愿把他们的资本留在商业中,满足于低利润,而不愿把他们的货币按更低的利息贷放出去。这是一种情况。另一种情况是,商业的扩展和资本的大量运用,必然引起商人之间的竞争。这种竞争使商业利润减少。商业利润的降低就会使商人宁愿离开商业,去当放债人,接受低利息。由此,休谟得出结论说:"因此,研究低利息和低利润这两种情况中,究竟哪一个是原因,哪一个是结果,是没有用处的。两者都是从大大扩展了的商业中产生的,并且彼此促进……大大扩展了的商业产生大量资本,因此,它既降低利息又降低利润;每当它降低利息的时候,总有利润的相应降低来促进它,反之也是一样。"③休谟的这一说法,有它的优点和缺点。优点是,休谟不满足于马西关于利息率的高低同利润率的高低成比例的说法,试图进一步寻找利润率和利息率下降的原因;缺点是,休谟在利息只是利润的一部分这一重要论点上观点有些模糊了,至少不像马西那

---

　　① 《马克思恩格斯全集》第 26 卷 I,第 400—401 页。
　　② 同上书,第 25 卷,第 422—423 页。
　　③ 休谟:《论利息》。引自《马克思恩格斯全集》第 26 卷 I,第 402 页。

样明确。

休谟明确主张低利息。他在《利息论》的一开头就说：低利息是一个民族的繁荣状态的最可靠的标志。休谟把低利息同商业和工业的发展联系在一起，把低利息看作是商业和工业发展的证明。因此，他说：利息是国家状况的真正的晴雨表，低利息率是一个民族的繁荣的几乎绝对不错的标志。休谟的这一观点，在借贷资本和职能资本的对立中显然代表了职能资本的利益，反映了当时繁荣起来的工商业的要求。

六、斯密和李嘉图的利息理论

马西和休谟的利息理论，特别是马西的利息理论，成了斯密研究利息问题的理论出发点。马克思说："亚当·斯密对于利息率的说明，接近马西甚于接近休谟。"[①]

斯密明确认为，放款人贷出的不是货币，而是资本，贷出资本的目的是为了取得报酬。他给利息下的定义是：有资本自己不用而借给他人以获取收入，这种收入就叫作货币的利息。[②]斯密的这一观点不仅比认为贷出的是货币而不是资本的配第、洛克有了长足的进步，而且比认为贷出的是资本而不是货币的诺思更准确地对借贷资本和利息作了规定。

马西和休谟认识到利息决定于利润，利息是利润的一部分，但是他们很少谈到利润本身的源泉，因而未能对利息的性质提出更深刻的见解。和马西、休谟比较，特别是和休谟比较，斯密的进步不仅在于更为明确、更为首尾一贯地认为利息是一种派生收入，是利润的一部分，而且更重要的在于他深入研究了利润本身的源泉，把工业利润看成剩余价值最初为资本占有的形式，而把利息仅仅看作是由工业资本家分配

[①]　《马克思恩格斯选集》第3卷，第280页。
[②]　亚当·斯密：《国富论》上卷，第47页。

给剩余价值共同占有者借贷资本家的工业利润的分支。

斯密说：放款人既然给借款人以获取利润的机会，借款人就付给利息作为报酬。由借款获得的利润，一部分当然属于冒险投资的借款人，而另一部分就当然属于使借款人有获取利润机会的放款人。利息总是一种派生的收入，如果它不从使用这些货币所取得的利润中支付，那也一定是从他种收入源泉中支付，除非借债人是靠借新债来还旧债利息的浪费者。[①] 这里，斯密明确指出利息是一种派生的收入，是借款人获得的利润的一部分。资本所有权属于放款人，资本使用权属于借款人，在此情况下，利润被分割成两部分：一部分属于借款人（企业利润），一部分属于放款人（利息）。斯密的这些论点无疑都是正确的。如前所说，斯密所理解的利润，实质上就是剩余价值，因此，这里所说的作为利润的一部分的利息，实质上就是剩余价值的一部分。

在斯密的这段话中，还提到利息如果不是从利润中支付，就一定是从"其他收入"中支付。"其他收入"除了利润，就是工资和地租。如果利息从地租中支付，那就会回到配第等人的利息理论上去，似乎利息是借贷资本家从剩余价值最初为地主占有的形式中强取走的部分。但是，在这种说法中，利息是剩余价值的一部分这个性质并未改变。如果利息从工资中支付，那就是把利息和利润、地租并列起来，认为利息和利润、地租一样，都是工人的"劳动加到加工材料上的价值"的直接扣除。实际上，这不过是说，利息是利润的另一种形式。只是在资本主义不发达的条件下，利息才以这种形式出现。从这种说法中，人们只看到利息是剩余价值的形式，而看不到利息是剩余价值的特殊转化形式。但是，在这种说法中，利息是剩余价值的一部分这个性质并未改变。

斯密说利息如果不是从利润中支付就是从其他收入中支付，是有

---

① 亚当·斯密：《国富论》上卷，第 47 页。

深刻原因的。他是想以此强调借款人应当把借来的货币当作资本,以获取利润;如果不把借来的货币当作资本而是当作消费基金,那么就不会带来剩余价值,相反还会把自己的其他收入转入货币资本所有者手中。斯密说:放债人总是把借出生息的货币资金看成资本。借债人可以把这笔资金当作资本来使用,也可以当作直接消费基金来使用。如果他把这笔资金当作资本来使用,他就用它们来维持生产工人的生活,而工人则再生产出它们的价值,并提供利润。在这种情况下,他不转让和动用任何其他的收入源泉,就可以归还资本,支付利息。如果他把这笔资金用于直接消费,他就成了一个浪费者,把那些原来应该维持勤劳者生活的东西挥霍在有闲者身上。在这种情况下,他不转让或动用别的收入源泉,如地产或地租,就不能归还资本,也不能支付利息。[①] 作为资本主义工场手工业时期的资产阶级经济学家,斯密的这一观点充分反映了产业资本使借贷资本从属于自己、成为带来剩余价值的职能资本的要求。

关于利息率和利润率的关系,在斯密看来,利息率是一个征兆,可以根据它推断出平均利润率的大体情况。斯密认为,利润率不仅年年变动,天天变动,甚至每时每刻都在变动。要确定一个大国所有行业的平均利润,必然更加困难。至于要准确地确定以前或现在的平均利润,更是完全不可能的。利润率没有记录,利息率则有记录可查。因此,为了确定平均利润率,必须利用有关利息率资料。斯密说:"一国内资本的一般利润,必定随着其市场的一般利息率的变动而变动。利息率下落,利润必随着下落;利息率上升,利润必随着上升。"[②] 这样看起来,似乎斯密受了休谟的影响,以为利息率也决定利润率。其实,斯密的意思完全相反。他接受的是马西的观点,认为利息率取决于利润率。斯密

----

① 亚当·斯密:《国富论》上卷,第321—322页。
② 同上书,第81页。

说：可以确定这样一个原则：凡是从投资中能获得大量利润的地方，通常为使用货币而付出的报酬就多，而在只能获得少量利润的地方，通常为使用货币而付出的报酬就少。[①]

斯密还研究了利息率下降的趋势。他认为利息率的下降有一般原因和特殊原因：一般原因是借贷资本供过于求，特殊原因是利润率下降。关于前者，他说：贷出生息的资本增加了，使用这种资本所必需支付的价格即利息必然降低。[②] 关于后者，他说："因使用资本而造成的利润既然减低了，为使用资本而付给的代价，即利息率，非随之减低不可。"[③] 由此可见，斯密不仅认识到利息率的高低随利润率的高低而变化，在利润率已定时利息率的高低取决于货币资本的供求关系，而且正确地把利息率的下降趋势归因于利润率的下降趋势。

李嘉图的利息理论是斯密的利息理论的直接继续。在《原理》中，李嘉图对利息的论述虽然不多，然而思想是很清楚的。

关于利息的本质，李嘉图几乎没有说什么。因为他从来没有很明确地把剩余价值和它的具体形式利润、利息、地租区分开来。

关于利息率和利润率的关系，李嘉图表示完全赞同斯密的看法。他说："亚当·斯密曾正确地指出：资本利润率是极难确定的……然而由于十分明显的是，使用货币越能赚钱，则使用货币时所付利息也越大……如果我们能准确地知道一个相当长时期内的市场利息率，那我们无疑就有了一个相当正确的可以估计利润发展情况的标准。"[④] 李嘉图并不是简单地重复斯密的论点，而是完全排除了休谟的利息率和利润率互为因果的观点，批判了萨伊在利息率和利润率关系上倒因为果

---

① 亚当·斯密：《国富论》上卷，第 81 页。
② 同上书，第 324 页。
③ 同上书，第 325 页。
④ 《李嘉图著作和通信集》第 1 卷，第 252—253 页。

的思想，以十分明确的语言指出：承认利息率取决于利润率，但不能因此就推论说利润率取决于利息率。一个是因，一个是果，无论如何我们也不能倒因为果。

在利息率和利润率的关系问题上，李嘉图还进一步指出："利息率虽然最后和长期地说来由利润率规定，但也会由于其他原因而发生暂时的变动。"[①] 李嘉图所说的其他原因，主要是货币资本的需求状况和供给状况。在这里，李嘉图把利润率的变动看作是利息率变动的最后的原因和长期的原因，把货币资本需求状况和供给状况的变动看作是利息率变动的暂时的原因。他的这种观点，比他的理论前辈们更接近于了解到资本主义制度下利息率水平决定的问题。

李嘉图继承了配第以来的利息自由的传统主张，反对国家强制规定利息率。他说："在所有的国家中，由于错误的政策观念，政府总是插手干涉，对取息超过法定利率的人课以巨额而无法负担的罚款，使公平而自由的市场利息率不能存在。"[②] 也像配第等人一样，李嘉图认为这种法定利息率是没有用的。他说："在所有的国家中，人们对这种法律很可能是阳奉阴违的……当我们看到法定利息率与市场利息率竟能相差如此之大时，就知道有关法定利息率的资料是不可靠的。"[③]

七、拉姆赛的利息理论

拉姆赛把利润叫作"总利润"，把利息叫作"纯利润"，把企业主收入叫"企业主利润"。比斯密、李嘉图等人前进的地方是，拉姆赛不仅提出了利息（"纯利润"）和利润（"总利润"）的关系问题，而且提出

[①] 《李嘉图著作和通信集》第 1 卷，第 253 页。
[②] 同上。
[③] 同上。

了利息("纯利润")和企业主收入("企业主利润")的关系问题。按照拉姆赛的说法,利息率部分地取决于利润率,部分地取决于利润分为利息和企业主收入的比例。而利润分为利息和企业主收入的比例,又取决于资本的贷出者和借入者之间的竞争。拉姆赛认为,企业主收入取决于资本的利息,而不是利息取决于企业主收入。这就是说,拉姆赛给英国古典政治经济学提出了新的东西。利息率取决于利润率,利息是利润的一部分,这从马西、休谟到斯密、李嘉图,已经在不同程度上有了认识。拉姆赛进一步研究了利润的分割,他已经意识到,在利润率已定的情况下,企业主收入率取决于利息率。利息率高,企业主收入率就低;利息率低,企业主收入率就高。

关于利息率下降趋势的原因的说明,拉姆赛提出的新的东西是把利息率下降和食利者阶级不断增大联系起来。在他看来,利润率下降固然会导致利息率下降,然而,即使在利润率不变的情况下,利息率仍然有可能下降。原因是,随着资本主义的发展,食利者阶级在不断增大。"因此,在老的富有的国家,不愿亲自使用资本的人所占有的国民资本部分,在社会全部生产资本中所占的比例,比新垦殖的贫穷的国家大。在英国,食利者阶级的人数是多么多啊!随着食利者阶级的增大,资本贷放者阶级也增大起来,因为他们是同一些人。只是由于这个缘故,利息在老的国家也必定有下降的趋势。"[①] 如果说,李嘉图只把利润率的变动看作是利息率变动的最后原因和长期原因,而把借贷资本的供求变动看作是利息率变动的暂时原因,那么,拉姆赛则从资本主义发展的总趋势上把食利者阶级的不断增大看作是造成利息率下降趋势的必然原因。

拉姆赛根据自己的上述分析,提出了一个论点:利润和企业主收入

---

① 乔治·拉姆赛:《论财富的分配》。引自《马克思恩格斯全集》第26卷Ⅲ,第391页。

对于资本主义生产来说是必需的，而利息同地租一样不是一种必要的形式。古典政治经济学完成时期的这一重要论点，同它产生时期的利息具有同地租一样的正当性的论点恰好形成鲜明的对照。马克思在分析拉姆赛的经济理论之后说，"从拉姆赛那里得出的结论"之一是："与产业利润不同的利息，和地租（即由资本主义生产本身创造的土地所有权形式）一样，对资本主义生产来说，是不必要的，而且是可以被它扔掉的累赘。如果这种资产阶级的理想真正实现的话，结果只能是，全部剩余价值直接落在产业资本家手中，社会（在经济方面）就会归结为资本与雇佣劳动的简单对立——这种简化无疑会加速这种生产方式的灭亡。"①

　　前面说过，配第认为货币的租金即利息除了包含自然利息之外，还应当包含保险费或风险费，理由是贷款缺乏可靠的保证。配第的这个观点曾经在很长时期内支配着许多经济学家的观点。现在，拉姆赛终于从英国古典政治经济学中把配第的这一论点完全清除出去。拉姆赛写道："只有在文明程度已达到不必提出保证偿还贷款的要求的地方，借贷利息才是纯利润的尺度……例如在英国，目前我们不会考虑把承担风险的补偿加进利息中去，因为贷出的资金都有所谓良好的保证。"②马克思肯定了拉姆赛的这一观点，认为这一提法是正确的。

---

　　①　《马克思恩格斯全集》第 26 卷 Ⅲ，第 397 页。
　　②　乔治·拉姆赛：《论财富的分配》。引自《马克思恩格斯全集》第 26 卷 Ⅲ，第 391 页。

第九章　地租理论

一、配第的地租理论

在地租理论方面,配第直接混同了地租和剩余价值。这种混同表明,虽然配第事实上已经认为地租是耕种条件较好的土地的工人所创造的超额利润,但是他又认为地租就是全部剩余价值。在他那里,地租这个范畴包含了利润,利润还没有同地租分开。配第当时还不可能了解,资本主义地租并不是全部剩余价值,而只是超过平均利润的那一部分剩余价值。因此,配第未能真正弄清楚资本主义地租的实质和它所体现的社会关系。

配第对英国古典地租理论的重要贡献,是他提出了关于级差地租的最初概念。在配第的级差地租概念中,既涉及级差地租第一形式(级差地租Ⅰ),又涉及级差地租第二形式(级差地租Ⅱ)。

关于级差地租第一形式,配第不是从同等面积土地的不同肥沃程度而是从不同位置、从土地对市场的不同距离引出的。在《赋税论》中,配第说:正如对货币的需求大就会提高货币行市一样,对谷物的需求大也会提高谷物的价格,从而提高种植谷物的土地的租金,最后还提高土地本身的价格。例如,如果供应伦敦或某一支军队的谷物必须从40英里远的地方运来,那么,在离伦敦或这支军队驻地只有1英里的地方种植的谷物,它的自然价格还要加上把谷物运输39英里的费用。

由此产生的结果是,在靠近需要由广大地区供应粮食的人口稠密地方的土地,由于这个原因,比距离远而土质相同的土地,不仅提供更多的地租,并且所值的年租总额也更多。① 配第还谈到,即使在伦敦附近的几个郡中,"粮价也会因它们距离伦敦有远有近(或更确切地说,因费用有高有低)而有贵贱的不同"。② 很明显,配第在这里说的地租属于级差地租第一形式(级差地租Ⅰ),是级差地租第一形式中在土地位置距离市场远近不等的情况下耕种距离市场较近土地的工人所创造的超额利润。

至于级差地租第一形式中在土地肥沃程度不同的情况下耕种较肥沃土地的工人所创造的超额利润,配第并非全无所知。在同一著作中,他曾经提到:土地的好坏,或土地的价值,取决于人们为利用土地而支付的产品的或大或小的部分对生产上述产品所花费的简单劳动的比例。③ 这里说的就是同等土地面积的不同肥沃程度以及由此而来的不同劳动生产率问题。这正是形成级差地租Ⅰ的一个条件。

配第还提出了级差地租第二形式的最初概念。他说:如果上述那些郡,用比现在更多的劳动,如用翻地代替犁田,用点种代替散播,用选种代替任意取种,用浸种代替事先不作准备,用盐类代替腐草施肥,等等,能够获得更大的丰产,那么,增加的收入超过增加的劳动越多,地租也上涨得越多。④ 不难看出,配第在这里说的实际上是对土地连续追加投资形成不等的劳动生产率所引起的超额利润而转化的地租。

马克思高度评价了配第的级差地租理论,指出:"配第比亚当·斯密更好地阐明了级差地租。"⑤

---

① 威廉·配第:《赋税论 献给英明人士 货币略论》,第46—47页。
② 同上书,第50页。
③ 同上书,第88页。
④ 同上书,第50页。
⑤ 《马克思恩格斯全集》第26卷Ⅰ,第385页。

　　土地价格问题在配第时代是一个十分重要的问题。英国查理二世复辟时期到十八世纪中叶,地租下降,地主对此不断发出怨言。在这种情况下,"'土地的价值'和'提高这个价值的方法'作为国民利益被提到首位。"[1] 配第致力于"土地的价值"的研究,力图发现可以自由买卖的土地的自然价值。马克思指出,在这个问题上,配第"又是很有天才的"。[2] 配第说的"土地的自然价值"或"土地的价值",其实就是土地价格。当然,把土地价格叫作"土地的价值"是不正确的。因为土地不是劳动产品,没有价值。在资本主义制度下,土地价格不是价值的表现形式,而是因为地主拥有土地所有权,凭这种所有权就能取得地租。

　　配第正确地认为,土地价格就是一定年数的地租。问题是,一定年数的地租究竟是指多少年数的地租? 配第说:如果年数无限,那就等于说,一英亩土地的价值等于相同土地一千亩的价值,这在逻辑上是说不通的。要知道,一单位的无限大和一千单位的无限大是一样的。因此,年数应当是有限的。在不了解地租和利息率的内在联系的情况下,要确定土地价格相当于多少年的地租本是一件极其困难的事,然而配第以他特有的方式来解答这个问题。他说:必须规定某种有限的年数,这个年数就是一个五十岁的人、一个二十八岁的人和一个七岁的人可以同时生存的年数,也就是祖、父、孙三代可以同时生存的年数。很少有人再为下一代子孙操心,一个做了曾祖父的人就已接近死期。因此,一般只有三代同堂。任何一块土地所值的年租的年数,就等于这三代人通常可以同时生存的年数。这个年数按照英国的估计为二十一年,因而土地价格也就约等于二十一年的年租。配第强调二十一年只是一个约数,有的地方可能等于六至七年的年租,有的地方则可能等于三十年的年租,只有在所有权有保障,并能确实可靠地享有年租的地方,才等

───────────────

① 《马克思恩格斯全集》第 26 卷 Ⅰ,第 394 页。
② 同上书,第 382 页。

于二十一年的年租。配第的公式是：土地价格＝年租 ×21。①

　　在土地价格问题上，配第的贡献不在于论证了土地价格等于年租同三代人共同生活的年数的乘积，而在于他看出了土地价格是资本化的地租，是一定年数的年租或一定年数的地租总额，是地租本身的转化形式。马克思充分肯定了配第的这一贡献，认为配第相当深刻地看到了问题的实质。

　　但是，配第并不真正懂得地租是怎样资本化的。由于他把包括利润在内的剩余价值的一般形式作为出发点，因而必须从地租中推出利息，而不能把利息作为已知的东西。这就决定了配第不可能从已知的利息率出发来说明地租是怎样作为土地价格来计算的。马克思在分析配第的土地价格理论时，科学地说明了地租是这样资本化的：假定 1 英亩土地每年带来 10 镑地租。如果利息率等于 5%，10 镑就代表 200 镑资本的利息，又因为利息率是 5% 时利息在 20 年内就补偿了资本，所以，1 英亩土地的价格等于 200 镑。即：10 镑 ÷5% ＝ 200 镑，或者是：10 镑 ×20 ＝ 200 镑。这就是说，计算土地价格的正确公式是：土地价格＝年租 ÷ 利息率。或者是：土地价格＝年租 × 补偿资本的年数（利息率的倒数）。如果说配第的公式多少含有一些合理因素的话，那就在于他以三代同堂的二十一年这种奇特形式近似地反映了当时的土地价

----

①　洛克提出了一个大体正确的公式，他说："我认为人们将会得出一个结论，就是土地应该根据下列比率而按照利息决定售价。即：

当货币利率为百分之 {10, 8, 6, 5, 4} 时，土地的售价应为 {10, 12½, 16⅔, 20, 25} 年的年收益。"

引自约翰·洛克：《论降低利息和提高货币价值的后果》，第 35 页。但是，法定利率和土地价格之间并不存在这种必然联系，供求关系对土地市场价格也会产生影响，这些又使洛克对上述公式的正确性产生了怀疑。

格同年租和补偿资本的年数之间的关系。

　　配第还注意到地租率下降的问题。当时英国由于小麦价格下降，地租率因而下降。从查理二世复辟时期开始，地主对地租率下降经常表示不满。在《政治算术》中，配第提到了地主的这种不满情绪。他说：地主们对排干沼泽，垦伐森林，围圈公地，种植蚕豆和三叶草这些措施表示不满，他们认为，这些措施压低了食物的价格。[①]配第的这段话反映出当时地主害怕农业改良，因为农业改良会使农产品价格下降，从而使地租率下降；这段话还反映出地主害怕扩大耕地面积，因为耕地面积的扩大会导致和农业改良相同的后果。配第反对地主的观点，主张改良农业和扩大耕地面积，以提供更多的粮食和物品。[②]

　　关于地租率和地租量的关系问题，配第已经知道，在地租率不变时，地租量可以增长；甚至在地租率下降时，地租量也可以增长。这说明，配第充分考虑到农业劳动生产率提高的问题。后面将会看到，李嘉图虽然懂得这一点，但是他有时又把它给忘了。

二、斯密的地租理论

　　斯密虽然在阐明级差地租方面稍逊于配第，但他是系统研究地租问题并提出一整套地租理论的英国古典经济学家。《国富论》一书专门阐述地租问题的第十一章，是全书篇幅最大的一章。在其他一些章节中，斯密对地租问题也有所论述。

　　在《论地租》这章的一开头，斯密就给地租下了一个定义：地租是为使用土地而支付的价格。[③]斯密说，土地产品或产品价格要"补偿他

---

① 威廉·配第：《政治算术》，第56—57页。
② 同上书，第74页。
③ 亚当·斯密：《国富论》上卷，第136页。

（租地资本家）用以提供种子、支付工资、购置和维持耕畜与其他农具的农业资本，并提供当地农业资本的普通利润"。① 这就是说，农产品价格要支付租地资本家耗费的资本和平均利润。在耗费的资本中，既包括可变资本，又包括不变资本。顺便说一句，斯密在这里并没有漏掉不变资本，没有被自己的"斯密信条"所迷惑。斯密接着说：产品或产品价格超过这一部分（即补偿耗费的资本和平均利润的部分）的余额，不论这个余额有多大，土地所有者都力图把它作为自己土地的地租攫为己有。② 斯密认为，产品或产品价格超过补偿预付资本和普通利润的这个余额始终可以看作是土地的自然地租。从斯密对地租的定义和阐述中可以看到，斯密已经大致上懂得，资本主义地租是租地资本家为了取得土地使用权而支付给地主的农产品价格超过补偿预付资本和平均利润的余额，也就是超过平均利润的那一部分剩余价值。这一认识远远超过了威廉·配第，相当接近于正确理解资本主义地租的性质，因而受到马克思的肯定。

斯密指出，地主不仅对改良的土地"要求地租"，而且对未经人力改良的土地"要求地租"，甚至有时对完全不适于人们耕种的土地也"要求地租"。这样，斯密懂得，地租是一种由于土地所有权的垄断才不得不支付的、和工业品价格不同的垄断价格。所以，他又说：被看成是为使用土地而支付的价格的地租，自然是一种垄断价格。③ 在一些著作中，斯密的这一观点遭到误解，受到指责。其实，斯密的这一观点，实质上是说地租只是土地所有权的结果。马克思对斯密的观点作了肯定的评价，指出："斯密非常明确地强调，土地所有权即作为所有者的土地所有者'要求地租'。斯密因此把地租看作土地所有权的单纯结果，认

---

① 亚当·斯密：《国富论》上卷，第137页。
② 同上。
③ 同上书，第138页。

为地租是一种垄断价格，这是完全正确的，因为只是由于土地所有权的
干预，产品才按照高于费用价格的价格出卖，按照自己的价值出卖。"①

在地租问题的提法上，斯密的《国富论》一书中存在着明显的矛盾。

在第一篇第六章中，斯密指出：就像一旦资本积累起来资本家就从
工人的剩余产品或剩余劳动中取得利润一样，一旦一个国家的土地全
部变成了私有财产，土地所有者也像所有其他人一样，喜欢在他们未曾
播种的地方得到收获，甚至对土地的自然成果也索取地租。工人必须
把用自己的劳动收集或生产的东西让给土地所有者一部分，这一部分，
或者说，这一部分的价格，就构成地租。②在这里，斯密的正确之处是
把地租和土地私有制联系在一起，指出地租是在资本积累和土地私有
制出现，也就是生产条件被资本家和土地所有者占有并同劳动者相对
立时才产生的。斯密的正确之处还在于他从劳动价值理论出发，指出
地租是工人加到材料上的一部分劳动，是土地所有者凭借土地所有权
无偿占有的一部分剩余劳动。斯密的缺点在于，他把地租和利润并列
在一起，认为二者都是工人劳动产品的独立的扣除部分，也就是把地租
和利润看作是剩余价值的两种平行的基本形式。不仅如此，他甚至认
为地租先于利润而存在，是先于利润的劳动扣除。很明显，这同他把地
租定义为产品价格在支付租地资本家的预付资本和平均利润之后剩下
的余额是矛盾的。

在地租问题上，斯密的一个突出的矛盾是：在第六章中，他撇开不
变资本，把价值分解为工资、利润和地租；在第七章中，他走上相反的
道路，把价值和"自然价格"即生产价格等同起来，认为地租和工资、
利润构成自然价格，是自然价格的三个源泉。按照前一论点，地租是工

---

① 《马克思恩格斯全集》第26卷Ⅱ，第389页。李嘉图认为，"地租是局部垄断的结
果"。引自《李嘉图著作和通信集》第1卷，第241页。

② 亚当·斯密：《国富论》上卷，第44页。

人劳动创造的价值的一部分；按照后一论点，地租同工人劳动创造的价值无关，它本身成了自然价格的一个构成部分。前一论点具有科学因素，它正确地说明了地租的起源；后一论点是庸俗的，它完全掩盖了地租的真正起源。

斯密在第六章和第七章中，把地租说成完全同利润、工资一样是自然价格的构成部分，地租和利润、工资以同样的方式加入自然价格的构成。在第十一章中，他又强调地租加入价格的方式同利润、工资加入价格的方式是不同的。这又是一个明显的矛盾。按照前一说法，自然价格是使商品进入市场所必须支付的地租、利润和工资的全部价值；按照后一说法，地租是"普通价格"超过"足够价格"的余额。斯密说：通常能够进入市场的只有那样一些土地产品，其普通价格足够补偿使产品进入市场所使用的资本，并提供普通利润。① 这里说的普通价格不是自然价格，而是市场价格。斯密把足够补偿使产品进入市场所使用的资本并提供"普通利润"的价格叫做足够价格，也就是包含成本价格和平均利润的生产价格。斯密说：如果普通价格超过足够价格，这个余额就是地租。如果普通价格恰好等于足够价格，商品虽然完全能够进入市场，但是不能给土地所有者提供地租。普通价格是否超过足够价格，这取决于需求。对某些土地产品的需求，必然总是使它们的普通价格超过足够价格，因而始终能向土地所有者提供地租。对另一些土地产品的需求，可能使它们的普通价格超过足够价格，也可能使它们的普通价格不超过足够价格，因而有时能提供地租，有时不能提供地租。这样，在斯密那里，地租从自然价格的构成部分又变成了超过足够价格的余额。斯密曾经用地租和工资、利润一样构成价值的自然价格学说，推翻了他的地租和工资、利润一样是价值分解的一个部分的学说，现在则又

---

① 亚当·斯密：《国富论》上卷，第138页。

以足够价格学说推翻了他的自然价格学说。

不过,斯密对于自己的地租理论中的这种矛盾并不感到不安,相反却感到心安理得。他不认为这是矛盾。斯密用一种非常天真的形式从一种主张转到了另一种截然相反的主张。他在总结自己的上述观点时说:因此,应当注意,地租是以与工资、利润不同的方式加入商品的构成。工资和利润的高低,是商品价格高低的原因;地租的高低,是这一价格的结果。由于使商品进入市场所必须支付的工资、利润有高有低,商品的价格也就有高有低。不过商品有时提供高地租,有时提供低地租,有时完全不提供地租,是因为商品价格有高有低,有时大大超过足够支付这些工资和利润的价格,有时略为超过,有时完全不超过。[①] 至此,可以看出,斯密的说法概括了三种情况:普通价格包括地租时,就超过足够价格;普通价格不包括地租时,就等于足够价格;普通价格只能补偿资本而不能支付平均利润时,就低于足够价格。在这三种情况中,普通价格不包括地租,是足够价格的特征。所谓地租以不同的方式加入价格的构成,原来就是地租完全不加入价格的构成。这是斯密的足够价格的真正含义。

足够价格不包括地租,这从斯密的下一段话中可以看得更为清楚:一种商品是贵还是贱,不仅要看它的普通价格是大是小,还要看这个普通价格超过使商品能在一个比较长的时间内进入市场的最低价格是多是少。这个最低价格,就是恰恰足够补偿商品进入市场所需资本并提供适中利润的价格。这个价格不给土地所有者提供什么东西;它的任何部分不由地租构成,它只分解为工资和利润。[②] 这也就容易理解,为什么地租以前被斯密说成是价格的原因,而现在则被说成是价格的结果。因为只有利润和工资是足够价格的构成要素,是价格的原因,而地

---

① 亚当·斯密:《国富论》上卷,第138—139页。
② 同上书,第205页。

租不是足够价格的构成要素,只是价格的结果。

斯密的足够价格学说和自然价格学说的矛盾,在政治经济学史上具有重大的理论意义。斯密的足够价格就是生产价格,他模糊地感觉到,既然资本主义地租是产品或产品价格超过补偿支付资本和平均利润的余额,那么就必须用不同于自然价格的足够价格即生产价格这一范畴来说明地租。但是,斯密无法说明价格到生产价格的转化,无法说明利润到平均利润的转化,因而无法以平均利润和生产价格理论为基础说明地租是租地资本家为取得土地的使用权而支付给土地所有者的超过平均利润的那一部分剩余价值。这样,斯密的地租理论就陷入了前后矛盾之中。马克思指出:"斯密在犯了所有这些前后矛盾的毛病之后,还继续表现出前后矛盾,以致要求某些土地产品有一个超过足够价格的价格。但这种前后矛盾本身又是更正确的'observation'('考察')的结果。"①后面就会看到,李嘉图接受并前后一贯地贯彻了斯密的足够价格观念,避免了斯密把足够价格和自然价格区别开来的这种前后矛盾的毛病。

在考察地租的时候,斯密先是用地租是剩余劳动的一部分的观点反驳或否定了重农学派的观点,以后他又部分地回到重农主义的观点上去。例如,在《论地租》这一章中,他用重农学派的口吻说:土地几乎在任何情况下都能生产出较大量的食物,也就是说,除了以当时最优厚的条件维持使食物进入市场所必需的全部劳动外还有剩余。这个余额又始终超过那个足够补偿推动迭种劳动的资本并提供利润的数量。所以这里始终有一些余额用来向土地所有者支付地租。②斯密把地租和利润看作是土地产品中扣除以实物形式养活工人的那一部分之后的余额,从农业提供的食物数量和土地耕种者消费的食物数量的对比中

---

① 《马克思恩格斯全集》第 26 卷 Ⅱ,第 400 页。
② 亚当·斯密:《国富论》上卷,第 139 页。

得出地租,这是典型的重农学派的见解。斯密并没有证明,为什么食物这种特殊商品能够提供超过足够价格的余额,而是追随重农主义的说明方法,认为对土地的产品的需求始终超过供给,因而使价格超过足够价格。至于对土地产品的需求始终很大的原因,据说就在于这种产品始终创造对自己的需求,创造它自己的消费者。这就把地租说成是由于食物以至所有土地产品的需求超过了供给,即需求超过了按照足够价格所能得到的供给的结果。马克思在驳斥斯密的这个观点时说:"这不正是说,土地产品按足够价格的供给很多,以致土地所有权不能对资本或劳动的平均化进行任何抵抗吗? 这不也就是说,土地所有权即使在法律上存在,在这里实际上是不存在的,或者实际上不能作为土地所有权起作用吗? 斯密的错误在于,不理解土地所有权按照超过足够价格的价格出卖产品,就是按照产品的价值出卖。"①

在"论资本的各种用途"这一章中,斯密又重犯了重农学派的错误,竟断言地租是"自然力的产物"。②斯密本人是这样说的:没有任何等量资本,比租地农场主的等量资本,能推动数量更大的生产劳动。不仅他的雇工是生产工人,而且他的役畜也是生产工人。在农业中,自然也和人一起劳动;虽然自然的劳动不需要任何费用,但是它的产品,和费用最大的工人的产品一样,仍然具有它的价值。农业中最重要的工作,看来与其说是为了增加自然的肥力,不如说是要使用自然的肥力来生产对人类最有用的植物。斯密接着说:农业中使用的工人和役畜,不仅像制造业中的工人那样,再生产一个等于他们自己消费的价值,或等于使用他们的资本连同资本家的利润的价值;而且还再生产一个更大得多的价值。除租地农场主的资本和他的全部利润之外,他们还经常再生产出土地所有者的地租。地租可以看作是土地所有者租给租地农

----

① 《马克思恩格斯全集》第26卷Ⅱ,第409—410页。
② 亚当·斯密:《国富论》上卷,第333页。

场主使用的各种自然力的产物。地租多少,要看设想的各种自然力的大小而定,换句话说,要看设想的土地的自然肥力或人为肥力而定。地租是扣除或补偿一切可以看作人工产物的东西之后所留下的自然的产物。[1]斯密关于地租是土地的自然力的产物的规定,是完全错误的,它把地租的自然基础等同于地租的源泉。这一规定,同他关于地租是为使用土地而支付的价格的规定是相违背的,同他关于为使用土地而支付的地租是一种垄断价格的规定是相违背的,同他关于地租是对"工人加到材料上的价值"被土地所有者无偿占有的部分这一重要理论更是相违背的。重农学派缺乏劳动价值理论,无法区分使用价值和交换价值,因而错误地以为"纯产品"是自然的赐予。这种错误在他们那里是可以理解的。斯密论述了劳动价值学说,区分了使用价值和交换价值,却断言地租是土地的自然力的产物。这种错误在斯密这里则是不应有的。

第一性地租和派生性地租,是斯密地租理论中的一个很有意义的说法。提供主要植物性食物的土地的地租,决定畜牧业地租、林业地租以及经济作物种植业地租。农业地租是第一性的地租,畜牧业、林业和经济作物种植业地租是派生的地租。例如,在欧洲,小麦是直接充当人们食物的主要土地产品,因而麦田的地租决定其他所有耕地的地租。因为各种耕地是可以相互转化的。在说明畜牧业地租和农业地租关系时,斯密说:随着土地耕作的进步,天然牧场的地租和利润,在一定程度上决定于已耕地的地租和利润,这种已耕地的地租和利润,又决定于麦田的地租和利润。[2]斯密用同样的方式论证了林业和各种经济作物种植业的地租和农业地租的关系。马克思高度评价了斯密的这一论述,指出:"亚·斯密的巨大功绩之一在于:他说明了,用于生产其他农产品(例如亚麻、染料植物)和经营独立畜牧业等等的资本的地租,

---

① 亚当·斯密:《国富论》上卷,第 333 页。
② 同上书,第 142 页。

是怎样由投在主要食物生产上的资本所提供的地租决定的。在斯密以后,这方面实际上并没有任何进步。"①

关于级差地租,斯密也有所论述。例如,他说:在完全没有开垦的荒地上饲养的牲畜,和在耕种得很好的土地上饲养的牲畜,在同一市场上,就会按其重量和质量,以同样的价格出卖。这些荒地的所有者就利用这种情况,按照牲畜价格相应地提高自己土地的地租。②马克思指出,斯密在这里正确地从市场价值超过个别价值的余额中得出了级差地租。斯密在假定生产主要植物性食物的土地的地租已经存在的情况下,在论述这种地租怎样调节畜牧业、林业和经济作物种植业地租时,广泛地涉及土地的肥力和位置决定地租的高低问题。不过,总的说来,斯密对级差地租的说明是不及配第的。

关于绝对地租,斯密不像后来李嘉图那样否认它的存在,但也不认为资本主义土地私有制使绝对地租普遍存在。在他看来,土地所有者在一定情况下有权力对资本进行有效的抵抗,使人感到土地所有权的力量因而要求绝对地租。例如,生产食物的土地就是如此。土地所有权有权力把这种土地的产品价格提到足够价格以上。但是,当资本没有遇到土地所有权的这种有效抵抗时,价格就会等于足够价格。例如,矿山就有可能如此。马克思在评价斯密的绝对地租学说时指出:"斯密的上述一切仍然没有解释他假定对于生产食物的土地来说存在的绝对地租。斯密合理地指出,绝对地租对于其他土地例如矿山来说,也可能不存在,因为后者在数量上相对地说总是无限的(同需求相比),以致土地所有权在这里不可能对资本进行任何抵抗;土地所有权即使在法律上存在,在经济上也是不存在的。"③当然,斯密并不懂得,土地所有

---

① 《马克思恩格斯全集》第 25 卷,第 694 页。
② 亚当·斯密:《国富论》上卷,第 142 页。
③ 《马克思恩格斯全集》第 26 卷 Ⅱ,第 414 页。

权的这种废除是偶然的,它可能发生,也可能不发生。

在研究矿山地租时,斯密注意到采矿业存在级差地租,这种级差地租取决于矿的富饶或贫瘠,而矿的富饶或贫瘠,则取决于以同量劳动从不同的矿中开采出的矿产量的大小。他说任何一个矿山能向土地所有者提供的地租,不是和该矿山的绝对富饶程度相适应,而是和它的所谓相对富饶程度,也就是他比其他同类矿山优越的程度相适应。^①矿的位置好坏也是形成级差地租的条件。斯密还注意到,矿的贫瘠,能把有利的位置抵消,以致不能开采;矿的位置不利,也能把矿的富饶抵消,因而不宜开采。在研究矿山地租时,斯密很注意不能提供地租的情况。他说:有一些矿山,它们的产品仅够支付劳动的报酬,并补偿其中所投的资本以及普通利润。它们能给企业主提供一些利润,但不能给土地所有者提供地租。它们只有由土地所有者开采才能带来利益,这种土地所有者作为自己的企业主,从自己投入的资本中得到普通利润。苏格兰的许多煤矿就是这样开采的,并且也只能这样开采。土地所有者不允许其他任何人不支付地租去开采这些煤矿,而任何人又无法为此支付地租。^②对于斯密的这一说明,马克思一方面指出它的合理成分:"斯密在这里正确地说明了,在土地已被占有的地方在什么情况下不支付地租。凡是一个人兼有土地所有者和企业主两种身分的地方往往是这样。"^③另一方面又指出它在理论上的前后矛盾:"这是一个荒谬的矛盾:先从与资本主义生产方式相适应的资本和土地的分离、租地农场主和土地所有者的分离出发,然后又反过来假定,凡是在没有土地所有权独立于资本而存在,因而资本从土地的耕种上并不提供地租的地方,土地所有者通常总是自己经营。"^④

---

①　亚当·斯密:《国富论》上卷,第167页。
②　同上书,第159页。
③　《马克思恩格斯全集》第26卷Ⅱ,第411页。
④　同上书,第25卷,第847页。

在研究建筑地地租时,斯密发现,和所有非农业土地的地租的基础一样,建筑地地租的基础也是由农业地租调节的。同时,他又看到,建筑地地租有自己的一些特点。斯密区分了房租和地皮租,房租中包括地皮租,地皮租归土地所有者。他说:全部房租中超过足够提供合理利润的部分,自然归入地皮租;当土地所有者和房主是两个不同的人时,这一部分在大多数情况下全部付给前者。[①] 在房屋地皮租上,斯密注意到位置的重要性。他说:在远离大城市的乡村中的房屋,可以随意选择空地,只提供很少一点地皮租,或者说,不超过房屋所占土地用于农业时所提供的地租。大城市附近的郊外别墅的地皮租有时要昂贵得多。至于具有特别便利或周围风景优美的位置,不用说,那就更加昂贵。在一个国家的首都,尤其是在对房屋有最大需要的特别地段内(不管这种需要是为了营业、为了游乐或者只是为了虚荣和时尚),地皮租总是最高的。[②] 这表明,斯密已经懂得,房屋的位置是级差地租的决定性因素。

三、安德森和威斯特的地租理论

在斯密和李嘉图之间,地租理论在安德森和威斯特的著作中有了重大发展。威斯特和安德森直接地和间接地对李嘉图的地租学说的形成发生了重大影响。配第和斯密的地租理论虽然包含许多创见,但是他们的理论形成于资本主义工场手工业时期,带有那个时代的特点。配第考察的主要是十七世纪后半期的情况,斯密考察的主要是十八世纪前半期的情况,和他们不同,安德森的地租理论考察的是整个十八世纪,他的理论对于资本主义生产方式来说具有典型意义。马克思指出:安德森是"现代地租理论的真正创始人"。[③] 不过,作为一个农业实践

---

① 亚当·斯密:《国富论》下卷,第399页。
② 同上书,第399—400页。
③ 《马克思恩格斯全集》第25卷,第700页。

家，安德森虽然在地租问题上掌握的材料比任何一位英国古典经济学家的都要丰富得多，但是他主要是为农业主的利益而写作的，他没有想到自己的地租理论对英国古典政治经济学会具有重要的科学意义，甚至也没有想到把地租问题作为一个独立的论题来论述，更没有研究地租理论同政治经济学体系的关系。

李嘉图不满意斯密的地租理论，认为斯密"对地租的原理没有正确的观点"，忽视了许多"重要真理"。[①]使李嘉图感到满意的是安德森和威斯特的地租理论，可是，他没有谈过安德森，误以为马尔萨斯和威斯特一起是现代地租理论的创始人。老实的李嘉图哪里知道，具有熟练的剽窃手艺的马尔萨斯的地租理论原来来自安德森。安德森是马尔萨斯人口论的死敌，可是他本人也万万没有想到，他的地租理论竟会成为自己死敌的怪诞幻想的理论依据。

斯密只看到十八世纪初叶和中叶谷物价格下降的情况，相反，李嘉图只注意十八世纪末十九世纪初谷物价格上升的情况。和斯密、李嘉图不同，安德森既看到了上半世纪谷物价格下降的情况，又注意到了下半世纪谷物价格上升的情况。因此，他认为自己发现的地租规律同农产品价格上涨或农业生产率降低没有关系。安德森考察问题的前提是：不存在妨碍对土地任意投资的土地所有权；始终存在用于农业的足够资本；从较好的土地向较坏的土地推移是相对的，较坏的土地经过改良可以变成较好的土地，农业生产率的降低不是绝对的，而是相对的，绝对的农业生产率还是提高了。

关于地租的源泉，安德森认为，不是地租决定土地产品的价格，而是土地产品的价格决定地租。这就是说，地租不是来源于土地，而是来源于土地产品的价格即价值，也就是来源于生产土地产品的劳动。这

---

① 《李嘉图著作和通信集》第1卷，第3页。

就否定了地租是农业特殊生产力的产物,而农业特殊生产力又是土地特殊肥力的产物的观点。

安德森明确认为,地租同土地的绝对生产率没有任何关系。安德森提出了土地相对肥沃的概念,他说:一个国家有各种土地,它们的肥力彼此大不相同。可以把这些土地分成不同的等级,用A、B、C、D、E、F等字母表示。等级A包括肥力最大的土地,以下字母依次表示肥力递减的不同等级的土地。较坏等级土地同较好等级土地比较,肥力相对较差。不同等级的土地,具有不同的相对肥沃程度。这种相对肥沃程度同农业的绝对生产率没有任何关系。支付地租的土地和不支付地租的土地之间的差别,或者支付不同地租的土地之间的差别,就在于这种相对肥沃程度。安德森说:耕种最贫瘠的土地的费用同耕种最肥沃的土地的费用一样大或者甚至更大。由此,他得出结论:如果等量谷物,不论它来自哪一个等级的土地,可以按照同一价格出卖,耕种最肥沃的土地的利润一定比耕种其他土地的利润大得多;而且,由于肥力越低这种利润越少,最后必然达到这种情况,就是在某些等级低的土地上,耕种费用同全部产品价值相等。在这里,安德森所说的利润是指土地产品价格超过费用的余额,这种费用包括生产费用和平均利润。他所说的全部产品价值是指土地产品的市场价格,各种不同等级土地的产品都按这种市场价格出售,这就使不同等级土地可以获得不等的超过费用的余额。安德森所说的等量谷物,不论它来自哪一个等级的土地,可以按照同一价格出卖,是指在不同生产条件下生产出来的等量产品具有同一的市场价格或一般市场价格。在安德森看来,只有超额利润能够形成地租,地租等于土地产品的市场价格超过平均价格的余额。如果耕种的土地等级越来越低,以致费用大到使土地产品的市场价格等于平均价格,地租就会消失。

很明显,安德森研究的是级差地租,是同土地等级相联系的地租,是土地肥力较好的土地上的超额利润转化的地租。

安德森并不认为土地肥力仅仅是自然的产物,他指出,由于经历的耕作方式不同,由于施肥等等原因,土地可以把原始状态改变成为完全不同的状态。安德森已经懂得,土地所有者得到的级差地租,一部分是租地农场主人工提高土地肥力的结果,而这种人工提高的土地肥力经过一定时间以后却表现为土地本身的原有生产力,从而提高了地租。租地农场主的投资改良土地的成果便落入土地所有者手中,这样,租地农场主就不愿进行在自己的租期收不回的投资。这种情况成为合理农业的障碍。站在租地农场主立场的安德森,指责并反对阻碍农业发展的英国现存土地制度。

安德森是英国最早提出土地收益递减的经济学家。安德森认为,土地上的劳动生产率会发生相对的、比较的降低。不过,他认为,土地是可以改良的,土地上的劳动生产率在发生相对的、比较的降低时,仍会发生绝对的提高,土地有不断增长的持久的改良能力。安德森和后来的土地收益递减论者不同,他很有信心地说:"在合理的经营制度下,土地的生产率可以无限期地逐年提高,最后一直达到我们现在还难于设想的程度。"[1] 安德森的土地收益递减理论被马尔萨斯抄袭了去。在《地租的性质与发展》中,马尔萨斯写道:"当土壤相似时,农业改良是产品增加而价格不增加的主要原因。这种改良的力量有时虽然很大,却很少能使人免于使用更贫瘠的土地或低劣的机器……在一个富裕和欣欣向荣的国家中,农业原料最后增产的一部分所需的资本和劳动量几乎总是增加的。"[2]

和安德森不同,威斯特作为英国古典经济学家,把地租问题作为独

---

[1]　詹姆斯·安德森:《关于导致不列颠目前粮荒的情况的冷静考察》。引自《马克思恩格斯全集》第26卷Ⅱ,第158页。

[2]　马尔萨斯:《论谷物法的影响　地租的性质与发展》,何宁译,商务印书馆1960年版,第47页。

立性质的论题来研究。他在不知道安德森著作的情况下独立地阐述了现代地租理论。马克思指出,威斯特阐述地租理论的专著《论资本用于土地》,是一本"在政治经济学史上有划时代意义的"著作。[①]

威斯特的《论资本用于土地》和马尔萨斯的《地租的性质与发展》都是在 1815 年发表的。威斯特的地租理论和古典政治经济学的劳动价值理论有一定联系,但不如李嘉图。在其他方面,威斯特关于地租的论述比李嘉图的地租理论要好。威斯特有一个错误假定,按照这个假定,级差地租必然以转到越来越坏的土地为前提,也就是说,必然以土地肥力越来越下降为前提。后来,李嘉图毫无批判地接受了威斯特假定的前提。

威斯特是根据片面的历史资料研究地租问题的。他只注意十八世纪下半期和十九世纪初期谷物价格不断上涨这一方面的现象,而没有注意十八世纪上半期谷物价格不断下降的情况。在这个问题上,后来的李嘉图也犯了相同的片面性错误。

《论资本用于土地》一书前半部讨论土地净产品对总产品的比例必然递减的原理,后半部讨论谷物进口问题。关于后者,威斯特认为限制谷物进口是不明智的。关于前者,威斯特写道:"在耕作改进过程中,未加工产品数量的提高,其耗费将愈来愈大,或者换句话说,土地净产品同它的总产品的比例是经常在递减的。"[②] 不过,威斯特对农业改良的意义还是有一定认识的。在《谷物价格和工资》中,他说:"在农业改良了的情况下,用在旧制度下最好土地上用的那样少的费用,就能够在二等或三等质量的土地上进行生产。"[③] 威斯特比较深刻地阐明了级差地

　　① 《马克思恩格斯全集》第 23 卷,第 595 页。

　　② 威斯特《论资本用于土地》。引自惠特克:《经济思想流派》,上海人民出版社 1974 年版,第 177 页。

　　③ 威斯特:《谷物价格和工资》。引自《马克思恩格斯全集》第 26 卷 II,第 147 页。

租理论。

　　后面即将看到,安德森和威斯特的土地收益递减理论为李嘉图所接受,用来作为他的地租理论的一个根据。这样一来,土地收益递减理论便广为流传,经久不息。马克思概括地指出了这一段历史,说:"这个理论最先是由亚当·斯密时代的詹姆斯·安德森发表的,并且直到十九世纪初他还在不同的著作中重复了这个理论。1815 年,剽窃能手马尔萨斯(他的全部人口论都是无耻的剽窃)把这个理论据为己有,威斯特在当时也与安德森无关而独立地阐述了这个理论。1817 年,李嘉图把这个理论同一般的价值理论联系起来,从此以后,这个理论就以李嘉图的名字传遍全世界。"①

四、李嘉图的地租理论

　　安德森的地租理论被马尔萨斯用以证明他的人口理论,用以维护地主利益和反对无产阶级。把安德森和威斯特的地租理论同英国古典政治经济学联系起来,并在劳动价值理论基础上比较充分地阐明地租理论的是李嘉图。一个值得注意的历史现象是,同一种地租理论,在马尔萨斯手里被用来维护土地私有权,而在李嘉图手里则被用来反对土地所有权。马克思在概述李嘉图地租学说的理论意义和实践意义时说:从这个地租理论出发,"在理论上和实践上向前迈进一步的使命就落到了李嘉图身上,这就是:在理论上,作出商品的价值规定等等,并阐明土地所有权的性质;在实践上,反对资产阶级生产基础上的土地私有权的必要性,并且更直接地反对国家促进这种土地所有权发展的一切措施,如谷物法"。②

────────

　　①　《马克思恩格斯全集》第 23 卷,第 553 页。
　　②　同上书,第 26 卷Ⅱ,第 123 页。

　　李嘉图的地租理论的出发点和安德森的极为相似。首先,似乎并不存在土地所有权,资本在对土地进行投资时似乎不存在这种土地所有权造成的障碍。李嘉图和安德森一样从不存在土地所有权的观点出发这一似觉奇怪的现象,是有深刻的历史原因的。土地所有权本是封建的东西,但是资本主义生产方式对它进行了改造,使它发生了形态变化。因此,资本主义制度下的土地所有权是一种特殊形式的土地所有权,它是派生的,是资本主义生产方式的结果。在英国,"一切生产条件都不是按照它们传统的样子接受下来,而是按照它们在每一场合怎样最有利于投资历史地创造出来。因此,就这一点来说,不存在土地所有权"。[①]从这一角度说,李嘉图的观点对于资本主义生产方式来说具有古典意义。他提出不存在土地所有权的前提,并没有排除受土地所有权制约并同土地所有权密切联系的地租规律的存在。相反,"李嘉图所说的地租就是资产阶级状态的土地所有权,也就是从属于资产阶级生产条件的封建所有权"。[②]但是,作为资产阶级经济学家,李嘉图仍然把他的仅仅适合从属于资产阶级生产条件的土地所有权的地租概念加以推广,使之一般化,用于一切时代和一切国家的土地所有权。而且,李嘉图以不存在资本主义生产或不存在土地所有权为前提,这无论如何也会妨害他对资本主义地租的认识和分析,因为问题正是要在存在资本主义生产和土地所有权的条件下来研究地租规律。李嘉图在实际分析问题时就曾深受自己的这一前提之苦。他在《原理》中阐述地租理论时,说是要研究土地的占有对土地产品的价值的影响,可是却以不存在土地所有权的殖民地为例,这就必然陷入重重的矛盾之中。马克思在《资本论》第三卷中阐明自己的地租理论时,就曾以李嘉图为例,指出:"当我们要研究,土地所有权在它限制土地这个投资场所的

---

① 《马克思恩格斯全集》第 26 卷 Ⅱ,第 264 页。
② 《马克思恩格斯选集》第 1 卷,第 146 页。

地方,将对土地产品的价格和地租发生怎样的影响时,又谈什么自由的资产阶级的殖民地,这是极为荒谬的,因为在那里,既不存在农业上的资本主义生产方式,也不存在和它相适应的土地所有权形式(总的说来,土地所有权实际上并不存在)。"[1]

其次,和安德森一样,李嘉图也是从始终存在用于农业的足够资本这一前提出发的。这个前提,实际上就是说,和工业中资本不断从一个部门自由地流入另一个部门一样,资本也自由地、不受限制地流入农业部门。这就意味着李嘉图的地租理论是以发达的资本主义生产占统治地位为前提的。事实上,资本投入土地不可避免地要受到土地所有权的障碍。李嘉图相信资本能自由地、不受限制地流入农业部门,这和他的不存在土地所有权的前提是一致的。

第三,安德森和李嘉图都认为耕作序列是下降序列,即从优等地逐步向劣等地推移。但是,他们两人有一个重要的不同之点:安德森认为这种推移序列是相对的,因为土地是可以改良的,劣等地可以变成优等地;李嘉图认为这种推移序列是绝对的,因为科学技术的反作用造成的中断只是例外现象。李嘉图等人的这一前提只是英国的特殊历史条件和殖民地的特殊历史条件的产物。他们的错误是把一种情况说成是唯一情况,把特殊情况说成是正常情况。事实上,耕种序列也可以从劣等地逐步向优等地转移,还可以从优等地到劣等地和从劣等地到优等地交错转移。更重要的是,耕种序列根本不是说明地租的必要条件。因为就级差地租而论,土地的耕种按照下降序列推移或按照上升序列推移都同样可以产生。这里应当特别注意,李嘉图以下降序列为前提,就是以农业生产率越来越下降为前提,也就是以所谓土地收益递减为前提。这样,他就把这种所谓土地收益递减规律当作地租理论的一个基

---

① 《马克思恩格斯全集》第25卷,第853页。

础,偷运到古典政治经济学的体系中来。

李嘉图十分重视地租理论,他把地租理论当作整个政治经济学体系最重要的环节之一,并且赋予它以新的理论上和实践上的重要性。《原理》一书集中讨论地租问题的共有四章:第二章"论地租",第十章"地租税",第二十四章"亚当·斯密的地租学院",第三十二章"论马尔萨斯先生关于地租的意见"。李嘉图在第一章"论价值"之后,立即讨论地租问题,这既表现出他的地租理论的优点,又表现出他的地租理论的缺点。

李嘉图的地租理论的突出的优点,在于它是建立在劳动价值理论的基础上的。马克思指出:"李嘉图把地租理论同价值规定直接地、有意识地联系起来,这是他的理论贡献。"① 虽然在威斯特那里地租理论和价值理论之间也有一定联系,但是只有李嘉图才比较充分地揭示出二者之间的真正联系,从而对前辈的地租理论作出科学的阐述。在《原理》第二章"论地租"的一开头,李嘉图就说:但尚待考察的是,对土地的占有以及由此而来的地租的产生,是否会引起商品相对价值的变动而不管生产商品所必需的劳动量如何。② 这就是说,李嘉图给自己的地租理论提出的任务,是要解决土地所有权和地租同商品价值决定于劳动时间这一原理是否矛盾的问题。李嘉图批判了斯密关于调节商品交换价值的基本尺度即生产商品所用的相对劳动量会由于土地的占有和地租的产生而完全改变的错误观点,坚持认为价值规律具有普遍的适用性,一切经济范畴都从属于一个基本规律,地租也只有在价值规律的基础上才能得到说明。

李嘉图的地租理论的根本性缺点或错误在于,他在阐述了价值决定于劳动时间的原理之后,不研究价值到生产价格的转化,不研究剩余

---

① 《马克思恩格斯全集》第 26 卷 II,第 272 页。
② 《李嘉图著作和通信集》第 1 卷,第 55 页。

价值到平均利润的转化，就匆忙用价值规律来直接说明地租的形成问题，这必然会给自己的地租理论带来一系列无法解决的问题。

李嘉图首先研究了地租的性质问题。在 1815 年的"论低价谷物对资本利润的影响"一文中，他曾对地租作了如下的解释："所谓地租，我指的始终是，为享用土地原有的和先天的力而给予地主的报酬。"① 李嘉图在这里强调地租是使用"土地原有的和先天的力"而支付给土地所有者的，如果土地所有者在自己的土地上使用了资本，或者，如果以前的租地农场主在租约期满后还留下一些资本，这些资本当然也得到报酬，但是，这种报酬是付给资本的，它不同于付给土地所有者的地租。在 1817 年的《原理》中，李嘉图的上述观点得到了更明确的表述。现在他给地租下的定义是：地租是为使用土地原有的和不可摧毁的力而付给土地所有者的那一部分土地产品。② 李嘉图解释说，不应该把地租同利息和利润混为一谈，在租地农场主付给土地所有者的货币中，只有一部分是为使用土地原有的和不可摧毁的力而支付的，另一部分则是为原先用于改良土壤以及建造为储存和保管产品所必需的建筑物的资本而支付的。这是两个不同的部分。前者是地租，后者如果不是土地所有者在土地上投资的利息或利润，那么就是在租约期满以后被土地所有者占有的租地资本家投在土地上的资本的利息或利润。李嘉图的这一定义的可取之处是，他想把真正的农业地租区分出来，把这种地租看作是真正意义的地租，并把地租解释成租地农场主为使用没有花费过人类劳动的土地而付给土地所有者的那一部分土地产品。这种解释实际上是说，资本所有者要事先支付资本才能得到利息和利润，而土地所有者仅仅凭借对自然物的占有就取得地租。李嘉图的这个观点反映出资本家对地主的看法："资本家把地主看作纯粹是一个多余而有害的

---

① 《李嘉图著作和通信集》第 4 卷，第 19 页注②。
② 同上书，第 1 卷，第 55 页。

赘疣,看作资本主义生产的游手好闲的寄生虫,看作长在资本家身上的虱子。"[1] 但李嘉图的地租定义是不能令人满意的。正如马克思所说,土地并没有不可摧毁的力,也不具有原有的力,因为土地根本就不是什么原有的东西,而是自然历史过程的产物。

在地租的定义上,李嘉图并没有始终保持逻辑上的首尾一贯性。他先在《原理》第二章中把地租定义为使用土地原有的和不可摧毁的力而付给土地所有者的那一部分土地产品,后来在第十八章又对原来的定义作了重要的补白。他写道:"在本书前面我已经指出了真正所谓的地租和租地人由于地主支出资本使之获得利益而在地租名义下付给地主的报酬之间的区别。但我也许还没有充分说明由这种资本的不同使用方法所产生出的差别。因为这类资本的一部分一经用来改良土地之后,就会与土地不可分离地结合在一起,并且会增进土地生产力,由于使用这种资本而付给地主的报酬完全属于地租性质,而且受一切地租规律的支配。"[2] 李嘉图说,无论这种改良是由土地所有者支付资本,还是由租地农场主支付资本,都可以得到相当于等量资本在其他情况下能得到的等量利润。"但改良一经造成之后,所获得的报酬就完全属于地租性质,并且会发生地租所发生的一切变动。"[3] 本来,李嘉图强调地租只是为使用土地原有的和不可摧毁的力而付给土地所有者的土地产品,现在,地租又是包括通过人的生产活动给予土地的并同它不可分离地结合在一起的力而付给土地所有者的"报酬"。李嘉图的补白不仅没有"充分说明"他原先想区分开来的东西,而且违背本意地否定了土地原有的力一说,客观上证明了人的生产活动给予土地的力会与土地不可分离地结合在一起,从而变成土地的原有的力。

---

① 《马克思恩格斯全集》第 26 卷 II,第 372 页。
② 《李嘉图著作和通信集》第 1 卷,第 223 页。
③ 同上。

尽管李嘉图把地租实际上定义为，为使用土地的自然力而付给土地所有者的那一部分土地产品，但是李嘉图并没有由此而误入地租是自然力的产物的理论歧途。相反，在地租问题上，他坚持劳动价值理论，并对斯密的自然力不参加工业生产但参加农业生产的错误观点进行了批判。李嘉图在援引了《国富论》的有关论点之后，在一个小注中用大量事实证明，在任何一种制造业中，"自然都给人以帮助，而且是十分慷慨和无需取费地给人帮助"。[①] 后来西斯蒙第在《政治经济学新原理》第十三章 "李嘉图先生的地租论" 中反对李嘉图的论点，硬说 "自然劳动" 是 "土地纯产品的力量和泉源"。[②] 当然，在这个问题上，正确的不是西斯蒙第，而是李嘉图。列宁在《评经济浪漫主义》中指出：西斯蒙第的 "这种理论甚至是没有什么可分析的，因为李嘉图的一个小小注解，就足以驳倒 '自然劳动' 了"。[③]

李嘉图的定义排除了为单纯自然物而支付给这种自然物所有者即土地所有者的那一部分土地产品或土地产品价格。他的定义并不认为地租是为了取得自然力或单纯自然物而付给这些自然力或单纯自然物所有者的价格，而是认为土地原有的力达到不同的发展程度时才能得到报酬。这样，李嘉图就为不承认存在绝对地租、只承认存在级差地租作了准备。

李嘉图否认绝对地租的存在。他有两种说法：一是最坏的土地不能提供地租，一是最初的土地不能提供地租。谈到最坏的土地不能提供地租时，李嘉图说："肥力极小的土地决不能生产任何地租；肥力中常的土地，由于人口增加可以提供中常的地租；肥力大的土地则能提供高额地租。"[④] 谈到最初的土地不能提供地租时，李嘉图从斯密那里搬来

---

① 《李嘉图著作和通信集》第 1 卷，第 63 页。
② 西斯蒙第：《政治经济学新原理》，何钦译，商务印书馆 1964 年版，第 189 页。
③ 《列宁全集》第 2 卷，第 141 页。
④ 《李嘉图著作和通信集》第 1 卷，第 346 页。

了"殖民理论",说:在一个新开辟的地区中,肥沃的土地同人口对比起来绰绰有余,因而只需要耕种一等地。在这里,全部净产品都将属于耕种土地的人,成为所支付的资本的利润。[①] 又说:初到一个地方殖民,那里有着大量富饶而肥沃的土地,为维持现有人口的生活只需耕种很小一部分土地,或者,这些人口所能支配的资本实际上只能耕种很小一部分土地,在这样的时候,不存在地租。[②]

绝对地租的存在是事实,甚至是资产阶级经济统计学家也能证明的事实。李嘉图否认这一事实,是有深刻的原因的。他感到,如果承认最坏的土地也能提供地租,如果承认最初的土地也能提供地租,那么他的整个价值理论就要被推翻。在地租问题上,李嘉图为了维护他的价值理论的普遍适用性,竟以牺牲对事实和历史的承认为代价。简言之,他为了理论而否认事实,为了逻辑而否认历史。后来,李嘉图派仍然坚持否认绝对地租的存在。马克思指出:"统计学家和实践家全都坚持说有绝对地租存在,而(李嘉图派的)理论家则企图通过非常粗暴的和理论上软弱的抽象来否认绝对地租的存在。直到现在,我始终确信,在所有这一类争论中,理论家总是不对的。"[③]

商品价值等同于平均价格即生产价格的错误逻辑,逼得李嘉图在下述两种可能性中二者择一:承认存在绝对地租,放弃劳动价值理论;坚持劳动价值理论,否认存在绝对地租。为了维护他的政治经济学的整个基础,李嘉图选择了后者。

本来,绝对地租的存在可以而且必须在劳动价值理论的基础上加以说明。但是,李嘉图没有能力从理论上证明在不违反价值规律的前提下存在绝对地租的可能性,竟至弄到把绝对地租的存在和劳动价值

---

① 《李嘉图著作和通信集》第 1 卷,第 58 页。
② 同上书,第 56—57 页。
③ 《马克思恩格斯〈资本论〉书信集》,第 167 页。

理论对立起来的地步。他的逻辑是这样的：按照劳动价值理论，既然商品的价值决定于劳动时间，那么商品的平均价格就必定等于商品的价值。李嘉图所说的商品的平均价格，等于生产商品花费的资本加平均利润，也就是生产价格。价值是劳动创造的，自然要素例如土地并不能创造价值。在李嘉图看来，如果土地产品的价格在补偿可变资本和不变资本的花费之后，除了提供平均利润之外还提供绝对地租，那就是承认土地产品的价格高于平均价格，也就是承认价格高于价值。这样一来，就会认为在农业中除了劳动创造价值以外，自然要素也创造价值。果然如此，那就必然会推翻劳动价值理论，从而必然会动摇古典政治经济学的整个基础。在这种情况下，李嘉图只有一个选择：坚持劳动价值理论，否认存在绝对地租。马克思指出："李嘉图把价值同费用价格混为一谈。所以他认为，如果存在绝对地租，……那么农产品等等的出售价格就会由于高于费用价格……而经常高于价值。这就会推翻基本规律。所以他否认绝对地租，只承认级差地租。但是，他把商品的价值同商品的费用价格等同起来是根本错误的；这是同亚当·斯密一脉相承的。"[①]

不存在土地所有权是李嘉图的地租理论的一个出发点，这个出发点必然会导致他否认绝对地租。李嘉图用尚未出现土地私有权的殖民地初期没有人会为使用土地付出代价的情况，论证不存在绝对地租。可是，这种情况并不适用于发达的资本主义生产。李嘉图的错误是把殖民地初期的耕作进程想象为欧洲资本主义的历史进程。他不知道，土地私有权的垄断正是绝对地租存在的前提，绝对地租就是土地所有者凭借土地所有权的垄断所取得的地租。

资本可以自由地流入农业部门是李嘉图的地租理论的又一个出发

---

① 《马克思恩格斯全集》第30卷，第268页。

点,这个出发点也必然会导致李嘉图否认绝对地租。资本可以从工业部门自由地流入农业部门,意味着农业部门的利润全部参加平均化的过程,意味着农业部门产品的价值全部参加生产价格形成的过程,意味着农业部门和工业部门有相同的有机构成。果真如此,农产品就只按生产价格出售,而不是按高于生产价格的价值出售。这样,也就会不存在农产品价值大于生产价格的超额利润,即被土地所有者占有的绝对地租。事实上,在资本主义生产发展过程中,农业中资本的有机构成大大低于工业中资本的有机构成,因而获得较多的剩余价值。土地私有权的垄断阻碍资本自由地流入农业部门,使农业部门的利润不全部参加平均化过程,因而使农产品按高于生产价格的价值出售。这就经常能提供绝对地租。

李嘉图对绝对地租的否定也同他关于耕种序列绝对地从优等地到劣等地推移这一前提即所谓农业生产率绝对降低的规律有关。按照他的看法,在这种推移的过程中,最初耕种的土地只提供利润,不提供地租,后来由于耕种较坏的土地,较好的土地才提供地租。李嘉图无视这样一个明显的事实:在资本主义制度下,租地农场主要使用土地,即使要使用最劣等的土地,都得向土地所有者交付地租。

李嘉图否认绝对地租的原因,还在于他以工业和农业的资本有机构成相同为前提,否认农业劳动生产力同工业相比处于较低的发展阶段。这一错误是从价值等同于生产价格这一错误中派生出来的。马克思在分析李嘉图的错误时说:"他犯了双重历史错误:一方面,把农业和工业中的劳动生产率看成绝对相等,因而否定它们在一定发展阶段上的仅仅是历史性的差别,另一方面,认为农业生产率绝对降低,并把这种降低说成是农业的发展规律。他这样做一方面是为了把较坏土地的费用价格同价值等同起来;另一方面是为了说明较好土地的产品的[费用]价格同价值之间存在差额。全部错误的产生都是由于混淆了费用价格和价值。"①
·····

李嘉图在地租理论方面的最大贡献是他在劳动价值理论的基础上系统地阐明了级差地租问题。

对于级差地租,李嘉图下的定义是:"地租总是由于使用两份等量资本和劳动而获得的产品之间的差额。"② 这里说的地租当然是级差地租,因为除了级差地租之外,李嘉图不承认有什么别的地租。就级差地租而论,李嘉图的这个定义基本上是正确的。但是,他忘记加上"在同量的土地上"这一限制。

关于级差地租产生的条件,李嘉图作了如下说明:如果所有土地都具有同一特性,如果它们的数量无限、质量相同,使用土地就不能索取代价,除非它的位置特别有利。因此,只是由于土地在数量上并非无限,在质量上并不相同,又因为随着人口的增长,质量较坏或位置比较不利的土地投入耕种,使用土地才支付地租。李嘉图在这里把土地在数量上并非无限和在质量上并不相同看作是级差地租产生的条件。这就是说,由于有不同等级的土地存在,其中包括土地肥力的不同等级和土地位置的不同等级的存在,而同一等级的土地在数量上又是有限的,因此就必须支付级差地租。由此可见,李嘉图在这里说的是级差地租第一形式(级差地租Ⅰ)产生的条件,也就是同土地肥力大小和位置好坏有关的级差地租产生的条件。

李嘉图认为土地耕作的序列是从一等地向二等地推移,再从二等地向三等地推移的,这就是所谓下降序列(Ⅰ,Ⅱ,Ⅲ)。他用下降序列说明级差地租第一形式(级差地租Ⅰ)的形成过程:随着社会的发展,就肥力来说属于二等的土地投入耕种时,在一等地上立即产生地租,这一地租的大小将取决于这两块土地质量上的差别。三等地一投入耕

① 《马克思恩格斯全集》第26卷Ⅱ,第271页。
② 《李嘉图著作和通信集》第1卷,第59页。

种,二等地立刻产生地租,而且同前面一样,这一地租是由两种土地生
产力的差别决定的。同时,一等地的地租也会提高,因为一等地的地
租必然总是高于二等地的地租,其差额等于这两种土地使用同量的资
本和劳动所获得的产品的差额。[①] 接着,李嘉图举例说明。他假定,存
在三个等级的土地:一等地、二等地和三等地。在使用等量资本和等
量劳动的情况下,这三块地分别提供 100 夸特、90 夸特和 80 夸特的谷
物。在新地区,肥沃的土地同人口对比起来绰绰有余,因而只需要耕种
一等地。在这里,全部纯产品都属于土地耕种者,成为他所支付的资本
的利润。当人口增加到必须耕种只提供 90 夸特的二等地时,一等地立
刻就会提供地租。因为二者必居其一:或者是,必定有两种农业资本利
润率,或者是,必定有 10 夸特或相当于 10 夸特的价值从一等地的产品
中抽出来用于其他目的。不论是土地所有者还是其他任何人耕种一等
地,这 10 夸特都同样形成地租。因为二等地的耕种者,不论他耕种一
等地支付 10 夸特作为地租,还是继续耕种二等地不支付地租,他用他
的资本得到的结果是相同的。同样,当三等地进入耕种时,二等地的
地租必然是 10 夸特或相当于 10 夸特的价值,而一等地的地租则增长
到 20 夸特。由于三等地的耕种者不论是耕种一等地支付 20 夸特地租,
耕种二等地支付 10 夸特地租,或是耕种三等地不支付地租,他得到的
利润始终相同。

　　李嘉图关于级差地租第一形式(级差地租Ⅰ)的形成过程的说明
和例证正确地表明,级差地租是和土地等级相联系的,是土地耕种者
耕种较好土地所获得但被土地所有者所占有的超额利润。在李嘉图那
里,地租之所以在资本主义制度下成为剩余价值的一种特殊的、具有特
征的形式,只在于它是超过一般利润的余额。李嘉图认为地租的差别

---

① 《李嘉图著作和通信集》第 1 卷,第 57—58 页。

同土地肥力的差别相适应，这也是对的。李嘉图的错误在于，他把土地耕种的下降序列当作是级差地租形成的前提。他不懂得，在下降序列（Ⅰ，Ⅱ，Ⅲ）的情况下可以形成级差地租，在上升序列（Ⅲ，Ⅱ，Ⅰ）的情况下也同样可以形成级差地租，土地耕种的序列并不是说明级差地租形成的前提。在李嘉图的心目中，绝对的下降序列就是意味着农业生产率的绝对降低。因此，以下降序列说明级差地租，就是意味着以农业生产率的绝对降低说明级差地租。在这一点上，李嘉图甚至不如他的理论前辈安德森，安德森并没有把农业生产率的绝对降低看作是级差地租的前提。

李嘉图的级差地租理论的科学成就之一是指出了劣等地的生产条件决定农产品的"比较价值"即生产价格。耕种劣等地，由于生产条件差，劳动生产率低，土地产品的数量就比较少，因而这种土地产品的"比价较值"即生产价格就高。农产品的社会生产价格不取决于中等地，更不取决于优等地，而只取决于劣等地。这样，优等地和中等地的耕种者按照劣等地的生产价格出售产品，就能经常获得超额利润，这种超额利润就成了被土地所有者占有的级差地租。据此，李嘉图指出：农产品的比较价值之所以提高，是因为在生产最后的那一部分产品时花费了较多的劳动，而不是因为向土地所有者支付了地租。谷物的价值决定于不支付地租的那一等土地或用不支付地租的那一笔资本生产谷物所花费的劳动量。不是因为支付地租谷物才贵，而是因为谷物贵了才支付地租。[①] 但是，李嘉图在这里毕竟没有把价值和生产价格区分开来，这就使他的这一理论大为减色。李嘉图把考察级差地租时得出的劣等地的生产条件决定农产品价格的论点加以推广，以为这是不仅适用于土地产品和矿产品而且适用于工业品的普遍真理。他说：一切商

---

① 《李嘉图著作和通信集》第 1 卷，第 61 页。

品,不论是工业品、矿产品还是土地产品,它们的交换价值始终不决定于在只是享有特殊生产便利的人才具备的最有利条件下足以把它们生产出来的较小量劳动,而决定于没有这样的便利,也就是在最不利条件下继续进行生产的人所必须花在它们生产上的较大量劳动;这里说的最不利条件,是指为了把需要的产品量生产出来而必须继续进行生产的那种最不利的条件。[①] 本来是正确的论点,经过这样推广和一般化,变成了谬论。这里暴露出李嘉图不了解工业中社会生产价格的形成同农业和矿业中社会生产价格的形成之间的原则区别。

关于级差地租第二形式(级差地租Ⅱ),李嘉图也作了某些分析。他说:常常出现的情况是:在二等、三等、四等、五等或更差的土地投入耕种以前,人们可以在已耕种的土地上增加投资,以便增加生产。例如,把用在一等地上的原有资本增加一倍,产品虽然不会增加一倍或增加100夸特,但是可以增加85夸特。这个数量超过了在三等地上使用同量资本所能获得的数量。在这种情况下,资本就宁可用在旧有的土地上。李嘉图认为,在一等地上连续追加投资,同样会产生级差地租,因为地租总是使用两个等量的资本和劳动所取得的产品量之间的差额。如果租地农场主使用1 000镑资本从土地上获得谷物100夸特,使用第二个1 000镑资本又获得85夸特,那么在租约期满之后,土地所有者就可以要求其他租地农场主追加15夸特地租,因为不可能有两种利润率。李嘉图还认为,最后追加的资本不支付地租。在上述情况下,第一个1 000镑生产率较高,就有15夸特作为地租,追加的第二个1 000镑就没有地租。如果在同一块土地上追加第三个1 000镑,获得谷物75夸特,那么第二个1 000镑也会支付地租,数量仍然等于两者的产量之间的差额,即10夸特。同时,第一个1 000镑的地租将由原

---

① 《李嘉图著作和通信集》第1卷,第60页。

来的 15 夸特增加到 25 夸特。第三个 1 000 镑不支付地租。李嘉图说："如果优良土地的存在量远多于为日益增加的人口生产粮食所需要的量，或者是在旧有地上可以无限制地使用资本，且无报酬递减现象，那么，地租便不会上涨，因为地租总是由于追加的劳动量所获报酬相应地减少而产生的。"[①]

很明显，李嘉图的上述说明和例证表明，他在这里研究的是在同一块土地上连续增加投资获得不同的劳动生产率而给土地所有者带来的地租，即级差地租第二形式（级差地租Ⅱ）。在李嘉图看来，这种级差地租是由于追加投资而获得的超额利润。这种由于追加投资而获得的超额利润，不像由于土地肥沃程度和位置好坏不同而获得的超额利润那样全部落入土地所有者的腰包，在租约期满之前，它落在租地农场主手里，只是在租约期满之后，它才落入土地所有者手中。李嘉图的这些看法，基本上是正确的。但是，李嘉图关于级差地租第二形式（级差地租Ⅱ）的说明是建立在土地收益递减规律之上的。在他那里，正确的成分和谬误的东西紧紧地交织在一起。

把安德森、威斯特等人的所谓土地收益递减规律引进自己的地租理论，这是李嘉图地租理论的最大污点。在《原理》中，李嘉图认为，工农业生产都受到收益递减和收益递增两种力量的影响，但是改良会使工业中的收益递增超过收益递减而有余，而农业中的改良只能暂时地使收益递减为收益递增所抵消，在长期中农业的收益递减会比收益递增具有更大的影响。在《马尔萨斯〈政治经济学原理〉评注》中，李嘉图更为公然地说："我以满怀信心的态度，一再说明，地租的产生，是由于大自然赐与的有限度，而不是赐与的漫无止境。假使土地的肥力是没有限度的，假使在同一土地上，资本一笔接着一笔地投入，可以取

---

① 《李嘉图著作和通信集》第 1 卷，第 59 页。

得同样的产量,这就不会产生地租。"[1] 安德森、威斯特等人的所谓土地收益递减规律,经过李嘉图的扩散,便在资产阶级经济学中广为流传,成为为资本主义辩护的重要理论工具之一。近代和现代资产阶级经济学家把收益递减规律从土地这一生产要素推广到所有生产要素,认为这是一条普遍规律。这种推广,就连认为存在土地收益递减规律的李嘉图恐怕也不会承认。他至少还认为:"除开农产品和劳动以外,一切商品的自然价格在财富和人口发展时都有下降的趋势。因为从一方面说来,它们的实际价值虽然会由于制造它们所用的原料的自然价格上涨而增加,但机器的改良、劳动分工和分配的改进、生产者在科学和技艺两方面熟练程度的提高,却可以抵消这种趋势而有余。"[2]

斯密曾经把地租和利润并列,看作是劳动产品的两个独立的扣除部分。和斯密这种看法不同,李嘉图总是把地租看作是利润的一个部分。他说:"我的意见是,地租除了从一度构成利润的基金得来之外,决无别的来源;因此,任何改进,任何生产成本的降低,不论是大规模还是小规模的,其归着不是工资就是利润,决不是地租。构成利润之后,随着社会的进一步发展,利润可以转变为地租。"[3] 又说:"在未来将是地租的一部分,现在形成的却是资本的利润……地租是由资本的利润形成的,作为利润时它不是地租。"[4] 斯密的优点在于明确地指出了地租的源泉,缺点是没有明确指出资本主义地租是平均利润以外的超额利润。李嘉图的长处在于看到了地租是平均利润以上的超额部分,但是对地租的源泉的提法则缺乏斯密的那种明确性。当然,如果考虑到李嘉图混同了利润和剩余价值,他在这里所说的利润就是剩余价值,那

---

[1] 《李嘉图著作和通信集》第 2 卷,第 208 页。
[2] 同上书,第 1 卷,第 77—78 页。
[3] 同上书,第 2 卷,第 186 页。
[4] 同上书,第 126 页。

么也可以认为,当他说地租是利润的一部分时,也就意味着他懂得地租是剩余价值的一部分,是剩余价值超过平均利润的那一部分。

关于地租和价格的关系,李嘉图的认识也比斯密前进了一步。斯密把价值和"自然价格"即生产价格等同起来,以为地租和工资、利润一起构成自然价格。李嘉图批判了斯密的错误,正确地指出,地租绝不加入自然价格,不是农产品自然价格的构成部分。理由是,最坏的土地产品价格等于这个产品的自然价格,等于这个产品的价值,它决定农产品的市场价值。李嘉图说:如果昂贵的谷物价格是地租的结果而不是地租的原因,价格就会随着地租的高低而成比例地变动,地租就会成为价格的构成部分。但是花费最多的劳动生产出来的谷物是谷物价格的调节者,地租不是也决不可能是这种谷物的价格的构成部分。因此,亚当·斯密认为规定商品交换价值的基本尺度即商品生产时所用的相对劳动量会由于土地的占有和地租的支付而改变的看法,便不能说是正确的。原料成为大多数商品的组成部分,但是,这个原料的价值,同谷物价值一样,是由最后投入土地并且不支付任何地租的那一笔资本的生产率调节的,因此,地租不是价格的构成部分。[①]李嘉图认为地租不是生产价格的构成部分,并且认为劳动时间决定价值量的原理并不像斯密断言的那样会因为地租的出现而改变,这些论点都是对的。但是,李嘉图的论证是错误的。和斯密一样,李嘉图也没有区分生产价格和价值,而是因袭了斯密由于混淆自然价格和价值所引起的混乱,把农产品的自然价格即生产价格和价值等同了起来,因而无法说明绝对地租是怎样形成的,对级差地租的本质也只有片面的理解。

李嘉图在论述地租不可能影响谷物价格的论点时,明确论为地租是农产品价格高昂的结果而不是原因。他说:我始终认为地租是局部

---

① 《李嘉图著作和通信集》第1卷,第64页。

垄断的结果,它实际上决不调节价格,地租倒是价格的结果。^①在论述矿山地租时,李嘉图又说:这种地租同土地的地租一样,是它们的产品价值高昂的结果,绝不是价值高昂的原因。^②就级差地租而言,李嘉图的这个论点是正确的。因为只有当农产品价格上涨到同劣等地产品的生产价格相等时,经营优等地和中等地才能得到超额利润,这种超额利润由于土地私有权而成为土地所有者的级差地租,而土地的有限性引起的土地经营垄断则是产生级差地租的原因。就绝对地租而言,李嘉图的这个论点是不正确的。因为绝对地租不是农产品价格昂贵的结果,相反,倒是农产品价格昂贵的原因。由于绝对地租的存在,土地产品的市场价格除了包含生产价格,还要包含绝对地租。土地私有权的垄断则是这种市场价格高于生产价格的差额转为绝对地租的原因。同样,李嘉图的"即使地主全部放弃地租,土地所生产的商品也不会更便宜"这一论点^③,就级差地租而言是正确的,因为土地所有者如果放弃级差地租,那就会归租地农场主所有;就绝对地租而言则是不正确的,因为如果土地所有者放弃绝对地租,也就是说,如果不存在土地私有权的垄断,就会降低农产品的价格。

在批判马尔萨斯的地租是一种纯收益和新创造的财富这一观点时,李嘉图提出了一个著名论点:"地租是价值的创造,但不是财富的创造。"^④他举例解释说:如果谷物的价格由于一部分谷物生产困难而从每夸特4镑提高到5镑,那么100万夸特的价值就不是400万镑而是500万镑。这样,整个社会就将拥有更大的价值。从这个意义上说,地租是价值的创造。但是,这种价值是名义上的,因为它丝毫不增加社会

---

① 《李嘉图著作和通信集》第1卷,第241页。
② 同上书,第70页。
③ 同上书,第241页。
④ 同上书,第343页。

的财富，也就是说，不增加社会的必需品、舒适品和享乐品。我们所拥有的商品量同以前一样，而不是更多，谷物也仍然和以前一样是 100 万夸特，但是每夸特价格从 4 镑提高到 5 镑的结果，却使谷物和商品的一部分价值从原来的所有者手里转到土地所有者手里。因此，地租是价值的创造，但不是财富的创造，它丝毫不增加国家的资源。李嘉图的意思很明确：地租不过是使土地所有者可以支配整个社会产品的价值增加额，但是社会实际财富并没有增加，因此，这种价值增加额只是名义上的。李嘉图在这里实际上接触到了这样一个问题：社会价值远远高于实际生产价格，这个问题也就是虚假的社会价值问题。但是，经常混同价值和生产价格的李嘉图，并不懂得他所涉及的问题究竟是什么。只有马克思的地租理论才科学地说明了虚假的社会价值问题。

第十章　阶级理论

英国古典经济学家对资本主义社会的阶级作了经济分析。这种分析在相当大的程度上接触到了资本主义社会的内在联系,因而作出了不可磨灭的科学贡献。在阶级问题上,英国经济学家的观点曾经深刻地影响了法国重农学派,而重农学派对阶级所作的经济分析又回到英国,为斯密所继承和进一步发展。到李嘉图手里,对资本主义社会的阶级所作的经济分析达到了资产阶级古典经济学家不可逾越的界限。马克思对古典经济学家关于阶级的经济分析,就像对法国十九世纪初期资产阶级历史学家关于阶级斗争的历史发展的叙述一样,是十分重视的。在1852年3月5日致魏德迈的信中,马克思说:"无论是发现现代社会中有阶级存在或发现各阶级间的斗争,都不是我的功劳。在我以前很久,资产阶级的历史学家就已叙述过阶级斗争的历史发展,资产阶级的经济学家也已对各个阶级作过经济上的分析。"[1]

一、配第的阶级理论

在英国古典经济学家中,首先涉及资本主义社会阶级结构问题的是威廉·配第。不过,他的分析距离资本主义实际的阶级关系还相当远。在配第看来,社会上存在着三个主要的集团:一、土地所有者;二、

---

① 《马克思恩格斯选集》第4卷,第332页。

货币所有者;三、土地耕种者。这三个社会集团的经济利益是不同的。土地耕种者是土地产品的生产者,是劳动成果的创造者。可是,土地耕种者仅仅得到最必要的生活资料。他们的劳动成果超过自己最必要的生活资料即工资以上的余额,最初全部被土地所有者无偿占有。但是,土地所有者不能独吞,而是要同货币所有者共享。在配第看来,归土地所有者的土地的租金和归货币所有者的货币的租金,都来源于土地耕种者的劳动。

配第还常常讲到开采银矿的工人、工场手工业工人以及其他的社会集团,但是,在他那里,资本主义社会的典型的阶级结构是由土地所有者、货币所有者、土地耕种者组成的。配第所看到的阶级矛盾主要是土地所有者和货币所有者之间的矛盾,他维护后者而反对前者。其实质是资本对土地所有者的最初反抗。配第所分析的阶级结构,还带有封建社会阶级结构的色彩。配第说的货币所有者并不就等于资产阶级,而主要是高利贷者。他所说的土地耕种者既包括租地农场主,又包括农业工人。如果说,在配第的剩余价值理论中,利润还包含在地租之中,利润还没有同地租分开,那么,在配第的阶级理论中,租地农场主还包括在土地耕种者之中,租地农场主还没有同农业工人分开。

二、康替龙和法国重农学派的阶级理论

康替龙的阶级理论在英国古典政治经济学史上具有特别的重要性。这不仅是由于康替龙的阶级分析包含新的内容,而且还由于康替龙的阶级理论直接影响了法国重农学派,然后以重农学派的阶级理论的形式返回英国,影响亚当·斯密。

康替龙把社会划分为三个阶级:土地所有者、租地农场主、手工业者。土地所有者占有作为土地产品的源泉的土地,但是如果没有租地

农场主，土地就毫无用处。所以，土地所有者需要其他阶级的存在。租地农场主向土地所有者租地耕种，将收获中的一个相当的部分作为地租交给土地所有者。手工业者向土地所有者供给手工业品，并从土地所有者那里取得收入。土地所有者人数很少，但购买力很大，能影响全社会的需求。租地农场主也用收获中的一小部分向手工业者购买手工业品。

　　康替龙基本上是从农业体系中研究三个阶级和它们的相互关系的。他关于土地所有者、租地农场主和手工业者三者关系的论述，对法国重农学派产生了深刻的影响，成为魁奈的阶级理论的一个出发点。马克思说："只有在农业体系里才能首先发现经济领域里的三个阶级及其相互关系，正像魁奈所做的那样。"[①]

　　魁奈接受了康替龙考察土地所有者、租地农场主和手工业者三者关系的研究成果，按照"土地是财富的唯一源泉，只有农业能够增加财富"[②]的观点，把社会划分为三个阶级：一、生产阶级；二、土地所有者阶级；三、不生产阶级。[③]生产阶级是从事农业生产并创造纯产品的阶级，实际上就是康替龙所说的租地农场主；土地所有者阶级是通过出租土地而占有生产阶级创造的纯产品的阶级，这和康替龙的土地所有者相同；不生产阶级是从事工商业的阶级，这也接近于康替龙的手工业者。魁奈把从事工商业的人一概列入不生产阶级，所持的理由是："在工业制品的生产中，并没有财富的增加。因为，在工业制品中价值的增加，不过是劳动者所消费掉的生活资料价格的增加。商人的大财产也只能从这个观点来加以考察。"[④]魁奈对租地农场主和农业工人、工商业资本

---

　　① 《马克思恩格斯全集》第34卷，第343页。
　　② 《魁奈经济著作选集》，吴斐丹、张草纫译，商务印书馆1979年版，第333页。
　　③ 同上书，第308—309页。
　　④ 同上书，第85页。

家和工人不加区别，以为只有农业部门才创造纯产品即剩余价值，因而以为农场主和农业工人都是生产阶级，工商业资本家和工商业部门的工人都是不生产阶级，这当然是不正确的。法国当时不成熟的阶级状况和不成熟的资本主义生产方式，决定了魁奈的不成熟的阶级理论。但是，魁奈在按照纯产品即剩余价值的生产和占有划分阶级的尝试是有理论意义的，没有魁奈的尝试，就不可能有杜尔哥对这一尝试所做的发展。

　　杜尔哥对魁奈的阶级理论的发展，主要是把生产阶级划分为"租地农场企业主"和"普通工人"，把不生产阶级划分为"企业资本家"和"普通工人"。杜尔哥的阶级理论的进步还在于他对资本主义社会的主要阶级作了基本正确的规定。关于资产阶级，他说："企业家、制造业主、雇主阶层，都是大量资本的所有者，他们依靠资本，使别人从事劳动，通过垫支而赚取利润。"[1] 关于无产阶级，他说："只有双手和辛勤劳动的单纯工人，除了能够把他的劳动出卖给别人以外，就一无所有……工人的工资只限于为维持他的生活所必需的东西。"[2] 关于土地所有者阶级，他说："土地所有者除了通过土地耕种者的劳动以外，什么都得不到；他从土地耕种者那里获得他的生活资料，并且获得他用以偿付其他薪给人员的劳动的东西。……但是土地耕种者之所以需要土地所有者则仅仅是由于人类习俗和民法，这种习俗和民法的任务就在于保障……土地的所有权。"[3]

　　康替龙和法国重农学派的阶级理论，为亚当·斯密进一步从经济上分析资本主义社会的阶级结构提供了重要的思想资料。

---

　　[1]　杜尔哥:《关于财富的形成和分配的考察》南开大学经济系经济学说史教研组译，商务印书馆1961年版，第54页。

　　[2]　同上书，第21页。

　　[3]　同上书，第27页。

三、斯密的阶级理论

继重农学派之后,斯密对于资本主义社会阶级结构作了进一步的经济分析。他第一次明确指出"以地租为生、以工资为生和以利润为生"的三大社会集团,"构成文明社会的三大主要和基本阶级"。[①]这样,斯密已经认识到资产阶级、无产阶级和土地所有者阶级是资本主义社会的三个主要的和基本的阶级。

斯密从经济利益上对社会各阶级进行分析,研究每个阶级的阶级利益同"整个社会的利益"的关系。

首先,斯密认为,第一个阶级即土地所有者阶级利益同"整个社会的利益"是"一致"的。他说:社会状况的任何改善,都有直接或间接提高实际地租的趋势,使土地所有者的实际财富增大。农业改良的推广和耕地的扩大可以直接提高实际地租。土地所有者得到的产品份额,必然随着这个产品数量的增加而增加。土地原产品实际价格的提高,最初是农业改良的推广和耕地的扩大的结果,后来又成为农业改良的进一步推广和耕地的进一步扩大的原因。这些产品的实际价格的提高,会提高土地所有者所获得的份额的实际价值和相对量。这种产品的实际价格提高以后,生产它所需要的劳动并不比以前多。这样,产品中一个比过去小的份额,就足够补偿推动劳动的资本并提供普通利润。而产品中一个比过去大的份额就因此归土地所有者所得。由此,斯密认为,随着社会实际财富的增加,地租就增加,从而使土地所有者的实际财富增加;反之,凡是阻碍社会财富增长的情况,都会使地租下降,从而使土地所有者的实际财富减少。据此,斯密得出结论说:在三大阶级中,第一个阶级即土地所有者阶级的利益,是同整个社会的利益

[①]　亚当·斯密:《国富论》上卷,第240页。

密切相关、不可分离的。凡是促进整个社会的利益的，也必定促进土地所有者的利益；凡是妨害整个社会的利益的，也必定妨害土地所有者的利益。在作了以上论述之后，斯密指出：土地所有者阶级是资本主义社会三大阶级中的一个"特殊阶级"，这个阶级"不用劳力，不用劳心，更用不着任何计划与打算，就自然可以取得收入。这一阶级所处的安乐稳定地位，使他们自然流于懒惰。懒惰不但使他们无知，并使他们不能用脑筋来预测和了解一切国家规章的后果"。① 不难看出，斯密提出土地所有者利益和整个社会利益"一致"的论点，并无意于赞美这个阶级，无意于证明这个阶级对于资本主义社会的必要性，而是为了对这个"特殊阶级"发动进攻。当然，斯密对土地所有者的攻击远不是锋芒毕露的。不妨认为，斯密的观点是从具有封建主义外貌的论证土地所有者阶级的必要性的重农学派到对土地所有者发起猛烈攻势的李嘉图之间的一种过渡。

其次，斯密认为第二个阶级即"靠工资过活的阶级"的利益同"整个社会的利益"也是"一致"的。处于工场手工业时期的斯密，还不可能看到机器大工业对工人阶级命运所带来的严重后果。他天真地认为，随着社会实际财富的增加，工人的实际工资就一定增加。但是，和用玫瑰色笔调描绘资本主义的庸俗经济学家不同，斯密承认：当社会的实际财富不增不减的时候，工人的工资马上就会降低。当社会衰落的时候，工人的工资甚至会降低到养家活口的水平以下。特别是，斯密诚实地指出了如下的情况："劳动者在繁荣社会中不能享得地主阶级那样大的利益，在衰退的社会中却要蒙受任何阶级所经验不到的痛苦。"②

最后，斯密认为第三个阶级即"靠利润为生的"资本家阶级的利益同"整个社会的利益"是"不一致"的。斯密承认：资本家"都是以利

① 亚当·斯密：《国富论》上卷，第 241 页。
② 同上。

润为目标"。① 但是,斯密强调说,利润不像地租和工资那样随社会繁荣而上升并随社会衰落而下降。相反,利润在趋于没落的国家最高,在穷国比在富国高,而在富国最低。因此,资本家阶级的利益就不可能像上述两个阶级的利益那样同"整个社会的利益"相"一致"。斯密说:在任何一个商业或工业部门投资的实业家的利益,在某些方面总是和社会的利益不同,有时甚至相反。在这个阶级中,商人和工业家是最大的两个阶层。他们通常都是为自己的特殊利益打算。斯密甚至揭露资本家阶级,并指出"他们这般人的利益,从来不是和公众利益完全一致。一般地说,他们的利益,在于欺骗公众,甚至在于压迫公众。事实上,公众亦常为他们所欺骗所压迫"。②

由上述可以看到,斯密的功绩不仅在于他第一次明确地从经济上对资本主义社会的阶级作了正确的划分,而且在于他在一定程度上指出了资产阶级欺骗甚至压迫公众,指出了土地所有者阶级的寄生性,并承认资本主义给工人阶级可能带来的苦难。

斯密的错误主要在于片面地断言工人阶级的利益和资本主义发展存在着一致性,断言资本主义的发展可以增进工人阶级的利益。

不过,在资本主义上升时期,斯密并没有感到有意识地调和阶级矛盾的必要。他不害怕承认工人和资本家之间的矛盾和斗争,不害怕承认在工人和资本家的斗争中法律和官厅是站在资本家一边的。他说,在劳资争议中,雇主的结合为法律所允许,工人的结合则为法律所禁止。法令只取缔为提高劳动价格而结合的团体,而不取缔为降低劳动价格而结合的组织。在争议中,雇主总是比工人能够持久。雇主不雇工人可以生活一两年,而失业工人连维持一个星期的生活都很困难。雇主为了使工资不超过实际工资率,经常进行一种秘而不宣的结合;有

---

① 亚当·斯密:《国富论》上卷,第242页。
② 同上书,第243页。

时为了把工资降到实际工资率以下,还进行一种特殊的结合。为了对付雇主的结合,工人只好进行防御性的结合。但是,官厅往往支持雇主的结合而干涉工人的结合。

不仅如此。斯密在有些场合甚至不害怕承认资本主义社会的阶级剥削和阶级压迫。他公开说,在资本主义社会,"地租和利润吃掉工资,两个上层阶级压迫下层阶级"。①

四、李嘉图的阶级理论

英国古典政治经济学的阶级理论在李嘉图那里取得了最高成就。马克思说:"李嘉图揭示并说明了阶级之间的经济对立——正如内在联系所表明的那样——这样一来,在政治经济学中,历史斗争和历史发展过程的根源被抓住了,并且被揭示出来了。"② 李嘉图的全部研究是从资本主义社会的阶级利益的对立出发的。他在《原理》一书序言的一开头就说:土地产品——通过劳动、机器和资本联合运用而从地面上得到的一切产品——在社会的三个阶级之间,也就是在土地所有者、耕种土地所必需的基金或资本的所有者和以自己的劳动耕种土地的工人之间进行分配。③ 李嘉图认为,在不同的社会发展阶段,这些阶级中的每一个阶级在地租、利润和工资的名义下分到的全部土地产品的份额是极不相同的。除承袭了斯密的产品全部分解为收入的错误之外,李嘉图的功绩在于自觉地研究三种收入之间、从而研究三个阶级之间的对立关系。在他看来,经济关系就是阶级关系。马克思指出:英国古典政治经济学的"最后的伟大的代表李嘉图,终于有意识地把阶级利益的对

---

① 亚当·斯密:《国富论》下卷,第137页。
② 《马克思恩格斯全集》第26卷Ⅱ,第183页。
③ 《李嘉图著作和通信集》第1卷,第3页。

立、工资和利润的对立、利润和地租的对立当作他的研究的出发点,因为他天真地把这种对立看作社会的自然规律。这样,资产阶级的经济科学也就达到了它的不可逾越的界限"。①

李嘉图发现,工资和利润是对立的,利润的高低同工资的高低成反比。他说:"无论在什么时候,工资跌落,利润就会上涨;工资上涨,利润就会跌落。"② 又说:工资和利润加在一起具有同一价值。"工资增加时,总是牺牲利润;工资跌落时,利润总会提高。"③ 李嘉图举例说,在农业中,如果把谷物在租地农场主和工人之间分配,工人得到的份额越大,留给租地农场主的份额就越小。同样,在工业中,如果把呢绒和棉织品在工人和雇主之间分配,分给工人的份额越大,留给雇主的份额就越小。李嘉图的结论是:"劳动价值"即工资提高,利润就不能不降低。在《原理》中,李嘉图又说:"本书的目的之一就是说明必需品的实际价值每有跌落,劳动工资就会减低,资本利润则会提高。换句话说,在任何一定的年产值中,付给劳动阶级的份额将会减少,而付给那些使用他们的资金来雇用劳动者的人的份额则将增加。"④ 总之,李嘉图认为工人和资本家的利益是对立的,是不可调和的。

什么原因引起"劳动价值"即工资提高从而导致利润降低的问题,是李嘉图着重要论证的一个关键问题。李嘉图的思路是:利润取决于工资的高低,工资取决于必要生活资料的价格,而必要生活资料的价格主要取决于食物的价格;随着人口的增加,对生活资料特别是对食物的需求增加,耕作沿着下降序列过渡到劣等地,农产品的价格因而上涨;随着农产品价格的上涨,地租必定上涨;由于食物和其他生活必需品价

---

① 《马克思恩格斯全集》第 23 卷,第 16 页。
② 《李嘉图著作和通信集》第 1 卷,第 284 页。
③ 同上书,第 346 页。
④ 同上书,第 361 页。

格的上涨，名义工资提高，利润随着工资的提高而下降。这样，在李嘉图那样，通过工资这个中间环节，把地租和利润对立起来。这说明，李嘉图认为土地所有者的利益和资本家阶级的利益是对立的，是不可调和的。

这里，把李嘉图和斯密作一比较是很有意思的。斯密认为，耕地的扩大会提高农产品的数量，从而提高实际地租。也就是说，随着农产品数量的增加，土地所有者得到的产品份额也增加。斯密由此得出了土地所有者的利益和整个社会利益相一致的结论。李嘉图也用同样的方法说明耕地的扩大引起农产品价格上涨，从而使地租的份额增大，但是他却得出和斯密相反的结论。

如果说，斯密只是遮遮掩掩地攻击过土地所有者，在某种程度上指出过土地所有者的寄生性，那么，李嘉图则是公然地、毫不掩饰地对土地所有者发起强大的理论攻势，指出土地所有者同整个社会的利益是对立的。他说：土地所有者的利益同消费者和工业家的利益永远是对立的。除了土地所有者以外，一切阶级都会因为谷物价格上涨而受损失。"地主和社会上各阶级之间的关系跟买卖双方都可以说得到了利益的贸易关系不同，这种关系是一方完全受损失，另一方完全得到利益。"[1]李嘉图尖锐地批判了斯密关于土地所有者的利益同社会各阶级的利益不相冲突的错误推论。

李嘉图关于资本主义社会存在不可调和的阶级对抗关系的观点，受到马克思的高度重视。马克思指出："杰出的经济学家李嘉图先生在他的一本论政治经济学原理的名著中，一开头就谈到，社会（就是英国社会）的三个主要阶级，即土地所有者、资本家和雇佣工人彼此处在你死我活的和不可调和的对抗之中，因为地租的提高和降低同工业利润

---

[1]《李嘉图著作和通信集》第 1 卷，第 287 页。

的提高和降低成反比，而工资的提高和降低又同利润成反比。按英国法学家的说法，三种敌对力量的均势构成英国宪法这个世界第八大奇迹的基石，按李嘉图先生……的说法就是，英国社会的整个制度充满着作为生产的主要动力的三个阶级的你死我活的对抗性。"①

　　李嘉图对于阶级之间的经济对立的揭示和说明，实际就是从政治经济学的研究中抓住并揭示出历史斗争和历史发展过程的根源。这是李嘉图最杰出的贡献之一，是他在政治经济学领域所作的毫无顾忌的和公正无私的科学探讨的主要成果之一。

　　具有特殊的阶级嗅觉的英国庸俗经济学鼻祖马尔萨斯和美国庸俗经济学早期主要代表凯里，先后对李嘉图的阶级理论进行反扑。坚决维护土地所有者阶级的利益的马尔萨斯，认定李嘉图是土地所有者阶级的敌人，指责李嘉图对土地所有者阶级特别怀有恶感。②凯里则进而给李嘉图加上了共产主义之父的罪名，他写道："李嘉图先生的体系是一个制造纷争的体系……整个体系具有挑动阶级之间和民族之间的仇恨的倾向……他的著作是那些企图用平分土地、战争和掠夺的手段来攫取政权的蛊惑者们的真正手册。"③在凯里看来，李嘉图关于阶级对立的经济分析，并不是现实经济运动的观念的产物，相反，似乎资本主义社会中现实的阶级对立倒是李嘉图的理论的结果。英美庸俗经济学早期主要代表对李嘉图的阶级理论的攻击从一个方面证明，李嘉图在阶级问题上确实抓住了资本主义机体的内在联系。

---

①　《马克思恩格斯全集》第 12 卷，第 23 页。

②　参阅《李嘉图著作和通信集》第 2 卷，第 121 页。

③　亨·凯里：《过去、现在和将来》。引自《马克思恩格斯全集》第 26 卷Ⅱ，第 183 页。

第十一章　资本理论

一、从配第到休谟

马克思在说到资本的理论即现代社会结构的理论时指出："从配第开始到休谟为止,这个理论只是根据作者生活的那个时代的需要,一部分一部分地——零零碎碎地——发展起来的。"[1] 马克思的这一评述,不仅适用于配第等人关于现代社会结构理论这一意义上的资本理论,也适用于配第等人关于本来意义上的资本理论。

生活在十七世纪的配第,对资本的本质和特点还很难提出能说得上是比较深刻的论述。配第的功绩在于,他在有些场合区分了stock(资本)和货币。

在《赋税论》中,配第区分了商人手中的货币和储藏在金库中的货币。他说:货币在商人手中可以通过贸易而增殖,储藏在金库中则没有这种可能。[2] 很明显,商人手中的货币是资本,而储藏在金库中的货币是货币。在《货币略论》中,配第区分了放在身边的货币和可以变成很能赚钱的商品的货币。[3] 实际上,前者是货币,后者是资本。在这两个场合,配第注意到了作为货币的货币和作为资本的货币的区别。后者

---

[1] 《马克思恩格斯全集》第 34 卷,第 343 页。
[2] 威廉·配第:《赋税论 献给英明人士 货币略论》,第 30 页。
[3] 同上书,第 124 页。

可以增殖，可以赚钱；前者则不能增殖，不能赚钱。但是，在不少场合，配第总是把货币和资本混为一谈。例如，在回答铸币多了怎么办的问题时，他说："我们可以销毁最重的铸币，把它变成金银器皿或用具之类的华丽餐具；或者把它作为商品，输出到缺少金银或希望获得金银的国家去；或者在利息高的地方放债生息。"[①] 这里说的放债生息的铸币显然是成为借贷资本的货币，而不是本来意义上的货币。

在英国古典经济学家中，第一次提出关于 stock 即资本的明确概念的是诺思。在《贸易论》中，诺思说：如果放债人多于借债人，利息将下降。不是低利息使商业活跃，而是在商业发展时"国民资本"使利息下降。[②] 又说："金银和用金银铸造的货币无非是衡量的尺度，有它们比没有它们更便于交易；此外，它们又是适于存放多余资本的特殊基金。"[③] 在这两段话中，诺思都用了资本这一概念。他比配第有了长足的进步，明确区分了资本和货币，看出了货币并不就是资本，虽然货币可以是资本的一种存在形式。

诺思明确地把"活资本"同"死藏"货币对立起来。他说："谁也不会因为用货币、金银器等形式把自己的全部财产留在身边而变富，相反，倒会因此而变穷。只有财产正在增长的人才是最富的人，不管他的财产是农场的土地，还是放出去生息的货币，还是投入商业的货物。如果有人出于一时的高兴，把他的全部财产换成货币，并死藏起来，他就立即感到自己的穷困随着吃空活资本而增长。"[④] 诺思在这里所说的"活资本"和"死藏"货币的对立，就是作为资本的货币和作为货币的货币的对立。诺思的认识比配第深化了，他已经看出，任何形态的职能

---

① 威廉·配第：《赋税论　献给英明人士　货币略论》，第 125 页。
② 达德利·诺思：《贸易论》，第 19 页。
③ 同上书，第 29 页。
④ 同上书，第 25 页。

资本或借贷资本，都能达到增殖的目的。

休谟对资本的认识有了新的进展。他在很多场合都把货币同资本分开，并且提到资本可以由一定量的货币来代表。这表明他在一定程度上认识到货币和资本的区别和联系的问题。休谟还接触到资本形态的问题，他认为，同一资本投在商业中，可以获取利润；资本退出商业，贷放出去，可以获取利息。这表明，休谟已经意识到，同一资本可以用作职能资本，也可以用作借贷资本；资本所有者可以充当职能资本家，也可以充当借贷资本家。

二、斯图亚特的资本理论

斯图亚特在资本理论方面的贡献主要在于他初步考察并说明了资本的产生过程。

这里首先要从斯图亚特的"自由人手"的概念说起。他说，在古希腊和古罗马的奴隶制度下，消费者是全体居民，而购买者只是少数"自由的劳动者"，或"自由人手"，即手工业者。在这种社会状态下，在商业中很难发现食物和其他生活必需品。没有人购买这些东西，因为每个人主要的事情就是为他自己生产食物和其他必需品。奴隶主是靠自己的奴隶或国有奴隶而生活的人，他们没有必要到市场上去购买食物和其他必需品。市场需求不是同消费者的人数成比例，而是同购买者的人数成比例。在中世纪，从事"制造业"即手工业的"自由的劳动者"或"自由人手"为数也不多，因而市场上对食物和其他生活必需品的需求也不大。只是随着农业生产的发展，从农业中游离出来的"自由人手"才越来越多。农业首先为工业准备了"自由人手"。当从事食物生产、从事农业的人口越是游离出来成为"自由人手"的时候，食物和其他生活必需品便越是成为商品。斯图亚特说，食物和其他生活必需品的频繁出售,标志着居民划分为劳动者和自由人手。

斯图亚特的"自由人手"的思想在英国古典政治经济学史上是富有独创性的思想,它说明了所有部门的剩余劳动都以农业中的剩余劳动为基础。斯图亚特通过对农业部门为工业部门准备了"自由人手"的研究,说明生产条件和劳动力的分离,说明真正的制造业的出现,从而说明资本的产生。

马克思肯定了斯图亚特在资本理论方面的贡献,说:"在对资本的理解方面,他的功绩在于:他指出了生产条件作为一定阶级的财产同劳动能力分离的过程是怎样发生的。斯图亚特十分注意资本的这个产生过程;诚然,他还没有把这个过程直接理解为资本的产生过程,但是,他仍然把这个过程看成是大工业存在的条件。斯图亚特特别在农业中考察了这个过程,并且正确地认为,只是因为农业中发生了这个分离过程,真正的制造业才产生出来。"[1] 斯图亚特的这一认识,不仅超过从配第到休谟这些较早的英国古典经济学家,而且也超过斯密和李嘉图。下面就会看到,还有某种历史感的亚当·斯密,不过是把生产条件和劳动力的分离过程的完成作为前提,而没有像斯图亚特那样认真考察这一分离过程本身。至于缺乏历史感的李嘉图,甚至根本不知道曾经存在过这个分离过程。

三、斯密的资本理论

在英国古典经济学家中,第一次比较系统地研究资本理论的是斯密。除了英国的理论传统,斯密的资本理论深受法国重农学派的影响。"重农学派的重大功绩在于,他们在资产阶级视野以内对资本进行了分

---

[1] 《马克思恩格斯全集》第 26 卷 I ,第 13—14 页。

析。正是这个功绩,使他们成为现代政治经济学的真正鼻祖。"①马克思的这一评述,不仅适用于重农学派关于现代社会结构理论这个意义上的资本理论,也适用于这个学派关于本来意义上的资本理论。

重农学派研究的资本是一种特殊形式的资本,即租地农场主的资本。这个学派的主要代表魁奈认为这种资本是唯一的实际的生产资本,他常常把这种资本叫作"预付"。魁奈在资本理论方面的重要贡献之一,是分析了资本在劳动过程中借以存在并分解成的各种物质组成部分。他的另一重要贡献是事实上区分了固定资本和流动资本。魁奈并没有使用固定资本和流动资本的术语,而是把"预付"区分为"原预付"和"年预付",其中年预付是由每年在耕种劳动上的支付构成的,原预付则代表农业创办基金。年预付的物质形式在一年农业生产过程中全部损耗掉,并从一年的农产品中全部得到补偿。原预付的物质形式的损耗和补偿的特点是"构成原预付的经营上使用的财富的储备,每天都要损耗,因此,必须使它不断地恢复,以便使这种重要的储备能保持原有的状态,不致于因日渐损耗而终于完全消失"②。不难看出,魁奈所说的农业中的原预付就是农业资本中的固定资本,他所说的年预付就是农业资本中的流动资本。魁奈的正确之处在于把原预付和年预付的区别看作是生产资本内部的区别,他的局限性则在于只把农业资本看作是生产资本。

同魁奈相比,杜尔哥虽然还不时用"预付"代表"资本",但是他已经更经常地用"资本"一词来代替"预付"。值得注意的是,杜尔哥已经不限于考察农业中的"预付",而是把制造业主的"预付"和租地农

---

① 《马克思恩格斯全集》第 26 卷 I,第 15 页。马克思又说:"重农学派是资本和资本主义生产方式的最早有系统的(不像配第等只是偶然的)解释者"。引自《马克思恩格斯全集》第 34 卷,第 40 页。

② 《魁奈经济著作选集》,第 315 页。

场主的"预付"同等看待。例如,他说:"拥有大笔资本的人,为了在农业企业中运用资本来挣取利润,便以大量地租向土地所有者租用土地,并且担负耕种方面的全部预付。他们的地位必然与制造业中的企业家相同。"① 和制造业主一样,租地农场主除了从收获的产品中收回资本以外,也就是说,除了收回全部预付以外,还必须得到利润。这样,在把魁奈的"原预付"和"年预付"普遍化方面,杜尔哥在斯密之前已经作了初步尝试。

　　杜尔哥在论述制造业的"资本预付"时,提出了一个十分有意义的思想因素。他写道:"只有一个资本所有者或可动的积累起来的价值的所有者,才可以运用资本的一部分当作预付,借以修建作坊和收购原材料;运用另一部分作为预付,借以偿付制造(商品)的工人的计日工资。"② 在这里,杜尔哥初次尝试了把"修建作坊"和"收购原材料"的"预付"作为一类,把偿付工人工资的"预付"作为另一类。这种尝试对杜尔哥来说还只是偶然的尝试,然而这是具有重大理论意义的偶然尝试。这种尝试突破了魁奈的"原预付"和"年预付"的分类,给后来摸索不变资本和可变资本的区别的英国古典经济学家以新的启示。

　　前人的探索为斯密的资本理论开辟了道路。斯密对资本问题的见解有独到之处。他说:一旦资本在个别人手中积累起来,其中某些人自然就利用它使勤劳者去劳动,向他们提供原料和生活资料,以便从他们的劳动产品的出售中,或者说,从这些工人的劳动加到那些原料价值上的东西中,取得利润。③

　　在这里,斯密初步认识到资本是在一定历史条件下出现的。正如马克思所说:如果把斯密说法中的天真形式去掉,它的含义就是:资

---

① 杜尔哥:《关于财富的形成和分配的考察》,第55页。
② 同上书,第54页。
③ 亚当·斯密:《国富论》上卷,第43页。

本主义生产是在劳动条件归一个阶级所有，而另一个阶级仅仅支配劳动能力的时刻开始的。劳动和劳动条件的这种分离成为资本产生的前提。

在这里，斯密还初步认识到，资本是资本家占有工人的剩余劳动的手段，正是凭借对资本的占有，资本家才能从这些工人的劳动加到那些原料价值上的东西中，取得利润。当然，斯密和他的前辈一样，并不真正懂得资本的本质，并不真正了解资本体现着生产关系。李嘉图更是如此。马克思指出："政治经济学家们没有把资本看作是一种关系。他们不可能这样看待资本，因为他们没有同时把资本看作是历史上暂时的、相对的而不是绝对的生产形式。"[①]

在资本问题上，斯密的独到的甚至深邃的见解同肤浅的甚至庸俗的见解相并存。在《国富论》第二篇的序论中，斯密把资本和储备等同起来，并且认为储备只是资本主义生产所特有的现象。他说：在社会原始状态中，人人都靠自己的劳动来满足自己的需要：饥饿时就去打猎，衣服坏了就去剥兽皮，房屋坏了就去砍树枝和割茅草。在斯密看来，在资本积累之前是不存在储备的。斯密不懂得储备的形式和储备本身的区别，而是把二者混淆起来，因而误以为社会原始状态不存在储备。他没有看到，在古代的农民经济中，产品的绝大部分在农民手中直接转化为备用的生活资料和生产资料，只是这种储备不采取商品储备或商品资本的形式而已。可见，斯密关于储备只是资本主义生产所特有的现象的见解，确实如马克思指出的那样，是一种"荒诞的见解"。[②]

斯密把资本和储备直接等同起来，实际上也就是把资本同备用的生产资料和生活资料混为一谈。按照他的说法，储备中用来取得收入

---

① 《马克思恩格斯全集》第26卷Ⅲ，第301页。
② 同上书，第24卷，第157页。

的部分就是资本。[①] 有了它,就可以维持工人的生活,并供给工人以原料。否则,工人就什么也不能生产出来。很明显,斯密不了解,资本并不是物本身,只有在一定的关系下,即只有在资本家剥削雇佣工人的生产关系下,物才具有特定的社会性质,才成为资本。斯密把资本和储备等同起来,把资本和备用的生产资料和生活资料等同起来,实际上是否认资本体现的是一种特定的生产关系,并且把资本这个历史范畴永恒化。

重农学派分析了资本在劳动过程中借以存在并分解成的各种物质组成部分,区分了原预付和年预付。马克思指出:"在这两个要点上,亚当·斯密继承了重农学派的遗产。他的功绩,在这方面,不过是把抽象范畴固定下来,对重农学派所分析的差别采用了更稳定的名称。"[②]

同重农学派相比,斯密的唯一进步是把原预付和年预付范畴普遍化。魁奈研究的是租地农场主的资本,即只是研究一种特殊形式的生产资本。斯密研究的不仅是用在农业方面的资本,而且是用在制造业等方面的资本,即研究一切形式的生产资本。这样,重农学派关于一年周转一次和多年周转一次的农业中的特殊区别,就被斯密的周转时间不同这个一般区别所代替;重农学派关于年预付和原预付的区别,就被斯密的流动资本和固定资本的区别所代替。

斯密把资本区分为固定资本和流动资本,这在政治经济学史上具有重要的意义。但是,他在研究和说明时一开始就采用了粗浅的经验主义方法,使较为正确的观念和颇为糊涂的观念混杂在一起。

关于流动资本和固定资本,斯密作了如下规定:一个资本可以有两

---

① 斯密认为资本家是拥有大量储备的人,这种储备除了满足消费之外,还可以用来取得收入。斯密说:他的储备因此分为两个部分。他期待从中取得收入的部分,称做资本。另一部分则用于他的直接消费。引自亚当·斯密:《国富论》上卷,第254页。

② 《马克思恩格斯全集》26卷 I,第16页。

种不同的使用方法,以便给它的所有者提供收入或利润。第一,一个资本可以用于耕种、制造或购买货物,再把它们卖掉而取得利润。这样使用的资本,在仍然保留在它的所有者手中或保持原状时,不会给它的所有者提供收入或利润。商人的货物在没有卖掉而获得货币以前,不会给他提供收入或利润;而货币在没有再换得货物以前,也是如此。他的资本不断以一种状态离开他,以另一种状态回到他那里,并且只有通过这样的流通或连续的交换,才能给他提供利润。因此,这种资本可以非常恰当地称为流动资本。第二,它可以用来改良土地,用来购买有用的机器和劳动工具,或者用来购买这一类东西,这些东西不必更换所有者或进一步流通,就可以提供收入或利润。因此,这种资本可以非常恰当地称为固定资本。①

在上述斯密关于流动资本和固定资本的规定中,和魁奈相比,进步或功绩只限于范畴的普遍化。魁奈只把农业资本看作是生产资本;斯密则把农业、制造业等的资本都看作是生产资本。魁奈只看到农业资本可以区分为年预付和原预付;斯密则看到农业、制造业等的资本都可以区分为流动资本和固定资本。这是斯密超过魁奈的所在。

但是,斯密对流动资本和固定资本的说明则远远落后于魁奈。魁奈一开始就正确地按照价值的转移方式区别原预付和年预付,斯密一开始却错误地按照给资本所有者提供收入或利润的方法来区别固定资本和流动资本,这就混同了投资的不同部门和生产资本在周转过程中价值转移的不同方式问题。

魁奈关于原预付和年预付的区别只限于生产资本,从未应用于流通资本。他在《经济表》中不把货币计算在原预付和年预付之中,而只把货币看作是便于资本流通的手段。和魁奈不同,斯密在把范畴普遍

---

① 亚当·斯密:《国富论》上卷,第 254—255 页。

化时,除了把固定资本和流动资本的区分应用于农业、制造业,还应用于商业。在上述关于流动资本的规定中,斯密把处于流通过程的商品资本和货币资本当作是流动资本。这样,斯密就完全抛弃了重农学派在阐明生产资本的区别和它们对周转的影响时所依据的基础,把根本不执行生产资本职能的流通资本误认为是流动资本。

在斯密头脑里,两种完全不同的资本区别被混乱地搅在一起:一种区别是生产资本不同要素的不同流通方法产生的固定资本和流动资本的区别,即魁奈提出的原预付和年预付的区别;一种区别是在资本循环的购买阶段、生产阶段、出卖阶段中同一资本依次采取货币资本、生产资本、商品资本形式产生的区别,即同一资本在生产领域内作为生产资本执行职能而在流通领域内作为流通资本执行职能也就是作为商品资本和货币资本执行职能产生的区别。斯密弄不清这两种区别,而是经常把前一区别中的流动资本和后一区别中的流通资本混为一谈,把流通资本定义为流动资本。斯密的典型说法是,流动资本是会卖掉、会更换所有者、会进一步流通的资本。正如马克思所说,斯密的这种说法是"极其错误而又庸俗的"[1]。

魁奈关于原预付和年预付的区别,不仅是从它们加入成品的价值的不同方式引出的,而且是从再生产过程引出的。年预付的价值在一年中全部加入农产品,原预付的价值在较长时期内一部分一部分地加入农产品。为了使再生产能够连续进行,年预付的价值必须每年全部得到补偿,原预付的价值必须一部分一部分地得到补偿,也就是必须在若干年内全部得到补偿。在这一方面,斯密的说明也远不及魁奈。他的固定资本和流动资本的区别,不是从价值转移方式引出,不是从再生产过程引出,而是从是否保留在它的所有者手中,是否保持原状,或者

---

[1] 《马克思恩格斯全集》第24卷,第219页。

是否卖掉,是否更换所有者,是否进一步流通引出的。斯密不懂得,固定资本和流动资本的区别是生产资本所特有的,而生产资本只处于生产过程之中,不存在是否买卖和是否更换所有者的问题。如果它被卖掉,那就不是生产资本而是流通资本了。斯密不是把生产资本和流通资本相对立,而是把它们混为一谈。[①]

既然斯密不按资本价值的转移和补偿方式来区别固定资本和流动资本,而认为固定资本是在保持原状时获得利润,流动资本是在放弃原状时获得利润,这就必然混同价值补偿和剩余价值生产问题。所谓固定资本保持原状和流动资本放弃原状问题,其实只是价值补偿问题,而价值补偿无论如何不会成为利润的源泉,不会转化为剩余价值的生产。斯密把生产资料的不同部分在劳动过程中发生作用的不同方式当作是提供利润的不同方法,也就是当作生产剩余价值的不同方法,这就掩盖了剩余价值的来源,抹杀了剩余价值的剥削性质。这种关于利润的粗浅的经验主义的观念是从普通资本家的看法中得出来的,是和斯密自己的较为深刻的内在的见解完全矛盾的。

斯密以及以后的资产阶级经济学家在固定资本和流动资本概念的规定上所以陷入混乱,首先是由于,他们把劳动资料在物质上具有的某些属性,看成资本的直接属性;或者,他们把那种由价值流通引起的经济的形式规定性,和物的属性混同起来,好像那些只是在一定关系内才成为资本的东西本身天生就是具有一定形式的资本:固定资本或流动资本。只是在某些场合,斯密才注意到资本的属性并不是物品本身在任何情况下都固有的。例如,他在谈到直接供消费的住宅时说:住宅给它的所有者提供收入,因此会对他执行资本的职能;但是绝不会给公众

----

① 混同生产资本和流通资本,也就必定会混同产业资本和商业资本,马克思指出:"现代经济学,甚至它的最优秀的代表,都直接把商业资本和产业资本混为一谈,实际上完全看不到商业资本的特性"。引自《马克思恩格斯全集》第25卷,第297页。

提供收入,不会对公众执行资本的职能。全体人民的收入绝不会因此增加一丝一毫。在这里,斯密说得很清楚,住宅,或者一般地说,物品是否承担资本的职能,要看情况而定。

斯密虽然在许多情况下都把固定资本和流动资本的区别混同于生产资本和商品资本,但是在有些情况下他又正确地把固定资本和流动资本的区别只归结为生产资本不同组成部分的不同的流通和周转。例如,他说:租地农场主投在农具上的那部分资本是固定资本,投在他的雇工的工资和给养上的那部分资本是流动资本。又说:役畜的价格或价值,和农具的价格一样,是固定资本;役畜的给养,和雇工的给养一样,是流动资本。[①] 可见,斯密在这里就像魁奈一样,正确地把固定资本和流动资本的区别看成只是生产资本内部的区别,而且,这种区别同价值有关,而不是同物质要素有关。可惜的是,斯密不仅未能把这种正确的观点普遍化,而且未能使这种正确的观点在自己的资本理论中占上风。

前面说过,杜尔哥曾经把修建作坊和收购原材料的预付归为一类,把偿付工人工资的预付归为另一类。这种偶然的尝试,实质上是初步地接触到比固定资本和流动资本这种资本构成更为重要并且具有决定意义的一种资本构成,即不变资本和可变资本的构成问题。在这一方面,斯密未能在前人的基础上前进一步。马克思指出:以往的一切政治经济学虽然摸索过不变资本和可变资本的区别,但从来不懂得把它们明确地表达出来,斯密以来的政治经济学都把这两个范畴中包含的规定性同固定资本和流动资本的区别混淆起来了。"如果像斯密那样,不是把投在劳动力上的价值,而是把投在工人的生活资料上的价值,规定为生产资本的流动组成部分,那就不可能理解可变资本和不变资本的

---

① 亚当·斯密:《国富论》上卷,第 255 页。

区别,因而也就不可能理解资本主义生产过程本身。这部分资本是和投在产品物质形成要素上的不变资本相对立的可变资本这一定义,被掩埋在这样一个定义之下:投在劳动力上的那部分资本就周转来说属于生产资本的流动部分。这种掩埋由于不是把劳动力,而是把工人的生活资料列为生产资本的要素而最终完成。"①

人的资本是斯密在列举固定资本各个组成部分时提出的一个庸俗概念。按照他的看法,全体居民或社会成员所获得的有用才能是固定资本的一个组成部分。斯密说:要获得这种才能,总得支出一笔实在的费用,供获得才能的人在他受教育、实习或学习期间维持生活,而这笔费用可以说就是固定和物化在他个人身上的资本。这种才能是他的财产的一部分,也是他所在的那个社会的财产的一部分。可以把工人的提高了的技能,同减轻或缩短劳动的机器或工具一样看待,在这些东西上虽然要支出一笔费用,但它们会偿还这笔费用,并提供利润。②在这里,斯密把工人的提高了的技能看作同机器和工具一样是固定资本,这就等于把劳动熟练程度较高的劳动力说成是资本。可是,劳动力和资本是两个完全不同的范畴。劳动力所有者即雇佣工人是没有任何资本的。劳动力是他为了生存而能够不断出卖和必须不断出卖的唯一商品,它只有到了买者即资本家手中,才作为资本起作用。但是,即使在资本家手中作为资本起作用时,也不是斯密说的固定资本,而是他所没有认识的可变资本。正是可变资本,在生产出自身的等价物以外,还生产出剩余价值。斯密在工资理论中说明工资的职业差异时,曾经提到不同的职业学习有难有易,学费有多有少,因而工资有高有低。尽管他不正确地把工资叫作劳动的价格,但是并没有弄到把工人提高了的技能说成是资本的地步。斯密的人的资本这

---

① 《马克思恩格斯全集》第24卷,第238—239页。
② 亚当·斯密:《国富论》上卷,第257—258页。

一庸俗观点实际上是配第等人把劳动力当作生息资本的庸俗观点的
另一种表现形式。

四、巴顿的资本理论

在斯密和李嘉图之间,巴顿对资本的有机构成问题进行了探索。

巴顿沿用了斯密的"流动资本"和"固定资本"这两个术语,从流
通过程中的资本表现形式来考察资本的有机构成。他认为,对劳动的
需求取决于"流动资本"的增加,而不是取决于"固定资本"的增加。[①]
实际上,巴顿混同了可变资本和流动资本,混同了不变资本和固定资
本。他不应该说对劳动的需求取决于流动资本的增加,而应该说对劳
动力的需求取决于可变资本,这种需求的增加取决于可变资本的增加。

术语上的混乱表明,对于不变资本和可变资本的区别,巴顿的思
想是不清晰的。他一开始就把可变资本和流动资本混同起来,从而也
就把不变资本和固定资本混同起来。巴顿不清楚,作为原料和辅助材
料的那一部分流动资本和固定资本一样,并不同活劳动相交换,并不
影响对劳动的需求。和斯密一样,巴顿没有从直接的生产过程出发去
把握不变资本和可变资本的区别,去把握资本的有机构成。马克思指
出:"巴顿的错误或缺点在于,他对资本的有机区别或资本的有机构成,
只从它在流通过程中所表现的形式即固定资本和流动资本的形式来理
解,这是一种已为重农学派所发现的差别,亚当·斯密对它作了进一步
的阐述,在斯密之后,它成了经济学家们的偏见,其所以是偏见,是因
为他们按照传统,把资本的有机构成只看成这种差别。"[②]

---

① 约翰·巴顿:《论影响社会上劳动阶级状况的环境》。引自《马克思恩格斯全集》
第 26 卷 Ⅱ, 第 657 页。

② 《马克思恩格斯全集》第 26 卷 Ⅱ, 第 659 页。

五、李嘉图的资本理论

李嘉图对资本的本质的认识甚至还不如斯密。斯密认识到资本是在一定历史条件下出现的,资本是资本家占有工人的剩余劳动的手段,尽管这种认识是初步的,而且是不一贯的。李嘉图比斯密更缺乏历史观点。斯密区分了社会原始不发达状态同资本积累和土地私有制产生以后的社会状态,他认为资本是在后一历史阶段上积累起来的,并没有把前一历史阶段上的劳动资料和资本等同起来。李嘉图则不然。按照他的看法,在斯密所说的社会原始不发达状态中,渔夫和猎人捕猎海狸和野鹿的武器,就是资本。他说:"即使在亚当·斯密所说的那种早期状态中,虽然资本可能是由猎人自己制造和积累的,但他总是要有一些资本才能捕猎鸟兽。没有某种武器,就不能捕猎海狸和野鹿。"① 在李嘉图的笔下,物、劳动资料自身就是资本。资本这个历史范畴,被他说成是超历史的范畴;资本所体现的剥削关系,被他解释成为永恒的自然史上的关系。

李嘉图对资本的本质的认识有时也有其深刻之处。例如,在《原理》的最后一章中,李嘉图写道:在任何一定的年价值中,归工人阶级所得的份额会减少,而归用基金使用劳动阶级的人所得的份额会增加。② 在最后这句话中,李嘉图称工人阶级是被基金即资本使用的阶级。马克思指出:"只是在最后这句非常通俗的话里,李嘉图即使没有猜到,但毕竟说出了资本的本质。不是积累的劳动被工人阶级,被工人自己使用,而是'基金','积累的劳动''使用这个阶级',使用现在的、直接的劳动。"③ 在另一个地方,李嘉图把资本看作是使用劳动的手段。他

---

① 《李嘉图著作和通信集》第 1 卷,第 17—18 页。
② 同上书,第 361 页。
③ 《马克思恩格斯全集》第 26 卷 Ⅱ,第 479 页。

说:资本,或者说,使用劳动的手段的积累,速度有快有慢。^① 李嘉图在这里把资本说成是使用劳动的手段,就像刚才把工人阶级说成是被资本使用的阶级一样,又一次说出了资本的本质。马克思指出:"他的用语'资本,或者说,使用劳动的手段',实际上是他把握资本的真正本质的唯一用语。"^②

在探索不变资本和可变资本的区别方面,和斯密相比,李嘉图迈出了新的步子。但是,他也不懂得如何在理论上说明这种区别,而是把不变资本和可变资本的区别混同于固定资本和流动资本的区别。

李嘉图说:影响商品价值的,不仅是直接花费在商品上的劳动,而且还有花费在协助这种劳动的器具、工具和建筑物上的劳动。^③ 在这里,李嘉图区别了两种劳动:直接花费在商品上的劳动和花费在协助这种劳动的器具、工具和建筑物上的劳动。这种区别具有重要的理论意义。前者应是可变资本购买的劳动力在生产过程中消耗的劳动,后者应是不变资本在生产过程中转移的劳动。李嘉图又说:在每一种社会状态中,不同行业所使用的工具、器具、建筑物和机器的耐久程度可能彼此不同,生产它们所需要的劳动量也可能各不相同;维持劳动的资本和投在工具、机器和建筑物上的资本可能结合的比例也是多种多样的。^④ 在这里,李嘉图进而区别了两类资本:一类是维持劳动的资本,另一类是投入工具、机器和建筑物上的资本。这种区别具有更为重要的理论意义。维持劳动的资本应是可变资本,投入工具、机器和建筑物上的资本应是不变资本。

有的著作正是根据李嘉图所作的以上区别,断言他"事实上把资

① 《李嘉图著作和通信集》第 1 卷,第 81 页。

② 《马克思恩格斯全集》第 26 卷Ⅲ,第 122 页。

③ 《李嘉图著作和通信集》第 1 卷,第 17 页。

④ 同上书,第 23—24 页。

本分为不变资本和可变资本了"。① 这未免言过其实。李嘉图在这里确实摸索过不变资本和可变资本的区别,然而他的摸索并未使他事实上已经对二者作了区别。如果说,李嘉图说的维持劳动的资本事实上就是可变资本的话,那么,李嘉图说的投在工具、机器和建筑物上的资本,事实上并不是不变资本,而是固定资本。从这个角度说,李嘉图的错误和巴顿的上述错误相同。马克思指出:"李嘉图和巴顿一样,到处都把可变资本和不变资本的关系,混同于流动资本和固定资本的关系。"②

李嘉图没有形成不变资本的概念。他一开始就漏掉了作为原料存在的那部分不变资本。李嘉图从固定资本的耐久程度的差别出发,从固定资本和维持劳动的资本这两种资本可能结合的比例的多样性出发,研究使商品价值发生变动的原因,这样,他对作为原料存在的那部分不变资本就不感兴趣,这部分不变资本属于流动资本。李嘉图只集中注意力于研究从资本的流通过程产生的形式差别,而没有集中注意力于研究从资本的生产过程产生的本质差别。就是说,李嘉图把兴趣放在同量资本采取固定资本和流动资本这些形式的不同比例上,而没有把兴趣放在同量资本采取不变资本和可变资本构成的比例这种本质问题上。李嘉图始终没有认识到,他的投在原料上的资本应当同投在工具、机器和建筑物上的资本相合并,以同他的维持劳动的资本相对立。

对于李嘉图所说的生产工具、器具、建筑物和机器所需要的劳动量各不相同这一点,可以有两种解释。一种解释是:耐久程度较低的工具、器具、建筑物和机器的修理和再生产需要较多的直接劳动,耐久程度较高的则需要较少的直接劳动;另一种解释是:耐久程度相等的工

---

① 卢森贝:《政治经济学史》,第 1 卷,第 438 页。
② 《马克思恩格斯全集》第 24 卷,第 253 页。

具、器具、建筑物和机器可能有贵有贱,可能是较多劳动或较少劳动的产品。第二种解释有重要意义,它有助于理解可变资本和不变资本的比例。但是,李嘉图没有把第二种解释作为一个独立的观点,他总是局限于第一种解释。

在固定资本和流动资本的差别这个问题上,李嘉图并非只是简单地重复前人的论点。他在这方面提出的新的见解是:把固定资本和流动资本的差别同不同的资本周转时间相对比,并且从不同的流通时间引出固定资本和流动资本的差别。李嘉图说:工人消费的食物和衣服,他在其中从事劳动的建筑物,他劳动时使用的工具,都是会损坏的。但是,这些不同资本的耐用时间却大有差别。蒸汽机能持续的时间比船舶长,船舶比工人的衣服长,而工人的衣服又比他所消费的食物长。有的资本损耗得快,必须经常再生产,有的资本消费得慢,根据这种情况,就有流动资本和固定资本之分。[①] 很明显,李嘉图从不同的流通时间引出固定资本和流动资本的差别,实际上就是把固定资本和流动资本的差别归结为资本的流通时间的差别,归结为流通时间相一致的再生产时间的差别。

六、拉姆赛的资本理论

继巴顿和李嘉图之后,拉姆赛对资本作了进一步的研究。拉姆赛的主要功绩,就在于他事实上区分了不变资本和可变资本。

拉姆赛修正了巴顿和李嘉图的见解,对固定资本和流动资本作了新的解释。拉姆赛认为,固定资本不仅包括机器、工具、建筑物、役畜和种畜,而且包括半成品等等各种原料、土地耕种者的种子和制造业者

---

① 《李嘉图著作和通信集》第1卷,第24页。

的原料,还包括各种肥料、农业用的篱笆和工厂中消费的燃料;<u>流动资</u>
<u>本只由在工人完成他们的劳动产品以前已经预付给工人的生活资料和</u>
<u>其他必需品构成</u>。① 可见,拉姆赛的固定资本包括不变资本的一切要素,
即不仅包括固定资本,而且包括作为原料、燃料和辅助材料的那一部分
流动资本,而他的流动资本只包括可变资本要素,即只包括购买劳动力
的那一部分流动资本,而不包括作为原料、燃料和辅助材料的那一部分
流动资本。很明显,他的固定资本事实上是指不变资本,他的流动资本
事实上是指可变资本。马克思在指出拉姆赛比巴顿的这种重大进步时
说:"这证明了内在发展的必然性。"②

　　但是,拉姆赛在进一步阐述巴顿和李嘉图所说的差别时,并没超出
巴顿和李嘉图的表述方式。他墨守经济理论前辈的传统,仍旧把从流
通过程得出的固定资本和流动资本的区别作为唯一的区别,并把这一
区别和从直接生产过程得出的资本的划分等同起来,把不变资本叫作
固定资本,把可变资本叫作流动资本,因而未能摆脱前人把不变资本和
可变资本的区别同固定资本和流动资本的区别混为一谈的错误。马克
思指出:"可变资本和不变资本的区别,在巴顿、李嘉图等人那里,已经
同流动资本和固定资本的区别混同起来,最后完全归结为流动资本和
固定资本的区别,例如在拉姆赛那里就是这样。在拉姆赛看来,一切生
产资料,原料等等,和劳动资料一样,是固定资本,只有投在工资上的
资本才是流动资本。但是,正因为作了这样的归结,所以就不可能理解
不变资本和可变资本的真正区别。"③

　　拉姆赛按照自己赋予"固定资本"和"流动资本"的特殊含义,论

---

　　①　乔治·拉姆赛:《论财富的分配》。引自《马克思恩格斯全集》第 26 卷Ⅲ,第
360—361 页。
　　②　《马克思恩格斯全集》第 26 卷Ⅱ,第 660 页。
　　③　同上书,第 24 卷,第 254 页。

述了固定资本和流动资本同财富的关系。他写道："严格地说,只有固定资本,而不是流动资本,才是国民财富的源泉。"① 拉姆赛在这里说的固定资本是不变资本,流动资本是可变资本。他实际上是说,进入劳动过程的,除了不变资本即物化在劳动资料和劳动对象中的劳动,还有可变资本买来的活劳动,而可变资本本身是不进入实际劳动过程的。因此,拉姆赛断言:"如果我们假定工人不是在完成产品之前得到报酬,那就根本不需要流动资本。生产还会保持同样的规模。这证明,流动资本既不是生产的直接因素,甚至对生产也毫无重要意义,它只是由于人民群众可悲的贫困而成为必要的一个条件。"② 在这种特殊的表达方式中,拉姆赛显然混同了资本的物质构成和资本的存在本身。而且,他没有注意到,如果工人的报酬不作为资本同工人相对立,那么工人运用的生产资料也就不作为资本同工人相对立。但是,重要之点在于,拉姆赛在狭隘的形式上意识到,工人的报酬采取"流动资本"即可变资本的形式,"只是由于人民群众可悲的贫困"产生的一个条件。因此,雇佣劳动,从而资本,是不重要的,它不是生产的必要条件。成为生产必要条件的是劳动,是物化在劳动资料和劳动对象中的劳动以及推动劳动资料和劳动对象的活劳动。马克思在评价拉姆赛的分析在古典政治经济学中的意义时说:"总之,我们现在已经接近这样一点,即政治经济学本身根据它的分析宣布:生产的资本主义形式,从而资本,对生产来说并非绝对的条件,而只是'偶然的'、历史的条件。"马克思接着说:"然而,拉姆赛的分析还不够,还不足以从自己的前提中,从他给直接生产过程中的资本所下的新定义中,得出正确的结论。"③

---

① 乔治·拉姆赛:《论财富的分配》。引自《马克思恩格斯全集》第26卷Ⅲ,第361页。
② 同上。
③ 《马克思恩格斯全集》第26卷Ⅲ,第362页。

七、琼斯的资本理论

关于资本,琼斯的提法是,"资本……就是由收入中积蓄起来并用来获取利润的财富所构成的"。① 如果琼斯以资本主义生产方式的存在为前提,他的这种提法是可取的。在这一前提下,利润成了由收入中积蓄起来并用来获取利润的资本的源泉。也就是说,资本是由资本化的剩余价值产生的。

琼斯把资本分为"用来支付劳动"的资本和"用来协助劳动"的资本。关于前者,按照琼斯的说法,就是执行预付工资职能的资本;关于后者,琼斯规定说:"不是用来支付劳动,而是用来协助劳动的资本,我们要称为辅助资本。"② 如果说,"用来支付劳动"的资本是可变资本,那么,"不是用来支付劳动,而是用来协助劳动"的资本就应是不变资本了。可是,并非如此。琼斯的"辅助资本"包括机器设备、动力等,但不包括原料。因此,就像李嘉图的维持劳动的资本是可变资本而投入工具、机器和建筑物上的资本却不是不变资本一样,琼斯的"用来支付劳动"的资本是可变资本而"用来协助劳动"的资本即所谓辅助资本却不是不变资本。更准确些说,琼斯的"辅助资本"是不变资本中不包括原料的那一部分。

根据上述概念,琼斯探索了资本构成提高的趋势,观察到"辅助资本"同推动这一资本的工人人数相比在不断增长。他说:"一个国家的辅助资本量,在具备一定条件时,能够无限地增加,即使工人人数保持不变。"③ 琼斯在这里说的"一定条件"包括:一、"积蓄追加资本的手

---

① 理查·琼斯:《国民政治经济学教程》。引自《马克思恩格斯全集》第26卷Ⅲ,第462页。
② 引自《马克思恩格斯全集》第26卷Ⅲ,第481页。
③ 同上。

段";二、"积蓄追加资本的愿望";三、"某种发明,由此有可能通过使用辅助资本来提高劳动生产力,而且提高到这样的程度,以致劳动在它以前生产的财富之外,还把使用的追加辅助资本按其消费的程度,连同其利润再生产出来"。[①] 琼斯的探索表明:随着积累的进展,随着技术的进步,"用来协助劳动"的资本对"用来支付劳动"的资本的比例不断地发生变化,资本的构成不断提高,这是一种必然趋势。但是,由于琼斯未能真正区分不变资本和可变资本,所以无法了解资本的有机构成。他所理解的资本的构成,只是不变资本中不包括原料的那个部分对可变资本的比例。

关于资本所体现的生产关系的历史性,琼斯的认识达到了英国古典政治经济学所不可逾越的高度。琼斯写道:"资本,或者说,积累的储备,只是后来,当它在财富的生产中执行了其他各种职能以后,才担负起向劳动者预付工资的职能。"[②] 在这里,琼斯虽然在理论上还受到斯密的影响,没有把"资本"和"储备"完全区分开来,但是实际上他认为二者是不同的,只有资本才是一种关系,一种完全确定的生产关系。"担负起向劳动者预付工资的职能"的不是"储备",而是资本。琼斯认为,"储备"只有在一定的历史阶段上才成为资本。他把资本同雇佣劳动的对立,"担负起向劳动者预付工资的职能",看作是资本的基本形式。从这里,我们可以看到,琼斯对资本已经有了正确的历史的理解,同时,也可以看到,琼斯在破除资产阶级政治经济学关于"储备"本身就是资本这一固有偏见时,仍然受到这种偏见的束缚。

和李嘉图不同,琼斯没有把资本主义关系看作是永恒的关系,而只承认这种关系的历史的合理性。他正确地提出,"必须仍然把它看作生

---

① 理查·琼斯:《国民政治经济学教程》。引自《马克思恩格斯全集》第 26 卷Ⅲ,第 481 页。

② 引自《马克思恩格斯全集》第 26 卷Ⅲ,第 471 页。

产发展进程中的一定阶段"。^① 同历史上存在过的生产发展进程中的那些阶段相比，这一阶段取得了很大成就。但是，这一阶段也不"令人满意"，因为在这一阶段上"劳动者"和"积累的储备的所有者"不是同一个人。琼斯预言："将来可能出现这样一种情况——世界各大洲可能将会逐渐接近这样一种情况。在这种情况下，劳动者和积累的储备的所有者将是同一的"。^② 这是英国古典经济学家从政治经济学这门科学所作出的科学预言，它宣告资本主义生产方式只是通向更高级的生产方式的一个过渡阶段。

同拉姆赛相比，琼斯的认识有了很大的飞跃。拉姆赛把资本担负预付工资的职能看作是偶然的，不重要的。他用一种狭隘的形式否认资本主义生产方式的必然性。琼斯则认为，正是资本担负预付工资的职能才使资本成为资本，形成了资本主义生产方式。这种生产方式不是社会生产发展的最终结果，而只是一个过渡阶段。"劳动者"和"积累的储备的所有者"之间的对抗形式包含它灭亡的必然性。琼斯以高于拉姆赛的形式否认资本主义生产方式的永恒性。

马克思高度评价了琼斯关于劳动者和"积累的储备"的所有者将是同一的这一预言，指出："在这里我们看到，政治经济学这门实际科学是怎样结束的：资产阶级生产关系被看作仅仅是历史的关系，它们将导致更高级的关系，在那里，那种成为资产阶级生产关系的基础的对抗就会消失。"^③

---

① 理查·琼斯：《国民政治经济学教程》。引自《马克思恩格斯全集》第 26 卷Ⅲ，第 472 页。
② 同上。
③ 《马克思恩格斯全集》第 26 卷Ⅲ，第 472—473 页。

第十二章　积累理论

一、斯密的积累理论

在原始积累问题上，斯密在反对公侯贵族而歌颂资产者时，宣扬了田园诗式的"预先积累"论。

在《国富论》第二篇《论资本的性质、积累和用途》的一开头，斯密就提出了这种预先积累论。他说：在社会的原始状态中，没有任何分工，几乎不发生交换，每一个人都用自己的双手去谋取他所需要的一切东西。在这种状态中，没有必要进行预先积累或储备。斯密接着说：但是，一旦普遍实行分工之后，一个人用他个人的劳动就只能满足他当时产生的需要的极小部分。他的需要的绝大部分都要靠别人劳动的产品来满足，他用自己劳动的产品，或者说用自己产品的价格去购买别人劳动的产品。但是，在实行这种购买之前，他必须有时间不仅完全制成并且还要卖掉他的劳动产品。因此，至少在他能够完成这两件事以前，必须在某个地方预先储存各种物品，以维持他的生活，并供给他劳动所必需的原料和工具。斯密举例说，一个织布业者，在他把麻布织成并且卖掉以前，如果在他手里或别人手里没有预先储存的物品，以维持他的生活，并供给他劳动所需的工具和材料，他是不能全力从事自己的专业的。十分明显，在他能够从事这项工作并把它完成以前，必须有积累。① 这就是斯

---

① 亚当·斯密：《国富论》上卷，第252页。

密对于积累的必要性的说明。

关于预先积累和分工的关系，斯密刚说过，在社会的原始状态中没有任何分工，因而没有必要预先积累，马上又说：按照事物的本性，资本的积累是分工的必要的先决条件。只有预先积累的资本愈来愈多，分工才会愈来愈细。分工愈细，同样数目的人所能加工的原料数量就会大大增加；因为这时每一个工人的操作愈来愈简单，所以减轻和缩短劳动的新机器就大量发明出来。因此，随着分工的发展，为了经常雇佣同样数目的工人，就必须预先积累同样多的生活资料，以及比分工不发达时更多的原料和劳动工具。[1]

关于预先积累和提高劳动生产力的关系，斯密说：劳动生产力的大大提高，非有预先的资本积累不可，同样，资本的积累也自然会引起劳动生产力的大大提高。凡是使用自己的资本来雇佣工人的人当然希望，他这样做会使工人完成尽可能多的工作。因此，他力求在自己的工人中间最恰当地进行分工，并把他所能发明或购买的最好的机器供给工人使用。他在这两方面成功的可能性如何，通常要看他有多少资本，或者说，要看这个资本能够雇佣多少工人。因此，在一个国家，不仅劳动量随着推动劳动的资本的扩大而增加，而且同一劳动量所生产的产品，也由于资本的扩大而增加。[2]

斯密对预先积累的来源作了奇怪的说明。他把"人民的下层阶级"分成"勤劳的"和"懒惰的"。说：在工业城市里，人民的下层阶级主要依靠所使用的资本过活，他们一般说来都是勤劳的、刻苦的和节俭的。相反，在宫廷所在地的都城等等，人民的下层阶级依靠上层阶级挥霍收入来生活，他们一般说来都是懒惰的，放荡的和贫困的。斯密得出结论说：由此看来，资本总额和收入总额之间的比例，在任何地方都决定勤

---

[1] 亚当·斯密：《国富论》上卷，第253页。
[2] 同上。

劳和懒惰之间的比例:在资本占优势的地方,多勤劳;在收入占优势的地方,多懒惰。①

　　斯密提出,资本增加的直接原因是节俭而不是勤劳。他认为,在节俭之前,必须先有勤劳,因为所节俭的东西都是勤劳的结果。但是,如果只有勤劳,没有节俭所提供的储蓄和储备,资本就不可能变大。

　　斯密看到,在资本主义生产方式确立之前,必须有积累。但是,他只知道积累的物质内容,根本不了解积累的社会形式。他的预先积累论把资本的原始积累同生产前的储备混为一谈。事实上,这是两种性质完全不同的东西。前者是资本主义生产之前发生的生产者同生产资料分离从而生产资料和货币财富在少数人手中的积累,后者是任何社会形式下的从事生产之前建立的物资后备。抹杀这二者的原则区别,也就抹杀了资本的原始积累的本质。斯密不了解,即使在他所说的资本积累和土地所有权出现以前的社会的原始状态中,为了生产,也必须有某些物资储备。否则,这种社会的原始状态就成了不存在任何社会的状态。在积累和分工的关系问题上,斯密先断言在分工以前没有任何资本积累,后又断言在资本积累以前没有任何分工,这就不自觉地陷入了矛盾之中。

　　斯密用玫瑰色的笔调把资本的原始积累描绘成勤劳者节俭和懒惰者耗费的结果。这是对原始积累的极大曲解。后来的资产阶级学者以至政治家几乎无不用"节俭论"来为资本的原始积累辩护。马克思把这种原始积累在政治经济学中的作用比作原罪在神学中所起的作用。神学中的原罪是,亚当吃了苹果,人类就有罪了。政治经济学中的原罪是,在很久很久以前有两种人:勤劳而节俭的中坚人物和懒惰而耗费过头的无赖汉。前者积累了财富,后者除了自己的皮以外没有可出卖的

---

　　①　亚当·斯密:《国富论》上卷,第308—310页。

东西。神学中关于原罪的传说告诉人们,人怎样注定必须汗流满面才得糊口。政治经济学中关于原罪的历史则告诉人们,怎么会有人根本不需要这样做。大多数人的贫穷和少数人的富有就是从这种原罪开始的:前者无论怎样劳动,仍然一无所有;后者虽然早就不再劳动,但他们的财富却不断增长。

马克思在批判了预先积累论之后指出:"事实上,原始积累的方法决不是田园诗式的东西。"① 斯密笔下的这种原罪的历史和真正的历史是没有共同之处的。"在真正的历史上,征服、奴役、劫掠、杀戮,总之,暴力起着巨大的作用。但是在温和的政治经济学中,从来就是田园诗占统治地位。"②

"预先积累"论是荒谬的。然而,斯密在具体论述中世纪城市的资本积累时,还是提出了比较符合史实的见解。他认为,在实行行会制度的城市里,同业行会的规约使城市工商业居民能够抬高他们的商品价格。城市工商业居民的每一个集团都按略高于没有规约时的价格出卖自己的商品,并按同样较高的价格向城市工商业居民的其他集团购买商品。结果是,贵买贵卖,横竖一样。因此,在城市工商业居民的各个集团之间进行交易时,谁都不会由于这种规约而蒙受任何损失。但是,斯密说,在城市工商业居民同农村进行交易时,他们却都会得到很大的利益。原因是,每个城市都从农村取得它的全部粮食和全部工业原料,对这些东西,它主要用以下两种办法来支付:第一,把这些原料的一部分加工以后运回农村,在这种场合,原料的价格中增加了工人的工资和他们的主人或者说直接雇佣者的利润;第二,从城市把由外国进口或由本国遥远地区运来的原产品或工业品运往农村,在这种场合,这些商品的原来价格中同样要增加水陆运输工人的工资和雇用他们的商人的利

① 《马克思恩格斯全集》第 23 卷,第 782 页。
② 同上。

润。由第一类商业赚到的钱,构成城市从工业得到的全部利益。由第二类商业赚到的钱,构成城市从国内外贸易得到的全部利益。工人的工资和雇主的利润,构成从这两个部门赚到的钱的全部。因此,目的是要把这些工资和利润提高到它们的自然水平以上的一切规约,其作用就是使城市能够以自己较小量的劳动购买农村较大量劳动的产品。①

在这里,斯密的分析是从价值决定于劳动量这一正确规定出发的。由此,他发现,城乡商品交换破坏了城乡贸易应有的自然均等,以较小量劳动交换农村较大量劳动的城市,会取得超额利润和超额工资。这样,斯密实际上指出了中世纪资本的积累主要来源于商人和手工业主以及货币经营者对农村的剥削。

马克思对斯密的资本积累理论颇为重视,认为"斯密实际上想解开积累之谜"。②

还在《国富论》第一篇第六章"论商品价格的组成部分"中,斯密就试图解开积累之谜。他认为:因为在一个文明国家里,只有极少数商品的交换价值仅由劳动产生,绝大多数商品的交换价值中有大量地租和利润参加,所以,这个国家的劳动的年产品所能购买和支配的劳动量,比这个产品的制造、加工和运到市场所必须使用的劳动量总要大得多。如果社会使用了它每年所能购买的全部劳动,那么,由于这个劳动量逐年会有很大的增加,每一年的产品就会比上一年的产品具有大得多的价值。但是,没有一个国家会把全部年产品都用于工人的生活费。在任何地方,产品很大一部分都是归有闲者消费的。年产品的一般的或平均的价值,究竟是增加、减少还是年年不变,就必然要看这个产品按怎样的比例在这两个不同的阶级之间分配。③

---

① 亚当·斯密:《国富论》上卷,第118页。
② 《马克思恩格斯全集》第26卷Ⅰ,第259页。
③ 亚当·斯密:《国富论》上卷,第48—49页。

在斯密的这些议论中,除了重复年产品价值全部分解为收入的错误和其他错误之外,值得注意的是斯密关于资本积累的思想。斯密的意思实际上是说,年产品价值中由当年劳动生产的那部分价值,也就是,如果全部由工人消费,那么它能推动的劳动量就会比生产它的劳动量大得多,从而,每一年的产品就会比上一年的产品大得多,也就是,每一年的产品价值就会比上一年的产品价值大得多。但是,年产品中由当年劳动生产的那部分产品,不可能全部由工人消费,其中有很大一部分是由利润和地租的占有者以及他们用收入雇佣的家仆一类的人消费的。因此,积累和年产品的增长就必然取决于年产品在这两类消费之间分配的比例,也就是取决于年产品分成资本和收入的比例。年产品中由工人消费的那部分产品一般是在增长的,也就是说,每一年的年产品一般都比上一年能推动更多的工人,所以,年产品和年产品的价值一般是逐年增长的。

斯密分不清所谓预先积累即所谓原始积累同资本主义积累的原则区别,他在描述预先积累的时候,不加任何思索,就从所谓预先积累跳到资本积累。按照斯密的看法,节俭使预先积累和资本积累成为同一的东西:预先积累来自勤劳者的节俭,资本积累也来自勤劳者的节俭。在斯密的心目中,资本积累就是节省下来的收入转化为资本。斯密说:资本由于节俭而增加,由于奢侈和妄为而减少。一个人储蓄了多少收入,就增加了多少资本。[1]斯密把单个资本家的储备超过个人消费以上的部分看作是资本,把这一部分储备的增加看作是资本的增加,即积累。在斯密看来,个别资本如此,社会资本也是如此。他说:就像个人的资本只能用他的年收入或年收益的储蓄来增加一样,由全部个别资本组成的社会资本也只能用同样的方法来增加。[2]

---

① 亚当·斯密:《国富论》上卷,第310页。
② 同上。

斯密把资本积累说成是勤劳者的收入转化为资本,说成是资产者节俭的结果,这当然是完全错误的,因为这种观点掩盖了资本积累是剩余价值的资本化这一实质。但是,当他说到资本积累是资产者的年收入或年收益储蓄起来转化为资本的时候,实际上是说资本积累是利润转化为资本。可见,在后一场合,斯密多少意识到资本积累是把剩余价值转化为资本。

斯密实际上接触到了资本积累和资本构成的关系问题,不过,他认为积累并不会引起资本构成的变化。按照斯密的观点,资本的积累是和对劳动需求的增长等同的,是和工资的不断提高等同的。斯密说:因为用来维持生产劳动的基金逐日增加,所以对生产劳动的需求也与日俱增;工人容易找到工作,而资本所有者却难以找到他们能够雇用的工人。资本家的竞争使工资提高,利润下降。① 可见,他实际上把工人就业量的不断增长和工资的不断提高看作是资本积累的客观必然趋势。这种观点只是斯密所处时代的现象的记录,它当然经不住后来的大工业历史事实的检验。正像马克思说过的那样,在斯密那个时候,对劳动的需求,确实是至少和资本的积累按同样比例增长,因为当时工场手工业还占支配地位,而大工业则处在襁褓之中。斯密关于资本积累对工人阶级的命运的影响的观点,只是在资本有机构成不变的情况下,才有一定的正确性。因为在这种情况下,资本积累和对劳动力的需求可以按相同的比例增长。而在资本有机构成提高的情况下,斯密的论断和现实正好截然相反。巴顿、李嘉图、琼斯等人最终抛弃斯密这一论断的原因,就在于它根本不符合机器大工业时代的现实。

按照斯密的观点,资本积累就是剩余产品不是由非生产工人消费,而是由生产工人消费,并且仅仅由生产工人消费。在斯密的这种

---

① 亚当·斯密:《国富论》上卷,第324—325页。

看法中,正确之处是接触到了剩余产品由生产工人消费这个积累过程的特点,错误之处是以为积累只是可变资本的积累。马克思说:"古典经济学强调指出,积累过程的特点是,剩余产品由生产工人消费,而不由非生产工人消费,这一点是对的。但它的错误也正是从这里开始。亚·斯密使人们形成一种流行的看法,把积累仅仅看成剩余产品由生产工人消费,或者说,把剩余价值的资本化仅仅看成剩余价值转变为劳动力。"①

二、巴顿的积累理论

巴顿是一位在资本积累理论方面颇有创见的英国古典经济学家。他生活在机器大工业时代,摆脱了斯密的工场手工业时代的局限。在资本积累和资本构成的关系以及对工人阶级的影响这个重大的理论问题上,他认真地研究了经济现实,批判了斯密的观点,提出了自己的比较有科学依据的见解,并给李嘉图以积极的影响。

前面讨论资本理论的那一章已经说过,巴顿一开始就混同了可变资本和流动资本,混同了不变资本和固定资本。这就阻碍了他正确认识资本的有机区别。尽管如此,巴顿在理论上仍然是有贡献的。他注意到"流动资本"和"固定资本"的比例关系,看出这两种资本的比例不是固定不变的。巴顿说:"对劳动的需求取决于流动资本的增加,而不是取决于固定资本的增加。如果这两种资本的比例在任何时候和任何国家确实都是一样的话,那么由此的确可以得出结论说,就业工人的人数同国家的财富成比例。但是这种假定一点也不现实。"②

---

① 《马克思恩格斯全集》第 23 卷,第 646 页。

② 约翰·巴顿:《论影响社会上劳动阶级状况的环境》。引自《马克思恩格斯全集》第 26 卷 II,第 657 页。

巴顿发现,资本积累对"固定资本"和"流动资本"这两个不同的部分产生了不同的影响,后者比前者会相对减少。他说:"随着技术的进步和文明的传播,固定资本与流动资本相比越来越大。英国生产一匹凡而纱所使用的固定资本额至少等于印度生产同样一匹凡而纱所使用的固定资本额的一百倍,也许是一千倍。而流动资本的份额则小到百分之一或千分之一。我们很容易想象得到,在一定的情况下,一个勤劳的民族可能把一年的全部积蓄都加到固定资本上去,在这种情况下,这些积蓄也不会使对劳动的需求有任何增长。"①

马克思十分重视巴顿的以上发现,说:"巴顿第一次指出,资本各有机组成部分并不随着积累和生产力的发展而以同样程度增加;相反,在生产力增长的过程中,转化为工资的那部分资本同(巴顿称为固定资本的)另一部分相比会相对减少,而后者同自己的量相比只是稍微改变对劳动的需求。"②

但是,不变资本和可变资本概念的缺乏,使巴顿不能正确地表达出他想说的问题。巴顿感觉到可变资本的相对递减规律及其对工人阶级状况的影响,但是并没有真正理解他所感觉到的东西,不懂得积累引起的劳动需求的相对减少同资本统治劳动之间的内在联系。

三、李嘉图的积累理论

李嘉图接受了斯密把资本家超过个人消费以上的储备的增加看作是资本的增加的观点,并把这一观点推广到整个社会,认为整个社会的生产量超过消费量就是资本增加,而整个社会资本的增加就是积累。他

---

① 约翰·巴顿:《论影响社会上劳动阶级状况的环境》。引自《马克思恩格斯全集》第 26 卷 Ⅱ,第 657 页。

② 《马克思恩格斯全集》第 26 卷 Ⅱ,第 658 页。

说:"如果一个国家的年生产量补偿其年消费量而有余,人们就说资本增加了;如果年消费量没有为年生产量所补偿,人们就说资本减少了。"①

如前所说,斯密认为积累来源于收入的储蓄,这种储蓄起来的收入被用于维持生产性劳动者。李嘉图不仅毫无批判地接受了斯密的节约的说法,而且几乎原封不动地承袭了斯密的节约下来的收入全部转化为工人消费基金的观点。李嘉图说:必须懂得,一个国家的全部产品都是要消费掉的,但究竟由再生产另一个价值的人消费,还是由不再生产另一个价值的人消费,这中间有难以想象的区别。"当我们说节约收入以增加资本时,意思就是说:所谓增加到资本中去的那一部分收入,是由生产性劳动者,而不是由非生产性劳动者消费的……如果劳动价格腾贵到一定程度,以致资本虽然增加,也不能有更多的劳动被雇用,那我就应当说,资本的这种增加,仍然作了非生产性的消费。"② 剩余价值转化为资本,绝不意味着剩余价值全部转化为可变资本。可是,李嘉图和斯密一样,错误地以为资本家"节约下来的收入"全部用于工资,由生产工人消费。漏掉不变资本的斯密教条,是造成这一错误的理论根源。不过,李嘉图在重犯斯密的错误的时候,还是提出了新的思想因素。在上面的引文中,他认为,如果增加的资本无法使用更多的劳动,那么仍然是非生产的消费。这就是说,收入要成为生产的消费,不仅是要由工人消费,而且要由生产剩余价值的工人消费,因为资本只有比原来支配更多的劳动的时候,也就是剥削更多的剩余价值的时候,才能增加。

关于资本积累的方法,李嘉图说:"资本可以由增加生产或减少非生产性消费而增加。"③ 按照他的解释,所谓非生产消费,指的是"不再

① 《李嘉图著作和通信集》第1卷,第127页。
② 同上书,第128页。
③ 同上书,第127页。

生产另一种价值的人消费",① 即非生产劳动者消费;所谓生产消费,指的是"再生产另一种价值的人消费"②,即生产劳动者消费,生产剩余价值的劳动者消费。资本既可以由增加"再生产另一种价值的人消费"而增加,也可以由减少"不再生产另一种价值的人消费"而增加。在另一个地方,李嘉图更明确地说:"积累资本有两种方法:增加收入,或减少消费。"③ 他所说的"增加收入",就是指增加生产消费;他所说的"减少消费",就是指减少非生产消费。在李嘉图看来,在非生产消费保持不变的情况下,资本积累可以通过生产消费自身的直接增加而增加。在生产消费保持不变的情况下,资本积累可以通过非生产消费的减少而增加。李嘉图举例说:"如果当我的支出照旧不变时,我的利润由一千镑增加到一千二百镑,那么我每年的积累就会比以前多二百镑。如果当我的利润照旧不变时,我从支出方面节省二百镑,也会发生同样的结果,我的资本每年也会增加二百镑。"④ 李嘉图的例证表明:在支出不变的情况下,资本积累是利润率提高的结果;在利润率不变的情况下,资本积累是支出减少的结果。李嘉图所说的支出减少是指支出由于购买的商品降价而减少,至于商品的降价,可以是采用新机器降低生产费用的结果,也可以是对外贸易的结果。

李嘉图还把资本积累的两种方法同财富增加的两种方法联系起来。他说,"国家财富的增加可以通过两种方式:一种是用更多的收入来维持生产性的劳动——这不仅可以增加商品的数量,而且可以增加其价值;另一种是不增加任何劳动量,而使等量劳动的生产效率增大——这会增加商品的数量,但不会增加商品的价值。"⑤ 李嘉图认为,

① 《李嘉图著作和通信集》第 1 卷,第 128 页。
② 同上。
③ 同上书,第 110 页。
④ 同上。
⑤ 同上书,第 236—237 页。

在增加财富的上述两种方式中,第二种方式应该是更可取的,因为第二种方式可以得到和第一种方式相同的结果,但可以避免第一种方式必然带来的享乐品的缺乏和减少。李嘉图在这里说的财富是指使用价值,但是他把资本和财富混为一谈,认为"资本是一个国家为了未来生产而使用的那部分财富"[①],因而认为资本可以用增加财富的同样方法来增加。李嘉图说:追加资本无论是由于技艺和机器的改进而得到的,还是由于把更大的一部分收入用于再生产而得到的,在生产未来财富时都有同样的效力;因为财富总是取决于生产出来的商品量,而与制造生产中所使用的工具的容易程度无关。一定量的衣服和食物将维持并雇用同样的人数,因而将保障同样工作量的完成,无论这些食物和衣服是由一百人的劳动还是由二百人的劳动生产出来的,但是在生产它们时如果用了二百人,它们就会有加倍的价值。[②]

在李嘉图看来,资本可以通过增加生产或减少消费来增加,同资本可以通过增加财富的方法来增加,没有什么不同。他没有意识到,他的这两种提法是不一致的。按照前一种提法,资本可以用增加生产或减少消费来增加。当支出不变时,利润率的提高会增加积累,而当利润率不变时,由于用收入购买的商品降价而导致的支出的减少也会增加积累。按照后一种提法,积累或者靠提高劳动生产率生产出更多的更廉价的原料、机器等来增加,也就是靠作为生产资料的商品降价来增加,或者靠节约来增加,也就是靠把更大一部分收入从个人消费转入生产消费来增加。按照这种提法,积累既不取决于利润率的提高,也不取决于用收入购买的商品的降价而导致的支出的减少。

李嘉图关心积累,甚于关心资本主义纯利润,他把纯利润仅看作是积累的手段。他要求发展生产,要求提高劳动生产力。李嘉图并不想

---

① 《李嘉图著作和通信集》第 1 卷,第 237 页。
② 同上。

讳言,对于资本积累来说,劳动是第一性的。他公开宣告:在不同的社会阶段中,资本的积累,速度有快有慢,它在所有情况下都必定取决于劳动生产力。[①]

李嘉图完全承认,利润是积累的唯一动机。他认为,由于利润有下降的趋势,积累动机必然随利润的减少而减少,随利润的完全消失而完全消失。积累一旦停止,在李嘉图看来,这就是世界的末日。李嘉图写道:"人们积累只是为了使积累能够生产,而且也唯有这样使用,它才会产生利润。……劳动者没有工资就活不下去,农场主和制造业者没有利润也是一样。他们的积累动机会随着利润的每一减少而减少;当利润低落到不足以补偿其用于生产的资本所必然碰到的麻烦和风险时,积累动机就会全然终止。"[②]李嘉图的这一观点后来受到琼斯的异议。

前面说过,斯密和巴顿先后在工场手工业时代和机器大工业时代考察过资本积累和资本构成的关系问题。斯密认为资本积累不会引起资本构成的变化,而且积累的资本都用于工人消费,因而断言对劳动的需求将随资本的积累而不断增长。巴顿认为资本积累必定引起资本构成的变化,因而宣布对劳动的需求不会随资本的积累而增加。

李嘉图的思想有一个转变过程:起初追随斯密而否定巴顿,后来则赞同巴顿而否定斯密。

李嘉图的《原理》出版于1817年4月。在斯密的影响下,李嘉图当时认为积累不会影响到对劳动的需求,也不会影响工资,因而认为工人阶级和其他阶级一样都会由于机器的使用而受益。[③]巴顿不同意李嘉图的观点,他写信给李嘉图,陈述了自己的反对意见。1817年5月

---

① 《李嘉图著作和通信集》第1卷,第81页。
② 同上书,第103页。
③ 同上书,第332页。

20 日,李嘉图回信给巴顿,仍然坚持自己的错误观点,并说巴顿的反对意见不是无懈可击的。李嘉图在信中说:"诚然,积累的资本变为机器、厂房等固定资本的愈多,给予劳动的长期就业的就愈少,因此对人手的需求愈少,对增加人口的需要也愈少;假如把积累的资本作为流动资本使用,结果不会是这样。"① 这表明,李嘉图认为只要积累的资本都用作"流动资本",就不会出现劳动需求的减少。这时的李嘉图对自己的这个观点十分自信,他说:"在这个问题上我已经完全搞清楚。"②

　　巴顿的《论影响社会上劳动阶级状况的环境》写成于 1817 年 6 月,也就是在巴顿和李嘉图的书信论战之后。巴顿关于资本积累会改变资本构成从而会对工人阶级产生不利影响的论点,重新引起了李嘉图的注意。在《原理》第三版中,李嘉图新加进了第三十一章"论机器"。在这一章中,他清算并抛弃了过去坚持的斯密的观点,公开表示赞同巴顿的观点。李嘉图现在认为:"资本每有增加,其中就会有越来越大的部分用在机器方面。资本增加时,劳动的需求虽将继续增加,但却不会成比例地增加,其增加率一定是递减的。"③ 他在这段话的注脚中引证了巴顿,并说:"我认为在任何情况下资本增加而劳动的需求不随之增加是难于想象的。至多不能说劳动需求的增加率将是递减的(着重号是引者加的)。巴顿先生在上述著作中关于固定资本日增对劳动阶级生活状况的某些影响所采取的看法,我认为是正确的。他的著作包含很有价值的资料。"④

　　李嘉图原先对自信"已经完全搞清楚"的问题完全没有搞清楚。现在他终于在巴顿之后感觉到了可变资本相对量递减的规律及其对工人阶

① 《李嘉图著作和通信集》第 7 卷,第 158 页。
② 同上书,第 159 页。
③ 同上书,第 1 卷,第 338 页。
④ 同上书,第 339 页。

级状况的影响,虽然他也和巴顿一样并不真正理解他所感觉到的东西。

继巴顿和李嘉图之后,琼斯和拉姆赛等人也都对此作过分析。马克思指出:"随着积累的进展,资本的构成也发生愈来愈大的变化。资本中由不变资本即由机器、原料和各种生产资料等所构成的这一部分,比耗费在支付工资或购买劳动上的那一部分日益增多起来。这一规律已由巴顿、李嘉图、西斯蒙第、理查·琼斯教授、拉姆赛教授、舍尔比利埃及其他等人多少确切地阐明过了。"[1]

四、拉姆赛的积累理论

在资本积累理论方面,拉姆赛也属于马克思所说的"感觉到"了"可变资本相对量递减的规律和这个规律对雇佣工人阶级状况的影响"的"古典学派某些优秀的经济学家"之列。[2]

如上所说,拉姆赛的"固定资本"包括了不变资本的一切要素,他的"流动资本"只是指用在工资上的那一部分资本。前者实际上是不变资本,后者实际上是可变资本。拉姆赛认为,在资本积累的过程中,"固定资本"即不变资本将越来越大,而"流动资本"即可变资本将相对减少。他说:"对劳动的需求仅仅取决于流动资本量。"[3]"随着文明的进步,国家的固定资本靠减少流动资本而增长。"[4]"因此,对劳动的需求,并不总是随资本的增长而增长,至少不是按同样的比例增长。"[5]拉姆赛又说:"只有当流动资本由于新的发明而比原来数额增多时,对劳动的较大需求才会出现。那时需求会提高,但并不是同总资本的积累

---

[1] 《马克思恩格斯选集》第2卷,第202页。
[2] 《马克思恩格斯全集》第23卷,第692页。
[3] 拉姆赛:《论财富的分配》,引自《马克思恩格斯全集》第26卷Ⅲ,第370页。
[4] 同上。
[5] 同上。

成比例地提高。在工业十分先进的国家,固定资本同流动资本相比总是越来越大。因此,在社会进步的过程中,用于再生产的国民资本的每次增加,对工人状况的影响会越来越小。"[1]

可见,拉姆赛已经看出,对劳动力的需求只取决于用作工资的资本数量,随着资本主义生产的发展,用作工资的资本数量将相对地减少,因此,对劳动力的需求不会随资本的增长而同比例地增加。拉姆赛的贡献不仅在于他比前人更明确地说出随着资本的积累,或者,随着资本的每次增加,用作"固定资本"的部分越来越大,用作"流动资本"的部分越来越小这一趋势,而且更重要的是在于他所说的"固定资本"和"流动资本"实际上就是不变资本和可变资本,因而他比前人更接近于觉察到资本有机构成提高的规律。

五、琼斯的积累理论

在积累理论方面,琼斯对英国古典政治经济学作出了比较引人注目的贡献。在斯密和李嘉图那里,占统治地位的是把资本只看作积累的储备这一资产阶级拜物教观点,他们缺乏资本主义生产方式的历史观。琼斯的进步在于,他在积累问题上也表现出了资本主义生产方式的历史观的萌芽,虽然这种萌芽还同资本只是积累的储备这种拜物教观点结合在一起。

琼斯从自己的历史观出发,认为积累的源泉不一定是利润。他说:"利润决不是资本形成和增加的唯一源泉,而在社会的初期阶段,同工资和地租相比,利润甚至是一个不重要的积累源泉。"[2]琼斯看到,在经

---

① 拉姆赛:《论财富的分配》,引自《马克思恩格斯全集》第26卷Ⅲ,第370—371页。
② 理查德·琼斯:《国民政治经济学教程》,引自《马克思恩格斯全集》第26卷Ⅲ,第462页。

济发展的各个历史阶段上都有一定的积累。当劳动者同时是生产资料所有者的时候,"工资"即独立农业劳动者和手工业者的收入就是积累的主要源泉。当劳动者的剩余劳动和剩余产品大部分归土地所有者所有的时候,地租也就是积累的主要源泉。

琼斯正确地指出,利润只是在经济发展的特定历史阶段上才成为积累的主要源泉。他说:"当国民劳动的力量真正得到显著发展时,利润作为积累的源泉就相当重要了。"[①] 琼斯在强调"国民劳动的力量真正得到显著发展"这一先决条件时,如果再强调一下"只有当资本主义生产方式占统治地位",就能更正确地表达出他想表述的东西。琼斯的论点是有积极意义的,它有力地驳斥了那种认为没有资本的利润就永远没有积累的辩护论点,指出了积累的职能在资本主义以前的生产方式下主要由劳动者承担,部分地由土地所有者承担,只是在资本主义这一特殊生产方式下才由资本家承担。也就是说,利润成为积累的主要源泉不过是一种特定的历史现象。

琼斯感觉到,随着资本的积累,用来支付新工具、新机器、新动力的资本,同推动这一资本的工人人数相比,会不断增长。因此,用来支付劳动即支付工资的资本在全部资本中的比重会逐渐下降。这表明,就像巴顿、李嘉图、拉姆赛一样,琼斯也感觉到资本积累会导致可变资本的相对递减。

琼斯在研究资本积累时还提出一个新的见解,这就是认为他所说的"辅助资本"的积累取决于知识的进步。但是,琼斯只把他的"辅助资本"的积累取决于知识的进步这一原理局限于工具、机器设备、动力等等的发明,而不了解这同样适用于原料和辅助材料等等。也就是说,琼斯还不了解他的原理具有一般的意义。

---

① 理查德·琼斯:《国民政治经济学教程》。引自《马克思恩格斯全集》第26卷Ⅲ,第462页。

琼斯注意资本积累对工人阶级的影响,看出这种积累带给工人的是失业和贫困。他说:"用来维持劳动的资本额可以不依赖于资本总额的变化而发生变化……随着资本本身越来越雄厚,就业规模的大波动以及大贫困变得越来越频繁。"[①] 像巴顿、李嘉图、拉姆赛一样,琼斯也感觉到可变资本相对递减规律对工人阶级状况的影响。

在琼斯的积累观点中,包含同斯密的积累观点相对立的因素。按照斯密的观点,资本积累意味着对劳动力需求的不断增长。按照琼斯的观点,资本积累完全不一定要直接推动新的劳动。当一种机器代替劳动的时候,甚至旧有的劳动还会游离出来。斯密的观点,只适用于他自己所处的历史时期,而琼斯的观点,则适用于资本主义机器大工业建立以来的整个历史时期。

在琼斯的积累观点中,还包含同李嘉图的积累观点相对立的因素。按照李嘉图的观点,利润是积累的唯一动机,利润率下降趋势会使积累动机减弱,利润消失则积累停止。这种必然趋势幸而由于机器的改良和农业科学的发现而受到抑制。按照琼斯的观点,"辅助资本"的增长能够和知识的增长一起前进。知识每时每刻都在向前发展,永远不会停滞不前,因而新工具、新机器、新动力也每时每刻都在出现,这就使社会能够有利可图地进行积累,增加"用来协助劳动"的资本量。琼斯还充分考虑到资本输出对积累的意义和作用,他说:"如果有人断言,利润可能下降得非常厉害,以至完全不可能由利润积累,那末对这种说法的回答应当是,从利润会如此下降的假定出发来加以论证是荒谬的,因为在利润率达到这个水平之前很久,资本就已向国外流走,以便在别的国家得到更高的利润,而资本输出的可能性总是会确立某种界限,只要还存在利润率较高的其他国家,任何一个国家的利润都不会下降到

---

① 理查德·琼斯:《政治经济学绪论》。引自《马克思恩格斯全集》第23卷,第693页。

低于这个界限。"①

　　琼斯还研究了决定积累倾向的各种原因,他把这些原因归结为:
一、民族的气质和意向方面有差别;二、国民收入在各居民阶级之间的
分配有差别;三、可靠地使用储蓄起来的资本的保障程度有差别;四、
有利而可靠地用连续的积蓄进行投资的难易程度有差别;五、不同居民
阶层通过积蓄改善自己地位的可能性有差别。马克思指出,这五点原
因实质上可以归结为,积累取决于某一特定国家所达到的资本主义生
产方式的发展阶段。

---

　　① 　理查德·琼斯:《国民政治经济学教程》。引自《马克思恩格斯全集》第26卷Ⅲ,
第493页。

第十三章 人口理论

一、配第的人口理论

配第的人口理论带有比较明显的重商主义人口理论的痕迹。在资本原始积累时期,商业资产阶级强烈要求大量积累货币财富。代表商业资产阶级利益的重商主义者,积极主张发展对外贸易,扩大商品输出,以保证有更多的金属货币输入,达到不断增加货币财富积累的目的。为此,他们主张鼓励人口增长,以保证扩大廉价劳动力的供给,提高劳动者的技艺,以保证有更高的劳动生产力。在重商主义者看来,廉价的劳动力愈多,有技艺的劳动力愈多,生产出来的有竞争力的出口商品的数量就愈多,因而从国外换回的金银财富也就愈多。著名的英国重商主义者托马斯·孟说:"因为靠技艺生活的人,是远比种果实的能手多得多了,所以我们应该更加小心谨慎地使这大多数的人民群众能够努力工作,盖国王和王国的最大力量和富源,就是从他们的身上来的。因为在人数众多和技艺高超的地方,一定是商业繁荣和国家富庶的。"[①] 很多重商主义者都认为,众多的和不断增长的人口,就是商业资产阶级的财富,也就是国家的财富。

---

① 托马斯·孟:《英国得自对外贸易的财富》,袁南宇译,商务印书馆 1959 年版,第12 页。

　　配第在一些场合也像重商主义者那样把人口和一个国家的财富等同起来。在《赋税论》中，他说："人口少是真正的贫穷。有八百万人口的国家，要比面积相同而只有四百万人口的国家不仅富裕一倍。"[①] 在《献给英明人士》中，配第又说：通过简单而普遍的人头税就可以计算出"王国的庞大财富和实力——即人口"。[②] 他认为，人口增长就意味着劳动增长，而劳动增长就意味着财富增长。因此，财富就同人口数量成正比。一个国家的人口愈多，就意味着财富愈多。

　　人口愈多国家就愈富的观点，是资本主义特定历史阶段的产物。欧洲的黑死病和百年战争，造成了人口的下降。中世纪遗留下来的工人远远满足不了资本主义市场特别是新的殖民地市场的需要。由于封建制度解体而被赶出土地的农村人口，被迅速发展的工场手工业所广泛吸收。在这种特殊历史条件之下，在重商主义者以及受到重商主义影响的英国古典政治经济学奠基人的观念中，人口总量便成为衡量一个国家财富总量的尺度。

　　资本主义的发展对劳动力需求迅速增加这一情况，促使配第着重考虑如何解决劳动力不足的问题。他提出了以下三个办法。第一，鼓励大量繁殖人口。如果英格兰人口不足，例如只有所需的人口总量的半数，那就要设法使人口增加一倍。第二，迫使现有人口过度劳动。在需要人口增加一倍但是又不能马上增加的情况下，就要"使现有的人口加倍地工作；换句话说，就是要使某些人成为奴隶"。[③] 在配第看来，延长劳动时间和增加劳动人数具有同等的作用。第三，在不增加人口和不延长劳动时间的情况下，可以提高现有人口的劳动效率。他说："采用节省劳动和便利劳动的方法……，可以得到人们希望（人们对这种希望是

---

　　① 威廉·配第：《赋税论　献给英明人士　货币略论》，第32页。
　　② 同上书，第109页。
　　③ 同上书，第67页。

很自信的）从一夫多妻制中获得的结果。因为假如一个人能做五个人的工作，则他就等于生产了四个成年劳动者。"[1] 配第的论点是以解决人口不足实际上即劳动力不足的形式提出来的，带有他那个时代的特点。配第认为，对于爱尔兰来说，人口缺少乃是这一王国的最大和最基本的缺点。然而他的论点的意义远远超出了解决劳动力问题的范围，事实上已经把资本主义的人口问题或劳动力问题同剩余价值所体现的财富生产问题联系起来。他已经近于懂得，在其他条件相等的情况下，资本推动的劳动力越多，剩余价值所体现的财富就越多。在劳动力数量已定的情况下，工作日愈是延长，剩余价值所体现的财富就愈多。在工作日长度不变的情况下，劳动效率越高，剩余价值所体现的财富就越多。

配第虽然常常使用人口这一概念，但是他实际上强调的不是全体人口，而是创造财富的劳动人口。他说："必须了解全部人口中有多少人因年幼体弱或没有能力而不适宜于从事劳动，以及有多少人因其财富、职位或地位关系，或因其所负的责任及所担任的职务关系而不从事劳动。"[2] 配第已经意识到，人口是全部社会生产行为的基础和主体。他很注重人口统计，包括人口总数、出生、死亡、净增长、性别构成、年龄构成、职业分布和地区分布等的统计。

和后来的马尔萨斯不同，配第并不认为存在什么绝对人口过剩。他也曾讨论过"多余的人"[3]的问题，然而他是从生产的观点来看待这一问题的。配第说："依我看来，很明显，即不应该让他们饿死，也不应该将他们判处绞刑，也不能把他们送给别的国家。"[4] 为了使"多余的

---

①　威廉·配第:《赋税论　献给英明人士　货币略论》，第112—113页。马克思在论及配第的这一观点时说："配第天真得多。他说：机器代替了'一夫多妻制'。这个观点至多只适用于美国的某些地方。"引自《马克思恩格斯全集》第23卷，第470页。

②　威廉·配第:《政治算术》，第37页。

③　威廉·配第:《赋税论　献给英明人士　货币略论》，第29页。

④　同上。

人"能够生活下去，可以"将剩余的东西给予他们"，或者"将别人的丰美食物的质量和数量减低一些"。[①] 最重要的，配第认为是给这些人创造工作机会。这些工作包括修筑公路、建筑桥梁和堤坝、疏浚河道、种植树木、开采矿藏、冶炼钢铁，等等。配第还说："这些多余的人的工作，最好是无需耗用外国商品的工作。即使叫他们在索尔兹布里平原建筑无用的金字塔，或将斯顿亨奇的石块运到塔山上面去，或做其他类似的工作，都没有关系。因为这类工作最少也能使他们的精神得到训练，养成服从的习惯，同时也能使他们的肉体在必要时能够从事有更多效益的劳动。"[②] 站在新兴资产阶级立场上的配第，从资本主义生产的观点出发，认为"多余的人"——贫民绝不是多余的人——是能从事资本主义生产劳动的劳动力。

这里顺带提一下，现代西方经济学家竟有人在配第的"建筑无用的金字塔，或将斯顿亨奇的石头运到塔山上"的说法中找到了凯恩斯就业理论的起源，似乎凯恩斯的造金字塔、挖窟窿之类的提法原来就是英国古典经济学奠基人威廉·配第的主张。[③] 如果这样类比下去，他们可能会发现配第比凯恩斯更凯恩斯一些。因为配第甚至说过："将一千人的劳动产品用火烧掉，也要比让这一千人由于失业而失去劳动能力好一些。"[④] 可是，问题根本不在这里。生活在十七世纪的威廉·配第，还不知道经济危机为何物，更不知道帝国主义时期的长期大量失业为何物。他不过是想论证那些"多余的人"并不是真正多余的人，他们完全可以从潜在的生产劳动者成为现实的生产劳动者。配第寻找的只是使这些"多余的人"成为创造资本主义财富的生产者的途径和措施。

---

① 威廉·配第:《赋税论　献给英明人士　货币略论》，第 29 页。
② 同上。
③ G. 罗思:《经济思想的起源》，第 43 页。
④ 威廉·配第:《赋税论　献给英明人士　货币略论》。

而生活在二十世纪的凯恩斯，在最严重的经济危机和长期大量失业面前，妄图寻找挽救资本主义的药方，把造金字塔、挖窟窿之类也当作生产劳动。

在配第看来，确实存在着"多余的人"。但是，这种多余的人不是目前没有工作的贫民，而是牧师、律师、官吏、多余的商人，等等。他提出要削减他们的人数，指出这些人为社会工作极少，而所得报酬极高。配第着重攻击教会，攻击牧师。他引用法国著作说：宗教界人士平均每人每天的花费大约等于一个劳动者的三倍。[①] 又说：英格兰和威尔士只要有一千个教区就够了，可是那里现在却有近一万个教区。[②] 配第主张，由于英国男人比女人多，所以让牧师恢复独身生活，换句话说，不让结了婚的人当牧师，是有好处的。这样一来，不结婚的牧师就能以他们现有俸禄的一半，来维持他们现在用全部俸禄所过的生活。[③] 马克思在评价配第的人口理论时说："配第的'人口论'，同马尔萨斯的完全不同。按照配第的意见，应该制止牧师的'繁殖'能力，让他们恢复独身生活。"[④]

配第注意到英格兰人口增长的历史趋势。据他统计，英格兰人口每二百年增加一倍。[⑤] 这同马尔萨斯的计算也完全不同。配第似乎预见到以后的庸俗经济学家马尔萨斯之流关于英国和法国人口绝对过剩的虚伪的历史资料，他预先指出：虽然英国领土比法国小些，但是两国都不存在人口过剩。配第提出了一项大胆的移民计划，主张把爱尔兰和苏格兰高地地区的居民迁移到大不列颠帝国的其他地方去。资产阶级殖民者的熏心的利欲，竟然使配第赞成贩卖黑奴的海盗事业。他无

---

① 威廉·配第：《政治算术》，第61页。
② 威廉·配第：《赋税论 献给英明人士 货币略论》，第22页。
③ 同上书，第24页。
④ 《马克思恩格斯全集》第26卷Ⅰ，第378页。
⑤ 威廉·配第：《赋税论 献给英明人士 货币略论》，第76页。

耻宣称:"把黑人(他们劳动量大,消费水平极低)运到美洲殖民地这件事,并不是不足取的。"[①]

二、斯密的人口理论

斯密受到配第等人的影响,也把人口数量和人口增长速度同财富数量和财富增长速度直接等同起来。他说;"一国繁荣最明确的标志,就是居民人数的增加。"[②] 斯密认为,北美比英格兰繁荣,北美的财富增长比英格兰快,就因为北美的人口增长速度高。斯密不去研究北美经济发展速度较快的一系列特殊历史条件,而是片面地只归因于人口的增长速度。

斯密对人口增长是很注意的。但是,和后来的马尔萨斯不同,斯密并不认为存在着一条对各国都适用的抽象的人口增长规律。按照他的看法,一个国家的人口增长速度是由具体的社会历史条件决定的。据他说,英国和其他多数欧洲国家的人口五百年大概才增长一倍,而北美的英属殖民地在二十年或二十五年内就增长了一倍。但是,斯密又无根据地断言,北美人口这样迅速增长的主要原因不是移民的不断增加,而是人口的迅速繁殖。斯密的这种主观臆断,无疑会给后来的马尔萨斯编造人口按几何速度增长的所谓永恒规律提供养料。

在斯密的著作中,正如马克思指出的那样,"包含有一些类似马尔萨斯人口论的东西"。[③] 马克思在这里指的是斯密在《国富论》第八章中关于工资和劳动力供求状况同人口的关系的议论。斯密说:劳动的货币价格必然决定于两种情况:对劳动的需求以及必需品和舒适品的

---

① 威廉·配第:《政治算术》,第 75 页。
② 亚当·斯密:《国富论》上卷,第 64 页。
③ 《马克思恩格斯全集》第 26 卷Ⅱ,第 248 页。

价格。对劳动的需求,按照它的增加、不变或减少,或者说,按照人口的增加、不变或减少,决定必须给予工人的必需品和舒适品的数量。劳动的货币价格决定于购买这一定量的必需品和舒适品所需要的货币额。物价高涨年份的贫乏,由于减少对劳动的需求,有降低劳动价格的趋势,而食物价格的昂贵又有提高劳动价格的趋势。相反,物价低廉年份的丰裕,由于增加对劳动的需求,有提高劳动价格的趋势,而食物价格的低廉,又有降低劳动价格的趋势。[①] 斯密又说:如果劳动报酬不足以鼓励人口增殖,劳动者的缺乏不久就会提高劳动的报酬;如果劳动报酬过分鼓励人口增殖,劳动者的过多不久就会使劳动报酬降低到它应有的程度。正像其他任何商品一样,对人的需求必然会调节人的生产。当人的生产过慢的时候,这种需求会使之加速;而当人的生产过快的时候,这种需求就使之缓慢。在北美,在欧洲,在中国,在世界上的一切国家中,调节和决定人口繁殖状况的正是这种需求。[②] 斯密主张:付给各种短工和仆人的工资,必须足以使他们的繁殖总的来说能够同社会对他们的需求的增加、减少或保持不变相适应。他甚至宣称:各种动物都自然地适应它现有的生存资料的数量而繁殖,没有一种动物的繁殖能够超过这个界限。但是在文明社会,只有在人民的下层阶级中,生存资料的缺乏才能限制人类进一步的繁殖。要限制进一步的繁殖,除了消灭他们多子女婚姻所生的大部分子女外,没有其他办法。[③] 从斯密的这些议论中,确实可以找到一些类似马尔萨斯人口论的东西。斯密的这些谬见,无疑也会给马尔萨斯关于工资取决于人口数量的所谓"人口自然规律"提供养料。

但是,应当看到,斯密的上述观点只是同马尔萨斯的人口论"有一

① 亚当·斯密:《国富论》上卷,第79—80页。
② 同上书,第73—74页。
③ 同上书,第73页。

些类似"而已。和马尔萨斯不同,斯密没有感到有蓄意为资本主义制度辩护的必要,更没有感到有把资本主义的一切灾难归罪于人类繁衍本身的必要。他也没有主张使工资保持在只能维持工人及其家属最低生活的水平,而是认为高工资是有益于工人从而也是有益于资本主义生产的。斯密不过是在阐述一些较为正确的观点的同时,发挥了一些错误的甚至是相当荒谬的观点。斯密并不害怕什么人口过剩,相反,他通常是担心人口不足。"劳动者不愁无人雇用,资本家反愁无人可雇。"[①]斯密的这句话足以反映出他所担心的是什么,而这种担心是同他当时的特定历史条件分不开的。斯密确实也说过:劳动者的增加自然会超过需要雇佣的人数,因而就业机会常常感到不足。[②]但是,他认为这是在长期处于停滞状态的国家才会出现的特殊现象,而不是一般现象。当然,斯密并不了解、在当时也还不可能了解资本积累的一般规律是什么。在积累理论中已经说过,斯密在工场手工业还占支配地位的历史时期,认为对劳动的需求的增加是同资本的积累成正比的。这样,他又误以为特定历史阶段上的特殊现象就是一般规律。斯密没有看到后来的机器大工业,当然更不可能懂得"适合于大工业的规律和适合于工场手工业的规律不是一回事"。[③]

在论及资本主义社会贫困同人口繁殖之间的关系时,斯密说:虽然贫困无疑会使人不愿结婚,但它并不总是使人不能结婚。贫困似乎会促进繁殖。苏格兰高地的处于半饥饿状态的妇女,生育的子女很多;而过着奢侈生活的上层社会的妇女,往往不能生育或很少生育。在上层社会的妇女中如此常见的不妊症,在地位低下的妇女中是极少见的。斯密还说:贫困虽然不妨碍生孩子,但是会给抚养儿女造成极大的困

---

① 亚当·斯密:《国富论》上卷,第 325 页。
② 同上书,第 65 页。
③ 《马克思恩格斯全集》第 26 卷 II,第 664 页。

难。柔弱的植物出世了,但是出生在那样寒冷的土壤里和那样严酷的气候里,它很快就会枯萎和死亡。^① 在这里,斯密已经在某种程度上觉察到了资本主义制度下的贫困和人口繁殖之间的内在联系。马克思在《资本论》中阐述了资本主义社会家庭人口的出生和死亡数量以及家庭人口的绝对量同工资水平成反比的规律:"实际上,不仅出生和死亡的数量,而且家庭人口的绝对量都同工资的水平,即各类工人所支配的生活资料量成反比。资本主义社会的这个规律,在野蛮人中间,或者甚至在文明的移民中间,听起来会是荒谬的。它使人想起各种个体软弱的、经常受到追捕的动物的大量再生产。"^② 在阐述这一规律时,马克思在注脚中引证了上述斯密关于贫困促进繁殖的论点。

三、安德森和巴顿的人口理论

在斯密和李嘉图之间,安德森和巴顿的人口理论值得在此一提。

这里也有一个很有趣的思想史现象:安德森的人口理论和马尔萨斯的人口理论是对立的,可是,马尔萨斯用来作为自己人口理论重要论据的恰恰就是安德森的地租学说。马克思在谈到这一历史现象时说:"他(安德森——引者)是马尔萨斯人口论的死敌,可是他没有料到他自己的地租理论会成为这种奇谈怪论的根据。"^③

安德森在《关于导致不列颠目前粮荒的情况的冷静考察》一书中,尖锐地指出马尔萨斯的人口理论是"最危险的偏见"。^④ 他说:现在的人口同英国这个岛国能够供养的人口比较起来是很少的,远没有达到

① 亚当·斯密:《国富论》上卷,第 72 页。
② 《马克思恩格斯全集》第 23 卷,第 705—706 页。
③ 同上书,第 26 卷Ⅱ,第 123 页。
④ 安德森:《关于导致不列颠目前粮荒的情况的冷静考察》。引自《马克思恩格斯全集》第 26 卷Ⅱ,第 158 页。

引起严重忧虑的程度。安德森用大量历史资料证明说：农业生产率是同人口的增长成正比的。凡是人口增加的地方，国家的生产也必然一起增加。马尔萨斯用安德森的土地收益递减规律来论证自己的人口理论，与此相反，安德森本人则用十六世纪意大利人卡米洛、塔雷洛、德·列奥纳托的"通过化学作用和耕种，土地可以越来越得到改良"的论点来证明自己的人口理论。安德森明确认为，土地有不断增长的持久的改良能力，只要经营制度合理，土地的生产率就可以无限期地逐年提高，达到现在还难以想象的水平。

　　巴顿关于资本积累对工人人口的影响的观点，在人口思想史和经济思想史上具有非常重要的意义。斯密把资本主义工场手工业时期的特殊现象当作是资本主义的一般现象，误以为对劳动的需求正比例于资本的积累是一般规律。巴顿批评了就业工人的人数同资本积累成正比例的观点，指出资本的两个组成部分并不都同资本积累按同一比例增长。转化为工资的那一部分资本即他所说的"流动资本"会比转化为生产资料的那一部分资本即他所说的"固定资本"相对减少。由此，巴顿得出结论：由于"固定资本"与"流动资本"相比越来越大，就业工人的人数会相对减少。巴顿还由此得出另一个结论：不同国家的"固定资本"和"流动资本"的比例是不同的，工业发达国家的就业工人人数同工业不发达国家相比会相对减少。[①] 这些结论表明，巴顿已经感觉到，资本积累会使可变资本相对递减，从而会产生相对的过剩人口。马克思高度评价了巴顿在这方面的贡献，指出："可变资本相对量递减的规律和这个规律对雇佣工人阶级状况的影响，曾经被古典学派某些优秀的经济学家感觉到，但是没有被他们所理解。在这方面，最大的功绩应归于约翰·巴顿，虽然他同所有其他的人一样，把不变资本同固定资

---

　　① 约翰·巴顿：《论影响社会上劳动阶级状况的环境》。引自《马克思恩格斯全集》第26卷Ⅱ，第657页；第23卷，第692—693页。

本混为一谈,把可变资本同流动资本混为一谈。"①

　　巴顿的主要错误在于,他只从资本在流通过程中所表现的区别而不是从资本在生产过程中所表现的区别来理解资本的构成,因而未能真正理解资本的不同组成部分对活劳动的关系。巴顿没有注意到,表现为原料和辅助材料的这一部分流动资本,同表现为机器的固定资本一样,不同活劳动交换。因此,它同劳动需求并没有关系。

　　巴顿还根据历史统计资料研究了工人人口增长和工资变动之间的关系。他说,在十八世纪上半叶,工资逐渐上涨,而人口增长缓慢;在十八世纪下半叶,工资急剧下降,而人口增长迅速。巴顿由此得出结论说:工资上涨本身绝不会使工人人口增加;工资下降却能使人口十分迅速地增加。寻找工作的困难比工资的低微对结婚的妨碍要大得多。巴顿的这一观点,实际上是对斯密的一些类似马尔萨斯人口论的东西的批判。在巴顿看来,工资水平调节工人人口生产的说法是违背历史事实的。至于巴顿结论中工资下降却能使人口十分迅速地增加这论点,则同斯密的贫困似乎会促进繁殖的论点相似。这里也应当提一下,巴顿的观点虽然比斯密的正确一些,然而他在运用十八世纪的历史统计资料作为论据时,没有考虑这一世纪的下半叶所发生的重大变化。那就是,在十八世纪上半叶,只有工场手工业,表现在工资形式上的流动资本占优势;在下半叶则出现了很多机器,固定资本占优势,因此,巴顿的历史证据不能恰当地证明他的理论观点。

四、李嘉图的人口理论

　　李嘉图对马尔萨斯的庸俗经济理论曾经作过不少原则性的批判,

---

① 《马克思恩格斯全集》第 23 卷,第 692—693 页。

但是对马尔萨斯的人口理论却毫无原则地加以吹捧。他说："关于马尔萨斯先生的《人口原理》，我在这里能有机会表示赞扬，不胜欣幸。反对这部伟大著作的人的攻击只能证明它的力量。我相信它应有的声誉将随着经济学的发展而传播遐迩，因为它对这门科学做了非常卓越的贡献。"① 这一番阿谀之词，是李嘉图的人口理论中的一大污点，也是他的《原理》一书的一大污点。

李嘉图很注意资本积累对劳动人口的影响。他的观点在《原理》第三版前后有重大的变化。

影响到配第以至斯密的把人口和资本主义财富等同起来的重商主义观点，已为李嘉图所彻底抛弃。李嘉图以冷酷的语言表达了资本主义生产方式的冷酷的现实：只要实际纯收入不变，地租和利润不变，那么人口究竟是一千万还是一千二百万是无关重要的。② 李嘉图的这一说法正确地表明，对资本主义来说，重要的是剩余价值，而不是人口。

斯密关于对劳动的需求量同资本积累成正比的观点，曾经深刻地影响到李嘉图。在《原理》的前两版中，以及在其他场合，李嘉图在这个问题上是完全跟着斯密走的。只是在读了巴顿的《论影响社会上劳动阶级状况的环境》并进行了一系列深入的研究之后，李嘉图才改变了自己的看法。李嘉图曾于 1819 年 12 月 16 日在下院就空想社会主义者欧文的计划作过一次发言，宣称"机器没有减少对劳动的需求"。③ 很明显，这一论断是完全错误的。李嘉图的这种错误并非出于偶然。按照他自己的说法，从开始注意政治经济学问题的时候起。他就一直认为，在任何生产部门内采用机器，只要能节省劳动，就对大家都有好处。他认为，工人阶级由于采用机器也会同样得到好处，因为工人用同

---

① 《李嘉图著作和通信集》第 1 卷，第 341 页。
② 同上书，第 298 页。
③ 同上书，第 5 卷，第 55 页。

样的货币工资可以购买到更多的商品。同时他认为，工资不会缩减，因为资本家所能提出的对劳动的需求以及所能使用的劳动量仍然和以前一样。如果某一部门由于机器的改良使一些工人被解雇，但由于雇佣这些工人的资本仍然存在，而且由于资本的所有者把资本用在生产上是有利的，这种资本就将被用于生产其他某种对社会有需求而社会对它也肯定有需求的商品。①

以上是李嘉图在准备《原理》第三版以前的看法。这些看法包含一系列的错误。首先，李嘉图错误地以为，采用机器的资本家会游离出和以前一样多的资本用于现在已被解雇的工人的工资。②他没有看到，在资本总量一定时，用于工资的资本即可变资本对不变资本的比例正是由于采用机器而缩小了。在资本总量增长时，这种缩小了的比例不仅仍然有效，而且资本中的不变部分比可变部分还会增长得更快。其次，李嘉图错误地以为，机器的采用使商品价格下降，同样的收入可以买到更多的商品，这样游离出来的收入会通过生产的扩大重新全部吸收由于采用机器而游离出来的工人。他不知道，游离出来的收入和吸收游离出来的工人所需的不变资本，不仅是两个不等的量，而且二者之间不存在任何必然的联系。第三，李嘉图错误地以为，一方面仍然存在着已被解雇的工人以前消费的生活资料，一方面存在着已被解雇的工人，因而也就有了使失业工人能够重新就业的基金，已被解雇的工人因此就会重新得到雇用。一向注意逻辑性的李嘉图在这里竟如此不合逻辑，就像马克思说的那样："居然也会说出这种令人毛发悚然的荒唐言论！"③他不知道，相对过剩的生活资料和相对过剩的工人人口同时并

①　《李嘉图著作和通信集》第1卷，第331—332页。

②　詹姆斯·穆勒、麦克库洛赫、托伦斯、西尼耳、约翰·穆勒等人都断言，排挤工人的机器会同时游离出相应的资本，去如数雇用这些被排挤的工人。马克思指出："李嘉图起初也有这种观点，但是后来，由于他特有的科学的公正态度和热爱真理，断然收回了这种观点。"引自《马克思恩格斯全集》第23卷，第479页。

③　《马克思恩格斯全集》第26卷Ⅱ，第638页。

存，正是资本主义生产方式的一个特征。

在准备《原理》的第三版时，李嘉图说："我曾用其他方式支持过某一些我现在认为错误的学说，所以我有责任把我现在的看法及其理由提出来加以研究。"[①] 李嘉图勇敢地改正了自己的错误，接受并发展了巴顿的观点。他郑重地说："我现在深信，用机器来代替人的劳动，对于工人阶级往往是极为有害的。"[②] 这一点，使李嘉图无愧于优秀古典经济学家的称号。马克思指出："李嘉图在他的著作第三版中新加的这一章，证明了他的诚实，这使他和庸俗经济学家有了本质的区别。"[③]

李嘉图检讨了自己在机器对工人阶级的利益的影响这一问题上犯错误的原因，他说，他的错误之所以产生，是由于假定每当社会的纯收入增加时，总收入也一定增加。[④] 李嘉图的纯收入指利润和地租，即剩余价值，总收入指工资、利润、地租的总和，即新创造的价值。他的意思是说，他之所以犯错误，原因在于他曾经以为利润和地租增加时，用来维持工人生活的必需品的总量也一定增加。李嘉图接着说：现在我有一切理由确信，土地所有者和资本家从中取得收入的那种基金可能增加，同时另一种基金即工人阶级主要依靠的那种基金却可能减少。[⑤] 当然，他所说的工人从中取得收入的基金的减少，应当是相对而不是绝对的减少。

从表现为工资的资本相对减少的趋势中，李嘉图得出了关于资本主义制度下人口规律问题的一个重要结论：使国家的纯收入增加的原因，同时也可能造成人口过剩，使工人状况恶化。[⑥] 当然，他在这里说

---

① 《李嘉图著作和通信集》第 1 卷，第 331 页。
② 同上书，第 332 页。
③ 《马克思恩格斯全集》第 26 卷 II，第 633 页。
④ 《李嘉图著作和通信集》第 1 卷，第 332 页。
⑤ 同上书，第 332—333 页。
⑥ 同上。

的人口过剩,不是绝对过剩,而是同雇用他们的基金相比所形成的过剩,即相对过剩。李嘉图解释说:因为维持人口和雇佣劳动的能力总是取决于一个国家的总产品,而不是取决于它的纯产品,所以对劳动的需求就必然会减少,人口将会过剩,工人阶级的状况将会陷于穷困。[①] 他的意思是,纯收入是靠减少总收入来增加的,也就是说,利润和地租是靠减少总收入中的工资份额来增加的,而人口过剩的原因就在于总收入中工资份额的下降。

李嘉图已经看出,在资本主义社会,机器同劳动处于不断的竞争中。他说:我想要证明的,只是机器的发明和应用可能伴随着总产品的减少;每当这种情形出现时,工人阶级就要受损害,因为其中一部分人将会失业,人口同雇佣他们的基金相比将会过剩。[②] 明确指出机器的应用造成了资本主义过剩人口,明确指出资本主义人口过剩是相对于雇佣他们的基金即相对于可变资本的过剩,这是李嘉图人口理论中最有意义的论点。马克思指出:"李嘉图的伟大功绩之一,是把机器不仅看作生产商品的手段,而且看作生产'过剩人口'的手段。"[③] 正是这一点,使他和马尔萨斯之间存在原则的区别。现代资产阶级经济学家总是企图抹杀这一原则区别,把李嘉图的人口理论和马尔萨斯的人口理论完全等同起来,[④] 这是别有用心的。

这里也应当指出,即使在李嘉图作了自我批评并改正了原先的错误的《原理》第三版中,也仍然存在辩护性论点。例如,李嘉图说:如

———————————

① 《李嘉图著作和通信集》第 1 卷,第 334 页。

② 同上。

③ 《马克思恩格斯全集》第 23 卷,第 447 页。

④ J. 奥威比克说:"李嘉图似乎假定人口持续增长,至少在资本继续积累的时候是如此。在这一意义上,马尔萨斯的人口理论构成了李嘉图体系的基本前提。在他的地租理论中(假定是一个封闭经济,从而排除了外国小麦),由于日益增长的人口对数量不变的土地的压力(他想到他自己的国家英国),最肥沃和位置最好的土地的收益渐渐不足以养活全部人口。"引自 J. 奥威比克:《人口理论史》,鹿特丹 1974 年版,第 49 页。

果生产资料由于采用机器而得到改良,使一个国家的纯产品大大增加,以致总产品不会减少,那么所有阶级的状况便都会得到改善。就是说,不仅土地所有者和资本家得到好处,同时工人阶级的状况也会有相当大的改善。据他说,这是由于:第一,对家仆的需求增加;第二,如此丰富的纯产品刺激人们将收入储蓄起来;第三,工人用工资购买的一切消费品价格低廉。[①] 这样,李嘉图在承认机器的应用会造成工人人口相对过剩的阴暗的前景之后,又以玫瑰色的笔调给工人阶级描绘出一幅机器的应用带来的美妙的前景:纯产品的增加会使一部分生产劳动者变为仆人,变为非生产劳动者,他们将和资产者一起去消费生产劳动者的产品;纯产品的增加会刺激积累,从而使过剩的工人人口再被吸引到生产中来;价格低廉的消费品会扩大工人人口的消费领域,不仅可以消费更多的必需品,而且也可以消费原来只有资产者消费的高级消费品。

不过,李嘉图也说到,即使在纯收入和总收入都增加的情况下,仍然可能出现过剩的工人人口。他说:还有一种情况应当注意:当一个国家的纯收入乃至总收入的数量都增加时,对劳动的需求却可能减少,用马的劳动代替人的劳动时就是这样。他承认,这对工人将是不利的,除非收入增加到足以同时使用人和马,否则人口显然就会过剩,工人的状况就会普遍恶化。[②] 但是,李嘉图只把这一情况限于农业,限于农业中的马排挤人,而没有把这一情况扩大到工业,扩大到工业中的机器排挤人。他谈到农业中被马排挤的人可以到工业中去工作,而没有谈到工业中被机器排挤的人可以到什么地方去工作。

总之,李嘉图认为机器的应用一方面会引起总收入的损失,从而引起工人人口过剩,另一方面又会引起纯收入的增加,从而引起积累的增加。这种增大了的积累"不久必然会创造出一笔基金,其数额远大

----

① 《李嘉图著作和通信集》第 1 卷,第 336 页。
② 同上书,第 338 页。

于机器发明所引起的总收入的损失；这时劳动的需求将和以前一样大，人民生活状况将得到更进一步的改善，因为增加了的纯收入将更能使他们增加储蓄。"[1] 这就是李嘉图著作中的一方面同情工人一方面又安慰工人的矛盾现象。似乎造成大量工人人口失业的机器的资本主义应用，又会给这些大量失业的工人人口创造出新的就业机会，机器排挤了他们，机器又会吸收他们，失业人数和就业人数在连续的过程中会自动平衡，而且生活会比以前更好。李嘉图属于"感觉"到了"可变资本相对量递减的规律和这个规律对雇佣工人阶级状况的影响"的优秀古典经济学家之列，[2] 但是，缺乏历史感的李嘉图不知道，他"感觉"到的人口规律距离理解资本主义生产方式所特有的人口规律还是相当远的。

他更不知道，这一人口规律"无论对农奴制或对古代奴隶制都是不起作用的"。[3]

---

① 《李嘉图著作和通信集》第 1 卷，第 339 页。
② 《马克思恩格斯全集》第 23 卷，第 692—693 页。
③ 《马克思恩格斯选集》第 4 卷，第 357 页。

第十四章　生产劳动理论

一、配第的生产劳动概念

在英国古典经济学家中,配第对区分生产劳动和非生产劳动作了最初尝试。在《政治算术》中,他说:土地耕种者、海员、士兵、手工业者和商人,是任何一个社会的真正的支柱。海员身上兼上述四者中的三者。又说:海员的劳动和船只的运费,按其性质来说,始终是一种出口商品,出口超过进口的余额就给本国带回货币等。马克思指出,在这里,"配第也已经有了生产劳动者的概念(不过他把士兵也包括在内)"①。不难看出,配第的这种生产劳动者概念还带有比较明显的重商主义残余。重商学派认为,只有在产品出口给国家带回的货币多于这些产品价值的货币的那些生产部门,劳动才是生产劳动。这实际上是认为,只有在开采金银的那些矿业生产部门,劳动才是生产劳动。受重商主义的影响,配第认为海员的劳动比土地耕种者和手工业者的劳动具有更大的生产性,因为海员能给本国带回货币。

关于生产劳动和非生产劳动,配第在同一著作中还说:如果向工业家等人收税,以便把货币供给那些按其职业来说一般不生产物质产品即对社会有实际效用和价值的物品的人们,那么社会的财富就会减少。

---

① 《马克思恩格斯全集》第26卷Ⅰ,第173页。

至于使精神得到消遣和恢复的活动,则又当别论。这些活动只要利用得当,就会使人能够并愿意去做本身具有更重要意义的事情。配第主张:当计算好需要多少人从事生产劳动之后,剩下的人就可以安全地、对社会无害地被用来从事娱乐和装饰方面的技艺和工作,而其中最重大的,就是增进自然知识。配第从生产利润的多少来判断不同部门的劳动的生产性的大小。他认为,工业的收益比农业多,而商业的收益又比工业多。收益最多的是海运业和海外贸易。配第的这些观点,在后来斯密的著作中以不同的形式出现。正如马克思指出的那样,从配第的这些话里可以听到完全是斯密的调子。

在有的场合,配第关于商人是否属于生产劳动者的观点比后来的斯密要激进一些。后面就会看到,斯密把商人也列入生产劳动者。与此不同,配第认为商人是不生产的。他说:"这些人本来就得不到社会的好评,因为他们只不过是互相以贫民劳动为赌注的赌徒;他们除了充当促进国家的血液和养分(即农业及工业的产品)循环的静脉和动脉之外,本身什么也不能生产。"①

在配第看来,行政、司法、教会等都是不生产的,因此,应当大大削减它们的官职和费用。配第的这一带有革命的资产阶级观点的提出,比斯密要早一百多年。新兴的资产阶级利益,使配第有勇气去反对阻碍资本主义发展的一切力量。

二、斯密的生产劳动理论

处在资本主义上升时期的资产阶级,把自己作为生产劳动的代表同当时被它认为是非生产的那些人相对立,它要求发展生产,要求把靠

---

① 威廉·配第:《赋税论　献给英明人士　货币略论》,第27页。

生产劳动者的劳动产品生活的非生产劳动者的人数减少到最低限度。为此,它要求自己的经济学家从经济学上说明什么是生产劳动和非生产劳动。适应还具有革命性的资产阶级的需要,斯密在生产劳动理论方面进行了创造性的探索,作出了重要的理论贡献。他摆脱了前人表述生产劳动和非生产劳动的错误方式,接受了他们有关观念中的合理因素,在政治经济学史上第一次明确地提出了资本主义制度下的生产劳动和非生产劳动的定义。

正像他对许多问题的见解都有二重性一样,斯密对生产劳动和非生产劳动下的定义也有二重性。斯密对生产劳动和非生产劳动有两种不同的见解,第一种见解是正确的见解,第二种见解是错误的见解。这两种见解在斯密著作中交错在一起,甚至在同一段文字中接连交替出现。

在斯密的第一种见解中,生产劳动定义为同资本交换并生产利润即生产剩余价值的劳动,非生产劳动定义为同收入交换的、不生产利润即不生产剩余价值的劳动。斯密说:有一种劳动加到对象上,就能使这个对象的价值增加,另一种劳动则没有这种作用。前一种劳动可以称为生产劳动,后一种劳动可以称为非生产劳动。[①]斯密举例说:制造业工人的劳动,通常把自己的生活费的价值和他的主人的利润,加到他所加工的材料的价值上。相反,家仆的劳动不能使价值有任何增加。虽然主人也向制造业工人预付工资,但后者实际上并没有使主人花费什么,因为由工人投入劳动的对象的价值增加了,通常通过这个增加了的价值,就把工资的价值连同利润一起偿还给主人了。相反,家仆的生活费永远得不到偿还。在比较了制造业工人的生产劳动和家仆的非生产劳动之后,斯密说:一个人,要是雇用许多制造业工人,就会变富;要是

---

① 亚当·斯密:《国富论》上卷,第 303 页。

维持许多家仆，就会变穷。① 斯密的这些说法表现出了他对资本主义生产劳动和非生产劳动的正确见解。根据他的这种见解，资本主义生产劳动就是除了再生产雇佣工人自己的生活费的价值以外，还生产他的主人的利润即剩余价值的劳动；反之，不能为雇主生产利润即剩余价值的劳动，就是非生产劳动。

上述关于生产劳动和非生产劳动的定义，是触及资本主义生产劳动问题本质的正确的定义。斯密的这一定义是同他关于剩余价值起源问题、关于资本的实质问题的观点相一致的，而且是从这些观点引申出来的必然结论。如果一个劳动者劳动一天只能生产出自己一天的生活费，绝对地说他的劳动也是生产劳动，然而从资本主义意义上说却不是生产劳动，而是非生产劳动。这是因为，资本的存在是以相对的劳动生产率为基础的，资本主义生产的直接目的是剩余价值，所以只有生产剩余价值的劳动才是生产劳动，只有在生产过程中为了资本的价值增殖而消费的劳动才是生产劳动。斯密正是从资本主义生产的观点给生产劳动下定义的，他说：如果把非生产劳动者消费的那个数量的食物和衣服分配给生产劳动者，后者就会把他们所消费的东西的全部价值连同利润一起再生产出来。② 又说：一个人无论把自己的哪一部分基金用作资本，他总是希望这部分基金能得到补偿并带来利润。因此，他只用它来维持生产劳动者的生活。每当资本家用他的一部分基金来维持任何一种非生产劳动者的生活，这部分基金便立即从他的资本中抽出，加入他用于直接消费的基金。③

可见，斯密完全懂得，只有转化为资本的劳动，只有直接同资本交换的劳动，才是生产劳动；不同资本交换，而直接同收入交换的劳动，

---

① 亚当·斯密：《国富论》上卷，第 303 页。

② 同上书，第 312 页。

③ 同上书，第 305 页。

就是非生产劳动。前者给雇主带来利润,后者只消费收入。从斯密的规定中还可以看出,他已经在一定程度上懂得,生产劳动和非生产劳动的区分是从劳动的一定社会形式产生的,而不是从劳动的物质内容和结果产生的。

在斯密第二种见解中,生产劳动定义为生产价值的劳动,定义为物化在商品中的劳动,非生产劳动定义为不生产价值的劳动,定义为不固定或不物化在特定对象或商品中的劳动。

斯密说:有一种劳动能生产价值,可以称为生产劳动,另一种劳动不能生产价值,可以称为非生产劳动。① 这一规定以是否生产价值作为划分生产劳动和非生产劳动的标准。斯密又说:制造业工人的劳动固定或物化在一个特定的对象或可以出卖的商品中,而这个对象或商品在劳动结束后,至少还存在若干时候。相反,家仆的劳动不固定或不物化在一个特定的对象或可以出卖的商品中,他的服务通常一经提供随即消失,很少留下某种痕迹或某种以后能够用来取得同量服务的价值。② 这一规定以是否固定在或物化在特定对象或商品中作为划分生产劳动和非生产劳动的标准。按照上述标准,制造业工人的劳动生产价值,并且固定或物化在商品之中,因而是生产劳动;家仆以及类似家仆的劳动不生产价值,不固定或物化在特定对象或商品之中,因而是非生产劳动。

很明显,斯密对生产劳动和非生产劳动的第二个解释同他的第一个解释是大相径庭的。

在第一个解释中,直接同资本交换的劳动是生产劳动,直接同收入交换的是非生产劳动。前者转化为资本,并为资本家生产利润;后者只是收入的一项支出,不转化为资本,也不生产利润。按照斯密的第一个

---

① 亚当·斯密:《国富论》上卷,第 303 页。
② 同上书,第 303—304 页。

解释，只有生产剩余价值的劳动才是生产劳动，否则就不是生产劳动。也就是说，一个劳动者不仅要生产出一个等价来代替自己消费的价值，而且要为他的雇主生产出剩余价值，他的劳动才是生产劳动。反之，如果他只生产出一个等价来代替自己消费的价值，而不生产剩余价值，就是非生产劳动。斯密的这个解释触及了问题的实质，抓住了问题的要领，说明了资本主义生产方式的特征。在这种解释中，斯密注意的是劳动所体现的生产关系，是劳动所采取的特定的社会形式。他从资本主义生产过程出发，看出能否增殖资本价值是区分资本主义生产劳动和非生产劳动的标准。斯密的理论功绩正在这里。

在第二种解释中，生产价值并物化在商品中的劳动是生产劳动，不生产价值而且不固定或物化在任何耐久的对象或商品中的劳动是非生产劳动。斯密在这里说的已经不是资本主义的生产劳动和非生产劳动，而只是商品生产中的生产劳动和非生产劳动。在这里，他不是从资本主义生产过程出发，而是从商品生产过程出发，因而没有触及资本主义生产劳动的实质，没有抓住问题的要领。他的这种解释超越出劳动的特定的社会形式，超越出劳动对资本的关系，注意的只是劳动所表现的物质形式。这样，他的生产劳动的定义只适合于商品生产条件下的生产劳动，或者只适合绝对的生产劳动，也就是抽象的一般的生产劳动。

由上可见，斯密的"生产的"和"非生产的"这两个术语是在两种不同意义上使用的。在第一种解释中，这两个术语是在生产剩余价值的意义上使用的。在第二种解释中，这两个术语是在生产商品或物质产品的意义上使用的。

马克思全面地评述了斯密的上述相互矛盾的观点，指出，如果亚当·斯密完全自觉地、始终一贯地坚持他实质上已有的那种对剩余价值的分析，即认为剩余价值只有在资本同雇佣劳动的交换中才会创造出来,那么,他就会发现,只有同资本交换的劳动才是生产劳动,而同收入本身交换的劳动决不是生产劳动。但是,斯密同时又从片面的传统观点出发,认为生产劳动就是一般直接生产物质财富的劳动;并且把自己根据资本同劳动交换还是收入同劳动交换作出的区分,同这种观点结合起来,混在一起,这就大大削弱和冲淡了主要区分。[①]

斯密在资本主义生产劳动的本质特征之外加上一个劳动的物质规定性这样一个特征,是有深刻的原因的。从资本主义经济现象来说,随着资本主义的发展,生产劳动者和非生产劳动者之间的物质差别愈来愈明显地表现出来:前者绝大多数都生产商品,后者绝大多数都从事劳务。在这一经济现象面前,斯密竟以为劳动的物质规定性是资本主义生产劳动的一个必要特征。

从经济理论的角度来说,斯密提出这种矛盾见解的原因在于,他一方面反对重农学派,另一方面又受重农学派的影响。他反对重农学派,不同意重农学派关于制造业劳动是"不生产"的观点,坚持认为这类劳动是生产劳动。斯密提出了一系列理由,其中有两点值得在此一提,就是:第一,重农学派承认,不从事农业的工业阶级每年再生产出自己的年消费价值,并且至少保持使他们能够就业和生存的基金或资本。诚然,租地农场主和农场工人的劳动,无疑要比商人、手工业者和制造业者的劳动具有更大的生产能力,但是不能因此就说后者是不生产的和不结果实的。第二,因此,像看待家仆那样看待手工业者、制造业者和商人,是根本不正确的。家仆的劳动不能保持使他能够就业和生存的基金,他的劳动一经提供随即消失,不固定或物化在商品之中。相反,手工业者、制造业者和商人的劳动却固定和物化在可以出售的对象之中。正因为如此,家仆的劳动是不生产的,而手工业者,制造业者和商人的劳动是生产

---

① 《马克思恩格斯全集》第 26 卷 Ⅰ,第 264—265 页。

的。^① 从斯密说的这些理由中可以看得很清楚，他对生产劳动和非生产劳动的第二种解释是在反对重农学派时提出的，但是这种解释又受到重农学派的影响。这种影响就是：斯密在这里丢开自己的剩余价值观点，接受了重农学派关于农业劳动是真正的生产劳动的观点，只是不同意重农学派据此而不承认制造业劳动和商业劳动是非生产劳动的观点。斯密的论点是，不从事农业的工业阶级会再生产出自己的工资，从而至少保持使他们能够就业和生存的基金或资本，他们的劳动能固定和物化在可以出卖或交换的对象之中。因此，这种劳动虽不像农业劳动那样具有更大的生产性，但仍是生产劳动。只有家仆一类劳动才是非生产的，因为他们的劳动不能再生产出自己的工资，不能保持使他们能够就业和生存的基金，他们的劳动不固定或物化在可以出卖的商品之中。

在第二篇第五章"论资本的各种用途"中，斯密按资本雇用的生产劳动量的大小对资本按下列顺序分类：一是农业，二是制造业，三是商业，四是零售商业。他说：凡是把资本用于这四个用途之一的人就是生产劳动者。在各类资本中，租地农场主的资本推动的生产劳动最大。不仅他的雇工是生产劳动者，而且他的役畜也是生产劳动者。这是对生产劳动者下的又一个新的定义。在斯密那里，租地农场主、商人和牛^② 竟都成了生产劳动者！

尽管斯密关于生产劳动的观念有不少糊涂的东西，但是在当时的

---

① 亚当·斯密：《国富论》下卷，第241—242页。

② 马克思在分析斯密关于生产劳动者的这一定义时指出："可见，最后连牛也成了生产劳动者。"引自《马克思恩格斯全集》第26卷Ⅰ，第271页。在另一场合，马克思又说："斯密有一次出于幽默把牛称为生产劳动者。"引自《马克思恩格斯全集》第26卷Ⅲ，第197页。斯密的原话是："他（租地农场主——引者）的牲畜也是生产性劳动者"。引自亚当·斯密《国富论》上卷，第333页。与此相联系，斯密有一次把耕畜的维持费等同于雇工的工资。他说：商品价格分解成地租、工资、利润三个部分。"其中，一部分付给地主的地租，另一部分付给生产上所雇用的劳动者，第三部分付给农业家的利润。"引自亚当·斯密：《国富论》上卷，第45页。

历史条件下，他的生产劳动和非生产劳动的理论具有反封建的革命意义。斯密说：国王和大臣们自己始终是并且毫无例外地是社会上最大的浪费者。某些最受尊敬的社会阶层的劳动，像家仆的劳动一样，不生产任何价值。例如，君主和他的全部文武官员、全体陆海军，都是非生产劳动者，他们靠别人劳动的一部分年产品生活。应当列入这一类的，还有教士、律师以及附属于这些社会阶层的各种文人等等。[①] 在这里斯密发泄了对非生产的政府和教会的憎恨。按照斯密的看法，政府和教会的人数以及它们的费用必须缩减到最低限度，因为这些费用都是加在生产上的非生产费用。马克思在评价斯密的这一观点时说："这是还具有革命性的资产阶级说的话"。[②]

三、李嘉图的生产劳动理论

李嘉图完全赞同斯密在第一种定义中对生产劳动和非生产劳动所

---

① 亚当·斯密：《国富论》上卷，第 304 页。斯密还说：在大多数国家，政府收入全部或几乎全部用来维持非生产人员。这些人包括宫廷人员、教会人士、海军、陆军，他们在平时什么也不生产，在战时也不能获得任何东西，来抵偿他们即使只是在战争期间的生活费用。这种人自己什么也不生产，全靠别人的劳动产品来养活。因此，如果他们人数的增加超过了必要的数量，他们在一年内就能消费很大一部分产品，以致剩下来的产品不足以维持必须在下一年把产品再生产出来的生产工人。引自《国富论》上卷，第 314—315 页。

② 《马克思恩格斯全集》第 26 卷 I，第 314 页。马克思还说过："古典政治经济学粗率嘲笑的性质，倒显得是对现有制度的批判。"引自《马克思恩格斯全集》第 26 卷 I，第 312 页。夺取政权以后的资产阶级关于生产劳动和非生产劳动的观点，同古典经济学家的观点是对立的。马克思指出："相反，一旦资产阶级占领了地盘，一方面自己掌握国家，一方面又同以前掌握国家的人妥协；一旦资产阶级把意识形态阶层看作自己的亲骨肉，到处按照自己的本性把他们改造成为自己的伙计；一旦资产阶级自己不再作为生产劳动的代表来同这些人对立，而真正的生产工人起来反对资产阶级，并且同样说它是靠别人劳动生活的；一旦资产阶级有了足够的教养，不是一心一意从事生产，而是也想从事'有教养的'消费；一旦连精神劳动本身也愈来愈为资产阶级服务，为资本主义生产服务；——一旦发生了这些情况，事情就反过来了。这时资产阶级从自己的立场出发，力求'在经济学上'证明它从前批判过的东西是合理的。"引自《马克思恩格斯全集》第 26 卷 I，第 315 页。

作的区分,即直接同资本交换并生产利润的是生产劳动,直接同收入交换而不生产利润的是非生产劳动。对于斯密在第二种定义中对生产劳动和非生产劳动所作的区分,李嘉图则持有异议。

李嘉图不同意斯密把使用工人最多的资本看成生产能力最大的资本。他指出:亚当·斯密经常夸大一个国家从大量总收入中得到的利益,而不是从大量纯收入中得到的利益。因为斯密认为,一个国家的资本投在农业上的份额越大,资本所推动的生产劳动量就越大。其次是制造业上的资本所推动的生产劳动量大。等等。李嘉图不关心总产品的数量,而只关心"纯产品"的数量。他说:如果一个国家无论使用多少劳动量,它的纯地租和纯利润加在一起始终是那么多,那么,使用大量生产劳动对于该国又有什么好处呢? 李嘉图举例说:对于一个拥有两万镑资本,每年获得利润二千镑的人来说,只要他的利润不低于二千镑,不管他的资本是雇一百个工人还是雇一千个工人,不管生产的商品是卖一万镑还是卖两万镑,都是一样的。李嘉图认为,单个资本家是如此,一个国家的实际利益也是如此。只要这个国家的实际纯收入,它的地租和利润不变,这个国家的人口有一千万还是有一千二百万,都是无关紧要的。一国维持海陆军以及各种非生产劳动的能力必须同它的纯收入成比例,而不同它的总收入成比例。李嘉图不像斯密那样带有基于幻想的温情,他无情地说:如果五百万人能够生产一千万人所必需的食物和衣着,那么五百万人的食物和衣着便是纯收入。假如生产同量的纯收入需要七百万人,也就是说,要用七百万人来生产足够一千二百万人用的食物和衣着,那对于国家又有什么好处呢? 纯收入仍然是五百万人的食物和衣着。使用更多的人既不能使我们的陆海军增加一名士兵,也不能使赋税多收一个基尼。[1]

---

[1] 《李嘉图著作和通信集》第1卷,第297—298页。

　　从李嘉图上述议论中可以看出,李嘉图对斯密关于生产劳动和非生产劳动的第一种见解是赞同的,他不同意的只是斯密的第二种见解。因此,李嘉图和斯密的争议,实质上就是关于只生产工资的等价而不生产剩余价值的劳动能否算作生产劳动的争议。李嘉图首尾一贯地从资本主义生产这种社会形式来观察问题,就必然逻辑地认为这种劳动不能算作生产劳动。在他的例证中,既然一百个工人或一千个工人为资本家生产出的利润都是二千镑,那么只需一百个工人的生产劳动就够了,其余九百个工人的劳动对这个资本家来说实际上不能算作生产劳动,他们的存在是多余的。同样,在他的例证中,既然五百万工人或七百万工人为全国生产出的纯收入都是五百万人的食物和衣着,那么只要五百万工人的生产劳动就够了,其余二百万人的劳动对这个国家来说实际上不能算作生产劳动,他们的存在是多余的。马克思指出:"如果一个工人虽然生产了可以出卖的商品,但是,他生产的数额仅仅相当于他自己的劳动能力的价值,因而没有为资本生产出剩余价值,那末,从资本主义生产的观点看来,这种工人不是生产的,这一点,从李嘉图的话里可以看出来,他说,这种人的存在本身就是一个累赘。"①

　　李嘉图的进步在于,他克服了斯密把生产劳动的两种不同定义混淆在一起的错误,自觉地坚持斯密的第一种定义,而摒弃他的第二种定义。

　　值得注意的是,李嘉图在把直接同资本交换并生产利润的劳动是生产劳动这一定义贯彻到底的时候,他把资本"有利润地"加以使用和"生产地"加以使用看作是一回事。在《原理》中,李嘉图写道:在一个国家中,除非必需品的涨价使工资大大提高,因而剩下的资本利润极少,以致积累的动机消失,否则积累的资本不论多少,都不可能不生产

---

① 《马克思恩格斯全集》第26卷Ⅰ,第438页。

地加以使用。① 李嘉图从来不像斯密那样又把生产价值并物化在商品中的劳动看作是生产劳动，而是明确地只把生产利润的劳动看作是生产劳动，这就从本质上揭示了资本主义的生产劳动。马克思在分析李嘉图的生产劳动观点时指出："在这里李嘉图把'生产地'和'有利润地'等同起来，而在资本主义生产中，只有'有利润地'才是'生产地'，这正是资本主义生产同绝对生产的区别，以及资本主义生产的界限。"②

　　斯密曾经用自己的生产劳动理论反对封建的政府和教会，李嘉图则更明确地代表工业资本的利益，宣布土地所有者是非生产的。在驳斥马尔萨斯"一个有巨大生产力的国家，就有必要保有一批非生产性消费者"这一论点时，李嘉图说：如果以未来的生产为目的，"就一批非生产性劳动者的必要性和有效性而论，它的作用正同一场火灾一样，会消费掉否则将由那些非生产性劳动者消费的存在制造商仓库里的货物。……这些人在别的方面也许有用，在财富的生产方面是绝对无益的。"③

四、琼斯的生产劳动理论

　　在斯密之后，如果说李嘉图自觉地、首尾一贯地坚持了斯密关于生产劳动和非生产劳动的第一种区别的话，那么琼斯则对斯密关于生产劳动和非生产劳动的第一种区别的意义作了充分的阐明。

　　琼斯正确地运用了斯密关于由资本支付的劳动者和由收入支付的劳动者的区分。他说：劳动基金由三部分构成：第一部分是"劳动者自己生产的工资"，第二部分是"其他阶级用以维持劳动的收入"，第三

---

①　《李嘉图著作和通信集》第 1 卷，第 247 页。
②　《马克思恩格斯全集》第 26 卷 Ⅲ，第 128 页。
③　《李嘉图著作和通信集》第 2 卷，第 404—405 页。

部分是"资本,或者说,由收入中积蓄起来并用来预付工资以便获取利润的财富"。琼斯把靠第一部分劳动基金维持生活的人叫作"非雇佣劳动者",把靠第二部分劳动基金维持生活的人叫作"领薪金的服务人员",把靠第三部分劳动基金维持生活的人叫作"雇佣工人"。琼斯说:"世界上的劳动人口有半数以上,也许甚至三分之二以上,是靠第一部分劳动基金,即劳动者自己生产的工资维持生活的。这些劳动者到处都由占有并耕种土地的农民构成……第二部分劳动基金,即用于维持劳动的收入,维持着东方绝大部分非农业生产劳动者。这一部分劳动基金在欧洲大陆有一定的重要性,但在英国它只包括人数不多的做零工的手工业者,他们是一个人数众多的阶级的残余……第三部分劳动基金,即资本,在英国雇用了大多数劳动者,然而在亚洲它只维持着不多的人,在欧洲大陆这部分基金只维持着非农业劳动者,他们总共也许不到全部生产人口的四分之一。"[①] 由此可见,琼斯在运用斯密关于生产劳动者和非生产劳动者的区分时,已经理解到靠资本生活的劳动者和靠收入生活的劳动者之间的区别同生产方式有关。他正确地把斯密的生产劳动和非生产劳动还原为资本主义劳动和非资本主义劳动。前一种劳动直接同资本交换,它说明了资本主义生产方式的特征;后一种劳动直接同收入交换,它或者属于资本主义以前的生产方式,或者限于不直接生产财富的领域。这样,琼斯就正确地阐明了斯密第一种定义下的生产劳动和非生产劳动的本质。

但是,琼斯把生产劳动理解为加入物质财富生产的劳动,而把非生产劳动理解为不加入物质财富生产的劳动。这样,他注意的是劳动的物质内容,而不是劳动的社会形式。这是从较狭窄的意义上来区分的生产劳动和非生产劳动。当然,这种区分也是必要的,不可忽视的。马

---

① 理查德·琼斯:《国民政治经济学教程》。引自《马克思恩格斯全集》第26卷Ⅲ,第475页。

克思指出："如果从较狭窄的意义上来理解生产劳动者和非生产劳动者,那末生产劳动就是一切加入商品生产的劳动(这里所说的生产,包括商品从首要生产者到消费者所必须经过的一切行为),不管这个劳动是体力劳动还是非体力劳动(科学方面的劳动);而非生产劳动就是不加入商品生产的劳动,是不以生产商品为目的的劳动。这种区分决不可忽视,而这样一种情况,即其他一切种类的活动都对物质生产发生影响,物质生产也对其他一切种类的活动发生影响——也丝毫不能改变这种区分的必要性。"① 尽管如此,这种从较狭窄的意义上对生产劳动和非生产劳动的区分,毕竟不同于从劳动的社会形式的意义上对生产劳动和非生产劳动的区分。马克思指出:"靠资本生活的劳动者和靠收入生活的劳动者之间的区别,同劳动的形式有关。资本主义生产方式和非资本主义生产方式的全部区别就在这里。"②

---

① 《马克思恩格斯全集》第 26 卷Ⅲ, 第 476—477 页。
② 同上书, 第 476 页。

第十五章　再生产理论

一、配第的总生产概念

威廉·配第偶尔涉及总生产问题。例如,在《赋税论》中,配第说:如果某地有 1 000 人,其中 100 人生产全体 1 000 人所必需的食物和衣服;200 人生产同外国用来交换的商品或货币相等的商品,400 人为全体居民的装饰、娱乐服务,还有 200 人是行政官吏、牧师、法官、医生、批发商和零售商,共计 900 人。在涉及总生产问题时,配第的兴趣主要不在于总生产问题本身,而在于那"多余的" 100 人怎么办的问题。他认为,与其让这"多余的" 100 人去乞讨或偷窃,不如将剩余的东西给他们消费,即使让他们建筑无用的金字塔或者把石头运上山,都没有关系。

在处理总生产问题时,配第只考虑到生活必需品和高级消费品的生产,而没有考虑到生产资料的生产,只考虑到商品的货币形式,而没有考虑总产品的价值构成。尤其是,配第没有从生产过程的不断重复和经常更新的观点来研究总生产。这就排除了提出和解决再生产问题的可能性。不过,从整个社会出发考虑生产问题,这在英国古典政治经济学史上还是第一次。

二、康替龙和魁奈的经济表

在英国古典经济学家中，真正对社会总资本再生产问题进行初次尝试性分析的是康替龙。他的《试论一般商业的性质》一书，叙述了他分析再生产过程的研究成果。

康替龙创造性地研究了社会各阶级之间的流通。他把社会划分为三大集团：一、土地所有者，二、租地农场主，三、手工业者。土地所有者占有土地，这是最主要的生产资源，为社会提供所需的土地产品。租地农场主是土地产品的生产者。手工业者是手工业品的制造者。按照康替龙的说法，租地农场主生产的全部土地产品大致分成三等分：三分之一用来补偿租地农场主的费用，其中包括自己的必要生活费用；还有三分之一用来作为自己的"利润"；最后三分之一作为地租交给土地所有者。土地所有者用自己得到的土地产品的等价物购买城市居民主要是手工业者的制造品，租地农场主也用自己得到的一部分土地产品购买城市的制造品。这样，经过流通，占人口半数的城市居民大致上就能得到土地产品的半数，这些土地产品便成为城市居民主要是手工业者的食物和原料。

上述康替龙关于社会资本再生产和流通的观点，现在常常被西方经济学家叫作"三角交换"关系。有的西方经济学家根据康替龙的观点绘制了《康替龙流通图》。[①] 按照康替龙所说的各阶级之间的交易行为，在租地农场主向土地所有者支付地租之后，第一个交易行为是土地所有者用地租的等价向手工业者购买用作个人消费的手工业品，然后是两个发生在租地农场主和手工业者之间的交易行为：租地农场主用一部分土地产品的等价向手工业者购买手工业品，手工业者用向土

地所有者和租地农场主出售手工业品的收入向租地农场主购买土地产品，作为食物和原料。可见，康替龙在分析社会总产品在各阶级间的流通方面已经迈出了重要的一步。

康替龙流通图是古典再生产分析的最早图式。尽管它还没有完整地描绘出社会总产品再生产的图景，但具有十分重要的历史意义。康替龙流通图这一英国古典经济分析之花，在法国重农学派手中结出了丰硕之果。

康替龙的《试论商业的一般性质》约于 1725 年用英文写成，后来他又把它译成法文。这本著作出版时间比写成时间晚 30 年，即在魁奈《经济表》发表前三年的 1755 年才第一次用法文刊行。由于英文原稿被毁，在更晚的时候才有英文译本。可是，实际"问世"时间却要早得多。康替龙的法文原稿曾在重农学派代表老米拉波手中保存了长达 16年之久。这部书稿不仅为老米拉波所了解，而且为重农学派主要代表魁奈所了解。从魁奈的经济著作中可以看出，他很熟悉康替龙的这部著作。康替龙关于土地所有者、租地农场主和手工业者之间流通的分析，是魁奈《经济表》的秘密的思想源泉。

熊彼特用凯恩斯主义的眼光观察康替龙和魁奈之间的联系，说："我认为康替龙是第一个人，他简单地叙述了总量的、货币的和收入的分析的一个全面图式，也就是魁奈在他的《经济表》中所苦心完成的那个图式。"[1] 熊彼特把康替龙的分析当作是凯恩斯的总量分析、货币分析和收入分析，这显然是错误的。但是，就找出康替龙和魁奈之间的联系这一点而论，熊彼特还是说对了。

后来，在《经济分析史》中，熊彼特进一步肯定了康替龙和魁奈之间的联系，并把康替龙的分析和魁奈的分析联结在一起，叫作《康替

---

[1]　熊彼特：《从马克思到凯恩斯十大经济学家》，宁嘉风译，商务印书馆 1965 年版，第 277 页。

龙—魁奈经济表》。[1] 熊彼特强调康替龙作为魁奈的先行者的重要意义，说："康替龙是使这种循环流通具体而清晰并给我们提供经济生活鸟瞰的第一个人。换句话说，他是绘制《经济表》的第一个人。而且，除了几乎不影响实质的差异之外，这个《经济表》和魁奈的相同，尽管康替龙实际上并没有把它浓缩成一张表。因此，关于这项'发明'，康替龙的优先权是毫无疑问的，老米拉波……把这一点的重要性比作文字的'发明'。"[2]

但是，承认康替龙作为魁奈的先行者的重要性，绝不能把魁奈的《经济表》看作康替龙未绘制成表的那个经济表的简单继续，而应看到魁奈对康替龙的重大发展。

魁奈的《经济表》是古典经济文献中分析社会产品再生产的最杰出的文献。它的实际内容和科学意义不仅未为魁奈的同时代人所正确理解，而且也未为斯密、李嘉图这样的古典经济学家的杰出代表所正确理解。

《经济表》要说明的中心问题是：假设其他情况不变，一个国家在一年内的社会产品在简单再生产的条件下是如何实现的。

《经济表》研究的是资本主义大农业占统治地位的、由土地所有者阶级、生产者阶级和不生产者阶级构成的社会。它对社会产品的再生产和流通的分析实际上有三个前提：一、交换按等价原则进行，价格固定不变；二、生产规模不变；三、没有国外市场。这些前提都很重要。在分析社会产品再生产时，既然流通被看作各阶级间的流通，那就完全可以不考虑价格与价值背离的情况，所以价格固定是必要的。在对社会资本再生产和流通进行分析时，主要困难不是出现在扩大再生产的考察上，而是出现在简单再生产的考察上，因此集中注意力于分析生产

---

[1]　熊彼特：《经济分析史》，第 240、241 页。
[2]　同上书，第 222—223 页。

规模不变情况下的实现条件是重要的。抽掉国外市场是必要的,因为它对问题的解决没有关系。

魁奈继承了康替龙的思想,在《经济表》中把社会产品的流通作为各个阶级之间的流通来考察,无数个别的流通行为被综合为社会的大量运动。和康替龙的一样,魁奈的《经济表》的出发点是土地上一年中生产的全部产品。也就是说,魁奈在分析社会总资本再生产时是以商品资本的循环为起点的。马克思说:"W′…W′ 是魁奈《经济表》的基础。他选用这个形式,而不选用P…P形式,来和G…G′…相对立,这就显示出他的伟大的正确的见识。"①

按照《经济表》,每年农产品作如下的分配:一、生产阶级手中有价值为 50 亿利弗尔的农产品。从实物形式看,其中 40 亿为粮食,10 亿为原料。从价值形式看,其中 20 亿为"年预付"即流动资本,10 亿为"原预付"即固定资本折旧,20 亿为"纯产品"即剩余价值。二、不生产阶级手中有价值为 20 亿的工业品。全部工业品价值由生产中消耗的 10 亿利弗尔的原料和 10 亿利弗尔的粮食构成,这些原料和粮食都是从生产阶级那里买来的。三、土地所有者阶级有 20 亿利弗尔货币,这是生产阶级交纳的地租。

在《经济表》中,年总产品实现的步骤是:一、土地所有者阶级用 10 亿利弗尔货币向生产阶级购买价值为 10 亿利弗尔的粮食;二、土地所有者阶级用其余的 10 亿利弗尔货币向不生产阶级购买 10 亿利弗尔的工业品;三、不生产阶级用出售工业品给土地所有者阶级所得到的 10 亿利弗尔货币向生产阶级购买价值为 10 亿利弗尔的粮食;四、生产阶级用出售粮食给土地所有者阶级所得到的 10 亿利弗尔货币向不生产阶级购买价值为 10 亿利弗尔的工业品;五、不生产阶级利用出售工

---

① 《马克思恩格斯全集》第 24 卷,第 115 页。

业品给生产阶级所得到的 10 亿利弗尔货币向生产阶级购买价值为 10 亿利弗尔的原料。

年总产品实现的结果是：土地所有者阶级有价值各为 10 亿利弗尔的粮食和工业品；生产阶级有 20 亿利弗尔货币，还有价值为 10 亿利弗尔的工业品和 20 亿利弗尔的粮食；不生产阶级手中有价值各为 10 亿利弗尔的粮食和原料。这样，年总产品经过流通便分配于三大阶级之间，价值得到了补偿，产品在实物形式上得到了恢复，简单再生产就可以继续进行下去。

魁奈的《经济表》是对康替龙的重大发展，是对社会资本再生产和流通问题进行系统分析的天才的尝试。马克思指出："这个尝试是在十八世纪三十至六十年代政治经济学幼年时期做出的，这是一个极有天才的思想，毫无疑问是政治经济学至今所提出的一切思想中最有天才的思想。"① 魁奈以商品循环的公式作为基础，把社会总产品的流通作为各阶级之间的流通来分析；把资本主义生产过程看作是再生产过程，把流通过程只看作是这种再生产过程的形式，把货币流通只看作是资本流通的一个因素，从再生产过程的分析中说明社会各阶级收入的来源，说明资本和收入的交换、再生产消费和最终消费之间的关系，把消费者和生产者之间的流通包括在资本的流通之内，并把原料生产部门和工业部门之间的流通看作是再生产的要素，等等。这一切都是天才的见解。此外，魁奈实际上已经在片面的形式上了解到资本主义生产过程就是剩余价值的生产过程，资本主义再生产也是资本主义关系的再生产。

《经济表》也有许多重大的缺点、错误和矛盾。魁奈片面地认为农业劳动是唯一的生产劳动，以为工业劳动是不生产的，因而把从事农业生产的人划为生产阶级，把从事工业生产的人划为不生产阶级，因而认

① 《马克思恩格斯全集》第 26 卷 I，第 366 页。

为年总产品价值只是由年农产品价值构成；错误地认为只有农业部门生产纯产品即剩余价值；错误地认为工业部门没有原预付即固定资本，并且这个部门完全不消费工业品。《经济表》在理论分析上最主要的缺陷是：一、由于只按资本周转方式把资本划分为原预付和年预付，即划分为固定资本和流动资本，而没有按资本在价值增殖过程中的不同作用划分为不变资本和可变资本，因而不可能从价值构成方面（c+v+m）对年总产品的实现展开分析；二、由于只把社会生产划分为农业和工业两大部门，而没有划分为生产生产资料和生产消费资料两大部类，因而妨碍了从物质形式方面对年总产品的实现进行完善的分析。

《经济表》的出现是古典再生产分析史上的一个重大飞跃。如果说，康替龙流通图还没有完整地描绘出社会总产品再生产的图景，那么，魁奈《经济表》则已经为这一图景描绘出一个大致正确的、清晰的轮廓，老米拉波在强调《经济表》的重要意义时说，它和文字、货币是有史以来使政治社会安定的三大发明。

三、斯密的再生产理论

魁奈的《经济表》，斯密是知道的，但是，他对此并未深刻理解。在《国富论》中，斯密带着几分讽刺意味引用了老米拉波关于《经济表》的意义的夸张说法。他写道："有一位勤勉而可尊敬的作者米拉波说：'从有世界以来，有三个大发明在极大程度上给政治社会带来安定……第一，是文字的发明……第二，是货币的发明……第三，是《经济表》，它是其他二种发明的结果，把这二者的目标弄得齐全，使它们完善了；这是我们这个时代的大发现，而我们的子孙将从此获得利益。'"[1] 在斯

---

[1] 亚当·斯密：《国富论》下册，第245—246页。

密看来,重农学派的成员们对自己的大师魁奈的颂扬太过分了。他说:"不过,这学派的大师自己倒是非常谦虚、非常朴质的。"① 固然,米拉波的夸张说法并不表明他真正理解《经济表》的科学价值。可是,斯密对米拉波的讽刺也不意味着他恰如其分地领悟到《经济表》的理论意义。

对有关再生产的某些问题,斯密继承了魁奈的成果。但是,对有关社会资本再生产和流通的全部过程的论述,斯密并不如魁奈。马克思对斯密在这一方面的总的评价是:"至于资本流通、资本的再生产过程、资本在这个再生产过程中采取的各种不同的形式、资本流通同一般流通的联系,也就是说,不仅资本同资本的交换,而且资本同收入的交换,那么,斯密实际上只是接受了重农学派的遗产,对财产目录的各个项目作了更严格的分类和更详细的描述,但是对于过程的整体未必叙述和说明得像《经济表》大体上描绘的那样正确。"② 马克思又说:"亚当·斯密对再生产过程从而对积累的说明,在很多方面不仅没有比他的前辈特别是重农学派有所进步,甚至有决定性的退步。"③

斯密关于社会资本再生产的理论主要集中在《国富论》的第二篇的前几章之中。但是,妨碍斯密正确分析这一问题的一些观点在第一篇的有关章节中已经叙述得相当充分。

魁奈在分析再生产问题时,把租地农场主的"预付"即资本划分为"原预付"和"年预付"。斯密在分析再生产问题时,摆脱了魁奈把"预付"即资本只应用于农业领域的情况,使资本这个概念普遍化,并用"固定资本"和"流动资本"代替魁奈的"原预付"和"年预付"。斯密的这一进步,对于分析资本的再生产和流通是有积极意义的。

斯密认为从个别资本家来说,他的全部财产分为三个部分:消费资

---

① 亚当·斯密:《国富论》下册,第245页。
② 《马克思恩格斯全集》第26卷Ⅰ,第366页。
③ 同上书,第23卷,第648页。

料、固定资本和流动资本。斯密说，一个国家或一个社会的总财产是全体居民的财产的总和，因而自然也分为以上三个部分。第一部分是供目前消费的资料，主要是食物、衣服和住宅。第二部分是固定资本，主要包括四个项目：机器和工具、生产建筑物、土地改良费用以及培养才能的费用。第三部分是流动资本，也包括四项：货币、食物、材料和制成品。关于流动资本所包括的四个项目之间的关系，斯密说，食物、材料和制成品的流转和分配，都必须有货币，否则就不能到达最终使用或消费它们的人手里。

说到固定资本和流动资本之间的流通，斯密认为，在流动资本中，除了货币，其他三项通常在一年（或一年以上，或不到一年）之内，会由流动资本转化为固定资本，或者转化为消费资料。固定资本都是从流动资本转化来的，而且要不断地从流动资本中得到补充。例如，制造机器需要原料和工人，这就必须有流动资本。机器的维修，也必须有流动资本。

按照斯密的说法，固定资本和流动资本具有相同的目的，而且只有一个目的，这就是生产消费资料。

既然流动资本要不断地转化为固定资本，还要不断地转化为消费资料，那么流动资本本身也必须不断地得到补充。否则，流动资本会逐渐枯竭。流动资本的枯竭，必然会引起固定资本的枯竭，引起消费资料的枯竭。斯密认为，流动资本的补充，有三个主要来源：土地产品、矿山产品和渔业产品。流动资本中的食物、原料和制成品都来自这些产品，流动资本中的货币也来源于矿山产品中的有关金属。

作为流动资本源泉的土地、矿山和渔业，本身也要固定资本和流动资本。土地、矿山和渔业的产品除了补偿投入本部门的资本并支付利润以外，还要补偿社会上所有其他资本并支付利润。

关于工业和农业两大部门之间的流通，斯密说，制造业者每年消费的食物和原料，从农民那里得到补充；农民每年消费的工业品，从制造业者那里得到补充。货币是工业和农业两大部门之间资本流通的必要手段。农民先用自己的土地产品换取货币，然后用货币购买工业品。

关于土地、矿山和渔业三者之间的流通，斯密说，投在矿山和渔业中的资本，至少有一部分要从土地产品中得到补充。

以上就是斯密最初勾勒的一幅关于社会资本再生产和流通的图景。在这幅并不清晰的图景中，斯密接触到了分析社会资本再生产和流通问题的若干重要之点，特别是接触到了社会总产品的实物形式和价值形式如何补偿这样的重要之点。

但是，斯密并没有沿着正确的思路把问题深入地分析下去，而是被自己的商品价值全部分解为收入的错误命题所中断。他在作了以上描述之后，马上又重复他的价值全部分解为收入的信条："大部分商品的价格都分解为三个部分，其一为劳动工资，其二为资本利润，其三为土地地租。"[①] 商品价值只分解为收入，只分解为工资、利润和地租，只分解为可变资本和剩余价值，也就是只分解为v+m，而不分解出不变资本，即不分解出c。这一信条成了斯密分析再生产的思路上的绊脚石。

斯密在把价值全部分解为收入的时候，曾经提出过一个疑问，这就是，商品的价值除了分解为工资、利润、地租这三个部分之外，是否还应当有第四个组成部分。这是一个十分重要的问题。这一疑问的提出，表明斯密毕竟是一位有思想的古典经济学家。但是，斯密远未正确地解决自己所提出的问题。

在第一篇第六章中，斯密以谷物价格为例，说：工资、利润、地租这三部分看来直接地或最终地构成谷物的全部价格。也许有人以为必须有第四个部分，用来补偿租地农场主的资本，或者说，补偿他的役畜和其他农具的损耗。但是必须考虑到，任何一种农具的价格，例如一匹役

① 亚当·斯密:《国富论》上卷，第261页。

马的价格，本身又是由上述三个部分构成：养马用的土地的地租，养马的劳动，预付这块土地的地租和这种劳动的工资的租地农场主的利润。因此，谷物的价格虽然要补偿马的价格和给养费用，但全部价格仍然直接地或最终地分解为这三个部分：地租、劳动和利润。[①]

可见，斯密的重要疑问被他自己的错误推理给打消了。从斯密的例证中，我们看到，在个别资本的场合，商品价值还分解出第四部分，即补偿不变资本的部分。然而，斯密认为，从社会资本看来，商品价值中分解出的这个第四部分，最终仍然直接分解为工资、利润和地租。

斯密把他的结论从每一个特殊商品进而推广到社会总产品。他说：既然就每一个特殊商品分别来说是如此，那么，就形成每一国家的土地和劳动的全部年产品的一切商品整体来说也必然如此。这个年产品的全部价格或交换价值，必然分解为同样三个部分，在国内不同居民之间进行分配，或是作为他们的劳动的工资，或是作为他们的资本的利润，或是作为他们占有的土地的地租。[②]

斯密生活在资本有机构成很低的工场手工业时代，这一特殊的历史环境使他有可能忽视不变资本。除此之外，斯密把价值全部分解为收入而漏掉不变资本的原因，主要还是在于斯密的理论本身。在第六章讨论剩余价值理论时已经说过，斯密认为，在资本积累出现之后，"工人加到材料上的价值"分成两个部分：工资和利润；在土地私有制产生之后，"工人加到材料上的价值"除了分成工资和利润之外，还有

---

① 亚当·斯密：《国富论》上卷，第45页。斯密最后这句话中的"劳动"，可能是"工资"之误。因为，如果说地租、利润，这里就应当相应地说工资；如果说劳动，这里就应当相应地说土地、资本。否则，在逻辑上也是说不通的。

② 亚当·斯密：《国富论》上卷，第261页。在该书第一篇第六章中，斯密就已经说过："分开来说，每一件商品的价格或交换价值，都由那三个部分全数或其中之一构成；合起来说，构成一国全部劳动年产物的一切商品价格，必然由那三个部分构成，而且作为劳动工资、土地地租或资本利润，在国内不同居民间分配。"引自亚当·斯密：《国富论》上卷，第46—47页。

一部分要作为地租。总之，在资本主义社会中，工人"加到材料上的价值"分成工资和剩余价值（利润和地租）。这样，斯密在考虑商品价值时，把"材料"即劳动对象本身的价值放在一边不予考虑，而用工人"加到"材料即劳动对象上的劳动量决定商品的价值。在考虑年产品的价值时，斯密正是沿着这一思路思索的，这就必然会以为年产品价值也分成工资和剩余价值（利润和地租）。这就犯了混同年产品价值和年价值产品的错误。而这种混同，又是斯密不懂劳动本身有二重性的必然结果。不了解劳动二重性，就不了解资本主义生产过程是雇佣工人的抽象劳动创造新价值和具体劳动转移旧价值的统一过程，就不了解资本主义生产过程是劳动和价值增殖的统一过程，也就不了解资本主义商品既包括转移的旧价值（c），又包括创造的新价值（v+m）。

"斯密教条"是分析再生产问题的致命的障碍。因为，第一，当从价值形式方面考察社会总资本再生产时，如果社会年产品只分解为v+m，而不分解出c，那么再生产就无法进行。第二，当从实物形式方面考察社会总资本再生产时，如果社会年产品只分解为收入，即只分解为供个人消费的消费品（Ⅱ），而不分解出供生产消费的生产资料（Ⅰ），那末再生产也无法进行。

斯密没有能清除掉自己给再生产的分析所设置的障碍，但是他也没有被障碍完全绊倒，而是魔术般地突然采用迂回曲折的方式绕过障碍，对社会资本再生产作了进一步的分析。

按照价值全部分解为收入的"斯密教条"，就必然会得出社会年产品全部用于个人消费的结论。然而，斯密并没有作出这种荒谬的结论。① 他突然从价值全部分解为收入的死胡同中退了回来，马上又通

---

① 马克思指出："亚·斯密把商品的价值，从而把社会年产品的价值，分解为工资和剩余价值，从而分解为单纯的收入，但是他反对从这种论断中必然得出的结论：全部年产品都可以被消费掉。具有独创精神的思想家从来不会作出荒谬的结论。他们把这件事留给萨伊和麦克库洛赫之流去做。"引自《马克思恩格斯全集》第24卷，第433页。

过另一途径"迂回曲折地把第四个要素,即资本的要素偷偷地塞了进来"。① 这就是提出了总收入和纯收入的概念。斯密在第二篇中重述第一篇关于价值全部分解为收入的错误论点之后,不经过任何过渡,马上笔锋一转,说:虽然一国土地和劳动的年产品总价值在国内不同居民之间分配,构成他们的收入,但是,就像我们把私人地产的收入区分为总收入和纯收入一样,我们也可以对一个大国全体居民的收入作这样的区分。接着,斯密对总收入和纯收入作了如下的规定:一个大国全体居民的总收入,包括他们的土地和劳动的全部年产品;纯收入是在先扣除固定资本的维持费用,再扣除流动资本的维持费用之后,余下来供他们使用的部分,或者说,是他们可以列入消费储备的部分,即用于生活和享乐而不侵占资本的部分。②

从斯密关于总收入和纯收入的规定中可以看到,他已经丢开了刚才关于价值全部分解为收入的观点,而是提出了一个完全不同的观点,即认为年产品总价值在先扣除固定资本和流动资本的维持费用之后,才分解为各种形式的纯收入。这就是说,年产品总价值除了分解为各种形式的纯收入($v+m$)之外,还分解为固定资本和流动资本(原料)的费用,即分解为不变资本(c)。在这里,斯密完全承认,无论从个别资本来说,或是从社会资本来说,商品总量的价值都还包含第四个部分,这个部分无论如何也不构成收入,不归个人消费。

斯密不仅是在特定场合不知不觉地承认了社会总产品价值分解为资本的要素和收入的要素,即分解为不变资本、可变资本和剩余价值,而且还模糊地意识到必须区分两种劳动:一种是提供消费品的劳动,另一种是提供生产资料的劳动。斯密说:维持固定资本的全部费用,显然要从社会纯收入中排除掉。无论是为维持有用机器、生产工具、经营用

---

① 《马克思恩格斯全集》第24卷,第402页。
② 亚当·斯密:《国富论》上卷,第262页。

的建筑物等等所必需的材料，还是为使这些材料转化为适当的形式所必需的劳动的产品，从来都不可能成为社会纯收入的一部分。这种劳动的价格，当然可以是社会纯收入的一部分，因为从事这种劳动的工人，可以把他们工资的全部价值用在他们的直接消费基金上。但是，在其他各种劳动中，劳动的价格和劳动的产品二者都加入这个消费基金；劳动的价格加入工人的消费基金，劳动的产品则加入另一些人的消费基金，这些人靠这种工人的劳动来增加自己的生活必需品、舒适品和享乐品。①

从斯密的这些议论中可以看到，他遇到了在再生产理论中的另一个极为重要的区别，这就是关于不可能成为社会纯收入的"有用机器、生产工具、经营用的建筑物等"的生产和可能成为社会纯收入的"生活必需品、舒适品和享乐品"的生产之间的区别。②

在此以前，斯密被自己的信条所纠缠，认为社会年产品全部分解为收入。依此就会得出结论，社会年产品全部供个人消费。这一谬误，从实物形式上看是十分明显的。因为在社会年产品中，有相当大一部分是生产资料，这不能供个人消费，而只能供生产消费。混同个人消费和生产消费，再生产问题就无法分析下去。

现在，斯密用区分生产生产资料的工人（第一类工人）和生产消费资料的工人（第二类工人）的办法摆脱了理论上的困境。按照斯密现在的说法，第一类工人生产的产品，从物质形式方面来说，只能作为资本，而不能成为社会"纯收入"，不能加入直接消费基金；但是，从价值形式

---

① 亚当·斯密：《国富论》上卷，第262—263页。

② 马克思指出："亚·斯密在这里碰上了一种非常重要的区别，即生产生产资料的工人和直接生产消费资料的工人之间的区别。"引自《马克思恩格斯全集》，第24卷，第405页。列宁也指出："亚·斯密遇到了另一个在实现论中有巨大意义的极重要的区别。……他意识到必须把两种劳动区分开来：一种劳动提供能够成为'纯收入'的消费品；另一种劳动提供'有用的机器，工业工具，建筑物等等'，即提供那些决不能用于个人消费的物品。"引自《列宁选集》第1卷，第172—173页。

方面来说,生产生产资料的工人的"劳动的价格"可以成为社会"纯收入",可以加入直接消费基金,因为这些工人的工资是用于个人消费的。

应当指出,斯密的分析很不充分,他只想到生产资料价值中的工资是收入,而没有想到生产资料价值中的利润和地租也是收入。就是说,斯密在考虑总社会消费基金时,只考虑到第一部类的可变资本(Iv),而没有考虑到第一部类的剩余价值(Im)。实际上,这两部分价值都存在于生产资料之中,即都存在于第一类工人生产的不能用于个人消费的物品之中。它们(Iv+Im)只有在转化为货币之后,才能从第二类工人生产的消费资料中取得相应数量的等价产品(IIc),作为它们的所有者的个人消费基金。

斯密分析的不充分还表现在,他没有明确指出,在第一类工人的产品的价值中,有一部分绝对不可能形成"纯收入",而只能同第一类工人为了生产生产资料而消耗的生产资料的价值(Ic)相等。

关于第二类工人生产的产品,斯密认为,从价值形式方面来说,生产消费资料的工人的"劳动的价格"可以成为社会"纯收入",加入直接消费基金,因为这些工人的工资是用于个人消费的。从实物形式方面来看,这类产品都是消费资料,因而也都加入直接消费基金。

这里也应当指出,斯密的分析同样是不充分的。他只想到第二类工人的产品价值中的工资是收入,直接加入消费基金,而没有明确指出同类产品价值中的利润和地租也是收入,也直接加入消费基金。斯密的分析不仅不充分,而且不确切。他误以为第二类工人的"劳动的价格"加入工人的消费基金,而"劳动的产品"则加入另一些人的消费基金。斯密不懂得,如果第二类工人的劳动的产品全部成为"另一些人"的消费基金,那么他们自己就只有靠"劳动的价格"即在工资形式上得到的货币来过活。但是,斯密懂得,货币只是商品借以流通的车轮,它本身同固定资本一样,是既不能吃也不能穿的。这里显然存在着矛盾。

斯密不明白，第二类工人所得到的货币也必须在他们自己劳动的产品中得到实现，也就是用这些货币购买他们自己的消费资料。成为"另一些人"的消费基金的不是第二类工人的全部产品（IIc+IIv+IIm），而是第二类工人全部产品中减去这类工人消费基金的余额（IIc+IIm）。

　　斯密分析的不充分还表现在，他没有明确指出，第二类工人的产品有一部分形成本部门的利润和地租得以实现的消费基金（IIm），另一部分则形成第一类工人的产品价值中的工资、利润和地租得以实现的消费基金（Iv+Im）。

　　在研究"维持固定资本"即固定资本简单再生产以后，斯密又研究"维持流动资本"即流动资本简单再生产。斯密说：虽然维持固定资本的全部费用必须从社会的纯收入中排除掉，但维持流动资本的费用却不是这样。斯密把流动资本区分为社会的流动资本和个别人的流动资本，他说：一个社会的流动资本，在这方面来说是和单个人的流动资本不同的。单个人的流动资本完全要从他的纯收入中排除掉，绝不能成为其中的一部分；纯收入只能由他的利润构成。但是，每个单个人的流动资本虽然都是他所属的那个社会的流动资本的一部分，然而决不因此就必定要从社会的纯收入中排除掉，它可以成为其中的一部分。[①] 从斯密的这段重要的议论中可以看出，他明确认为，单个资本家的流动资本不能成为纯收入的一部分，补偿他的资本的商品价值不能分解为纯收入，构成纯收入的只是他的利润。生产消费资料的流动资本如此，生产生产资料的流动资本也是如此。斯密还明确认为，虽然单个资本家的流动资本都是社会流动资本的一部分，但是由所有单个资本家的流动资本所组成的社会资本却具有一种特殊的性质，这就是社会流动资本中由消费资料构成的部分可以同时形成为社会收入。

---

① 亚当·斯密：《国富论》上卷，第264页。

斯密举例说明自己关于流动资本简单再生产的观点:一个小商人的商店里的全部商品,虽然完全不可能列入供他自己直接消费的储备,但可以是另一些人的消费基金。这些人用他们由别的基金得到的收入,有规则地为他补偿这些商品的价值,并且加上他的利润,既不致引起他的资本的减少,也不致引起他们的资本的减少。[①] 很明显,斯密的例证是把生产消费资料的资本家投入流通的商品资本叫作流动资本。在实物形式上,它们都是消费资料,所以全部加入社会的直接消费,成为社会"纯收入"得以实现的消费基金。在价值形式上,它们能够全部得到补偿,既包括资本(固定资本和流动资本),又包括利润。不过,斯密在这里不应该说一个小商人的商店里的全部商品,而应该说第二类工人生产的全部消费资料减去本部门的工资、利润和地租得以实现的消费基金($IIv+IIm$)以后的那一部分(IIc)。正是这一部分构成了第一类工人生产的产品价值中的工资、利润和地租得以实现的消费基金($Iv+Im$)。

马克思十分重视斯密在分析固定资本和流动资本再生产时所闪耀的思想火花,指出:如果亚当·斯密把他先前在考察他称之为固定资本的再生产时和现在在考察他称之为流动资本的再生产时涌现出的一些思想片断综合起来,他就会得出如下的结论:一、社会年产品是由两个部类构成的;第一部类包括生产资料,第二部类包括消费资料。二者必须分别加以论述。二、由生产资料构成的那部分年产品的总价值,分为三个部分:第一个部分是生产生产资料所消费的生产资料的价值,第二个部分是投在这个部类的劳动力上的资本的价值即工资,第三个部分是这个部类产业资本家的利润(包括地租)。在这三个部分中,第一个部分无论对单个资本家来说,还是对社会来说,总是作为资本,而从不作为收入执行职能。第二个部分和第三个部分固然同时形成一切参与

---

① 亚当·斯密:《国富论》上卷,第264页。

这种生产的当事人的收入,即工资、利润和地租,但是对社会来说,它们不是形成收入,而是形成资本。三、由消费资料构成的那部分年产品的价值也分为以上三个部分,区别只在于第一个部分不是生产生产资料而是生产消费资料所消费的生产资料的价值。这部分价值以消费资料的形式处在那些生产这种消费资料的资本家手中。从社会的观点来看,它又形成第一部类的资本家和工人借以实现其收入的消费基金。

马克思接着指出:如果亚·斯密的分析达到了这一步,那么,离全部问题的解决也就相差无几了。他已经接近问题的实质,因为他已经指出,社会全部年产品由以构成的商品资本中的一种商品资本(生产资料)的某些价值部分,虽然形成从事这种生产的单个工人和资本家的收入,但并不形成社会收入的组成部分,而另一种商品资本(消费资料)的价值部分,虽然对它的单个所有者即在这个投资领域内活动的资本家来说,形成资本价值,但只形成社会收入的一部分。①

但是,斯密并没有把他在考察固定资本和流动资本再生产时涌现的一些思想片断综合起来,而是陷入了混乱和矛盾的困境。从对社会资本再生产和流通的整体的说明来看,斯密确实比魁奈退步了。不过,也应该看到,斯密在混乱和矛盾中把问题提到了相当的高度,他实际上接触到了再生产问题的关键。批判和纠正斯密的错误,就可以为正确解决再生产问题铺平道路。

四、李嘉图的再生产观点

李嘉图关于再生产问题的论述没有形成系统的理论。严格说来,在他的论著中只有一些零星的关于再生产问题的思想因素。

---

① 《马克思恩格斯全集》第24卷,第407—409页。

斯密教条不仅阻碍了斯密对再生产的分析,也阻碍了李嘉图。李嘉图完全接受了斯密关于商品价值全部分解为工资和剩余价值的观点。区别在于,斯密把商品价值分解为三种收入:工资、利润、地租;李嘉图虽然在有的场合也把商品价值分解为三个部分,但在一般情况下只把商品价值分解为两种收入:工资和利润。在李嘉图看来,地租是利润的一部分。斯密不仅认为价值分解为收入,而且认为价值量是各种收入相加的结果;李嘉图则认为价值分解为收入,价值量不是收入的结果,而是收入的前提。然而,他们的错误是共同的,都认为价值只分解为收入,都漏掉了不变资本,都没有看到作为再生产过程的一个重要因素的不变资本的价值以更新的形式再生产出来。

斯密教条虽然阻碍了李嘉图对再生产的分析,但是并没有妨碍他认识到能够转化为资本的只是三种收入中的两种收入,利润和地租,即剩余价值。李嘉图说:每个国家的土地和劳动的全部产品都分成三部分:工资、利润和地租。积蓄只能来自后面两部分,第一部分永远是必需的生产费用。[1] 当然,只认识到这一点,并不能就认识到剩余价值所以能转化为资本是因为体现剩余价值的物质产品已经包含了新资本各种物质要素。所以,李嘉图并不理解扩大再生产的物质条件。

李嘉图要求发展生产,认为政府的赋税应当有利于而不是不利于再生产的进行。在考察赋税对维持再生产的资本的影响时,李嘉图说:当政府的消费由于增税而增加的时候,如果这种消费由人民增加生产或减少非生产消费来偿付,这种赋税就落在收入上面,资本不会受到损失;如果没有增加生产或减少非生产消费,这种赋税就必然落在资本上面,原来决定用在生产性消费上的基金将会因此受到损失。[2] 在李嘉图看来,当生产性消费基金或资本减少的时候,产量就会随着资本的减少而成比例

---

① 《李嘉图著作和通信集》第 1 卷,第 297—298 页。
② 同上书,第 127—128 页。

地减少,简单再生产就难以维持。如果赋税落在收入方面,虽然现有资本不会减少,也就是虽然简单再生产可以维持,但不利于扩大再生产,因为赋税减少了积累的来源。李嘉图从扩大再生产出发,指出:"凡属赋税都有减少积累能力的趋势。"① 这充分反映了当时产业资本的利益和要求。

　　李嘉图从资本积累引起利润率下降的角度考察了扩大再生产的可能性。他说:当资本积累到了很大的数额,而利润率又下降的时候,进一步的积累就会使利润总额减少。例如,假定积累达到一百万镑,利润率为百分之七,利润总额就是七万镑。如果现在一百万镑再加上十万镑资本,而利润率降到百分之六,那么,虽然资本总额从一百万镑增加到一百一十万镑,资本所有者得到的将只是六万六千镑,或者说,少了四千镑。② 李嘉图接着说:然而,只要资本多少能提供一些利润,就不会有既不增加产品,又不增加价值的资本积累。在使用十万镑追加资本时,原有资本的任何一部分的生产率都不会降低。国内土地和劳动的产品一定会增加,产品的价值也会增加,这不仅是由于加上了除原有产量外新增产品的价值,而且是由于生产最后一部分产品的困难加大使全部土地产品得到了新的价值。不过,当资本积累已经很大时,尽管产品的价值增加了,产品进行分配的结果将是,归利润的部分比以前减少,而归地租和工资的部分则会有增加。所以,资本连续增加十万镑而利润率从百分之二十依次下降到百分之十九、百分之十八、百分之十七等时,一年中所获得的产品在数量上将增加,而且将具有比追加资本预计生产的全部追加价值更大的价值。③

　　李嘉图的意思是,资本的积累和生产规模的扩大,必然导致利润率递减。当利润率下降时,只要利润总量仍在增加,扩大再生产就可能继

① 《李嘉图著作和通信集》第 1 卷,第 127—128 页。
② 同上书,第 104 页。
③ 同上书,第 104—105 页。

续进行下去。相反,如果利润总量下降,即使产量和价值都随生产规模的扩大而增加,扩大再生产也不可能继续进行下去。李嘉图在这里实际上宣布了资本主义扩大再生产的界限是利润。准确地说,这种界限还不是利润率的下降,而是利润总量的下降。但是,李嘉图的全部证明是建立在所谓土地收益递减的理论基础上的。他断言,在扩大再生产的过程中,由于生产最后一部分产品的困难加大而使全部土地产品得到了新的价值。在《原理》第一版中,他说这种新价值总是成为地租,后来他修改了自己的说法,认为新价值成为地租和工资。生产最后一部分产品的困难使农产品价格提高,从而使工资上涨。但是,工人只是名义工资增加,而实际生活状况却在恶化。李嘉图说:"真正得到利益的只有地主。"[①] 因此,李嘉图实际上最终宣布土地所有者阶级的存在是资本主义扩大再生产的障碍。

但是,李嘉图关心的是生产的发展,是扩大再生产。他十分明确地宣告,增加年产量是目的,投资只是达到目的的一项手段。为了目的可以牺牲手段,但不能为了手段而牺牲目的。在《原理》第三版中,李嘉图加了一个重要的脚注来表达他的这个观点。这个脚注说:"任何资本固定在土地上以后,当租约满期时,都必然归于地主而不是属于租地人。……但无论已经用在土地上面的资本有多大,这都没有什么害处。这种投资的目的是增加产品。我们应当记住,这正是我们的最终目的。只要能取得更大的年产量,即使有一半资本价值减少甚或全然被消灭,对社会来说又有什么关系呢?那些因为资本在这种情况下遭受损失而叹息的人是在主张为手段而牺牲目的。"[②]

---

① 《李嘉图著作和通信集》第 1 卷,第 106 页。

② 同上书,第 229 页。但是,李嘉图用自己的这一观点来看待资本主义经济的最终目的,说什么"一切商业的最终目的都在于增加生产;增加生产即使会带来局部损失,却会增进普遍幸福"。引自《李嘉图著作和通信集》第 1 卷,第 231 页。

五、拉姆赛的再生产理论

拉姆赛发现了李嘉图再生产理论的根本错误,从而发现了斯密再生产理论的根本错误。拉姆赛正确地指出:"李嘉图忘记了,全部产品不仅分为工资和利润,而且还必须有一部分补偿固定资本。"[①] 他还指出:"无论总产品的数额是多少,其中用来补偿在生产过程中以不同形式消费了的全部东西的那个量,不应当有任何变动。只要生产以原有的规模进行,这个量就必须认为是不变的。"[②]

由于拉姆赛发现了斯密和李嘉图认为总产品的价值全部分解为收入的错误观点,看到了全部产品的价值要分解为工资、利润(包括地租)和"固定资本"即不变资本,因而"正确地描述了实际的再生产过程。"[③]

拉姆赛考察了"整个国家"的再生产。他认为,就整个国家而言,花费了的资本的各个不同要素应当在这个或那个经济部门再生产出来,否则国家的生产就不能继续以原有的规模进行。工业的原料,工业和农业中使用的工具,工业中无数复杂的机器,生产和贮存产品所必需的建筑物,这一切不仅应当成为一国所有资本主义企业主的全部预付的组成部分,而且应当成为该国总产品的组成部分。拉姆赛在这里说的原料、工具、机器和建筑物,就是不变资本。他的意思是说,不变资本不仅是一国资本家阶级全部预付资本的一个组成部分,而且也是该国社会总产品的一个组成部分。工资和利润(包括地租)则是社会总产品的另一个组成部分。拉姆赛的这一观点,同斯密和李嘉图比较,包含一个本质的进步。它实际上表明,社会总产品不仅分解为可变资本

---

① 乔治·拉姆赛:《论财富的分配》。引自《马克思恩格斯全集》第24卷,第433页。
② 乔治·拉姆赛:《论财富的分配》。引自《马克思恩格斯全集》第26卷Ⅰ,第90页。
③ 《马克思恩格斯全集》第26卷Ⅲ,第372页。

和剩余价值,而且还分解为不变资本。不过,也应当看到,拉姆赛虽然试图超出斯密的解释,可是由于他不能把不变资本和可变资本的区别同固定资本和流动资本的区别截然分开,而是把前一区别淹没在后一区别之中。他所说的固定资本是由生产资料构成的,他所说的流动资本是由生活资料构成的,二者都是具有一定价值的商品,都不能生产剩余价值。所以,拉姆赛从一开始提出问题就是片面的。

拉姆赛把"整个国家"的再生产和"单个资本家"的再生产当作两个独立的现象来考察。就整个国家而言,拉姆赛认为,再生产过程是以产品补偿产品。为了使国家的生产能够继续以原有的规模进行,即为了维持简单再生产,原料、工具、机器和建筑物等必须在实物的形式上得到补偿。因此,总产品的量可以同全部预付的量相比较,因为每一项物品都可以看成是与同类的其他物品并列的。就单个资本家而言,拉姆赛认为,再生产过程是以价值补偿价值。他说:由于单个资本家不是以实物偿付自己的支出,大部分支出都必须通过交换来取得,所以他不得不把更大的注意力放在自己产品的交换价值上,而不是放在产品的量上。

在拉姆赛关于"整个国家"的再生产是以产品补偿产品,"单个资本家"的再生产是以价值补偿价值这一独特的提法中,有理论意义的因素在于他模糊地意识到再生产问题实际上是价值补偿和实物补偿问题。可是,拉姆赛的理解是片面的。他不懂得,虽然在考察单个资本的再生产过程时可以不专门考察产品的物质补偿问题,但是就社会资本而言,在再生产过程中,以产品补偿产品和以价值补偿价值这两个观点,都必须加以考虑。

第十六章　国民收入理论

一、配第的收入统计

在英国古典经济学家中,威廉·配第对国民总收入和总支出的计算作了尝试。在 1664 年写成的《献给英明人士》中,配第对英格兰和威尔士的总收入和总支出作了试算。据配第统计,英格兰和威尔士的人口当时为 600 万人,每人每天支出平均为 4.5 便士,全部人口每年的总支出为 4 000 万镑。为使收支平衡,每年的总收入也应为 4 000 万镑。假定每年全国资产收入只有 1 500 万镑,那么不足的 2 500 万镑就要靠劳动来生产。如果每人每年平均生产 8 镑 6 先令 8 便士,全国总人口中的半数就能生产出这个 2 500 万镑收入。

在 1672 年左右写成的《政治算术》中,配第对总收入和总支出又作了一次试算。他假定英格兰全部人口为 600 万人,每人每年平均支出为 7 镑,全部人口每年的总支出为 4 200 万镑。同样,为使收支平衡,每年的总收入也应为 4 200 万镑。假定全国地租每年为 800 万镑,全部动产的收入每年为 800 万镑,那么不足的 2 600 镑就要靠劳动来生产。

配第先后两次对全国总收入和总支出的计算,基本内容相同。他所说的支出,指的是人们在衣、食、住和其他必需品方面的支出,即消费支出。他所说的收入,指的是不动产(土地)、动产和劳动带来的收入。在这里,配第违背了自己的劳动价值理论,只把劳动创造的价值的一部分看作是劳动生产的,似乎劳动创造的价值的其他部分不是劳动生产的。配第在计算总收入时,没有对不同性质的收入进行阶级划分。尤其是,由于配第没有能提出社会资本再生产的理论,因而不可能为国民收入的统计提供理论依据。他只是对作为全体居民收入总额和消费总额的社会总收入和总支出进行了经验性的计算。但是,即使如此,配第对社会总收入和总支出的统计和计算还是有重要历史意义的,因为这毕竟是古典政治经济学史上的第一次尝试。

二、斯密的国民收入观点

纯收入或纯产品,同总收入或总产品相对立,这本是重农学派用来表达剩余价值概念的用语。但是,在斯密的理论体系中,总收入和纯收入获得了新的意义。

斯密把个人地产收入分为总收入和纯收入。他说:个人地产的总收入包括租地农场主所支付的一切;纯收入则是扣除管理、修理的开支以及其他一切必要费用之后,留归土地所有者的东西,换句话说,是他不损及自己的财产而可以归入用于直接消费即吃喝等等的基金的东西。[1] 斯密在这里没有把租地农场主的产品价值全部分解为工资、利润、地租,而是扣除了产品价值的另一个组成部分,即不变资本部分。[2]

斯密把区分个人地产收入的原则运用到一个大国全体居民收入上来。他说:就像把个人地产的收入区分为总收入和纯收入一样,也可以把一个大国全体居民的收入区分为总收入和纯收入。按照斯密的定

---

[1]　亚当·斯密:《国富论》上卷,第262页。

[2]　列宁说:"亚当·斯密意识到他不能很好地把国民收入从国民产品中分出来;意识到他陷入了矛盾:他从国民产品中去掉了不变资本(按照现代术语来说),而在单个产品中又把它包括进去。"引自《列宁全集》第2卷,第139—140页。

义，一个大国全体居民的总收入包括他们的土地和劳动的全部年产品，而一个大国全体居民的纯收入则是指在总收入中扣除固定资本和流动资本的维持费用之后余下的部分，或者说，是指可以列入直接消费基金而不侵占资本的部分。① 在这里，斯密不知不觉地摆脱了价值全部分解为收入这个斯密教条的束缚，认为全部产品的价值并不仅仅分解为工资、利润和地租，即不仅仅分解为纯收入，还要扣除固定资本和流动资本的维持费用，即扣除劳动工具和原料，也就是扣除不变资本。

斯密的这一观点说明，无论就单个资本家来说，还是就全国来说，全部产品价值除了分解为工资、利润、地租之外，还必须包含第四个部分，这一部分对任何人都不构成纯收入。列宁分析斯密的这一观点时指出："在这里，亚当·斯密自己不知不觉地承认了总产品价值的三个组成部分：不仅有可变资本和额外价值，而且还有不变资本。"②

从国民收入理论的角度来看，斯密关于总产品和纯产品的区分表明他已经接近于了解到国民总产值同国民收入的区分。他所说的一个大国全体居民的总收入，从实物形式来说，实际上就是社会总产品；从价值形式来说，实际上就是社会总产值。他所说的一个大国全体居民的纯收入，既然是扣除已消耗的固定资本（劳动工具）和流动资本（原料）的结果，也就是扣除已消耗的生产资料价值的结果，那当然就是新创造的价值的总和，即国民收入。

从国民收入理论的角度看，斯密的纯收入概念比重农学派的纯产品概念有了很大的进步。前者把纯收入看作是一个国家全体居民一年内在一切生产领域新创造的价值的总和，而后者只把纯产品看作是一个国家农业生产部门一年内新创造的价值的总和。斯密的纯收入概念实际上就是国民收入概念，而重农学派的纯产品概念实际上是特殊形

---

① 亚当·斯密：《国富论》上卷，第 262 页。
② 《列宁全集》第 3 卷，第 29 页。

式的剩余价值概念,而不是国民收入概念。

从国民收入理论的角度看,斯密关于纯收入的概念还表明他已初步了解到资本主义制度下国民收入分配的基本特点。按照斯密的看法,同资本主义社会的三大阶级的划分相适应,纯收入分解为三个部分:工资、利润和地租。

还值得一提的是,斯密强调指出,土地所有者的实际财富不同他的总收入成比例,而同他的纯收入成比例。同样,一个国家的实际财富也不同它的总收入成比例,而同他的纯收入成比例。这一观点在一定程度上反映出资产阶级生产方式的一个特点:资产阶级的实际财富的大小,取决于剩余价值的大小。

三、李嘉图的国民收入观点

李嘉图采用了斯密的总收入和纯收入两个术语,并在《原理》中专门用一章论述总收入和纯收入。但是,他一开始就同斯密争论,指责斯密经常夸大一个国家从大量总收入中得到的利益,而不是从大量纯收入中所得到的利益。实际上,李嘉图和斯密只是使用的术语相同,而概念的内容各异。斯密的总收入是指一国的社会总产品或社会总产品的价值,而李嘉图的总收入则是指一国的总产品中作为收入分配的那一部分产品或产品的价值;斯密的纯收入是指总收入中扣除已消耗的生产资料余下的那一部分产品或产品的价值,而李嘉图的纯收入则是新创造的价值中超过工资以上的那一部分。[①] 由此可以看出,如果说斯密

---

　　① 马克思指出:"李嘉图认为总收入就是补偿工资和剩余价值(利润和地租)的那一部分产品;他认为纯收入就是剩余产品,剩余价值。李嘉图在这里就像在他自己的全部经济理论中一样,忘记了总产品中有一部分应该补偿机器和原料的价值,简单地说,就是补偿不变资本的价值。"引自《马克思恩格斯全集》第26卷Ⅱ,第644页。

的纯收入概念实际上就是国民收入概念的话,那末李嘉图的总收入概念实际上就是他的国民收入概念。

经济理论史上的一个十分有趣的现象是:斯密本人并没有完全受到斯密教条的束缚,总收入和纯收入的区分使得这位被斯密教条死死缠住的斯密脱了身,因而在国民收入理论方面提出了有价值的见解;李嘉图这位思想比斯密更为缜密的优秀古典经济学家,在接受斯密关于总收入和纯收入的区分时,却被斯密教条缠得脱不了身,因而对总收入和纯收入作出了和斯密完全不同的规定。李嘉图说:"每个国家的全部土地和劳动产品都要分成三部分,其中一部分归于工资,一部分归于利润,另一部分归于地租。"[1] 李嘉图举例证明区分总收入与纯收入的重要性,说:假定一个国家所有的商品的价值是 2 000 万镑;为了取得这一价值必须使用一定人数的劳动,这些劳动者的绝对必需品须支付 1 000 万镑。在这种情形下,我就说这个社会的总收入是 2 000 万镑,纯收入是 1 000 万镑。但根据这一假定并不能推论说,劳动者通过其劳动就应当只得 1 000 万镑;他们尽可以得 1 200 万镑、1 400 万镑或 1 500 万镑;在这种情形下,他们所分享的纯收入便是 200 万、400 万或 500 万镑。其余的便在地主和资本家之间分配。但全部纯收入却不会超过 1 000 万镑。[2] 在这里,李嘉图并没有按照斯密的原则区分总收入和纯收入。由于斯密教条的影响,李嘉图完全混同了社会总产品和国民收入。既然总收入是指一个国家全部商品的价值,那么这种意义上的总收入就应当是指社会总产品或社会总产品的价值。可是,在李嘉图的说明中,总收入(2 000 万镑)却是指工资(1 000 万镑)、利润和地租(1 000 万镑)的总和。这个意义上的总收入不是社会总产品或社会总产品的

---

[1]　《李嘉图著作和通信集》第 1 卷,第 297 页。
[2]　同上书,第 362 页。

价值，而是新创造的价值的总和，即国民收入。① 李嘉图在这里所说的纯收入，也不是斯密说的那种意义上的纯收入，而是指总收入中超过由工资构成的那一部分的余额，即指剩余价值。

斯密关于单个资本家或国家的实际财富都同纯收入而不是同总收入成比例的观点，在李嘉图这里才真正获得了鲜明的阶级意义。李嘉图从资本主义的生产目的出发，毫无顾忌地宣称，无论是对单个资本家来说，还是对整个国家来说，唯一重要的是纯收入，而不是总收入。一国维持军队以及各种非生产劳动的能力必须同它的纯收入成比例，而不同它的总收入成比例。② 同样，纳税能力必须同纯收入成比例，而不同总收入成比例。③ 就是说，这些能力都同剩余价值成比例，而不同国民收入成比例。李嘉图的纯收入概念的内涵使他比斯密更明确地道破资本主义生产的目的。这是因为，李嘉图的纯收入决定于总产品价值超过预付资本价值的余额，只要纯收入增加，就达到了资本主义生产的目的。

李嘉图关于总收入和纯收入的区分，从国民收入分配的角度来说，是有重要意义的。李嘉图曾经假定，每当社会的纯收入增加的时候，社会的总收入一定增加。后来，李嘉图自己否定了这一观点，而是认为，当社会的纯收入增加的时候，社会的总收入不一定增加。④ 这实际上是说，国民收入的分配可以由于缩小工人阶级的劳动收入的份额而扩大资本家阶级和土地所有者阶级的剥削收入的份额。

---

① 马克思指出："李嘉图在考察纯收入时又犯了一个错误，即把总产品归结为收入，也就是归结为工资、利润和地租，而把应得到补偿的不变资本撇开不谈。"引自《马克思恩格斯全集》第 26 卷Ⅱ，第 625 页。

② 《李嘉图著作和通信集》第 1 卷，第 298 页。

③ 同上书，第 299 页。

④ 李嘉图在《原理》第三版新增加的《论机器》这一章中说："我的错误之所以会产生是由于假定每当社会的纯收入增加时，其总收入也会增加。但我现在有理由确信，地主与资本家从以取得其收入的那种基金增加时，劳动阶级主要依靠的另一笔基金却可能减少。"引自《李嘉图著作和通信集》第 1 卷，第 332—333 页。

第十七章 经济危机理论

一、斯密的经济危机理论

斯密生活在工场手工业时期,他"还不知道生产过剩以及从生产过剩产生危机的现象"。①

在斯密的著作中,曾经论述过信用危机和货币危机。这种信用危机和货币危机。在斯密看来,是同信用制度和银行制度一起自然发生作用的。由于斯密还不知道从生产过剩产生危机的现象,当然也不可能知道信用危机和货币危机同生产过剩的危机的区别和联系。

在这里,使我们感兴趣的不是斯密关于信用危机和货币危机的论述,而是散见于他的《国富论》中的关于暂时的生产过剩的论述。

斯密并不认为资本主义社会能经常保持供给和需求的平衡。在他看来,暂时的生产过剩是可能发生的。但是,他认为,这种暂时的生产过剩可以通过过剩产品的出口而得到解决。他说:"在特定工业部门的产品超过本国需要的场合,其剩余部分,就必然被送往国外以交换国内需要的物品。没有这种输出,国内生产性劳动一定有一部分会停顿,因而会减少国内年产物的价值。……没有这种输出,这个剩余部分,将不能获得充足的价格,来补偿生产它时所费的劳动与费用。"② 可见,斯密

---

① 《马克思恩格斯全集》第 26 卷 Ⅱ,第 599 页。
② 亚当·斯密:《国富论》上卷,第 342 页。

在一定程度上已经看到,资本主义生产是不考虑消费的界限的,当国内的直接需求不能同增大的供给相平衡的时候,它便采取同直接需求无关而取决于世界市场的不断扩大的那样一种规模。斯密也已经在一定程度上看到,资本主义的生产过剩不是绝对过剩,而是不能"获得充足的价格"的过剩。但是,斯密在考虑资本主义过剩商品的实现问题时,不是先抽象掉对外贸易,而是一开始就把对外贸易的存在作为解决生产过剩的一个必要条件,因而不可能认识资本主义社会产品的实现条件以及实现过程中的矛盾和困难。

尽管如此,斯密还是有贡献的。因为,他承认,英国生产的谷物、呢绒和金属制品常常超过国内市场的需要,随着生产的扩大,必须同时有市场的扩大,国内市场是有限的,因而必须有国外市场。斯密承认市场必须同生产一起扩大,实际上就是承认有生产过剩的可能性。马克思在论及斯密关于生产过剩的论点时说:"他认为,单单从国内市场发展为国外市场、殖民地市场和世界市场本身,就是国内市场上存在所谓相对的(潜在的)生产过剩的证明。"①

斯密当然应该知道,把过剩商品运往国外,必须同时把外国商品运往国内。只卖不买是不行的。既然国内商品运往国外的原因是由于这些商品在国内不能"获得充足的价格",那么现在运进国内的外国商品在国内也会出现能否"获得充足的价格"的问题。斯密曾经考虑过这一问题。他说:用本国过剩商品购买到的外国商品,如果超过国内市场的需要,那么过剩的部分还必须运往国外,以交换国内需要的别的商品。他以烟草为例说,英国每年用一部分过剩的工业品购买大约九万六千桶的烟草。但是英国国内的需求不过一万四千桶。其余八万二千桶如果不再运往外国以交换国内更为需要的其他商品,那么

---

① 《马克思恩格斯全集》第26卷Ⅱ,第600页。

这八万二千桶烟草的进口就会立刻停止。斯密认为,烟草进口的停止,就会引起国内用来交换烟草的出口商品生产的停止,使从事这种生产的英国人失业。斯密由此得出结论:对外贸易是维持本国生产劳动、维持本国年产品价值的必要手段。^① 在这里,斯密从维持国内就业和生产的角度来论证对外贸易的必要性,但是,他把过剩商品从本国推到外国,然后又在进口商品过剩的形式上再次把过剩商品推到外国。他似乎完全没有觉察到,这样推来推去,丝毫也没有解决生产过剩的问题。

斯密从暂时的生产过剩进而论及暂时的资本过剩。他认为,资本积累会导致利润率下降,从而导致利息率下降,例如,荷兰的利润率和利息率在欧洲是最低的,荷兰人把巨额资金贷给利息率较高的外国。斯密说:"这些事实,无疑表示他们资本的过剩,或者说,他们的资本已增加到投在本国适当生产上不能得相当利润的程度。"^② 但是,斯密认为暂时的资本过剩可以通过过剩资本流进海运业而得到解决。他说:当任何一个国家的资本增加到已经无法全部用来供应本国的消费并维持本国的生产劳动时,资本的剩余部分就自然流入海运业,被用来为其他国家执行同样的职能。^③ 斯密认为,国内贸易的范围受国内各地剩余产品价值的限制,对外贸易的范围受本国全部剩余产品价值的限制,海运业的范围则受全世界各个国家剩余产品价值的限制。同国内贸易和对外贸易比较,海运业的范围简直没有止境,能够大量吸收过剩资本。^④ 正像承认市场没有同生产一起扩大,也就是承认有生产过剩的可能性一样,承认投资场所没有同资本一起扩大,也就是承认有资本过剩的可能性。斯密认为最能吸收资本的海运业的发展本身,就是国内存在相

---

① 亚当·斯密:《国富论》上卷,第342—343页。
② 同上书,第84页。
③ 同上书,第343页。
④ 同上书,第344页。

对的资本过剩的证明。

斯密关于危机可能性的观念是和关于危机的不可能性的观念混杂在一起的。一方面，如上所说，斯密承认了生产过剩和资本过剩的可能性，虽然他认为这是暂时的；另一方面，斯密又认为，除了食物以外，人们的需求是无限的。他说：每一个人对于食物的欲望都要受人胃的有限容量的限制，但对于住宅、衣服、车马和家具方面的舒适品和装饰品的欲望似乎是没有限制或确定的界限的。[①]斯密由此推论说：所以，那些拥有的食物多于其消费量的人，总是愿意拿这部分多余的食物，或者可以说，这部分食物的价格，去交换其他物品。在满足了这种有限的欲望以后剩下的一切，就被用来满足那些永远不能完全满足并且看来根本没有止境的欲望。穷人为了获得食物，就尽力满足富人的嗜好，为了更有把握获得食物，他们就互相在自己报酬的低廉和工作的熟练方面竞争。工人人数随着食物数量的增加或者随着农业的改良和耕地的扩大而增加。由于他们的工作性质允许实行极细的分工，他们能够加工的材料数量比他们的人数增加得快得多。因此，对于任何一种材料，凡是人类的发明能够把它用来改善或装饰住宅、衣服、车马或家具的，都产生了需求；对于地下蕴藏的化石和矿物，对于贵金属和宝石，也都产生了需求。[②]这样，斯密认为，食物的需求虽然会有限的，但是食物以外的需求是无限的。那些拥有的食物多于其消费量的人，总是愿意用满足有限欲望之后的多余食物，换取其他物品，以满足那些没有止境的欲望。多余的食物找到了追加的工人和追加的材料，从事满足那些没有止境的欲望的生产。既然这些欲望是无止境的，那么满足这些欲望的生产的发展也是无止境的。同样，既然生产的发展是无限的，那么资本的投资场所也是无限的。

在这里，斯密忘记了自己曾经承认的资本主义生产不是满足直接

---

① 亚当·斯密：《国富论》上卷，第 158 页。

② 同上。

需求的生产，也忘记了自己曾经承认的资本主义生产要受到能否"获得充足的价格"的限制，而是完全反了过来，以为这种生产是满足直接需求的生产，是不受能否"获得充足的价格"的限制的生产。说到需求，斯密在这里只想到胃和其他欲望产生的需求，只想到绝对需求，而忘记了有支付能力的需求。这就必然又会得出生产过剩、资本过剩和危机的不可能性的结论。他不知道，资本主义生产过剩不是绝对的生产过剩，不是同绝对需求或绝对欲望有关的生产过剩，而是同有支付能力的需求有关的相对生产过剩。

二、李嘉图的经济危机理论

李嘉图关于危机问题的论述，除了第十九章"论工商业途径的突然变化"之外，主要集中在《原理》的第二十一章"积累对于利润和利息的影响"中。在这一章中，李嘉图用相当多的篇幅研讨了斯密的有关论述。在李嘉图的论述中，事情正好颠倒着：斯密的错误观点，在他看来是正确的；斯密的正确观点，在他看来是错误的。

在不少重大理论问题上都同庸俗经济学家萨伊展开论战的李嘉图，在危机理论方面却接受了萨伊的庸俗观点。在《原理》中，李嘉图对萨伊否认生产过剩和资本过剩的谬论大加赞赏，说："萨伊先生曾经非常令人满意地说明：由于需求只受生产限制，所以不论一个国家有多少资本都不会不能得到使用。"[①] 萨伊否认生产过剩可能性的观点是建

[①]《李嘉图著作和通信集》第1卷，第247页。李嘉图是注意逻辑上的前后一贯的，在资本过剩问题上，他发现萨伊并没有遵循前后一贯的原则。李嘉图在同一页的一个注中说："萨伊先生说：'可用资金按其运用范围的比例来说愈多，资本贷款的利息率就愈加跌落。'……这话和萨伊先生自己的原理是不是完全相符合呢？如果国家无论有多少资本都能得到运用，那又怎样能说相对于其运用范围而言数量很多呢？"引自《李嘉图著作和通信集》第1卷，第247页。

立在"产品只是用产品购买的"这一公式的基础上的,李嘉图完全接受了萨伊的公式,说:任何人从事生产都是为了消费或出卖,任何人出卖都是为了购买对他直接有用或者有助于未来生产的某种别的商品。所以,一个人从事生产时,他不成为自己产品的消费者,就必然成为他人产品的买者和消费者。不能设想,他会长期不了解为了达到自己所追求的目的,即获得别的产品,究竟生产什么商品对他最有利。因此,他不可能继续不断地生产没有需求的商品。[①] 这样,李嘉图就否定了生产过剩的可能性。

接着,李嘉图又说:因此,在一个国家中,除非必需品的涨价使工资大大提高,因而剩下的资本利润极少,以致积累的动机消失,否则积累的资本不论多少,都不可能不生产地加以使用。[②] 这样,李嘉图又否定了资本过剩的可能性。

在李嘉图的著作中,关于生产过剩不可能的论点,同关于资本过剩不可能的论点,是一回事。

按照自己关于生产过剩和资本过剩不可能的论点,李嘉图对斯密关于暂时的生产过剩和资本过剩的可能性的论点作了相当充分的评论。首先,他反对斯密关于英国的谷物、呢绒和金属制品常常超过国内市场的需要所说的话,说:这段话会使人认为,亚当·斯密断定:我们似乎在一定程度上不得不生产出过剩的谷物、呢绒和金属制品,似乎用来生产这些商品的资本不能移作别用。但是,一笔资本的使用方式总是可以随便选择的,因此,任何商品都决不可能长期有剩余;因为如果有剩余,商品价格将跌到它的自然价格之下,资本就会转移到某些更有利的行业中去。[③] 在这里,正确的是斯密而不是李嘉图。斯密从国内市

---

① 《李嘉图著作和通信集》第 1 卷,第 247 页。
② 同上。
③ 同上书,第 248 页。

场发展为国外市场来说明市场必须同生产一起扩大,实际上也就是证明了生产过剩的可能性。而李嘉图则企图用资本自由转移来论证普遍生产过剩的不可能性。实际上,资本自由转移只能说明一些部门生产过剩和另一些部门生产不足的现象并存,生产过剩和生产不足相等时的供求如何平衡的问题,而不能证明普遍生产过剩的不可能性。须知,当所有部门发生普遍生产过剩的时候,资本自由转移就意味着资本从一个生产过剩的部门自由地转移到另一个生产过剩的部门。李嘉图似乎没有看到,这种自由转移丝毫没有可能解决所有部门或大多数部门生产过剩的问题。

其次,李嘉图反对斯密关于资本过剩可能性所说的话,说:斯密把从事海运业说成好像不是出于自由选择,而是迫不得已;好像资本不投入这一部门就会闲置起来;好像国内贸易中的资本不限制在一定限度之内就会过剩。[1] 李嘉图还反驳说:商人把他们的资本投入对外贸易或海运业时,他们总是出于自由选择而不是迫不得已;他们这样做是因为在这些部门中他们的利润比在国内贸易中要大一些。[2] 在这里,正确的也是斯密而不是李嘉图。斯密从海运业的发展说明最有利的投资场所必须同资本一起扩大,实际上也就是证明了资本过剩的可能性,而李嘉图则企图用自由选择最有利的投资场所来否认资本过剩的可能性。

李嘉图十分赞赏斯密关于除了食物以外需求没有止境或欲望没有限制的观点,认为这个观点是"正确"的。他在详细引证了斯密的有关论述之后说:"根据以上所说的各点可以作出推论说:需求是无限的——资本的运用只要还能产生一些利润,便也是没有限制的。"[3] 李嘉图从斯密的相互矛盾的观点中,批判了关于生产过剩和资本过剩的正

---

① 《李嘉图著作和通信集》第 1 卷,第 250 页。
② 同上书,第 249 页。
③ 同上书,第 252 页。

确论点,吸取了关于需求无限因而生产和资本的使用也没有限制的错误论点,系统地加以发挥,提出了一整套否认经济危机的客观必然性的理论。

在李嘉图之前,詹姆斯·穆勒最初在 1808 年出版的小册子《为商业辩护》中,后来又在 1821 年出版的《政治经济学原理》中,提出了关于生产和消费之间、供给和需求之间、购买量和销售量之间的经常的和必要的平衡的论点,这就是著名的"卖者和买者之间的形而上学的平衡"。萨伊在 1814 年出版的《论政治经济学》(第二版)中,也提出了"产品只是用产品购买的"这一公式。李嘉图否认经济危机的理论,就是建立在詹姆斯·穆勒和萨伊的庸俗理论之上的。

李嘉图的理论出发点是:"产品总是要用产品或劳务购买的,货币只是实现交换的媒介。"[①] 这就是说,李嘉图只把货币看作交换的转眼即逝的媒介物,剩下的是产品和产品的交换。这是萨伊公式的再版。在李嘉图的这种说法中,商品变成了产品,商品交换变成了产品交换,变成了物物交换。物物交换虽然已经包含简单的和扩大的价值形式,然而它毕竟只表示使用价值开始转化为商品,而不表示商品开始转化为货币。这样,商品必须表现为货币并完成形态变化这一资本主义生产的最初前提被否定了,经济危机的可能性也就被否定了。在李嘉图的这种说法中,"劳务"一词代替了雇佣劳动。这样,雇佣劳动的特殊性质被否定了,货币转化为资本的特殊关系也就被否定了。李嘉图正是通过这种否定资本主义生产方式的矛盾和对抗的办法来否定普遍生产过剩的可能性的。

李嘉图把资本主义生产说成是为了消费或出卖而进行的生产,这不仅混淆了资本主义商品生产和简单商品生产,而且混淆了商品经济

---

① 《李嘉图著作和通信集》第 1 卷,第 248 页。

和自然经济。产品生产过剩和商品生产过剩是截然不同的两回事。不可能存在产品生产过剩危机的资本主义以前的生产方式，根本不能证明资本主义生产方式也不可能存在商品生产过剩危机。资本家从事生产绝不是为了自己消费，而是非出卖不可。经济危机正是非出卖不可的商品找不到需求，无法卖出去。在这里李嘉图说任何人出卖都是为了购买，他不知道出卖和购买这两个有内在联系的因素在时间上和空间上都会彼此分离和独立，这种分离和独立会强制地作为具有破坏性的过程表现出来，通过危机强制地实现统一。马克思把李嘉图的论证叫作"幼稚的胡说"，指出："这种幼稚的胡说，出自萨伊之流之口是相称的，出自李嘉图之口是不相称的。"①

　　李嘉图只承认局部生产过剩的可能性，他把局部性的生产过剩引起的危机叫作"工商业途径的突然变化"②，认为这是"由于资本从一种行业转移到另一行业而引起的暂时困难和意外事故"③。李嘉图区分了农产品需求和工业品需求，认为农产品需求始终如一，尤其是其中的食品需求在一切时代和一切国家都不会变化，而工业品需求则很不稳定，它不仅受购买者的需要支配，而且受购买者的嗜好和欲念支配。此外，新的税收和战争等也会导致工商业途径的突然变化。李嘉图说："在所有这类情况下，从事制造这种商品的人都会遭到很大的困难，并且无疑

---

　　①　《马克思恩格斯全集》第26卷Ⅱ，第573页。马克思在批判李嘉图等人否认危机的理论时说："李嘉图和其他人对生产过剩等提出的一切反对意见的基础是，他们把资产阶级生产或者看作不存在买和卖的区别而实行直接的物物交换的生产方式，或者看作社会的生产，在这种生产中，社会好像按照计划，根据为满足社会的各种需要所必需的程度和规模，来分配它的生产资料和生产力，因此每个生产领域都能分到为满足有关的需要所必需的那一份社会资本。这种虚构，一般说来，是由于不懂得资产阶级生产这一特殊形式而产生的，而所以不懂又是由于一种成见，认为资产阶级生产就是一般生产。"引自《马克思恩格斯全集》第26卷Ⅱ，第604页。
　　②　《李嘉图著作和通信集》第1卷，第224页。
　　③　同上。

还会受到若干损失。这种情形不仅会在发生变动的时候出现,并且会在他们把他们的资本和他们所能支配的劳动由一种行业转移到另一行业的整个期间内出现……在这一期间,很多固定资本将得不到使用,也许会完全损失,劳动者则不能充分就业。"① 李嘉图认为,遭受这种不幸的不只是最初发生这种困难的国家,而且还有从这个国家进口商品的国家。他还认为,工商业途径的突然变化所带来的困难,在广泛使用机器的富裕国家比在主要使用人力的贫穷国家更为严重。

　　李嘉图对局部生产过剩的承认,是为了对普遍生产过剩的否认。他说:某一种商品可能生产过多,可能在市场上过剩,以致不能补偿它所花费的资本;但是不可能所有的商品都是这种情况。② 李嘉图的理由是,需求是无限的,这些需求不能同时得到满足。每个消费的需求都要用商品来满足,为了满足各种需求,所需要的只是钱,但是除了增加生产以外再没有别的方法可以提供钱。③ 因此,普遍生产过剩是不可能的。李嘉图在不少重要经济理论方面能够提出相当深刻的见解,而在危机理论方面论证问题却如此幼稚而肤浅。按照他的说法,只要人们的多种多样的绝对需求没有得到满足,就不会有普遍生产过剩。依照这一逻辑,资本主义生产方式就连局部生产过剩也不会有,因为这种生产方式并不能保证满足人们的任何绝对需求,哪怕是最迫切的需求。把资本主义生产方式看作是绝对生产方式的李嘉图,根本不承认资本主义生产方式给生产力的发展所造成的在商品生产过剩中暴露出来的那种界限。

　　按照李嘉图的说法,"需求只受生产限制"④,"需求是无限的——资

---

　　① 《李嘉图著作和通信集》第 1 卷,第 225 页。
　　② 同上书,第 248 页。
　　③ 同上书,第 249 页。
　　④ 同上书,第 247 页。

本的运用只要还能生产一些利润,便也是没有限制的"。^①李嘉图在这里是想说,资本主义的生产永远不会超过需求。这当然是错误的说法。但是应当看到,在他的这种错误说法中,包含某种合理的因素。马克思指出:"如果对李嘉图的论点作正确的分析,那么,这个论点所说的恰恰同李嘉图想说的相反——就是说,进行生产是不考虑消费的现有界限的,生产只受资本本身的限制。而这一点确实是这种生产方式的特点。"^②

李嘉图否认普遍生产过剩的可能性,这是完全错误的。这一错误,是由于他不懂得资本主义生产方式这一特殊形式而产生的。李嘉图把资本主义生产总是看作一般生产,这就必然看不到这种生产方式的本质特征。不过,也应当看到,李嘉图同后来的那些在周期地爆发的经济危机面前蓄意否认危机必然性的庸俗经济学家毕竟是有区别的,因为"李嘉图自己对于危机,对于普遍的、由生产过程本身产生的世界市场危机,确实一无所知"。^③

在1822年出版的小册子《关于农业的保护》中,李嘉图对经济危机的认识有了一点进步。他感觉到,农业丰收对自然经济中的农业生产者和对商品经济中的农业生产者的影响和后果是完全不同的。前者需要的是使用价值,丰收对他们有利。后者要实现的是交换价值,丰收对他们有害。李嘉图写道:"没有人说过丰收对国家有害,但是丰富的商品对生产者却往往是这样。假使他们所生产的,是供作他们自己消费的,丰富对他们就决不会有害。但是,如果由于谷物丰富,他们把它带到市场上要用以为自己提供别的商品时的那个数量,在价值上大大降低,那就无法取得他们惯有的享受;他们事实上拥有的是一种交换

---

① 《李嘉图著作和通信集》第1卷,第252页。
② 《马克思恩格斯全集》第26卷Ⅱ,第594页。
③ 同上书,第567页。

价值不大而数量丰富的商品。"①当然,如果只在认识上取得这一点点进步,那是很有限的。这比法国空想社会主义者傅立叶的丰足造成了萧条,过剩成了贫困和匮乏的源泉的说法要逊色得多。更何况李嘉图的结论只是就农业而言的。

　　然而,李嘉图并没有就此却步。他接着说:"假使我们生活在欧文先生的共产村落里,大家生产的大家共同享用,那就没有人会由于丰富而受到损害;但是,只要社会是像现在这样组成的,对生产者说来,丰富就往往会有害,稀缺往往会有利。"②这无异是要承认,在生产资料公有制社会中,产品丰富是好事而不是坏事;在生产资料资本主义私有制社会中,商品丰富则不是好事而是坏事。尽管李嘉图没有这样说,但是这是可以从他的说法中作出的引申。对于像李嘉图这样一个一贯把资本主义生产方式看作绝对的生产方式,把资本主义社会的需求看作绝对的需求的资产阶级经济学家来说,这种认识上的进步简直可以说是难以想象的。但是,不能忘记,李嘉图毕竟是资产阶级经济学家,在他的心目中,生产资料公有制的社会纯属子虚乌有,不会成为现实。

---

① 《李嘉图著作和通信集》第 4 卷,第 202 页。
② 同上。

第十八章　国家经济职能和财政理论

一、配第的国家经济职能和财政理论

　　配第是古典学派国家经济职能和财政理论的奠基者。他关于国家经济职能的见解，特别是关于财政学方面的思想，对以后的英国古典经济学家有重大影响。《赋税论》是配第关于国家经济职能和财政理论的代表作，书名和各章标题都明确反映了它的这一特定的研究对象和任务。其中关于政治经济学的许多观点是他在深入研究的过程中提出来的。此外，《献给英明人士》《政治算术》《爱尔兰的政治解剖》和《货币略论》等著作也提出了一些有关的重要思想。

　　重商主义者主张国家干预经济生活，用政府法令保护工商业并促进对外贸易的发展。配第还受到重商主义的某些影响，强调国家经济政策的重要性。他把一个国家的政策同这个国家的自然条件和产业并列在一起，认为三者是一国实力的决定因素。配第说：在比较两国实力时，"如果人口同土地不成比例的话，那两国之间的差异必然是土地的位置和这些土地上所居住的人民所经营的产业以及他们所执行的政策所造成的"。[①] 他进而认为，凭借优越的自然条件和产业，加上正确的政策，小国的经济就可以同大国的相匹敌。配第写道："一个领土小

---

① 威廉·配第：《政治算术》，第 13 页。

而且人口少的小国，由于它的位置、产业和政策优越，在财富和力量方面，可以同人口远为众多、领土远为辽阔的国家相抗衡。"① 他把这一结论看作是《政治算术》一书的 "第一个主要结论"。②

配第虽然重视国家干预经济，然而作为古典政治经济学的奠基者，他强调的是 "自然的运动"③ 和 "自然的规律"。④ 配第认为，经济的运动是自然的运动，自然的运动是按照自然的规律进行的，因此，经济的运动也是按照自然的规律进行的。自然不是人力所能违反的。国家的经济政策必须顺从自然，而不能违反自然。配第的这一逻辑引导他把干预经济的法律分为两类：一类是遵循自然规律的法律，另一类是违反自然规律的法律。理论上的这种区分表明了配第对国家干预经济生活的实际态度：赞成有利于资产阶级的国家干预，反对不利于资产阶级的国家干预。配第毫不含糊地指出："制定违反自然法则的成文民法是徒劳无益的"⑤，"违反了自然的规律" 的法律 "是行不通的"⑥。当配第摆脱了重商主义的影响时，他认为重商主义的国家干预经济生活的政策就属于违反自然规律的法律。在讲到限制货币输出的法律时，配第说："要禁止货币出口，那几乎是无法实行的。这种措施可以说是徒劳无益。"⑦ 在讲到限制利率的法律时，配第说："我对于这种法律的看法，同我对于限制货币输出的法律的看法一样。"⑧ 在讲到降低铸币的成色和重量的政策时，配第说："如果国家的财富可以靠一纸命令而增加十倍，那末我们的行政长官以前居然一直没有宣布这样的命令，就未免太离奇

---

① 威廉·配第：《政治算术》，第 11、34 页。
② 同上书，第 34 页。
③ 威廉·配第：《赋税论　献给英明人士　货币略论》，第 58 页。
④ 同上书，第 124 页。
⑤ 同上书，第 46 页。
⑥ 同上书，第 124 页。
⑦ 同上书，第 55 页。
⑧ 同上书，第 126 页。

了。"①在配第看来，这种"行政长官"的"一纸命令"是同"自然法"相违背的。配第所理解的自然法，正如马克思所说："就是由资产阶级生产本性产生的法律"。②

在财政理论方面，配第提出了富有独创性的见解。他认为，财政问题必须从整个国家的范围来考察，这个问题的解决必须以对国情的充分认识为依据。只有对国家这个"政治动物"进行解剖，对它的各个组成部分进行全面了解，才能制定出正确的财政政策。配第写道："总的说来，要知道一种赋税有益还是有害，必须彻底了解人民的状况和就业状况。"③在配第看来，当时英国特别是爱尔兰的财政混乱的重要原因之一，就是统治者"对人口、财富、产业的情况毫无所知"。④对国情的无知，只能产生盲目的、错误的财政政策，其结果是给社会带来灾难。配第说："对人口数目、产业及财富状况毫无所知，往往是使人民遭受不必要痛苦的原因。原来只需征课一种租税，由于这种无知，却要征课两种或多种税，而且甚至加倍征课，因而使人民负担加重，备受痛苦。"⑤因此，统治者必须深入了解全国各方面的情况，在掌握了人口、财富、产业等统计资料的基础上，对军事、行政、司法、教区、医院、学校以及批发和零售商业等等作出全面的考虑和安排。

配第知道，当时英国政府的财政收入主要来源于各种形式的税收和变相的税收，而政府"向穷困的人民和荒凉的国土征收巨额而沉重的租税"⑥已经引起了强烈的不满，他说："我的脑海中一直充满着那些日常听到的……关于租税等等问题的怨言。"⑦

---

① 威廉·配第:《赋税论　献给英明人士　货币略论》,第 120 页。
② 《马克思恩格斯全集》第 26 卷 I,第 386 页。
③ 威廉·配第:《政治算术》,第 37 页。
④ 威廉·配第:《赋税论　献给英明人士　货币略论》,第 20 页。
⑤ 同上书,第 32 页。
⑥ 同上书,第 11 页。
⑦ 同上书,第 15 页。

配第直接或间接地陈述了人们对现存财政制度的怨言和不满,要求从财政收入和财政支出两个方面同时进行改革。

在财政收入方面,配第比较详细地研究了当时的税种、课税对象、纳税人等构成税收制度的若干要素,还研究了变相的税收。

在向谁征税的问题上,配第提出了富有革命性的思想。他认为,社会上有两类人,一类是能够通过贸易和其他途径给社会增加财富的"勤劳而富于创造性的人们",另一类是"除了吃喝、歌唱、游玩、跳舞以外一无事事的人","沉湎于空谈理论或其他无谓的空论的人"以及"不生产任何一种物质财富或对国家社会具有实际效用和价值的物品"的人。[①] 配第认为,如果向前一类人征税,并将税收转移给后一类人,社会的财富就会减少;如果反过来,向后一类人征税,并将税收转移给前一类人,"交给将这些资金花在改良土地、捕鱼、开矿及开办工业之类的有益事业上面的人"[②],社会的财富就会增加。不用多说,配第心目中无疑会把资产者列入前一类人,把封建统治者列入后一类人。配第特别注意由谁来管理财政的问题,他反对把税收交给"一个不良的管理人之手"。[③]

在税收和财富的关系问题上,配第的思想实际上是:在财富总量不变的情况下,税收不会影响财富的总量,而只影响财富分配的比例;在财富总量发生变化的情况下,正确的税收政策可以促进财富的增长,错误的财政政策则可以减少财富的增长。

按照劳动是财富之父,土地是财富之母的理论,配第认为劳动和土地二者会成为最终的课税对象。因此,他提出,一国居民"应将他们所有土地和劳动所提供的收入的二十五分之一扣除下来,充作公共用

---

① 威廉·配第:《政治算术》,第 37 页。
② 同上书,第 35 页。
③ 同上。

途"，并认为"这一比率恐怕十分适合于英国的情况"。[①] 配第认为，除了这种方法，还有"另一种方法"，这就是"征课全部地租的六分之一作为租税"。[②] 后一提法，充分显示了配第思想的深刻性。他不以经济现象为满足，而是力图找出资本主义税收的本质。配第把地租看成是剩余价值的真正形式，现在又把地租看作是税收的最终源泉，这正表明他已经初步猜想到资本主义税收的实质是国家无偿占有雇佣劳动者创造的一部分剩余价值。配第认为，征课六分之一地租作为税收是一种好方法，一方面可以保证国家的财政收入，"因为对国王来说，这一方法更加安稳可靠，而且有更多的承担纳税义务的人"[③]；另一方面又可以不加重纳税人的负担，"一个国家如依据原先协议，把地租一部分保留下来，用以支付它的公共经费，而无需作临时或突然的额外征课，那它无疑是幸福的。因为这种临时或突然的额外征课乃是租税负担沉重的真正原因"。[④]

配第对当时的田赋、房屋税、关税、人头税、什一税和国内消费税等逐一作了较为详细的考察，他关于政治经济学的许多重要见解就是在深入研究各种税收时提出来的。这里使我们现在仍然感兴趣的不是配第关于当时各种税收的具体论述，而是他提出的征税的一般原则。这些原则可以概括为：一、公平；二、便利；三、节省。[⑤] 按照配第的思想，公平，意味着没有偏颇，完全符合自然之理。人们的能力不同，纳税也就应当不同。如果能力不同的人纳税都一样，那就是越穷的人纳税负担越重。这就违背公平原则。便利，意味着征税最容易，最迅速，手续最简便。节省，意味着征税所花的人力和经费最少。配第指出，英

---

① 威廉·配第：《赋税论　献给英明人士　货币略论》，第36页。
② 同上书，第37页。
③ 同上。
④ 同上。
⑤ 同上书，第61、79、36、37页；《政治算术》第72页。

国现存的征课税收的办法恰恰违背了这些原则。他写道："这些税收并不是依据一种公平而无所偏袒的标准来征课的,而是由听凭某些政党或是派系的一时掌权来决定的。不仅如此,这些赋税的征收手续既不简便,费用也不节省。"①配第的这些思想,是新兴的资产阶级围绕税收问题对国王和官僚贵族进行的激烈斗争在理论上的反映。实际上,配第要求的公平,是反对在税收方面对资本主义工商业所加上的种种限制和束缚。他要求的便利,是给纳税人资产者在纳税方式、手续等方面以方便。他要求的节省,是减轻纳税人资产者由税收而引起的种种额外负担。据他说,在租税承包制度下,当时英国人所交纳的金额竟达到国王实际拿到的两倍,人民付出的远远大于国家收入的。

配第对变相的税收表示反对。他说,国家改变货币含金量从而提高或改变货币价值以增加货币数量的措施,就是一种税收。配第一针见血地指出,这"实际上就是国家向它对之已经负有债务的人民课税,或是国家侵吞它所欠人民的债款"。②配第的这一立场是维护债权人货币资本家的利益而反对作为债务人的国家。配第还认为,当货币贬值时,政府禁止相应提高工资的法令实际上也是一种税收,是对劳动者的税收。他说:"如果政府宣布劳动者的工资等等都不得随着货币价值的这种提高而提高,则这种法令,只不过是要在劳动者身上加上一种租税,强使劳动者损失一半工资。这种措施不单是不公平的,而且也是行不通的,……规定这种工资的法律,就是很坏的法律。"③

在财政支出方面,配第比较详细地研究了当时英国政府的各个支出项目。他按照国家的职能把财政支出划分为国防经费、行政与司法经费、宗教经费、教育经费、社会救济经费和公共事业经费六个主要项

---

① 威廉·配第:《政治算术》,第 72 页。
② 威廉·配第:《赋税论　献给英明人士　货币略论》,第 83 页。
③ 同上书,第 85 页。

目。配第主张削减前四项经费,增加后两项经费。

按照配第的看法,军事费用增加是政府财政支出增加的一个重要原因,而军事费用增加的原因又在于对外战争或内战危险或威胁的增长。配第反对以公共利益名义发动的对外战争。至于内战,配第认为"一方面允许某些人穷奢极侈,另一方面又任凭其他许多人饥饿致死"是导致内乱的原因之一。[①]配第的这些言论,是针对国王和官僚贵族而发的,国王和官僚贵族发动的战争使资产者的税收负担加重。

配第要求削减行政和司法经费,这就把矛头更直接地指向国王和官僚贵族。配第认为,当前的弊病在于:一、官员人数太多。例如,"现有法官及法院书记人数比实际需要的多十倍"。[②]二、官职薪金太高。配第说:"有许多职务是完全由待遇很低的助理人员来执行的,可是他们的长官们……所得到的待遇却比他们多了十倍。"[③]又说:"最初对官职支付高薪(这些薪给当时还认为很低微),是为了酬偿行政官员的能力、信誉及勤劳。但是,现在尽管行政官吏的干练水平和信用有了降低,可是支给高薪的措施却仍旧不变,而且这种薪给的数目又增加了好几倍。"[④]配第认为,改革的关键在于:第一,裁减官员,"废除不必要的、多余的以及过时的官职";第二,降低官职薪金待遇,使之达到"与执行职务所需要的劳动、能力及信任相适应的程度"。[⑤]

对于宗教经费,配第认为可以大幅度削减。他提出,如果教区减少一半,那么主教、副主教、牧师等等都可以减少一半。[⑥]他尖刻地挖苦牧师:"当时作牧师,是一种苦行,现在作牧师(感谢上帝),生活既阔

---

① 威廉·配第:《赋税论　献给英明人士　货币略论》第 22 页。
② 同上书,第 25 页。
③ 同上书,第 24 页。
④ 同上书,第 74 页。
⑤ 同上书,第 24 页。
⑥ 同上书,第 22—23、77 页。

绰又豪华。……和……法律在律师无事可做的时候最绚烂一样，宗教在牧师苦行最深的时候最昌盛。"[1] 因此，只有大幅度削减神职人员及其待遇，才会"使神的教会被人们崇奉得比现在更加虔诚"。[2]

至于教育经费，配第认为主要是削减用于学习神学、法学等方面的大学经费，也就是减少培养牧师、文官等人的经费。

配第主张社会救济经费不仅应当用来救济老人、残废者、孤儿和贫民子女，还应当用来"为所有其他贫民寻找一些固定的职业"。配第相信，"这些人如果规规矩矩地从事劳动，是应该得到丰衣足食的"。[3]

配第还主张增加公共事业经费。这类经费用于使所有公路加宽、坚固而平坦，借以大大减轻旅行和车马的费用和烦劳；疏浚河流，使其能够通航；在适当地方栽植有益的树木，以供采伐、观赏或生殖水果之用；修建桥梁和堤道；开采金矿、石矿和煤矿；冶炼钢铁，等等。配第将所有公共事业归结为三类：本国所缺少的事业、需要劳动多而需要技术少的事业以及新创办的事业。[4]

十分明显，配第关于财政支出的政策主张代表了新兴的资产者阶级的利益和要求。他主张向吃喝玩乐一无事事的人征税，实际上意味着向腐朽的寄生阶级和社会阶层征税。他主张把税款交给增加财富的"勤劳而富有创造性的人们"，实际上意味着从财政上扶持那些正在兴起的资产者。他对"行政长官"和"不良的管理人"持严格的批判态度，实质上就是对不利于资本主义生产的封建国家机器持严格的批判态度。他要求改造旧的国家机器，要求削减非生产性支出，增加生产性支出。所有这些，在当时来说都是具有进步意义的甚至是革命性的要求。

---

① 配第:《赋税论　献给英明人士　货币略论》，第77页。
② 同上书，第23页。
③ 同上书，第28页。
④ 同上。

二、斯密的国家经济职能和财政理论

英国古典经济学家关于国家职能和财政问题方面的思想,在亚当·斯密的著作中发展成为系统的理论。斯密的这一理论,曾在很长的历史时期内影响了以后的资产阶级经济学家。

"一只看不见的手"①的思想,是斯密用来反对重商主义关于国家干预经济生活的政策主张的主要武器。在资本主义生产方式的早期阶段,原始积累的各种方法都是广泛地利用国家干预经济生活的方法。正如马克思所说:"所有这些方法都利用国家权力,也就是利用集中的有组织的社会暴力,来大力促进从封建生产方式向资本主义生产方式的转变过程,缩短过渡时间。暴力是每一个孕育着新社会的旧社会的助产婆。暴力本身就是一种经济力。"②重商主义者是早期资本主义生产方式的理论家,他们深切地感到,处在幼年时期的新的生产方式还难以独立行走,它在学步时还必须依靠国家之手的搀扶。在重商主义者看来,国家之手这一只看得见的手是资本主义生产方式存在和发展所不可缺少的,经济生活需要这只有形的手来直接干预。斯密生活在英国工业革命的前夕。这时,资本主义生产方式已经从幼年进入青年时代。它感到自己强壮了,无需乎国家之手搀扶,相反,国家干预经济生活成了它进一步发展的障碍。亚当·斯密,作为这一历史时期的资本主义生产方式的理论家,他强烈要求让"一只看不见的手"充分发挥作用,让资本主义经济自行调节,让资本主义生产方式按照自己固有的规律向前发展。

斯密发展了前人的自然规律的观念。他认为,有两种对立的制度:

---

① 亚当·斯密:《国富论》下卷,第27页。
② 《马克思恩格斯全集》第23卷,第819页。

一种是"特惠或限制"制度，一种是"自然自由"制度。废除前一制度是后一制度得以确立的前提。他说："一切特惠或限制的制度，一经完全废除，最明白最单纯的自然自由制度就会树立起来。"①就像配第只把由资产阶级生产本性产生的法才看作是自然法一样，斯密也只把让资本主义生产方式按照自己固有的规律向前发展的制度才看作自然自由的制度。他尖锐地抨击重商主义的国家干预经济生活的政策主张，认为这种主张是维护特惠或限制制度的，是违反自然趋势的，只会阻碍而不会促进社会的发展，只会减少而不会增加年产品的价值。

配第按照自己的自然法的观念，把国家干预经济生活的措施分为符合自然法和不符合自然法的两个类别，为他的有条件地适当干预经济生活的主张提出理论依据。和配第不同，斯密原则上反对国家干预经济生活。按照自己的自然自由制度的观念，斯密要求国家或君主"解除"对经济生活的干预。他认为，君主或国家干预经济生活，既没有必要，也不可能做到正确无误。斯密说，在确立了自然自由制度之后，"君主们就被完全解除了监督私人产业、指导私人产业、使之最适合于社会利益的义务。要履行这种义务，君主们极易陷于错误；要行之得当，恐不是人间智慧或知识所能做到的。"②不仅如此，斯密还进而认为，国家干预经济生活是十分危险的。他说："如果政治家企图指导私人应如何运用他们的资本，那不仅是自寻烦恼地去注意最不需注意的问题，而且是僭取一种不能放心地委托给任何个人、也不能放心地委之于任何委员会或参议院的权力。把这种权力交给一个大言不惭地、荒唐地自认为有资格行使的人，是再危险也没有了。"③

斯密的自然自由制度是配第的自然法、洛克的自然权利、诺思的

---

① 亚当·斯密：《国富论》下卷，第252页。
② 同上。
③ 同上书，第27、28页。

自由贸易、重农学派的自由放任和自然秩序等经济自由观念的总结和
进一步发展。斯密的出发点是人性论，这种人性论不仅是斯密前辈的
人性论的继续，而且也是他的同时代人例如休谟的人性论的应用。斯
密认为，人都有"利己心"，①都是利己主义者，人的一切经济活动都是
为了自身的利益。卖肉的、酿酒的和烤面包的向大家供应每天生活必
需的食物和饮料，这并非出于什么利他的动机，而是出于利己的打算。
"我们不说唤起他们利他心的话，而说唤起他们利己心的话。"②当然，
自然也赋予动物以才能，但是动物不能把各自的才能结合成一个共同
的资源，不能用来增进它们的共同幸福。和动物不同，人不仅有自然赋
予的才能，而且人类本性使人们之间极不相同的才能交相为用，结合成
共同的资源，增进人类的共同幸福。③利他是利己的产物，社会利益是
个人利益的结果。"把资本用来支持产业的人"，都"以牟取利润为唯
一目的"。④他们谁都想利己，而没有想到利他，谁都追求个人利益，而
没有追求社会利益。但是，在一只看不见的手的作用下，利己却最终成
为完全不是出于本意的利他，追求个人利益却最终达到了更大的社会
利益。斯密写道："确实，他通常既不打算促进公共的利益，也不知道
他自己是在什么程度上促进那种利益。由于宁愿投资支持国内产业而
不支持国外产业，他只是盘算他自己的安全；由于它管理产业的方式目
的在于使其生产物的价值能达到最大程度，他所盘算的也只是他自己
的利益。在这场合，像在其他许多场合一样，他受着一只看不见的手的
指导，去尽力达到一个并非他本意想要达到的目的。也并不因为事非
出于本意，就对社会有害。他追求自己的利益，往往使他能比在真正出

———————
① 亚当·斯密：《国富论》上卷，第13页。
② 同上书，第14页。
③ 同上书，第15—16页。
④ 同上书，下卷，第27页。

于本意的情况下更有效地促进社会的利益。"①

从"利己心"理论得出的政策主张是经济自由,而不是国家干预。在《关于法律、警察岁入及军备的演讲》(下简称《演讲》)中,斯密就已经提出:"总的说来,最好的政策,还是听任事物自然发展,既不给予津贴,也不对货物课税。"②后来在《国富论》中,斯密更明确地主张一切听其自然,取消国家对经济的干预,允许资本家自由地进行经济活动:自由经营,自由竞争,自由贸易。斯密说:"关于可以把资本用在什么种类的国内产业上面,其生产物能有最大价值这一问题,每一个人处在他当地的地位,显然能判断得比政治家或立法家好得多。"③在他看来,国家干预经济的结果,使劳动从比较有利的用途转到不利的用途,年产品的价值不仅没有"顺随立法者的意志"④增加,相反还会减少。社会的进步会受到阻碍。只有经济自由,才能促使年产品价值增长,加速社会发展。

斯密的主观利己客观利他的说法,在歪曲的形式上反映出资本主义经济关系下的人们的社会联系:单个的商品生产者,卖肉的、酿酒的和烤面包的,相互之间存在着全面的依赖和联系,这种互相依赖和联系表现在交换价值上。斯密只看到他们之间的互相依赖和联系的方面,而看不到他们之间的利益冲突。尤其是,斯密把私人利益说成是社会利益赖以决定的前提,而不知道私人利益本身是由社会所决定的,私人利益的内容及其实现都取决于社会条件。马克思在评论斯密的观点时说:"经济学家是这样来表述这一点的:每个人追求自己的私人利益,而且仅仅是自己的私人利益;这样,也就不知不觉地为一切人的私人利

---

① 亚当·斯密:《国富论》下卷,第27页。
② 《亚当·斯密关于法律、警察、岁入及军备的演讲》,第196页。
③ 亚当·斯密:《国富论》下卷,第27页。
④ 同上书,第29页。

益服务,为普遍利益服务。关键并不在于,当每个人追求自己私人利益的时候,也就达到私人利益的总体即普遍利益。从这种抽象的说法反而可以得出结论:每个人都妨碍别人利益的实现,这种一切人反对一切人的战争所造成的结果,不是普遍的肯定,而是普遍的否定。关键倒是在于:私人利益本身已经是社会所决定的利益,而且只有在社会所创造的条件下并使用社会所提供的手段,才能达到;也就是说,私人利益是与这些条件和手段的再生产相联系的。这是私人利益;但它的内容以及实现的形式和手段则是由不以任何人为转移的社会条件决定的。"①

斯密所说的人性,不过是资产者的阶级本性。他所说的利己心和利己主义,不过是资产者的利己心和利己主义。斯密的错误显然在于把属于特定阶级或社会集团的人看作是具有不变本性的一般人,把特定阶级或社会集团的本性看作是一般人的不变本性。然而,斯密建立在人性论上的自然自由制度的思想,在当时是有其历史进步意义的。这一思想反映年轻的资产阶级对自己的力量充满信心,不像重商主义者那样认为年幼的资产阶级必须依靠国家的支持,也不像配第那样认为从幼年正在成长为青年的资产阶级在感到自身力量的同时又感到还要有外部力量的支持,而是认为封建君主制国家已经成为资本主义生产方式进一步发展的障碍。斯密从理论上表达了年轻的资产阶级的这样一种信念:没有封建君主制国家的干预,自己可以更好地管好自己的事务。支持这一信念的,就是"一只看不见的手",就是相信市场机制可以自行调节资本主义经济。也就是说,斯密相信,资本主义经济受客观的经济规律支配,而不以君主或国家的经济政策为转移。斯密的自然自由制度的实质,是要求人们公开地承认社会应服从资本主义生产的规律,服从管理这种生产的人的统治,也就是要求使资产阶级取得不

---

① 《马克思恩格斯全集》第 46 卷上,第 102—103 页。

受限制和干涉的统治。

现代资产阶级经济学家，甚至曾经颂扬过自由竞争的资产阶级经济学家，现在都公开地或有条件地主张国家干预经济生活。经济理论上的这一重大变化，反映了资本主义经济生活的重大变化：自由竞争的资本主义已经发展为垄断资本主义和国家垄断资本主义，资本主义生产方式已经走完它的青壮年阶段，进入了老年阶段。老年阶段的资本主义生产方式步履艰难，不得不重新扶起国家拐杖，蹒跚前进。

反对国家干预经济生活，必然也反对政府机构的浪费。斯密指出，政府的浪费无疑阻碍了英国"在财富与改良方面的自然发展"①。和配第一样，斯密也要求廉价政府，要求将同政府费用有关的一切非生产费用压缩到最低限度。

在斯密的自然自由制度下，国家的职能是：第一，"保护本国社会的安全，使之不受其他独立社会的暴行与侵略。而此种义务的完成，又只有借助于兵力"②；第二，"尽可能保护社会上各个人，使不受社会上任何其他人的侵害或压迫，这就是说，要设立严正的司法机关"③；第三，"建立并维持某些公共机关和公共工程"④，"其建设与维持绝不是为着任何个人或任何少数人的利益"⑤。这样，国家的职能就被限制在抵抗外国侵略、维护社会治安以及举办某些公共工程方面，解除了全面干预经济生活的职能。这就是所谓"守夜者"的国家观念。安全是斯密"守夜者"的国家观念的核心，而这种安全的实质就是对资产阶级的阶级权利的国家保证。马克思指出："安全是市民社会的最高社会概念，是警察的概念；按照这个概念，整个社会的存在都只为了保证

---

① 亚当·斯密：《国富论》上卷，第318页。
② 同上书，下卷，第254页。
③ 同上书，第252—253页。
④ 同上书，第284页。
⑤ 同上书，第253页。

它的每个成员的人身、权利和财产不受侵犯。……市民社会并没有借助安全这一概念而超越自己的利己主义。相反地,安全却是这种利己主义的保障。"①

斯密的财政理论就是建立在这种"守夜者"的国家观念之上的。他说,国家为了执行以上职能,就必须有一定的费用。而这种一定的费用,又必须从一定的收入中支付。这样,以下三个问题便构成斯密的财政理论的基本内容。这些问题是:第一,"什么是君主或国家的必要费用,其中哪些部分应由对全社会的一般课税来支付,哪些部分应由对社会内特殊部分或特殊成员的课税来支付";第二,"应由全社会支付的费用,将用各种什么方法向全社会课税,而这各种方法的主要利弊怎样";第三,"近代各国政府几乎都用这种收入的一部分来作抵押以举债,其理由及原因何在,此种债务对社会真实财富即土地和劳动的年产物的影响又怎样"。②斯密的《国富论》一书专门讨论财政问题的第五篇《论君主或国家的收入》,按照这些问题相应地分为三章:第一章《论君主或国家的费用》,第二章《论一般收入或公共收入的源泉》,第三章《论公债》。也就是说,斯密的财政理论包括财政支出、税收和公债三个问题。

关于国家财政支出问题,斯密作了比较细致的分析。他按照自己关于国家职能的观念,将君主或国家的费用分为四类:国防费用、司法费用、公共工程和公共机关费用、君主生活费用,并对每一类费用的意义和性质作了研究。

斯密认为,为了执行保卫国家不受外来侵犯的职能,国防费用是必不可少的。平时准备兵力和战时使用兵力的费用,在不同社会状态和不同进化时期是大不相同的。随着社会文明的进步,国防费用越来越

① 《马克思恩格斯全集》第1卷,第439页。
② 亚当·斯密:《国富论》下卷,第253页。

大。斯密承认，现在，庞大的国防支出保证了富有国家在军事实力上对贫穷国家的优势地位，使贫穷国家"很难防御"富有国家的"宰割"。[1]斯密指责英国政府进行了许多次费用浩大的不必要的战争，致使原来维持生产者的许多年产品被用来维持非生产者。

斯密认为，为了执行国家的第二种职能，一定的司法费用也是不可缺少的。这种费用的大小也因社会所处历史时期的不同而有差异。"大宗价值财产的获得，必然要求民政政府的建立。在没有财产可言，或顶多只有值两三日劳动的价值的财产的社会，就不这样需要设立这种政府。"[2]斯密承认，富人愿意维持民政政府，因为这种政府的建立正是为了保护富人反对穷人，保护有财产的人反对一无所有的人。[3]斯密赞成司法权和行政权的分离，特别强调司法权完全脱离行政权而独立的必要。他主张，为了节省国家的开支，司法费用应从法院手续费中支付。

斯密认为，为了执行国家的第三种职能，一定的公共工程和公共机构费用也是不可缺少的。这些公共工程和公共机构对社会有利，但是费用大而利润少，不宜由个人或少数人创办。这种费用的大小随社会所处历史时期的不同而有很大的不同。属于这类公共工程和公共机构的，除了国防和司法所必需的以外，主要有两种，一种是便利一般商业的道路、桥梁、运河、港口等公共工程和保护特殊商业例如殖民地贸易的公共机构，另一种是促进人民教育的学校和宗教机构。前者的费用可以由受益的工商业者负担，后者的费用可以由受教育者负担，其中成年人的宗教教育费用应由教会负担。斯密反对牧师的待遇过于优厚，反对牧师的奢侈生活，认为这样的生活会使牧师的"人格上的庄严，在

---

① 亚当·斯密：《国富论》下卷，第271页。

② 同上书，第273页。

③ 同上书，第277页。

人民心目中完全扫地"。①

除了以上费用，还有一项"维持君主尊严的费用"即君主生活费用。斯密说，这项费用的大小，也随社会所处历史时期的不同而不同，并随政体形式的不同而不同。现在君主生活费用也有日益增多的趋势。按照斯密的意见，第一项国防费用和最后一项君主生活费用应由社会负担，"而社会各个人的资助，又须尽可能与他们各自能力相称"。②斯密强烈地抨击英国的王公大臣，指出他们"始终无例外地是社会上最浪费的阶级"，要他们"好好注意自己的费用"。斯密说：英国"从来没有过很节俭的政府"。③

出上可见，斯密继承了配第要求廉价政府、反对高价政府的思想，对国家机关也采取严格的批判态度。和配第一样，斯密也要求消除生产中一切多余的和非必需的费用，要求让资本畅行无阻地运动，摆脱一切政治的和宗教的束缚。这些思想，后者又为李嘉图所继承，并为英国自由贸易派所发挥。马克思在评论英国自由贸易派时指出：表达这个党派反对英国旧制度——这是社会发展中过了时的、行将告终的阶段的产物——的斗争的实质的，是下面这个口号：生产尽量便宜，消除生产中一切多余的、非必需的费用。王权连同他的穷奢极侈的生活、宫廷、王室费以及侍从人员难道不是生产的多余的、非必需的费用吗？没有王权，民族一样能够生产和交换产品，所以，要打倒王位！贵族的薪高而清闲的职位、上院——这些是什么呢？生产的多余的、非必需的费用。庞大的常备军呢？生产的多余的、非必需的费用。殖民地呢？生产的多余的、非必需的费用。国教会连同它通过掠夺和募化而掌握的财富呢？生产的多余的、非必需的费用。还是让神甫们互相自由竞争吧，让每个

———————

① 亚当·斯密：《国富论》下卷，第373页。
② 同上书，第374页。
③ 同上书，第318页。

人愿意给他们多少钱就给他们多少吧。庞大臃肿的英国司法机构以及它的大法官法庭是什么呢？生产的多余的、非必需的费用。民族之间的战争呢？生产的多余的、非必需的费用。英国如果能同别的民族和平相处，就能够以更少的代价来剥削它们。[①]事实上，英国自由贸易派即曼彻斯特学派的信徒、议会改革和财政改革派反对英国旧制度的斗争的思想武器，是由英国古典经济学家们在很长历史时期内逐步准备好的。

关于国家税收问题，斯密作了更为细致的研究。

斯密继承和发展了配第关于征税要公平、便利、节省的观点，系统地提出了一般税收的四项原则，即：一，"一国国民，都须在可能范围内，按照各自能力的比例，即按照各自在国家保护下享得的收入的比例，缴纳国赋，维持政府。……所谓赋税的平等或不平等，就看对于这种原则是尊重还是忽视"。二，"各国民应当完纳的赋税，必须是确定的，不得随意变更。完纳的日期，完纳的方法，完纳的额数，都应当让一切纳税者及其他的人了解得十分清楚明白"。三，"各种赋税完纳的日期及完纳的方法，须予纳税者以最大便利"。四、"一切赋税的征收，须设法使人民所付出的，尽可能等于国家所收入的"。[②]斯密的这四项原则，后来被简称为"平等"、"确定"、"便利"和"最少征收费"原则。斯密多次提到公平或平等原则，然而他所理解的平等，不过是按收入比例课税的平等。[③]这

---

① 《马克思恩格斯全集》第 8 卷，第 388—389 页。

② 亚当·斯密：《国富论》下卷，第 384、385 页。

③ 斯密只是在个别场合超越出按收入比例课税的思想。例如，在讲到房租时，他说："房租税的负担，一般是以富者为最重。这种不平等，也许不算怎么背理。富者不但应该按照收入比例为国家提供费用，而且应该多贡献一些，难道可说这是不合理的吗？"引自《国富论》下卷，第 401 页。斯密的这一新的提法中，已经包含有累进课税的思想。但是他不认为这是一种平等，而认为这是一种"不平等"，只不过是"不算怎么背理"的"不平等"。在个别场合，斯密所说的平等是指税收由地租、利润、工资共同负担。他说："任何赋税，如果结果仅由地租、利润、工资三者之一负担，其他二者不受影响，那必然是不平等的。"引自亚当·斯密：《国富论》下卷，第 384 页。

种所谓平等完全模糊了资本主义税收的阶级性质。斯密特别强调确定原则的重要性，他说："赋税虽再不平等，其害民尚小，赋税稍不确定，其害民实大。"① 他的确定原则以及便利原则和最少征收费原则的提出，反映了新兴工商业资本家对改革封建税收制度的要求，他们要求取消在税收方面加在他们身上的过多的负担和种种的不便，要求税收有利于工商业的发展。

　　斯密力图从理论上弄清楚税收的源泉。在《国富论》第一篇讨论商品价格的组成部分时，斯密就说：一切税收和以税收为基础的一切收入——薪俸、津贴、各种年金——归根到底都是从收入的三个原始源泉中得来的，都是直接或间接地从工资、利润、地租中支付的。在《国富论》第五篇专门讨论税收来源时，他重申："个人的私收入，最终总是出于三个不同的源泉，即地租、利润与工资。每种赋税，归根结底，必定是由这三种收入源泉的这一种或那一种或无区别地由这三种收入源泉共同支付的。"② 斯密的这一观点是建立在他的劳动价值理论和剩余价值理论基础之上的，因而具有一定的深刻性。他认识到，一切税收和由税收而来的收入，只要不是工资本身的扣除部分，那就一定是利润和地租的分成，即剩余价值的分成。也就是说，税收只要不是国家无偿占有雇佣劳动者的一部分必要劳动，那就一定是国家无偿占有雇佣劳动者的一部分剩余劳动。可见，斯密对税收本质的认识比配第又前进了一步。

　　从税收源泉的理论出发，斯密将税收分为三类：地租税、利润税和

　　① 亚当·斯密:《国富论》下卷，第385页。
　　② 同上书，第384页。有的论著认为，斯密关于税收源泉的理论是建立在年产品价值分解为工资、利润、地租三种收入的命题上的。这种看法低估了斯密这一理论的意义。诚然，斯密的工资、利润、地租是一切收入的三个原始源泉这一正确命题和工资、利润、地租也是一切交换价值的三个原始源泉这一错误命题交错在一起，可是，他的税收源泉理论是正确命题的必然引申，而同错误命题无关。

工资税,并对每一类税收的性质、特点和转嫁问题作了详细的讨论。

首先是地租税。斯密所说的地租税就是对地租征课的税收。斯密对重农学派关于一切税收都应向地租征课的主张虽然并未无条件地表示赞成,但是他也认为地租是"能够直接课税的对象"①,是"最宜于负担特定税收的收入"。② 其理由是:一,对地租这种不劳而获的收入征税不会对任何产业带来不利的后果。地租和地皮租是"所有者不用亲自劳神费力,便可享得的收入。因此,把他这种收入,提出一部分充国家费用,对于任何产业,都不会有何等妨害。"③二,地租税无法转嫁。"地租税不能抬高地租,因为偿还农业家资本及其合理利润后,所剩下的纯收入,决不能在税后大于税前。"④斯密指出地租是不劳而获的收入,论证征课地租税的合理性,这反映了工商业资本家和农业资本家的共同要求,这种要求当时是同社会发展的要求相一致的,因而是有进步意义的。但是,斯密关于地租税无法转嫁的论述是没有根据的。事实上,土地所有者可以通过多种方式将地租税转嫁出去,最终承担地租税的还是劳动者。

在考察地租税时,斯密还考察了同地租税有关的什一税、农产品税和房租税等形式的税收。斯密认为,不同地租成比例而同土地产品成比例的什一税和农产品税,实际上是向地租征收的,负担此项税收的起初是租地农业资本家,最终还是土地所有者。据他说,这是因为,租地农业资本家为了支付同土地产品成比例的税收,就必定要求减少地租,"否则,他的资本及利润,就有一部分没有着落"。⑤唯一的例外是,对用来酿酒的麦芽课征的税,最后落在酒的消费者身上,而不落在地租

---

① 亚当·斯密:《国富论》下卷,第407页。
② 同上书,第403页。
③ 同上。
④ 同上书,第407页。
⑤ 同上书,第396页。

上面。斯密的这种观点是违背事实的。在资本主义社会中，同农产品或土地产品成比例的税收都可以通过提高农产品或土地产品价格的办法转嫁给消费者，而不是由土地所有者的地租支付。当然，斯密以有利于经营和改良土地的名义宣布什一税是一种"极不公平"[①]的税，是一种"恶税"[②]，指责"教会不支出任何费用，而分享这么大的利润"[③]。斯密的这些说法无疑也是有进步意义的。斯密从租地农业资本家的立场出发，认为同土地产品成比例的税不利于经营和改良土地以增加农产品。说到房租税，斯密认为房租可以分为建筑物租和地皮租两部分，建筑物租是建筑房屋所费资本的"合理"利润，在全部房租中超过这一利润的剩余租金就是地皮租，对这种地皮租征收的税便是地皮租税。斯密指出，地皮租至少和普通地租一样适合作课税对象，"地皮租甚至比普通土地地租更适合作为特定税的对象"[④]。理由是：对普通地租课税过重可能妨碍对土地的经营，而对地皮租课以重税则不会带来任何不利影响。

其次是利润税。斯密所说的利润税就是对资本收入征课的税收。他认为，资本收入可以分为两部分：一部分支付利息，另一部分是支付利息后的剩余。说到资本收入的前一部分即利息，斯密认为这一部分似乎同地租一样是能够直接课税的对象，然而实际上不宜于直接课税。理由是：一、土地数量无法保密而货币资本的数量可以保密，因此在课税时前者可以准确地确定而后者无法准确地确定；二、土地无法移动而货币资本可以移动，前者是"一国公民"而后者是"世界公民"，因此在课以重税时前者无法向国外转移而后者可以向国外转移。由此斯密主张：对货币利息的税率应是"极低的税率"，征税时要"非常宽大"，

---

① 亚当·斯密：《国富论》下卷，第395页。
② 同上书，第396页。
③ 同上。
④ 同上书，第403页。

不宜采用"严厉的调查方法"。说到资本收入的后一部分即支付利息后的剩余,斯密认为这一部分"分明是不能直接课税的对象"[1]。所谓支付利息后的剩余,就是企业利润。在谈到地租、地皮租等收入时,斯密慷慨激昂地指出它们的不劳而获的性质,理直气壮地主张向这些收入课税;在谈到利润这一收入时,斯密却为之辩解,只字不提这也是不劳而获的收入,而硬说利润是什么"投资危险及困难的报酬"[2]并且是极其"低微的"报酬。据他说,如果要对使用资本的人征课利润税,"他就不得不提高其利润率,或把这负担转嫁到货币利息上去,即是少付利息。"[3]斯密对地租和利润的两种态度,形成了鲜明的对比,有力地表明他是一个维护利润而牺牲地租的资产阶级的思想家。斯密的这种税收政策主张当然是进步的,然而他的论证是不科学的。

按照斯密的说法,当资本家采用提高利润率的办法来对付利润税时,如果他是农业资本家,他就只有扣除地租,结果利润税最后要转嫁到土地所有者身上;如果他是工商业资本家,他就只有提高物价,结果利润税最后要转嫁到消费者身上。当资本家采用少付利息的办法来对付利润税时,结果利润税最后要转嫁到货币资本所有者身上。总之,在斯密看来,利润税是对"普通利润"的扣除。为了保持普通利润即平均利润,产业资本家必须将利润税转嫁给土地所有者、消费者或货币资本家。斯密的这种论证是难以成立的。利润税通常不会威胁到平均利润。在一般情况下,资本家转嫁利润税的对象除了消费者,主要是直接生产者即雇佣劳动者。利润税也是剩余价值分配的一种形式,最终也是由雇佣劳动者阶级负担的。斯密的阶级偏见使他不能正视这一点。如果交纳利润税的资本家是农业资本家,他可以通过各种加强剥削的

---

① 亚当·斯密:《国富论》下卷,第406页。
② 同上。
③ 同上书,第407页。

办法将利润税转嫁给工人,也可以通过提高农产品价格的办法转嫁给消费者,但不能通过任意降低地租的办法转嫁给土地所有者,因为资本主义的发展不是降低而是提高了地租。如果交纳利润税的是工商业资本家,他不仅像斯密想的那样通过提高物价将利润税转嫁给消费者,而且还通过各种加强剥削的办法转嫁给雇佣工人。无论是哪一种职能资本家,都不能通过任意降低利息的办法将利润税转嫁给货币资本家,因为货币资本家的投资也要受到平均利润率的制约。斯密是自相矛盾的,一方面承认货币资本是"世界公民",利息低了会使货币资本流往国外;另一方面又说职能资本家可以通过降低利息把利润税转嫁给货币资本家,似乎货币资本这个"世界公民"不会因此而移居国外。

最后是工资税。斯密所说的工资税是对工人的工资收入所征课的税收。他认为,工人工资一方面取决于劳动的需求,另一方面取决于食物的价格。斯密断言,在劳动需求和食物价格既定时,"对劳动工资直接课税的唯一结果,就是把工资数目提高到稍稍超过这税额以上"。也就是说,"工资不但会按照税率的比例增高,而且还会按照这税率的比例高些微的比例增高"。[①] 斯密还断言,工资税以及由此引起的超过工资税的工资增加额,是由雇主垫支的。如果雇主是工业资本家,他就会通过提高物价转嫁给消费者。如果雇主是农业资本家,他就会通过降低地租转嫁给土地所有者。总之,同征课地租税和消费品税相比,征课工资税"必会使地租发生更大的缩减","必会使制造品价格发生更大的上涨"。[②] 据此,斯密坚决反对征收工资税。从反对征收工资税来说,斯密是无可非议的。但是,他的论证是不科学的。当工人的工资低于劳动力价值时,固然谈不上有什么工资税转嫁的问题。即使在工资水平较高的场合,工资税的数量一般都大于因征课工资税而增加的工资的数额,因而

① 亚当·斯密:《国富论》下卷,第425页。
② 同上书,第426页。

一般也谈不上有什么工资税的转嫁问题。在资本主义社会,只存在剥削阶级向工人阶级转嫁税收,而不存在工人阶级向剥削阶级转嫁税收。工人是资本主义社会一切税收的最终担负者,当然也是工资税的担负者。

在考察工资税时,斯密也考察了同工资税有关的政府官吏报酬税。他认为,官吏报酬不像普通职业报酬那样受自由竞争的影响,所以这种报酬总是过高。“因此,在大多数场合,官吏的报酬,是很可以课税的。加之,任官职的人,尤其是任报酬较大的官职的人,在各国都为一般嫉妒的对象。对他们的报酬课税,即使较他种收入所税再高,也一定大快人心。”①

总之,斯密认为,工资不宜课税,利润不宜课税,利息也不太宜于课税,地租是唯一最宜课税的对象。对于重农学派关于全部税收应由地租支付的观点,斯密曾经作了如下的评论:“他们主张:一切赋税,最终总是落在土地地租上。因此,应该平等地课于最后支付赋税的源泉。一切赋税应该尽可能平等地落在支付它们的最后源泉,这无疑是对的。但是,他们这种极微妙的学说,无非立足于形而上学的议论上,我不欲多所置辩。”②一方面,斯密肯定重农学派关于税收应向最后支付税收的源泉征课的论点;另一方面,他对一切税收应由地租支付的主张又多少有些保留。因为在斯密看来,利息、政府官吏报酬等也可以成为税收的源泉。但是,斯密关于地租是最宜课税的对象的主张、同重农学派的主张只有量的区别,而没有质的差异。税收全部由地租支付或主要由地租支付,这是对土地所有权的经济上的否定和对资本主义生产的肯定。这意味着部分地没收土地所有权,包含了国家没收地产的可能性。斯密税收政策主张的进步性主要就在这里。后来,李嘉图学派提出了反对土地私有制,建议将土地私有制全部或部分地转变为资产阶级国家

---

① 亚当·斯密:《国富论》下卷,第427页。
② 同上书,第388—389页。

所有制,其直接的理论依据虽然在李嘉图的学说,但李嘉图的学说是斯密学说的必然发展。

关于作为政府财政收入另一源泉的公债问题,斯密也作了认真的探讨。他所说的公债是国家举借的一切债务的统称。斯密研究了公债出现的原因、公债的作用、税收和公债的优劣比较以及国家摆脱债务的办法等一系列问题,并驳斥了为公债辩护的理论。

按照斯密的观点,如果政府财政收支平衡,并且没有重大的非常财政支出,就没有举债的必要。如果政府平时经常有财政结余,这种累积起来的财政结余又足以抵消重大的非常财政支出,也没有举债的必要。但是,这些情况只存在于没有什么商业和制造业的国家。在现代"商业社会"中,政府平时财政收支平衡,没有结余。而战争造成的非常财政支出往往几倍于平时的财政支出。在此情况下,要弥补庞大的支出,必须相应地增加收入。办法不外是:一、开征新税,二、发行公债。但是,"不论开征任何新税,人民都会感到多少的痛苦,因而引起怨声,引起反对。"[1] 而且,即使能征新税,也要经过将近一年的时间才有税款纳入国库。更何况"战争所需费用不定,赋税应增加多少才够,没有把握。"[2] 因此,为了应付紧急需要,唯一的办法就是借债。斯密说,现代各国政府正是这样做的。"借债能使它们只要增税少许,就可逐年筹得战争所需的费用"。[3] 也就是说,在"商业社会状态"中,政府有借债的必要。斯密还说,"商业社会"也使政府借债成为可能。"一个商人多工厂主多的国家,必然有很多的人是愿意随时都能以巨额款项贷与政府。所以,商业国人民,都具有出贷能力。"[4] 也就是说,拥有大量货币

---

[1]　亚当・斯密:《国富论》下卷,第 484 页。
[2]　同上书,第 483 页。
[3]　同上。
[4]　同上书,第 473 页。

的资本家既有贷款的能力,又有贷款的意向。这些就是斯密关于公债起因的论述。

　　说到公债的作用,斯密认为,"只在战争继续的期间内,举债制度才优于其他制度"。① 此外,没有积极作用可言。国家和个人相同,借债不是好事。公债制度是"有害的举债制度"。② 斯密判断有益或有害的标准,是资本的生产性用途或非生产性用途。在他看来,公债是向资本募集的。当公债债权人将资本贷给公债债务人即政府时,这一资本便"由资本的机能,转化为收入的机能",也就是说,"已经不是用以维持生产性劳动者,而是用以维持非生产性劳动者"。③ 斯密在批判公债是"国内其他资本以外的另一个大资本"的重商主义论点时,指出这一说法的错误就在于没有注意到资本已经从生产性用途转入非生产性用途这一重要事实。斯密还批判了支出公债利息"有如右手支给左手"的说法,指出这一说法"全是基于重商学说的诡辩"。④ 早在《演讲》中,斯密就已经从反对将生产性用途转变为非生产性用途的立场出发,抨击公债是"左手欠右手"的言论。他说:"有些人还给公债作辩护。他们说,虽然我们负的债已达一亿镑以上,但我们是欠自己,至少我们欠外国人的钱非常有限。这实是像左手欠右手一样,总的来说没有什么危害或危害很小。但应该注意,这一亿镑的利息是由勤劳的人支付的,并且是用以扶养被雇来征收这笔款的懒惰人的。这样,我们简直是过勤劳课税来维持懒惰。假使没有发行公债,通过慎重理财和节约政策,英国可能比现在更富足。我们的产业将不会由于那些靠它生活的懒惰人的压迫而受到损害。"⑤

---

①　亚当·斯密:《国富论》下卷,第 490 页。
②　同上。
③　同上书,第 488 页。
④　同上书,第 490 页。
⑤　《亚兰·斯密关于法律、警察、岁入及军备的演讲》,第 220—221 页。

在比较税收和公债这两种财政收入的优劣时,斯密也是从生产性还是非生产性立论的。他认为,税收向收入征课,公债向资本募集,前者是从一种非生产性用途转入另一种非生产性用途,而后者则是从生产性用途转入非生产性用途。税收虽然"多少成为新资本进一步蓄积的阻碍,但不一定会破坏现存的资本",而公债"在较大程度上破坏旧的资本,也在较小程度上妨害新资本的获得或蓄积"[①]。因此,总的来说,税收优于公债。

斯密强调公债过于庞大的危险性。他说:"巨额债务的增积过程,在欧洲各大国,差不多是一样的;目前各大国国民,都受此压迫,久而久之,说不定要因而破产!"[②]斯密认为公债制度既不利民,也不利国。斯密指出,由举债而衰微破败的国家,所在皆是,英国也不会例外。

公债偿还问题是斯密十分关心的问题。他认为,如果政府只用预支办法筹款,那么只要做到以下两点,就可以从债务中解放出来。这两点是:第一,"不使基金在限定期间内负担的债务,超过其所能负担的数额";第二,"第一次预支未偿清以前,不作第二次预支"。但是,欧洲大多数国家的政府都没有做到这两点,因此,"公家收入的负担,就由一定期间,延续到无限期间,而遥遥无解放的日子"。[③]斯密注意到当时英国还债基金的使用问题。他指出,还债基金本来是为支付旧债设立的,但是,由于政府的财政收入在支付战债利息和支付政府经常费用之外没有剩余,因而用于偿还债务的还债基金无从增加。更严重的是,政府往往将还债基金挪作他用。"可是,公债所积愈多,研究如何缩减公债愈成为必要,而滥用减债基金,就愈危险、愈会导致毁灭。"[④]

---

①　亚当·斯密:《国富论》下卷,第489页。
②　同上书,第474页。
③　同上书,第478页。
④　同上书,第484页。

斯密预言，在公债日益增大的情况下，"想由现在国家经常收入节约所得，偿还所有的公债，简直是一种幻想"。[1]斯密还指出：当公债增大到某种程度时，完全偿还的实例几乎没有。如果国家的债务负担得到了解除，那只是采用了公开的"倒帐"或实际的"倒帐"而"提高货币名义价值"，即货币贬值的结果。这是"公债假偿还之名行倒帐之实的惯技"。[2]这是许多国家的政府所采用的"容易识破又极端有害的欺瞒下策"。[3]

在斯密的公债理论中，有一些科学的因素。斯密在分析公债的起因时，已经接近于认识到公债是政府弥补财政亏空的一种手段，虽然他所看到的还只是战争所引起的财政亏空。斯密在论述公债对国民经济的影响时，着重指出了资本主义社会公债的非生产性质，实际上也就是指出了资产阶级政府支出的非生产性质。这反映了当时资产阶级发展生产的要求。他的"对勤劳课税来维持懒惰"的提法，不仅试图说明公债是将资本的生产性用途转入非生产性用途，而且也想说明公债实际上也是一种税收，是对"勤劳"的人的一种税收。但是，斯密对问题的认识也有片面性。他看到了在他那个时代的公债使可以用于生产性的货币资本转化为不生产的政府支出，却不知道在资本主义生产方式的历史上公债曾经使不生产的货币具有了生殖力，使它转化为资本。这就不可能理解公债的全面的历史作用：一方面使不生产的货币资本化，另一方面加速了对群众的剥夺。也就是说，这就不可能理解公债曾经是原始积累的最强有力的手段之一。因此，他只看到把公债看作是普通资本以外的又一大资本的重商主义观点的错误，而不知道这一重商主义观点所包含的真正的历史意义。即使只从斯密所处的历史时代来

[1] 亚当·斯密：《国富论》下卷，第488页。
[2] 同上书，第493页。
[3] 同上书，第494页。

说,他的认识也有片面性。斯密只看到公债使具有生产性用途的资本转到非生用途,从而减少了现有资本,而没有看到也可以不减少现有资本,没有看到当时已经存在的有闲的食利者愿意把闲置的货币资本投在带来可靠收入的公债上。斯密力图论证税收优于公债,他不了解,资本主义的公债和税收都具有相同的本质,都是剥削劳动人民的工具。致力于研究国民财富的亚当·斯密,并不了解,"在所谓国民财富中,真正为现代人民所共有的唯一部分,就是他们的国债"。①

三、李嘉图的国家经济职能和财政理论

在国家职能问题上,李嘉图的论述虽然不像斯密那样系统,但是他的基本观点和斯密是一脉相承的。

就像斯密提倡"自然自由的制度"反对国家干预一样,李嘉图提倡"商业完全自由的制度"。②他相信资本主义社会中的个人利益和国家利益的一致性,相信资本主义世界中个体利益和整体利益的一致性。在他看来,只要商业完全自由,也就是说,只要国家完全取消对经济生活的干预,个人就可以最有效地利用资本和劳动,社会利益就可以获得最大限度的增进。同理,只要商业完全自由,只要一切国家都取消对经济生活的干预,各国就都可以最有效地利用自己的资源,世界上各民族的共同利益就可以获得最大限度的增进。李嘉图非常赞赏斯密的经济自由的主张,认为斯密"十分令人满意地说明了自由贸易的好处",并说:"他还努力说明这种无疑可以促进全体利益的商业自由也可以促进各国的利益。"③李嘉图充分地发挥了斯密的思想,企图从全国以至全世

① 《马克思恩格斯全集》第23卷,第823页。
② 《李嘉图著作和通信集》第1卷,第113页。
③ 同上书,第289页。

界范围内论证经济自由的意义。李嘉图不仅要求英国社会应服从资本
主义生产和交换的规律,服从管理这种生产和交换的人的统治,而且要
求世界各民族都服从资本主义生产和交换的规律,服从管理这种生产
和交换的人的统治。

既然要求完全的经济自由,反对政府干预,就必然会认为庞大的政
府支出对生产来说是多余的、非必需的费用。李嘉图正是这样看待政
府消费的。他认为,政府开支是非生产性开支,而这种非生产性开支都
来自生产性劳动。"一个国家为筹划战争费用或政府一般开支而征课
的税,以及主要用来维持非生产性劳动者的税,都是从该国的生产性
劳动中取得的。"① 从这一论点出发,李嘉图认为税收纯属弊害,任何形
式的赋税都只是弊害和弊害之间的选择问题。他把政府的支出看作是
浪费,指出政府的浪费会造成国家的贫穷。可见,和配第、斯密等人一
样,李嘉图也是高价政府的反对者。他代表工业资产阶级的利益,要求
限制国家的职能,要求相应地减少国家执行自己的职能时所需要的巨
额经费。李嘉图表示赞成这样的观点:最好的财政计划就是支出很少
的财政计划,最好的赋税就是税额最少的赋税。

从李嘉图的代表作《政治经济学及赋税原理》的书名就可以看到,
赋税也是李嘉图这部著作探讨的主要问题之一。《原理》第八章至第
十八章"论赋税""农产品税""地租税""什一税""土地税""黄金
税""房屋税""利润税""工资税""农产品以外的其他商品税"和
"济贫税",第二十九章"生产者支付的赋税",都是集中研究税收问题
的。在一些问题上,李嘉图的分析比斯密又前进了一步。

李嘉图完全赞同并彻底维护斯密的税收的四项原则。他全面地引
证了这些原则,并把这些原则作为检验英国当时的税收是否合理的标

① 《李嘉图著作和通信集》第 1 卷,第 208 页。

准。他反对英国当时对所有已耕地不管好坏都按亩征收的土地税,所持的理由就是认为它违反了斯密的四项原则。李嘉图对斯密的某些税收主张有异议时,他的论证方式之一就是维护斯密的一般税收的四项原则,而批评斯密的某些具体主张违背他本人提出的一般原则。

李嘉图对税收作了规定:"赋税是一个国家的土地和劳动的产品中由政府支配的部分。"① 这一规定接近于指出资本主义税收是国家无偿占有的一部分价值,但是并未揭示出这种税收是国家无偿占有的雇佣劳动者创造的一部分剩余价值。

关于税收的源泉问题,李嘉图和斯密之间存在着意见分歧。斯密认为,税收归根结底是由工资、利润、地租三种收入中的一种支付的。就是说,税收来源于收入。和斯密的见解不同,李嘉图认为税收的源泉不是一个,而是两个。他说,税收归根结底是由资本或收入支付的。就是说,税收来源于资本或收入。② 究竟来源于其中的哪一个,关键就在于有没有增加生产,有没有减少非生产性消费。如果政府由增加税收而增加的消费是由人民增加生产或减少消费来偿付的,这种税收就落在收入上,否则就必然落在资本上。斯密认为税收来源于收入,这是比较正确的见解。它接近于指明税收来源于剩余价值。李嘉图关于税收源泉的双重见解是不科学的,因为资本不可能是税收的源泉。然而,在李嘉图的这一不科学的双重见解中却包含着历史的进步意义,这就是指出封建专制国家的税收对资本主义生产的巨大危害。李嘉图说:"赋税的巨大危害……在于整个说来的总效果。"③ 在李嘉图看来,斯密关于税收来源于收入的理论只强调个人的非生产性消费被转用于政府的非生产性消费,而没有强调个人的生产性消费也被转用于政府的非生产

---

① 《李嘉图著作和通信集》第 1 卷,第 127 页。

② 同上。

③ 同上书,第 129 页。

性消费。因此,李嘉图说,如果税收来源于资本,它就会减少资本,也就是减少一笔维持生产性劳动的基金,因而减少劳动的需求;如果来源于收入,它就会减少资本的积累。前者减少了现有的资本,后者减少了未来的资本。总之,税收"通常不是减少资本,便是妨碍资本的积累"。[①] 这就是税收给资本主义生产带来的消极的"总效果"。撇开劳动基金论等错误不谈,李嘉图由此引申出来的实际政策主张是十分明确的:"政府的政策……不要征收那种必然要落在资本上面的赋税。"[②]

像李嘉图这样一位伟大的古典经济学家,大概不会不知道税收的真正源泉不可能是资本,税收不可能使资本必然减少也许就是这一原因,他在兜了一个税收双重源泉的圈子以后,又以另一种形式回到斯密的税收源泉只在于收入的论点上来。他说:"每个人都想保持自己的社会地位,保持他曾经达到过的财富水平的高度。这种欲望使大多数赋税,无论是课加在资本上面还是课加在收入上面,都要从收入中支付。"[③]李嘉图还说,当税收增长时,也就是当政府支出增长时,除非人们的资本和收入也按比例增长,"否则他们的常年享受就必然会减少"。[④]很明显,李嘉图在这里不再说资本就必然减少,而只说收入或享受就必然减少。从这一点来说,他还是意识到了税收是政府对剩余价值的分成。当然,李嘉图的论证又是错误的,他以为只是由于资本家保持原有社会地位和财富水平的"欲望"才使税收只侵占收入而没有侵占资本。

李嘉图对地租税、利润税和工资税作了认真的研究,他在一些问题上和斯密的观点一致,在另一些问题上深化了斯密的思想,还在一些问

① 《李嘉图著作和通信集》第 1 卷,第 188 页。
② 同上书,第 129 页。
③ 同上。
④ 同上。

题上对斯密采取了批判的态度。

首先是地租税。和斯密一样，李嘉图也认为"地租税只会影响地租，全部都会落在地主身上，不能转嫁到任何消费阶级上"。[①] 李嘉图和斯密犯有相同的错误，都误以为地租税无法转嫁。不同的是，斯密把地租税不能转嫁的原因归之于地租不是农产品价格上涨的原因，而是上涨的结果，李嘉图则把地租税不能转嫁的原因归之于土地所有者"不会改变生产效率最小的耕地的产品与其他各级土地的产品之间的差额"[②] 即级差地租。然而，他们又都在不切实际的理由基础上提出了一条在他们看来十分切合实际的税收主张，这就是认为地租是最合适的课税对象。他们的这一要求，正反映了新兴的工业资产阶级的要求。

李嘉图只承认级差地租而否认绝对地租，这使他感到有必要改变斯密关于农产品税来源于地租，由土地所有者负担的观点。李嘉图批评斯密说："亚当·斯密由于对地租抱有一种特殊看法，由于没有看到各国都有大量资本运用在不付地租的土地上，所以便得出一个结论，认为一切对土地的征课，无论是以土地税或什一税的形式课加在土地本身上，还是课加在土地的产品上，抑或是由农场主的利润中缴付，都一定要由地主负担；并且认为，尽管这种税名义上一般要由租地人垫付，但在所有的场合，地主都是真正的纳税人。"[③] 李嘉图指出，斯密在这个问题上的看法是错误的。和斯密不同，李嘉图根据自己的劣等地没有地租的理论，认为农产品价格既然取决于劣等地的生产成本，那么凡是提高成本的因素都会提高价格，最后由消费者而不是由土地所有者担负。他说："任何课加在农业经营者身上的赋税，无论是采取土地税的形式、什一税的形式还是产品税的形式，都将增加生产成本，因之也就

---

① 《李嘉图著作和通信集》第1卷，第146页。
② 同上。
③ 同上书，第154—155页。

会提高农产品的价格。"① 因此，"农产品税不会由地主支付，也不会由农场主支付，而只会由消费者在上涨的价格中支付"。② 如前所说，斯密一方面认为农产品税、土地税、什一税等都落在地租上而不落在农产品消费者身上，另一方面又认为对用来酿酒的麦芽课征的税不落在地租上而落在酒的消费者身上。机智的李嘉图抓住了斯密的这一矛盾，并援引斯密关于后者的论述来证明自己关于农产品税的论点。他说："亚当·斯密的论点如此精辟地说明了我关于麦芽税以及其他各种农产品税的看法，所以我不能不把它提供给读者。"③ 斯密只看到特定的麦芽税可以转嫁给消费者，李嘉图超越斯密之处在于他推广了斯密的论点，认为向所有土地产品课征的税收都可以转嫁给消费者。但是，李嘉图的认识也有局限，没有把税收会通过提高农产品价格转嫁给消费者这一论点进而推广到地租税。

在进一步讨论地租税时，李嘉图把地租分成两部分，一部分是土地租金，另一部分是"地主所有的资本的利润"。④ 李嘉图在这里说的地主的资本，指地主投在建筑物、固定设备和其他项目上的费用。李嘉图认为，对于这两个部分在税收政策上应当分别对待，可是英国现行地租税对二者没有加以区分。"征课地租税时既然不区分哪些是为使用土地而支付的部分，哪些是为使用地主所有的资本而支付的部分，所以一部分税就落在地主的利润上。"⑤ 始终关心发展资本主义生产的李嘉图，在主张向地主征收地租税的同时，又以一视同仁的态度对待"资本家的利润"和"地主的利润"，认为除非提高农产品价格，否则对"地主的利润"征税就会使地主所有者在土地上投下的资本得不到普通的利润，结果

① 《李嘉图著作和通信集》第 1 卷，第 132 页。
② 同上书，第 133 页。
③ 同上书，第 215 页。
④ 同上书，第 147 页。
⑤ 同上。

"就不免妨碍耕种"。[1] 在这一问题上,李嘉图的分析比斯密深入了一步。

说到同地租税有关的地皮租税时,李嘉图同意斯密关于地皮租税最适合于课税的分析。但是,他又认为,"对土地房屋课以不平等的税"同斯密的四项税收原则中的平等原则相矛盾。他还认为,把土地作为唯一的课税对象是危险的。李嘉图实际上害怕的是,这样做意味部分地没收土地的所有权,而这就有可能进而威胁到资本的所有权。所以,他说:"对土地房屋课以不平等的税,当然就违反了保障财产权这一永远应当视为神圣的原则。"[2] 可见,李嘉图对自己的阶级利益是十分敏感的,而这种敏感竟至磨掉了他的税收理论的革命性的锋芒。

其次是利润税。和斯密一样,李嘉图也认为利润税可以通过提高商品价格转嫁给消费者。不同的是,斯密认为,能够这样转嫁的只是工商业资本家,而农业资本家则是通过减少地租将利润税转嫁给土地所有者。李嘉图认为,农业资本家转嫁利润税的办法同工商业资本家并没有区别,也是通过提高商品价格转嫁给消费者,而不可能转嫁给土地所有者。当然,在这个问题上,正确的是李嘉图,而不是斯密。

在讨论利润税对消费者的影响时,李嘉图认为应当区分奢侈品和必需品。他认为,奢侈品税对消费者的影响同他们的消费量成比例,而必需品税对消费者的影响同他们的消费量则不成比例。例如,必需品谷物税对制造业者的影响,比他和他的家属消费的谷物量要大得多。理由是,谷物也是工人的必需品,对工人必需品征税"有降低利润率的趋势"[3],这样就使制造业者的利润收入下降。为了保证资本利润不低于"一般水平"即平均水平,只有提高商品价格,由消费者负担利润税。工商业资本的利润税如此,农业资本的利润税也如此。李嘉图以平均

---

① 《李嘉图著作和通信集》第 1 卷,第 147 页。

② 同上书,第 171 页。

③ 同上书,第 173 页。

利润理论为基础,论证农业资本利润税的转嫁和工商业资本利润税的转嫁没有什么不同,这是对的。但是,像斯密一样,他也避而不谈资本家通过各种加强剥削的办法将利润税转加给雇佣工人这一事实。

最后是工资税。李嘉图认为,工资税会使工资上涨,而工资是由资本家支付的,因此,工资税最后是由资本家支付的。在这一点上,李嘉图和斯密的看法相同。他写道:"亚当·斯密完全承认,工资税的影响是使工资增加,增加的数额至少与税额相等;税款即使不是直接由雇主支付,最后也要由他支付。到这里为止,我们的意见是完全一致的。"①这是一方面。

另一方面,在工资税问题上,李嘉图和斯密之间又存在着意见分歧。李嘉图说:"关于这种税以后的作用,我们的见解就根本不同了。"②分歧之一是,斯密认为,农业工人的工资税由农场主通过减少地租转嫁给地主。李嘉图不同意斯密的这一观点。他认为,斯密的这种假定没有考虑到有许多资本用在"不支付地租的土地"上,正是这种资本的收益决定了农产品的价格,所以地租不会降低。因此,工资税不会落在地主身上,而只会落在资本利润之上。分歧之二是,斯密认为,制造业工人的工资税由雇主通过提高商品价格转嫁给消费者。李嘉图不同意斯密的这一观点。他说:"如果大家都能提高商品的价格以便连本带利地补偿税款,而各人又将相互消费他人的商品,那么税款就显然永远没有人支付了。因为如果所有的人都得到补偿,谁又会成为纳税人呢?"③李嘉图的结论是:"任何税如果有提高工资的效果,便都要靠减少利润来支付。所以工资税事实上就是利润税。"④这样,在李嘉图看

---

① 《李嘉图著作和通信集》第 1 卷,第 189 页。
② 同上。
③ 同上书,第 192 页。
④ 同上。

来，对收入征税，不是对工资、利润、地租征税，而只是对利润和地租二者征税。

斯密断言工资会随工资税而提高，而且断言工资因工资税而提高的幅度大于工资税。李嘉图对斯密的这一论断并非在任何场合都同意，而是有所保留。他认为，工资税会减少利润，从而会减少资本和资本积累，结果就会减少劳动基金，减少劳动的需求。因此，"工资虽然会提高，但不会正好按税额提高的这种情况，只是工资税可能发生的结果，而非必然的结果，也不是它特有的结果"。①

李嘉图批评了斯密关于工资税转嫁于地租的论点，正确地指出工资税不可能由地主来担负。可是，李嘉图的理论依据是错误的。他所说的"不支付地租的土地"，是指不存在级差地租的劣等地。李嘉图不知道，即使这种劣等地也要交绝对地租。尽管如此，李嘉图关于工资税不会转嫁给地主的论点还是正确的。但是，李嘉图关于工资税实际上就是利润税的论点是错误的。工资税就像不会转嫁给地主一样，也不会转嫁给资本家。李嘉图批评斯密关于雇主提高价格转嫁给消费者的论点。实际上，在这个问题上，正确的不是李嘉图，而是斯密。当然，斯密并不知道，当所有资本家都通过提高价格转嫁税收时，纳税重负便落在劳动人民身上。

李嘉图对斯密关于工资税必定会提高工资的论断的保留态度，反映出李嘉图对这一论断正确性表示某种程度的怀疑。按照李嘉图的逻辑推论，既然怀疑斯密的工资税必定会提高工资的论断，就应当怀疑李嘉图自己的工资税事实上就是利润税的论断。然而，李嘉图并未这样深入地思考问题，而且，他的怀疑是从错误的劳动基金论出发的。他和斯密一样，不懂得工资税来源于雇佣劳动者的剩余劳动所创造的价值，

---

① 《李嘉图著作和通信集》第 1 卷，第 189 页。

甚至来源于他们的必要劳动所创造的价值。

关于公债问题,李嘉图的论述也是值得注意的。他不仅在《原理》等著作中多次论及公债,而且还写过《公债基金制度》这样的专论。

说到举债和还债,李嘉图认为:"对个人来说是明智的事情,对国家来说也是明智的。"[①] 和斯密一样,李嘉图认为公债并非好事,认为举债并非最适合于应付政府非常支出的办法。他说,发行公债会使人们不知道节俭,不知道自己的真实情况。政府的借债和浪费性支出会造成国家的贫穷,使国家陷入困境。政府积欠巨额债款,必然会增加税收,而沉重的税收"终至使携资外迁、另觅可以免除这种负担的国家的念头变得难于抗拒"。[②] 就像税收会减少生产资本一样,公债也会减少农产资本。"如果为了一年的战费支出而以发行公债的办法征集二千万镑,这就是从国家的生产资本中取走了二千万镑。"[③]

和斯密一样,李嘉图也认为,"公债只是右手欠左手的债,不会损害身体"的说法,是完全错误的。他赞成把公债利息和公债本金分开考察,认为从社会来看二者的影响完全不同。就公债利息而言,确实是从一只手转移到另一只手。每年为偿付公债利息而征课的税收,只不过是从付出这笔税款的人手中转移到收入这笔利息的人手中,也就是从纳税人手中转移到公债债权人手中。[④] 有没有这种从一只手到另一只手的转移,从社会的角度看并无区别。付公债利息和不付公债利息,都不会使国家变穷或变富。国家既不会由于付公债利息而陷入困境,也不会由于不付公债利息而摆脱困境。就公债本金而言,情况就完

① 《李嘉图著作和通信集》第1卷,第211页。这里,使我们想起亚当·斯密的一句名言:"在每一个私人家庭的行为中是精明的事情,在一个大国的行为中就很少是荒唐的了。"引自亚当·斯密:《国富论》下卷,第28页。

② 《李嘉图著作和通信集》第1卷,第211页。

③ 同上书,第208页。

④ 同上。

全不同。公债来自生产资本,当这笔债款还是生产资本的时候,它会产生收入。当它成为债款进入政府之手的时候,它就被花光,被消耗掉。从社会的角度来看,就是消灭掉一笔生产资本,使它永远不会再产生收入。

和斯密一样,李嘉图也十分关心公债的偿还问题。他比斯密更详细地研究了英国还债基金的起源、发展和变化,更详细地讨论了还债基金的预定目标和实际结果。

在《原理》中,李嘉图指出,由于发行大量公债而陷入困境的国家,"如果不惜牺牲它的财产中为偿债所需的一部分来赎身解厄,那便是一种明智之举"。[①] 他主张,国家在非常时期所举的债,应当在平时努力偿还。还债基金只有在它来自政府收入超过政府支出的余额时,才能达到偿还债务的目的。李嘉图说:"如果偿债基金不是从公共收入超过公共支出的部分中取得的,就不能有效地达到减轻债务的目的。遗憾的是,我国的偿债基金只是徒有其名,因为我国收入并不超过支出。我们应该通过节约,使之名副其实地变为实际有效的偿付债款的基金。如果在将来再有任何战争爆发时我们的债务还没有大大减少,那么要不是全部战费必须靠逐年课税来支付,便是在战争结束之后(即使不是在战争结束之前)陷于国家破产的境地。"[②]

《原理》出版以后,李嘉图在 1819 年 6 月 9 日、12 月 16 日和 24 日的演说中以及在一些信件中又讨论了还债基金。后来,他于 1820 年发表《公债基金制度》,系统地论述了还债基金。李嘉图说:设立还债基金的目的是,在平时减少公债,在战时防止公债急速增长。只有严格按照这一目的建立的偿债基金才是有益的。李嘉图写道:"如果大臣们是可以信赖的,对建立偿债基金的主旨是信守不渝的,从而于战争结束

---

① 《李嘉图著作和通信集》第 1 卷,第 211 页。
② 同上书,第 211—212 页。

时,使我们有一个与债额增加相称的、岁入超过岁出的、明显的增益余额,那末,在明确的准则和规章下,把它作为一项独立的基金保存着,确实是一个明智的、可取的办法。"① 然而,大臣们不可信赖,政府对建立偿债基金没有信守不渝,还债基金被挪作他用,被用来为新债提供利息。结果是,还债基金没有能减少公债,却大大增加了公债;没有节约政府支出,却大大助长了政府支出。这样,还债基金就成了"造成灾难和痛苦的工具"②,成了"导致危害和欺骗的工具"③。

在《原理》中,李嘉图认为,只有节约,只有减少政府支出,使财政预算出现盈余,才能使还债基金名实相符。在《公债基金制度》中,李嘉图的思想有了发展。他接受了这样的观点:要抑制公债的增长,要在消除债务方面获得迅速进展,唯一的办法就是增加财政收入,节约财政支出,使财政预算出现盈余。

总起来说,英国古典经济学家的国家职能和财政理论在当时来说是一种进步的理论,是反映了资本主义生产方式发展要求的理论。尽管在他们的理论中存在不少非科学的成分,但是毕竟提出了许多合理的因素。现在,古典经济学家的财政理论受到当代资产阶级经济学家的攻击。例如,萨缪尔森说:"五十年前,经济学教科书中论财政的一章读起来很像是在亚当·斯密时代写的。从 1776 年到 1929 年,没有什么明显的进展。"④ 他接着说:"那些旧式的粗俗经济学的陈词滥调,那些传授给我们的祖辈而祖辈又灌输给我们的学说是什么呢? 下面举几个例子:一、预算每年都应当平衡(而且水平要低,支出要省,用途要严格限制)。二、公债是我们子孙后代的负担……一切债务都是坏

---

① 《李嘉图著作和通信集》第 4 卷,第 159 页。
② 同上书,第 146 页。
③ 同上书,第 159 页。
④ 萨缪尔森:《经济学》(第 11 版),第 333 页。

事,公债是绝对的坏事。三、凡是对个人或家庭是正确的事,对政府也是正确的……四、根据亚当·斯密的四项'税收原则'之一,好的税收是在好年景和坏年景产生同等收入的税收。"[1] 现代资产阶级经济学家攻击英国古典经济学家的目的,是为了反其道而行之。他们的相应观点是:一、预算不必每年都平衡,甚至不必在每一经济周期中都保持平衡,应当使预算支出等于"高度充分就业"条件下的税收。二、公债不是坏事,更不是绝对的坏事。公债不会成为子孙后代的沉重负担,我们的儿子认为是巨大的债务将被我们的孙子看作是不重要的东西。公债只是右手欠左手的债。三、对个人或家庭是正确的事,对政府来说,或对整个社会来说,可能是不正确的;反之,对大家来说是正确的事,对个人来说可能是十分错误的。不能把家庭预算的逻辑推广到国家财政预算上来。四、年景不同,征课到的税收也不相同。很明显,以萨缪尔森为代表的现代资产阶级经济学家的这些观点,是为国家垄断资本服务的,是为垄断组织利用国家推行宏观财政政策以攫取更多的垄断利润辩解的。

---

[1]　萨缪尔森:《经济学》(第11版),第334页。

第十九章　优势原理和国际贸易理论

　　优势原理和以此为基础的国际贸易理论,是英国古典学派经济理论遗产的一个重要组成部分。它不仅在政治经济学史上产生过深远影响,而且至今仍然是一个重要的现实经济理论课题。

　　英国古典经济学家使用的"advantage"一词,可以译为"优势"、"利益"、"有利条件"。和它对应的"disadvantage"一词,可以译为"劣势"、"不利"、"不利条件"。在英国古典学派那里,优势有绝对优势和相对优势,或绝对优势和比较优势之分。也就是说,有利条件有绝对有利条件和相对有利条件,或绝对有利条件和比较有利条件之分。同样,劣势也有绝对劣势和相对劣势,或绝对劣势和比较劣势之分。也就是说,不利条件有绝对不利条件和相对不利条件,或绝对不利条件和比较不利条件之分。

　　在西方资产阶级经济论著中,绝对优势的概念和绝对成本的概念具有相同的含义,相对优势或比较优势的概念和比较成本的概念具有相同的含义。因此,绝对优势原理也就是绝对成本理论,相对优势或比较优势原理也就是比较成本理论。

一、亚当·斯密的优势原理和国际贸易理论

　　关于优势原理的起源问题,资产阶级经济学家常常数典而忘其祖。约翰·穆勒曾经认为,政治经济学的优势原理来自托伦斯,李嘉图的

优势原理是托伦斯优势原理的直接继续,而他自己的优势原理则是对托伦斯—李嘉图优势原理的发展。这种看法,影响较广,直至目前,在国外的一些经济学著作中仍然时有所见。有的论著把古典优势原理称为"托伦斯—李嘉图—穆勒优势原理"或"李嘉图—托伦斯—穆勒模型"[①],就是这种看法的反映。

和约翰·穆勒的观点不同,现代西方资产阶级经济学家很多都认为,他们的现代优势原理来源于李嘉图。这些经济学家和约翰·穆勒有一个共同之点,那就是不给亚当·斯密以应有的地位。现在,只有为数不多的资产阶级经济学家认为,古典优势原理和现代优势原理都直接来自亚当·斯密。[②]但是,这一观点的持有者又同其他许多资产阶级经济学家一样,认为亚当·斯密的优势原理只是绝对优势或绝对成本原理,只有李嘉图才提出了比较优势或比较成本原理。

把斯密的优势原理仅仅归结为绝对优势原理,这种观点早已有之。哈勃勒给绝对优势和比较优势以正式定义[③]以后,这种观点就更为流行。在我国经济学界,也可以看到这种观点的影响。

上述这些看法,很有重新讨论的必要。

优势概念虽然在重商主义著作中以及在英国古典政治经济学产

---

① 苏联科学院世界经济和国际关系研究所:《现代资产阶级政治经济学批判》,第288页。

② "古典贸易理论以及实质上由古典贸易理论脱胎而来的现代贸易理论,都直接来源于亚当·斯密。"引自D.P.奥布赖恩:《古典经济学家》,第170页。

③ G.哈勃勒的《国际贸易理论》一书的德文版初版于1933年,英文译本初版于1936年。他在书中用两个不等式给绝对优势和比较优势分别下了定义。按照他的假设,有1,2两个国家,生产a,b两种商品。绝对优势是:$\frac{a_1}{a_2} < 1 < \frac{b_1}{b_2}$。这一不等式表明,国家1在商品$a$的生产方面居于绝对优势($a_1<a_2$),国家2在商品$b$的生产方面居于绝对优势($b_2<b_1$)。比较优势是:$\frac{a_1}{a_2} < \frac{b_1}{b_2} < 1$。这一不等式表明,同国家2相比较,国家1在$a$,$b$两种商品的生产方面都居于绝对优势,然而在商品$a$的生产方面比商品$b$占有更大的优势,即比较优势。引自G.哈勃勒:《国际贸易理论》,伦敦1959年版,第129页。

生时期从配第到休谟的著作中就可以找到,然而只有在亚当·斯密的《国富论》中才第一次得到比较明确的论述。

有一个重要事实为政治经济学史研究者和国际贸易理论家所忽视。这个事实就是,在政治经济学史上首先把优势区分为绝对优势(absolute advantage)和相对优势(relative advantage)、把劣势区分为绝对劣势(absolute disadvantage)和相对劣势(relative disadvantage)的,不是别人,正是亚当·斯密。[①]虽然这两对术语在斯密的著作中的含义和后来的不尽相同。

斯密的绝对优势原理是在对重商主义"有利的贸易差额"理论和政策的斗争中提出来的。斯密指责重商主义政策,认为"在重商主义下,消费者的利益,几乎都是为着生产者的利益而被牺牲了;这种主义似乎不把消费看作一切工商业的终极目的,而把生产看作工商业的终极目的。"[②]斯密提出了生产目的问题,他说:"消费是一切生产的唯一目的,而生产者的利益,只在能促进消费者的利益时,才应当加以注意。"[③]在这里,斯密用抽象的一般生产代替资本主义生产,不是把追逐利润而是把直接满足消费说成是这种生产的唯一目的。然而,值得注意的是,斯密把生产目的和优势原理紧密地联系起来,认为要实现生产目的,就必须根据优势进行分工,发展生产,在国内,实行自由放任,在国际,开展自由贸易,以便为满足人们的消费提供更多的商品。这就是斯密的基本观点。

在论证上述基本观点时,斯密的起点是个人之间的分工和贸易,终点是国际分工和国际贸易。

---

① 亚当·斯密:《国富论》下卷,第 165、166、170 页;参阅《国富论》第 2 卷,伦敦 1954 年版,第 91、92、96 页。

② 同上书,第 227 页。

③ 同上。

当斯密从抽象的人类本性出发论证社会分工的必然性时，他注意的只是互通有无的问题，在他看来，个人之间的贸易只是个人剩余产品的交换，地区之间的贸易只是地区剩余产品的交换，国际贸易只是各国剩余产品的交换。但是，当斯密从充分利用优势出发论证社会分工的必然性时，他注意的是生产成本的降低，是社会劳动的节约。正是在后一场合，斯密提出了颇有创见的论点。他说，每一个精明的家长都知道这一格言：一件物品做比买贵，就宁买不做。裁缝不愿自己做鞋，而是向鞋匠买。鞋匠不愿自己做衣服，而是雇裁缝做。农民既不愿自己做衣服，也不愿自己做鞋，而是雇裁缝和鞋匠做。之所以如此，是因为他们都愿意发挥自己的优势。"他们都感到，为了他们自身的利益，应当把他们的全部精力集中使用到比邻人处于某种优势的方面，而以产品的一部分或同样的东西，即其一部分价格，购买他们所需要的其他任何物品。"[①] 由此可以看到，斯密要说的是，社会分工可以提高每个劳动者的劳动生产率，提高每个劳动者的产量，从而可以提高社会劳动生产率，提高社会总产量。

斯密直接从个人之间的分工和贸易推论到国际分工和国际贸易。他认为，同个人一样，对于同样的商品，一个国家也要把本国生产的费用和向国外购买的费用加以比较，以便决定是自己生产还是从国外进口。斯密主张："如果某个外国供应我们某种商品，比我们自己生产这种商品便宜，那就不如把我们自己的劳动用于我们有某种优势的部门，而用我们自己的劳动的一部分产品向这个国家购买这种商品。"[②]

斯密认为，一个国家的优势，有的是自然所固有的，如气候、土壤、矿藏以及其他非人力所能控制的相对固定的环境等；有的是后来获得的，如劳动熟练程度和技术等。他把前一种优势叫作自然优势，把后一

---

① 亚当·斯密：《国富论》下卷，第28页。
② 同上。

种优势叫作后来获得的优势。按照斯密的看法，自然优势和后来获得的优势使一个国家在特定商品的生产方面可以节约劳动时间，形成成本优势，从而在国际市场上具有价格优势。因此，每个国家都应当专业化于生产本国拥有优势的商品，而不管这种优势是自然优势还是后来获得的优势。斯密提出的原则是："只要甲国有此优势，乙国无此优势，乙国向甲国购买，总是比自己制造有利。"[①] 这样可以形成国际分工，这就是以绝对优势为基础的国际分工。

斯密在这里所说的优势，是指一个国家生产某种商品的实际成本即劳动耗费绝对地小于其他国家的优势。[②] 这一点，是政治经济学史研究者和国际贸易理论家早就普遍注意到的。

但是，斯密关于相对优势的论点，长期以来没有得到应有的注意。事实上，在《国富论》中，斯密已经提出了相对优势原理的基本论点。他说："现在最富裕的国家，固然在农业和制造业上都优于邻国，但制造业方面的优越程度，必定大于农业方面的优越程度。……在农业方面，富国劳动生产力未必都比贫国劳动生产力大得多，至少不像制造业方面一般情况那样大得多。……贫国的耕作，尽管不及富国，但贫国生产的小麦，在品质优良及售价低廉方面，却能在相当程度上与富国竞争。但是，贫国在制造业上不能和富国竞争；至少在富国土壤气候位置适宜于这类制造业的场合，贫国不能和富国竞争。"[③]

---

① 亚当·斯密：《国富论》，下卷，第30页。
② 斯密对绝对优势的提法可以说是相当绝对的。他以苏格兰种植葡萄为例说明绝对优势。在气候寒冷的苏格兰的温室里也能生长出非常好的葡萄，酿出非常好的酒。但是，费用是进口同质葡萄酒的30倍。显然，在苏格兰种植葡萄是很不合理的，这样同优势作斗争是白费力气。斯密进一步认为，在生产同一种商品时，一个国家的成本比另一个国家如果多30倍，固然不合理；如果多1/30，也不合理；即使只多1/300，还是不合理。可见，斯密的绝对优势是指两国生产同一商品的绝对成本之比。甲国同乙国的成本之比为1∶30，固然表明绝对优势在甲国；1∶1$^1/_{30}$，也表明绝对优势在甲国；1∶1$^1/_{300}$，还是表明绝对优势在甲国。
③ 亚当·斯密：《国富论》上卷，第7—8页。

在斯密的这段议论中,至少包含这样几点:第一,富有国家的制造业和农业都居绝对优势,贫穷国家的制造业和农业都居绝对劣势。第二,对富有国家来说,农业和制造业虽然都居绝对优势,但是比较而言,制造业的绝对优势比农业的更大;对贫穷国家来说,农业和制造业虽然都居绝对劣势,但是比较而言,农业的绝对劣势比制造业的要小。因此,第三,贫穷国家只能在农业上同富有国家竞争,而在制造业上则不能同富有国家竞争。斯密上述议论的实质是,富有国家的相对优势在制造业方面,应当专业化于制造业;贫穷国家的相对优势在农业方面,应当专业化于农业。这样可以形成国际分工,这就是以相对优势为基础的国际分工。

由此可见,斯密的优势原理不只是绝对优势原理,它还包含相对优势原理。诚然,在斯密的优势原理中,绝对优势概念是最重要的,然而相对优势概念也是不可忽视的。后来李嘉图继承和发展了斯密的相对优势概念,系统地提出了比较优势或比较成本学说。

斯密优势原理的提出,在当时有其理论意义和现实意义。从理论上说,斯密试图说明优势的经济意义在于节约劳动时间。他论证,如果每个人为了自身利益都专业化于生产自己拥有优势的商品,那么他们的劳动生产率就会提高,产品就会增加。这是社会分工的优越性。如果每个国家为了本国利益都专业化于本国拥有优势的商品,那末每个国家的劳动生产率就会提高,产品就会增加。这是国际分工的优越性。个人之间的贸易可以增进贸易参加者的利益,提高贸易参加者的消费水平,国际贸易可以增进贸易参加国的利益,提高贸易参加国的消费水平。从实践上说,斯密竭力反对重商主义政策,反对当时的政府管制,优势原理正是他的理论武器。他建议各有关国家的政府搬掉重商主义加在国内贸易和国际贸易上的障碍,指出重商主义的政府管制会使优势变成劣势。斯密说:"管制的结果,国家的劳动由较有利的用途改到较不利的用途。其年产物的交换价值，不但没有顺随立法者的意志增加起来，而且一定会减少下去。"[1] 他主张，在国内实行自由放任，在国际实行自由贸易，给消费者和生产者以追求自身利益的较大自由，这样就可以消除封建特权和垄断地位所造成的经济效率低和浪费现象，迅速提高经济效率，增加国民财富。当时正在同封建残余势力进行斗争并进一步发展资本主义生产的英国资产阶级，需要自由地从国外获得廉价的工业原料和粮食，需要降低工业产品的成本，需要扩大国内市场和国际市场，需要使世界上许多国家和地区主要从事农业生产，以服务于主要从事工业生产的英国的利益。斯密的优势原理和国际贸易理论和政策建议无疑地反映了英国资产阶级的这种愿望。

二、李嘉图的比较优势原理和国际贸易理论

斯密的优势原理，特别是其中的相对优势概念，为李嘉图所继承和发展。李嘉图强调比较优势或比较成本原理，强调即使效率最低、成本最高的国家也有自己的比较优势，因而也能从贸易中得到利益，而不像斯密那样重点放在绝对优势上，不像斯密那样把对外贸易只看作是剩余产品的贸易。李嘉图理论上的这一特点，来自机器大工业的时代特点。在新的历史阶段上，国际贸易已经从资本主义生产方式产生的条件变成了这个生产方式的必然产物。英国在对外贸易中已经处于绝对优势地位。英国资产阶级迫切要求进一步扩大对外贸易。李嘉图适应了英国资产阶级的这一要求，把斯密的相对优势概念发展为系统的比较优势原理。这一原理力图证明，即使在各种商品生产中一个国家都占绝对优势而另一个国家都处于绝对劣势，仍然存在着有利于双方

---

① 亚当·斯密：《国富论》下卷，第29页。

的国际分工和国际贸易的可能性。

和斯密一样,李嘉图也从个人之间分工和专业化的必然性引申出国际分工和专业化的必然性。

李嘉图说:"如果两人都能制造鞋和帽,其中一个人在两种职业上都比另一个人强一些,不过制帽时只强五分之一或百分之二十,而制鞋时则强三分之一或百分之三十三,那么这个较强的人专门制鞋,而那个较差的人专门制帽,岂不是对于双方都有利么?"[①] 这就是说,在鞋帽两种商品的生产方面,"较强的人"都居绝对优势,"较差的人"都居绝对劣势。对"较强的人"来说,两种绝对优势中的最大优势在制鞋;对"较差的人"来说,两种绝对劣势中的最小劣势在制帽。换句话说,"较强的人"的比较优势在制鞋,"较差的人"的比较优势在制帽。因此,"较强的人"应当专业化于鞋的生产,"较差的人"应当专业化于帽的生产。通过交换,双方都能得到更多的鞋和帽。这样的分工和贸易对双方都有好处。

在李嘉图看来,同样的道理也适用于国际分工和国际贸易。他说:"由此看来,一个在机器和技术方面占有极大优势因而能够用远少于邻国的劳动来制造商品的国家,即使土地较为肥沃,种植谷物所需的劳动也比输出国更少,也仍然可以输出这些商品以输入本国消费所需的一部分谷物。"[②] 这就是说,发达的资本主义国家在工业生产和农业生产方面都居绝对优势,但在工业生产方面占有"极大优势",即比较优势,因而可以出口工业品以进口农产品。很明显,这是对斯密的相对优势概念的重要发展。以不明显的形式包含在斯密著作中的思想,在李嘉图这里已经发展成为十分明确的理论。

李嘉图在说明和论证自己的比较优势原理时,用了"两个国家——

---

① 《李嘉图著作和通信集》第 1 卷,第 114 页。
② 同上。

两种商品"的简单的国际贸易模型。从事国际贸易的只有两个国家：英国和葡萄牙，进入国际贸易的只有两种商品：布和酒。劳动和资本在国际上不能自由流动。不考虑运输费用、生产成本变动、技术变化等因素。李嘉图比斯密更加明确地以劳动价值理论作为说明和论证问题的基础。他假定，英国生产一定数量的布要耗费 100 人的全年劳动量，而葡萄牙生产同样数量的布只要耗费 90 人的全年劳动量；英国生产一定数量的酒要耗费 120 人的全年劳动量，而葡萄牙生产同样数量的酒只要耗费 80 人的全年劳动量。在布和酒的生产方面，英国都处于绝对劣势 $\left(\dfrac{100}{90}>1;\dfrac{120}{80}>1\right)$，葡萄牙都占居绝对优势 $\left(\dfrac{90}{100}<1;\dfrac{80}{120}<1\right)$。对英国来说，两种绝对劣势中的最小劣势是布 $\left(\dfrac{100}{90}<\dfrac{120}{80}\right)$；对葡萄牙来说，两种绝对优势中的最大优势是酒 $\left(\dfrac{80}{120}<\dfrac{90}{100}\right)$。换一个说法，英国生产布的成本是葡萄牙的 1.1 倍，生产酒的成本是葡萄牙的 1.5 倍，可见英国的比较优势是生产布；葡萄牙生产布的成本是英国的 90%，生产酒的成本是英国的 67%，可见葡萄牙的比较优势是生产酒。英国发现，专业化于布的生产，出口布而进口酒，比自己二者都生产时能获得更多的布和酒；葡萄牙也发现，专业化于酒的生产，出口酒而进口布，比自己二者都生产时能获得更多的酒和布。按照比较优势进行国际分工和国际贸易，对英国和葡萄牙双方都有利。英国国内生产布和酒的劳动消耗量的比率是 100∶120，即 1∶1.20，葡萄牙国内生产布和酒的劳动消耗量的比率是 90∶80，即 1∶0.88。在英国国内市场上，1.20 单位的布换取 1 单位的酒；在葡萄牙国内市场上，0.88 单位的酒换取 1 单位的布。发生国际贸易以后，对英国来说，只要用来换取 1 单位酒的布少于 1.20 单位，便是有利的；对葡萄牙来说，只要 0.88 单位的酒换到多于 1 单位的布，便是有利的。两国之间的贸易正好满足了这一条件，使双方

都得到了好处,都节约了劳动。在国际市场上,英国用耗费100人的全年劳动量的布,换到了如果自己生产就要耗费120人的全年劳动量的酒;葡萄牙用耗费80人的全年劳动量的酒,换到了如果自己生产就要耗费90人的全年劳动量的布。国际贸易使英国在用1单位布换1单位酒时节约20人的全年劳动量,使葡萄牙在用1单位酒换1单位布时节约10人的全年劳动量。

应当注意,李嘉图在这个场合所理解的成本,是按劳动量来计量的,是指商品生产中的实际耗费。各个国家之间存在着比较劳动生产率的差异,这是形成比较成本优势的基础。每个国家在特定商品的生产上都有比较成本优势,这种有比较成本优势的商品在国际市场上就有比较价格优势。

还应当注意,李嘉图的比较优势概念既指绝对优势中的最大优势,又指绝对劣势中的最小劣势。因此,斯密的绝对优势概念在李嘉图这里表现为比较优势的一种特殊情况。那种认为李嘉图的比较优势概念排斥了斯密的绝对优势概念的看法,是不符合李嘉图的本意的。

按照李嘉图的论述,建立在比较成本优势上的国际分工和国际贸易,主要有这样一些好处:第一,每个国家都专业化于特定商品的生产,有利于充分利用各种资源,提高劳动生产率,增加产量;第二,每个国家都可以通过贸易满足自己对其他商品的需要,在贸易中用本国一定数量的商品能够换到比自己生产时在数量上要多的外国商品,从而提高本国的消费水平;第三,从全世界来说,每个国家充分利用本国优势的结果,可以有效地提高全世界生产总量,增进各国的共同利益。李嘉图写道:"在商业完全自由的制度下,各国都必然把它的资本和劳动用在最有利于本国的用途上。这种个体利益的追求很好地和整体的普遍幸福结合在一起。由于鼓励勤勉、奖励智巧并最有效地利用自然所赋与的各种特殊力量,它使劳动得到最有效和最经济的分配;同时,由于增加生产总额,它使人们都得到好处,并以利害关系和互相交往的共同纽带把文明世界各民族结合成一个统一的社会。"①

从比较优势原理出发,李嘉图提出了一个国际分工的模式。他说:"正是这一原理,决定葡萄酒应在法国和葡萄牙酿制,谷物应在美国和波兰种植,金属制品及其他商品则应在英国制造。"②按照这个国际分工模式,资本主义生产发达的英国专业化于工业,其他发展水平低的国家只能专业化于农业或农产品加工工业。

以上就是李嘉图的抽象的比较优势原理以及从这一原理得出的关于国际分工的实际结论。

如何评价比较优势原理,长期以来存在着不同看法。这种不同看法,国内有,国外也有。美国较近出版的一本《经济理论史》承认:"说到比较优势学说,经济思想史家存在着意见分歧。"③在西方,比较优势原理曾经畅销多年。后来,"在大萧条期间这个抽象理论被按处理价格出售"。近些年来,它的行情又重新回升。④在苏联和东欧,有的对比较优势原理全盘否定⑤,有的则认为"李嘉图的比较成本理论包含着一些完全正确的思想"⑥。在我国,多年来对比较成本理论曾经全部否定,只是近年来才提出对比较成本理论的重新评价问题。但是,有的又走到了另一端,对比较成本理论全部肯定。

我认为,对于资产阶级比较优势原理,应当把李嘉图的同约翰·穆

---

① 《李嘉图著作和通信集》第 1 卷,第 113 页。

② 同上。

③ H. 兰德雷思:《经济理论史:范围、方法和内容》,第 102 页。

④ 萨缪尔森:《经济学》(第 11 版),第 636 页。

⑤ А.Б. 弗鲁姆金:《现代资产阶级国际经济关系理论批判》,莫斯科 1964 年版,第 13—66 页;苏联科学院世界经济和国际关系研究所:《现代资产阶级政治经济学批判》,第 288—296 页。

⑥ 鲁·施托贝尔格:《资产阶级政治经济学史》,吴康、许素芳、吴儒深译,商务印书馆 1963 年版,第 75 页。

勒的区分开来,把古典的同"新古典"的以及"现代"的区分开来,分别作出评价。对李嘉图的比较优势原理,也应当全面地加以分析,任何片面的、简单的"不否定就肯定"的态度,都无助于作出实事求是的评价。

李嘉图的比较优势原理是以劳动价值理论为基础的。同斯密相比,李嘉图更为有意识地运用劳动价值理论阐述优势问题。这是李嘉图的比较优势原理中的科学因素。在政治经济学史和国际贸易理论史上,它具有重要的意义。其实质,就在于把国际贸易理论建立在劳动价值理论之上,使国际贸易理论有一个科学的基础和出发点。只有在劳动价值理论的基础上,国际贸易的一系列重大理论问题,特别是关于国际市场价格决定、国际贸易利益分配等问题,才有可能得到正确的解决。一些论著指责李嘉图的国际贸易理论同劳动价值理论不相容,这种指责是片面的。从本质和主流上看,李嘉图在国际贸易问题上同在其他问题上一样,科学的本能使他力图坚持劳动时间决定商品价值的原理。马克思指出:"在李嘉图的著作中这一学说(指对外贸易学说——引者)只是用来证明他的价值理论,或者说明这一学说和价值理论并不矛盾。"[1]西方一些资产阶级经济学家之所以要修正李嘉图的比较优势原理,主要原因就在于此。有的资产阶级经济思想史家承认:"李嘉图由于把他的比较成本理论建立在劳动价值理论之上而遭到批评。"[2]

正是由于李嘉图从劳动价值理论出发,所以他的比较优势原理包含这样一个正确的论点:比较优势或比较成本的差异实质上是比较劳动生产率的差异。因此,每个国家都应当努力提高劳动生产率,节约劳动时间,用最小的劳动耗费,取得最大的经济效果。生产单位商品耗费的劳动量是衡量优势的尺度,是对进出口商品进行排队的标准。每个

---

① 《马克思恩格斯全集》第 26 卷Ⅲ,第 277 页。

② 　J. 奥色、W.C. 布兰奇菲尔德:《经济思想的演变》(第 3 版),第 100 页。

国家的出口应当从本国耗费劳动量最小的商品开始,进口则应当从本国耗费劳动量最大的商品开始。这样,每个国家都能从国际贸易中得到好处,从而有利于提高消费水平,提高生产力水平。

但是,应当注意,李嘉图的比较优势原理是一种纯粹的抽象推理,它抽象掉了现实的国际经济关系。这种抽象,当然是一种不合理的抽象。事实上,国际分工是一定国际经济关系下的分工,国际贸易是一定国际经济关系下的贸易。在李嘉图时代,英国工业革命的胜利使英国成为世界工业中心,在工业生产方面拥有绝对优势。同英国进行贸易的,一类是主权国家,另一类是殖民地。即使是主权国家,工业生产也远远落后于英国。许多国家主要还是从事农业生产,甚至纯粹从事农业生产。它们一方面是英国工业品的销售市场,另一方面又是英国工业发展所需要的粮食和原料的供应基地。这样形成的国际分工和国际贸易,必然是支配和被支配的关系:英国处于支配地位,其他国家处于被支配地位。李嘉图在以比较优势原理为基础对国际分工和国际贸易进行抽象推理时,他完全回避了这种现实的国际经济关系。可是,当他提出国际分工的具体模式时,他又不得不回到现实世界中来。他毫不掩饰地主张,英国应当专业化于各种工业产品,而美国和波兰应当专业化于谷物,法国和葡萄牙应当专业化于酒。十分明显,这个国际分工模式,完全代表了英国资产阶级的利益,反映了英国资产阶级企图使英国成为世界工厂、使世界其他国家成为英国工业品销售市场以及粮食和原料供应基地的愿望和要求。

李嘉图虽然也曾经把优势分为自然优势和人为优势,甚至也曾经讲到过优势改变的可能性,但是,在一般场合,他往往把优势看作是一成不变的。用这种观点看待专业化和国际分工,必然会把特定历史条件和特定国际经济关系下形成的专业化和国际分工看作是自然的和永恒的。这样,特定历史条件下形成的国际分工就被看成是超历史的,特定国际经济关系下的国际分工就被看成是不受国际经济关系制约的。李嘉图的这种资产阶级观点当然要受到历史和现实的无情批判。就连美国较近出版的一本国际经济学通俗读物也不得不承认："在李嘉图模型的所有局限性中，这种静态假设也许是最大的局限性。今天，不发达国家认识到，它们在生产咖啡、茶叶、可可和石油方面的优势不是永久性的。它们担心，自由贸易政策会迫使它们在过长的时间内和过大的程度上专业化于一两种产品。不发达国家推理说，还没有一个国家只依靠种植咖啡或茶业发展起富有生命力的经济。它们懂得，它们也需要钢铁、电子学和纺织厂。因此，维持经济成长的关键看来是多种经营，而不是专业化。需要增加经济的多种经营的国内工业化战略同专业化于传统的初级产品——如锡、铜、橡胶、茶叶、石油、可可或咖啡——的国际压力之间的冲突，是发展中国家面临的许多痛苦的困境之一。统治世界贸易的富有国家如美国、日本和英国无疑都是高度地发展多种经营的，不会为了生存去依赖狭隘的专业化的出口商品。"①

　　在资本主义国际贸易中，存在着剥削和被剥削的关系。这种关系不仅存在于宗主国和殖民地的贸易之中，存在于国际不等价交换之中，而且存在于主权国之间的贸易之中，存在于双方都能得到好处的贸易之中。李嘉图的资产阶级局限性使他没有揭示和说明这种剥削和被剥削的关系，相反地却用什么"整体的普遍幸福"，什么"以利害关系和互相交往的共同纽带把文明世界各民族结合成一个统一的社会"等词句来掩盖和抹杀这种关系，虽然他也承认拥有优势的国家在交换中以较少的劳动换回较多的劳动这一事实。

　　如果说，李嘉图的比较优势原理在当时有它的历史进步意义的话，那么，这个意义就在于，它从理论上为国际贸易的进一步扩大，为资本

---

① 　J. 亚当斯：《国际经济学》（第 2 版），第 40—41 页。

主义生产方式和交换方式的国际化，为国际范围内劳动生产率的提高开辟道路。正像马克思所说，"如果说李嘉图的观点整个说来符合工业资产阶级的利益，这只是因为工业资产阶级的利益符合生产的利益，或者说，符合人类劳动生产率发展的利益，并且以此为限。"①

　　李嘉图的比较优势原理提出了一个重要的理论问题。这个问题就是，各国在生产中耗费不等量劳动的商品在世界市场上为什么具有相同的国际价格。斯密在《国富论》中就已经碰到过这个问题。他看到，资本主义生产发展程度不同的国家，生产条件各不相同，但是同样的商品在国际市场上却按大致相同的价格出售。他写道："如果品质同样优良，富国小麦在市场上的售价，未必都比贫国低廉。就富裕和进步的程度说，法国远胜于波兰，但波兰小麦的价格，与品质同样优良的法国小麦同样低廉。与英格兰比较，论富裕，论进步，法国可能要逊一筹，但法国产麦省出产的小麦，其品质之优良完全和英格兰小麦相同，而且在大多数年头，两者的价格也大致相同。可是，英格兰的麦田耕种得比法国好，而法国的麦田，据说耕种得比波兰好得多。"②斯密正确地描述了他所观察到的现象，但是他对国际贸易中的这一重要现象的本质并不理解。他认为，在国内市场上，市场价格围绕着自然价格上下波动，并且经常趋向于自然价格这个中心。但是，他又认为，在国际市场上，决定国际市场价格的，既不是出口国家的自然价格，也不是进口国家的自然价格。他没有能力从理论上解决这个问题，而是陷入了矛盾之中。李嘉图抓住了斯密的矛盾，说："斯密博士曾十分精辟地证实了商品的市场价格最后由其自然价格决定这一理论，却又假设出一种情况，在这种情况，他认为决定市场价格的既不是出口国家的自然价格，也不是进

　　① 《马克思恩格斯全集》第 26 卷 Ⅱ，第 125 页。
　　② 亚当·斯密：《国富论》上卷，第 8 页。

口国家的自然价格。"①

　　善于抓住斯密的理论矛盾的李嘉图,自己也以另一种形式陷入了矛盾之中。他发现在国内市场上,不可能用 100 个英国人劳动的产品交换 80 个英国人劳动的产品;但是,在国际市场上,却能用 100 个英国人劳动的产品去交换 80 个葡萄牙人、60 个俄国人或 120 个东印度人的劳动产品。② 李嘉图也没有能力从理论上科学地说明这种现象,而是错误地得出了适用于国内贸易的价值规律不适用于国际贸易的结论。他说:"调节一个国家中商品相对价值的同一规律,不能调节两个或两个以上国家之间相互交换的商品的相对价值。"③

　　李嘉图的这一错误结论,反映出李嘉图思想上的矛盾。一方面,他坚持劳动时间决定商品价值的原理,力图用劳动价值理论说明优势,说明国际贸易;另一方面,国际市场上的交换比率这一具体的复杂现象又使他感到很难直接用等价交换原则来予以说明。于是,他表现出犹豫以至动摇,误以为价值规律只适用于国内贸易而不适用于国际贸易。

　　然而,李嘉图毕竟是一位具有深邃观察力的古典经济学家。当他说调节国内商品相对价值的规律不能调节国际商品相对价值时,他不是一般地犯了一个理论上的错误,这里面还有更为深刻的原因。生活在机器大工业时代的李嘉图,已经看出,在资本主义世界市场上,调节商品交换比率的规律已经不是价值规律,而是一种有别于价值规律的规律。正是这种有别于价值规律的规律的作用,能够使以 100 个英国人劳动的产品去交换 80 个葡萄牙人、60 个俄国人或 120 个东印度人劳动的产品这一矛盾现象成为合乎规律的现象,也就是能够使以包含一定数量本国劳动的产品去换取大于或小于这个劳动数量的外国产品这

---

　　① 《李嘉图著作和通信集》第 1 卷,第 321 页。
　　② 同上书,第 114 页。
　　③ 同上书,第 112 页。

一特殊现象成为正常现象。

李嘉图在矛盾面前作了一次重要的理论探索,他尝试着用市场价格和自然价格的关系说明国际市场价格的形成问题。他不同意斯密关于市场价格和自然价格的关系只适用于国内市场的观点,而是明确认为这一关系同样适用于国际市场。他说,当英国自由地从法国进口谷物时,英国谷物的市场价格在长期中就会降低到等于法国谷物的自然价格。这里所说的法国谷物的自然价格是指"能把谷物提供给英国市场、并且能为法国资本提供普通一般利润的价格"。[①] 李嘉图的一般结论是:只要商品在进口国家中不是垄断对象,最后决定商品在进口国家销售价格的乃是出口国家中的自然价格。

应当说,李嘉图在这个场合所说的自然价格,实际上是指生产价格。李嘉图试图用生产价格说明国际市场价格,这是有理论意义的。然而,李嘉图的尝试是不成功的。第一,李嘉图缺乏正确的社会必要劳动时间概念,因此,当他越出一个国家的范围进入世界市场时,就不可能形成"世界劳动的平均单位"的概念,不可能形成"国际价值"的概念。这样,他就不可能懂得不同国家在同一时间内生产的商品有不同的国际价值,不可能理解价值规律在国际上的应用及其发生的重大变化。第二,李嘉图在多数场合总是混淆价值和生产价格,因而无法说明价值和生产价格的区别和联系,无法说明从价值到生产价格的转化。既然如此,当他越出一个国家的范围进入世界市场时,就不可能考虑国际价值和国际生产价格的区别和联系,不可能说明从前者到后者的转化。

可见,在李嘉图关于价值规律不适用于国际贸易这个错误提法的背后,隐藏着一个正确的思想因素,那就是认为利润平均化规律适用于国

---

① 《李嘉图著作和通信集》第 1 卷,第 320 页。

际贸易。但是,李嘉图的错误堵塞了他自己进一步分析问题的道路。

李嘉图在研究比较优势原理时还提出了另一个重要的理论问题,这就是国际贸易利益的分配问题。但是,他片面地从使用价值方面考察问题,认为对外贸易只在于增加贸易参加国的使用价值。李嘉图把使用价值同价值绝对地对立起来,错误地以为对外贸易在增加一个国家的使用价值量时并不增大价值量。他说:"对外贸易的扩张虽然大大有助于一国商品总量的增长,从而使享用品总量增加,但却不会直接增加一国的价值总额。"① 李嘉图甚至把增大使用价值量说成是资本主义国际贸易的目的。马克思指出:"因此,在李嘉图那里就出现了价值和财富之间的绝对对立……他的国际贸易理论是错误的,他认为国际贸易只产生使用价值(他称为财富),不产生交换价值。"② 李嘉图的这一错误妨碍了他自己对国际贸易利益分配问题的分析。

---

① 《李嘉图著作和通信集》第 1 卷,第 108 页。

② 《马克思恩格斯全集》第 46 卷上,第 289 页。不过,马克思也提到:"李嘉图又想到了:(1)资本家所关心的是价值;(2)从历史上看,随着生产力的发展(他也应该想到国际贸易的发展),财富本身即价值总额不断增长。……这样,李嘉图通过迂回的道路终于达到了交换价值。"引自《马克思恩格斯全集》第 46 卷上,第 320 页。

第二十章　英国古典政治
经济学的历史命运

　　一种学说的创始人,对他的学说的历史命运是难以逆料的。同一学说被用于完全不同的目的,这在人类思想史上却也不乏先例。然而,像英国古典政治经济学经历的如此特殊的历史命运,则简直可以说是绝无仅有的。

　　忠于科学的古典经济学家不会想到,他们学说中的庸俗成分或矛盾,竟会被自称是他们的追随者或信奉者的人分离出来,系统地加以发挥或解释,发展成同他们的科学的资产阶级政治经济学具有原则区别的辩护性的庸俗经济学。

　　忠于资产阶级的古典经济学家不会想到,他们维护资产阶级的政治经济学,后来竟会被资产阶级看作威胁资本主义制度的各种危险结论的祸源,看作挑动阶级纷争的火药库,竟会被资产阶级从大学讲坛上排挤出去,直至全部抛弃。他们也不会想到,在他们的理论受到长期冷遇之后,资产阶级庸俗经济学家又会认为不能在丢掉古典政治经济学的科学成分的同时丢掉"古典"这面旗帜,他们又重新捡起这面旗帜,并各自在穿着现代奇装异服的庸俗理论上,争相贴上"古典"、"后古典"、"新古典"或"新新古典"的标签。

　　忠于资本主义制度的古典经济学家也不会想到,他们旨在巩固资本主义制度的政治经济学,在他们所反对的空想社会主义经济学家手中,竟会变成反对资本主义制度的理论武器。

　　资产阶级古典经济学家更不会想到,无产阶级的革命导师和作为无产阶级思想体系的马克思主义的创始人会成为英国古典政治经济学的当然的继承人和天才的完成者,英国古典政治经济学会成为马克思主义的一个思想来源。马克思主义政治经济学是英国古典政治经济学的直接继承和必然发展。马克思主义创始人在古典政治经济陷入的绝境中找到了出路,用无产阶级的世界观研究政治经济学,在经济理论领域中进行了彻底的革命,创立了无产阶级政治经济学。

一、古典政治经济学和庸俗政治经济学

　　古典政治经济学和庸俗政治经济学既有联系,又有区别。它们之间的联系是从古典政治经济学演变为庸俗政治经济学的一个内在因素,它们之间的区别则表明古典政治经济学和庸俗政治经济学是两个不同历史阶段上的两种不同性质的资产阶级政治经济学。

　　古典政治经济学和庸俗政治经济学之间的联系,主要表现为:古典政治经济学和庸俗政治经济学同是资产阶级政治经济学,古典经济学家和庸俗经济学家同属资产阶级经济学家;古典经济学家和庸俗经济学家都把资本主义生产方式看作符合人的本性的、自然的生产方式,都把这一生产方式特有的经济范畴和经济规律看作永恒的经济范畴和经济规律;古典政治经济学中的庸俗成分为庸俗经济学提供了养料,庸俗经济学从古典政治经济学的糟粕中寻觅自己的智慧之源。

　　古典经济学家和庸俗经济学家都是"附着在资产阶级的皮上"[①]的资产阶级经济学家。在维护资产阶级利益而反对无产阶级方面,前者

---

① 《马克思恩格斯全集》第23卷,第593页。

和后者并无原则区别。即使是古典经济学家的最优秀的代表李嘉图，也不例外。马克思在高度评价李嘉图的同时，十分明确地揭露了他的阶级立场，指出李嘉图是"资产阶级的最典型的代表者和无产阶级的最顽强的反对者"。[①] 十九世纪上半期的庸俗经济学家凭自己敏锐的政治嗅觉大肆攻击空想社会主义，把空想社会主义看作一切可怕东西中最可怕的东西。在这一方面，古典经济学家事实上是庸俗经济学家的政治先导。配第在十七世纪七十年代提到《乌托邦》作者莫尔时，暗示乌托邦的故事似乎也只是"在做梦"。[②] 斯密在十八世纪七十年代明确反对空想社会主义，他宣称："不能期望理想岛或乌托邦在不列颠设立。"[③] 李嘉图在十九世纪初期坚决反对欧文主义，完全否定欧文方案。在 1819 年 7 月 8 日的一封信中，李嘉图说："像欧文所设计的那种社会，说是如果人人都关怀社会，而不是靠私人利益为努力的动机，社会就会繁荣，同样人数就会比以往任何时候生产得更多，试问，凡是有理智的人，有谁能相信欧文的话呢？古往今来的经验难道不都是反对他的吗？"[④] 当然，在阶级斗争日趋尖锐的历史条件下，阶级本能使庸俗经济学家在反对一切威胁资本主义的思想和理论时更表现出古典经济学家所没有的那种疯狂性。在马克思主义产生以前，庸俗经济学家疯狂地反对空想社会主义，在科学社会主义产生以后，他们疯狂地反对科学社会主义。在社会主义制度出现以后，他们既疯狂地反对作为革命的思想体系的社会主义，又疯狂地反对作为崭新的社会制度的社会主义。

古典经济学家，例如李嘉图，认为资本主义生产方式是绝对的生产方式，是自然的、永恒的生产方式。这种非历史观点，从古典政治经济

---

① 《马克思恩格斯〈资本论〉书信集》，第 66 页。
② 威廉·配第：《政治算术》，第 54—55 页。
③ 亚当·斯密：《国富论》下卷，第 42 页。
④ 《李嘉图著作和通信集》第 8 卷，第 46 页。

学到庸俗政治经济学,是一脉相承的。他们本能地、一代一代地坚持这一观点。然而,如果说,李嘉图等人"在一定程度上还可原谅",因为"他们根本没有力求获得历史知识,"① 那么,后来的庸俗经济学家则不可原谅,因为他们先是有意识地用这种非历史观点来反对空想社会主义者的历史观点,后来更是有意识地用这种非历史观点来反对马克思的历史唯物主义。他们有意识地维护资本主义,反对历史的发展和进步。

古典经济学家明显地流露出一些庸俗的观念,他们在一些重要理论问题上提出了若干肤浅的论述和庸俗的见解,这就"替庸俗经济学在原则上只忠于假象的浅薄理论提供了牢固的活动基础"。② "为庸俗经济学大开了方便之门"。③ 古典政治经济学的庸俗成分是庸俗经济学的思想源泉。庸俗经济学家死死地抱住古典经济学家的肤浅的论述和庸俗的见解,系统地加以发挥,变成独立于古典政治经济学的庸俗经济学。从十八世纪末到今天,在将近两个世纪的漫长历史时期中,一代又一代的庸俗经济学家都像反刍似地一再咀嚼古典经济著作中的糟粕,谁都想从这些糟粕中吸取合乎自己需要的营养。实在找不到也无妨,他们还可以按照自己的理解去任意解释古典经济学家的论点,把那些不合乎自己心意的东西变成合乎自己心意的东西。这样,"甚至斯密、李嘉图和其他人的真正的思想(不仅是他们本身的庸俗因素)在这里也好像是毫无内容,变成了庸俗的东西"。④

古典政治经济学和庸俗政治经济学尽管有上述的内在联系,然而它们毕竟是两个不同历史阶段上的两种不同的资产阶级政治经济学。

---

① 《马克思恩格斯〈资本论〉书信集》,第 291 页。
② 《马克思恩格斯全集》第 23 卷,第 589 页。
③ 同上书,第 24 卷,第 413 页。
④ 同上书,第 28 卷Ⅲ,第 558 页。

古典政治经济学和庸俗政治经济学是两种不同历史条件的产物。资本主义的阶级状况尚不成熟,阶级斗争还在发展,无产阶级的阶级意识还不明确,这是古典政治经济学得以存在和发展的历史条件。马克思指出:"只要政治经济学是资产阶级的政治经济学,就是说,只要它把资本主义制度不是看作历史上过渡的发展阶段,而是看作社会生产的绝对的最后的形式,那就只有在阶级斗争处于潜伏状态或只是在个别的现象上表现出来的时候,它还能够是科学。"① 随着资本主义的生产状况和阶级状况渐趋成熟,随着空想社会主义的日益传播,庸俗政治经济学便逐渐流行起来,并且最终取代古典政治经济学,成为占居统治地位的资产阶级政治经济学。马克思写道:"正当政治经济学本身由于它的分析而使它自己的前提瓦解、动摇的时候,正当政治经济学的对立面也已经因此而多少以经济的、空想的、批判的和革命的形式存在的时候,庸俗政治经济学开始嚣张起来,因为政治经济学和由它自身产生的对立面的发展,是同资本主义生产固有的社会矛盾以及阶级斗争的现实发展齐头并进的。"② 正是这种不同的历史条件,决定了古典政治经济学和庸俗政治经济学之间的原则区别。

古典政治经济学和庸俗政治经济学之间的区别,主要表现为:古典政治经济学力求探索资本主义生产方式的内在联系,透过经济现象寻求客观经济规律;庸俗经济学则满足于描绘资本主义生产方式的外在联系,抓住现象的外表来反对现象背后的规律。古典政治经济学从来没有只限于反映资本主义经济关系中生产当事人的观念,而是力图寻求和这种当事人的观念不同的客观的真理;庸俗经济学则只限于把资产阶级生产当事人的观念加以系统化,赋以学究气味,并且宣布为永恒的真理。古典政治经济学是批判的政治经济学;庸俗政治经济学则是

---

① 《马克思恩格斯全集》第 23 卷,第 16 页。
② 同上书,第 26 卷Ⅲ,第 556 页。

辩护的政治经济学。古典经济学家表现出科学上的诚实；庸俗经济学家则充满了科学上的虚伪。

以上这些区别，是密切联系的。只是为了叙述的方便，下面将它们分开加以说明。

古典经济学家在一定程度上懂得，事物在其现象上往往颠倒地表现出来。因此，他们不满足于描述资本主义的经济现象，没有把现象当作最终的东西，而是具有渴求理解经济现象的内在联系的愿望。他们虽然也多多少少地束缚在经济假象的世界里，曾用非科学观察者的眼光看待资本主义的经济关系和经济范畴，停留在经济现象上，然而，凡是在他们取得科学成就的地方，他们总是把竞争造成的表面现象抽象化，以便深入研究资本主义生产关系的内部联系，考察经济规律本身。这样，他们对深处和表面完全不同的资本主义经济作出了非常深刻的理论分析。以对工资、利润、利息、地租等各种彼此异化的各自独立的收入形式的分析为例，古典经济学家虽然也曾为异化形式所困惑，但是他们力图通过分析剥去这种形式，还原为它们内在的统一性。古典政治经济学把地租还原为超额利润，把利息还原为利润，把一切剥削者获取的各种独立的收入形式都归结为利润这样一种形式。古典政治经济学把商品价值中有酬劳动量归结为工资，把超过这一数量的余额归结为无酬劳动，这样，他们在实事上把剩余价值归结为剩余劳动。

与此相反，庸俗经济学家根本不承认事物在其现象上往往颠倒地表现出来。他们紧紧地抓住资本主义生产关系的表面现象，把在竞争中以颠倒的形式表现出来的假象看成是真实的东西。他们不仅把现象作为出发点，而且把现象当作是最终的东西。他们有意声称或事实上相信，人们的经济关系是物的自然属性，物在资本主义生产过程中获得的社会的经济的性质是物的物质本性产生的性质。在庸俗经济学家看来，古典经济学家关于资本主义经济内在联系的分析只是和现象不相吻合的抽象的空谈。和古典经济学家不同,庸俗经济学家以为只要用一定的方式把他们肤浅地观察到的资本主义经济现象的表面描述和复制出来,系统化为浅显的普通道理,便是摆脱抽象空谈的、和现象相吻合的经济科学。这样,他们始终只是在资本主义经济的外在联系上兜圈子,对最粗浅的经济现象作出似是而非的解释,提出在原则上忠于经济假象的浅薄的理论。仍以关于工资、利润、利息、地租等各种彼此异化的收入形式的分析为例,庸俗经济学家在异化形式面前丝毫不像古典经济学家那样感到困惑;相反,他们感到十分自在,非常乐意在异化形式上来认识和说明资本主义经济的各种关系。马克思指出:"正如一个经院哲学家在谈到'圣父、圣子和圣灵'这一公式时感到十分自在一样,庸俗经济学家在谈到'土地—地租,资本—利息,劳动—工资'这一公式时也感到十分自在……在'土地—地租,资本—利息,劳动—工资'这一公式中,剩余价值的各种不同形式和资本主义生产的各种不同形态,不是作为异化形式相互对立,而是作为相异的和彼此无关的形式、作为只是彼此不同但无对抗性的形式相互对立。不同的收入来自完全不同的源泉,一个来自土地,另一个来自资本,第三个来自劳动。因此,它们不是处于相互敌对的关系,因为它们根本没有任何内在联系。"[①]

　　和上述特点相联系,古典经济学家在一定程度上懂得,资本主义生产当事人的观念不过是从资本主义竞争现象中形成的肤浅意识,是事物颠倒的表面现象在这些当事人头脑中的再现。因此,他们不满足于把资本主义生产当事人的观念理论化,不满足于把这种当事人的庸俗意识加以系统化和学理化。他们虽然在不同程度上也受到这类庸俗意识和观念的束缚,然而,凡是在他们取得科学成就的地方,他们总是摆

---

① 《马克思恩格斯全集》第26卷Ⅲ,第559页。

脱了这种束缚，提出了比较深刻的思想，探索到或者接近于探索到隐藏在资本主义经济现象背后的客观的真理。

与此相反，庸俗经济学家把资本主义生产当事人的观念和意识视为真理。作为资本主义生产当事人的学术帮办，他们的任务仅仅在于"把资产阶级生产当事人关于他们自己的最美好世界的陈腐而自负的看法"[①]，把"这种在其动机和观念上都囿于资本主义生产方式的外在表现的意识[②]"，"把陷入竞争中的资本家们的奇怪想法"[③]，把"受资本主义生产束缚的资本主义生产承担者的观念、动机等"[④]，加以系统化，"翻译成一种表面上比较理论化的语言"[⑤]，翻译成"学理主义的语言"[⑥]，翻译成政治经济学的语言。他们不仅赋予资本主义生产当事人的观念、意识和动机等以"学究气味"[⑦]和"学理主义的形式"[⑧]，而且千方百计地证明它们是正确的，把它们宣布为永恒的真理。

古典政治经济学，在其产生、发展和完成的时代，是具有进步意义的资产阶级政治经济学。批判性是它的一个重要特点。马克思称古典政治经济学是"批判的政治经济学"[⑨]，称古典经济学家是"批判的经济学家"[⑩]或"批判的政治经济学家"[⑪]。这里只要注意一下古典经济学家关于生产劳动和非生产劳动的区分，就足以看出他们的批判立场。例如，斯密在阐述生产劳动和非生产劳动理论时，就曾把批判的矛头直接指

---

① 《马克思恩格斯全集》第 23 卷，第 98 页。
② 同上书，第 26 卷Ⅲ，第 539 页。
③ 同上书，第 26 卷Ⅱ，第 297 页。
④ 同上书，第 26 卷Ⅲ，第 499 页。
⑤ 同上书，第 26 卷Ⅱ，第 297 页。
⑥ 同上书，第 26 卷Ⅲ，第 559 页。
⑦ 同上书，第 23 卷，第 98 页。
⑧ 同上书，第 26 卷Ⅲ，第 539 页。
⑨ 同上书，第 555 页。
⑩ 同上。
⑪ 同上书，第 559 页。

向当时的非生产的政府和教会。马克思指出：斯密"发泄了自己对非生产的政府的憎恨"① 和"对牧师的憎恨"② 的话，"是还具有革命性的资产阶级说的话"③。马克思赞扬古典经济学家的批判精神，高度评价古典政治经济学的严格的批判态度。

　　在庸俗政治经济学取代古典政治经济学的时代，资产阶级已经从进步的、革命的阶级转化为保守的、反动的阶级。"这时资产阶级从自己的立场出发，力求'在经济学上'证明它从前批判过的东西是合理的"④。这样，辩护性就成为庸俗政治经济学的一个重要特点。庸俗政治经济学是"辩护论的经济学"⑤，庸俗经济学家是资本主义"现状的辩护士"⑥，是"统治阶级的辩护士"⑦。这里同样只要注意一下，他们否认古典经济学家关于生产劳动和非生产劳动的区分，就足以看出他们的辩护立场。关于后面这一点，马克思指出："值得注意的是：一切在自己的专业方面毫无创造的'非生产的'经济学家，都反对生产劳动和非生产劳动的区分。但是，对于资产者来说，'非生产的'经济学家们的这种立场，一方面表示阿谀奉承，力图把一切职能都说成是为资产者生产财富服务的职能；另一方面表示力图证明资产阶级世界是最美好的世界，在这个世界中一切都是有用的，而资产者本人又是如此有教养，以致能理解这一点。"⑧

　　古典政治经济学是"科学的经济学"⑨，是"科学的资产阶级经济

---

①　《马克思恩格斯全集》第 26 卷 I，第 313—314 页。
②　同上书，第 314 页。
③　同上。
④　同上书，第 26 卷 I，第 315 页。
⑤　同上书，第 26 卷 III，第 557 页。
⑥　同上书，第 183 页。
⑦　同上书，第 26 卷 II，第 127 页。
⑧　同上书，第 26 卷 I，第 302—303 页。
⑨　同上书，第 24 卷，第 142 页。

学"①。科学上的诚实是古典经济学家的重要特点。马克思指出,在科学上诚实与否,是古典经济学家和庸俗经济学家的"本质的区别"②。在自己所处的时代,古典经济学家在科学上毫无顾忌。他们追求的是原理的正确。他们敢于进行不偏不倚的研究,敢于进行公正无私的探讨。他们无须看人眼色,无须考虑是否违背警章。例如,李嘉图希望为生产而生产,希望发展生产力,凡是同生产力的发展相矛盾的他都反对,而不管是哪个阶级。马克思多次赞扬李嘉图的科学上的诚实,指出:"李嘉图的毫无顾忌不仅是科学上的诚实,而且从他的立场来说也是科学上的必要。因此对李嘉图来说,生产力的进一步发展究竟是毁灭土地所有权还是毁灭工人,这是无关紧要的。如果这种进步使工业资产阶级的资本贬值,李嘉图也是欢迎的。如果劳动生产力的发展使现有的固定资本贬值一半,那将怎么样呢?"李嘉图说:要知道人类劳动生产率却因此提高了一倍。这就是科学上的诚实。如果说李嘉图的观点整个说来符合工业资产阶级的利益,这只是因为工业资产阶级的利益符合生产的利益,或者说,符合人类劳动生产率发展的利益,并且以此为限。凡是资产阶级同这种发展发生矛盾的场合,李嘉图就毫无顾忌地反对资产阶级,就像他在别的场合反对无产阶级和贵族一样。③

庸俗政治经济是政治经济学领域中的伪科学,科学上的虚伪或不诚实是庸俗经济学家的重要特点。他们在经济理论领域中进行活动时十分顾忌。他们要看人眼色,要按照警章行事。他们以惯有的机警和异常灵敏的政治嗅觉来对待经济学上的原理。他们"不敢对价值和剩余价值作出诚实的分析,不敢得出可能是危险的违背警章的结论"④。他

---

① 《马克思恩格斯全集》第 23 卷,第 17 页。
② 同上书,第 26 卷 II,第 633 页。
③ 同上书,第 26 卷 II,第 125 页。
④ 同上书,第 23 卷,第 244 页。

们善于"伪造科学"①，他们的结论是"从科学的前提做出的那些看人眼色的而不是毫无顾忌的结论"②，是"看着统治阶级特别是统治阶级的反动分子的'眼色'捏造出来的"③结论。他们追求的不是科学，而是如何使科学迎合统治阶级的私利。马克思指出："一个人如果力求使科学去适应不是从科学本身……而是从外部引出的、与科学无关的、由外在利益支配的观点，我就说这种人'卑鄙'。"④

古典政治经济学产生于十七世纪中叶，庸俗政治经济学产生于十八世纪末和十九世纪初，相距约一个半世纪。马克思说："只是在政治经济学达到一定的发展程度（即在亚·斯密以后）和形成稳固的形式时，政治经济学中的一个因素，即作为现象观念的单纯的现象复写，即它的庸俗因素，才作为政治经济学的特殊表现形式从中分离出来。"⑤

第一个把斯密学说中的庸俗因素作为政治经济学的特殊表现形式从斯密体系中分离出来的是萨伊。这个在现代西方经济学著作中普遍被称为"古典经济学家"的萨伊，实际上是庸俗经济学的鼻祖。萨伊以斯密的继承者和诠释者自居。在《政治经济学概论》中，萨伊借口斯密的《国富论》一书"许多地方都欠明晰，全部著作几乎都缺乏条理"，"必须把他的见解加以整理"⑥，放肆地阉割斯密著作中的科学成分，把斯密著作中的庸俗因素系统化和条理化。关于这一点，马克思指出："整个说来他只是亚当·斯密的庸俗化者，他只能给他根本不懂的材料加上一种眉目清楚的或整齐划一的编排。"⑦

---

① 《马克思恩格斯全集》第 26 卷 II，第 127 页。
② 同上书，第 124 页。
③ 同上书，第 127 页。
④ 同上书，第 126 页。
⑤ 同上书，第 26 卷 III，第 556—557 页。
⑥ 萨伊：《政治经济学概论》，陈福生译，商务印书馆 1963 年版（下同），第 41 页。
⑦ 《马克思恩格斯全集》第 47 卷，第 72 页。

萨伊不顾斯密学说的内在联系,硬性把它肢解为财富的生产、财富的分配和财富的消费。这就是政治经济学史上著名的三分法。由萨伊开始的三分法,后来又演变为生产、交换、分配、消费的四分法,谬种流传,影响深远。马克思说:"让·巴·萨伊因其法国公式主义而采取的惯常做法是荒谬的……没有一个古典经济学家遵照这个习惯,即首先是考察生产,其次是交换,接着是分配,最后是消费,或者用其他方法排列这四个项目。我们要考察的特殊的生产方式,从一开始就以它的一种形式即一定的交换方式作为前提,生产出一定的分配方式和消费方式。"①

萨伊对斯密说了不少恭维话之后,便公然指责斯密的劳动价值理论。②他发挥了斯密关于工资、利润、地租是交换价值的三个原始源泉的庸俗观点,宣称劳动、土地、资本三者"协同创造价值"。③萨伊写道:"他(指斯密——引者)认为,只有人的劳力才能创造价值,这是错误的。更严密的分析表明,一切价值都来自……人的劳动加上自然力与资本的作用",④"都是归因于劳动、资本和自然力这三者的作用和协力"。⑤这就是政治经济学史上臭名昭著的生产三要素论。

萨伊接着又指责斯密的剩余价值理论,断言斯密没有对分配的方式作出"令人满意或有系统的说明",甚至认为古典经济学家不可能"对财富的分配有任何正确意见"。于是,萨伊便根据自己的三要素论提出自己的分配公式:

"不论借出的是劳动力、资本或土地,由于它们协同创造价值,因此它们的使用是有价值的,而且通常得到报酬。

① 《马克思恩格斯全集》第47卷,第72页。
② 萨伊:《政治经济学概论》,第39页。
③ 同上书,第77页。
④ 同上书,第39页。
⑤ 同上书,第75页。

"对借用劳动力所付的代价叫做工资。

"对借用资本所付的代价叫做利息。

"对借用土地所付的代价叫做地租"。①

马克思把萨伊的这一分配公式同经院哲学家的"圣父、圣子和圣灵"三位一体公式相类比,有讽刺意味地称之为"土地—地租,资本—利息,劳动—工资"三位一体公式。

仅从上述例子就可以清楚地看出,这个所谓斯密的继承者和诠释者萨伊,这个在现代西方经济文献中普遍被称为"古典经济学家"的萨伊,是以继承和诠释斯密为名,庸俗化斯密为实。英国古典政治经济学的庸俗化,就是从萨伊开始的。马克思指出:"萨伊就把亚·斯密著作中这里或那里渗透的庸俗观念分离出来,并作为特殊的结晶和亚·斯密并存。"②

就像萨伊一样,马尔萨斯也以斯密的继承者和解释者自居。在价值理论方面,他抛弃了斯密关于价值决定于商品中包含的劳动量这一正确观点,断言"说商品中包含的劳动是商品交换价值的尺度,看来是完全不正确的。"③马尔萨斯继承并发挥了斯密关于价值决定于商品能够购买或支配的劳动量这一庸俗观点,声称"每个国家所有商品的相对价值都可以用这些商品在该国的所能换取的劳动来正确衡量","可以由商品在该时该地所能交换或支配的标准劳动量来衡量"。④在这一庸俗的价值理论基础上,马尔萨斯提出了庸俗的利润理论。他说,商品包含的劳动量和商品所能交换或支配的劳动量是两个不等量,后者大于前者,"商品一般所能支配的劳动量必然可以代表和衡量其中所包含

---

① 萨伊:《政治经济学概论》,第 77 页。

② 《马克思恩格斯全集》第 26 卷Ⅲ,第 557 页。

③ 马尔萨斯:《价值的尺度》,何宁译,商务印书馆 1960 年版,第 7 页。

④ 马尔萨斯:《政治经济学原理》,厦门大学经济系翻译组,商务印书馆 1961 年版,第 94、95 页。

的劳动量和利润。"① 在斯密那里,利润是剩余价值的一般形式,是劳动创造的价值的直接扣除;而在马尔萨斯这里,利润来自流通过程,是商品所能交换到的劳动量超过商品包含的劳动量的余额。

萨伊和马尔萨斯有一个共同点,这就是他们都从斯密体系中分离出庸俗因素,发挥成庸俗经济学体系,来同李嘉图的古典理论体系相对立。②

李嘉图的体系代表了英国古典政治经济学的最高科学成就,然而,他的体系也存在着自身无法克服的矛盾和对立。从 1820 年到 1830 年,英国资产阶级经济学界围绕李嘉图理论体系的矛盾展开了一场大论战。马克思说:"这是李嘉图的理论庸俗化和传播的时期,同时也是他的理论同旧的学派进行斗争的时期。这是一场出色的比赛。"③ 又说:"从 1820 年到 1830 年这个时期是英国政治经济学史上形而上学方面最重要的时期。当时进行了一场拥护和反对李嘉图理论的理论斗争,出版了一系列匿名的论战著作……它们事实上都只是围绕价值概念的确定和价值对资本的关系进行论战的。"④

这一时期发表的反对李嘉图的著作,有马尔萨斯的《政治经济学原理》(1820 年)《价值的尺度》(1823 年)和《政治经济学定义》(1827 年);有匿名的《评政治经济学上若干用语的争论,特别是有关价值、供求的争论》(1821 年);有贝利的《对价值的本质、尺度和原因的批判研究》,主要是论李嘉图先生及其信徒的著作(1825 年)和《为〈韦斯明斯特评论〉杂志上一篇关于价值的论文给一位政治经济学

---

① 马尔萨斯:《政治经济学定义》,何新译,商务印书馆 1960 年版,第 92 页。
② 马克思在论及马尔萨斯的这一特点时指出:"当马尔萨斯企图根据亚·斯密观点的弱点建立一种对立的理论来反对李嘉图根据亚·斯密观点的优点建立的理论时,他显得多么幼稚、庸俗和浅薄。"引自《马克思恩格斯全集》第 26 卷Ⅲ,第 51 页。
③ 《马克思恩格斯全集》第 23 卷,第 16 页。
④ 同上书,第 26 卷Ⅲ,第 116 页。

家的信》(1826年),等等。同一时期内发表的李嘉图著作和维护李嘉图的论著,有李嘉图的《政治经济学和赋税原理》(第三版,1821年),有匿名的李嘉图主义者的《论马尔萨斯先生近来提倡的关于需求的性质和消费的必要性的原理》;从这一原理所得的结论是:税收和供养非生产的消费者可以导致《财富的增长》(1821年),有詹姆斯·穆勒的《政治经济学原理》(1821年)及其修订本(1824年),有德·西昆的《三位法学家关于政治经济学的话,主要是关于李嘉图先生的〈原理〉》(1824年),有麦克库洛赫的《论资本积累及其对交换价值的影响》(1822年)《政治经济学原理》(1825年)及其增订版(1830年),等等。

　　论战是围绕李嘉图理论体系中的矛盾展开的。李嘉图体系中存在两大矛盾:价值规律同劳动和资本的交换之间的矛盾,价值规律同等量资本获得等量利润的矛盾。李嘉图的反对者从庸俗经济学的立场出发攻击李嘉图,妄图推翻李嘉图的正确的原理。同时,他们在不同程度上也确实指出了李嘉图体系的矛盾。虽然他们根本不了解矛盾的原因,更不懂得在理论上如何解决矛盾。李嘉图的维护者在对反对派进行反击时,有人写过一点较好的著作,作过一点有力的反驳,然而总的看来,他们根本不知道李嘉图的真正困难在于他强制地和直接地使比较具体的关系去适应简单的价值关系,因而他们在李嘉图矛盾的泥潭中越陷越深,最终导致李嘉图学派的解体。

　　这里看一下李嘉图学派的主要代表詹姆斯·穆勒和麦克库洛赫怎样处理李嘉图的矛盾,就可以知道李嘉图学派是怎样陷入绝境的。穆勒在《政治经济学原理》中作了使劳动和资本的交换同价值规律相符合的尝试。他说:"人们发现,对工人说来,更加方便的是以预付的方式把工人的份额付给工人,……当工人以工资形式完全得到了产品中他应得的份额时,这些产品便完全归资本家所有了,因为资本家事实上已经购买了工人的份额,并以预付的方式把这一份额支付给工人了。"① 穆勒试图绕开李嘉图在分析中所遇到的特殊困难,以为只要把李嘉图说的工人出卖的是"劳动"修改成工人出卖的是"产品中应得的份额",就可以解决矛盾。其实,这样非但没有解决矛盾,反而庸俗化了李嘉图。因为李嘉图所说的资本和劳动的交易,是包含着物化劳动同直接劳动对立的、资本家同雇用工人的交易,而穆勒却把这种交易说成物化劳动所有者之间、商品所有者之间的普通交易。在穆勒的这种交易中,工人低于价值出卖"产品中应得的份额",这就破坏了李嘉图的基础。

在同一著作中,穆勒还作了使等量资本获得等量利润同价值规律相符合的尝试。当时论战双方都以新葡萄酒和陈葡萄酒为例证明自己的观点或反驳论敌的观点。② 李嘉图的反对者用陈葡萄酒比新葡萄酒贵来否定劳动价值理论。穆勒在反驳论敌时,断言创造价值的不仅有活劳动,而且有"积累劳动"。他把资本看作是"积累劳动",认为在把新葡萄酒藏在窖中变成陈葡萄酒的过程中,"积累劳动"在继续创造价值。在这里,穆勒把资本说成是价值的创造者,把利润说成是"积累劳动"的报酬,这又庸俗化了李嘉图,毁坏了李嘉图的理论基础。

一蟹不如一蟹。李嘉图的另一维护者麦克库洛赫比穆勒更糟。马

① 詹姆斯·穆勒:《政治经济学原理》。引自《马克思恩格斯全集》第26卷Ⅲ,第92页。
② 关于陈葡萄酒比新葡萄酒贵的问题,李嘉图在1823年去世前写的未发表的《绝对价值与交换价值》中说:"葡萄酒,由商人藏在酒窖里,须经过长时间酝酿,它也是出于劳动和垫支的结果,但是作出垫支的时间,与棉布相比要长得多,因此需要提高价格,从而为这样的垫支提供通常利润"。引自《李嘉图著作和通信集》第4卷,第348页。李嘉图由于没有在理论上区分价值和生产价格,所以未能用生产价格的差异来解释陈葡萄酒为什么比新葡萄酒贵。然而,李嘉图是从资本"垫支的时间"和"为这样的垫支提供通常利润"来考虑问题的。这一思路,表明李嘉图比他的不肖弟子詹姆斯·穆勒、麦克库洛赫要高明得多。

克思指出:"麦克库洛赫是李嘉图经济理论的庸俗化者,同时又是使这个经济理论解体的最可悲的样板。他不仅是李嘉图的庸俗化者,而且是詹姆斯·穆勒的庸俗化者。"[①] 麦克库洛赫在《政治经济学原理》中试图解决李嘉图的价值规律同劳动和资本的交换之间的矛盾。他批评斯密,说他混同了"生产一个商品所需要的劳动量与那个商品所交换到的劳动量"。[②] 麦克库洛赫强调这是两个不等量,断言"一个为一定量劳动所生产的商品……绝不会交换到或买到生产它所费的完全等量的劳动。"[③] 并说:"事实上它总是交换到多一点,这个多余的部分,便构成利润。"[④] 请看,这个坚决保卫李嘉图不受论敌马尔萨斯侵犯的麦克库洛赫,几乎逐字逐句地操着马尔萨斯的腔调,事实上成了马尔萨斯的俘虏。

麦克库洛赫在同一著作中还试图解决李嘉图的价值规律同等量资本获得等量利润之间的矛盾。他说,陈葡萄酒比新葡萄酒有更大的价值,这是由"自然本身的作用力在酒桶内产生"[⑤] 的,又说:"葡萄酒藏在地窖里时所增加的价值……是在酒上所产生的效果或变化的补偿或收益。"[⑥] 麦克库洛赫把机器的作用和自然力的作用都看作劳动,认为劳动、机器、制酒过程中的发酵和酒桶内完成的其他过程并无本质区别。[⑦] 在《为斯密〈国富论〉写的注释和补充论述》中,麦克库洛赫更是明目张胆地修改李嘉图的劳动概念,声称"有充分理由可以把劳动下定义为任何一种旨在引起某一合乎愿望的结果的作用或操作,而不管

---

① 《马克思恩格斯全集》第 26 卷Ⅲ,第 182—183 页。
② 麦克库洛赫:《政治经济学原理》,商务印书馆 1976 年版,第 126 页。
③ 同上书,第 125 页。
④ 同上。
⑤ 同上书,第 179 页。
⑥ 同上书,第 177 页。
⑦ 同上书,第 179 页。

它是由人，由动物，由机器还是由自然力完成的。"① 请看，麦克库洛赫这个李嘉图的维护者，又几乎逐字逐句地操着李嘉图的法国论敌萨伊的腔调，事实上又当了萨伊的"生产三要素论"的俘虏。②

堡垒最容易从内部攻破。詹姆斯·穆勒和麦克库洛赫对李嘉图的修改，"比反对者的一切攻击更严重得多地破坏了李嘉图理论的整个基础"。③

萨伊和马尔萨斯从外部反对李嘉图，他们把斯密的庸俗成分分离出来，独立化为庸俗经济学体系同李嘉图的体系相对抗；穆勒和麦克库洛赫则事实上同他们里应外合，从内部破坏李嘉图的体系。在1830年左右，李嘉图学派终于彻底破产。

在政治经济学史上，李嘉图的理论体系的出现标志着英国古典政治经济学的完成。另一方面，它的内在矛盾和肤浅观念又为庸俗经济学提供了新的活动基础。以后，庸俗经济学越来越成为独立于古典政治经济学的对立的体系。马克思指出："随着李嘉图的出现和由它引起的政治经济学的进一步发展，庸俗经济学家也得到了新的营养……政治经济学越是接近它的完成，也就是说它越是走向深入和发展成为对立的体系，它自身的庸俗因素，由于用它按照自己的方法准备的材料把自己充实起来，就越是独立地和它相对立。"④

在资产阶级政治经济学史上，庸俗政治经济学取代古典政治经济学的界标是1830年。法国资产阶级在推翻波旁王朝的1830年7月革命中夺得了政权，资产阶级自由派拥戴路易·菲力浦建立了七月王朝。

---

① 麦克库洛赫:《为斯密〈国民财富〉写的注释和补充论述》。引自《马克思恩格斯全集》第26卷Ⅲ，第195页。

② 麦克库洛赫的《政治经济学原理》除了第一章外，其余各章依次为"财富的生产""财富的分配"和"财富的消费"。这证明他也成了萨伊的"三分法"的俘虏。

③ 《马克思恩格斯全集》第26卷Ⅲ，第91页。

④ 同上书，第26卷Ⅲ，第557页。

在英国辉格党在 1830 年 10 月上台。1831 年,下院通过选举法改革法案(1832 年 6 月上院最后批准),打开了资产阶级代表进入议会的大门,取得了资产阶级对土地贵族的胜利。曾被封建主和资产阶级的斗争推到后面的无产阶级和资产阶级的矛盾,现在上升为主要矛盾,无产阶级从反对自己敌人的敌人转为直接反对自己的敌人。三十年代初,法国爆发了里昂工人起义,英国爆发了农村无产者起义,出现了蓬勃发展的全国性工人运动。阶级斗争在实践方面日益明朗化和尖锐化的同时,在理论方面也采取了日益鲜明的和带有威胁性的形式,空想社会主义在英国和法国得到了广泛的传播。马克思写道:"城市无产阶级在里昂敲起了警钟,而农村无产阶级在英国又燃起了熊熊烈火。海峡此岸在传播欧文主义,海峡彼岸在传播圣西门主义和傅立叶主义。庸俗经济学的丧钟已经响了。"[①]

随着社会经济生活中的现实矛盾的发展,随着阶级斗争在实践方面和理论方面的发展,庸俗经济学越来越成为有意识的辩护论的经济学。"现在问题不再是这个或那个原理是否正确,而是它对资本有利还是有害,方便还是不方便,违背警章还是不违背警章。不偏不倚的研究让位于豢养的文丐的争斗,公正无私的科学探讨让位于辩护士的坏心恶意。"[②]

如果说,在较早发展阶段上的庸俗政治经济学由于它从古典政治经济学中找到的庸俗的思想资料还没有完全加工好,因而在说明问题时还多多少少地从古典政治经济学的某些观点出发的话,那么,在以后发展阶段上的庸俗政治经济学则从已经加工过的庸俗的思想资料出发,公然反对古典政治经济学。西尼尔 1836 年发表的《政治经济学大

---

① 《马克思恩格斯全集》第 23 卷,第 654 页。
② 同上书,第 17 页。

纲》可以作为一个典型的例证。他直接从萨伊的生产三要素论出发，大肆攻击李嘉图的劳动价值理论和剩余价值理论。西尼尔对萨伊的生产三要素作了一个重要的修改，把资本改成"节欲"。他说：萨伊等人把生产三要素"叫做劳动、土地和资本。我们原则上同意这样的分类；……我们还打算用节欲（abstinence）这个词来代替资本。"[①] 这样，生产三要素就成为"劳动、节欲和自然要素"。[②] 西尼尔宣称："利润是节欲的报酬，而节欲是推迟享乐。靠了节欲才能存在或保持的那种商品是资本"。[③] 这就是臭名远扬的"节欲"论。马克思在批判西尼尔的"节欲"论时指出：西尼尔"反对李嘉图提出的价值由劳动时间决定的论点，'发现'利润来源于资本家的劳动，利息来源于资本家的禁欲主义，来源于他的'节欲'，这一派胡言本身是陈旧的，但'节欲'这个词是新鲜的"。[④] 马克思还指出："这真是庸俗经济学的'发现'的不可超越的标本！它用阿谀的词句来替换经济学的范畴。如此而已。"[⑤] 西尼尔的例子可以清楚地表明三十年代庸俗政治经济学的赤裸裸的辩护性质。在资产阶级政治经济学史上，"节欲"谬论一直流传不息。从约翰·穆勒到马歇尔，再到现代，一代又一代的庸俗经济学家都把西尼尔的"发现"当作科学发现来接受。这也可以清楚地看出资产阶级经济学家堕落到了何等程度。

美国的凯里是十九世纪中叶著名的庸俗经济学家。这个人具有超越寻常的特异政治敏感和阶级本能，他因李嘉图的理论例外地被用作攻击资本主义制度的武器而把以李嘉图为代表的英国古典政治经济

---

① 西尼尔：《政治经济学大纲》，参阅商务印书馆 1977 年版，第 93—94 页。
② 同上书，第 95 页。
③ 同上书，第 276 页。
④ 《马克思恩格斯全集》第 23 卷，第 256 页。
⑤ 同上书，第 654 页。

学视为寇仇,宣称李嘉图是共产主义之父,^①认为李嘉图的著作是无政府主义者、社会主义者和资产阶级制度的一切敌人的军火库^②。凯里写道:"李嘉图先生的体系是一个制度纷争的体系……整个体系具有挑动阶级之间和民族之间的仇恨的倾向……他的著作是那些企图用平分土地、战争和掠夺的手段来攫取政权的蛊惑者们的真正手册。"^③为了消除古典著作的影响,凯里编造了一套阶级利益和谐论,妄图证明资本主义的经济条件不是阶级斗争和对立的条件,而是阶级联合与和谐的条件。

法国的巴斯夏也是十九世纪中叶著名的庸俗经济学家。马克思指出,巴斯夏的和谐论发端于凯里,"只有一个如此惊人地缺乏批判能力和如此假装博学的人……,才配成为一位名叫巴师夏的人……的和谐智慧的秘密源泉"^④。

在十九世纪中叶,以巴师夏为代表的最浅薄的庸俗经济学家已经成为职业的调和论者和辩护论者。他们竭力在经济理论方面把古典政治经济中一切不合口味的东西都消除掉。凡是古典经济学家感觉到存在矛盾和对抗的地方,他们都力图证明是相互服务与和谐。

当然,也应当看到,在十九世纪中叶,在资产阶级经济学界还有这样一些经济学家,他们"还要求有科学地位","不愿单纯充当统治阶级的诡辩家和献媚者",而是"以经济学教授资望自负"^⑤。这些人都追随英国古典经济学派的摹仿者约翰·穆勒。但是,这些人"企图调和不

---

① 见《马克思恩格斯全集》第26卷Ⅱ,第183页。马克思说:"不理解李嘉图的凯里叱责李嘉图是共产主义者之父等等,他的这种说法在某种意义上又是对的,不过他自己并不懂得这种意义"。引自《马克思恩格斯全集》第46卷下,第96页。

② 见《马克思恩格斯〈资本论〉书信集》,第66页。

③ 凯里:《过去、现在和将来》,引自《马克思恩格斯全集》第26卷Ⅱ,第183页。

④ 《马克思恩格斯全集》第23卷,第618页。

⑤ 同上书,第17、18页。

能调和的东西"[1]，企图调和资产阶级的政治经济学和无产阶级的要求。这样，他们的理论充其量也不过是毫无生气的混合主义和毫无原则的折衷主义。马克思在评价约翰·穆勒等人时指出："为了避免误解，我说明一下，约·斯·穆勒之流由于他们的陈旧的经济学教条和他们的现代倾向发生矛盾，固然应当受到谴责，但是，如果把他们和庸俗经济学的一帮辩护士混为一谈，也是很不公平的。"[2]

当古典政治经济学走完了自己的道路之后，更为庸俗的经济学家如德国历史学派——"讲坛社会主义者"不遗余力地批判古典政治经济学，使古典学派的理论在大学讲坛上无立足之地。关于这一情况，恩格斯曾经作了如下的论述："无论在这里（指英国——引者），无论在法国，讲坛社会主义正以某种形式日益把古典经济学从大学讲座上排挤出去。由现存的生产方式产生的实际矛盾已经变得如此尖锐，以致任何理论再也不能把它们掩盖起来，也许只有讲坛社会主义的大杂烩是例外，但这种东西已经不是什么理论，而是一派胡言乱语了。"[3]历史学派的经济学著作，实际上是政治经济学这门科学的坟墓。

二、古典学派和新古典学派

1870年代是资产阶级政治经济学史上的又一重要界标。奥地利资产阶级经济学家卡尔·门格尔（1840—1921）于1871年发表《国民经济学原理》，英国资产阶级庸俗经济学家威廉·斯坦利·杰文斯（1835　1882）同年发表《政治经济学理论》，瑞士洛桑大学的法国资产阶级庸俗经济学家里昂·瓦尔拉斯（1834—1910）于1874年发表

---

① 《马克思恩格斯全集》第23卷，第18页。
② 同上书，第670页。
③ 同上书，第36卷，第417页。

《纯粹政治经济学纲要》。他们各自提出了边际效用决定商品价值的庸俗理论，并在此基础上建立自己的经济理论体系。此后，他们的庸俗理论广为传播，经久不息。现代美国资产阶级经济学家斯蒂格勒说："在杰文斯、门格尔和瓦尔拉斯的三位一体的倡导之下，效用理论终于在1870年代在普遍接受的经济学中开始赢得了地位。"[①]

在现代西方经济学文献中，以边际效用理论为核心的新的庸俗经济理论取代旧的庸俗经济理论的过程，被称为"边际革命"。信奉这种理论的经济学家被称为"边际主义学派"。西方资产阶级经济学家认为，"边际革命"的主要意义就在于经济理论获得了有别于"古典学派"的新发展，开创了现代经济理论的新时代。这场所谓"边际革命"，从价值理论中引进边际效用概念开始，然后，边际概念和边际分析法又被引进生产理论和分配理论，推广到经济理论的各个方面，使资产阶级经济学发生了重大变化。在价值理论方面，边际主义学派认为价值不取决于生产商品消耗的劳动量，而是取决于物品的效用和稀少性，取决于消费者对物品效用的主观评价，取决于消费者主观心理上感觉到的增加一个单位物品的效用，即边际效用；在生产理论方面，边际主义学派认为价值是劳动、土地、资本三要素共同创造的，每一要素都具有生产力，每一要素在价值创造中所起的作用取决于增加一个单位要素的生产力，即要素的边际生产力；在分配理论方面，边际主义学派认为每一生产要素的报酬都取决于该要素的边际生产力。边际主义学派还以边际效用理论和边际生产力理论为支柱，用商品市场的供给和需求的均衡和生产要素市场的供给和需求的均衡来说明商品和生产要素价格的决定。可见，所谓"边际革命"，就基本内容而论，并不是革命，而是进

---

① G.J. 斯蒂格勒："效用理论的收获"，《政治经济学的里程碑》第2卷，芝加哥1962年版，第394页。

一步庸俗化,这是对在 1867 年开始问世的马克思的经济科学巨著《资本论》的反动,是对马克思的劳动价值理论和剩余价值理论的反动,是对马克思主义政治经济学的反动。[①]同时,也是对作为马克思主义的一个重要来源的古典政治经济学的反动。[②]边际主义学派的许多代表人物都恶毒攻击马克思主义,同时也攻击古典政治经济学。此外,所谓"边际革命"还有扬弃 1870 年代以前的旧的庸俗经济理论的含义。其实,这种意义上的所谓"革命",不过是用新的辩护论的庸俗经济学来

---

① 恩格斯多次揭露了杰文斯、门格尔之流的理论的庸俗性和反动性。1888 年 1 月 5 日,恩格斯在致丹尼尔逊的信中指出:"现在这里最时髦的理论是斯坦利·杰文斯的理论,按照这种理论,价值由效用决定,就是说,交换价值=使用价值,另一方面,价值又由供应限度(即生产费用)决定,这不过是用混乱的说法转弯抹角地说,价值是由需求和供应决定的。庸俗政治经济学真是比比皆是!"引自《马克思恩格斯全集》第 37 卷,第 8 页。同年 10 月 15 日,恩格斯又写信给丹尼尔逊说:"他们能够蒙蔽普通的庸人到了这种程度,以致在伦敦这里,目前有四个人自称'社会主义者'(指费边社社员维伯、肖伯纳等——引者),同时却要人们相信,似乎他们把我们的作者(指马克思——引者)的学说和斯坦利·杰文斯的理论对比之后,已经完全驳倒了我们的作者!"引自《马克思恩格斯全集》第 37 卷,第 104 页。1890 年 2 月 8 日,恩格斯在致左尔格的信中指出:"我们这里也有自己的国家主义者——费边社分子,一群好心的、借助于杰文斯的腐朽庸俗的政治经济学来反对马克思的'有教养的'资产者。这种经济学庸俗到对它可以随意作解释,甚至是作社会主义的解释。"引自《马克思恩格斯全集》第 37 卷,第 350—351 页。1892 年 9 月 12 日,恩格斯在看了施米特发表在《新时代》上的《近代政治经济学的心理学派》一文后,写信给施米特说:"您在《新时代》上发表的文章,我看了很高兴;它似乎就是针对这里的情况写的;因为杰文斯和门格尔的拥护者们在这里的费边社里简直是放肆到了极点,他们以极其轻蔑的神情傲慢地看待马克思,认为马克思早已过时。"引自《马克思恩格斯全集》第 38 卷,第 455 页。1894 年 10 月 4 日,恩格斯在《资本论》第 3 卷序言中指出:"就像在英国这里人们曾经在杰文斯-门格尔的使用价值论和边际效用论的基础上建立起庸俗社会主义一样,人们也尽可以在这个理论(指德国庸俗经济学家威廉·勒克西斯的利润理论——引者)的基础上建立起至少同样似乎有理的庸俗社会主义。我甚至推测,如果乔治·肖伯纳先生知道这个利润理论,它就会双手抱住它,一脚踢开杰文斯和卡尔·门格尔,然后在这块岩石上重新建立起他的未来的费边社教堂。"引自《马克思恩格斯全集》第 25 卷,第 14 页。

② 恩格斯在 1888 年 10 月 15 日的一封信中指出:"情况到处都一样。连古典政治经济学……也受到目前占据大学政治经济学讲台的更庸俗的'上等'人物的鄙视。在这方面,很大程度上要归罪于我们的作者(指马克思——引者),他使人们看到了古典政治经济学的各种危险的结论;于是他们现在认为,至少在这个领域内,最保险的是根本没有任何科学。"引自《马克思恩格斯全集》第 37 卷,第 104 页。

代换在马克思的沉重打击下已经宣告彻底破产的旧的辩护论的庸俗经济学。

在现代西方经济学文献中，门格尔、杰文斯和瓦尔拉斯被称为边际主义学派的"第一代"。"在第一代边际主义者之后，出现了一个对古典学派和边际主义学派进行综合的经济理论家集团。"[①] 这个集团被认为属于边际主义学派的"第二代"。[②] 这主要是指以马歇尔为首的剑桥学派。这一学派以"综合"各种新、旧经济理论著称。一个研究古典经济学的西方经济学家说："经济理论的变化并不意味着古典分析的所有部分都被忘记或都被抛弃了。恰恰相反，'旧的'东西慢慢地同'新的'东西合并和混合（马歇尔也许是这一改作过程的最好代表）。"[③]

现代西方经济学家普遍地给马歇尔加上了"新古典"的桂冠。他们认为，马歇尔"继承"并"发展"了古典政治经济学。在现代西方经济学论著中，马歇尔经济学被称作"新古典综合"。为了同后来的萨缪尔森的"新古典综合"相区别，马歇尔的综合被称为"第一个新古典综合"。西方经济学家认为，只是由于马歇尔的"综合"，古典政治经济学才得到"重建"和"新生"。例如，他们中有人说："阿弗里德·马歇尔的天才在于把边际方法和历史—制度方法结合起来，以便重建古典经济学。……他以新古典综合的形式，给它（指古典政治经济学——引者）以第二次革命。"[④]

的确，马歇尔不像边际主义学派第一代那样攻击古典政治经济学，而是以古典学派继承人自诩，他颂扬斯密，称赞李嘉图，俨然是古典学派的信奉者和追随者。然而，真实情况究竟如何，并不难根据事实作出

---

① J. 奥威比克：《人口理论史》，鹿特丹 1974 年版，第 54 页。

② 罗尔：《经济思想史》，第 387 页。

③ R.V. 伊格利：《古典经济理论的结构》，第 138 页。

④ J. 芬基尔斯泰因、A.L. 辛格：《经济学家的社会：从阿奎那到凯恩斯经济思想的发展》，第 181 页。

正确判断。

　　关于斯密,马歇尔说了不少恭维的话。例如在《经济科学的发展》中,马歇尔写道:"亚当·斯密的讨论范围足以包括他当时英法同辈著作中的全部精华……我们越拿他和他的前辈和后继者相比较,我们觉得他越有才华,知识越渊博,判断越公正……现在所知道的经济学上的真理,几乎没有一个不是他所涉猎过的。因为他是头一个就其各个主要社会方面论述财富的人,单凭这个理由,他也许就有权被视作现代经济学的奠基者。"[1] 接着,马歇尔列举了斯密的许多功绩,然后说:"但毕竟这不是他的主要功绩。他的主要功绩在于他把当时英法学者和他的前辈关于价值的研究加以综合和发展。"[2] 但是,马歇尔强调说,过去没有一个人知道斯密所进行的工作的"要旨"。据他说,这个要旨不仅是斯密的后继者李嘉图没有看出来,也不仅是批判并继承了英国古典政治经济学的马克思没有看出来,就连斯密本人也不知道。这样,"发现"斯密学说"要旨"的历史重任自然就落在马歇尔的肩上。应当注意,不能把马歇尔的这番话仅仅看作是他狂妄自大。就像一个教派要垄断经典的解释权一样,马歇尔的真正用心是要垄断斯密《国富论》要旨的解释权。事实正是这样。在称颂亚当·斯密是经济学最大权威的时候,他自封为亚当·斯密经济学的最大权威。他以这种权威姿态来解释斯密经济学的要旨,说:"他在思想上开辟了一个新纪元,是由于他首先对价值测量人类动机的方式作了慎重而科学的研究,其中一方面测量买主获得财富的欲望,另一方面测量生产者所出的劳作和牺牲(或'实际生产成木')。"[3]

　　至此,问题已经十分清楚。斯密学说的"要旨"终于被马歇尔第一

---

① 马歇尔:"经济学的发展",载《经济学原理》下卷,第403页。
② 同上书,第404页。
③ 同上。

次"发现",这个"要旨"就是:一方面斯密从需求方面研究了衡量消费者获得财富的欲望,另一方面,斯密又从供给方面研究了衡量生产者所付出的"劳动和牺牲"或"实际生产成本"。说得更明白一点,马歇尔的均衡价格理论中的需求曲线和供给曲线的萌芽形式已经存在于斯密学说之中。这样,马歇尔就可以当之无愧地成为斯密经济学说的继承者和发展者。

关于李嘉图,马歇尔也说了不少恭维的话。例如,马歇尔写道:李嘉图的理论"包含许多真理,其重要性或将永存于世"。[①] 当李嘉图遭到攻击的时候,马歇尔俨然以李嘉图的卫道者自居。在《李嘉图的价值论》中,马歇尔"反击"了主要是1870年代以来的边际主义学派代表人物对李嘉图的攻击。他在李嘉图的反对者杰文斯、门格尔、瓦尔拉斯、庞巴维克、维塞尔等人中,一把抓住杰文斯,把他作为主要"反击"目标。马歇尔写道:"为了回答而选择杰文斯的攻击似乎是作得对的。因为,尤其是在英国,这种攻击比任何其他攻击更加引人注意。许多别的学者对李嘉图的价值理论也曾有过类似的攻击……有的是和杰文斯同时的,如瓦尔拉斯和门格尔教授,有的却是在杰文斯之后,如庞巴维克和维塞尔教授"。[②] 马歇尔说:"他(指杰文斯——引者)对李嘉图的批判,由于假定李嘉图认为价值取决于生产成本,与需求无关,而取得了某些显然不公的辩辞上的胜利。对李嘉图的这种误解在1872年为害很大。"[③] 这就是说,在马歇尔看来,杰文斯等人对李嘉图价值理论的攻击,错误仅在于他断言李嘉图认为价值和"需求"有关。可见,马歇尔绝无意于维护李嘉图的劳动价值理论,也绝无意于反对把李嘉图的劳动价值理论曲解成生产费用理论。他和杰文斯等人的分歧仅在于李

①　马歇尔:《经济学原理》上卷,第33页。
②　马歇尔:"李嘉图的价值论",载《经济学原理》下卷,第459—460页。
③　同上书,第459页。

嘉图是否认为价值和需求有关：杰文斯等人认为，李嘉图否认价值和需求有关；马歇尔则认为，李嘉图承认价值和需求有关。

马歇尔指责杰文斯的效用价值理论的"片面性"，认为这种说法比李嘉图的"生产费用"价值理论"错误更大"。理由是，"因为李嘉图只把它看作整个学说的一部分，其余部分他曾试图加以解释。"①

所谓"李嘉图只把它看作整个学说的一部分"，乃是说，李嘉图从供给方面把生产费用看作价值的一个决定因素，所谓"其余部分他曾试图加以解释"，乃是说，李嘉图还从需求方面把效用而且是把边际效用看作价值的又一决定因素。

马歇尔认为，李嘉图在表达这—思想时，叙述"杂乱"，"用词牵强附会"，"文辞含混不清"。②因此，有必要由马歇尔这位语言大师来重新表述。经过马歇尔的表述，李嘉图的"深邃"思想变得十分清楚了！李嘉图不仅认为价值取决于效用，取决于需求者的"欲望和愿望"，而且还研究过边际效用和总效用问题。关于后者，马歇尔是这样说的："他（指李嘉图——引者）似乎在探索着边际效用和总效用之间的区别。因为他把财富理解成总效用，他似乎总是要叙述说，价值相当于刚刚值得买主去购买的那一部分商品所产生的财富增加量；当供给由于偶然事件而暂时减少，或由于生产成本增加而长期减少时，由价值衡量的财富的边际增加额便会增加，同时，从这种商品所产生的财富总体亦即效用总额却会减少。在全部分析中，他力图说，供给一受任何抑制，边际效用就会增加，而总效用却会减少，虽然（因不知道微分学的简明术语）他没有找到精确表达它的用语。"③

看到这段文字，人们不禁要被马歇尔超乎寻常的领悟能力而感到

---

① 马歇尔："李嘉图的价值论"，载《经济学原理》下卷，第456页。
② 同上书，第453页。
③ 同上。

惊愕。马歇尔在反复咀嚼古典经济学家所提供的思想材料时,能够嚼出别人嚼不出,而且也不可能嚼出的味道。马歇尔不仅像杰文斯等人那样在李嘉图那里找到了"生产费用原理",而且还找到了"边际效用原理"。马歇尔在《李嘉图的价值论》中,就像在《经济学原理》中一样,也把"生产费用原理"和"边际效用原理"看作"支配一切的那个供求规律的组成部分"。[①]认为"每个原理都可比作一把剪刀的一叶刃片"。[②]

　　至此,问题已经十分清楚,李嘉图学说的"要旨"也终于被马歇尔第一次"发现",这个要旨就是:李嘉图一方面从供给方面研究了生产费用和价值的关系,另一方面又从需求方面研究了边际效用和价值的关系。所以,"李嘉图的价值理论……比杰文斯和一些其他批评家,更能预见到近代关于成本、效用与价值之间的关系的学说"。[③]说得更明白一点,李嘉图已经为马歇尔均衡价格理论铸成了剪刀的两叶刃片的毛坯。这样,马歇尔又可以当之无愧地成为李嘉图经济学说的继承者和发展者。

　　现在,可以把剑桥学派及其追随者的观点作一简单的概述:从萨伊到约翰·穆勒的形形色色的生产费用论,都从供给方面,从生产费用方面说明价值和价格的决定;杰文斯、门格尔和瓦尔拉斯的形形色色的边际效用论,都从需求方面,从边际效用方面说明价值和价格的决定。因此,他们都具有片面性。斯密和李嘉图的价值理论并不是劳动价值理论,而是一种既考虑到供给方面的生产费用——劳作和牺牲或实际生产成本,又考虑到需求方面的效用——边际效用和总效用的价值理论。不过,李嘉图的价值理论"含糊不清",斯密的价值理论的要旨"连他

---

① 马歇尔:"李嘉图的价值论",载《经济学原理》下卷,第459页。
② 同上。
③ 同上书,第452页。

自己都不晓得"。唯一正确诠释斯密和李嘉图价值理论的是马歇尔，唯一继承并发展斯密和李嘉图价值理论的也是马歇尔。马歇尔认为商品的价值或价格取决于需求状况和供给状况，需求和供给均衡时的价格，即均衡价格，一方面取决于由边际效用决定的需求价格，另一方面取决于由边际努力和牺牲，即边际实际生产成本决定的供给价格。马歇尔就这样发展了斯密经济学和李嘉图经济学。因此，马歇尔经济学被誉为"新古典"经济学，以马歇尔为代表的剑桥学派被誉为"新古典学派"。

然而，事实又怎样呢？事实是，马歇尔经济学和斯密、李嘉图的古典政治经济学本质上并无共同之处。斯密的价值理论虽然有庸俗成分，然而他的科学贡献是不可抹杀的。斯密正确地认为，商品包含的劳动时间决定价值。这就为劳动价值理论奠定了基础。凡是在斯密作出重要理论贡献的地方，他都是从商品包含的劳动时间决定价值这一正确原理出发的。李嘉图批判了斯密的错误论点，继承并发展了斯密的正确原理，始终一贯地坚持劳动价值理论。可是，善于欺世盗名的马歇尔，根本不尊重这些事实，而是根据自己的需要来任意曲解斯密和李嘉图，以便盗用古典价值理论之名，来掩盖他的均衡价格论的庸俗本质。古典学派优秀代表的劳动价值理论，经过马歇尔的三棱镜的折射，竟幻变成均衡价格论的萌芽形式或胚胎形式。这就是事实真相。

如果说，约翰·穆勒是资产阶级政治经济学史上第一个影响最大的混合主义者和折衷主义者，那么，马歇尔就是第二个影响最大的混合主义和折衷主义者。但是，必须看到，作为古典政治经济学摹仿者的穆勒和纯粹充当辩护士的庸俗经济学家，还有一定的区别。和穆勒不同，马歇尔是一个地地道道的庸俗经济学家。在所有主要理论问题上，他没有继承古典政治经济学的任何科学成分，而是对供求论、边际效用论、边际生产力论、生产费用论、节欲论、经济和谐论等各种新、旧庸俗经济理论兼收并蓄，把它们融合成一体。因此，如果说约翰·穆勒的混合主义和折衷主义是毫无生气和毫无原则的话，那么，马歇尔的混合主义和折衷主义则完全是庸俗的和充满辩护性的。

自从以马歇尔为代表的剑桥学派获得"新古典学派"的美名以后，资产阶级经济学史家便面临一个难题：如果以斯密、李嘉图为代表的经济学家是"古典学派"，以马歇尔为代表的经济学家是"新古典学派"，那么，在李嘉图以后直至 1870 年代"边际革命"以前的经济学家属于什么范畴？从 1870 年代"边际革命"开始到剑桥学派以前的经济学家又属于什么范畴？他们很清楚，"古典政治经济学"和"古典学派"是马克思首先使用的概念，有特定的内涵和外延，有特定的上限和下限。继古典政治经济学之后的资产阶级经济学是庸俗经济学，继古典学派之后的资产阶级经济学家是庸俗经济学家，鲜有例外。既然如此，难道只有承认或者至少是默认李嘉图以后到马歇尔以前的资产阶级经济学家都是庸俗经济学家吗？

上述难题，并没有把资产阶级经济学家完全"难倒"，他们终于想出了摆脱困境的妙法。在他们看来，"古典"和"新古典"的桂冠都是廉价商品。何不按照"费用最低，产量最大"的经济学原则大量制造呢？何不给李嘉图以后到马歇尔以前的所有资产阶级经济学家慷慨地每人赠送一顶呢？于是，他们不仅给萨伊、马尔萨斯和"李嘉图学派"而且给那些已不再打着古典政治经济学旗号的资产阶级经济学家，如西尼尔、巴斯夏之流，统统戴上"古典学派"的桂冠。以为这样一来，就可以推翻马克思对他们所作的结论，就可以给他们摘去庸俗经济学家的帽子。同样，他们给从 1870 年代"边际革命"开始到马歇尔前后的资产阶级经济学家，如杰文斯、门格尔、瓦尔拉斯、庞巴维克、维塞尔、帕累托、克拉克等，也统统戴上"新古典学派"的桂冠。以为这样一来，就可以推翻恩格斯对杰文斯、门格尔之流所作的结论，就可以给他们摘去庸俗经济学家的帽子。如是,斯密、李嘉图以来到剑桥学派为止的所有资产阶级经济学家,不属于"古典学派",便属于"新古典学派",那岂就不存在庸俗经济学家了吗?岂不就不存在庸俗经济学了吗?这就是现代资产阶级经济学家大量制造并慷慨赠送"古典"和"新古典"桂冠的一个重要目的。在资产阶级经济学家看来,这实在是聪明绝顶的妙法。

似觉聪明绝顶的资产阶级经济学家,其实是愚蠢透顶的。他们的主观唯心主义已经达到登峰造极的程度,以为客观世界中的一切差别都会适应于他们思维中的统一。他们不知道,当然也不愿意知道,头脑中的虚幻的统一,绝对否认不了客观存在的差别。古典政治经济学和庸俗政治经济学的差别,古典学派和各种庸俗流派的差别,都是客观存在。马克思的"古典政治经济学"和"庸俗政治经济学"概念以及"古典经济学家"和"庸俗经济学家"概念之所以正确,就在于马克思在思维中如实地反映了资产阶级经济学中客观存在的差别。

在给庸俗经济学家戴上"古典"桂冠或"新古典"桂冠时,这些聪明绝顶的资产阶级经济学家也曾经碰到过难题。除那些打着斯密旗帜的萨伊、马尔萨斯或打着李嘉图旗帜的詹姆斯·穆勒、麦克库洛赫等人之外,后来的庸俗经济学家并不太愿意打着古典的旗帜。尤其是 1870 年代开始出现的边际主义学派的主要代表人物门格尔、杰文斯、瓦尔拉斯、庞巴维克、维塞尔、帕累托、克拉克之流,很多都是从公开批判古典学派起家的,他们丝毫无意于充当古典学派的继承者。对于这些反对古典学派的人来说,"新古典学派"的桂冠又怎能戴得上呢?

上述难题,也没有把资产阶级经济学家完全"难倒"。他们也想出了摆脱困境的妙法。通过"大胆假设,小心求证",从价值理论、生产理论、分配理论以至均衡理论方面寻找古典学派和边际主义学派的"联结点",这就是他们的智慧所在。

下面不妨以价值理论为例,来看看他们是怎样"假设",又是怎样"求证"的。

现代资产阶级经济学家的命题是:边际主义学派是"新古典学派"或"后古典学派"。例如,在惠特克的《经济思想流派》一书中,这一命题的表现形式是:"1870年左右,发生了可以看作亚当·斯密所创古典学派经济学复兴的事情。这种发展以及因此而建立的思想流派,经常称之为新古典学派经济学。"①

不少资产阶级经济学家对这类命题进行"论证",可以作为典型的是这样一种"证明":"在1870年代的分析发展中,存在某种内在的辩证的东西,因此,形成古典理论大厦的顶石的同一理论贡献,充当了后古典经济学的基石。"②很有趣,一贯形而上学地进行思维的资产阶级经济学家,居然也谈起了辩证法。"古典理论大厦的顶石"等于"后古典经济学的基石",两块石头原来就是一块石头。这就是他们发现的绝妙的辩证的同一性。

在现代资产阶级经济学家中,有人更具体地求证两块石头就是一块石头,求证古典学派的"顶石"就是边际主义学派的"基石",说:"商品的交换价值,或者简单地说,商品的'价值',是由什么决定的? 是它的实际费用,不仅是按货币计算的费用,而且是按'获得它的辛苦或麻烦'计算的费用。这就是古典学派和边际主义学派的一个重要的联接物。"③说得很明白,他们认为古典学派的体系和边际主义学派的体系是建立在同一个价值理论之上的。

"古典理论大厦的顶石"等于"后古典经济学的基石"的论断,是一个非常荒谬的论断。现代资产阶级经济学家并非不知道,古典学派

---

① 惠特克:《经济思想流派》,第303页。
② 伊格利:《古典经济理论的结构》,第126—127页。
③ J.奥色、W.C.布兰奇菲尔德:《经济思想的演变》(第3版),第73页。

的价值理论是劳动价值理论。作为英国古典政治经济学的一条主线，从配第提出、经过斯密发展到李嘉图完成的，正是劳动价值理论。诚然，在斯密那里，除了劳动价值理论，也还有庸俗的价值理论，然而后者绝不是斯密价值理论中的主线。斯密把决定价值的劳动有时解释成"获得它（指商品——引者）的辛苦或麻烦"，有时解释成"牺牲等量的安宁、自由和幸福"。对劳动的这两种解释，引起现代资产阶级经济学家极大的兴趣。斯密所说的"获得它的辛苦或麻烦"被现代的一些资产阶级经济学家直接等同于边际主义学派特别是马歇尔对劳动所作的主观心理的解释。斯密所说的"牺牲等量的安宁、自由和幸福"，被现代的一些资产阶级经济学家直接叫作负效用。[①]

边际主义学派的"实际成本"概念和古典学派所说的生产商品所必需的劳动量，是两个完全不同的概念。这里，我们可以看一看"边际主义学派第二代"马歇尔的"实际成本"究竟是什么。在《经济学原理》中，马歇尔写道："我们现在必须考虑这样一个事实，即生产一种商品一般都需要许多不同种类的劳作并以各种形式使用资本。直接或间接用于生产商品的各种不同的劳作，和节欲或储蓄商品生产中所用资本所需要的等待；所有这些劳作和牺牲加在一起，就叫做商品生产的实际成本。"[②]古典学派的生产商品所必需的劳动量是一个反映客观经济现实的概念，而马歇尔的实际成本却是一个主观心理概念。生产商品的实际耗费本应按照劳动的耗费来计量，可是马歇尔的实际成本概念却是由劳动的"反效用"和资本的"节欲"或"牺牲"这两种无法计量的主观心理感觉相加的结果。

现代资产阶级经济学家是典型的实用主义者。从一种需要出发，他们可以把1870年代边际主义学派的出现叫作"边际革命"，这种"革

---

①　布莱登：《从亚当·斯密到梅纳德·凯恩斯：政治经济学的遗产》，第23页。

②　马歇尔：《经济学原理》下卷，第31页。

命"的含义之一就是对古典学派的"革命";从另一种需要出发,他们
又可以先把"边际主义学派第二代"马歇尔经济学叫作"新古典经济
学",然后又把"边际主义学派第一代"和"第二代"合在一起统叫作
"新古典学派",说他们"重建"和"复兴"了古典学派经济学。时而说
是革命,时而又说不是革命,而是重建和复兴。可是,如果1870年代发
生了对古典经济学的革命,又何来古典经济学顶石等于新古典经济学
基石? 如果1870年代以前都是古典学派,又何来1870年代古典经济
学的重建和复兴? 现代资产阶级经济学家为了达到辩护目的,根本不
顾逻辑。

三、古典政治经济学和现代资产阶级经济学

　　1870年代开始出现的"新古典学派"——边际主义学派经济学,
在西方资产阶级经济学曾经统治了半个世纪之久。琼·罗宾逊在回顾
这段历史时说:"1914年以前的五十年期间,被认为是各个学派的经济
学家全部抱着极大的自信心和自大感在鼓吹一种理论——自由放任学
说,即市场力量自由活动将带来有利效果。特别在讲英语的世界里,
要求政府执行自由贸易和平衡预算的政策。经济均衡总是会自行确定
的。这些理论在二十世纪二十年代仍然占据统治地位。"[1]
　　然而,在边际主义学派风行的时候,马克思主义经济学家和接受马
克思主义某些观点的经济学家,就已经不断地对边际主义学派的庸俗
理论进行批判。垄断资本主义的发展,特别是国家垄断资本主义的出
现,使马歇尔—庇古式的"新古典经济学"在理论上已经不能满足垄断
资本的新的需要。1929—1933年空前规模的世界经济危机,又在实践

_____

上给边际主义学派以致命的打击。那些鼓吹资本主义经济可以自动实现充分就业均衡的资产阶级经济学家,这时陷入了"可怜而又可笑的混乱状态,"① "那种保持充分就业均衡的自然趋势的学说,未能经受住三十年代市场经济完全崩溃的考验"。②

当资产阶级经济学"正统派想方设法使它在茧壳里再次恢复精力"③ 的时候,凯恩斯咬破正统派的茧壳,脱壳而出,提出了一套和传统经济学不同的"新经济学"。凯恩斯对"新古典学派"的价值理论和分配理论没有多大兴趣,他关心的是宏观经济问题,是像 1929—1933 年发生的大危机和严重失业这样一类问题。凯恩斯公开主张抛弃自由放任政策,主张扩大资产阶级国家的经济职能,实行国家调节经济,干预经济生活。

凯恩斯的《就业、利息和货币通论》(简称《通论》)发表于 1936 年。凯恩斯经济学很快就风行于英国、美国和其他主要资本主义国家。"凯恩斯的革命"之说也很快在这些国家风行起来。凯恩斯派很快成为西方经济学界的新正统派。这一重大历史现象是鼓吹资本主义通过自行调节达到充分就业均衡的"新古典学派"破产的有力证明。资产阶级经济学家承认:凯恩斯理论之获得广泛的接受,表明经济学家和其他人越来越不相信资本主义的经济体系具有自动的和自行调节的性质。

凯恩斯是以"古典学派"的批判者和"古典学派经济学"的革命者的姿态出现的。他在《通论》一书的开头,就把攻击的矛头指向"古典学派"和"古典学派经济学"。凯恩斯说,"古典学派"无论在理论方面或政策方面都支配着统治阶级和学术界的经济思想。但是,"古典学

---

① 琼·罗宾逊:"经济理论的第二次革命",载《现代国外经济学论文选》第一辑,第 3 页。

② 同上书,第 4 页。

③ 同上书,第 5 页。

派"的前提只适用于特例而不适用于一般情况。他们的"理论与事实不符,应用起来非常糟糕。"①

本书《引论》曾经说过,凯恩斯所说的"古典学派",不仅指李嘉图等人,而且还包括马歇尔和庇古这样一些剑桥学派的代表人物。凯恩斯攻击古典经济学,首先和主要的是为了对他所来自的剑桥学派这个旧营垒反戈一击。关于这一点,狄拉德解释说:"凯恩斯在对'古典学派'经济学进行的一些批评中,是以庇古教授的著作作为特殊目标,因为庇古教授是这一学说体系的最后一个伟大的代表人物。"②凯恩斯主义者十分强调凯恩斯攻击古典学派的重要意义,认为凯恩斯的责难打击了古典学派理论的核心。按照他们的解释,作为整体来看,古典学派经济学的实际意义在于赞成自由放任,而凯恩斯经济学的"革命性"则在于摒弃任何形式的自由放任。因此,古典学派经济学和凯恩斯经济学是不相容的。《凯恩斯的革命》这本书的作者克莱因正是从这个意义来说明"凯恩斯的革命"的。他写道:"简单古典体系与凯恩斯简单模型之不相容清楚地表明革命意味着甚么。"③

我们且不说凯恩斯及其追随者如何有意识地曲解古典学派和古典学派经济学,如何把马歇尔、庇古这样一些庸俗经济学家硬说成是古典学派的代表。这里要提请注意的是这样一个事实:凯恩斯本人完全是自觉地、有意识地把自己置于古典学派的对立面,他丝毫无意把自己的理论和古典学派经济学联接起来,无意去抓古典学派这面旗帜。

凯恩斯的追随者对待古典学派和古典学派经济学的态度在相当长的一段时期里和他们的老师基本一样。但是后来他们渐渐觉得这样做有点儿不对劲。至少,以下两个问题会进入他们思考的范围。

---

① 凯恩斯:《就业利息和货币通论》,第9页。
② 迪拉德:《凯恩斯经济学》,上海人民出版社1963年版,第13页。
③ 克莱因:《凯恩斯的革命》,商务印书馆1962年版,第82页。

第一，如果把自己同古典学派对立起来，把自己的经济理论同古典政治经济学对立起来，就有可能被马克思的逻辑逼到庸俗经济学家和庸俗经济学的营垒中去。这是因为，古典经济学家和庸俗经济学家的区分，古典政治经济学和庸俗政治经济学的区分，是马克思提出来的。马克思一向把那些以各种形式歪曲或攻击古典学派、用资本主义经济的外在联系掩盖内在联系，把资本主义生产当事人的观念视为真理，制造辩护性的伪科学的资产阶级经济学说统统列入同古典学派有原则区分的庸俗经济学家营垒，把这些经济学家的形形色色的辩护理论统统归入同古典政治经济学有原则区分的庸俗政治经济学。

第二，凯恩斯所说的"古典学派"外延很广，除了古典经济学家以外，李嘉图以后到马歇尔、艾奇沃思、庇古为止的庸俗经济学家都被包括在"古典学派"之内。相应地，凯恩斯所说的"古典学派经济学"也包括这些庸俗经济学家的理论。在这种情况下，如果把自己同这样特殊规定的"古典学派"对立起来，把自己的经济理论同这样的特殊规定的"古典学派经济学"对立起来，那就不仅会否定了马克思所说的古典学派和古典政治经济学，而且也会否定了凯恩斯以前的为资本主义和资产阶级效劳的所有庸俗经济学家和庸俗经济学。

经过长期思索之后，凯恩斯主义者们逐渐悟出一条原则：古典学派这面旗帜丢不得！古典学派经济学这面旗帜丢不得！他们认为，哪怕是冒着风险去伪造古典学派和古典学派经济学的概念，伪造资产阶级政治经济学史，也要紧紧抓住"古典学派"和"古典学派经济学"的旗帜。尽管他们讳言老师把自己同古典学派对立起来的做法是一种愚蠢行为，可是事实上他们感到，责备庇古等人是愚蠢之徒的凯恩斯，至少在这一点上也是一个愚蠢之徒。

于是，凯恩斯主义者便煞费苦心地根据自己的需要，来伪造概念，伪造历史。在他们的笔下，除了重商主义以外，全部资产阶级政治经济学史都是古典学派经济学史。资产阶级政治经济学史被描绘成古典学派经济学产生和不断发展的历史,被描绘成连续的、没有任何间断的古典经济学说发展史。

　　凯恩斯本人不是自觉地、有意识地把自己置于古典学派的对立面吗? 这没有关系,给他戴上一顶"古典经济学家"的桂冠就是了。至于凯恩斯本人是否愿意戴这顶桂冠,那更没有关系,反正他已经故去。克莱因的《凯恩斯的革命》这本书正文的第一句话就是:"凯恩斯始终是个古典经济学家,在读本书时应当常常记住这一点。"[1] 不过,克莱因的书强调是凯恩斯的"革命"。

　　和克莱因相似,美国另一个凯恩斯主义者阿克利说:"凯恩斯也是一个非常优秀的古典经济学家"。[2] 和克莱因不同的是,阿克利不主张强调凯恩斯对古典学派的"革命",而主张强调凯恩斯对古典学派的"继承"和"发展"。他写道:"我们应该认识到,凯恩斯并不总是古典学派分析的一位公正的批评家,他也不曾充分了解他自己的思想同他以前的一套思想的关系。特别是,他有时以革命者自居,其实他还差得远哩。"[3] 阿克利不主张把凯恩斯模型和古典学派模型看作互不相容的东西,而是认为"最好把它(指凯恩斯模型——引者)看成是他的前辈的宏观经济思想的扩充和改进,而不是一种替代"。[4]

　　为了"论证"凯恩斯是古典经济学家,一些资产阶级经济学家着重修正他们的经济思想史。过去,他们数典忘祖,只承认斯密是政治经济学之父,而不承认配第是政治经济学之父。他们很多人不承认配第是古典政治经济学家,不承认古典学派在英国是从配第开始的。马克思

---

[1]　克莱因:《凯恩斯的革命》,第 7 页。
[2]　阿克利:《宏观经济理论》,上海译文出版社 1981 年版,第 441 页。
[3]　同上书,第 447 页。
[4]　同上。

曾经指出，威廉·配第是英国兰斯唐侯爵亨利·配第的先祖，对于兰斯唐家族来说，威廉·配第"这个敢于思想而又十分轻浮的外科军医，既能在克伦威尔的盾的保护下掠夺爱尔兰，又能为这种掠夺向查理二世跪求必要的男爵称号，这样的祖像是不便公诸于世的。"[①] 在现代资产阶级经济学家中，为什么不少人在抓古典学派旗帜时，却不愿意承认配第是古典学派的先祖？这是不是也有点像当年兰斯唐家族那样，感到配第这样的祖像会使他们的脸上不光彩呢？这些猜测也许并非毫无根据。在现代资产阶级经济学家的著作中，可以找到某种旁证。例如，《经济思想的起源》的作者罗思说："经济学家无须为属于威廉·配第而不是亚当·斯密所奠基的职业而感到可耻。"[②]

罗思一类的资产阶级经济学家为什么现在又要强调资产阶级政治经济学不是由斯密而是由配第奠基的呢？这是出于他们的一种新的需要，出于他们要"证明"凯恩斯经济学来源于由配第开始的古典政治经济学这样一种需要。

罗思戴上凯恩斯主义的眼镜重读配第的书，透过这副眼镜，他在配第著作中，看到了凯恩斯主义的雏形。他"发现"配第比凯恩斯早三百多年就提出了举办公共工程以实现充分就业的主张，"发现"配第已经对乘数作了早期表达，"发现"配第的古典经济理论和凯恩斯主义有内在的"联接物"。[③] 这样，配第这位英国古典政治经济学奠基人便幻变而成凯恩斯主义的先驱。

上述罗思的观点在现代西方经济论著中并非绝无仅有，《经济思想的演变》一书的作者也宣传类似的观点，他们写道："他（配第——引者）是凯恩斯理论的先驱者，无论是古代还是现代，建筑金字塔都是解

---

① 《马克思恩格斯全集》第 13 卷，第 43 页。
② G. 罗思：《经济思想的起源》，第 35 页。
③ 同上书，第 43 页。

决失业问题的一项办法。"①

仅仅找到凯恩斯和配第之间的"联接物",似乎还不足以"证明"凯恩斯主义是对古典经济学的继承和发展。于是,在现代资产阶级经济学家中,有人便进一步"证明",古典经济学和凯恩斯经济学最本质的联系在于二者都是宏观经济学。《古典经济理论的结构》一书的作者伊格尔特别提醒读者说:"最重要的是要好好记住,古典经济学本质上是宏观经济学",它"在性质上是总量的"。②

就这样,一个以攻击古典学派著称的大名鼎鼎的凯恩斯,经过这批高级化妆师的乔装打扮,便成了一个"非常优秀的古典经济学家"。

既然以反古典学派起家的老师能摇身一变而成为古典经济学家,那么凯恩斯的学生们当然也就可以跟古典学派联系起来。不同的是,凯恩斯的"古典"桂冠是别人强行给戴上的,而他的学生们的"古典"尊号则是他们自封的。

至少从本世纪六十年代初开始,美国和英国的凯恩斯派都争先恐后地给自己的理论贴上"古典"或"新古典"标签。

以萨缪尔森为代表的美国凯恩斯派自封为"新古典综合派"。在1961年出版的《经济学》第五版中,萨缪尔森开始把自己的理论体系叫作"新古典综合"。③

如前所说,在现代西方经济文献中,由于"新古典综合"常常用来指马歇尔经济学或剑桥学派经济学,所以萨缪尔森的"新古典综合"又被叫作"第二个新古典综合",或被戏称为"新新古典综合"。

对于"新古典综合"的含义,萨缪尔森曾经作过几次解释,强调

---

① 奥邑尔、布兰奇菲尔德:《经济思想的演变》(第3版),第23页。
② 伊格尔:《古典经济理论的结构》,伦敦1974年版,第21页。
③ 萨缪尔森:《经济学》(第5版),纽约1961年版,第242、374—375、403—404、652、807页。

"新古典综合"是指斯密和马歇尔的"古典"微观经济学和凯恩斯的现代宏观经济学的综合。他写道:"新古典综合"是指"通过有效的信用—货币政策和财政政策把斯密和马歇尔的古典微观经济学和决定收入水平的现代宏观经济学结合起来,把两种办法中一切健康的东西结合起来"。①

这里要注意的是,萨缪尔森除了挂出马歇尔和凯恩斯经济学的招牌,还打起斯密的古典经济学的旗号。但是,只要看一看萨缪尔森对待英国古典政治经济学的劳动价值理论、剩余价值理论以及自由放任的政策主张的态度,就足以看出,"古典"或"新古典"云云,纯属欺人之谈。

萨缪尔森一贯反对劳动价值学说,狂妄地扬言要"埋葬劳动价值论"。②在这方面,他竭力歪曲和攻击斯密和李嘉图。和许多庸俗经济学一样,他也捏造所谓"斯密的价值矛盾",大讲斯密从未解决"价值的矛盾",目的是要以边际效用理论来取代劳动价值理论。在斯密那里,外在部分和内在部分同时并存,对竞争假象的描述和对内部联系的探讨常常结合在一起。萨缪尔森赞成前者而反对后者。他说:"斯密在劳动价值论这一页之后,在竞争价格中除去包含工资和地租之外,还包含有利息和利润,这是对的。"③十分明显,萨缪尔森抛弃的是斯密的科学成分,宣扬的是庸俗观点。

对于李嘉图一贯坚持的劳动价值理论,萨缪尔森难以用对待斯密的办法来对待,因而力图避免正面回答问题。萨缪尔森的遁词是:"李嘉图是不是主张劳动价值论,或者是主张93%的劳动价值论,或者是⋯⋯对于这一类毫无结果的暧昧的问题浪费了许多印刷油墨,这正

---

① 萨缪尔森:《经济学》,莫斯科1964年版,第796页。
② 萨缪尔森:"马克思剥削概念的理解问题",载《经济文献杂志》1971年6月号。
③ 同上。

是那些学院式的经济学的颓废,是可叹的事情。"[1]

　　萨缪尔森更是一贯反对剩余价值理论。他不敢承认古典学派的优秀代表都已经在不同的具体形式上看到剩余价值的存在。不敢承认他们的剩余价值理论,而是妄图用庸俗的边际生产力分配论来取代古典的剩余价值论。萨缪尔森写道:"我们应该指出:克拉克比那些古典经济学家,如亚当·斯密的继承人和十九世纪初期经济思想的领袖李嘉图,前进了一大步。"[2]十分可笑的是,萨缪尔森把故去多年的李嘉图从坟墓里拉出来,要他来学习克拉克的边际生产力分配图。他说,对边际生产力分配图,"李嘉图应该很快地掌握和同意",理由据说是该图和李嘉图的地租理论"十分吻合"。[3]萨缪尔森还说:"李嘉图会对要素的完全的对称性感到满意:所有要素在分配时所得到的份额,都可以被认为是由它们各自相互依赖的边际产品同时决定的。"[4]打着古典学派旗号的萨缪尔森,就这样硬把边际生产力分配论这一庸俗透顶的辩护理论强加在古典学派的优秀代表李嘉图的身上。

　　对于古典学派的自由放任主张,竭力维护国家垄断资本主义的萨缪尔森毫无疑问地会采取反对的立场,他承认,现代资本主义已经根本不可能靠斯密的"一只看不见的手"来自行调节。萨缪尔森写道:"我们的宏观经济学的分析成果否定了古典学派的信条,这一信条认为自由放任本身可以导致乌托邦式的经济稳定"。[5]

　　作为国家垄断资本主义的卫道士,作为凯恩斯主义的信徒,萨缪尔森迫不及待地要修改斯密的自由主义经济主张,"重新解释看不见的手

---

①　萨缪尔森:"马克思剥削概念的理解问题"。载《经济文献杂志》1971 年 6 月号。

②　萨缪尔森:《经济学》(第 11 版),第 506 页。

③　同上。

④　同上。

⑤　同上书,第 348 页。

的学说"。①

　　萨缪尔森大胆断言："假如斯密今天还活着，……他也许会把他的学说按以下方面大加修改。"②萨缪尔森越俎代庖，为斯密拟定了长长的四段修改文字。主要之点是：一、通过"非市场干预"，"放弃自由放任"，使"完全竞争"成为达到最优效率和公平的手段；二、自由放任的"完全竞争"不一定是理想状态；三、只要存在"垄断的不完全性"，自由放任就缺乏效率；四、只要存在"外在经济"和"外在不经济"，广泛发挥"政府在经济生活中的创造性作用"就是必不可免的。③

　　萨缪尔森为斯密拟定的修改文字，除开使用了斯密本人大概也看不懂的现代西方经济学术语之外，本质的东西就在于想说服或者说想强使斯密把自由放任改成政府干预经济生活。

　　由上可见，尽管萨缪尔森打着斯密的旗帜，打着古典政治经济学的旗帜，然而他的"新古典综合"同古典政治经济学毫无共同之处。④

　　以萨缪尔森为代表的"新古典综合"，实际上不是斯密和马歇尔经济学同凯恩斯经济学的综合，而是以马歇尔为代表的边际主义学派经济学和凯恩斯经济学的综合，是 1870 年代以来各种旧的庸俗经济理论和 1930 年代以来各种新的庸俗经济理论的混合物。

　　在资产阶级政治经济学史上，迄今为止，先后出现过三个影响最大的混合主义者和折衷主义者，这就是约翰·穆勒、马歇尔和萨缪尔森。他们写的经济学教科书都发行过许多版，都在相当长的时期中和相当大的范围内发生过影响。约翰·穆勒的混合主义和折衷主义是毫无生

---

　　① 萨缪尔森：《经济学》（第 11 版），第 592 页。
　　② 同上。
　　③ 同上。
　　④ 值得注意的是，萨缪尔森在 1970 年代的《经济学》新版本中，不再打"新古典"旗帜，而是称自己的理论体系是"后凯恩斯主流经济学"，自封是凯恩斯主义主流派。他没有想到，当他自封"主流"之时，就是开始走下坡路之日。

气和毫无原则的,它企图把资产阶级政治经济学和当时的无产阶级要求加以调和,这种混合主义和折衷主义是十九世纪自由竞争阶段资本主义矛盾和阶级斗争的产物。与此不同,马歇尔和萨缪尔森的混合主义和折衷主义都是充满辩护性的。前者是十九世纪末二十世纪初自由竞争资本主义向垄断资本主义过渡阶段资本主义矛盾和阶级斗争的产物,后者是第二次世界大战以来国家垄断资本主义进一步发展时期资本主义矛盾和阶级斗争的产物。

当萨缪尔森在美国打出"新古典综合派"旗号的时候,以琼·罗宾逊为首的新剑桥学派在英国更为引人注目地打出了古典学派的旗号。1960年,新剑桥学派的斯拉法出版了《用商品生产商品》一书。此后,便出现了一个被命名为"新李嘉图主义"的运动。[①]

斯拉法的《用商品生产商品》不仅受到著名资产阶级经济学家如琼·罗宾逊等人的高度赏识,而且受到表示要用马克思主义观点来研究经济问题的米克、多布等人的极高评价。

按照琼·罗宾逊的说法,古典学派的经济理论,在1870—1930年,被新古典学派的理论所取代,新古典学派成了正统派。二十世纪三十年代,正统派的经济理论发生了危机。这时,西方经济学界发生了她本人平生所见到的"第一次革命"——"凯恩斯革命"。凯恩斯成了正统派。但是后来出现了以萨缪尔森为代表的美国凯恩斯派,这是冒牌的凯恩斯主义者,他们庸俗化了凯恩斯,并取代了凯恩斯,成了新正统派。六十年代末,新正统派的经济理论发生了危机。这时,西方经济学界发生了她平生所见到的"第二次革命"——"斯拉法革命","重新确立了被西方经济学界早已忘记的古典派经济学"。琼·罗宾逊解释说:斯拉法"以李嘉图的价值论为基础,运用李嘉图的抽象法和

---

① 多布:《亚当·斯密以来的价值理论和分配理论:意识形态和经济理论》。伦敦1975年版,第118页。

里昂惕夫的投入产出分析法,得出了在既定的生产技术条件下各生产部门的产品价格、工资率和利润率的计算模型,解决了经济学的最大困难,实现了'经济理论的第二次革命',这一革命的实质,是向古典派经济学方法的'回归'"。①

斯拉法的书一出版,米克和多布便立即分别发表评论。米克认为,斯拉法的书标志着古典学派的"复兴"。他写道:《用商品生产商品》"是旨在用新的方法解决传统的价值问题的……一种非正统派的理论模型","是对现代边际分析的一种含蓄的攻击","是对同价值和分配有关的某些关键问题的古典(直至马克思为止)的方法的一种宏伟的复兴"。②多布的观点和米克相当接近。他认为,斯拉法的《用商品生产商品》具有"划时代的"意义。③后来,米克在《劳动价值学说的研究》的第二版导言中又说:"我们的斯拉法型模式基本上作了马克思主义的劳动学说预定要作的同样的一套工作;同马克思的体系所作的一样,它从限制阶级收入水准的'前提的、具体的量'入手;它的基本观点,即关于决定变量的顺序和方向的观点,与马克思的体系是一致的;它恰恰同样适合于'逻辑的、历史的'研究方法的应用;而且,它另外还有一个很大的优点,即它内含对'转化问题'的解决。"④

概括起来说,斯拉法的颂扬者认为《用商品生产商品》一书的主要意义在于:一、开始了"向李嘉图和马克思的研究的复归"⑤的新趋势;二、发展了李嘉图的价值理论,解决了李嘉图未能解决的不变的价值尺

---

① "琼·罗宾逊谈西方资产阶级经济学和资本主义经济危机",载《世界经济》1978年第2期。

② 米克:"斯拉法先生的古典经济学的复兴",载《苏格兰政治经济学杂志》1961年6月号。载米克:《经济学与意识形态及其他论文集》,伦敦1967年版,第161—178页。

③ 多布:"一本划时代的著作",载《劳动月刊》1961年10月号。

④ 米克:《劳动价值学说的研究》,陈彪如译,商务印书馆1979年版,第51页。

⑤ 多布:《亚当·斯密以来的价值理论和分配理论:意识形态和经济理论》,第248页。

度问题;三、发展了马克思的价值理论和生产价格理论,解决了价值转化为生产价格问题;四、批判了"新古典"价值理论和分配理论,为新剑桥学派奠定了必要的理论基石。

详细剖析斯拉法的《用商品生产商品》不是本书的任务。这里只准备原则地说一下对几个基本问题的看法。

斯拉法的《用商品生产商品》的副标题是"经济理论批判绪论",目的是要表明作者的理论是在对"新古典"理论的批判中建立的。新剑桥学派反对新古典综合派把"新古典学派"的微观经济学作为凯恩斯的宏观经济学的理论基础。为此,他们批判"新古典学派"的边际效用价值论和边际生产力分配论。这类批判尽管并未都击中要害,然而从马克思主义的观点来看,资产阶级经济学家中有人起来批判庸俗的边际效用价值论和边际生产力论,总算是一种好事。这至少说明,在现代资产阶级经济学家的营垒中,也有人开始承认边际效用价值论和边际生产力论是伪科学。

然而问题在于,新剑桥学派用来同边际效用价值论相对立的价值理论是不是劳动价值理论,这个学派用来同边际生产力分配论相对立的是不是剩余价值理论。

斯拉法首先研究了"为维持生存的生产"。他假定存在一个"极其简单的社会",开始只生产两种商品,小麦和铁,以后增加为三种商品到多种商品。所生产的只够维持自己,没有剩余。商品由不同部门生产,然后在市场上相互交换。"这里有唯一的一套交换价值……这些价值直接产生于生产方法。"[①] 不难判明,斯拉法根本没有从交换价值中抽象出价值,更没有研究劳动为什么会表现为价值,而是把交换价值直接看作就是价值。即使就交换价值而言,他也没有分析交换价

---

　　① 斯拉法:《用商品生产商品》,商务印书馆1963年版,第9—10页。

值的基础和源泉,而只认为交换价值是由"生产方法"直接产生的。斯拉法所说的"生产方法"又叫"生产和生产性消费的方法",指的是生产部门例如生产小麦和铁的部门之间的技术关系。在他那里,价值并不是商品生产者之间的生产关系的体现,而只是生产部门之间的技术关系的反映。

斯拉法在讨论了没有剩余的"为维持生存的生产"之后,接着研究"具有剩余的生产"。他说:"这种经济所产生的,多于为更新所需要的最低数量,有一种可以分配的剩余……"[①]又说:"在自行更新状态中一个体系的国民收入,是由许多商品组成的,这些商品是从总国民产品中一项一项地除夫用于更新在所有生产部门中消耗完了的生产资料余留下来的。"[②]也不难判明,斯拉法只承认"剩余"而不承认剩余价值。他的"剩余"概念不表示在资本的强制关系支配下雇佣工人在生产中创造的价值超过劳动力价值的部分,而只表示物质产品数量的增加额。这种"剩余"不是特定历史阶段上经济关系的体现,不是反映资本主义生产关系的经济范畴,而是一个反映物质现象的抽象的、永恒的概念。而且,斯拉法的"剩余"不是雇佣工人创造而被资本家无偿占有的那一部分价值,而是指的国民总产品减去所消耗的生产资料所得到的差额,即国民收入,工人和资本家一样都是这种"剩余"分配的参与者。

国外的一些经济论著认为,斯拉法对劳动价值理论的重大贡献是他解决了李嘉图毕生没有解决的不变的价值尺度问题。例如,多布说,不变的价值尺度这个"在李嘉图时代的政治经济学中的中心问题,在一个半世纪以后得到了解决。"[③]

但是,斯密和李嘉图的历史教训说明,不变的价值尺度是不存在

---

① 斯拉法:《用商品生产商品》,商务印书馆 1963 年版,第 11 页。

② 同上书,第 17 页。

③ 多布:《亚当·斯密以来的价值理论和分配理论:意识形态和经济理论》,第 265 页。

的,任何寻求不变的价值尺度的企图都必然碰壁,必然进入死胡同。他们的教训还说明,寻求不变的价值尺度的企图本身,就意味着思路的混乱和理论上的矛盾。

在资产阶级政治经济学史上,错误常常会重演。十九世纪初期的李嘉图重演了十八世纪七十年代的斯密的错误,二十世纪中期的斯拉法又重演了十九世纪初期的李嘉图的错误。在斯拉法的《用商品生产商品》中,有一节是专讲不变的价值尺度的。他说:"如果我们发现这样一种商品,我们就有一种标准,它能够使任何其他产品的价格变动孤立起来,因而可以如同在真空中一样观察它们。"[1] 这种说法,不过是李嘉图的说法的另一种表达方式。李嘉图早就说:"当商品的相对价值变动时,最好是能有一种方法可以确定究竟是哪种商品的实际价值上涨,哪种商品的实际价值下跌。这一点只有把它们依次和一种不变的标准价值尺度相比较才能办到;这种尺度本身不能发生其他各种商品那样的变动。"[2]

问题是,斯拉法找到的究竟是什么呢?

按照斯拉法的说法,在自行更新体系中的国民收入,是由许多商品组成的。这许多商品的价值可以称为"合成商品"或"混合商品"。斯拉法把产品和生产资料成相同比例的合成商品叫作"标准合成商品"或"标准商品",把按照这种比例生产标准商品的生产部门或数学方程叫作"标准体系",把标准体系的纯产品即全部产品超过生产资料总量的产品对生产资料的比率叫作"标准比率",把构成标准体系的纯产品的标准商品数量叫作"标准纯产品"或"标准国民收入"。借助这些概念,斯拉法提出三个论点:第一,在标准体系中,无论纯产品在工资和利润之间的分配如何变动,也无论由此产生的价格如何变动,标准比率都不会发生变化。第二,在标准体系中,部分纯产品对于生产资料的比

---

① 斯拉法:《用商品生产商品》,第 24 页。
② 《李嘉图著作和通信集》第 1 卷,第 35 页。

率的利润率,也不受任何价格变动的影响。标准比率是全部纯产品对于生产资料的比率,工资和利润分别是部分纯产品对于生产资料的比率。当标准比率已知时,只要知道工资在标准纯产品或标准国民收入中的份额,便可知道利润在标准纯产品或标准国民收入中的份额,从而便可计算出利润份额和标准比率之比,即利润率。第三,作为标准纯产品一部分的工资和利润率之间的关系是:当工资从 1 减至 0 时,利润率的增加和工资的全部扣除成正比例。

以上就是斯拉法对不变的价值尺度这个化圆为方的问题的解。斯拉法的"标准比率"等观念来源于李嘉图在 1814 年 6 月 26 日写给马尔萨斯的信中的这样一句话:"利润率和利息率必定取决于产量与取得这种产量所必需的消耗量的比例。"[①] 李嘉图的这个观点显然不是以劳动价值理论为基础的。李嘉图在信中错误地以为利润率取决于生产出来的产品对生产中所消耗的产品的比率,也就是以为利润率取决于生产的物质技术关系。他还错误地以为利息率的决定和利润率的决定完全相同。后来,李嘉图完全放弃了这一观点。他在《原理》中从劳动价值论出发重新考虑问题,认为利润是劳动创造的产品价值超过"资本的价值"的余额,[②] 利润率是这个价值余额对"资本的价值"的比率。至于利息率,李嘉图认为利润率的变动是它发生变动的最后的和长期的原因,而货币资本供求状况的变动则是它发生变动的暂时原因。相当熟悉李嘉图著作的斯拉法,如果不出于偏见,就应当正视这一历史事实,而不应当从《原理》的成熟观点倒退到写作《原理》之前的不成熟的论点上去。

斯密和李嘉图都分不清价值的内在尺度和价值的外在尺度,分不

---

① 《李嘉图著作和通信集》第 6 卷,第 133 页。

② 李嘉图有时认为利润是产品价值超过"劳动的价值"或工资的余额,有时认为利润是产品价值超过"资本的价值"的余额。这表明,李嘉图分不清剩余价值和利润,当然也就分不清剩余价值率和利润率。

清劳动和劳动力,分不清价值和生产价格,因而走进了寻求不变的价值尺度的死胡同。马克思科学地解决了斯密和李嘉图所解决不了的问题,正确区分了价值的内在尺度和外在尺度,制定了科学的货币理论,并在价值规律的基础上说明了劳动力这一特殊商品的买卖,阐述了价值到生产价格的转化,这就完全排除了寻求"不变的价值尺度"的问题。斯拉法无视马克思对斯密、李嘉图寻求"不变的价值尺度"的错误所作的科学分析,无视马克思对寻求"不变的价值尺度"问题的排除,在真正的科学理论面前又倒回到那条已经写明"此路不通"的死胡同去,这就决定了他在理论上不可能找到出路。

斯拉法重新寻找"不变的价值尺度"的真实动机,看来在于企图割断分配和劳动价值理论之间的内在联系,而李嘉图在分配和劳动价值理论之间关系问题上的思想反复则成了斯拉法的表面理由。在多布协助下由斯拉法主编的《李嘉图著作和通信集》中,有一封李嘉图在1820年6月13日写给麦克库洛赫的信,内称:"地租、工资与利润这几个大问题必须以全部产品在地主、资本家和劳动者之间的分配比例来解释,这种比例和价值理论并没有本质上的联系。"[1]斯拉法在细细咀嚼这句话之后断言,李嘉图是要使分配问题脱离价值问题。而斯拉法在理论上所做的,正是要使分配理论脱离劳动价值理论。不过,斯拉法应当明白,这封信即使在真实性和可靠性方面没有任何问题,那么它充其量只能表明李嘉图有过思想反复,而决不能证明李嘉图确实要使分配问题和价值问题相脱离。

最能说明问题的是作为《原理》定版的第三版,这一版是李嘉图在上面提到的那封信发出之后着手修改并于1921年出版的。在这个版本的引言中,李嘉图说:"我在本版中力图将本人对价值这一难题的看法解释得比上一版更加详尽,为此在第一章中作了一些补充。"[2]其中第

---

[1]　《李嘉图著作和通信集》第8卷,剑桥1962年版,第194页。
[2]　同上书,第1卷,第5页。

六节《论不变的价值尺度》就是新写的。李嘉图在这一节中明确指出："这种尺度（'不变的价值尺度'或'标准价值尺度'——引者）是不能找到的，因为任何一种商品本身都会和其价值须加确定的物品一样地发生变化。……任何商品都不能成为完全准确的价值尺度。"[①] 在这一版中，李嘉图把自己的分配理论牢固地建立在作了重要补充并且解释得更为详尽的劳动价值理论之上。这有力地证明，李嘉图的科学本能完全克服了上一封信中表现出来的思想反复，坚持了劳动价值理论。李嘉图在去世前不久还表示："我完全相信，在把实现在商品中的劳动量规定为决定商品相对价值的标准方面，我们所走的道路是正确的。"[②]

在经济理论领域中，"不变的价值尺度"是永远找不到的，就像在物理学中永远不可能发现永动机一样。事实上，斯拉法寻求到的"不变的价值尺度"并不是不变的，而是可变的。他的标准商品只是一种主观设想的不变收入分配影响的价值尺度，实际上标准商品本身会因组成标准商品的商品价值量的变化而发生变化。斯拉法的标准商品只是在技术不变的前提下的产品和生产资料为相同比例的合成商品，这种主观设想的平衡条件在实践中不可能得到满足，因为各种不同商品的生产技术会不断地但在程度上各不相同地发生变化，每种商品包含的劳动量也会不断地但在程度上各不相同地发生变化。既然如此，作为各种商品的"中数"的"标准商品"也必然发生变化。

斯拉法无法把理论上虚构的"不变的价值尺度"用于资本主义经济，于是他又从"标准纯产品"滑进斯密的"购买的劳动量"或"支配的劳动量"的泥潭中去。斯拉法写道："对于商品价格，有一种更具有实体的尺度存在……这个尺度就是'用标准纯产品所能购买的劳动

---

① 《李嘉图著作和通信集》第 1 卷，第 35 页。
② 同上书，第 8 卷，第 344 页。

量'。"① 可见,斯拉法在写了一系列方程,兜了一大圈之后,最后认为"不变的价值尺度"就是"标准纯产品"所能购买的劳动量。可见,斯拉法寻求"不变的价值"的结果,根本不是什么"向李嘉图和马克思的复归",而是向斯密的庸俗观点的"复归",也就是向购买的劳动或支配的劳动是不变的价值尺度这一庸俗命题的"复归"。

有趣的是,斯拉法本人在兜完圈子之后也愣住了,他大惑不解地说:"价值的标准尺度是两个极端之间的中数这个概念,也是李嘉图的;但令人惊异的是,这本书从这个概念发展出来的标准商品,会被认为是相当于某种很接近于亚当·斯密所提出的标准,即'支配的劳动',对于这个标准,李嘉图本人是极为反对的。"② 斯拉法的矛盾是,从李嘉图的概念出发,最后得到的却是李嘉图极为反对的结论。其实,事情很简单。如前所述,李嘉图充分肯定斯密关于价值决定于生产商品所必要的劳动量这一命题,坚决反对斯密关于价值决定于商品所购买的或支配的劳动量这一命题。正因为斯拉法没有从李嘉图《原理》中的价值概念出发,所以才得出李嘉图极为反对的结论。

由此可见,斯拉法并没有真正回到李嘉图,更没有回到马克思。他没有发展劳动价值论,更没有解决价值转化为生产价格问题(这个问题马克思已经从原则上解决了)。

如果说,斯拉法的著作有一些积极意义的话,那就在于他否定边际效用价值论和边际生产力分配论,并在一定范围内承认资本主义分配中工资和利润是按反方向变动的。对于主张在分配领域中进行某些改良的新剑桥学派来说,斯拉法的这一理论很适合作为他们的理论体系的基础。琼·罗宾逊和伊特韦尔在《现代经济学导论》中写道:"斯拉法的这套论证是高度抽象的。它对普遍接受的观念例如'资本边际生产力'概

---

① 斯拉法:《用商品生产商品》,第38页。
② 同上书,第94页。

念提出了异议……斯拉法关于技术条件既定情况下部门产品在工资和利润之间分配的分析,为理解私人企业经济中的分配问题提供了必不可少的结构。"① 当然,企图在不触动资本主义生产资料私有制的前提下试图改革分配制度,这不过是新剑桥学派的一种现代的经济乌托邦。

以上我们着重考察了美国和英国的凯恩斯派是如何打着"古典"和"新古典"或"新新古典"旗帜来宣传他们自己的经济理论和政策主张的。至于那些和凯恩斯派相对立的带有各种不同自由主义色彩的现代资产阶级经济思想流派,例如新奥地利学派、伦敦学派、货币学派等,更是无不以亚当·斯密和李嘉图学说的忠实信徒自居。像新奥地利学派的哈耶克,伦敦学派的罗宾斯,货币学派的弗里德曼,都不厌其烦地在自己的论著中引证斯密、李嘉图,不仅声称自己的理论和古典学派的理论一致,而且扬言自己的政策主张和古典学派的政策主张一致。对于他们的这种做法,"新古典综合派"和"新李嘉图主义者"经常进行讥讽和揭露。例如,新剑桥学派的卡尔多在同新奥地利学派的哈耶克论战时,不无讥讽地说:"哈耶克教授从容自得地抬出了李嘉图,说是他的理论的真正开山祖。"② "后凯恩斯主流经济学"的代表萨缪尔森在嘲弄哈耶克和弗里德曼时说:"在我们的时代,奥地利的哈耶克和芝加哥的弗里德曼把维多利亚时期辉格党的社会看作是黄金时代,认为应该通过民主手段来使福利国家解体,从而重新恢复这一时代。"③

---

① 琼·罗宾逊、伊特韦尔:《现代经济学导论》,伦敦 1973 年版,第 187 页。
② 卡尔多:《论经济的稳定和成长》,商务印书馆 1966 年版,第 116 页。
③ 萨缪尔森:《经济学》下册,商务印书馆 1982 年版,第 121—122 页。在第 11 版中,萨缪尔森删去了这段话。在这段话中,有意的嘲弄和无心的误解交织在一起,实际上,现代自由主义经济学家决无意于回到维多利亚时代,他们是用不同于凯恩斯主义的经济理论和政策主张来为垄断资本服务。哈耶克似乎早就预见到会有人歪曲现代的自由主义观念,还在 1944 年的《通向奴役的道路》中就说过:"如果他们认为这些依旧是十九世纪的自由主义的观念(实际上年青一代对它很少了解)的话,他们就错了或误解了。"引自哈耶克:《通向奴役的道路》,商务印书馆 1962 年版,第 227—228 页。

在现代,包括供给学派和理性预期学派在内,几乎所有的资产阶级经济思想流派都在不同程度上以各种不同的方式给自己的货色贴上"古典""新古典""新新古典"等商标,生拉硬拽,硬把自己同古典学派和古典政治经济学连接起来。在这方面,供给学派是一个典型。这个只是在几年前才从美国的土壤中生长出来的供给学派,也迫不及待地把自己的理论乔装成古典理论。本书第一章提到过,供给学派的一个代表人物、南加利福尼亚大学教授拉弗把供给学派的经济学说成是穿上现代时装的古典经济学。还有人非常卖力地为供给学派寻找"古典渊源",说"它的历史可以追溯到大约二百年前","是由重农学派、大卫·休谟、亚当·斯密和其他经济学家在反对重商主义时创立的"。[①] 诸如此类,令人啼笑皆非。当然,供给学派是有其思想渊源的,那就是萨伊的供给创造自己的需求的原理。如果他们说供给学派的经济学是"穿上现代时装的萨伊经济学",供给学派的代表人物是"当代的萨伊",那就会是无可非议的。

四、古典政治经济学和空想社会主义

十九世纪二十年代和三十年代,正当李嘉图的反对者和李嘉图的拥护者展开激烈论战的时候,英国经济理论领域中出现了令人瞩目的戏剧性的现象:资产阶级手中的武器变为反对资产阶级自身的武器,维护资本主义生产方式的理论成了攻击资本主义生产方式的理论,资产阶级的政治经济学"倒转过来反对(资产阶级的——引者)政治经济学"。[②]

二十年代和三十年代,英国涌现出一大批空想社会主义经济学家,发表了许许多多的"为无产阶级的利益而利用李嘉图的价值理论

---

① 凯莱赫、奥齐乔斯基:"供给学派经济学的古典渊源",载《经济影响》1981年第4期。
② 《马克思恩格斯全集》第13卷,第52页。

和剩余价值理论来反对资本主义生产，以及用资产阶级自己的武器来和资产阶级斗争"[①]的经济文献。在这些文献中，代表性的有：匿名作者的《国民困难的原因及其解决办法》（1821年）、皮尔西·莱文斯顿的《对某些流行的关于人口问题和政治经济学问题的见解的正确性的若干怀疑》（1821年）和《论公债制度及其影响》（1824年）、威廉·汤普逊的《最能促进人类幸福的财富分配原理的研究》（1824年）、约翰·格雷的《人类幸福论》（1825年）、托马斯·霍吉斯金的《保护劳动反对资本的要求》（1825年）和《通俗政治经济学》（1827年）、托马斯·娄·艾德门兹的《实践的、精神的和政治的经济学》（1828年）以及约翰·弗兰西斯·布雷的《对劳动的迫害及其救治方案，或强权时代和公理时代》（1839年），等等。罗伯特·欧文的整个空想社会主义学说，在进行经济学论战时，也是从李嘉图的政治经济学出发的。

　　没有必要在这里全面论述英国这些空想社会主义者的经济学说，只要把他们的劳动价值理论和剩余价值理论同以李嘉图为代表的英国古典经济学家的劳动价值理论和剩余价值理论简单地作以比较，就可以看出资产阶级的经济理论是如何"变成"代表当时无产阶级利益的空想社会主义经济理论的。

　　首先，把英国古典经济学家李嘉图的劳动价值理论同英国空想社会主义经济学家的劳动价值理论作一比较。英国古典政治经济学在自己的发展过程中，越来越明确地认定劳动是价值的唯一要素，认定劳动是使用价值的唯一积极的创造者。配第和斯密在这一方面作出了重要贡献，但是当他们遇到同这一种见解相矛盾的现象时，往往又感到困惑，不时地陷入理论矛盾之中。李嘉图的科学功绩，就在于他坚持了劳动时间决定商品价值的原理，并在这一原理的基础上展开他的全部经

---

① 《马克思恩格斯全集》第24卷，第18页。

济理论。当他证明价值规律既不受土地私有制也不受资本积累等破坏的时候，他就是企图把使斯密困惑的一切同劳动价值理论矛盾或似乎矛盾的现象从理论上排除出去。但是，李嘉图自己陷入了另一矛盾之中。一方面，他把劳动理解为价值的唯一源泉，理解为使用价值的积极源泉；另一方面，他把资本看作是生产的目的和生产的调节者，看作是财富的源泉，而把雇佣工人看成是单纯的生产工具，只能获得最低限度的工资。李嘉图的矛盾，实际上反映出资本主义社会劳动的异化现象，也就是反映出雇佣劳动创造的财富作为别人的财富同自己相对立这一现象。李嘉图不理解他所看到的异化现象，不理解劳动和资本的对立是资本主义这一特定生产方式的特定历史现象，因而把劳动和资本同时说成是财富的源泉。他不断地在这一矛盾中运动而丝毫没有觉察。

空想社会主义经济学家抓住了李嘉图理论上的矛盾，他们从无产阶级立场出发揭露这一矛盾。"劳动是交换价值的唯一源泉和使用价值的唯一的积极的创造者。你们这样说。另一方面，你们说，资本就是一切，而工人算不了什么，或者说，工人仅仅是资本的生产费用的一个项目。你们自己驳倒了自己。资本不过是对工人的诈骗。劳动才是一切。"① 这是马克思对空想社会主义经济学家的基本论点所作的简单的概括。李嘉图固然不懂得他的理论体系中的资本和劳动的矛盾，这些批判李嘉图的空想社会主义经济学家同样也不懂得这个矛盾。

空想社会主义经济学家在论证劳动是一切而资本不过是对工人的诈骗这一基本命题时，仍然是以李嘉图的劳动价值理论为基础的。他们的逻辑是：劳动是价值的唯一源泉；利润、利息、地租是劳动创造的价值的一部分；这一部分价值没有归还创造它的劳动者，而是被不劳动者所取得；可见一切非劳动收入都是对他人劳动的无偿占有。空想社

---

① 《马克思恩格斯全集》第 26 卷Ⅲ，第 285 页。

会主义经济学家并没有能够科学地说明雇佣劳动的异化,没有能够科学地揭示资本同劳动交换的真正秘密。在他们看来,资本主义剥削的实质似乎就在于价值规律的破坏:同劳动相交换的资本是较少量的劳动,同资本相交换的劳动则是较大量的劳动,资本同劳动的交换是以少量劳动换取多量劳动,是不等价交换,是资本家对工人的诈骗。空想社会主义经济学家给价值规律涂上了鲜明的伦理色彩。他们不是把价值规律理解为商品生产的基本规律,而是理解为符合"正义"和"人性"要求的社会主义的基本规律。他们发现资本主义分配的不公平,要求消灭利润、利息、地租等一切剥削收入。但是,他们把资本主义生产的一切经济前提看作是永恒的形式,只要求消灭这些前提产生的结果,而永远保留前提本身。因此,在他们看来,解决资本和劳动矛盾的办法就在于消除不等价交换,让价值规律的作用得到真正充分的发挥,而不受到任何破坏。这就是空想社会主义经济学家对古典学派的劳动价值理论的社会主义应用。

马克思在《哲学的贫困》中论及空想社会主义经济学家对古典经济学的社会主义应用时指出:这种应用在经济学的形式上是错误的,因为这不过是把道德应用于经济学而已。恩格斯在阐述马克思的论点时作了重要的补充,指出:"在经济学的形式上是错误的东西,在世界历史上却可以是正确的……在经济学的形式的谬误后面,可能隐藏着非常真实的经济内容。"① 后来列宁对恩格斯的这一论点又作了重要阐述,指出:应当记住恩格斯的这一名言。列宁解释说:"恩格斯的这个深刻原理是针对空想社会主义说的:这种社会主义在经济学的形式上是'错误的'。这种社会主义所以是'错误的',因为它认为从交换规律的观点来看,剩余价值是不公平的。……但是,空想社会主义在世界历史

---

① 《马克思恩格斯全集》第21卷,第209页。

上是正确的,因为它是由资本主义产生的那个阶级的象征、表现和先声;现在,在二十世纪初。这个阶级已成长为能够消灭资本主义并且不可遏止地向这方面前进的巨大力量。"①

其次,我们再把英国古典经济学家李嘉图的剩余价值理论和英国空想社会主义经济学家的剩余价值理论作一比较。李嘉图在劳动价值理论的基础上建立起自己的剩余价值理论。当他把全部资本看作是可变资本,认为商品的全部价值只分割为工资和利润这两个部分时,他说的利润实际上就是剩余价值。但是,在一般情况下,李嘉图总是混同剩余价值和利润,没有离开剩余价值的特殊形式来考察剩余价值的一般形式。他缺乏历史观念,把商品分割为工资和利润两个部分这一特定历史现象误认为是自然形式或绝对形式。和李嘉图不同,空想社会主义经济学家在剩余价值理论方面作出了重大贡献。例如,《国民困难的原因及其解决办法》的作者不仅把剩余价值归结为剩余劳动,而且还把剩余劳动或剩余价值的一般形式同它们的具体形式区别开来。恩格斯高度评价了古典经济理论的社会主义的应用,指出:"这样应用的结果,在很多情况下都产生了李嘉图望尘莫及的对于剩余价值的起源和本质的认识。"②空想社会主义经济学家之所以能在政治经济学史上作出了李嘉图等古典经济学家所作不出的理论贡献,这主要是他们的阶级立场根本不同于资产阶级经济学家。马克思深刻地指出:"李嘉图和其他政治经济学家的兴趣仅仅在于理解资本主义生产关系,并把它说成是生产的绝对形式,而我们所考察的这本小册子以及要在这里考察的其他这一类著作,则是要掌握李嘉图和其他政治经济学家所揭露的资本主义生产的秘密,以便从工业无产阶级的立场出发来反对资本主

---

① 《列宁全集》第18卷,第352页。
② 《马克思恩格斯全集》第21卷,第208页。

义生产。"①

空想社会主义经济学家在利用古典政治经济学的劳动价值理论和剩余价值理论方面的尝试是一个有历史意义的尝试。它表明，资产阶级古典经济理论遗产在经过批判之后，有可能来为无产阶级利益服务。但是，这种尝试是不成功的。在空想社会主义经济学家那里，我们看到的不是经济理论的阶级性和科学性的统一，而是二者的矛盾。他们坚持经济理论的阶级性，却违反了科学性。他们用伦理的观点看待价值规律以及劳动和资本的交换。他们和古典经济学家一样解决不了价值规律同劳动和资本交换的矛盾，却责备实际背离了理论，要求资产阶级社会在实践中贯彻它的原则。他们受到既有的经济范畴的束缚，在区分剩余价值的一般形式和具体形式的时候，又用剩余价值的一种具体形式的名称来指剩余价值的一般形式，因而重蹈了前人的覆辙。他们反对资本主义生产的结果，却企图永远保存产生这些后果的一切经济前提。他们找不到现实的出路，只是企图寻求乌托邦的手段来消除资本主义的不公平现象。

五、古典政治经济学和马克思主义

英国古典政治经济学是马克思主义的三个来源之一。就理论形式而言，马克思主义是人类先进思想特别是德国古典哲学、英国古典政治经济学和法国空想社会主义的直接继续。列宁指出："马克思的全部天才正在于他回答了人类先进思想已经提出的种种问题。他的学说的产生正是哲学、政治经济学和社会主义的最伟大代表的学说的直接继续……马克思的学说是人类在十九世纪所创造的优秀成果——德国的

_____

① 《马克思恩格斯全集》第 26 卷Ⅲ，第 261 页。

哲学、英国的政治经济学和法国的社会主义的当然继承者。"①

　　马克思主义政治经济学的根源深藏在十九世纪中叶资本主义的经济事实和阶级斗争事实之中。它是物质经济过程、社会生产过程发展到一定历史阶段的精神产物,是历史地产生的无产阶级和资产阶级之间斗争的必然产物。然而,从思想根源来说,马克思主义政治经济学则是在对资产阶级政治经济学、小资产阶级政治经济学和空想社会主义经济学说的批判和斗争中产生的。对英国古典经济学家的理论,马克思用批判的态度进行了严肃认真的审查和研讨,对他们的主要著作的几乎全部论点,作了全面、详尽的分析和批判。马克思在批判古典经济理论遗产的过程中,去其糟粕,取其精华,汲取并改造了他们的一切有价值的科学成果。

　　可以说,没有对英国古典政治经济学的批判的继承,就很难创立起无产阶级的政治经济学。从这个意义上说,马克思主义政治经济学是英国古典政治经济学的直接继续和必然发展。关于这一点,马克思讲的十分明确。他说:"我的价值、货币和资本的理论就其要点来说是斯密—李嘉图学说的必然的发展。"②

　　马克思对古典政治经济学的批判的继承,是在政治经济学史上进行伟大革命的一个必要前提。英国古典政治经济学由于不能解决理论体系中的矛盾而陷入绝境。只有马克思,用无产阶级的世界观来研究政治经济学,在经济理论领域中进行了全面的彻底的革命变革,才使政治经济学成为真正的科学。

　　马克思主义政治经济学的建立,给正在进行斗争的各国无产阶级以强大的理论武器。觉悟了的无产阶级终于抛弃了空想社会主义,日

---

　　① 《列宁选集》第2卷,第441—442页。
　　② 《马克思恩格斯全集》第23卷,第19页。

益紧密地团结在科学社会主义的旗帜下为完成历史赋予的伟大任务而英勇斗争。过去曾经把空想社会主义看作一切可怕东西中最可怕的东西的资产阶级，现在认为科学社会主义才是真正最可怕的东西。在这种情况下，资产阶级庸俗经济学家甚至认为，古典政治经济学也成了可怕的东西。他们在攻击马克思主义政治经济学的同时，竭力贬低古典政治经济学，把古典政治经济学从大学讲坛上排挤出去。① 很可注意的是，在资产阶级抛弃资产阶级古典政治经济学的时候，无产阶级革命导师恩格斯却提倡在学习马克思著作时学一点古典政治经济学。②

马克思主义政治经济学是英国古典政治经济学的直接继续，这是连资产阶级经济学家也承认的客观事实。③ 但是，必须着重指出，马克思主义政治经济学绝不是古典政治经济学的简单继续，而是在对资产阶级政治经济学进行革命的过程中用无产阶级世界观建立的崭新的、唯一科学的政治经济学理论体系。这一点，是许多资产阶级经济学家长期以来所不愿意承认的客观事实。恩格斯在谈到他那个时代的德国资产阶级庸俗经济学家的这一态度时说："德国的经济学家从来也没有指责过马克思提出的理论同斯密、李嘉图的理论毫无关联；恰恰相反，他们却指责斯密和李嘉图派生了马克思，似乎马克思只是从这些先辈关于价值、利润和地租的理论中，总之，从先辈关于劳动产品分配的理

---

① 恩格斯："今天，在世界上所有的大学里，没有一门科学比经济学被糟踏得更厉害。任何地方都没有人讲授李嘉图及其学派的那种老的古典经济学。"引自《马克思恩格斯全集》第36卷，第199—200页。

② 恩格斯在指导有志于自学社会科学的人说："最主要的是，认真自学从重农学派和斯密到李嘉图及其学派的古典经济学，还有空想社会主义者圣西门、傅立叶和欧文的著作，以及马克思的著作，同时要不断地努力得出自己的见解。"引自《马克思恩格斯全集》第36卷，第200页。

③ 当然，例外总是有的。有人声称，把古典政治经济学看作马克思主义的来源，这不过是出于"想象"。《古典经济学重新评述》一书的作者T.索维尔写道："马克思显然把古典经济学想象为马克思主义经济学的先驱者，想象为他的经济思想史巨著标题所表示的剩余价值理论。"引自T.索维尔：《古典经济学重新评述》，第5页。

论中引申出结论。"① 直到现代,不少资产阶级经济学家仍然顽固地坚持这一立场。在一些著作中,他们只是简单地把马克思置于古典经济学家之列。例如,在《古典经济理论结构》一书中,伊格尔认为马克思只是"一位古典经济学家"②,按照他的规定,古典政治经济学是指"从魁奈和斯密到马克思、约翰·穆勒延续了一个世纪以上的古典理论"。③霍兰德在《亚当·斯密经济学》中也把马克思列入"主要的古典经济学家"。④ 少数资产阶级经济学家对此稍有异议。例如,索维尔认为马克思"具有在某些方面是古典的,而在另一些方面不是古典的这一特点"。⑤ 奥布赖恩认为:"马克思本人是不是古典经济学家,这是有疑问的。在我看来,他的著作……是古典经济学的分支之一,而不是古典经济学的一个部分。"⑥ 可是,布洛格坚决认为:"关于马克思是不是一位伟大的古典经济学家的一切疑问,现在都应当打消。"⑦

如果说,在马克思主义政治经济学和资产阶级古典政治经济学的关系问题上,上述资产阶级经济学家对马克思多少是名褒实贬的话,那么,萨缪尔森在"《资本论》一百年"一文中对马克思的恶意贬损甚至比恩格斯提到的那些德国庸俗经济学家有过之而无不及。萨缪尔森信口开河说:《资本论》是李嘉图以后的经济学中没有成果的一个分支。

萨缪尔森的胡言乱语,既是出于他们的阶级偏见,又是出于对马克思主义政治经济学以至对古典政治经济学的无知。事实是,马克思不仅批判地继承了古典学派的一切优秀成果,更重要的是科学地首创了

① 《马克思恩格斯全集》第 38 卷,第 46 页。
② 伊格尔:《古典经济理论的结构》,纽约 1974 年版,第 103 页。
③ 同上书,第 34 页。
④ 霍兰德:《亚当·斯密经济学》,第 ix 页。
⑤ T. 索维尔:《古典经济学重新评述》,第 7 页。
⑥ 奥布赖恩:《古典经济学家》,第 xi 页。
⑦ 引自:德伏尔金:《马克思主义和现代资产阶级经济学家》,莫斯科 1978 年版,第 17 页。

无产阶级政治经济学的科学理论体系,开辟了经济科学的新时代。

马克思主义创始人在经济理论领域中所完成的革命变革和所作出的划时代的科学贡献,根据马克思和恩格斯的自述,主要有以下几个方面。

关于研究对象。在政治经济学史上,马克思主义创始人第一次明确规定以社会生产关系即经济关系为政治经济学的研究对象。在《政治经济学批判》序言中,马克思说:政治经济学研究"人们在自己生活的社会生产中发生一定的、必然的、不以他们的意志为转移的关系,即同他们的物质生产力的一定发展阶段相适合的生产关系"。[①] 在《资本论》第一版序言中,马克思说:"我要在本书研究的,是资本主义生产方式以及和它相适应的生产关系和交换关系。"[②] 又说:"本书的最终目的就是揭示现代社会的经济运动规律。"[③] 在《反杜林论》中,恩格斯说:政治经济学是"一门研究人类各种社会进行生产和交换并相应地进行产品分配的条件和形式的科学"。[④] 又说:"政治经济学,从最广的意义上说,是研究人类社会中支配物质生活资料的生产和交换的规律的科学。"[⑤] 可见,马克思和恩格斯都明确规定政治经济学是研究社会生产关系即经济关系的科学。

社会生产关系即经济关系总是同物结合在一起的,并且往往采取物和物之间的关系的形式。资产阶级古典经济学家在经济理论上取得成就的地方,实际上接触到并且在一定程度上揭示了资本主义社会的人和人的关系或阶级关系。但是,他们从来没有把政治经济学规定为研究生产关系或人和人的经济关系的科学。相反,他们往往只从物和

---

① 《马克思恩格斯选集》第 2 卷,第 82 页。
② 同上书,第 23 卷,第 8 页。
③ 同上书,第 11 页。
④ 同上书,第 3 卷,第 189 页。
⑤ 同上书,第 186 页。

物之间的关系例如从商品和商品之间的关系去研究经济范畴。在资产
阶级经济学家看到物和物之间的关系的地方,马克思则揭示了人和人
之间的关系。恩格斯深刻地指出:"经济学所研究的不是物,而是人和
人之间的关系,归根到底是阶级和阶级之间的关系;可是这些关系总
是同物结合着,并且作为物出现;诚然,这个或那个经济学家在个别场
合也曾觉察到这种联系,而马克思第一次揭示出它对于整个经济学的
意义。"[1]

二、关于政治经济学的研究方法。在政治经济学史上,马克思第一
次使用了唯物主义的辩证方法。1867 年 11 月 7 日,即在《资本论》第
一卷出版后不久,马克思写信给恩格斯谈到自己在政治经济学中应用
辩证方法的第一次尝试。信中说:"上周末我给他们(指周刊《纪事》
编辑部——引者)送去了一本书(指《资本论》第一卷——引者)和一
封短信,内容是说我的书所维护的观点不同于他们的观点,但是他们
周刊的'科学的'性质可以使人设想,他们对于把辩证方法应用于政治
经济学的第一次尝试,不会不予以注意'。"[2]1872 年 3 月 18 日,马克思
在一封信中谈到《资本论》的方法时说:"我所使用的分析方法至今还
没有人在经济问题上运用过。"[3]1873 年 1 月 24 日,马克思在《资本论》
第一卷第二版跋中引证伊·伊·考夫曼的"卡尔·马克思的政治经济
学批判的观点"一文的许多段落之后说:"这位作者先生把他称为我的
实际方法的东西描述得这样恰当,并且在考察我个人对这种方法的运
用时又抱着这样的好感,那他所描述的不正是辩证方法吗?"[4]从这些
论述中可以清楚地看到,马克思十分明确地说明自己在政治经济学中

---

[1] 《马克思恩格斯全集》第 13 卷,第 533 页。
[2] 《马克思恩格斯〈资本论〉书信集》,第 239—240 页。
[3] 同上书,第 323 页。
[4] 《马克思恩格斯全集》第 23 卷,第 23 页。

应用的是辩证方法。

马克思的辩证方法是唯物主义的辩证方法,它根本不同于黑格尔的神秘化了的唯心主义的辩证方法。恩格斯说:马克思"使辩证方法摆脱它的唯心主义的外壳并把辩证方法在使它成为唯一正确的思想发展方式的简单形式上建立起来。马克思对于政治经济学的批判就是以这个方法作基础的,这个方法的制订,在我们看来是一个其意义不亚于唯物主义基本观点的成果"。[①]

在黑格尔那里,辩证法是倒立着的。黑格尔认为观念是现实事物的创造主,而现实事物只是思维过程的外部表现。与此相反,马克思认为观念的东西不外是移入人的头脑并在人的头脑中改造过的物质的东西而已。

用唯物主义的辩证方法研究政治经济学,这是使政治经济学发生革命变革的决定性因素。古典经济学家用形而上学的方法看待资本主义生产方式,他们中的主要代表人物总是把资本主义生产方式看作唯一可能的社会生产方式,是永恒的社会生产方式。与此相反,马克思用唯物主义的辩证方法看待资本主义生产方式,在对这种生产方式的存在的必然性的理解中包含了对这种生产方式的否定的理解,即对资本主义制度的必然灭亡的理解。资本主义生产方式和以前存在过的生产方式一样,不是自然的、永恒的,而是历史的、暂时的,就像封建的生产方式被资本主义的生产方式所代替一样,资本主义生产方式也必将为更高级的生产方式所代替。古典经济学家斯密、李嘉图等人颂扬资本主义生产方式,认为只有这种生产方式是最生产的;马克思在肯定资本主义生产方式创造了历史上空前的巨大生产力的同时,最深刻地揭露了伴随生产力发展的经济关系所造成的直接的严重后果。马克思指

[①] 《马克思恩格斯全集》第 13 卷,第 532 页。

出,在产生财富的那些关系中也产生贫困;在发展生产力的那些关系中
也发展一种产生压迫的力量。马克思主义经济理论证明,资本主义的
社会病症是资本主义生产方式的必然结果,也是资本主义生产方式必
然要瓦解的标志,在这种行将瓦解的生产方式中可以发现代替这种生
产方式的新的因素。

唯物主义的辩证方法在政治经济学中的应用,使马克思把握住了
社会生产方式的对立统一规律,制订了生产力和生产关系矛盾运动的
学说。马克思的这一学说科学地证明了社会发展的最深刻的根源在于
生产关系和生产力的矛盾,科学地阐述了生产关系一定要适合生产力
性质的规律。与此相联系,马克思提出了社会经济形态的发展是一种
自然历史过程的光辉思想。列宁在阐述马克思这一基本思想时说:"马
克思究竟怎样得出这个基本思想呢? 他所用的方法就是从社会生活的
各种领域中划分出经济领域来,从一切社会关系中划分出生产关系来,
并把它当做决定其余一切关系的基本的原始关系。"[①] 又说:马克思这一
原理"之所以第一次使科学的社会学的出现成为可能,还由于只有把
社会关系归结于生产关系,把生产关系归结于生产力的高度,才能有可
靠的根据把社会形态的发展看做自然历史过程"。[②] 所有这一切,完全
由马克思所首创,古典经济学家在这方面是毫无所知的。

马克思在政治经济学中应用辩证方法的辉煌成果,是他制订了从
抽象上升到具体的严密的科学理论体系。如前所说,配第在政治经济
学研究中采用的方法是从实在和具体开始最后得出一些抽象规定的方
法,他把最后得出的一些抽象规定当作是认识的终点。这是配第的方
法论的局限性,也是他未能建立政治经济学体系的原因之一。和配第
不同,斯密采用的方法是从抽象上升到具体的方法。他建立了英国古

---

① 《列宁选集》第 1 卷,第 6 页。
② 同上书,第 8 页。

典政治经济学的第一个从抽象上升到具体的理论体系。但是，斯密的抽象力是不足的。他常常把抽象的经济范畴和具体的经济范畴混淆在一起，缺乏对于阐明经济关系的形式差别所必要的抽象思维能力。李嘉图是在英国古典政治经济学中应用抽象法最成功的一位经济学家。他有意识地把经济的表面形式和现象抽象化，以便更好地考察客观经济规律。他的理论成就是同他的抽象法分不开的。但是，在李嘉图那里，除了科学的抽象，还常常出现错误的抽象，强制的抽象，硬把抽象同具体强制地、直接地等同起来，迫使复杂的具体去适应简单的抽象。只有马克思，才第一次深刻而全面地在政治经济学中应用科学的抽象法，马克思指出："分析经济形式，既不能用显微镜，也不能用化学试剂。二者都必须用抽象力来代替。"[①] 马克思一方面彻底克服了配第等人在从实在和具体出发最后得出的一些抽象规定看成是认识的终点的错误；另一方面，彻底克服了斯密、李嘉图在从抽象到具体时强使具体和抽象直接等同的错误。马克思在批判地继承古典政治经济学的科学成果的同时，充分地占有材料，分析它的各种发展形式，探寻这些形式的内在联系，从大量的材料中得出了最简单的抽象规定。这些最简单的抽象规定看起来好像是一个先验的结构，实际上反映了重复亿万次的、最普通、最常见、最基本的关系，商品交换关系。马克思的巨著《资本论》是政治经济学的科学领域中从抽象上升到具体的典范。马克思从最简单的经济范畴商品开始，对于作为许多规定的综合和多样性的统一的资本主义的社会财富而言，商品是一种抽象。然而就商品本身而言，它仍然是许多规定的综合和多样性的统一。对于商品这种实在和具体，马克思用辩证方法进行了分析，找到了商品的两个因素：使用价值和价值，发现了体现在商品中的劳动的二重性：具体劳动和抽象劳

---

① 《马克思恩格斯全集》第 23 卷，第 8 页。

动,指出了商品生产的基本矛盾:私人劳动和社会劳动的矛盾。马克思在对这些作了最简单的抽象规定之后,才开始研究比较具体的价值形式,即价值的表现形式。在分析价值形式时,马克思又从抽象到具体,从简单价值形式到扩大价值形式,再到一般价值形式,最后到货币形式。马克思从资本主义经济的细胞的分析中,科学地说明了货币的产生。这样,马克思一步一步地从抽象走回具体。在研究了货币的本质和职能之后,揭示货币转化为资本,研究剩余价值的生产和工资,剖析资本的积累过程。在充分揭露了资本主义内在发展规律的基础上,宣告剥夺者被剥夺的历史必然性。特别值得提到的是,李嘉图在不少场合都表现出缺乏抽象力,他跳过必要的中间环节,强行把价值和生产价格等同起来,把剩余价值和利润等同起来。这种强制的抽象使李嘉图理论体系本身陷入严重的矛盾之中。马克思运用自己的高度抽象力,严格区分了价值和生产价格,区分了剩余价值和利润,按照从抽象上升到具体的方法,逐一研究被李嘉图跳过的那些中介环节,第一次科学地阐述价值转化为生产价格、剩余价值转化为利润这样一些难倒了古典学派并使李嘉图追随者陷入绝境的重大理论问题。

正是由于深刻而全面地应用了从抽象上升到具体的方法,所以马克思第一次使逻辑的方法和历史的方法得到了统一。斯密有一定的历史感,然而他在维护自己的历史感时牺牲了逻辑。李嘉图有较严密的逻辑,然而他在维护自己的逻辑时十分缺乏历史感。在英国古典经济学家那里,逻辑的方法和历史的方法是矛盾的,常常是相互排斥的。马克思的唯物主义的辩证方法,使逻辑的方法和历史的方法得到了统一。从抽象上升到具体的过程,实际上也就是用逻辑的研究方法以理论上前后一贯的形式反映现实历史的过程。恩格斯指出:"逻辑的研究方式是唯一适用的方式。但是,实际上这种方式无非是历史的研究方式,不过摆脱了历史的形式以及起扰乱作用的偶然性而已。历史从哪里开始,思想进程也应当从哪里开始,而思想进程的进一步发展不过是历史过程在抽象的、理论上前后一贯的形式上的反映;这种反映是经过修正的,然而是按照现实的历史过程本身的规律修正的,这时,每一个要素可以在它完全成熟而具有典范形式的发展点上加以考察。"[1]

三、关于劳动价值理论。英国古典经济学家在建立劳动价值理论方面有着不可低估的历史功绩。从配第到斯密再到李嘉图,他们越来越明确地认识到商品有两个因素,即交换价值和使用价值,越来越明确地认为劳动是创造价值的唯一因素,又是创造使用价值的唯一积极因素。马克思指出:把商品归结于二重形式的劳动是古典政治经济学一个半世纪以上的研究得出的批判性的最后成果。古典经济学家在任何地方都没有明确地和十分有意识地把体现为价值的劳动和体现为使用价值的劳动区别开来,相反,他们总是把体现在价值上的劳动和体现在使用价值上的劳动混为一谈,忽略了体现在商品中的劳动的二重性,因而在一系列重要理论问题上陷入混乱状态。在政治经济学史上第一次提出劳动二重性学说的是马克思。他在《政治经济学批判》中第一次表述了劳动二重性原理,后来在《资本论》中又进一步论证了这一原理,指出体现在商品中的劳动具有二重性,抽象劳动形成商品价值,具体劳动生产使用价值。这一原理是在政治经济学领域进行革命变革的关键。马克思说:"商品中包含的劳动的这种二重性,是首先由我批判地证明了的。这一点是理解政治经济学的枢纽。"[2] 由于建立了劳动二重性学说,古典经济学家因为缺乏这一概念所引起的一系列政治经济学的重大难题,在马克思这里便都迎刃而解。

古典经济学家满足于商品价值决定于生产中所必要的劳动这一结论,从来没有研究过创造价值的劳动的特性。他们认识到劳动是价值

---

[1]　《马克思恩格斯选集》第2卷,第122页。
[2]　同上书,第23卷,第55页。

的源泉,但不了解使劳动成为价值源泉的特定社会形式。和古典学派不同,马克思第一次对此作了研究。恩格斯说:"马克思曾经第一个彻底研究了劳动所具有的创造价值的特性,并且发现,并非任何仿佛是或者甚至真正是生产某一商品所必需的劳动,都会在任何条件下使该商品具有与所消耗的劳动量相当的数量的价值。"① 又说:"李嘉图的价值理论本身必须首先加以批判。于是,马克思研究了劳动形成价值的特性,第一次确定了什么样的劳动形成价值,为什么形成价值以及怎样形成价值,并确定了价值不外就是这种劳动的凝固"。②

古典经济学家虽然也研究了货币,讨论了商品和货币的关系,但是他们谁都没有说明和论证商品的内在矛盾发展成为商品和货币的对立。这也就决定了他们不可能提出真正科学的货币理论。在政治经济学史上,马克思第一个论证了商品和商品交换怎样和为什么由于商品内在的矛盾必然要造成商品和货币的对立。在《资本论》中,马克思写道:"在这里,我们要做资产阶级经济学从来没有打算做的事情:指明这种货币形式的起源,就是说,探讨商品价值关系中包含的价值表现,怎样从最简单的最不显眼的样子一直发展到炫目的货币形式。"③ 马克思详尽地研究了商品的内在矛盾,研究了价值形式,考察了从简单价值形式到扩大价值形式、再到一般价值形式、最后到货币形式的发展历史,这就为他的科学的货币理论奠定了坚实的基础。恩格斯指出:"他的建立在这个基础上的货币理论是第一个详尽无遗的货币理论。"④

古典经济学家,例如斯密和李嘉图,虽然对价值和生产价格的差别在不同程度上有所觉察,但是他们在一般场合都混同了价值和生产价

---

① 《马克思恩格斯选集》第 1 卷,第 342 页。
② 《马克思恩格斯全集》第 24 卷,第 22 页。
③ 同上书,第 23 卷,第 61 页。
④ 同上书,第 24 卷,第 22 页。

格。英国古典政治经济学的历史教训是：斯密在看到价值和生产价格的区别时，对自己正确的价值观点发生了动摇；李嘉图在坚持自己正确的价值观点时，否认价值和生产价格的区别，他们的共同之处是没有说明、也没有能力说明，而且也没有想到必须说明价值是怎样转化为生产价格的。只有马克思，才第一次在劳动价值理论的基础上科学地说明了价值到生产价格的转化。在《资本论》第三卷中阐述平均利润率的形成和商品价值转化生产价格时，马克思写道："这个内在联系在这里还是第一次被揭示出来。"①

四、关于剩余价值理论。英国古典经济学家在剩余价值理论方面曾经进行过探索，试图在劳动价值理论的基础上说明剩余价值的源泉。配第把租金看作剩余价值的真正形式或一般形式；斯密把利润和地租看作剩余价值的一般形式；李嘉图把利润看作是剩余价值的一般形式。但是，古典经济学家的共同之处都在于受到既有经济范畴的束缚，没有形成剩余价值一般形式的概念，都不经过任何中间环节，就直接把剩余价值的一般形式和它的某种特殊形式直接等同起来。拉姆赛接近于正确地理解剩余价值，但是由于受到李嘉图等人关于劳动和资本相交换的错误观念的束缚，也没有能够正确说明剩余价值是如何产生的。阶级利益决定了资产阶级经济学家不可能更深入地研究剩余价值问题。这些资产阶级经济学家懂得，过于深入研究剩余价值的起源这个爆炸性的问题是非常危险的。英国空想社会主义者，例如1821年出版的小册子《国民困难的原因及其解决办法》的作者，较之李嘉图有了本质的进步，他把剩余价值归结为剩余劳动，并在一般形式上看到剩余价值的存在。但是，他同样受到既有经济范畴的束缚，也用剩余价值的一种特殊形式的名称当作剩余价值的一般形式的名称。只有马克思，才破天

---

① 《马克思恩格斯全集》第25卷，第189页。

荒第一次研究了剩余价值的一般形式，创立了"好像晴天霹雳震动了
一切文明国家"①的科学的剩余价值理论，使全部政治经济学发生了革
命的变革，为无产阶级制定了革命的理论。恩格斯指出：在剩余价值方
面，"资产阶级古典经济学家，至多只研究了劳动产品在工人和生产资
料所有者之间分配的数量比例。另一些人，即社会主义者，则发现这种
分配不公平，并寻求乌托邦的手段来消灭这种不公平现象。这两种人
都为既有的经济范畴所束缚。于是，马克思发表意见了，他的意见是和
所有他的前人直接对立的。在前人认为已有答案的地方，他却认为只
是问题所在……这里的问题不是在于要简单地确认一种经济事实，也
不是在于这种事实与永恒公平和真正道德相冲突，而是在于这样一种
事实，这种事实必定要使全部经济学发生革命，并且把理解全部资本主
义生产的钥匙交给那个知道怎样使用它的人"。②

　　生产剩余价值是资本主义生产方式的绝对规律。为了揭示剩余价
值生产的秘密，马克思首先研究了劳动力的买和卖。资产阶级古典经
济学家无例外地混同了劳动和劳动力，误以为工人出卖的是劳动，误以
为劳动是商品，因而陷入了无法解脱的矛盾之中，这就从根本上排除了
科学地说明剩余价值的真正来源的可能性。马克思在研究李嘉图的剩
余价值理论时指出："李嘉图满足于确定这一事实。但是，劳动这种商
品和其他商品有什么区别呢？一个是活劳动，另一个是物化劳动。因
此这只是劳动的两种不同形式。既然这里只是形式的不同，那么，为
什么规律对其中一个适用，对另一个就不适用呢？李嘉图没有回答这
个问题，他甚至没有提出这个问题。"③在古典经济学家没有提出，更没

　　① 《马克思恩格斯全集》第24卷，第20页。
　　② 同上书，第21页。恩格斯在另一个地方又说："不论是资产阶级经济学者或是社
会主义者都企图对这个问题作出有科学根据的答复，但都是徒劳无功，直到最后才由马克
思作出了解答。"引自《马克思恩格斯选集》第3卷，第42—43页。
　　③ 《马克思恩格斯全集》第26卷Ⅱ，第452页。

有回答问题的地方，马克思提出并科学地回答了问题。他第一次区分了劳动和劳动力，指出劳动力是商品，工人出卖的不是劳动，而是劳动力。作为商品，劳动力也有价值和使用价值两个因素。这样，马克思为在价值规律的基础上说明剩余价值的来源作好了理论准备。使李嘉图学派遭到破产的一个矛盾——资本和劳动的交换同价值规律的矛盾，在马克思这里，便迎刃而解。恩格斯指出："不管我们怎样挣扎，只要我们还是讲劳动的买卖和劳动的价值，我们就不能够摆脱这种矛盾。经济学家的情况就是这样。古典政治经济学的最后一个代表——李嘉图学派，多半是由于不能解决这个矛盾而遭到了破产。古典政治经济学走入了绝境。从这种绝境中找到出路的那个人就是卡尔·马克思。"[1]

要说明劳动力在价值增殖过程中的作用，揭示出剩余价值的真正来源，就必须考察资本的各个部分在价值增殖过程中的不同作用。斯密、巴顿、李嘉图、琼斯和拉姆赛等虽然对此曾经作过某些考察，摸索过不变资本和可变资本的划分，有的甚至事实上区别了二者，但是，他们总是把资本的各个部分在价值增殖过程中产生的实质区别混同于在流通过程中产生的形式区别，从来没有明确地揭示过不变资本和可变资本这对范畴的规定性。马克思第一次按照资本的不同部分在价值增殖过程中的不同作用研究了资本的分类，形成了不变资本和可变资本这对范畴，"提供了一把解决经济学上最复杂的问题的钥匙"。[2]在资本理论方面建立了伟大的科学功绩。马克思明确指出："我要提醒读者，可变资本和不变资本这两个范畴是我最先使用的。亚当·斯密以来的政治经济学都把这两个范畴中包含的规定性，同那种由流通过程产生的形式区别，即固定资本和流动资本的区别混淆起来了。"[3]

---

① 《马克思恩格斯选集》第 1 卷，第 345 页。
② 《马克思恩格斯全集》第 24 卷，第 22 页。
③ 同上书，第 23 卷，第 671 页。

由于区分了不变资本和可变资本,马克思就在政治经济学史上第一次科学地阐明,不变资本购买的生产资料,在生产过程中只把它原有价值转移到新产品中,而不会增大价值量;可变资本购买的劳动力,在生产过程中不仅再生产出劳动力价值,而且还生产出剩余价值。这样,马克思就揭示了剩余价值的真正源泉,说明了资本主义剥削的秘密。关于马克思的这一科学功绩,恩格斯写道:"他确定了资本分为不变资本和可变资本,就第一个详尽地阐述了剩余价值形成的实际过程,从而说明了这一过程,而这是他的任何一个前人都没有做到的。"① 恩格斯又说:"他不屑于说,剩余价值存在的事实是他最早发现的。"②

资产阶级古典经济学家在工资理论方面也作出过一定的贡献,但是,由于他们混淆了劳动和劳动力,错误地认为工资是劳动的价格,并且把工资只看作分配问题,这就从根本上决定了他们不可能科学地揭示出工资的本质。

马克思严厉地批判了古典经济学家关于工资问题的庸俗观念,第一次揭示了工资的本质,指出工资是劳动力的价值或价格的转化形式。马克思的工资理论和剩余价值理论之间有着直接的联系,在研究了剩余价值之后立即研究工资问题,透过劳动力和工资等价交换的现象,进一步揭示了剩余价值的真正来源,说明了资本主义剥削的秘密。恩格斯指出:马克思"根据剩余价值理论,阐明了我们现在才具有的第一个合理的工资理论"。③ 马克思也说:在《资本论》中,"工资第一次被描写为隐藏在它后面的一种关系的不合理的表现形式"。④

英国古典经济学家在剩余价值的一般形式和它的特殊形式的关系

---

① 《马克思恩格斯全集》第24卷,第22页。
② 同上书,第23页。
③ 同上书,第22页。
④ 《马克思恩格斯选集》,第4卷,第365页。

问题上都陷入严重的混乱之中。他们缺乏抽象力,未能从剩余价值的各种特殊形式中抽象出剩余价值的一般形式。亚当·斯密在注意到剩余价值的一般形式和它的特殊形式的差别时,背离了自己正确的价值观点以至自己正确的剩余价值观点;李嘉图在坚持自己正确的价值观点时,否认剩余价值的一般形式和它的特殊形式之间的差别。正如马克思所说:"以前的经济学,或者硬是抽掉剩余价值和利润之间、剩余价值率和利润率之间的差别,以便能够保持作为基础的价值规定,或者在放弃这个价值规定的同时,也放弃了对待问题的科学态度的全部基础,以便保持那种在现象上引人注目的差别——理论家的这种混乱最好不过地表明,那些陷在竞争中,无论如何不能透过竞争的现象来看问题的实际资本家,必然也不能透过假象来认识这个过程的内在本质和内在结构。"[①]

马克思的伟大功绩在于,他以劳动价值理论为基础,区分了剩余价值的一般形式和具体形式。马克思的剩余价值理论也是沿着从抽象上升到具体的进程前进的。在《资本论》第一卷中,马克思在研究了商品和货币以及货币转化为资本以后,用全书的近一半篇幅周密地考察了剩余价值的一般形式,详尽地研究了剩余价值的生产。和古典经济学家相反,马克思在考察剩余价值时,完全抽象去它的各种特殊形式。马克思把这一特点看作是《资本论》第一卷两个"最好的地方"之一。他写道:"我的书最好的地方是:……研究剩余价值时,撇开了它的特殊形态——利润、利息、地租等……古典经济学家总是把特殊形态和一般形态混淆起来,所以在这种经济学中对特殊形态的研究是乱七八糟的。"[②] 在另一个地方,马克思又把这一特点看作是《资本论》第一卷

[①] 《马克思恩格斯全集》第 25 卷,第 189 页。
[②] 《马克思恩格斯〈资本论〉书信集》,第 225 页。

"三个崭新的因素"之一。他写道:"过去的一切经济学一开始就把表现为地租、利润、利息等固定形式的剩余价值特殊部分当做已知的东西来加以研究,与此相反,我首先研究剩余价值的一般形式,在这种形式中所有这一切都还没有区分开来,可以说还处于融合状态中。"[①] 这样,马克思就在剩余价值一般形态的考察中发现了剩余价值规律是资本主义生产方式的绝对规律,找到了剩余价值的真正源泉,揭示了资本主义剥削的秘密,指出了资本主义产生、发展和灭亡的规律性。

剩余价值学说是马克思经济理论的基石。这一学说,"揭露了现代资本主义生产方式以及以它为基础的占有方式的结构,揭示了整个现代社会制度在其周围凝结起来的核心。"[②] 剩余价值学说的建立,就像历史唯物主义的建立一样,是社会主义从空想发展为科学的一个关键。恩格斯说:"这个问题的解决是马克思著作的划时代的功绩。它使社会主义者早先像资产阶级经济学者一样在深沉的黑暗中摸索的经济领域,得到了明亮的阳光的照耀。科学的社会主义就是从此开始,以此为中心发展起来的。"[③]

马克思的《资本论》"第一次从总的联系中考察了全部资本主义生产",[④] 阐明了剩余价值转化为利润,利润转化为平均利润。这样,使李嘉图学派遭到破产的另一个矛盾——等量资本获得等量利润的规律同价值规律的矛盾,在马克思这里,便迎刃而解。马克思还详尽地研究了剩余价值的各种特殊形式,第一次阐明了剩余价值分割为工业利润、商业利润、利息和地租,揭示了这些经济范畴的剥削性质,剖析了资本主义社会的阶级关系。雇佣工人不仅受到企业主的剥削,还要受到商业

---

① 《马克思恩格斯选集》第 4 卷,第 364 页。
② 同上书,第 3 卷,第 245 页。
③ 同上书,第 243 页。
④ 《马克思恩格斯〈资本论〉书信集》,第 461 页。

资本家、货币资本家和土地所有者的剥削。恩格斯在阐述马克思的剩余价值学说同斯密和李嘉图以及洛贝尔图斯等人有关学说的根本区别时指出："马克思的剩余价值,却是生产资料所有者不付等价物就占有的价值额的一般形式。这个价值额,按照马克思首先发现的一些十分独特的规律,分割为利润和地租这样一些特殊的转化形式。这些规律将要在第三卷(指《资本论》第三卷——引者)中加以阐述。在那里将第一次说明,从理解一般剩余价值到理解剩余价值转化为利润和地租,从而理解剩余价值在资本家阶级内部进行分配的规律,需要经过多少中间环节。"[①]

五、关于社会资本再生产和经济危机。英国古典经济学家也分析过再生产问题。他们接触到了分析社会资本再生产和流通的一些重大问题,特别是接触到了社会总产品在实物形式和价值形式上的补偿问题。但是,斯密教条堵塞了英国古典经济学家主要代表的正确思路,使他们无法将研究再生产问题涌现出的一些思想片断综合起来。从这一方面说,英国古典经济学家逊色于法国古典经济学家,虽然他们已经把问题提到了新的高度。

马克思在政治经济学史上第一次制定了社会资本再生产和流通的科学理论体系。这一理论体系是批判地继承法国和英国古典政治经济学有关理论遗产的成果,也是批判斯密教条的成果。斯密教条地把价值全部分解为收入,抛掉了不变资本。斯密的另一个错误是混同了个人消费和生产消费。可是,考察社会资本再生产的核心问题,正在于社会总产品一方面在价值形式上,另一方面在实物形式上如何补偿的问题。马克思抓住这一核心问题,一方面批判了斯密在价值形式上漏掉不变资本的错误,另一方面批判了斯密在实物形式上混同个人消费和

---

① 《马克思恩格斯全集》第24卷,第15页。

生产消费的错误,第一次提出了社会总产品的价值构成和实物构成的原理。列宁指出:"纠正了斯密的上述两点错误(从产品价值中抛掉不变资本,把个人消费和生产消费混同起来),才使马克思有可能建立起他的关于资本主义社会中社会产品实现的卓越理论。"① 马克思在正确的理论前提下,第一次科学地全面地研究了社会总产品的实现运动,揭示了社会资本再生产既是物质资料再生产,又是总生产过程的资本主义性质的再生产,发现了不仅对于资本主义社会而且对于社会主义社会都具有重大意义的简单再生产和扩大再生产的客观规律。恩格斯高度评价了马克思对资本的流通过程所作的卓越研究,指出马克思在这一方面的科学成果是"至今几乎还没有人进入的领域内所取得的崭新成果"。②

经济危机理论是马克思在政治经济学史上首次创立的科学理论之一。斯密虽然抽象地承认生产过剩的可能性,但是他认为这种过剩是暂时的。李嘉图否认普遍生产过剩的可能性,认为生产过剩只是局部的。从一方面说,他们根本不懂资本主义生产方式的基本矛盾及其主要表现形式;从另一方面说,在他们生活的历史时代,还不可能知道普遍生产过剩的经济危机为何物。马克思分析了斯密和李嘉图的有关观点,批判了萨伊定律,研究了经济危机的历史,探讨了经济危机的性质、可能性和现实性、根本原因、周期性和后果,创立了科学的经济危机理论。马克思的这一理论,最深刻地揭示了资本主义生产方式的历史局限性。

六、关于资本主义积累的本质、规律和一般趋势。英国古典经济学家虽然对资本积累曾经作过一些有意义的探讨,但是在斯密和李嘉图

----

① 《列宁选集》第 1 卷,第 173 页。
② 《马克思恩格斯全集》第 24 卷,第 25 页。

那里,占统治地位的是把资本看作积累的储备这一拜物教观点;只有在琼斯那里,我们才看到关于积累的历史观点的萌芽。在政治经济学史上,第一次对资本的积累过程进行科学的系统分析的是马克思。恩格斯说:马克思"第一次指出了资本主义积累史的各个基本特征,并说明了资本主义积累的历史趋势"。[①]马克思研究了资本主义积累的本质和一般规律,指出资本积累就是把剩余价值再转化为资本,指出资本积累引起的资产阶级的财富积累和无产阶级的贫困积累之间的内在的必然联系。在研究资本主义积累的历史趋势时,马克思运用唯物主义辩证法,从经济分析中得出了剥夺者被剥夺的历史必然性,得出了资本主义私有制被社会主义公有制所代替的历史必然性,指出这是资本主义生产由于自然过程的必然性所造成的对自身的否定,是否定的否定。

---

① 《马克思恩格斯全集》第24卷,第22页。